PRODUKTIVITÄT KOMPLETTSET - DAS GROSSE 4 IN 1 BUCH

Bewährte Speed-Reading Techniken | Blitzschnelles Lernen | Produktiver arbeiten | Essen für kognitive Energie

John R. Torrance

© **Copyright 2021 - Alle Rechte vorbehalten.**

Rechtliche Hinweise:

Dieses Buch ist urheberrechtlich geschützt und nur für den persönlichen Gebrauch bestimmt. Ohne die Zustimmung des Autors oder Herausgebers darf der Inhalt dieses Buches nicht geändert, verbreitet, verwendet, übersetzt, zitiert oder umgeschrieben werden.

Haftungsausschluss:

Die in diesem Dokument enthaltenen Informationen dienen nur zu Bildungs- und Unterhaltungszwecken. Es wurden alle Anstrengungen unternommen, um genaue, aktuelle, zuverlässige und vollständige Informationen zu liefern. Es werden keine Garantien jeglicher Art erklärt oder impliziert. Der Autor erteilt keine rechtlichen, finanziellen, medizinischen oder professionellen Ratschläge.

Durch das Lesen dieses Dokuments stimmt der Leser zu, dass der Autor unter keinen Umständen für direkte oder indirekte Verluste verantwortlich ist, die durch die Verwendung der in diesem Dokument enthaltenen Informationen entstehen, einschließlich, aber nicht beschränkt auf Fehler, Auslassungen oder Ungenauigkeiten.

INHALTSVERZEICHNIS

Bewährte Speed Reading Techniken 1

Blitzschnelles Lernen leicht gemacht 133

Ab sofort produktiver arbeiten 257

Essen für kognitive Energie 425

Bewährte Speed Reading Techniken

So lesen Sie 300 Seiten in einer Stunde (bei maximalem Textverständnis). Eine Komplett-Anleitung für Anfänger | Mit Lernübungen für Fortgeschrittene

John R. Torrance

INHALTSVERZEICHNIS

Einleitung 5

Kapitel Eins: Inwiefern wird Speed Reading Ihnen helfen? 13

Kapitel Zwei: Drei Mythen, die Ihnen über Speed Reading beigebracht wurden 25

Kapitel Drei: Akzeptieren Sie Ihr Leseniveau 29

Kapitel Vier: Wie Sie Ihre Lesegeschwindigkeit berechnen 33

Kapitel Fünf: Wie Sie schneller lesen können 39

Kapitel Sechs: Leseverständnis 63

Kapitel Sieben: Lesen Sie mehr in Ihrer Freizeit, um schneller zu lesen 71

Kapitel Acht: Nachverfolgung Ihrer Lesefortschritte 79

Kapitel Neun: Die Skimming- bzw. Scanning-Methode 85

Kapitel Zehn: Schneller lernen mit fortgeschrittenen Techniken 97

Fazit 123

Quellen und weiterführende Literatur 129

EINLEITUNG

Wie oft ertappen Sie sich dabei, wie Sie durch Ihren Newsfeed scrollen, sei es auf Facebook oder einer anderen Nachrichten-App, und einen Artikel sehen, den Sie lesen möchten, aber sich denken: „Ich habe keine Zeit, das zu lesen"? Vielleicht stapeln sich auf Ihrem Nachttisch auch immer mehr Bücher, die Sie noch nicht gelesen haben und auch nicht vorhaben, sie in nächster Zeit zu lesen. Wir leben in einer immer stärker digitalisierten Welt, die jede Sekunde immer mehr relevante oder interessante Informationen hervorbringt. Unsere Zeit ist wertvoller denn je zuvor. Aus diesen Gründen wird die Entscheidung, wie wir diese Zeit nutzen, zu einer kritischen Entscheidung. Jeder priorisiert seine Zeit anders. Einige Menschen priorisieren berufsbezogene Lektüre, während andere sich wiederum für Politik oder andere aktuelle Ereignisse entscheiden. Wieder andere nutzen das Lesen als Möglichkeit, um eine Zeitlang an nichts anderes zu denken. Lesen ist für diese Personen eine Art glückselige Ablenkung, wenn Sie so wollen.

Was auch immer Ihr Ziel ist, dieses Buch wird Sie in ein Geheimnis einweihen. Sie können alle diese Ziele mit Hilfe des Speed Readings erreichen. Vielleicht sagen Sie, dass Sie bereits schnell lesen, aber lassen Sie mich Ihnen ein paar Fragen stellen: Wie oft ertappen Sie sich dabei, dass Sie etwas lesen und einen Absatz zurückgehen, weil Sie offenbar jedes Wort, das Sie gerade erst gelesen haben, schon wieder vergessen haben? Vielleicht bleiben Sie an einem Wort oder einer Phrase hängen, weil Sie nicht genau wissen, was es bedeutet? Manchmal lesen Sie vielleicht sogar bis zum Ende einer Seite oder eines Kapitels und wissen nicht mehr genau, worum es eigentlich ging. Speed Reading bietet eine Lösung für jedes dieser Probleme und vieles mehr. Indem ich Ihnen spezifische Hinweise gebe, um jedes dieser Probleme anzugehen, sollte es auf Ihrem Weg zum Speed-Reading-Erfolg ab sofort keine Hindernisse mehr geben.

Ich hatte lange Zeit Probleme, was das Thema Lesen anging. Durch meinen stressigen Arbeitsalltag wuchs der Stapel der Bücher, die ich lesen wollte, immer weiter an, und ich schaffte es nie, alle zu lesen. Ich hätte fast aufgegeben, weil mir die Zeit, die ich hatte, nicht reichte, um das zu lesen, was ich lesen wollte. Als Produktivitäts-Coach konnte ich jedoch nicht aufgeben und bei meiner Suche nach neuen Lösungen zur Steigerung meiner Effizienz stieß ich auf Speed Reading. Nachdem ich diese einfachen und effektiven Techniken gefunden hatte, probierte ich sie aus, bevor ich sie für mein eigenes Leseverhalten übernahm. Meine Produktivität schoss in die Höhe und das Speed Reading veränderte mein Leben. Außer unter besonderen Umständen lese ich inzwischen immer schnell, und die Menge an Büchern, die ich vorher geschafft habe, verblasst im Vergleich zu der Menge, die ich jetzt schaffe.

Das Schreiben dieses Buches hätte ohne die Hilfe von Speed Reading weitaus mehr Zeit in Anspruch genommen. Die vielen Stunden, die ich in der Bibliothek verbrachte, im Internet surfte oder mir den Kopf zerbrach, um weitere Ideen und Aspekte in mein Buch einzubauen, hätten ohne die Fähigkeit, 1.500 Wörtern pro Minute zu lesen, wesentlich länger gedauert. Ganze Bücher über das Thema Speed Reading wurden mir plötzlich auf diese Weise zugänglich. Da es so viele Informationen zum Thema Speed Reading gibt und jede Quelle umfangreiche und gut dokumentierte Gründe, Praktiken, Techniken und eigene Tipps und Tricks umfasst, hätte es Monate dauern können, dieses Buch zu schreiben. Doch ich bin stolz darauf, sagen zu können, dass es nur ein paar Wochen gedauert hat. Es waren arbeitsreiche Wochen, verstehen Sie mich nicht falsch, aber ohne die Hilfe des Speed-Reading-Konzepts hätte der gesamte Schreibprozess wesentlich länger gedauert.

„Was nun?", werden Sie vielleicht fragen und nach einem konkreteren oder verständlicheren Nutzen suchen, als einfach nur schneller lesen zu können. Schnelles Lesen bietet jedoch zahlreiche weitere Vorteile, die über den bloßen Konsum von Wörtern hinausgehen. Schnelleres Lesen hilft Ihnen dabei, schneller zu lernen, wodurch die zeitliche Dauer für das Erlernen neuer Fähigkeiten wesentlich geringer ist als zuvor.

Speed Reading beschleunigt nicht nur Ihre Informationsaufnahme, sondern kann auch Ihrer Karriere einen Schub verleihen. Je mehr Sie lesen, desto mehr wissen Sie, und desto mehr können Sie dieses Wissen mit anderen Menschen teilen, was Sie in jedem Umfeld, sei es auf der Arbeit, bei Freunden, auf Partys oder sonst wo, weiterbringt.

Darüber hinaus können Sie durch Speed Reading ungenutzte Stunden am Ende Ihres Arbeitstages produktiv nutzen. Wenn Sie diese Bonuszeit ausschöpfen, können Sie einen Online-Kurs für einen weiteren Abschluss oder eine Zertifizierung belegen, der Ihre Berufsaussichten verbessern und Ihr Gehalt steigern könnte. Ihr Selbstvertrauen wird durch das Erlernen einer neuen Fähigkeit wachsen, da Sie dadurch Ihr Grundwissen erweitern. Sie werden sich auch viel mehr merken können, was seltsam erscheinen mag, wenn man bedenkt, wie schnell Sie die Informationen lesen werden. Aber da Sie so viel mehr Informationen aufnehmen müssen, wird sich Ihr Gedächtnis natürlich weiterentwickeln, vor allem, wenn sich Ihre Lesekompetenzen weiter verbessern.

Glauben Sie nicht nur an mein Wort. Experten untermauern diese Behauptungen. Kein Buch kann die persönliche Erfahrung ersetzen, doch das Konzept „Speed Reading" zog natürlich auch Forscher in seinen Bann, die einen Großteil ihres Lebens mit Lesen verbringen.

Einige Experten diskutieren darüber, ob das schnelle Lesen die Lesegenauigkeit beeinträchtigt und damit lediglich einen Kompromiss darstellt. Wissenschaftliche Studien, wie die der University of Michigan Library, kamen jedoch zu dem Schluss, dass sich die Merkfähigkeit durch die Fähigkeit, schneller zu lesen, verbessert. Ein Artikel aus dem Jahr 2016 in der akademischen Zeitschrift *Psychological Science in the Public Interest* analysierte die

Effektivität des Speed Readings und kam zu dem Schluss, dass es sich bei Speed Reading nicht um ein Wundermittel handelt. Allerdings räumte So *Much to Read, So Little Time* ein, dass es eine wesentliche Verbesserung der Gesamtgeschwindigkeit und Effektivität durch Speed Reading gibt, allerdings mit dem Nachteil eines geringeren Leseverständnisses.

Zum Glück gibt es in diesem Buch Strategien, mit denen Sie diese kleinen Nachteile in den Griff bekommen können, sodass sie praktisch keine Rolle mehr spielen. Sie werden in diesem Buch ebenfalls von Strategien anderer Experten wie Scott Young, Jim Kwik und Evelyn Wood hören, deren Methoden wir uns ebenfalls ansehen werden. Und wenn Ihnen das noch nicht genug ist, dann finden Sie im Internet noch viele weitere Informationen zum Thema Speed Reading. Ron Cole, Jordan Harry, Jim Kwik und Tim Ferriss haben eigene Methoden entwickelt, die die Vorzüge des Schnelllesens belegen. Mit Hilfe meiner eigenen Erfahrungen und der Unterstützung von wissenschaftlich belegten Forschungsarbeiten wird Ihnen dieses Buch als Fibel dienen, wenn Sie noch Anfänger auf dem Gebiet des Speed Readings sind.

Doch wie genau werden Ihnen diese Tipps und Tricks helfen? Als Referenz sollten Sie Folgendes wissen: Ein durchschnittlicher Mensch liest etwa 200-300 Wörter pro Minute. Erscheint Ihnen das als ein guter Wert? Bevor Sie sich Ihre Meinung dazu bilden, was wäre, wenn ich Ihnen sage, dass Sie 1.500 Wörter pro Minute oder mehr lesen können? Die meisten Speed-Reading-Experten legen die Obergrenze der Lesegeschwindigkeit auf 500-600 Wörter pro Minute fest und bezeichnen diese Anzahl als das Maximum, das Sie realistisch lesen können, ohne ernsthafte Einbußen bei der Aufnahmefähigkeit hinnehmen zu müssen. Weltmeister im Schnelllesen wie Anne Jones können jedoch routinemäßig mehr als 3.000 Wörter pro Minute lesen. Jones stellte den Rekord mit 4.700 Wörtern pro Minute mit einer Erinnerungsrate von 67 Prozent auf. Ich kann Sie nicht zu einem Weltrekordhalter im Schnelllesen wie Anne Jones machen, doch Sie werden näher an diese Rate herankommen als an die von Experten genannte Rate. Ich kann Ihnen versprechen, dass Sie mit den in diesem Buch enthaltenen Informationen und Übungen 1.500 Wörter pro Minute als Durchschnittswert erreichen können. Mit reichlich Zeit und Übung werden Sie diesen Wert vielleicht sogar übertreffen. Und wer weiß, vielleicht werden Sie sogar der nächste Weltmeister im Schnelllesen. Seien Sie jedoch realistisch und erwarten Sie nicht, dass dies der Fall sein wird.

Sie werden in den nächsten zehn Kapiteln die folgenden Dinge lernen.

In **Kapitel eins** werde ich die Vorteile von Speed Reading ausführlich erläutern. Diese sind zahlreich und umfassend und reichen von der Steigerung Ihrer Leseleistung bis hin zur Erweiterung Ihres Gedächtnisses und Ihrer Auffassungsgabe. Dieses Kapitel legt den Grundstein für Ihre Erwartungen hinsichtlich dessen, was Sie von diesem Buch erwarten können. Wenn Ihnen nicht gefällt, was Sie hier lesen, können Sie das Buch weglegen, aber ich bezweifle, dass das der Fall sein wird.

Kapitel zwei befasst sich mit drei Missverständnissen über Speed Reading. Ich bin mir nicht ganz sicher, wie diese entstanden sind, doch sie scheinen in der Populärkultur eine beträchtliche Anhängerschaft gefunden zu haben. Schnelles Lesen scheint eine Superkraft zu sein, besonders für bestimmte Personen, die behaupten, 10.000 Wörter pro Minute lesen zu können. Das ist lächerlich. Der zweite Mythos betrifft die Subvokalisation, welche man loswerden sollte, um schnell lesen zu können. Auch das stimmt nicht. Außerdem wird behauptet, dass man durch automatisches Lesen schneller lesen kann. Auch das ist nicht wahr. Dieses Kapitel wird mit diesen Mythen aufräumen.

Kapitel drei fordert Sie dazu auf, sich auf das Niveau einzulassen, auf dem Sie gerade lesen. Indem Sie analysieren, wo Sie jetzt stehen, können Sie die Dinge herausfinden, an denen Sie mit

Hilfe dieses Buches arbeiten wollen. Indem Sie sich bewusst machen, wie Sie lesen und welche Art von Leser Sie sind, können Sie sich selbst zu einem besseren Leser weiterentwickeln.

Kapitel vier führt Sie in ein grundlegendes Prinzip des Schnelllesens ein, nämlich die Berechnung Ihrer Geschwindigkeit. Indem Sie die Formel befolgen, können Sie einen quantitativen Grundwert für Ihre Lesegeschwindigkeit festlegen. Merken Sie sich diese Technik für den weiteren Verlauf. Sie wird sich als nützlich erweisen, um Ihre Lesegeschwindigkeit und deren Entwicklung zu messen.

Kapitel fünf führt Sie direkt in die Verbesserung Ihrer Lesegeschwindigkeit ein, indem es Ihnen die Tipps und Tricks an die Hand gibt, die Sie für den Anfang brauchen. Dazu gehört in erster Linie das Setzen von Zielen, um Ihre Erwartungen zu definieren und sicherzustellen, dass Sie die richtige Balance zwischen Ehrgeiz und Wirklichkeit finden. Dazu gehört auch das Skimming, die bekannteste Speed-Reading-Technik. Diese und weitere Techniken, wie das Stoppen der Subvokalisation, das Lesen von Wortgruppen, Meta-Guiding, Rapid Serial Visual Presentation, werden die Grundlage für Ihre Speed-Reading-Fähigkeit bilden.

Kapitel sechs wird Ihre Befürchtungen zerstreuen, dass Sie Ihr Leseverständnis für die Geschwindigkeit opfern könnten. Dies ist ein Argument, dass die Gegner des schnellen Lesens oftmals anführen. Das Leseverständnis geht jedoch über das bloße Aufnehmen und Verstehen der Wörter hinaus. Es erstreckt sich auf die Visualisierung, die Erweiterung Ihres Wortschatzes und andere aktive Lesestrategien. Schnelles Lesen kann zwar zu kleinen Einbußen bei der Merkfähigkeit führen, doch die Übungen in diesem Kapitel werden Ihnen dabei helfen, diese Verluste erheblich zu verringern. Schnelles Lesen beeinträchtigt also nicht unbedingt Ihr Leseverständnis.

In **Kapitel sieben** werden Sie feststellen, dass die Grundlage dafür, besser im Lesen zu werden, darin besteht, mehr zu lesen.

Auf diese Weise werden Sie immer besser mit den Dingen vertraut, die Sie lesen, und entwickeln Routinen und Gewohnheiten, die Ihnen beim weiteren Lesen helfen werden. Der entscheidende erste Schritt, um ein Meister des schnellen Lesens zu werden, ist die Etablierung einer starken Ausgangsbasis.

Kapitel acht beschäftigt sich mit dem Problem, den Überblick über Ihren Lesevorgang zu behalten, und gibt Ihnen eine Struktur an die Hand, um Ihre Gewohnheiten zu dokumentieren. In Kapitel acht erhalten Sie bewährte Methoden. Allerdings muss ich einräumen, dass sich die Zeiten geändert haben und dass heutzutage neue Methoden existieren, die Ihnen genauso helfen können wie die alten. Es ist viel weniger wichtig, wie Sie Ihren Lesevorgang im Blick behalten, als die Tatsache, dass Sie es tun. Dies vermittelt Ihnen ein gutes Gespür in Bezug auf Ihren Fortschritt, und zwar unabhängig von der Geschwindigkeit, mit der er eintritt, und hilft Ihnen so dabei, Ihre Leseziele zu erreichen. Doch was ist die beste Methode, um den Überblick zu behalten? Messen Sie die Geschwindigkeit, mit der Sie lesen, indem Sie die Formel in Kapitel vier immer wieder anwenden. So erhalten Sie nachprüfbare Werte, die Sie nach Belieben analysieren können.

In **Kapitel neun** tauchen wir tiefer in eine der beliebtesten und erfolgreichsten Speed-Reading-Techniken ein. Skimming und Scanning klingen aufgrund ihrer Konnotationen wie billige Tricks, doch in Wirklichkeit helfen sie Ihnen dabei, die wichtigsten Teile der Lektüre zu identifizieren und zu erfassen. Ich werde in dieser Einleitung nicht zu viel darüber verraten, aber diese Methoden erfordern einen viel aktiveren und engagierteren Lesestil, als Sie vielleicht bisher dachten.

In **Kapitel zehn** erfahren Sie schließlich alles über die fortschrittlichsten Lesetechniken, direkt von Experten wie mir selbst. Auf den ersten Blick scheinen diese identisch mit den Methoden aus Kapitel fünf zu sein, aber es wäre angemessener, sie als Erweiterungen der Methoden in Kapitel fünf zu bezeichnen. In diesem

Kapitel geht es um eine der ersten Speed-Reading-Experten, Evelyn Wood, von der Sie etwas über eines der seltsamsten Dinge erfahren können, die in den 1960er Jahren auf einem College-Campus passiert sind.

Denken Sie an die klügsten Menschen, die Sie kennen, sei es aus der Popkultur oder aus Ihrem Arbeits- oder Familienleben. Beneiden Sie sie um die schiere Menge der Dinge, die sie wissen? Wünschen Sie sich, dass Sie die Dinge tun und sagen könnten, die sie tun? Wollen Sie mit Ihrem neu erworbenen Wissen angeben, um sich zu revanchieren und vielleicht endlich den Sieg bei Ihrem wöchentlichen Quiz zu erringen? Speed Reading kann Ihnen hierbei als Geheimwaffe dienen. Wenn Sie dieses Buch weiterlesen, können Sie sich dadurch eine Menge Wissen aneignen und sich einen Vorsprung verschaffen, in welcher Form auch immer. Alles, was Sie dazu benötigen, sind kleine Änderungen an Ihren derzeitigen Lesepraktiken und -gewohnheiten, die ich in diesem Buch beschreibe. Mit Hilfe dieser Methoden werden Sie in die Lage versetzt, Ihren täglichen Informationskonsum exponentiell zu verbessern.

Wie auch immer Sie es messen wollen, ob in Form von gewonnenen Wörtern pro Minute, verbessertem Leseverständnis oder Zeitersparnis: Speed-Reading-Techniken machen Sie zu einem besseren Leser. Sie werden all diese Vorteile am eigenen Leib erfahren und Ihre Lesezeit von einer lästigen Pflicht in eine Sache verwandeln, die Sie aufgrund des Gefühls, das Sie dabei haben, oder aufgrund der Fähigkeiten oder des Wissens, das Sie dabei erwerben, gerne tun. Mit dem Kauf dieses Buches haben Sie den ersten Schritt getan, um ein großes Potenzial zu nutzen.

KAPITEL EINS:

Inwiefern wird Speed Reading Ihnen helfen?

Lassen Sie uns mit einem Gedankenexperiment beginnen. Denken Sie an den gesamten Lesestoff, den Sie an einem bestimmten Tag zu erledigen haben. Zählen Sie alle E-Mails, Texte, Social-Media-Beiträge, Nachrichtenartikel, Briefings oder jede andere Lektüre, die Sie an diesem Tag erledigen. Wie viel Zeit würden Sie sparen, wenn Sie das in einem Drittel der Zeit erledigen könnten, die Sie jetzt dafür benötigen? Oder wenn Sie noch ehrgeiziger wären: Was wäre, wenn Sie dafür nur ein Fünftel der Zeit bräuchten, die Sie jetzt brauchen? Dies scheint fast zu schön, um wahr zu sein, oder nicht? Vielleicht nicht gerade eine Superkraft aus einem Marvel- oder DC-Comicheft, aber sicherlich etwas Erstrebenswertes. Diese Fähigkeit würde den Verlauf des Lebens zahlreicher Menschen verändern.

Schnelles Lesen sowie das Verstehen von Büchern, Artikeln und anderen Materialien unter gleichzeitiger Beibehaltung der Qualität würden es uns ermöglichen, unsere Sichtweisen zu erweitern und unser Wissen zu vertiefen. Wenn Sie dann über neue Fähigkeiten und Kenntnisse verfügen, wären Sie in Ihrem Privatleben, in welcher Form auch immer, erfolgreicher. Sie würden schneller Karriere machen, denn auf Ihre erhöhte Produktivität bei der Arbeit würden Beförderungen oder Gehaltserhöhungen folgen. Unternehmen würden schneller und effektiver arbeiten. Sie wären vielleicht sogar in der Lage, einen nachhaltigeren ersten Eindruck zu hinterlassen, nachdem Sie gezeigt haben, wie gut Sie Bescheid wissen. Dieses Buch wird Ihnen auf diese Weise und darüber hinaus helfen.

Es ist keine Überraschung, dass Sie durch dieses Buch zum Schnellleser werden. Mit den Tipps und Tricks in diesem Buch werden Sie mehr in weniger Zeit lesen. Diese Verbesserung könnte sich in einer Verdopplung oder Verdreifachung Ihrer aktuellen Lesegeschwindigkeit manifestieren. Sie werden lernen, Informationen von geringerer Bedeutung zu überfliegen und nur auf die entscheidenden Informationen zu achten.

Wir werden später noch genauer darauf eingehen, doch es besteht ein Missverständnis in Bezug auf die Skimming-Methode. Manche betrachten diese Methode als eine Art schnelles Überfliegen aller Informationen auf einer Seite, ohne sich vollständig mit ihnen zu beschäftigen. Doch weit gefehlt: Beim Skimming geht es zwar darum, viele Informationen schnell zu lesen, doch es gehört noch viel mehr dazu. Das Überfliegen beruht auf einer gründlichen Vorschau dessen, was Sie lesen möchten, indem Sie sich Schlüsselwörter, Phrasen und Ideen herauspicken, auf die Sie beim Lesen achten. Ihre Augen nehmen diese wertvollen Punkte auf und erlauben es Ihnen, alles zu überspringen, das Sie nicht für wichtig genug halten, wie z. B. Beispiele. Auf diese Weise wird Ihr Gehirn in die Lage versetzt, dieselben wichtigen Informationen in kürzerer Zeit aufzunehmen.

Viele Menschen betrachten Speed Reading als eine Art Trick, als eine Methode, die ihr Leben so sehr verbessert, dass es wie Betrug erscheint. Nur wenige Menschen erkennen jedoch, dass Speed Reading Ihnen noch in anderer Weise helfen kann, als nur schnell zu lesen. Die Lifestyle-Website *Life Hack* veröffentlichte einen Artikel mit dem Titel „10 Gründe, warum Sie Speed Reading lernen sollten" und nannte darin einige umfassende Beispiele. Von Eigenverantwortung bis hin zu verbesserten Problemlösungsfähigkeiten bietet der Artikel eine Menge Gründe, warum Sie diese Fähigkeit erlernen sollten. Laut diesem Artikel hilft Speed Reading Ihnen dabei, sich besser zu fühlen, wo auch immer Sie sind, da Sie über mehr Themen informiert sind und daher intelligenter wirken, wenn Sie sprechen. Besonders auf Partys haben Sie dadurch mehr Gesprächsstoff sowie intelligentere Meinungen, da diese mehr auf Fakten und weniger auf Spekulationen beruhen. Die Speed-Reading-Methode kann Sie auch tatsächlich schlauer machen, da Sie Ihre neu entdeckte Fähigkeit, größere Mengen an Informationen zu konsumieren, in Zertifizierungen oder Abschlüsse umsetzen können. Sind Sie der Ansicht, dass Sie keine Zeit für das Masterstudium oder die Weiterbildung haben, sodass Sie die Teilnahme immer wieder aufschieben? Speed Reading könnte den Unterschied ausmachen und Ihnen dadurch mehr Geld einbringen.

Schnelles Lesen verbessert das Selbstvertrauen

Abgesehen davon, dass Sie sich wohler fühlen und über eine bessere Bildung verfügen, kann Speed Reading Sie selbstbewusster machen, besonders am Arbeitsplatz. Wenn Sie Ihre Zeit und Ihre neu gewonnenen Lesefähigkeiten dafür einsetzen, all die Dinge, die mit Ihrem Job zu tun haben, aufzufrischen, werden Sie darin besser werden. Und die Sicherheit, die Sie auf Partys ausstrahlen, wird auch bei Gesprächen mit Ihrem Chef eine Rolle spielen. In dieser Situation und überall dort, wo Sie auf argumentativen Widerstand stoßen, werden Sie ruhig und leicht mit Fakten und Tatsachen antworten, an die Sie sich dank der Speed-Reading-Methode erinnern.

Schnelles Lesen verbessert das Erinnerungsvermögen

Apropos, Sie werden sich viel mehr merken können, nachdem Sie gelernt haben, schneller zu lesen. Das ergibt Sinn, da Ihre Lesefähigkeit und Ihr Verständnis davon abhängen, wie gut Sie sich den Lesestoff merken können. Es gibt zwar definitiv eine erforderliche Menge an Gedächtniskapazität, die Sie brauchen, um überhaupt lesen zu können, aber mehr zu lesen, vor allem schneller, trägt dazu dabei, Ihr Gehirn zu trainieren. Durch das Lesen werden in Ihrem Gehirn mehr Verbindungen zwischen Informationen und Gedächtnis hergestellt, sodass es Ihnen leichter fallen wird, sich schnell nützliche Fakten oder Wissen zu merken. Wie schön wäre es, sich rechtzeitig an die Dinge zu erinnern, die Sie erledigen müssen, ohne urplötzlich panisch zu werden, was oftmals mit einem schlechten Gedächtnis einhergeht? Doch das ist noch nicht alles: Ein besseres Gedächtnis kann Sie auch kreativer machen.

Schnelles Lesen beschleunigt den Lernprozess

Der offensichtlichste Vorteil von Speed Reading ist natürlich, dass Sie dadurch schneller lernen können. Wenn Sie weniger Zeit pro Lesevorgang benötigen, dann bedeutet das, dass Sie mehr lesen können. Mehr lesen bedeutet auch mehr lernen. Dazu gehört auch, dass Sie klüger werden. Sie sind schlauer, fühlen sich wohler und selbstbewusster, sind gebildeter und können sich an mehr Dinge erinnern, was Ihrem Gehirn enorm dabei hilft, neue Synapsen bzw. Verbindungen zwischen Gehirnzellen zu schaffen. Je mehr neuronale Bahnen Ihr Gehirn nutzen kann und je stärker diese sind, desto besser werden Ihre Denkleistungen.

Schnelles Lesen schärft den Fokus und reduziert Stress

In diesem Zusammenhang können Denkvorgänge, insbesondere in Kombination mit der Art von Konzentration, die das Speed Reading erfordert, meditative Qualitäten hervorrufen. Denken Sie daran, wenn Sie ganz bei der Sache sind, egal bei welcher Tätigkeit, sei es Sport, Arbeit, Kunst oder eine beliebige andere Aktivität. Damit meine ich dieses besondere Gefühl, wenn all die Dinge um Sie herum keine Rolle mehr spielen und Sie Ihre gesamte Aufmerksamkeit auf eine Aufgabe richten können. Speed Reading tendiert dazu, dieses Gefühl in Ihnen zu erzeugen. Die Speed-Reading-Methode hilft Ihnen nicht nur dabei, sich zu konzentrieren, sondern besitzt auch stark stressabbauende Eigenschaften. Dies führt zu einer allgemeinen Verbesserung Ihres emotionalen Wohlbefindens. Aufgrund der entspannenden Natur des Lesens reduziert die

Speed-Reading-Methode Stress und lenkt Sie von Sorgen und anderen aufdringlichen Gedanken ab, die Ihrer Gesundheit weder zuträglich noch förderlich sind. Sie nehmen das Lesematerial förmlich in sich auf, wenn Sie schneller lesen, und dieser Prozess fördert die Konzentration auf die Informationen, die Sie lesen, mehr als alles andere. Während dieses Akts der aktiven Meditation erreichen Sie den gleichen meditativen Zustand wie ein buddhistischer Mönch.

Schnelles Lesen eröffnet Karrierechancen

Natürlich können Sie sich durch eine Abnahme Ihres Stresslevels auf wichtigere Dinge konzentrieren, z. B. auf Ihre Karriere. Glauben Sie, dass Bill Gates oder seinesgleichen sich durch Stress davon abhalten ließen, einige der größten Innovatoren der Welt zu werden? Die Fähigkeit, Stress zu begrenzen, sei es durch die eingesparte Zeit durch Speed Reading oder durch eine andere Strategie, stellt einen erheblichen Gewinn an Lebensqualität dar. Die Klarheit des Geistes, die sich daraus ergibt, verbessert zum Beispiel Ihre Problemlösungsfähigkeiten. Die besten Ideen, die wir haben, sind gemäß dieser Logik oftmals Instinkte und Speed Reading hilft Ihnen dabei, diese Instinkte zu entwickeln.

Schnelles Lesen verbessert Ihre Logik- und Problemlösungsfähigkeiten

Ein wichtiger Bestandteil der Problemlösung ist natürlich die Logik. Ihre Fähigkeit, logisch zu denken, verbessert sich ebenfalls durch Speed Reading. Denken Sie kurz über die Ziele von Speed Reading nach: Sie müssen große Mengen an Informationen schnell verstehen. Dazu müssen Sie Informationen logisch in zwei Bereiche sortieren, nämlich wichtig und unwichtig. Wenn Sie dies so schnell tun, wie es das Speed Reading erfordert, wird sich Ihre Fähigkeit zum logischen Denken und Verarbeiten von Informationen zweifellos verbessern.

Einige Missverständnisse über Speed Reading

Sie werden feststellen, dass Sie sich auf die Dinge, die Sie lesen, sehr stark fokussieren. Die meisten Menschen sind dazu in der Lage, 200 Wörter pro Minute zu lesen, wobei einige eine höhere Anzahl von etwa 300 Wörtern pro Minute erreichen. Viele Menschen glauben fälschlicherweise, dass sie langsamer lesen und jedes Wort verarbeiten müssen, um sich besser auf das Gelesene konzentrieren zu können. Dies ist aus zwei Gründen falsch.

Erstens sind traditionelle Lesestile und die Methoden, mit denen sie gelehrt werden, nicht effizient.

Zweitens: Menschen lesen langsam, weil sie sich nicht konzentrieren können. Denken Sie über diese Aussage nach. Wie viele Ablenkungen gibt es, wenn Sie sich hinsetzen, um ein Buch zu lesen? Die auffälligste Ablenkung befindet sich wahrscheinlich in Ihrer Tasche, während Sie diese Zeilen lesen. Wenn Ihr Mobiltelefon summt, ist es fast so, als würde die Welt um Sie herum für einen Moment stillstehen, nicht wahr? Es könnte alles Mögliche sein: eine SMS, eine Facebook-Benachrichtigung, ein „Like" für Ihre Instagram-Fotos, Updates für Ihren Twitter-Feed, eine E-Mail von Ihrem Chef oder einfach nur ein lustiges Meme. Was auch immer es ist, unser stark vernetztes Leben schränkt unsere Fähigkeit zur Ruhe ein. Sie haben kaum einen Moment, in dem Sie ungestört sein können. Die erforderliche Konzentration beim Speed Reading macht diesen Punkt jedoch irrelevant. Sie haben keine Zeit, um sich ablenken zu lassen.

Und schon sind wir wieder bei einem der Hauptvorteile des Speed Readings angelangt. Wenn unsere Konzentrationsfähigkeit verbessert wird, verbessern sich auch unser Textverständnis, unser Erinnerungsvermögen sowie unsere Fähigkeit, Informationen zu behalten. Das Gehirn ist wie ein Muskel. Wenn wir unser Gehirn auf diese Weise trainieren, wird es stärker und leistet mehr. Speed Reading fordert unser Gehirn heraus, eine höhere Leistung zu erbringen. Wenn Sie Ihr Gehirn so trainieren, dass es Informationen schneller aufnehmen kann, werden sich auch andere Bereiche Ihres Gehirns verbessern.

Was sagen die Kritiker dazu?

Eine schnelle Google-Suche liefert alle möglichen Artikel und Erfahrungsberichte, welche besagen, dass die Speed-Reading-Methode nicht das ist, was sie zu sein vorgibt. Kritiker dieser Methode argumentieren, dass das Lesen mit solch hohen Geschwindigkeiten das Textverständnis reduziere. Einige Kritiker behaupten, dass das menschliche Auge und Gehirn nicht dazu in der Lage seien, Wörter und Sätze schnell genug zu verarbeiten, um mehr als 600 Wörter pro Minute zu erreichen. Und in der Tat: Gut begründete und bestens finanzierten Studien zeigen, dass Ihr Gehirn nicht schnell genug arbeitet, um mit herkömmlichen Lesemethoden diese Geschwindigkeit zu übertreffen.

Wie kann das sein?

Ist dieses Buch also reine Zeitverschwendung? Nein. Die in diesem Buch enthaltenen Techniken werden Ihnen beweisen, dass herkömmliche Lesemethoden für Lesegeschwindigkeiten von 1.500 Wörtern pro Minute nicht ausreichen. Es gibt viele Studien, die in ihrer Aussagekraft und Vollständigkeit den gegenteiligen Studien ähneln, aber die Legitimität des Lesens mit hohen Geschwindigkeiten bestätigen. Diese Überzeugung geht auf das Jahr 1950 zurück, als die Universität von Nebraska eine Studie mit 150 Wirtschaftsstudenten zum Thema Schnelllesen durchführte. Don Clifton, der Vorsitzende der Fakultät für Psychologie, teilte die Studenten in zwei Gruppen ein, von denen die eine als begabt bezeichnet wurde und eine durchschnittliche Lesegeschwindigkeit von 350 Wörtern pro Minute erreichte. Die andere sogenannte Normal-Gruppe kam auf 90 Wörter pro Minute. Beide Gruppen erhielten den gleichen Schnelllesekurs, was zu unterschiedlichen Reaktionen der Fakultät führte, die befürchtete, dass dies den begabten Studenten schaden würde. Die Normal-Gruppe zeigte eine signifikante Verbesserung und steigerte sich auf 150 Wörter pro Minute. Diese 66-prozentige Steigerung verblasst jedoch im Vergleich zur Gruppe der Begabten, deren Leseleistung auf 2.900 Wörter pro Minute anstieg, was einer Steigerung von 828 Prozent entspricht.

Sie werden die extrem hohe Lesegeschwindigkeit sowie die hohe prozentuale Steigerung bemerken und feststellen, dass dieses Buch eine geringere Leseleistung verspricht. Vielleicht werden Sie diese Studie als Beweis anzweifeln. Das ist in Ordnung, denn es gibt noch viele weitere wissenschaftliche Untersuchungen. Nehmen Sie zum Beispiel die Studie der University of Utah, die von Leann Larsen durchgeführt wurde und den Titel *Does Speed Reading Improve College Student's Retention Level and Comprehension?* trägt. Basierend auf ihrer Analyse von drei Artikeln, die später in diesem Buch besprochen werden, stellte Larsen die Hypothese auf, dass Studenten, die die Speed-Reading-Technik erlernen, mehr Lesestoff verstehen und die Informationen besser behalten als Studenten, die die Methode nicht anwenden. John Macalister von der Victoria University of Wellington in Neuseeland kam zu dem Schluss, dass Speed Reading tatsächlich die Lesegeschwindigkeit von Studenten erhöht, selbst wenn der Text für sie neu bzw. authentisch ist. *Speed reading courses and their effect on reading authentic texts: A preliminary investigation* konzentrierte sich weniger auf das Behalten von Informationen, räumte aber dennoch ein, dass das Merken von Informationen ein kritischer Bestandteil der Studie war und auch bei hohen Lesegeschwindigkeiten erreicht wurde.

Speed Reading führt dazu, dass das Lesen insgesamt mehr Spaß macht

Selbstverständlich tun wir gerne Dinge, die wir gut können, und mit verbesserten Lesefähigkeiten wird das Lesen von einer Sache, der wir uns verpflichtet fühlen, zu einer Aktivität, die wir gerne tun. Und wenn wir Dinge gerne tun, investieren wir mehr Mühe und Energie darauf, besser in diesen Aktivitäten zu werden, ganz egal, ob wir es merken oder nicht. Dieses Buch wird Sie mit fortgeschrittenen Lerntechniken vertraut machen. Wollen Sie eine neue Sprache lernen? Speed Reading hilft Ihnen dabei, die grammatikalischen und vokabularen Nuancen der Sprache Ihrer Wahl zu entdecken und zu beherrschen. Möchten Sie eine neue, karrierebezogene Fähigkeit in Ihre berufliche Tätigkeit einfließen lassen? Auf ähnliche Weise macht Speed Reading Auffrischungs- oder Erweiterungskurse viel leichter zugänglich, sodass Sie sogar Ihren Wert für einen Arbeitgeber steigern können.

Schnelles Lesen beseitigt schlechte Angewohnheiten

Denken Sie einmal darüber nach, wie viele schlechte Gewohnheiten Sie haben. Es erfordert eine bewusste und engagierte Anstrengung, sich diese schlechten Gewohnheiten abzutrainieren und sie zu ersetzen, und es erfordert noch mehr Übung und Disziplin, um die neuen Gewohnheiten beizubehalten, ohne dabei weitere schlechte Angewohnheiten zu entwickeln. Mit Hilfe der Speed-Reading-Methode können Sie Ihre schlechten Angewohnheiten identifizieren und ersetzen. Diese stammen aus Ihrer Grundschulzeit. Jeder von uns hatte einen Lehrer, den er nicht besonders mochte oder bei dem er im Nachhinein feststellte, dass dieser Lehrer in seinem Job versagt hat. Würden Sie sich wünschen, dass dieser Lehrer einen tiefgreifenden Einfluss auf Ihre Vergangenheit, Gegenwart und Zukunft hat? Ich kann mir nicht vorstellen, dass das irgendjemand möchte, besonders wenn dieser Lehrer nicht beliebt war.

Dieses Buch macht diese und viele andere Beispiele greifbar. Um den größten Nutzen aus diesen Tipps und Tricks zu ziehen, empfehle ich Ihnen, die folgenden Materialien zur Hand zu haben, wenn Sie die Übungen in diesem Buch durchführen: Bleistift oder Kugelschreiber, Textmarker, Papier, Taschenrechner, Uhr oder Stoppuhr und natürlich Ihr Buch oder Lesematerial.

Zudem macht Speed Reading Sie zu einem besseren Leser

Bevor Sie diese Aussage als offensichtlich abtun und weiterlesen, möchte ich Ihnen mehr dazu erklären. Natürlich werden Sie durch die Speed-Reading-Technik schneller lesen können. Aber darüber hinaus gibt Ihnen das Speed Reading Techniken an die Hand, mit denen Sie Ihr Leseverhalten noch effizienter gestalten können. Für die Zwecke dieses Buches möchte ich, dass Sie diese Techniken bei hohen Geschwindigkeiten anwenden, Sie können sie jedoch trotzdem bei jeder beliebigen Geschwindigkeit verwenden. Paul Nation schrieb einen Artikel über genau dieses Thema, wobei er den Schwerpunkt auf den Aspekt der Sprachgewandtheit legte. *Reading Faster* stellte gewissermaßen grundsätzlich fest, dass das Erkennen von Buchstaben zu einer schnelleren Verarbeitung von Wörtern und ebenso das Erkennen von Wörtern zu einer schnelleren Verarbeitung von Sätzen und Ideen führen. Anknüpfend an diesen Baustein analysierte er, wie einfache Sätze zu komplexen Sätzen werden. Dies steigert nicht nur das Sprech- und das Schreibvermögen, sondern auch das Lesevermögen. Nation erwähnte zwei Kerntechniken, mit denen sich dieses Buch in den kommenden Kapiteln befassen wird: Skimming und Scanning. Er definierte Skimming als schnelles Lesen eines Textes, das darauf abzielt, das inhaltliche Gesamtbild zu erfassen, allerdings auf Kosten einiger Details. Beim Scanning hingegen muss der Leser nach bestimmten Informationen in Form von Namen oder Zahlen suchen. Nation erkennt die Vorzüge beider Methoden an, räumt aber ein, dass das Überfliegen (Skimming) mehr Nutzen als das Scannen (Scanning) bietet, wenn es um das Erreichen der Sprachflüssigkeit geht. Zusammenfassend stellt Nation fest, dass die Skimming-Methode den nächsten Baustein in der Entwicklung der Sprachflüssigkeit darstellt und zu einer besseren Lesefähigkeit führt, zusammen mit den anderen Funktionen des Schreibens und Sprechens.

Zusammenfassung des Kapitels

- Sie können die Zeit, die Sie derzeit mit Lesen verbringen, erheblich reduzieren.
- Sie können diese eingesparte Zeit mit noch mehr Lesen füllen und so Ihre effektive Lesezeit am Tag vervielfachen.
- Speed Reading hat noch mehr Vorteile als den geringeren Zeitaufwand sowie die höhere Menge an gelesenen Wörtern. Auch neue berufliche Chancen sowie die Entwicklung neuer Kompetenzen und Fähigkeiten lassen sich mit Speed Reading erzielen.
- Speed Reading fordert ineffektive, traditionelle Lesestile heraus und widerlegt die These, dass langsameres Lesen zielgerichteter und effektiver sei.
- Speed Reading fördert die Konzentration, weil es eine intensive Anstrengung erfordert, um Informationen so schnell und genau wie möglich aufzunehmen und zu behalten.
- Speed Reading fordert Ihr Gehirn heraus und stärkt es. Wie bei Fitnessübungen werden durch Speed Reading auch andere Teile Ihres Gehirns unterstützt und gestärkt.
- Speed Reading wird Ihnen dabei helfen, mehr Spaß beim Lesen zu haben, und dafür sorgen, dass Sie besser darin werden.
- Speed Reading verleiht Ihnen die Möglichkeit, neue Fähigkeiten schneller zu erlernen.

Das nächste Kapitel entlarvt Mythen, die Sie vielleicht in der Vergangenheit zum Thema Speed Reading gehört haben. Mit Hilfe von Beweisen und gründlicher Recherche wird Kapitel zwei Ihre Vorbehalte und Missverständnisse zu diesem Thema zerstreuen.

KAPITEL ZWEI:

Drei Mythen, die Ihnen über Speed Reading beigebracht wurden

Es gibt zwar viele Missverständnisse über Speed Reading, doch manche davon sind eher als Mythen zu bezeichnen. In diesem Kapitel werde ich mit drei populären Mythen über Speed Reading aufräumen, um Sie davon zu überzeugen, dass Speed Reading real und effektiv ist und Ihnen enorme Vorteile bringen kann. Diese Mythen übertreiben in Bezug auf das, was Speed Reading ist, wie diese Methode aussieht und was sie für Sie tut. Lassen Sie uns nun ohne weiteres die drei größten Mythen zum Thema Schnelllesen entlarven.

Mythos Nr. 1: Sie können mehr als 10.000 Wörter pro Minute lesen

Lassen Sie uns diese Aussage in eine mathematische Perspektive setzen: 10.000 Wörter mit Times New Roman bei einer Schriftgröße von 12 pt, mit einfachem Abstand sind 20 Seiten, und mit doppeltem Abstand sind es 40 Seiten. Auf jeder Seite befinden sich also 500 Wörter bzw. 250 Wörter. Außerdem entsprechen 10.000 Wörter pro Minute 166 ⅔ Wörtern pro Sekunde, sodass die Geschwindigkeit etwas weniger als eine Seite oder eine halbe Seite pro Sekunde beträgt. Wissenschaftliche Studien zeigen, dass das Gehirn typischerweise Bilder, nicht Wörter, in etwa 100 Millisekunden verarbeitet. In einer Studie des Massachusetts Institute of Technology aus dem Jahr 2014 fanden Neurowissenschaftler heraus, dass das Auge nur 13 Millisekunden benötigt, um Konzepte zu verarbeiten, die in Bildern dargestellt werden. Bei Anwendung dieser beiden Berechnungen ergibt das 16 ⅔ Wörter pro 100 Millisekunden und 2 ⅙ Wörter pro 13 Millisekunden. Diese Geschwindigkeiten sind im wahrsten Sinne des Wortes blitzschnell und offen gesagt unerreichbar, besonders wenn man bedenkt, wie schwierig es ist, Wörter aus einem Satz, einem Absatz oder einer Seite herauszupicken.

Stellen Sie sich das einmal so vor. Dieses Buch besteht aus etwa 30.000 Wörtern. Glauben Sie, Sie könnten realistischerweise ein Drittel dieses Buches in einer Minute lesen? Das ist absurd. Darum geht es beim Speed Reading nicht.

Diese Prozesse erfordern, anders als die in der MIT-Studie gezeigte Verarbeitung von Bildern, die Bewegung und Neufokussierung des Auges, was die Zeit, die zum Lesen und Verstehen der Informationen benötigt wird, erheblich verlängert. Die Behauptung, dass das menschliche Gehirn 10.000 Wörter pro Minute lesen könne, sorgt für großartige Effekte in Filmen oder im Fernsehen. Superhelden wie Superman, The Flash und Quicksilver könnten dies schaffen. Doch es gibt einen Grund dafür, dass diese Lesegeschwindigkeit zum größten Teil Fiktion ist. Nur Übermenschen verfügen über diese Fähigkeit. 10.000 Wörter pro Minute sind einfach unmöglich, oder wie Calvin von *Calvin und Hobbes* sagt: „Lesen ist einfach, wenn man sich nicht um das Verstehen sorgt."

Mythos Nr. 2: Subvokalisation behindert die Lesegeschwindigkeit

Für diejenigen unter Ihnen, die mit dem Begriff Subvokalisation nicht vertraut sind: Subvokalisation ist die innere Stimme, die Sie beim Lesen in Ihrem Kopf hören. Einige Experten für schnelles Lesen behaupten, dass die Eliminierung der Subvokalisation der Schlüssel zum schnellen Lesen ist. Scott Young gesteht jedoch ein, dass dies zwar Ihre Fähigkeit verbessert, Wörter schneller zu verarbeiten, der Kompromiss jedoch eine deutliche Abnahme des Verständnisses ist. Wie können Sie also darauf hoffen, schneller zu lesen, wenn Sie die Subvokalisation nicht eliminieren? Da die

Subvokalisation für das Leseverständnis von entscheidender Bedeutung ist, sind die schnellsten Leser ganz einfach besser und schneller darin. Ein Beweis für die Wirksamkeit dieser Praxis: Die NASA hat ein System zur Registrierung der Subvokalisation entwickelt, um damit im Internet zu surfen oder ein Raumschiff zu steuern. Auf genau die gleiche Weise, wie die Subvokalisation Ihnen beim Erlernen einer neuen Sprache hilft, erleichtert sie Ihr Leseverständnis.

Mythos Nr. 3: Lesen ist das Gleiche wie das Üben von Speed Reading

Man könnte meinen, dass der einfache Akt des Lesens uns in die Lage versetzt, schneller zu lesen. Doch wie bei jeder Praxis entwickeln wir schlechte Angewohnheiten, die wir oft nicht erkennen, wenn wir die Techniken oder Methoden absichtlich nicht richtig anwenden. Wenn wir darauf abzielen, ein vollständiges oder übergenaues Verständnis zu erlangen, kann es vorkommen, dass wir Sätze oder Absätze erneut lesen oder uns auf Wörter oder Ausdrücke fixieren, die wir nicht kennen. Außerdem praktizieren Sie kein Speed Reading, wenn Sie nicht aktiv Ihre normale Lesegeschwindigkeit erhöhen.

Vielleicht sagen Sie nun, dass die Bestseller, die Sie lesen und gar nicht mehr aus der Hand legen wollen, dieser Aussage widersprechen! Ihr Argument ist stichhaltig, solange Sie die Tatsache berücksichtigen, dass diese Bücher dazu gedacht sind, schnell gelesen zu werden. Sie verlassen sich auf einfache Konzepte, Verständlichkeit und anschauliche Bilder, um die Handlung und die thematischen Punkte voranzutreiben. Außerdem: Wie oft lesen Sie ein solches Buch und können sich dann an den kompletten Inhalt erinnern? Das Üben von Speed Reading erfordert anfangs einen kleinen Verzicht hinsichtlich des Behaltens von Informationen. Fortgesetztes, achtsames Üben wird mit der Zeit auch Ihre Merkfähigkeit verbessern, aber zu erwarten, dass sich Geschwindigkeit und Verständnis gleichzeitig verbessern, ist vielleicht zu optimistisch. Wenn Sie also lesen, dann tun Sie dies mit dem Ziel, die Lektüre zu genießen. Um Ihre Lesegeschwindigkeit zu verbessern, müssen Sie sich gezielt Zeit dafür nehmen.

Zusammenfassung des Kapitels

- Aufgrund ihrer etwas mysteriösen und scheinbar unerreichbaren Natur existieren Mythen über die Speed-Reading-Methode. Diese Mythen haben dazu geführt, dass diese Methode noch geheimnisvoller und unerreichbarer erscheint.
- Diese Mythen existieren, weil Speed Reading zu gut erscheint, um wahr zu sein.
- Der erste Mythos ist die Übertreibung, dass Menschen bis zu 10.000 Wörter pro Minute lesen könnten.
- Der zweite Mythos besteht darin, dass man die Subvokalisation, also die innere Stimme im Kopf beim Lesen, ausschalten müsste, um realistische Werte beim Speed Reading zu erreichen.
- Und schließlich besagt der dritte Speed-Reading-Mythos, dass Menschen ihre Lesegeschwindigkeit auf natürliche Weise verbessern könnten, indem sie einfach normal lesen.

Nachdem wir nun die Vorteile des Speed Readings dargelegt und die Irrtümer in Bezug darauf widerlegt haben, lassen Sie uns nun über Ihre Erwartungen an Ihr eigenes Leseverhalten sprechen. Vielleicht stellen Sie sich vor, Ihren Lesestoff zukünftig in Rekordzeit durchzuarbeiten. Zuerst müssen wir jedoch eine Ausgangsbasis finden. In diesem nächsten Kapitel werden wir daher herausfinden, wo Sie mit Ihrer Lesegeschwindigkeit gegenwärtig stehen.

KAPITEL DREI:

Akzeptieren Sie Ihr Leseniveau

Genau wie jede andere Fähigkeit erfordert der Beginn des Erlernens von Speed Reading Ehrlichkeit bezüglich Ihrer aktuellen Fähigkeiten. Sie würden nie in ein Fitnessstudio oder einen Kraftsportkurs gehen und gleich beim ersten Versuch versuchen, 150 kg oder mehr zu drücken. Wenn Sie ein aufstrebender Schauspieler oder bzw. eine aufstrebende Schauspielerin wären, würden Sie niemals ein Filmset betreten, für das Sie keinen Text einstudiert haben. Wenn Sie ein Künstler wären, würden Sie niemals Ihr erstes Gemälde in einem Museum neben einem Picasso erwarten. Sie verstehen, worauf ich hinaus will.

Auf die gleiche Weise müssen Sie die Tatsache anerkennen und annehmen, dass Sie vielleicht ein Anfänger beim Schnelllesen sind. Sie werden zwar zweifellos Ziele haben, die Sie am ersten Tag anstreben, aber Sie müssen sich von der Vorstellung verabschieden, am ersten Tag bereits ein Meister im Schnelllesen zu werden. Wenn Sie gegenwärtig etwa 200 Wörter pro Minute lesen, wird es mehr als einen Tag Arbeit erfordern, um eine Lesegeschwindigkeit von 1.500 Wörtern pro Minute zu erreichen und zu halten. Jetzt, da ich Ihnen diese unbequeme Wahrheit gesagt habe, sage ich Ihnen aber auch: Wir alle fangen an einem bestimmten Punkt an und wo auch immer dieser Ausgangspunkt sein mag, ist es völlig in Ordnung. Außerdem haben Sie sich ja mit dem Kauf dieses Buches dazu entschieden, sich zu verbessern. Doch wie in allen Bereichen des Lebens gilt auch hier: Um zu wissen, wo man hin will, muss man wissen, wo man anfangen soll. Setzen Sie sich hohe Ziele oder Erwartungen, aber verstehen Sie, dass das Erreichen dieser Ziele nicht einfach ist und vielleicht nicht so schnell geht, wie Sie es sich wünschen. Seien Sie in diesem Fall nicht hart zu sich selbst, sondern arbeiten Sie einfach weiter.

Lassen Sie uns ein bisschen mehr analysieren, wo Sie gerade stehen. Wie würden Sie sich selbst als Leser beschreiben? Was lesen Sie am liebsten? Was können Sie nicht leiden, wenn Sie sie lesen? Was würden Sie gerne öfter lesen? Gibt es bestimmte Dinge, die Sie gerne schneller lesen würden? Gibt es Dinge, die Sie besser verstehen möchten, wenn Sie sie lesen? Am wichtigsten, aber nicht ganz so offensichtlich ist es, die Erklärungen für Ihre Antworten zu finden. Warum haben Sie diese Antworten genannt?

Wussten Sie, dass Lesen keine natürliche biologische Funktion des Menschen ist? Das ist tatsächlich wahr! Im Gegensatz zu Dingen, die wir oft mit Lesen assoziieren, wie Sehen, Hören, Fühlen oder sogar Sprechen, weiß unser Gehirn nicht von Natur aus, wie man liest. Stattdessen erwarb der Mensch das Lesen als Fähigkeit und entwickelte sie kulturell. Dr. Yuval Noah Harari beschreibt in seinem Buch *Sapiens: A Brief History of Humankind* die Evolution des Lesens und Schreibens von seinem Ursprung als Buchführungssystem für Getreidelager und Einkäufe bis heute. Durch die Übernahme anderer entwickelter kognitiver Strategien wie Bilderkennung und linguistisches Analysieren integrierte die Sprache zunächst Dinge, die man anfassen, sehen, hören, riechen oder schmecken konnte. Konkrete Vorstellungen wie diese erlaubten es schließlich, abstrakte Ideen zu vermitteln, wie z. B. Religionen, Mythen, Fantasien oder Legenden. Dies schuf eine scharfe Gegenüberstellung zwischen der physischen Realität, die wir alle gemeinsam haben, und der imaginierten Realität, die jedem von uns innewohnt.

Es dauerte viele tausend Jahre, etwa bis zur landwirtschaftlichen Revolution, bevor die Schrift und damit das Lesen erfunden wurde. Dieser Prozess, den wir täglich nutzen und als selbstverständlich ansehen, hat eine lange und komplizierte Geschichte. Lesen und Schreiben sind für den Menschen schwierig und irgendwie unnatürlich. Andernfalls wäre die weltweite Alphabetisierungsrate höher als die 86,31 %, die von der Weltbank als aktuelle Zahl genannt werden. Es kann sein, dass Sie diesen Prozentsatz als sehr gut erachten, und das ist er auch. Er ist besser als jemals zuvor. Dennoch beweist diese Zahl eine entscheidende Tatsache: Lesen ist keine angeborene, instinktive Fähigkeit.

Jenseits der esoterischen, metageschichtlichen Perspektive gibt es handfestere Hindernisse für die Verbesserung Ihrer Lesegeschwindigkeit. Wenn Sie frustriert sind, können Sie gerne eines oder mehrere davon dafür verantwortlich machen. Ganz allgemein könnte die Unkenntnis des Themas den größten Einfluss auf Ihre Fähigkeit zum schnellen Lesen haben. Abstrakte und schwer verständliche Themen werden mit ziemlicher Sicherheit Ihre Lesegeschwindigkeit verlangsamen, während Sie sich mit dem Inhalt auseinandersetzen. Zweitens: Wenn Sie die Wörter nicht kennen, werden Sie ebenfalls langsamer. Je mehr Wörter Sie nicht kennen, desto mehr werden Sie überlegen müssen, um herauszufinden, was sie bedeuten, bevor Ihre Sturheit Sie dazu bringt, ein Wörterbuch zu Rate zu ziehen. Und schließlich wird es Ihren Lesefortschritt behindern, wenn Sie die Laute nicht kennen. Das kommt in Ihrer Muttersprache nicht besonders häufig vor, aber hin und wieder schon. Lehnwörter aus anderen Sprachen können Sie während des Lesevorgangs verwirren, genauso wie beim Erlernen einer Fremdsprache. Umgekehrt gilt: Je mehr Sie über das Thema, die Wörter und die Laute wissen, desto mehr wird sich Ihre Lesegeschwindigkeit erhöhen.

Zusammenfassung des Kapitels

- Bevor Sie dorthin gelangen können, wo Sie hinwollen, müssen Sie wissen, wo Sie sich jetzt befinden – in dieser Hinsicht unterscheidet sich Speed Reading nicht von anderen Dingen.
- Denken Sie an sich selbst als Leser. Das ist der beste Weg, um Ihren Ausgangspunkt zu bestimmen, wenn Sie schneller lesen wollen.
- Verstehen Sie, dass Lesen nicht etwas ist, das Sie als selbstverständlich ansehen sollten, und dass es den menschlichen biologischen Standard-Hardware-Einstellungen

eigentlich fremd ist. Ihre Vorfahren haben den Lesevorgang vor Jahrtausenden in einem komplizierten Prozess entwickelt.
- Noch wichtiger ist, dass es Einschränkungen für Ihr Lesevermögen gibt. Wenn Sie das Thema, die Wörter oder die Laute der Lektüre nicht kennen, kann dies Ihren Fortschritt behindern.
- Umgekehrt wird Ihnen mit zunehmender Kenntnis des Themas, der Wörter und der Laute das Lesen leichter fallen.

Jetzt haben wir eine Art abstrakte Ausgangsbasis geschaffen, die auf Ihrer eigenen Beschreibung von sich selbst als Leser und dem Verständnis basiert, dass Lesen schwierig und kompliziert ist. Im nächsten Kapitel werden Sie eine eher quantitative Bewertung Ihrer grundlegenden Fähigkeiten als Leser vornehmen, indem Sie Ihre Lesegeschwindigkeit berechnen. Dadurch wird Ihr abstraktes Ziel, generell schneller lesen zu wollen, in ein konkretes Ziel umgewandelt, nämlich um wie viel schneller Sie im Vergleich zu Ihrer aktuellen Lesegeschwindigkeit lesen wollen.

KAPITEL VIER:

Wie Sie Ihre Lesegeschwindigkeit berechnen

Wenn Sie versuchen, Ihre Lesegeschwindigkeit zu erhöhen, dann müssen Sie diese im Auge behalten. Diese Berechnung wurde für Studenten entwickelt, die den LSAT ablegen, den standardisierten Test für Personen, die in den USA ein Jurastudium aufnehmen möchten. Befolgen Sie die Anweisungen, um eine gute Schätzung Ihrer effektiven Lesegeschwindigkeit zu erhalten.

Die Formel

Schätzen Sie die Anzahl der Wörter auf einer Seite, indem Sie die Anzahl der Wörter in zwei Zeilen zählen und durch zwei dividieren. Wenn sich also 37 Wörter in zwei Zeilen befinden, beträgt die Wortanzahl pro Zeile 18,5.

Zählen Sie die Anzahl der Zeilen auf der Seite. Multiplizieren Sie sie mit der Anzahl der Wörter pro Zeile. Wenn es also 50 Zeilen auf einer Seite gibt, sind 50 x 18,5 = 925 Wörter auf einer Seite.

Wenn Sie es noch genauer haben wollen, können Sie einfach eine Software verwenden, um die Anzahl der Wörter auf einer bestimmten eBook-Seite zu überprüfen.

Lesen Sie eine Seite. Messen Sie, wie lange Sie dafür in Sekunden brauchen.

Teilen Sie die Wörter pro Seite durch die Sekunden, die Sie zum Lesen der Seite gebraucht haben. Multiplizieren Sie mit 60, um die Wörter pro Minute zu erhalten. Für diese Übung nehmen wir an, dass Sie vier Minuten und 30 Sekunden gebraucht haben, um die Seite zu lesen. Das ergibt 270 Sekunden. 925 geteilt durch

270 ist gleich 3,425. Das mal 60 ist ungefähr 205 Wörter pro Minute.

Wiederholen wir diese Formel und vereinfachen sie hier. Bestimmen Sie die Wörter pro Zeile (words per line, WPL). Bestimmen Sie dann die Zeilen pro Seite (lines per page, LPP). Multiplizieren Sie WPL mit LPP, um die Wörter pro Seite (words per page, WPP) zu erhalten. Holen Sie nun Ihre Stoppuhr. Starten Sie sie. Lesen Sie die Seite. Rechnen Sie die Zeit in Sekunden um. Teilen Sie die WPP durch die Sekunden. Multiplizieren Sie das Ergebnis mit 60, um die Anzahl Ihrer Wörter pro Minute (WPM) zu erhalten.

Noch einmal: Die Formel lautet wie folgt:

WPM = WPP (LPP x WPL) / Sekunden x 60

Jetzt können Sie Ihren eigenen WPM-Wert (also Ihre Lesegeschwindigkeit) berechnen, aber bevor Sie das tun, sollten Sie ein paar Schritte unternehmen, um sicherzustellen, dass Sie konzentriert sind:

- Finden Sie einen ruhigen Platz, um alleine zu lesen
- Eliminieren Sie Ablenkungen (Fernseher, Handy, Browser-Tabs usw.)
- Stellen Sie sicher, dass Sie es bequem haben
- Halten Sie Ihre Stoppuhr und Ihr Buch bereit

Haben Sie alles verstanden? Berechnen Sie nun Ihre eigene Lesegeschwindigkeit und schreiben Sie sich die Zahl irgendwo auf, damit Sie Ihren Fortschritt beim Lesen dieses Buches verfolgen können.

Messen Sie in regelmäßigen Abständen die Geschwindigkeit, mit der Sie lesen. Idealerweise sollten Sie das gleiche Buch oder zumindest den gleichen Autor verwenden, um den Test zu standardisieren. Andernfalls würden Sie eine ungenaue Einschätzung Ihrer Lesegeschwindigkeit erhalten. Das Lesen desselben Buches stellt sicher, dass Sie nicht aufgrund der Schwierigkeit des zu lesenden Buches schneller oder langsamer lesen. Es kann auch ein Buch sein, das Sie bereits gelesen haben. Das kann sogar besser sein als ein Buch, das Sie nicht gelesen haben, weil Sie zumindest theoretisch alle Wörter des Buches kennen sollten.

Nachdem Sie den Test durchgeführt und Ihre eigene Lesegeschwindigkeit berechnet haben, sehen Sie unten, wo Sie stehen. Diese Zahlen stammen aus einer von Staples gesponserten Studie zur Vermarktung eines E-Books und wurden in einem Artikel der Zeitschrift Forbes zitiert. Verwenden Sie diese Angaben nur als Richtwert, um zu beurteilen, wo Sie stehen. Lassen Sie sich nicht entmutigen, wenn das Ergebnis nicht Ihren Vorstellungen entspricht, denn wenn Sie bis hierher gelesen haben, haben Sie ein gutes Engagement zur Verbesserung Ihrer Lesegeschwindigkeit gezeigt. Mit Zeit und Übung sollte sich Ihre Geschwindigkeit deutlich erhöhen.

- Die durchschnittliche Lesegeschwindigkeit eines Erwachsenen beträgt 300 Wörter pro Minute.
- Ein typischer Drittklässler liest mit einer Geschwindigkeit von 150 WPM.
- Schüler der achten Klasse erreichen normalerweise eine Geschwindigkeit von 250 WPM.
- Ein durchschnittlicher College-Student erreicht etwa 450 WPM.
- Ein durchschnittlicher Angestellter der oberen Führungsebene erreicht etwa 575 WPM für seinen superwichtigen Firmenjob.
- Wohl auch aufgrund des hohen Bildungsniveaus, das für seinen Job erforderlich ist (in der Regel ein Doktortitel), liest ein durchschnittlicher College-Professor mit 675 WPM, sodass er all die unermesslichen Mengen an Arbeit, die seine Studenten produzieren, bewältigen und trotzdem die Benotungsfristen einhalten kann.

- Schnellleser können Werte von 1.500 WPM oder mehr erreichen, besonders mit Hilfe von Schnelllesebüchern wie diesem.
- Wir haben sie bereits erwähnt, aber Anne Jones ist es wert, noch einmal erwähnt zu werden: Als Weltmeisterin im Schnelllesen erreicht sie erstaunliche 4.700 WPM.

Zusammenfassung des Kapitels

- Das Berechnen Ihrer Lesegeschwindigkeit ist einfach. Wenn Sie die Formel anwenden, können Sie Ihre Lesegeschwindigkeit in fünf Minuten oder weniger bestimmen.
- Schätzen Sie die Wörter pro Seite, indem Sie die Wörter in zwei Zeilen zählen und dann durch zwei dividieren.
- Zählen Sie die Anzahl der Zeilen pro Seite und multiplizieren Sie sie dann mit den Wörtern pro Zeile.
- Alternativ können Sie beim Lesen elektronischer Bücher den gesamten Text auf der Seite markieren und die Anzahl der Wörter mit Ihrem E-Reader überprüfen oder die Wörter kopieren und in ein Programm zur Überprüfung der Wortanzahl einfügen.
- Lesen Sie eine Seite und messen Sie die Zeit, die Sie dafür brauchen, in Sekunden.
- Teilen Sie die Wörter pro Seite durch die benötigten Sekunden, um die Wörter pro Sekunde zu erhalten.
- Multiplizieren Sie diesen Wert mit 60, um Ihre Wörter pro Minute zu erhalten.
- Diese Formel kann wie folgt dargestellt werden: WPM = WPP (LPP x WPL) / Sekunden x 60
- Wiederholen Sie den Messvorgang regelmäßig, um Ihren Fortschritt zu protokollieren, idealerweise mit demselben Buch.
- Verwenden Sie die obigen Informationen als Referenz für Ihre Lesegeschwindigkeit und als Maßstab, an dem Sie Ihre Fortschritte messen, sobald Sie einige Zeit geübt haben.

Herzlichen Glückwunsch! Sie wissen jetzt genau, wo Sie als Schnellleser stehen. Bis zu diesem Punkt im Buch haben Sie eine Menge über die Vorteile des Schnelllesens und einige damit in Zusammenhang stehende Mythen gehört. Sie haben sich eine Vorstellung davon gemacht, wer Sie als Leser sind und die Zahl Ihrer gelesenen Wörter pro Minute berechnet. Sie fragen sich nun vielleicht, wann Sie endlich zu den guten Dingen kommen, nämlich wie Sie Ihre Lesegeschwindigkeit verbessern können. Zum Glück wird das nächste Kapitel das erste sein, das Ihnen die Tipps und Tricks verrät, wie genau Sie das schaffen können.

KAPITEL FÜNF:

Wie Sie schneller lesen können

Setzen Sie sich ein Ziel

Der erste Schritt zum schnellen Lesen geschieht eigentlich schon, bevor Sie überhaupt anfangen, ein Buch, einen Artikel, einen Aufsatz oder etwas anderes zu lesen. Dazu gehört, dass Sie sich ein Ziel für den Lesestoff, den Sie lesen, setzen, und zwar: Was wollen Sie aus der Lektüre, die Sie lesen, herausholen? Wollen Sie in einem Zeitungsartikel die neuesten Entwicklungen über aktuelle Ereignisse erfahren? Oder wollen Sie vielleicht eine neue Fähigkeit erlernen, so wie Sie es jetzt gerade tun? Vielleicht haben Sie den neuesten Bestseller in die Hand genommen, über den alle reden, und Sie wollen ihn endlich selbst lesen. Der genaue Grund oder das Ziel ist nicht annähernd so wichtig wie der Akt, sich eines zu setzen. Ein Ziel vor Augen zu haben, wenn Sie lesen, hilft Ihnen beim Lesen ungemein. Ein Ziel hilft Ihnen dabei, sich darauf zu konzentrieren, warum Sie gerade lesen. Ein Ziel trägt dazu bei, dass Sie während des Lesens bestimmte Informationen aufnehmen, und macht Sie darauf aufmerksam, wenn Sie langsamer werden und sich auf bestimmte, wichtige Passagen konzentrieren müssen, um Ihr Leseverständnis zu maximieren.

Machen Sie etwas, während Sie lesen

Ist damit etwa Multitasking gemeint? Sollte ich versuchen, Haushaltsarbeiten zu erledigen, während ich ein Buch in den Händen halte? Nein, das ist nicht das, was ich Ihnen vorschlage. Viele der Schwierigkeiten, die sowohl beim normalen Lesen als auch beim Speed Reading entstehen, entstehen durch eine passive Herangehensweise an das Lesen. Damit meine ich, dass Sie nichts weiter tun, als Ihre Augen über die Wörter zu bewegen und zu versuchen, sie zu verstehen. In seinem Buch *Breakthrough Rapid Reading* geht Peter Kump auf diese Passivität ein und schafft Abhilfe, indem er eine aktive Beschäftigung mit dem vorschreibt, was Sie gerade tun, in diesem Fall das Lesen. Diese Strategie maximiert Ihre bewusste Konzentration und verstärkt Ihr Verständnis dessen, was Sie lesen. Er zitiert den Psychologen William James und stellt fest, dass die Verbesserung des Gedächtnisses mit der Verbesserung der Gewohnheiten einhergehe, mit denen wir Fakten erfassen. Daraus folgert Kump, dass aktives Lesen und Organisieren während des gesamten Leseprozesses die Art und Weise verbessern, wie Sie Informationen aufnehmen. Doch das ist noch nicht alles. Kump sagt, dass man die Informationen auch nutzen und in irgendeiner Weise anwenden müsse, um sie sich zu eigen zu machen. Ob das nun bedeutet, diese Informationen zu wiederholen oder sie in Zusammenhang mit anderen Dingen zu bringen: Sie werden sich die Informationen schlechter merken können, wenn Sie dies nicht tun. In diesem Kapitel erfahren Sie einige der Möglichkeiten, wie Sie diese Erkenntnis auf Ihr Leseverhalten anwenden können, damit Sie von den Vorteilen des aktiven Lesens profitieren können.

Die Magie der Skimming-Methode (Überfliegen-Methode)

Das Modulieren der Lesegeschwindigkeit wird Ihnen dabei helfen, das Beste aus Ihrer Lektüre herauszuholen und gleichzeitig Ihre Lesegeschwindigkeit zu erhöhen. Wir nennen diese Technik Skimming. Indem Sie selektiv die Informationen lesen, die Sie für am wichtigsten halten und Unwichtiges überfliegen, kann die Skimming-Methode unglaublich effektiv sein, sobald wir die Informationen bestimmt haben, die wir aus einem bestimmten Text erhalten möchten. Skimming kann jedoch auch einem anderen Zweck dienen: Das schnelle Überfliegen eines Textes, bevor Sie ihn näher betrachten, hilft Ihrem Auge und Ihrem Gehirn dabei, die Informationen aufzugreifen, die Sie am meisten interessieren. Dadurch werden Sie mit dem Text im Allgemeinen vertraut, bevor

Sie ihn gründlicher lesen. Laut einer Studie erhöht diese Vorgehensweise das Verständnis merklich.

Denken Sie an das letzte Mal, als Sie für eine Prüfung gelernt haben. Mir ist klar, dass dies bei einigen von Ihnen schon eine ganze Weile her sein kann, aber haben Sie trotzdem Geduld mit mir. Wenn Sie sich auf eine Prüfung oder eine große Präsentation vorbereiten, dann ist Ihre Zeit begrenzt. Also überspringt man natürlich alle Informationen, die einem nicht weiterhelfen würden, und beginnt mit den wichtigsten Informationen. Wir überfliegen die Prüfungsunterlagen schnell, um herauszufinden und zu verstehen, wie sie aufgebaut sind, welche Art von Fragen sie enthalten und welche Teile die meisten Punkte bringen. Von da aus konnten wir uns schneller und effizienter durch die Prüfung bewegen, weil wir wissen, wo die größten Gewinne und Verluste zu erwarten sind. Wenn z. B. eine Aufsatzfrage genauso viel wert ist wie die Multiple-Choice- und Kurzantwortteile zusammen, dann können wir mit dem Aufsatz beginnen, bevor wir zu den Bereichen mit weniger Punkten pro Frage kommen. Wenn wir etwas lesen, finden wir im Allgemeinen die wichtigsten Informationen in der Einleitung sowie im Schlussteil. Mit der Strategie, diese Teile zu lesen und alle anderen Bereiche, die dazwischen liegen, nur zu überfliegen, können wir die Informationen am besten behalten.

Denken Sie darüber nach, die Subvokalisation zu ersetzen

In den folgenden Fällen kann eine Modulation der Subvokalisation erheblich hilfreich sein. Beim Überfliegen opfern wir bereits das Einprägen der Informationen zugunsten der Geschwindigkeit, weil die Informationen für uns nicht so wichtig sind. Da wir dies bereits akzeptiert haben, können wir beginnen, die Subvokalisation zurückzustellen, um diese Abschnitte noch schneller zu lesen. Beim Skimming ist die Subvokalisation mit großem Abstand der Hauptfaktor, der unsere Lesegeschwindigkeit verlangsamt. Durch die Subvokalisation wird unsere Lesegeschwindigkeit auf etwa 300 Wörter pro Minute reduziert, was also einem Fünftel unseres

Potenzials entspricht! Ihre Augen und Ihr Gehirn können Informationen mit einer viel schnelleren Geschwindigkeit verarbeiten. Wenn Sie den Erzähler in Ihrem Kopf davon abhalten, Ihre Lesegeschwindigkeit zu verlangsamen, können Sie Ihre effektive Lesegeschwindigkeit ziemlich schnell verdoppeln.

Moment mal, werden Sie jetzt vielleicht sagen, das ist viel leichter gesagt als getan. Das stimmt! Es kann schwierig sein, die Subvokalisation zu stoppen, besonders wenn Sie das Gefühl haben, dass Sie subvokalisieren müssen, um effektiv zu lesen. Auch ich habe eine ganze Weile gebraucht, um mir diese Angewohnheit abzugewöhnen. Psychologisch gesehen ist es unglaublich schwer, Gewohnheiten abzulegen. Es ist jedoch ziemlich einfach, eine Gewohnheit durch eine andere zu ersetzen. Anstatt zähneknirschend zu versuchen, mit dem Subvokalisieren aufzuhören, lenken Sie sich irgendwie ab. Benutzen Sie Ihren Finger oder einen Bleistift, um den Wörtern zu folgen, hören Sie Musik oder Ihren Lieblings-Podcast oder kauen Sie Kaugummi, während Sie lesen.

Lernen Sie, Wörter während des Lesens zu gruppieren

Eine weitere schwer zu überwindende Angewohnheit ist es, jedes Wort einzeln zu lesen. In der Schule wurde uns beigebracht, dass wir, um einen ganzen Satz zu verstehen, die Bedeutung jedes einzelnen Wortes verstehen müssen. Auch wenn das letzte Mal, dass wir diese Aussage gehört haben, möglicherweise schon sehr lange her ist, halten wir sie immer noch für wahr. Wie oft aber lesen Sie einen Satz, bei dem Sie nicht mehr als ein oder zwei der Wörter kennen? Selbst wenn Sie das tun, können Sie in der Regel mit Hilfe des Kontexts herausfinden, was diese unbekannten Wörter bedeuten. Die Technik, bei der Sie ein paar Wörter um ein anderes Wort herum lesen, um herauszufinden, was es bedeutet, können Sie auch hier anwenden, um mehrere Wörter auf einmal zu lesen und Ihre Lesegeschwindigkeit zu erhöhen.

Sie können das tun, weil Ihr Auge eine Spanne von etwa 4 cm hat. Dies ist mehr als genug, um fünf Wörter zu lesen, oder vielleicht auch nur drei oder vier, wenn die Wörter länger sind. Je besser Sie werden, desto mehr können Sie diese Spanne vergrößern und bis zu neun Wörter schaffen, was Wunder für Ihre Lesegeschwindigkeit wirkt. Auch dies mag leichter gesagt als getan sein, aber wenn Sie sich etwa auf jedes fünfte Wort konzentrieren, dann können Sie die Ergebnisse, die Sie mit dieser Technik erzielen, definitiv überraschen. Es erfordert jedoch ein wenig Übung, bevor Sie diese Fähigkeit voll ausnutzen können. Doch wie in allen anderen Bereichen des Lebens werden Sie auch hier mit Zeit und Übung immer besser. Ich würde Sie jedoch davor warnen, diese Technik für wichtige Informationen, wie z. B. ein Lehrbuch, zu verwenden, bevor Sie sich damit völlig wohl fühlen.

Der bereits erwähnte Artikel „So Much to Read, So Little Time" spricht dieses Phänomen direkt an. Er beschreibt, wie sehr die Sehschärfe unser Sehvermögen sowie den Leseprozess einschränkt, indem sie das Erfassen der Informationen jenseits der Fovea, dem Mittelpunkt des Sehens und der Stelle, an der die Fixierung stattfindet, verhindert. Dieser Bercich macht bis zu 1 Grad in jeder Richtung des Sehwinkels aus und bietet die höchste Sehschärfe im Vergleich zur Parafovea, welche 1 Grad bis 5 Grad vom Sehzentrum entfernt ist. Der Rest des Gesichtsfeldes wird als Peripherie bezeichnet und weist eine geringe Sehschärfe auf. Obwohl der Artikel behauptet, dass die Sehschärfe abnimmt, je weiter man sich vom Sehzentrum entfernt, so ist ein gewisses Erfassen dennoch möglich, wie das weiter unten folgende Bild zeigt. Die Wörter verschwimmen zwar mehr zu den Satzenden hin, sind aber immer noch lesbar und können für die Zwecke des Speed Readings bei höheren Lesegeschwindigkeiten dennoch erfasst werden. Es ist wissenschaftlich erwiesen, dass die Worterkennung am häufigsten und effektivsten in der Fovea stattfindet, jedoch auch außerhalb davon. Wenn Sie mehr darüber wissen wollen, warum das so ist, lesen Sie den Artikel. Darin wird beschrieben, wie Stäbchen und

Zapfen im Auge funktionieren. Leider haben wir in diesem Buch keine Zeit dafür.

Steven Frank schrieb ein Buch namens *Speed Reading Secrets*, als er mit dem Rucksack durch die Welt reiste. Ich empfehle die Lektüre sehr, auch wenn dieses Buch eine aktualisierte und umfangreichere Version davon darstellt. In Bezug auf das Lesen von fünf oder mehr Wörtern auf einmal verrät er darin eine ausgezeichnete Übung, um diese Methode selbst zu entwickeln. Er platziert drei Spalten mit Wörtern auf der Seite und fordert den Leser auf, nur den mittleren fettgedruckten Wörtern zu folgen und zu sehen, wie viele der anderen Wörter er aufnehmen kann, obwohl die Augen des Lesers natürlich von den fettgedruckten Wörtern angezogen werden.

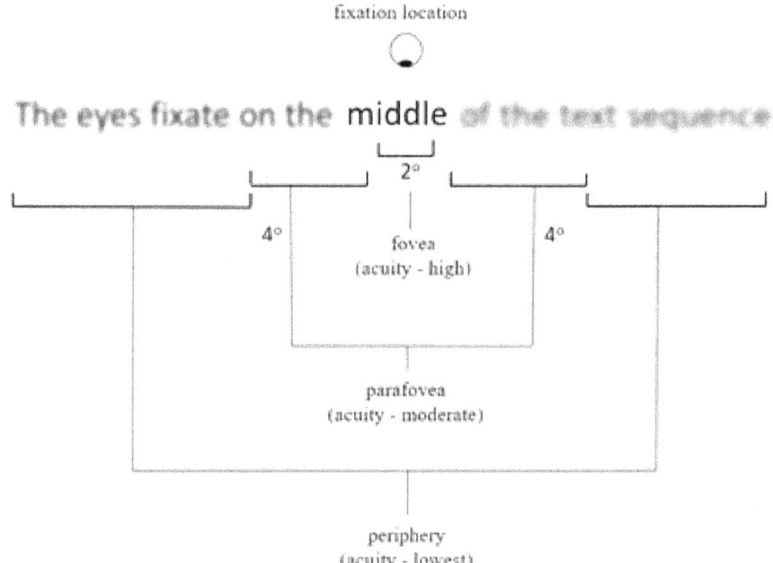

uncle	**penguin**	textbook
school	**light bulb**	jogging
alligator	**airplane**	adventure
umbrella	**soup**	fourteen
symbol	**friend**	bridge
literature	**envelope**	birthday
hungry	**skiing**	tennis
holiday	**shiny**	mathematics
bedroom	**clouds**	degree
green	**pencil**	nighttime
computer	**shoes**	dinner
graduation	**peanut**	candles
calendar	**elevator**	skate
ocean	**wallet**	hearing
sunshine	**brave**	music
mittens	**feather**	sister
history	**title**	doorway
words	**subway**	shampoo
prism	**movies**	occupation
sidewalk	**stomach**	princess

Dann weist er den Leser an, es noch einmal ohne die fettgedruckten Wörter zu versuchen und nur der mittleren Spalte nach unten zu folgen. Der Leser soll sich nur auf den mittleren Abschnitt konzentrieren und herausfinden, wie viele Wörter er trotzdem aufnimmt. Ohne das fettgedruckte Wort, das dem Auge den Fokus nimmt, wird das Gehirn mehr Wörter verarbeiten, da das Auge stärker wandert.

happiness	database	brakes
postage	capital	December
quantity	telephone	wristwatch
Boston	freedom	stapler
panther	pizza	motive
earthquake	socks	newspaper
maple	combination	squash
medicines	shoehorn	antenna
inflation	hammer	clothing
Spanish	detective	spectacle
knot	armchair	banister
postcard	temperature	modem
sticker	catalog	lawyer
bookstore	goggles	island
laundry	telephone	alarm
Monday	elevator	service
village	badge	guarantee
waterfall	note	evening
photograph	concert	plumber
ticket	locomotive	bubble
siren	octopus	professor

Die relativ einfache Übung demonstriert, wie einfach diese Taktik sein kann. Frank weist darauf hin, dass sich diese Technik sogar noch besser auf ganze Sätze übertragen lässt, da sie versuchen, eine vollständige Idee zu vermitteln, und die Wörter in dieser Form viel besser zusammenfließen. Die Wörter stehen nicht wahllos nebeneinander, ohne eine Verbindung zu haben. Sie müssen nicht wirklich jedes Wort lesen, um den Inhalt eines Satzes zu verstehen. Als letztes Beispiel fügt er weitere drei Spalten mit Wörtern ein.

Once	you	train
your	eye	to
read	this	new
way,	you	find
that	it	is
not	so	difficult
to	do.	

Frank weist darauf hin, dass man Sätze manchmal in einzelne Teilsätze aufteilen kann, die gut zusammenpassen und zum Lesen gruppiert werden können. Zum Beispiel: „Bevor er frühstückte, ging er joggen". Allerdings lassen sich nicht alle Sätze so gut aufteilen, und die Länge der Sätze variiert. Manche Sätze werden durch unterschiedliche Wortlängen unzusammenhängend. Die Aufteilung von Wörtern und Sätzen auf der Seite ist jedoch immer noch möglich, wenn man sorgfältig und etwas kreativ vorgeht. Anhand der „Gettysburg-Rede" als Beispieltext zeigt er, wie Sie Texte in Spalten unterteilen können, die besser funktionieren, mit drei oder vier Wörtern pro Spalte.

Four score	and seven years ago	our fathers brought forth
on this continent	a new nation	conceived in liberty,
and dedicated	to the proposition	that all men
are created equal.		
Now we are engaged	in a great civil war,	testing whether that nation,
or any nation,	so conceived and so dedicated,	can long endure.
We are met	on a great battle-field	of that war.
We have come	to dedicate a portion	of that field,
as a final resting place	for those	who here gave their lives

that that nation	It is altogether	fitting and proper
might live.		
that we should do		
this.		

Ron Cole plädiert ebenfalls für diese Art des Lesens und gruppiert zwei, drei, vier oder fünf Wörter zusammen, um diese Fähigkeit zu entwickeln und zu üben. In seinem Buch *SuperReading for Success* stellt er eine innovative und einzigartige Lesemethode vor, die er „Eye-Hop" nennt. Er behauptet, dass allein die vermehrte Anwendung dieser Methode mit einer Steigerung der Leseeffektivität der Probanden korreliere. Seine Methode ähnelt dem Beispiel aus dem Buch von Steven Frank, unterscheidet sich aber darin, dass Cole sich mehr auf die Wörter selbst konzentriert als auf die Spalten, in der sie sich befinden. Er bildet in seinem Buch nur zwei Wortspalten, und die erste umfasst nur Wortpaare. Ein kurzer Auszug über die Grundlagen der Astronomie bereitet das Gehirn des Lesers auf das vor, was kurz darauf folgt. Der Drei-Wort-Eye-Hop beschreibt die Entdeckungsreisen von Ernest Shackleton und anderen berühmten Entdeckern zum Südpol. Der Vier-Wort-Eye-Hop erzählt die Geschichte von The Optimist und fordert das Gehirn weiter heraus, Wörter zu gruppieren. An diesem Punkt, so sagt Cole voraus, werden die meisten seiner Leser den „Durchbruch" erleben und die vollständige Bedeutung des Satzes begreifen, ohne ihn auszusprechen. Wenn dieser Durchbruch auf der Vier-Wort-Ebene nicht passiert, garantiert Cole, dass er angesichts der logistischen Herausforderung, fünf Wörter in einer halben Sekunde auszusprechen, beim Fünf-Wort-Eye-Hop passieren werde. Darin liegt das Ziel des Eye-Hop von Ron Cole. Neben der Verarbeitung von fünf Wörtern auf einmal prognostiziert Cole, dass Sie sich zu 75 Prozent an den Inhalt in allgemeiner Form erinnern werden, allerdings nicht unbedingt Wort für Wort. Er ermutigt seine Leser dazu, so schnell wie möglich zu lesen und dabei mindestens dieses Niveau des Textverständnisses beizubehalten.

Folgen Sie dem Text mit einer Hilfsunterstützung

Wenn diese lange Abschweifung und diese Methode für Sie nicht funktionieren, dann habe ich eine gute Nachricht: Es gibt noch eine weitere nützliche Methode. Meta-Guiding gibt es schon seit einiger Zeit und kann Ihnen dabei helfen, das Ziel zu erreichen, fünf oder mehr Wörter auf einmal zu lesen. Diese Methode gibt das Tempo für Ihr Auge vor, indem Ihr Auge mit einem Kugelschreiber, Bleistift oder Ihrem Finger zu bestimmten Wörtern geführt wird. Indem Sie Ihren Blick verfolgen und die Zeit, die Sie für jedes Wort aufwenden, standardisieren, können Sie Ihre Augen auf der Seite entlang bewegen. Es gibt einen Grund dafür, dass Kinder diese Technik verwenden, wenn sie lesen lernen. Sie hilft ihnen dabei, sich von einem Wort zum nächsten zu bewegen, während sie gleichzeitig die Lesegeschwindigkeit und die Merkfähigkeit erhöht. Auch Erwachsene können von dieser Technik profitieren, wenn auch für andere Zwecke. Der Unterschied ist, dass Erwachsene sie viel schneller anwenden, und genau darin liegt auch der Trick. Je schneller Sie Ihren Finger über die Seite bewegen und ihn mit Ihren Augen folgen können, desto schneller können Sie lesen. Ihr Finger fungiert als Tracker für Ihre Augen, gibt das Tempo für Ihre Augen vor und hilft Ihnen dabei, sich von Wort zu Wort zu konzentrieren.

Jordan Harry von StudyFast spricht über genau dieses Problem und darüber, dass Sie nicht nur Ihren Lesefluss verlangsamen, sondern auch Ihre Augen ermüden, wenn Sie sich zu oft auf jede Zeile fixieren. Routine mildere dieses Phänomen, sagt er, erhöhe die Effizienz Ihrer Augenbewegungen und ermögliche so eine Steigerung der Lesegeschwindigkeit. Ein Teil dieser Effizienzsteigerung hänge von Ihrer Fähigkeit ab, Ihr peripheres Sehen für das Lesen zu nutzen. Wenn Sie dies tun, reduziere sich laut Harry die Anzahl der erforderlichen Fixierungen pro Zeile auf etwa drei. Indem Sie mehr Informationen auf einmal verarbeiten, sollte sich die Qualität des Gesamtüberblicks über die Informationen verbessern, ohne dass das Verständnis darunter leidet. Durch die regelmäßige Übung dieser Methode sollten Sie schneller lesen können.

Harry ist vermutlich eine Legende im Bereich des Speed Readings, denn er ist erst 20 Jahre alt und hat Study Fast auf über 15.000 Menschen in 147 Ländern gebracht. Nach Überwindung einer Sprachbehinderung verfügt er nun über eine Lesegeschwindigkeit von 1.500 Wörtern pro Minute, die gleiche Geschwindigkeit, die dieses Buch verspricht. Harry bietet von Online-Kursen über Workshops bis hin zu Veranstaltungen und Vorträgen zahlreiche Dienstleistungen an. Dies ist angesichts seines jungen Alters ziemlich beeindruckend.

Jim Kwik befürwortet die Meta-Guiding-Methode ebenfalls aus biologischen und entwicklungsbedingten Gründen. Er führt an, dass Kinder diese Methode selbständig anwenden, bis man ihnen sagt, sich nicht darauf zu verlassen. Kinder nutzen diese Methode unbewusst, wenn sie Dinge zählen oder sich besonders auf einen Text konzentrieren müssen. Aus evolutionärer Sicht sind unsere Augen darauf eingestellt, Bewegungen wahrzunehmen, was für das Überleben und die Jagd unserer Vorfahren unerlässlich war. Visuelles Pacing verbessert unseren Fokus, indem es unsere Aufmerksamkeit auf Informationen lenkt, anstatt sie zu segmentieren. Kwik bemerkte ebenfalls die inhärente Verbindung zwischen Sehen und Fühlen, ähnlich wie die Verbindung zwischen Geruch und Geschmack. Der Geruch macht einen großen Teil unserer Geschmacksempfindung aus, was sich leicht beweisen lässt: Wenn Sie beispielsweise eine Erkältung haben, schmeckt Ihnen Ihr Essen einfach nicht so gut. Kwik zitiert viele Experten, die der Meinung sind, dass sie sich beim Lesen besser fühlen, wenn sie einen visuellen Taktgeber verwenden. Der vielleicht größte Hinweis auf diesen Zusammenhang ist jedoch die Entwicklung der Braille-Schrift, die für blinde Menschen entwickelt wurde. Der Tastsinn blinder Menschen wird bei der Braille-Schrift effektiv zu ihrem Sehsinn, wodurch sie lesen können.

Wenn Sie eine einfache Meta-Guide-Technik suchen, bleiben Sie dabei, jede Linie mit einem Stift, Bleistift oder Ihrem Finger nachzuverfolgen. Wenn Sie jedoch auf der Suche nach einer etwas fortgeschrittenen Technik sind, dann finden Sie hier eine Vorschau auf zusätzliche Techniken. In Kapitel zehn, „Schneller lernen mit fortgeschrittenen Lerntechniken", finden Sie die komplizierten Handbewegungen, die von Evelyn Wood entwickelt wurden und die sie 1959 in ihrem bahnbrechenden Ratgeber zum Thema Schnelllesen veröffentlichte. Wood gilt als eine der ersten anerkannten Speed-Reading-Spezialisten und beschreibt mehrere einzigartige Bewegungen, die Sie beim Speed Reading anwenden können, um Ihren Augen dabei zu helfen, die Wörter auf einer Seite schneller aufzunehmen. Bleiben Sie dran und lesen Sie dieses Buch bis zum Ende durch, wenn Sie wissen wollen, wie diese fortgeschrittenen Methoden funktionieren.

Nutzen Sie Apps, um Ihr Lesevermögen zu verbessern

Die Methode „Rapid Serial Visual Presentation" wird oft von Apps verwendet, die bei der Steigerung der Lesegeschwindigkeit helfen sollen. Indem einzelne Wörter auf dem Bildschirm vor Ihnen angezeigt werden, entfällt bei dieser Methode die Notwendigkeit, dass sich Ihre Augen bewegen. Dadurch wird die Zeit, die Sie zum Verarbeiten der Informationen benötigen, stark verkürzt, ähnlich wie bei dem Beispiel des MIT-Experiments zur Bildverarbeitung. Wenn Sie sich an das System gewöhnt haben, wird die App auf natürliche Weise die Geschwindigkeit erhöhen, mit der sie Ihnen Wörter anzeigt, was theoretisch Ihre Lesegeschwindigkeit erhöht. Die Geschwindigkeit, mit der die Wörter angezeigt werden, kann Sie überraschen, sodass Sie gar nicht merken, dass Sie sie verstehen. Der Nachteil diese Methode ist jedoch die Tatsache, dass bei der schieren Menge an Wörtern, die Sie sehen, Ihr Arbeitsgedächtnis überlastet wird. Die Wörter kommen schneller, als Sie mit ihnen umgehen können, und es kann passieren, dass Sie einige davon überspringen oder sie schlicht und einfach nicht verarbeiten.

Wenn Sie sich dazu entscheiden, Apps auszuprobieren, so hat BookRiot eine Liste von Apps zusammengestellt, die Ihnen helfen können, schneller zu lesen. Diese Apps sind: „Spreeder", „Reedy", „Read Me!", „Speed Reading", „Speed Reader", „Quick Reader", „Focus-Speed Reader", „Seven Speed Reading App", „Outread" und „Acereader iPad". Einige Apps sind mit Android und iOS kompatibel, andere nur mit einem dieser beiden Betriebssysteme. Einige funktionieren nur am PC bzw. im Browser. Einige sind kostenlos, während andere im jeweiligen App-Store Geld kosten. Die Auswahl ist groß, aber ich bin mir sicher, dass es eine App für Ihren persönlichen Geschmack gibt, unabhängig davon, wie Ihre Parameter aussehen. Wenn eine App für Sie geeignet zu sein scheint, laden Sie sie herunter und beginnen Sie, sie zum Lesen zu verwenden! Denken Sie daran, dass jeden Tag neue Apps entwickelt werden und alte Apps vom Markt verschwinden, sodass es sein kann, dass es einige der hier genannten Apps nicht mehr gibt, wenn Sie dies lesen.

Eine andere App, die BookRiot nicht erwähnt, die aber in einem *MindTools*-Artikel erwähnt wird, ist „Spritz". Diese App, die eine ähnliche RSVP-Methode verwendet, wurde 2014 unter großem Beifall veröffentlicht und erhielt sogar einen eigenen Artikel in CNN Business, in dem die Reaktionen der Menschen auf diese detailliert beschrieben wurde. Einige waren total begeistert, anderen wiederum gefiel die App gar nicht. Selbstverständlich hat die RSVP-Methode eine Menge Kritiker. Diese App bietet den Unterschied, dass ein Buchstabe in Rot dargestellt wird. Auf diesem kleinen Unterschied basiert die Behauptung, dass „Spritz" die RSVP-Methode effektiver nutze und gleichzeitig die Speicherung der Informationen erleichtere, da der einfarbige Buchstabe das Lesen erleichtern würde. Dieser Unterschied ist laut *Medical Daily* wissenschaftlich untermauert, da unser Gehirn 80 Prozent der Zeit braucht, um den optimalen Erkennungspunkt für ein bestimmtes Wort zu finden und 20 Prozent, um es tatsächlich zu lesen. Der Experte für schnelles Lesen, Scott Young, hält dies jedoch für unwahrscheinlich, da das Gehirn nur einen „Brocken" von drei bis fünf Wörtern auf einmal erfassen kann. Young sagt, dass unser mentaler Arbeitsspeicher einfach nicht das Niveau der Stimulation aushalten könne, das die App „Spritz" verwendet. Er kritisiert auch, dass „Spritz" behauptet, durch wissenschaftliche Ergebnisse gestützt zu werden, obwohl er in diesem Zusammenhang keine glaubwürdige, unabhängige, von Experten bestätigte Forschungsarbeit finden konnte. Alle diese Apps haben eine Gemeinsamkeit: Sie sollen mit Hilfe dieser Apps angeblich 1.000 Wörter pro Minute lesen können, riskieren jedoch dabei Verständnisverlust und Übelkeit. Das Urteil lautet also: Die RSVP-Technologie ist nicht das, was sie zu sein vorgibt.

Ein im Jahr 2000 von der University of Manchester in England veröffentlichtes Konferenzpapier kam zu dem Schluss, dass es genau diesen Kompromiss gebe. Das Konferenzpapier bestätigt, dass diese Technik das Durchstöbern und Durchsuchen von Informationen erleichtert, allerdings mit Einbußen in Bezug auf das Verständnis verbunden ist. Das menschliche visuelle Informationsverarbeitungssystem setzt dieser Technik Grenzen, und das Paper ergänzt, dass es noch vieles zu verstehen gebe, bevor man diese Technik auf breiter Basis in praktischen Anwendungen einsetzen könne.

Vermeiden Sie eine Regression durch eine verbesserte Konzentrationsfähigkeit

Alle diese Praktiken, insbesondere die effektiven, setzen voraus, dass Sie während des Lesens keine Pausen oder Rückschritte machen. Wenn Sie das Ende einer Seite oder die Hälfte eines Artikels erreichen und feststellen, dass Sie das Gelesene nicht verstanden haben, müssen Sie normalerweise zurückgehen und es erneut lesen. In ähnlicher Weise zwingt Sie das Auftauchen eines Wortes, an das Sie sich nicht erinnern können, dazu, anzuhalten und auf die Technik zurückzugreifen, die Sie als Kind verwendet haben: Sie lesen diese Textpassage erneut, um den Kontext des Wortes zu erkennen und so zu verstehen, was es bedeutet. Bei schwierigeren Lektüren geschieht dies häufiger.

Jordan Harry, der bereits erwähnte Unternehmer und Verfechter der Effektivität der Speed-Reading-Methode, macht dafür eher eine nachlassende Konzentration als ein mangelndes Textverständnis verantwortlich. Ablenkungen verursachen eine nachlassende Konzentration mehr als alles andere, selbst wenn wir denken, dass wir aufmerksam gelesen haben. Ganz egal, ob es ein Kommentar von einer Person ist, die sich im selben Raum befindet, eine SMS, die auf Ihrem Telefon erscheint oder ein Gedanke, der plötzlich in Ihrem Kopf auftaucht: Wir lassen uns oft viel leichter und häufiger ablenken, als wir zugeben möchten.

Wie können Sie das ändern? Sie können damit beginnen, Ihr Interesse an dem, was Sie gerade lesen, wieder zu wecken. „Wenn unser Gehirn abschweift, liegt das daran, dass wir passiv geworden sind. Wir müssen neugierig sein", sagt Harry. Werden Sie aktiv neugierig – zapfen Sie Ihr inneres Kind an, das sich immerzu „Aber was bedeutet das?" und „Wer ist das?" fragt. Andere von Harry empfohlene Fragen sind „Wonach suche ich?" und „Welche Schlüsselwörter und Zahlen muss ich finden?". Sie können auch alle paar Minuten in sich gehen und sich einfach fragen: „Was habe ich bis jetzt gelernt?"

Fixieren Sie sich nicht

Neben der Regression ist die andere schlechte Angewohnheit, die es zu vermeiden gilt, die Fixierung. Dies geschieht, wenn unsere Augen an einem Wort oder einer Phrase hängen bleiben, die wir auf einer Seite lesen. Die Fixierung geht oft Hand in Hand mit der Regression und führt dazu, dass wir an zufälligen Stellen verweilen, was unsere Lesegeschwindigkeit behindert. Anstatt zurückzugehen und alles noch einmal zu lesen, friert die Fixierung uns ein, während wir darüber nachdenken, was ein Wort oder ein Satz bedeutet. Harry verweist hierbei wieder auf die Meta-Guiding-Methode. Sie sei ein nützliches Werkzeug während des Lesens, um unsere Lesegeschwindigkeit beizubehalten, sagt er. Oft merken wir nicht, dass wir zu schnell oder zu langsam lesen, bis es zu spät ist und wir entweder unsere Lesegeschwindigkeit oder das

Textverständnis verloren haben. Harry empfiehlt die Meta-Guiding-Methode ebenfalls, um unsere Augen dazu zu zwingen, schneller zu lesen.

Eine weitere schlechte Angewohnheit, auf die Sie beim schnelleren Lesen achten sollten, ist das unkontrollierte Lesen. Was ist damit gemeint? Nun, unkontrolliertes Lesen bedeutet, dass Sie nicht bewusst mit einer bestimmten Geschwindigkeit lesen. Das kann sowohl in die schnellere als auch in die langsamere Richtung funktionieren. Wenn Sie sich in ein Buch vertiefen und die Seiten immer schneller umblättern, weil Sie vom Text gefesselt sind, handelt es sich hierbei um ein unkontrolliertes Leseverhalten. Wenn Ihr Lesefluss zum Stillstand kommt und Sie sich durch jeden Satz quälen, um zu versuchen, den Überblick zu behalten, dann ist das ebenfalls ein unkontrolliertes Leseverhalten. Teilweise ist das normal, da sich natürlich manche Texte schneller oder langsamer lesen lassen. Der Trick dabei ist, zu versuchen, die Lesegeschwindigkeit zu regulieren und ein Gleichgewicht zwischen Geschwindigkeit und Mäßigung aufrechtzuerhalten, wenn der Text dies erfordert. Ein Artikel auf der Website *Develop Good Habits* räumt mit dem Irrglauben auf, dass beim Speed Reading die Geschwindigkeit im Vordergrund stünde, und ermutigt dazu, den Fokus auf die Kontrolle zu legen. Der Geschwindigkeitsaspekt steuert einen Teil der Art und Weise, wie wir lesen, und ist eine ergänzende Fähigkeit, nicht jedoch die eigentliche Quintessenz des Schnelllesens.

Ignorieren Sie unwichtige Wörter

Derselbe Artikel mit dem Titel „How to Read Faster: 9 Steps to Increase your Speed in 2020" bietet dieselben Ratschläge, die wir bereits kennen: Reduzierung der Subvokalisation, Festlegung einer Ausgangsbasis, Meta-Guiding, Minimierung der Augenbewegungen, Überfliegen und Scannen sowie die Bereitschaft, Ihre Lesegeschwindigkeit zu trainieren und zu analysieren. Dieser Artikel enthält jedoch noch einen weiteren interessanten Ratschlag, der oftmals übersehen wird: Überspringen Sie kleine, unwichtige

Wörter. Ausgehend von der Prämisse, dass eine zusätzliche Zeitersparnis von dreißig Sekunden pro Seite auf lange Sicht anderthalb Stunden ausmacht, schlägt der Artikel vor, kleine Wörter wie Artikel und Präpositionen zu überspringen. Sie wissen schon, Wörter, die Ihnen bei einer Partie Scrabble viel mehr nützen würden. Die Logik dahinter besagt, dass der Beitrag dieser Wörter zum Gesamttext bestenfalls minimal ist. In den seltenen Fällen, in denen sie notwendig sind, füllt der Kontext des Satzes die Lücke in der Regel für Sie aus. Nehmen Sie z. B. den letzten Satz und entfernen Sie die kleinen Wörter: in, den, in, denen, der, des, die, in, der, für. Eine Verringerung von 22 Wörtern auf zwölf scheint nicht sehr bedeutend zu sein, aber wenn jeder Satz fast um die Hälfte gekürzt wird, ist das von Bedeutung. Sie können jeden Satz etwa doppelt so schnell durchgehen und die Essenz dessen, was er vermittelt, beibehalten.

Wenn diese Vorgehensweise aus irgendeinem Grund für Sie nicht funktioniert, drehen Sie sie doch einfach um. Anstatt die weniger nützlichen Wörter zu eliminieren, konzentrieren Sie sich darauf, die Schlüsselwörter in einer Lektüre zu finden. Denken wir einen Moment an die grundlegende Grammatik zurück und finden wir das Subjekt sowie das Verb eines Satzes. Ein Satz besteht fast immer aus mehr als nur diesen Bestandteilen, es sei denn, Sie nehmen zum Beispiel den einfachen Satz „Ich rannte". Das Identifizieren der Satzteile gibt Ihnen wichtige Hinweise. Wenn Sie einen Satz lesen, der mit „Der Autor zeigte" beginnt, wird Ihr Blick auf den entscheidenden dritten Teil des Satzes, das Objekt, gelenkt. Was zeigte der Autor? Das Erkennen der drei Bausteine eines Satzes wird Ihnen dabei helfen, den Satz schneller zu verarbeiten und sich auf den Inhalt des Satzes zu konzentrieren. Wenn Sie möchten, kann eine weitere grammatikalische Analyse Ihnen helfen, Haupt- und Nebensätze zu identifizieren, sodass Sie schneller zum Kern eines Satzes gelangen.

Auch ohne jegliche grammatikalischen Kenntnisse oder Beurteilung eines Satzes können Sie es wie Abby Marks Beale machen und einfach auf Wörter achten, die mehr als nur der Satzstruktur dienen. Sie gibt ihren Lesern einen Absatz vor und sagt ihnen, dass sie ihn wie gewohnt lesen sollen. Dann weist sie sie an, nur die fettgedruckten Wörter zu lesen. Ihr Auge wird sich natürlich auf sie konzentrieren, aber nicht auf Kosten der anderen, weniger wichtigen Wörter. Sie sehen sie zwar immer noch, sagt Beale, aber Sie lesen sie nicht und beginnen damit den Prozess, Ihr peripheres Sehen zu erweitern. Hier ist der Absatz, den ich soeben erwähnt habe, im englischen Original.

„The **best way** to achieve this is to **read key words** and/or **phrases. Key words** are the **bigger, more important words** in a **sentence, just like** the **headlines** of a **newspaper provide** the **essence** of the **content. Learning** to **stop** your **eyes** on the **words** that are **typically three letters** in **length** or **longer** and **those which carry** the **most meaning** of a **sentence** are **keywords.**"

Beale bietet auch hier eine Alternative an. Anstatt Wörter herauszupicken, schlägt sie vor, Wortgruppen herauszupicken, die einen Gedanken bilden. Sie bietet einen weiteren Absatz an, der zwei Sätze mit Schrägstrichen enthält, die Gedanken trennen. Sie fordert den Leser auf, den Absatz durchzugehen und dabei die Schrägstriche beim ersten Mal zu ignorieren und beim zweiten Mal zu berücksichtigen. Diese Methode und die oben genannten stellen aktive Lesemethoden dar, die vom Leser verlangen, dass er sich darauf konzentriert, was er liest und wie sich seine Augen über die Seite bewegen. Hier ist das zweite Beispiel, ebenfalls im englischen Original.

„Additionally, sentences contain groups of words/ that form a thought./ Looking for these thought groups/ encourages a wider visual swath/ while gaining higher understanding/ of the material."

Wie bei allen anderen Dingen auch, benötigen Sie auch bei diesen Techniken ein wenig Zeit, um sie zu erlernen. Mit der richtigen Hingabe und Übung können Sie sie jedoch schnell übernehmen und für sich selbst nutzen. Es geht darum, Ihre Augen und Ihr Gehirn darauf zu konditionieren, auf bestimmte Weise zu agieren und auf bestimmte Reize zu reagieren.

Zusammenfassung des Kapitels

- Bevor Sie mit dem Lesen beginnen, setzen Sie sich ein Ziel und behalten Sie es im Hinterkopf, während Sie lesen. Dies erinnert Sie daran, warum Sie lesen, und hilft Ihnen dabei, nach Wörtern und Sätzen zu suchen, die Ihrem Ziel dienlich sind.
- Die Skimming-Methode unterstützt Sie dabei, da Sie mit Hilfe dieser Technik weniger wichtige Abschnitte überfliegen können. Zudem kann die Skimming-Methode Ihnen ebenfalls eine Vorschau auf die Dinge geben, die Sie gerade lesen.
- Beim Überfliegen wird die Subvokalisation zu einem Hindernis für eine schnellere Lesegeschwindigkeit. Aber anstatt sich darauf zu konzentrieren, die Subvokalisation zu stoppen, sollten Sie versuchen, eine neue Gewohnheit zu entwickeln, um die Subvokalisation zu ersetzen. Lesen Sie Gruppen von Wörtern statt einzelner Wörter. Indem Sie drei, vier, fünf oder wie viele Wörter auch immer auf einmal aufnehmen, können Sie die Zeit reduzieren, die Sie für jedes einzelne Wort aufwenden.
- Es gibt mehrere Taktiken, die Ihnen helfen, diese Fähigkeit zu entwickeln. Steven Frank setzt auf vereinfachte Spalten, um Ihre Augen darauf zu trainieren, nur der mittleren Spalte zu folgen, während Sie die linke und rechte Spalte trotzdem noch lesen können.
- Ron Cole erreicht ein ähnliches Ziel mit seiner bekannten „Eye-Hop"-Methode, bei der er vom ersten Wort zum zwei-

ten, dann zum dritten, vierten und fünften springt. Er behauptet, dass seine Leser entweder beim vierten oder fünften Eye-Hop einen Durchbruch erleben werden, da Ihr Gehirn in der halben Sekunde, die Ihr Auge braucht, um vom ersten zum letzten Wort zu springen, einfach nicht jedes Wort dazwischen aussprechen kann. Nichtsdestotrotz verstehen Sie dennoch die wesentliche Aussage der Wortgruppe.

- Bei der Meta-Guiding-Methode wird Ihre Augenbewegung über die Seite geführt und Ihr Lesefluss reguliert, indem sie Ihre Lesegeschwindigkeit standardisiert. Verwenden Sie Ihren Finger, einen Kugelschreiber, einen Bleistift oder etwas anderes, um Ihre Augen zu führen.

- Experten lieben diese Technik, insbesondere Jordan Harry, der im Alter von erst 20 Jahren zum Unternehmer wurde und StudyFast aufbaute, ein Unternehmen mit Sitz in Großbritannien, dessen Chief Executive Officer er ist. StudyFast hat die Grundprinzipien des Schnelllesens übernommen und so angepasst, dass die fast 15.000 Kunden des Unternehmens in 147 Ländern lernen können, schneller zu lesen.

- Auch Jim Kwik ist ein Fan der Meta-Guiding-Methode. Laut Kwik ist diese Methode sehr effektiv, weil sie seiner Meinung nach eine natürliche Sache ist, die wir Menschen von Natur aus tun. Kinder praktizieren diese Methode von sich aus und auch Sie selbst praktizieren Sie unbewusst. Hierbei handelt es sich um einen biologischen Instinkt aus der Zeit, in der wir Menschen noch Jäger und Sammler waren und in der es überlebenswichtig war, sich auf Bewegungen zu konzentrieren. Kwik weist ebenfalls auf die inhärente Verbindung zwischen Sehen und Tasten hin, ähnlich wie bei Geschmack und Geruch, und führt das Braille-Lesesystem als Beispiel an. Er erweitert Ihr Bewusstsein für alles, was beim Lesen eine Rolle spielt, und listet auch Dinge auf, die Ihnen bei der Steigerung Ihrer Lesegeschwindigkeit helfen können. Beginnen Sie damit,

Ihre Augen untersuchen zu lassen und möglicherweise eine Lesebrille zu tragen. Zu den weiteren Empfehlungen gehört, dass Sie in einem kühlen Umfeld lesen, um Ihre Konzentrationsfähigkeit zu schärfen, dass Sie Ihr Umfeld mit Hilfe von Ankern positiv gestalten, um Ihr Unterbewusstsein anzuregen, dass Sie wenn möglich bei natürlichem Licht lesen, dass Sie Musik hören, die etwa der Geschwindigkeit eines natürlichen Herzschlags von 60 Schlägen pro Minute entspricht, dass Sie eine gute Körperhaltung einnehmen, dass Sie ausreichend Wasser trinken und dass Sie Ihr ganzes Gehirn benutzen.

- Viele neue Software-Lösungen oder innovative Apps setzen auf Rapid Serial Visual Presentation (RSVP). Indem die Wörter nacheinander an einer Stelle auf dem Bildschirm platziert werden, müssen Ihre Augen nicht mehr über die Seite wandern, was Ihre Lesegeschwindigkeit erhöhen kann. Diese Methode kann jedoch zu einer Überlastung Ihres Arbeitsgedächtnisses führen und Ihre Merkfähigkeit beeinträchtigen.

- Die RSVP-Technologie ist eine dieser Modeerscheinungen, die während der 2010er Jahre entstanden. Es gibt zahlreiche Varianten dieser Technik und jede von ihnen rühmt sich damit, die Wunderwaffe für schnelles Lesen zu sein. Apps, die auf diese Technik setzen, sind Spreeder, Reedy, Read Me!, Speed Reading, Speed Reader, Quick Reader, Focus-Speed Reader, Seven Speed Reading App, Outread, und Acereader iPad. Diese Apps können Ihnen dabei helfen, schneller zu lesen, jedoch handelt es sich hierbei um eine Art Betrug, da die Texte in den Apps keine richtigen Texte sind und da Ihnen immer nur ein einziges Wort auf einmal gezeigt wird.

- Wie bei jeder Anleitung gibt es auch hier Dinge, die Sie vermeiden sollten. Eine Regression tritt dann auf, wenn Sie im Text zurückgehen und noch einmal lesen, was Sie gerade erst gelesen haben. Dadurch wird Ihr Lesefluss verlangsamt. Laut Jordan Harry ist der Grund für die

Regression eine Konzentrationsschwäche. Seine Abhilfe? Wecken Sie Ihr Interesse an den Dinge, die Sie gerade lesen. Wenn Sie neugierig auf Ihren Lesestoff sind, dann vermeiden Sie damit Ablenkungen und verhindern zudem passives Lesen.

- Es kann Ihren Lesefluss unterbrechen, wenn Sie sich auf bestimmte Sätze oder Wörter fixieren. Harry empfiehlt die Meta-Guiding-Methode, um Ihre Augen in Bewegung zu halten.
- Konzentrieren Sie sich darauf, Ihre Lesegeschwindigkeit zu kontrollieren, und werden Sie nicht zu schnell oder zu langsam. Die durchschnittliche Lesegeschwindigkeit ist für das Speed Reading entscheidend. Es bringt nichts, bestimmte Abschnitte mit 1.000 Wörtern pro Minute zu lesen, wenn Sie beim nächsten Abschnitt nur 200 Wörter pro Minute schaffen. Dadurch sinkt Ihr Durchschnitt deutlich auf 600 Wörter pro Minute. Dies ist zwar eine schnelle Lesegeschwindigkeit, entspricht jedoch nicht unbedingt dem Ziel, das Sie sich gesetzt haben.
- Überspringen Sie unwichtige Wörter, damit Sie die Sätze schneller durchgehen können. Einige Wörter sind zwar grammatikalisch notwendig, tragen aber inhaltlich nicht wirklich viel zu einem Satz bei, besonders wenn der Kontext mehr als ausreicht. Kleine Wörter wie da, so, zu, der/die/das und andere stehen Ihren Bemühungen, Zeit zu sparen, nur im Weg. Dies ist eine andere Fähigkeit und es braucht Zeit, um sie zu entwickeln, sie kann Ihnen jedoch bei Ihrem Ziel, schneller zu lesen, behilflich sein.
- Umgekehrt können Sie sich auf Schlüsselwörter konzentrieren, um Ihr Textverständnis zu erleichtern. Oft ist es einfacher, etwas Positives zu tun, als etwas Negatives nicht zu tun.
- Außerdem können Sie Teile von Sätzen in Gedanken zusammenfassen, um den Satz in weniger Teile zu zerlegen, die Sie verstehen müssen, und so die Fähigkeit Ihres Auges nutzen, mehrere Wörter auf einmal aufzunehmen.

- Wenn Sie Grammatik hassen, dann hat Abby Marks Beale eine Methode für Sie, mit der Sie die wichtigen Wörter von selbst erkennen. Konzentrieren Sie sich auf das Lesen von Wörtern mit drei oder mehr Buchstaben und bewegen Sie sich so schnell wie möglich vorwärts. Sie schlägt außerdem vor, Wörter in einzelne Gedanken zu gruppieren. Diese vier, fünf oder wie viele Wörter auch immer können als eine große Wortgruppe verarbeitet werden und gehören auf natürliche Weise zusammen. Auf diese Weise werde es Ihnen ihrer Meinung nach leichter fallen, Sätze in kleineren Teilen zu verstehen.

Diese Tipps helfen Ihnen dabei, die Lesegeschwindigkeit zu verbessern. Im nächsten Kapitel erfahren Sie mehr über ergänzende Fähigkeiten, die Sie beim Leseverständnis besser unterstützen. Denn was nützt es Ihnen, schnell zu lesen, wenn Sie den Inhalt nicht verstehen? Jeder kann schnell durch die Seiten blättern. Ein wahrer Meister wird die Inhalte, die er liest, obendrein fast vollständig begreifen.

KAPITEL SECHS:

Leseverständnis

Haben Sie schon einmal gedankenlos durch die Seiten eines Buches geblättert, das Sie eigentlich gar nicht lesen wollen? Vielleicht ein Lehrbuch oder Buch, das Ihnen vorgegeben wurde? Nun, das ist genau das, was Sie tun werden, wenn Sie versuchen, schnell zu lesen, ohne sich dabei auf das Textverständnis zu konzentrieren. Es besteht ein erheblicher Unterschied zwischen dem mechanischen Lesen mit hoher Geschwindigkeit um des Lesens willen und dem Verständnis dessen, was Sie lesen. Gleichermaßen besteht ein Unterschied zwischen dem Lesen eines Textes und dem Begreifen desselben. Beim Speed Reading sollte Ihr Ziel nicht sein, so schnell wie möglich durch den Text zu kommen, besonders wenn Sie eine neue Fähigkeit erlernen. Es ist wichtig, dass Sie den Text, den Sie konsumieren, verstehen, vor allem, wenn Sie einen Wissenszuwachs anstreben.

Dies mag zwar seltsam oder kontraintuitiv klingen, doch eine Taktik, die beim Leseverständnis hilft, besteht darin, mehr zu tun als nur die Wörter auf der Seite zu lesen. Visualisieren Sie die Dinge, die Sie lesen. Visualisierung und dynamisches Verständnis gibt es wirklich und das bedeutet, dass Sie beim Lesen visuelle Bilder formen sollten, anstatt die Wörter in Ihrem Kopf zu wiederholen oder sich selbst geistig „zuzuhören". Wenn Sie es schaffen, dies zu tun, werden Sie viel erfolgreicher beim Lesen. Wenn Sie gerade eine Geschichte lesen, sollten Sie sich vorstellen, sich „innerhalb" der Geschichte zu befinden. Wenn Sie Fakten lesen und sich zum Beispiel über ein neues mechanisches Gerät informieren, können Sie sich beim Lesen tatsächlich vorstellen, wie dieses Gerät funktioniert. Die Visualisierung bildet die Grundlage des menschlichen Seins. Das Sehen ist eine für uns Menschen wichtige Fähigkeit und ein Werkzeug, das wir zu unserem Vorteil nutzen können.

Auf der anderen Seite lernen wir, Sprache als Werkzeug zu benutzen, was sie für die menschliche Entwicklung etwas unnatürlich macht. Es bedarf einer bewussten und absichtlichen Anstrengung, um die Sprache in unser Arsenal von Fähigkeiten als menschliche Wesen aufzunehmen. Unterschiedliche Gruppen von Menschen an unterschiedlichen Orten auf der Welt entwickelten die Sprache als eine Reihe von Zeichen und Symbolen, um zu kommunizieren oder um Informationen aufzuzeichnen. Diese Zeichen, Symbole und Klänge haben eine willkürliche Beziehung zu ihren Bedeutungen, weshalb es so viele verschiedene Sprachen gibt. Es ist diese willkürliche Natur, die es schwierig macht, Sprachen zu erlernen, auch wenn wir eine angeborene Fähigkeit haben, sie zu lernen, um zu kommunizieren. Wir sind ständig am Übersetzen, um Sprache zu verstehen.

Um beim Speed Reading die Inhalte effektiv zu verstehen, müssen Sie in ähnlicher Weise die Sprache der Wörter in die Sprache des Geistes „übersetzen", nämlich in die der Visualisierung. Wenn Sie diesen etwas abstrakten Prozess in Ihre Lesepraxis integrieren können, werden Sie feststellen, dass Ihr Leseverständnis um 30 % oder mehr steigt. Indem Sie also den mechanischen Aspekt des Lesens mit dem des menschlichen Verstandes „auf einen Nenner" bringen, können Sie sowohl die Lesegeschwindigkeit als auch das Leseverständnis maximieren. Sie werden feststellen, dass sich Ihre Lesegeschwindigkeit schnell verdreifacht und Sie sich alles, was Sie lesen, auch effektiv merken können.

Das scheint ein besonders hochgestecktes Ziel zu sein. Können Sie wirklich den Punkt erreichen, an dem Sie mehr als 900 Wörter pro Minute lesen und trotzdem jedes einzelne Wort behalten? Lassen Sie sich von dem Versuch, alles zu behalten, nicht beirren. Wenn Sie versuchen, das gesamte Buch auswendig zu lernen, werden Sie wahrscheinlich keinen Erfolg haben. Während einige Leute das Schnelllesen auf die Spitze treiben, gibt es andere, die versuchen, das Einprägen der Inhalte auf die Spitze zu treiben. Wenn Sie nicht über ein eidetisches Gedächtnis, auch bekannt als fotografisches Gedächtnis, verfügen, werden Sie scheitern, selbst, wenn es knapp werden sollte. Höchstwahrscheinlich werden Sie frustriert sein und darüber nachdenken, aufzugeben, weil Sie Ihre Zeit und Ihren Lesestoff nicht voll ausgeschöpft haben. Wenn Sie lesen, um sich Wissen anzueignen, tun Sie das nicht, um sich einen vollständigen Überblick über das Gelesene zu verschaffen, sondern um mentale Modelle in Ihrem Kopf zu bilden. Ein mentales Modell ist im Wesentlichen die Weltanschauung eines bestimmten Konzepts, unabhängig davon, ob es funktioniert und mit der physischen Realität übereinstimmt oder nicht. Wenn Sie also lesen, entwickeln Sie entweder ein Verständnis für ein neues Konzept oder Sie korrigieren Ihr Verständnis eines alten Konzepts, wodurch Ihre bisherige Sichtweise nuancierter und komplizierter wird. Wenn Sie sich durch mehr Bücher arbeiten, werden Sie feststellen, dass die Inhalte oft redundant sind. In der Tat werden mehrere Bücher die gleichen, sich überschneidenden Informationen enthalten. Autoren aus der gleichen Kategorie werden oft aufeinander verweisen oder sich gegenseitig zitieren. Diese Redundanz wird die Informationen in Ihren Kopf einprägen und automatisch Ihre Probleme mit dem Behalten lösen. Konzentrieren Sie sich also einfach darauf, mehr Bücher durchzulesen und hören Sie niemals damit auf.

Es kann Ihren Lesefluss verlangsamen, wenn Sie die Bedeutung eines Wortes nicht kennen, was Ihre Bemühungen, zügig durch die Lektüre zu kommen, noch schwieriger macht. Eines der Geheimnisse, um dieses Problem zu überwinden, mag zwar offensichtlich erscheinen, erfordert jedoch eine Anstrengung: Die Erweiterung Ihres Wortschatzes wird die Menge an Wörtern, die Sie leicht verstehen können, vergrößern, doch dazu benötigen Sie den Fleiß, neue Wörter in den täglichen Gebrauch einzubauen. Je größer Ihr Wortschatz ist, desto weniger müssen Sie innehalten und die Bedeutungen unbekannter Wörter nachschlagen. Lernen Sie die Bedeutungen neuer Wörter, wenn Sie Zeit dafür haben. Dies wird sowohl Ihre Lesefähigkeiten als auch Ihre allgemeine Intelligenz steigern. Genauso wie Sie sich ein Ziel für Ihre Lesegeschwindigkeit setzen, könnten Sie sich ein Ziel setzen, eine bestimmte

Anzahl von Wörtern pro Tag oder Woche zu lernen. Wenn Sie beispielsweise drei neue Wörter pro Tag zu Ihrem Wortschatz hinzufügen, werden Sie schon bald feststellen, dass sich Ihr Repertoire an Wörtern stark erweitert hat. Es gibt viele ausgezeichnete Methoden, um ein neues Wort pro Tag zu lernen. Ich zum Beispiel benutze den „Word Genius Word of the Day"-E-Mail-Verteiler. Wenn Sie zwei, drei oder wie viele dieser Dienste auch immer nutzen, hilft Ihnen das dabei, Ihren Wortschatz von Tag zu Tag zu erweitern. Auf diese Weise werden Sie immer weniger Wörter finden, die Sie beim Lesen nicht verstehen, was automatisch Ihre Lesegeschwindigkeit erhöht.

Ein Trick, der sich weniger für Ihre allgemeine Lesegeschwindigkeit und mehr für die Steigerung der Behaltensleistung während des Lesens eignet, ist das „Erinnerungs-Spiel". Halten Sie am Ende jeder Seite eines Buchs oder am Ende einiger Absätze in einem Artikel inne und rufen Sie sich in Erinnerung, was Sie gerade gelesen haben. Schreiben Sie ein paar Schlüsselwörter an den Rand, um zusammenzufassen, was Sie gerade gelesen haben. Diese Vorgehensweise ist aus mehreren Gründen hilfreich. Erstens nehmen Sie die Informationen auf der Seite wieder auf. Dieser bewusste Akt des Behaltens wird Ihr Leseverständnis fast automatisch erhöhen. Zweitens zeigt die Wiedergabe der Informationen in Ihren eigenen Worten, dass Sie die Informationen verstanden haben und dass Sie sie bis zu einem gewissen Grad beherrschen. Jede dieser Techniken stellt einen Aspekt des aktiven Lesens dar. Indem Sie Dinge tun, wie z. B. sich zu erinnern, Pausen zu machen oder sich Notizen zu machen, anstatt die Informationen nur auf passive Weise aufzunehmen, beschäftigen Sie sich eingehender mit Ihrem Lesestoff.

Die vielleicht wichtigste Überlegung und der wichtigste Faktor für das Leseverständnis ist die Umgebung, in der Sie versuchen zu lesen. Befinden Sie sich an einem ruhigen Ort, an dem Sie sich konzentrieren können? Oder sind Sie irgendwo, wo es laut und lärmend ist und wo es mehr Ablenkungen gibt, als Sie verkraften können? Es gibt einen Grund, warum es in Bibliotheken so ruhig ist und die Bibliothekare diese Ruhe so hartnäckig durchsetzen. Es ist viel einfacher, sich zu konzentrieren und sich nicht ablenken zu lassen, wenn um Sie herum nicht viel los ist. Ein Zugeständnis, das ich allerdings machen werde, ist jedoch, dass in einer ruhigen Umgebung jedes Geräusch und jede Ablenkung verstärkt wird. Wenn jemand niest oder sich an einem Bücherregal stößt, was auch immer die Geräuschquelle sein mag, wird er mit Sicherheit von den anderen Anwesenden gehört werden und einen ärgerlichen Blick ernten. Dennoch sind diese wenigen Ablenkungen leichter zu ignorieren. Verglichen mit einem Café oder Ihrer morgendlichen Fahrt mit dem Zug oder Bus ist eine Bibliothek ein Refugium der Stille. Das heißt nicht, dass es unmöglich ist, sich zu konzentrieren, wenn Sie sich in einer solchen Umgebung befinden, aber es ist wesentlich schwieriger. Sie brauchen viel mehr Disziplin und Eigenmotivation, um sich nicht ablenken zu lassen. Achten Sie darauf, wo Sie sich befinden und welche Art von Person Sie sind, wenn es an der Zeit ist, sich zu konzentrieren. Finden Sie eine Umgebung, die für Sie am besten funktioniert, und lesen Sie dort so viel wie möglich.

Genauso wie Sie die externen Ablenkungen, die Sie nicht unbedingt kontrollieren können, einschränken sollten, sollten Sie diejenigen, über die Sie die volle Kontrolle haben, eliminieren. Manche Menschen lesen gerne mit einer Art Hintergrundgeräusch, wie Musik oder Umgebungsgeräuschen. Das kann zweifellos hilfreich sein, da Sie diese Geräusche willentlich ausblenden können. Wenn dies für Sie funktioniert, ermutige ich Sie dazu, diesen Tipp auszuprobieren bzw. zu übernehmen. Achten Sie jedoch darauf, welchen Einfluss das Gerät, das Sie nutzen, auf Ihre Produktivität hat. Unsere technischen Geräte wie Smartphones, Tablets, Computer und so weiter haben in der heutigen Zeit so viele Funktionen. Die Chancen stehen gut, dass auf jedem Gerät, auf dem Sie Musik oder Umgebungsgeräusche abspielen, irgendeine Art von Benachrichtigung abgespielt wird, die Ihre Aufmerksamkeit erfordert. Ich verstehe, dass Sie manchmal auf dem Laufenden sein müssen. Sie sollten aber dennoch versuchen, diese lästigen kleinen Unterbrechungen so gut es geht auszuschalten oder zu ignorieren. Widmen Sie sich ausschließlich dem Lesen und blenden Sie die Geräusche unserer digital vernetzten Welt für eine gewisse Zeit aus. Diese Vorgehensweise wird Ihnen nicht nur dabei helfen, sich zu konzentrieren, sondern sie wird Ihnen auch eine Zeitspanne der Meditation verschaffen, in der Sie Ihr Gehirn von der ständigen Stimulation abschirmen. Vielleicht werden Sie feststellen, dass Sie zu diesem Zweck genauso viel lesen wie um des Lesens willen. Sie werden auch feststellen, dass Sie einen größeren Teil des Inhalts verstehen, wenn Sie sich voll und ganz auf das Lesen konzentrieren.

Wenn Sie Ihr Leseverständnis herausfordern, stärken Sie es wie jede andere Übung auch, die dazu dient, einen bestimmten Muskel zu trainieren und wachsen zu lassen. Dies gilt unabhängig davon, ob Sie sich auf die Lesegeschwindigkeit oder auf das Leseverständnis konzentrieren. Natürlich ist es Ihnen erlaubt, mit reduzierter Geschwindigkeit zu lesen, wenn Sie eine schwierige oder neue Lektüre in Angriff nehmen. In der Tat würde ich Sie sogar dazu von Zeit zu Zeit ermutigen. Auf diese Weise können Sie, wenn Sie Dinge lesen, die Sie bereits kennen, Ihre Lesegeschwindigkeit erhöhen, ohne dass Ihr Leseverständnis darunter leidet. Ihr Leseverständnis zu trainieren, unterstützt Ihr Speed-Reading-Ziel nicht direkt, fördert jedoch Ihr gesamtes Lesevermögen sowie Ihre Fähigkeit, sich an Informationen zu erinnern, wenn Sie Speed-Reading-Techniken anwenden.

Zusammenfassung des Kapitels

- Es gibt einen Unterschied zwischen schnellem Lesen, um einen Text schnell durchzugehen, und schnellem Lesen, das sich auch auf das Einprägen des Inhalts konzentriert.
- Die Visualisierungs-Methode kann Ihnen beim Einprägen von Inhalten helfen, indem sie eine breitere Perspektive der Informationen aufbaut und sich die visuelle Natur des Menschen zunutze macht.

- Versuchen Sie nicht, alles zu behalten. Selbst die besten Schnellleser oder Leser im Allgemeinen können sich nicht an die Gesamtheit dessen erinnern, was sie lesen. Vielmehr behalten sie einen Prozentsatz davon, welcher bei den besten Schnelllesern zwischen 60 und 85 Prozent liegt. Stattdessen bilden diese Schnelllese-Experten funktionierende mentale Modelle, die ihr bisheriges Leseverständnis verbessern, oder sie entwickeln sogar neue Methoden.
- Erweitern Sie Ihren Wortschatz, um die Anzahl der Wörter zu reduzieren, die Sie beim Lesen nicht kennen.
- Spielen Sie das „Erinnerungs-Spiel". Halten Sie ab und zu innerhalb eines Textes inne und erinnern Sie sich an die Dinge, die Sie gerade gelesen haben. Wenn Sie wollen, können Sie sich einige Notizen am Rand machen. Wenn Sie auf diese Art und Weise aktives Lesen betreiben, fördern Sie ein größeres Verständnis für das Gelesene, da die Verarbeitung der Inhalte von großer Bedeutung ist. Denken Sie an sich selbst und Ihre Aufmerksamkeitsspanne. Versuchen Sie, in einer Umgebung zu lesen, die Ihren Eigenschaften und Ihren Zielen beim Lesen entspricht.
- Fordern Sie Ihr Leseverständnis heraus, wann immer Sie können, sowohl bei hoher Geschwindigkeit als auch bei normaler Geschwindigkeit. Das Lesen mit der Absicht, mehr aus dem Text herauszuholen, hilft Ihnen dabei, Ihre Lesegeschwindigkeit zu verbessern, auch wenn es nicht unbedingt Ihre Lesegeschwindigkeit erhöht. Wenn Sie Ihr grundlegendes Leseverständnis trainieren, ist das Merken des Inhaltes beim Schnelllesen leichter zu bewerkstelligen.

Dieses Kapitel sollte Ihnen auf Ihrem Weg zu einem besseren Leseverständnis geholfen haben. Im folgenden Kapitel erfahren Sie, warum Sie einen Teil Ihrer Freizeit zum Lesen nutzen sollten, besonders wenn Sie es als mühsam empfinden. Denn je mehr Sie lesen, desto besser werden Sie darin, vor allem, wenn Sie aktiv und konzentriert lesen. Das ist besonders wichtig, wenn Sie daran arbeiten, Ihre Lesegeschwindigkeit zu erhöhen.

KAPITEL SIEBEN:

Lesen Sie mehr in Ihrer Freizeit, um schneller zu lesen

Einigen Menschen fällt es viel leichter, sich mit Dingen zu beschäftigen als anderen. Andernfalls würden wir alle Teil einer professionellen Sportmannschaft sein oder ein Symphonieorchester dirigieren oder vielleicht den nächsten großen Roman schreiben. Die Realität ist jedoch, dass einige Menschen von Natur aus besser in manchen Dingen sind als andere. Deshalb werden Sie mich nie sehen, wie ich versuche, Lebron James zu decken, wenn er sich zum Korb vorarbeitet. Es würde mir eine enorme Anstrengung abverlangen, mich in diesem Szenario nicht vollständig zu blamieren, selbst wenn ich es wollte. Ähnlich verhält es sich mit dem Lesen: Wenn Sie das Lesen als anstrengend empfinden, werden Sie es natürlich nicht gerne tun. Wenn Sie jedoch mehr lesen wollen, müssen Sie mehr Zeit damit verbringen, Bücher zu lesen, die Sie mögen und interessant finden. Doch das ist noch nicht alles. Wenn Sie Lesestoff auswählen, der leicht zu verstehen ist, können Sie verhindern, dass Sie Ihre Motivation verlieren. Damit sollten Sie zumindest beginnen. Denken Sie daran, dass es Ihre Merkfähigkeit beim Speed Reading verbessern kann, wenn Sie Ihr eigenes Leseverständnis herausfordern. Es gibt jedoch einen Grund, warum beim Erlernen einer neuen Sprache empfohlen wird, Kinderbücher zu lesen. Kinderbücher lassen sich schnell durchlesen, es ist leicht, der Geschichte zu folgen, und sie enthalten Wörter, die Sie wahrscheinlich schon kennen, auch wenn sie in einer anderen Sprache sind. Aus den gleichen Gründen können Sie mit schnell zu lesenden Büchern wie Harry Potter beginnen, um Ihr Selbstvertrauen und Ihre Freude am Lesen zu steigern.

Der Linguist Stephen Krashen, der als Pionier auf dem Gebiet des Zweitspracherwerbs von großer Bedeutung ist, führte umfangreiche Forschungen über die verschiedenen Formen durch, mit denen Menschen neue Sprachen lernen. Er führte den Wechsel von früheren regelfokussierten Ansätzen zu bedeutungsfokussierten Ansätzen an, insbesondere zum kommunikativen Sprachunterricht, welcher heute der etablierteste Ansatz ist. Darüber hinaus entwickelte er eine umstrittene, jedoch bekannte Input-Hypothese für das Sprachenlernen. Diese Hypothese besagt, dass man beim Erlernen einer neuen Sprache große Mengen an Input auf einem verständlichen Niveau aufnehmen muss. Die Übertragung auf normales Lesen ohne den Erwerb neuer Sprachkenntnisse liegt darin, dass es zu schwierig ist, die Motivation zum Weiterlesen aufrechtzuerhalten, wenn Sie weniger als 95 % des Textes verstehen. Wenn Sie darüber nachdenken, macht diese Annahme durchaus Sinn. Wenn Sie Schwierigkeiten haben, etwas zu verstehen, macht Ihnen das Lesen keinen Spaß und Sie werden frustriert oder Sie lesen einfach nicht weiter. Wenn Sie ein konkretes Beispiel brauchen: Erinnern Sie sich an ein besonders verworrenes Buch, das Sie möglicherweise im Englischunterricht gelesen haben, und an die Themen, Motive und Charakterentwicklungen, auf die Ihr Lehrer klugerweise hingewiesen hat und die Sie einfach übersehen haben. Oder vielleicht haben Sie einen Artikel aus einer anspruchsvollen Publikation in die Hand genommen und sich in den Nuancen eines bestimmten Themengebiets verloren, über das Sie sehr wenig wissen.

Auch dies scheint viel leichter gesagt als getan. Akzeptieren Sie, dass Absicht und Handlung zwei sehr unterschiedliche Dinge sind und dass das eine das andere nicht bedingt. Manchmal wird aus einer Absicht keine Handlung. Manchmal liegt es an mangelnder Motivation, ein anderes Mal an mangelndem Wissen. Gegen Ersteres kann ich nicht viel tun, aber um Letzterem zu begegnen, finden Sie hier einige Vorschläge, um mehr zu lesen:

Konzentrieren Sie sich darauf, eine Gewohnheit zu entwickeln. Lesen ist eine Fähigkeit – und Fähigkeiten brauchen Zeit, um sich zu entwickeln, sie entstehen nicht einfach über Nacht. Wenn Sie gerade erst anfangen, sollten Sie vor allem daran denken, die Gewohnheit zu etablieren. Sorgen Sie dafür, dass Ihre Erwartungen realistisch sind und dass Sie sich nicht zu weit vorwagen. Beziehen Sie Ihre Erwartungen darauf, wo Sie sich gerade befinden, nicht unbedingt darauf, wo Sie ankommen wollen, und setzen Sie sich erreichbare Ziele. Wenn Sie sich unrealistische Ziele setzen, dann wird es nicht klappen. Wenn Sie Ihre Ziele nicht erreichen, werden Sie sich entmutigt fühlen und Sie riskieren, die Gewohnheit komplett aufzugeben, bevor Sie sie wirklich etablieren können. Konzentrieren Sie sich also zuerst darauf, die Gewohnheit aufzubauen. Sagen Sie sich, dass Sie eine Stunde am Tag lesen werden, egal was passiert. Oder wenn Ihnen das zu ehrgeizig erscheint, dann beginnen Sie mit einer Viertelstunde pro Tag. Auf diese Weise arbeiten Sie sich bis zu Ihrer Ziel-Lesezeit vor. Es ist besser, mehrere kleine Ziele zu erreichen als wenige große. Zwar geben Ihnen die kleinen Ziele nicht so viel momentane Befriedigung, doch sie werden langsam, aber sicher Ihr Selbstvertrauen und Ihre Fähigkeiten vergrößern. Sobald Sie einen gewissen Schwung aufgebaut haben, werden Sie merken, dass Ihnen das Lesen immer leichter fällt.

Senken Sie die Einstiegshürde. Wir Menschen haben die Kunst der Prokrastination gemeistert. Dies mag seltsam klingen, wenn man bedenkt, dass Prokrastination bedeutet, nichts zu tun und die Dinge aufzuschieben, die Sie tun sollten. Wir lassen uns einen Grund nach dem anderen einfallen, um etwas nicht zu tun, selbst wenn wir es besser wissen. Um diese Angewohnheit zu bekämpfen, müssen wir den Widerstand beseitigen. Eine Möglichkeit, dies zu tun, besteht darin, uns den Start dieser Aktivität zu erleichtern. Machen Sie sich das Lesen so einfach, dass es fast unvermeidlich wird. Entwickeln Sie Routinen, die Sie zum Lesen verleiten. Lesen Sie z. B. eine gewisse Zeit, wenn Sie am Ende des Tages nach Hause kommen, denn Lesen kann Ihr Gehirn entspannen. Motivieren Sie sich auf die eine oder andere Weise zum Lesen. Gibt es eine bestimmte Tätigkeit, die Sie gerne tun oder die Sie gerne zu einem bestimmten Zeitpunkt des Tages durchführen? Vielleicht sehen Sie abends gerne fern oder essen ein Dessert nach dem Abendessen? Wenn Sie vor dieser Tätigkeit ein wenig lesen, könnte Ihnen das eine zusätzliche Befriedigung verschaffen und sie noch enger an das Lesen binden. Auch wenn Sie das Gefühl haben, dass Ihr Fernsehkonsum Ihrem Lesefortschritt in die Quere kommt, so würde es Ihr schlechtes Gewissen darüber, lieber fernzusehen als zu lesen, deutlich verringern, wenn Sie vorher ein wenig lesen würden. Wenn Routinen oder Anreize für Sie nicht funktionieren, dann können Sie ein Ersatzbuch oder einen Kindle in Ihrem Badezimmer oder an einem anderen Ort aufbewahren und immer dann ein wenig lesen, wenn gerade Leerlaufzeit ist. Auf diese Weise können Sie sich jeden Morgen mindestens fünf bis zehn Minuten Zeit zum Lesen nehmen. Ein anderer Trick ist, das Buch, das Sie lesen möchten, auf der Couch liegen zu lassen – und zwar aufgeschlagen auf der Seite, auf der Sie sich gerade befinden. Sie müssten sich aktiv entscheiden, nicht zu lesen und das Buch wegzulegen, während Sie umgekehrt einfach nur das Buch in die Hand nehmen müssten, um zu lesen. Wenn es eine geringere Einstiegshürde als diese geben sollte, dann kann ich sie mir nicht vorstellen.

Eine weitere geringe Hürde haben Sie sich geschaffen, wenn das Buch, das Sie in die Hand nehmen, eines ist, das Sie wirklich gerne lesen. Entscheiden Sie sich für Bücher, die Ihnen Spaß machen, sodass Sie sich gerne die Zeit zum Lesen zu nehmen. Überlegen Sie, welche Themen Sie am meisten interessieren. Vielleicht gibt es bestimmte Personen, die Sie bewundern oder denen Sie im öffentlichen Leben folgen. Autobiographien über diese Menschen könnten Sie dazu ermutigen, mehr über diese Personen zu erfahren. Bücher über das Leben dieser Menschen könnten Sie dazu bringen, diese Bücher regelrecht zu verschlingen, während Sie gleichzeitig mehr über ihre Kindheit, Erziehung, Ausbildung und vielleicht das eine oder andere Geheimnis ihres Erfolgs erfahren. Gibt es bestimmte Dinge, die Sie sich schon immer gefragt haben, aber die Sie nie wirklich recherchiert haben? Ich garantiere Ihnen, dass es ein Buch darüber gibt, wenn Sie nur lange genug suchen.

Nutzen Sie Ihre Lektüre als eine Möglichkeit, Ihre Neugier zu stillen, und sorgen Sie dafür, dass das Lesen für Sie zu einem wahren Vergnügen wird.

Wenn Sie sich in der Mitte eines Buches befinden, das Sie nicht mögen, wechseln Sie das Buch, wenn es sein muss. Scheuen Sie sich nicht, ein Buch unvollendet zu lassen und mittendrin ein anderes Buch anzufangen. Sie müssen sich nicht dazu verpflichten, jedes Buch, das Sie lesen, auch zu beenden. Schließlich ist das Leben zu kurz, um ein schlechtes Buch zu lesen, und zum Glück können Sie selbst entscheiden, was ein schlechtes Buch ist. Wenn Sie dazu neigen, sich bei dem einen oder anderen Buch zu langweilen, können Sie etwa drei bis fünf Bücher in Ihrem aktiven Stapel der Bücher haben, die Sie gerade lesen. Es gibt keine allgemeingültige Regel, die besagt, dass Sie immer nur ein einziges Buch von Anfang bis Ende lesen müssen. Sie können mehrere Bücher für unterschiedliche Stimmungslagen oder Gemütszustände haben. Wenn Sie feststellen, dass es Ihnen gerade schwerfällt, ein bestimmtes Buch zu lesen, dann greifen Sie zu einem Buch, das Ihnen mehr Spaß macht. Auf diese Weise können Sie sogar mehr wichtige Bücher lesen, je mehr Sie üben.

Bevor Sie sich mit besonders schwierigen Büchern mehr vornehmen, als Sie schaffen können, fangen Sie lieber mit einfacheren Büchern an und arbeiten Sie sich nach und nach zu schwierigeren Büchern vor. Wenn es ein wirklich schwieriges Buch gibt, das Sie lesen möchten, beginnen Sie damit, leichter verständliche Kommentare oder verwandte Bücher zu lesen, die Sie mit dem Thema, den Ideen und dem Vokabular vertraut machen. Recherchieren Sie das Buch und den Autor, um ein Gefühl für die Art der von ihm verwendeten Sprache zu bekommen. Dadurch erhalten Sie ein gewisses Hintergrundwissen, das Ihnen die Lektüre des schwierigeren Buches erleichtern wird. Inhaltliches Wissen ist ein großer Bestandteil des flüssigeren und effizienteren Lesens. Wenn Sie also beim Lesen eines Buches Schwierigkeiten haben, kann das einfach bedeuten, dass Sie mehr Hintergrundwissen benötigen, um den Inhalt richtig zu verarbeiten. Wenn Sie sich Bücher aussuchen, die Sie lesen wollen, ist das Wichtigste, dass die Bücher das richtige Niveau für Sie haben. Auch wenn es in der Schule als Schummeln galt, ist absolut nichts daran verkehrt, Spickzettel oder andere Zusammenfassungen oder Synopsen zu verwenden, die Ihnen dabei helfen, den Überblick über das Gelesene zu behalten. Auf diese Weise haben Sie die richtige Erwartungshaltung und die richtige Vorstellung in Bezug auf den Lesestoff und können die Sache ganz anders angehen.

Bauen Sie zuerst Ihr Fundament auf. Wenn Sie sich mit dem Lesen eines Buches besonders schwertun, nehmen Sie sich die Zeit, alle Wörter nachzuschlagen, die Sie nicht verstehen, suchen Sie die entsprechenden Begrifflichkeiten auf Wikipedia oder googeln Sie die Namen, Geschichten und Figuren, die Sie nicht kennen. Diese Vorgehensweise wird zwar anfangs mehr Zeit in Anspruch nehmen, doch sie wird Ihnen schließlich dabei helfen, den Rest des Buches viel schneller zu lesen.

Zusammenfassung des Kapitels

- Lesen fällt manchen Menschen leichter, doch das bedeutet nicht, dass nicht jeder ein guter Leser sein kann. Je mehr Sie etwas tun, desto besser werden Sie darin, und so ist es auch beim Lesen.
- Die Input-Hypothese von Krashen besagt, dass Sie, wenn Sie weniger als 95 % eines gegebenen Textes verstehen, es schwieriger finden werden, diesen Text weiterhin zu lesen. Wählen Sie Bücher bzw. Lesestoff aus, der leicht für Sie zu verstehen ist.
- Fangen Sie klein an und konzentrieren Sie sich darauf, eine Gewohnheit aufzubauen, bevor Sie sich ehrgeizigere Ziele setzen.
- Senken Sie die Einstiegshürde, indem Sie sich selbst den Beginn Ihres Leseprozesses erleichtern. Legen Sie Bücher an Orte, an denen Sie sie nicht übersehen können, oder lesen Sie Dinge, die Ihr Interesse wirklich wecken.

- Lesen zum Vergnügen lässt das Lesen weniger wie eine Pflicht erscheinen und mehr wie etwas, das Sie gerne tun. Wählen Sie Themen oder Autoren, die Sie mögen. Dies ist kein Projekt für die Schule, bei dem Sie ein Ihnen zugewiesenes Buch lesen müssen. Sie haben die Qual der Wahl in dieser Angelegenheit.
- Sie müssen nicht jedes Buch von vorne bis hinten lesen. Sie können zwischen den verschiedenen Kapiteln hin- und herwechseln oder aufhören zu lesen, wann immer Sie wollen.
- Fangen Sie klein an und arbeiten Sie sich dann hoch. Sie sollten nicht gleich mit schwierigen Büchern beginnen. Beginnen Sie mit solchen, von denen Sie wissen, dass Sie sie mit der gewünschten Geschwindigkeit und dem gewünschten Leseverständnis lesen können, und versuchen Sie dann solche Bücher zu lesen, die etwas schwieriger sind, bevor Sie sich dem schwierigsten Buch widmen, das Sie lesen möchten.
- Bauen Sie Ihre Grundlage auf, indem Sie ein wenig recherchieren, bevor Sie mit dem Lesen beginnen. Egal, ob es sich um wichtige Handlungspunkte oder einen Überblick über einen Artikel handelt. Ein wenig Vorarbeit, bevor Sie beginnen, wird Ihnen längerfristig helfen.

Wenn Sie mehr lesen, kommt allerdings ein kleines Detail hinzu. Es wird Ihnen schwerfallen, den Überblick über Ihren Lesestoff zu behalten. Das nächste Kapitel wird Ihnen einen Einblick geben, wie Sie dies auf effektive Art und Weise tun können. Ich stelle Ihnen im Folgenden mehrere Taktiken und Strategien vor, von denen Sie diejenige auswählen können, die Ihnen am besten gefällt. Wenn Sie sie zusätzlich persönlich anpassen, wird diese Ihr Ziel, schneller zu lesen, vorantreiben und sicherstellen, dass Sie auch weiterhin Fortschritte machen.

KAPITEL ACHT:

Nachverfolgung Ihrer Lesefortschritte

Wenn Sie mehr lesen, wird dies Ihr Selbstvertrauen mit Sicherheit stärken. Aber wie ich schon sagte, wird Ihre Lesegeschwindigkeit dadurch nur begrenzt beeinflusst, wenn Sie nicht aktiv Ihre Fortschritte verfolgen und versuchen, sich zu verbessern. Um Ihre Lesegeschwindigkeit wirklich zu erhöhen, so wie ich es Ihnen versprochen habe, müssen Sie sich ernsthaft und fleißig mit Ihrem Speed-Reading-Training beschäftigen. Dazu gehört, dass Sie sich Ziele setzen und Ihren Fortschritt verfolgen.

Versuchen Sie, konsequent Abschnitte mit der gleichen Wortzahl zu lesen und messen Sie Ihre Ergebnisse. Berechnen Sie Ihre Lesegeschwindigkeit anhand der Formel in Kapitel Vier. Steigern Sie sich langsam, um immer schneller zu werden. Setzen Sie sich ein Ziel, wie viele Seiten oder Wörter Sie pro Minute lesen wollen, und üben Sie so lange, bis Sie dieses Ziel erreichen. Die Weiterentwicklung Ihrer Lesefähigkeiten ist der Schlüssel zu geistigem und beruflichem Wachstum. Aber denken Sie daran, dass Sie die Freude am Lernen nicht verlieren dürfen. Erfolg und Weiterentwicklung sollten auch Spaß machen. Wenn Sie keinen Spaß an der ganzen Sache haben, dann führt das zu Unmut, doch wenn Ihnen eine Aktivität Spaß macht, dann lernen Sie schnell. Studien zeigen immer wieder, dass wir mehr lernen und schneller Fortschritte machen, wenn wir das, was wir tun, genießen. Aus diesem Grund finden Sie hier einige Möglichkeiten, um Ihren Lesefortschritt zu verfolgen und motiviert zu bleiben.

Goodreads

Nutzen Sie die Vorteile von Goodreads. Wenn Sie gerne lesen und noch kein Goodreads-Konto haben, müssen Sie das ändern. Sofort! Goodreads ist im Grunde eine Social-Media-Plattform für Bücher. Sie können neue Bücher entdecken, nachverfolgen, was Sie gerade lesen und was Sie bereits gelesen haben, und Sie können mit anderen durch Buchbesprechungen, Kommentare, Gruppen und mehr interagieren. Ich verbringe viel mehr Zeit auf Goodreads, als ich sollte, und es ist meine Lieblingsmethode, um den Überblick über all die Dinge zu behalten, die ich gelesen habe oder noch lesen möchte.

Goodreads verfolgt Ihre Lernerfolge für Sie jedes Jahr. Sie können sich ein Ziel setzen, und jedes Mal, wenn Sie ein Buch als gelesen in diesem Jahr markieren, aktualisiert Goodreads Ihren Fortschritt, sodass Sie immer wissen, wo Sie in Bezug auf Ihre Lesefortschritte stehen. Goodreads veröffentlicht zudem jedes Jahr einen Lesebericht für Sie, sodass Sie eine coole Grafik bekommen, die Ihren Leseprozess grafisch darstellt.

Trello

Erstellen Sie ein Trello-Board. Trello ist ein Produktivitätstool, das für viele Bereiche verwendet werden kann, von der Schule über die Arbeit bis hin zum normalen Alltagsleben. Sie können damit Reisen planen, Ideen organisieren, To-Do-Listen für den Haushalt koordinieren – und natürlich Ihre Lesefortschritte nachverfolgen. Wenn Sie daran interessiert sind, Trello auszuprobieren: Das Online-Tool ist völlig kostenlos und sehr vielseitig.

Pinterest

Pinterest können Sie für ähnliche Zwecke verwenden. Pinterest verfügt nicht ganz über dieselben Funktionalitäten wie Trello, kann Ihnen jedoch wie Goodreads dabei helfen, Ihre Ziele zu verfolgen, und zwar mit einem Board aus Bildern, Ideen und Gedanken. Wie auch in den sozialen Netzwerken können Sie sich die Boards, die andere Leute posten, zur Inspiration ansehen und anhand von Bildern selbst protokollieren, was Sie gelesen haben oder was Sie noch lesen wollen. Es gibt einige interessante und berühmte Personen auf Pinterest. Schauen Sie sich deren Konten oder Bücher an, wenn Sie Inspiration brauchen.

Tabellenkalkulationen

Erstellen Sie eine benutzerdefinierte Tabellenkalkulation, um Ihre Lesefortschritte zu protokollieren. Unabhängig davon, ob Sie Ihre Tabelle online (z. B. mit Google Sheets) oder offline in Microsoft Excel führen, sind Tabellenkalkulationen eine großartige Möglichkeit, um Ihre Leseziele und alle gelesenen Bücher festzuhalten. Wenn Sie Google Sheets verwenden, können Sie diese auch mit Ihrer Familie teilen, sodass jedes Familienmitglied seine Lektüre auf einer einzigen Plattform nachverfolgen kann. Tabellenkalkulationen sind eine großartige Möglichkeit, um Ihre Leseziele tatsächlich zu visualisieren. Sie können ein Tabellenkalkulations-Lesetagebuch verwenden, um nachzuverfolgen, was Sie jedes Jahr lesen, welche Bücher Sie kaufen und wie Sie bei jeder Herausforderung abschneiden. Es wird Ihr Vertrauen in Ihre Lesefortschritte stärken, wenn Sie sehen, wie sich die Liste erweitert, besonders wenn Sie Ihre Ziele als freundschaftlichen Wettbewerb zwischen Freunden oder Familienmitgliedern ansehen. Doch das ist noch nicht alles: Mit Hilfe von Tabellenkalkulationen können Sie herausfinden, welche Bücher Sie mögen und welche nicht oder wie lange Sie brauchen, um diese Bücher durchzuarbeiten. Und wenn Sie besonders geschickt in Tabellenkalkulationen sind, können Sie sogar Diagramme, Grafiken und Tabellen über Ihren Leseprozess erstellen. Leseprotokolle auf Papier wären genauso hilfreich, aber nicht ganz so informativ.

Stift und Papier

Wenn Sie eine Abneigung gegen Technik haben, können Sie all dies auch mit einem Stift und Papier erledigen, sei es in einem Planer oder als lose Blätter. Planer bieten in der Regel einige zusätzliche Seiten am Ende sowie zusätzlichen Platz auf jeder Kalender- oder Tagebuchseite, sodass es viele Optionen gibt, um Ihre Lektüre zu verfolgen.

Wenn Ihnen diese Möglichkeiten nicht gefallen oder Sie etwas Physisches in Ihrem Leben brauchen, können Sie Ihren Nachttisch zu Ihrer Leseliste machen. Bewahren Sie die Bücher, die Sie gerade lesen oder lesen wollen, neben Ihrem Bett auf Ihrem Nachttisch auf. Es kann schwer sein, den Überblick über eine Leseliste zu behalten, besonders wenn es sich um eine mentale Liste handelt. Auch physische Listen auf Papier oder einem Bildschirm können schwer zu überwachen sein.

Natürlich spielen alle diese Tipps und Tricks keine Rolle, wenn Sie Ihre Ziele nicht im Auge behalten. Achten Sie beim Lesen darauf, dass Sie Ihre Lesegeschwindigkeit protokollieren. Protokollieren Sie, wie viel Fortschritt Sie in Richtung Ihres aktuellen WPM-Ziels machen.

Zusammenfassung des Kapitels

- Es gibt viele verschiedene Möglichkeiten, um Ihre Lesefortschritte zu verfolgen. Es ist weniger wichtig, welche Sie wählen, als dass Sie es tun.
- Manche Leute sind einfach wahnsinnig schlau und können ihre Lesefortschritte im Kopf verfolgen. Doch das ist nicht für jeden realistisch.
- Goodreads ist eine hervorragende Möglichkeit, um den Überblick über Ihre Lektüre zu behalten, da es sich um eine Social-Media-Plattform handelt, die sich mit Büchern beschäftigt. Diese Plattform besitzt alle Vorteile eines

Buchclubs, jedoch ohne die regelmäßigen Treffen, potenziell nervige Mitglieder und die Tatsache, dass Sie Bücher lesen müssen, die für Sie ausgewählt wurden. Sie können dokumentieren, welche Bücher Sie gelesen haben und sie anschließend bewerten. Außerdem haben Sie die Möglichkeit, sich mit Freunden auszutauschen und sich zudem von Empfehlungen inspirieren zu lassen.
- Trello kann ebenfalls ein nützliches Werkzeug sein. Diese kostenlose und vielseitige Anwendung kann sowohl für Ihre Lesefortschritte als auch für alle anderen Dinge, die Sie in Ihrem Leben organisieren müssen, verwendet werden.
- Die Erstellung von Tabellen, um Ihre Lesefortschritte zu protokollieren, kann einen freundschaftlichen Wettbewerb zwischen Ihnen und Ihren Freunden ermöglichen und Ihnen dabei helfen, Ihre gelesenen Bücher besser zu visualisieren. Außerdem können Sie, wenn Sie gut sind, tatsächliche visuelle Darstellungen Ihrer Leseleistung in Form von Diagrammen, Graphen und Tabellen erstellen.
- Es ist nichts falsch an gutem, altmodischem Papier. Besorgen Sie sich einen Planer oder schaffen Sie in Ihrem aktuellen Planer Platz für Leseprotokolle oder Notizen.
- Wenn alle anderen Tipps und Tricks fehlschlagen, verwenden Sie Ihren Bücherstapel als Ihre Leseliste. So haben Sie eine konkrete Möglichkeit, um Ihren Fortschritt zu verfolgen. Wenn der Stapel kleiner wird, werden Sie möglicherweise dazu ermutigt, sich mehr Bücher aus dem Buchladen oder Ihrer örtlichen Bibliothek zu holen.

Bis zu diesem Kapitel haben Sie alle Grundlagen des Schnelllesens kennengelernt. Damit haben Sie einen soliden Start auf Ihrem Weg zur Steigerung Ihrer Lesegeschwindigkeit. In Kapitel neun tauchen wir tiefer in die Techniken ein, die die meisten erfahrenen Schnellleser verwenden. Skimming und Scanning können die beiden Methoden sein, mit denen Sie Ihre Lesegeschwindigkeit am schnellsten und einfachsten steigern können.

KAPITEL NEUN:

Die Skimming- bzw. Scanning-Methode

Wir haben die Skimming- sowie die Scanning-Methode kurz besprochen, doch hierbei handelt es sich um so nützliche Techniken, dass sie ein eigenes Kapitel verdient haben. Leider hat die Überfliegen-Methode einen schlechten Ruf. Nur wenige Menschen erkennen sie als eine Lesefertigkeit an, sondern betrachten sie eher als das Gegenteil. Viele Menschen halten Skimming/Scanning für ein Werkzeug, um das Lesen zu vermeiden, oder einfach für eine Methode, um herauszufinden, ob es sich lohnt, einen Artikel oder ein Buch komplett zu lesen. Doch das ist schlichtweg falsch. Skimming/Scanning sind nicht annähernd so passiv. Wie Sie in diesem Kapitel feststellen werden, sind beides schwierige, willentlich ausgeführte Handlungen, die eine Menge Können erfordern, um sie richtig zu beherrschen.

Skimming ist ein Prozess des schnellen Lesens, bei dem die Sätze einer Seite visuell nach Hinweisen auf die Kernidee durchsucht werden. Dies kann bedeuten, dass Sie den Anfang und das Ende eines Satz lesen, um zusammenfassende Informationen zu erhalten, und dass Sie optional zudem den ersten Satz jedes Absatzes lesen, um schnell festzustellen, ob Sie noch nach weiteren Informationen Ausschau halten müssen. Dies hängt jedoch von der Fragestellung bzw. dem Zweck der Lektüre ab. Diese Textteile sind am wichtigsten, weil sie Ihnen am meisten über den Inhalt des Buches bzw. des Artikels verraten. Die Einleitung gibt Ihnen einen Vorgeschmack auf die Dinge, die Sie erwarten können, und bereitet Sie zudem auf das vor, worum es schließlich in dem Text gehen wird. Ähnlich wie die Einleitung sagt Ihnen der erste Satz eines Absatzes im Allgemeinen, worum es in diesem Absatz genau geht. Dieser erste Satz legt den Grundstein für die folgenden Hauptaussagen bzw. gibt Ihnen eine Vorstellung davon, was Sie erwarten können. Die Schlussfolgerung wird, vorausgesetzt der Autor ist gut, den Inhalt nochmals prägnant zusammenfassen. Eine gute Schlussfolgerung sollte die wichtigsten Punkte kurz und bündig rekapitulieren und Ihnen aufzeigen, warum Sie Ihre Zeit gut investiert haben. Außerdem wird Ihnen eine gute Schlussfolgerung weitere Ideen mit auf den Weg geben, über die Sie nachdenken können.

Zwei Techniken, bei denen Sie zuerst nur nach den wichtigsten Informationen suchen, bereiten Sie auf das vor, was danach kommen wird. Da Sie bereits mit den wichtigsten Teilen des Textes vertraut sind, werden Sie nicht durch verwirrende oder überraschende Teile aufgehalten, wenn Sie beim Lesen darauf stoßen. Denken Sie daran, dass das Überfliegen und Scannen zwar am besten bei Sachbüchern funktioniert, jedoch auch bei Belletristik angewendet werden kann. Überfliegen Sie bei einem Roman jedes Kapitel und achten Sie auf die Entwicklung der Charaktere, die wichtigsten Dialogstellen und die wichtigsten Punkte der Handlung. Lesen Sie diese Teile dann in einem schnelleren Tempo als Sie es normalerweise tun würden. Auch wenn Sie diese Abschnitte zweimal lesen, so lesen Sie dennoch insgesamt schneller, da Sie die wichtigsten Dinge bereits beim ersten Durchlesen mitbekommen haben. Beim zweiten Lesedurchgang nehmen Sie dann weitere Details auf, die Sie beim ersten Überfliegen übersehen haben. Diese zwei Lesedurchgänge sollten ausreichen, um alle relevanten Informationen zu analysieren. Bei besonders schwierigen Büchern kann auch ein dritter Lesedurchgang durchaus sinnvoll sein.

„Okay, das klingt toll!", sagen Sie. „Aber wie mache ich es?" Hier ist eine Schritt-für-Schritt-Anleitung, wie Sie einen Text überfliegen können. Skimming – das Überfliegen von Texten, ohne alle Wörter zu lesen – läuft darauf hinaus, zu wissen, welche Teile Sie lesen und welche Sie überfliegen sollten. Im Folgenden finden Sie einige Tipps und Techniken, um beim Überfliegen erkennen zu können, welche Informationen wichtig und lesenswert sind.

Kennen Sie Ihr Ziel

Bevor Sie mit dem Überfliegen beginnen, sollten Sie sich die Frage stellen, was Sie aus dem Text herauslesen wollen. Überlegen Sie sich zwei oder drei Begriffe, die mit dem, was Sie wissen wollen, in Zusammenhang stehen, und halten Sie beim Überfliegen nach diesen zwei oder drei Begriffen Ausschau. Wenn Sie aktiv nach ihnen suchen, werden Sie sie leichter finden, als wenn Sie den Text nur passiv lesen. Zielloses Überfliegen ohne einen bestimmten Zweck ist meist fruchtlos und langweilig. Die fehlende Fokussierung auf bestimmte Begriffe führt dazu, dass Ihre Gedanken abschweifen. Dieses Gefühl ist Ihnen sicher bekannt. Skimming ist nicht dasselbe wie passives Lesen, sondern sogar das Gegenteil. Die Skimming-Methode sollte für einen bestimmten Zweck eingesetzt werden, indem Sie nach Schlüsselwörtern Ausschau halten. Zudem ist es wichtig, dass Sie sich vor der Lektüre ein paar Fragen stellen. Diese werden Ihnen nicht nur dabei helfen, herauszufinden, was Sie aus der Lektüre mitnehmen wollen, sondern wenn Ihre Fragen am Ende unbeantwortet bleiben, haben Sie auch einen guten Grund, um weitere Bücher zu lesen.

Lesen Sie vertikal

Beim Überfliegen bewegen Sie Ihre Augen genauso viel in vertikaler Richtung wie in horizontaler Richtung. Mit anderen Worten, Sie bewegen Ihre Augen genauso viel auf der Seite nach unten, wie Sie sie von Seite zu Seite bewegen. Überfliegen ist ein bisschen wie eine Treppe hinunterzurennen. Ja, eigentlich sollten Sie einen Schritt nach dem anderen machen und es ist leichtsinnig, eine Treppe hinunterzurennen, doch auf diese Weise kommen Sie schneller ans Ziel. Und was passiert, wenn Sie auf einer Treppe seitwärts laufen? Gar nichts. Doch es handelt sich hier um Lesen und nicht um eine tatsächliche Treppe. Um die Informationen zu finden, die Sie suchen, müssen Sie also gelegentlich Ihre Augen von links nach rechts bewegen. Dies ist sowohl eine Warnung vor zu viel vertikalem Lesen als auch eine Erinnerung daran, Ihre Augen so oft wie möglich vertikal zu bewegen. Wenn Sie sich zu schnell auf der Seite nach unten bewegen, wird der Grad, mit dem Sie jede Zeile verstehen, geringer. Doch wenn Sie sich nicht schnell genug nach unten bewegen, verlangsamt sich Ihre Lesegeschwindigkeit. Es ist also ein empfindliches Gleichgewicht.

Versetzen Sie sich in die Rolle des Autors

Jeder Artikel, jedes Buch und jede Webseite werden geschrieben, um eine bestimmte Botschaft zu vermitteln. Es spielt keine Rolle, ob es sich um einen akademischen Artikel handelt, der eine bestimmte Hypothese darstellen soll, oder um einen Roman, der ein spezielles Thema vermittelt. Sonst wäre es die Lektüre nicht wert. Wenn Sie die Strategien erkennen können, die der Autor verwendet, um seinen Standpunkt darzustellen, können Sie das wichtige von dem unwichtigen Material trennen. Um die Tendenzen des Autors zu erkennen, müssen Sie sich in seine Lage versetzen. Achten Sie nicht nur auf das Material, sondern auch darauf, wie er oder sie das Material präsentiert. Schauen Sie, ob Sie erkennen können, wie der Autor Hintergrundmaterial, Nebenargumente, tangentiale Informationen und einfach nur Nebensächlichkeiten platziert. Kommen die Nebensächlichkeiten vor dem eigentlichen Thema oder andersherum? Sagt der Autor es direkt und deutlich, was er zu sagen hat, oder müssen Sie es bis zu einem gewissen Grad selbst herausfinden?

Eine weitere wichtige Komponente ist das Aufgreifen von Subtext, die der Autor möglicherweise eingefügt hat und der Gedanken vermittelt, die nicht explizit genannt werden. Einige Autoren verlassen sich darauf, dass ihre Leser ihre eigenen Schlüsse ziehen und ihre eigenen Annahmen treffen, besonders bei literarischen oder kreativen Texten. Dieser Subtext kann oftmals genauso wichtig sein wie der eigentliche Text. Viele Leute denken, dass man den Subtext nur mit einem sehr fokussierten und scharfen Blick für die

Details erkennen kann, doch das stimmt nicht. Subtext kann viele verschiedene Formen annehmen. Das Wichtigste dabei ist, dass Sie dem Subtext Aufmerksamkeit schenken und dass Sie dazu in der Lage sind, diesen so zu interpretieren, wie der Autor ihn gemeint hat. Außerdem sind viele Menschen der Meinung, dass die Interpretation der allgemeinen Atmosphäre des Textes beim Schnelllesen nicht möglich ist. Auch das ist nicht wahr. Ihr Gehirn nimmt die Interpunktion auch bei einer hohen Lesegeschwindigkeit auf, und das ist der Schlüssel, um die Betonung zu entschlüsseln, die der Autor verwendet. Zu guter Letzt sollten Sie sich das Themengebiet, über das der Autor schreibt, so gut wie möglich merken und während des Lesen auf das Gesamtbild achten, das der Autor Ihnen vermitteln möchte. Auf diese Weise wird Ihr Leseverständnis erheblich verbessert. Wenn Sie den Schreibstil des Autors auf diese Weise bestimmen, können Sie die wesentlichen Dinge, die er Ihnen sagen will, leichter erkennen.

Vorablesen

Wenn Sie zum Zweck des Wissenserwerbs einen Text überfliegen, sollten Sie ihn vorablesen, bevor Sie mit dem Überfliegen beginnen. Wenn Sie z. B. einen Artikel lesen, untersuchen Sie ihn, bevor Sie ihn lesen. Indem Sie einen Artikel vor dem Überfliegen vorablesen, können Sie die Teile des Artikels bestimmen, die Ihre ungeteilte Aufmerksamkeit erfordern, sowie die Teile, die Sie überspringen können. Es mag kontraintuitiv erscheinen, da Sie den Artikel dann zweimal lesen, doch das Überspringen der Abschnitte, die nicht so viel mit Ihrem Leseziel zu tun haben, spart ziemlich viel Zeit. *Speed Reading Lounge* bietet vier Strategien, die Sie beim Überfliegen und Scannen unterstützen. Lesen Sie die wichtigsten Sätze vorab, um die Kernidee bzw. die Schlüsselidee zu verstehen, und konzentrieren Sie sich dann auf die interessantesten Abschnitte. Scannen Sie dann Namen und Zahlen, um die Details über Personen, Orte und Konzepte zu erfassen. Identifizieren Sie Triggerwörter, um nach wichtigen Phrasen und Schlüsselwörtern Ausschau zu halten. Benutzen Sie den Stift, den Sie vielleicht für die Meta-Guiding-Methode nutzen, um diese Wörter hervorzuheben. So stellen Sie sicher, dass Sie Ihr Leseziel auch wirklich erreichen. Zuletzt lesen Sie den Titel, einschließlich der Überschriften und Unterüberschriften. In der heutigen Welt der Suchmaschinenoptimierung enthält der Titel oft Schlüsselbegriffe, nach denen Sie in der Lektüre suchen sollten, während die Zwischenüberschriften Ihnen eine Vorstellung von der Struktur oder den Ankerpunkten im Text geben können. Betrachten Sie zum Beispiel genau dieses Buch. Der Titel verrät Ihnen, was Sie lesen werden und was Sie davon haben werden: *Bewährte Techniken für schnelles Lesen. Lesen Sie mehr als 300 Seiten in 1 Stunde. Ein Anfänger-Leitfaden, wie Sie schneller lesen und das Gelesene besser verstehen können (mit fortgeschrittenen Lernübungen).* Die Unterüberschrift umreißt die Struktur des Buches, die Sie vom Anfängerstatus zum Meister im Bereich des Schnelllesens unter Beibehaltung des Verständnisses führt. Eher am Rande enthält es zudem noch fortgeschrittene Lernübungen.

Wenn Sie auf diese Weise Texte vorablesen, können Sie entscheiden, welche Lesestrategie geeignet ist und ob Sie den Modus des schnellen Lesens oder des vollständigen Verstehens verwenden. In einer hilfreichen Analogie unterscheidet der Autor Mark Ways zwischen Mikrowellen- und Ofenlesen. Beim Mikrowellenlesen geht es um Inhalte, die technische Informationen, detaillierte Erklärungen, Richtlinien oder Anleitungen enthalten. In diesem Fall interessiert es Sie weniger, wie der Text geschrieben ist, als vielmehr, welche Informationen darin enthalten sind, damit Sie diese konkret im Alltag anwenden können. Das Ofenlesen entspricht im Rahmen dieser Analogie dem Backen, was mehr Zeit erfordert als in der Mikrowelle, um Dinge aufzuwärmen. Laut Ways sind z. B. Biografien, Erfolgsgeschichten oder Lebenserfahrungen Texte, die Sie vollständig verstehen möchten. Durch Überfliegen und Scannen erhalten Sie zwar die wichtigsten Kernideen, doch nur wenn Sie die Texte sorgfältiger lesen, holen Sie das meiste aus Ihrer Lektüre heraus. Wenn Sie herausfinden, welche

Bücher Sie überfliegen und scannen können, können Sie Ihre Lektüre fokussieren und Ihre Zeit sinnvoller nutzen. Wenn Sie ein Buch überfliegen bzw. scannen, obwohl es sich für diese Techniken nicht eignet, dann wird dies zu Frustration führen und Ihre Lesefortschritte behindern.

Sie werden vielleicht sagen: „Diese Methode scheint mir sehr ähnlich wie die Skimming-Methode zu sein. Worin besteht der Unterschied?" Nun, beim Vorablesen geht es darum, die Gliederung und den Aufbau eines Textes zu verstehen, bevor Sie ihn lesen. Beim Vorablesen schauen Sie sich zum Beispiel den Text an, ohne sich in die eigentlichen Absätze zu vertiefen. Sie achten auf die Kapitelüberschriften, Zwischenüberschriften sowie auf die Zusammenfassung der Kapitel. Die verschiedenen Arten des Lesens, die Mark Ways oben erwähnte, können nur nach einem gründlichen Vorableseprozess bestimmt werden. Der Zweck davon ist, so viel wie möglich über den Text zu erfahren, bevor Sie ihn überfliegen oder scannen.

Lesen Sie den ersten Satz eines jeden Absatzes

Der einleitende Satz eines jeden Absatzes beschreibt in der Regel, was im darauffolgenden Absatz folgt. Wenn Sie die Skimming-Methode anwenden, lesen Sie den ersten Satz in jedem Absatz und entscheiden dann, ob der Rest des Absatzes es verdient, gelesen zu werden. Wenn dies nicht der Fall ist, gehen Sie weiter. Dies funktioniert bei Sachbüchern viel besser, da Absätze in Romanen anders konstruiert sind und wichtige Details zur Handlung oder zur Bereicherung der Geschichte enthalten können. Es ist zudem auch hilfreich, den letzten Satz des Absatzes zu lesen, da er oft den Absatz kurz zusammenfasst und in den nächsten Absatz überleitet. Die ersten und letzten Sätze in einem Absatz sind oft die wichtigsten. Manchmal werden Sie feststellen, dass es völlig unnötig ist, zu lesen, was dazwischen steht.

Ein Artikel im Journal of Experimental Psychology testete die Effektivität der Skimming-Methode. Die Autoren führten dazu drei Experimente durch, wobei sie aussagekräftige Texte verwendeten und den Lesern nur genug Zeit gaben, um die Hälfte jedes Textes zu lesen. Das erste Experiment ergab, dass die Leser mit Hilfe der Skimming-Methode wichtige Informationen aus jedem Dokument auf Kosten von weniger wichtigen Details erhielten. Das Experiment zeigte ebenfalls, dass die Leser einige Schlussfolgerungen aus den im Text enthaltenen Informationen verpassten. Das zweite Experiment stellte fest, dass die gleiche Menge an Informationen behalten werden konnte, wenn die Leser die erste oder zweite Hälfte der Absätze lasen. Dies bestätigt, was der obige Absatz aussagt, nämlich dass die Skimming-Methode sowie das Lesen des ersten Satzes oder der ersten Hälfte des Absatzes beide gleichsam effektive Methoden für das Speed Reading sind. Die Studie fand auch heraus, dass aufgrund des website-ähnlichen Layouts der verwendeten Texte, die Skimming-Methode davon abhängt, wie die Seiten miteinander verbunden sind, was ein Hinweis auf die Leichtigkeit der Navigation durch das Dokument ist. Interessant ist, dass eine Analyse der Lesezeiten auf Basis von Seiten- und Eye-Tracking ergab, dass der Text zu Beginn der Absätze, zu Beginn einer Seite und am Anfang des Dokuments mehr Aufmerksamkeit von den Lesern erhielt. Laut den Autoren der Studie unterstütze dies die Einschätzung, dass die Skimming-Methode ausreicht, wenn man ein Dokument unter Zeitdruck durchliest.

Lesen Sie nicht unbedingt die Sätze vollständig durch

Der Sinn des Überfliegens besteht darin, dass Sie nicht jedes Wort auf der Seite lesen müssen. Wenn der Anfang eines Satzes nicht verspricht, dass der Satz Ihnen die gewünschten Informationen liefert, springen Sie einfach zum nächsten Satz. Lesen Sie die Satzanfänge in Hinblick darauf, ob sie Ihnen nützliche Informationen liefern werden. Sie brauchen z. B. **diesen** ganzen Satz nicht zu lesen und auch nicht die nächsten paar Sätze, denn es ist nur ein sinnloses Geschwafel darüber, dass Sie sich viel Zeit und Mühe erspart hätten, wenn Sie den Rest übersprungen hätten. Diese

Sätze sind überhaupt nicht nötig, und wenn Sie die ersten paar Wörter des Satzes für bare Münze nehmen, werden Sie nicht frustriert, vor allem, wenn die Sätze lang und verworren werden und Sie anfangen, ihre grammatikalische Korrektheit in Frage zu stellen; und dann tauchen auch noch Semikolons auf und Sie erinnern sich an den Schulunterricht zurück und Sie fragen sich, ob die Semikolons überhaupt richtig verwendet wurden oder nicht und schon haben Sie eine Menge Zeit vergeudet. Zum Beispiel brauchte ich für „Sie müssen diesen Satz nicht vollständig lesen" weniger als eine Sekunde, um ihn zu lesen. Ich habe jedoch etwa elf Sekunden gebraucht, um den Rest des Satzes zu lesen. In diesem Fall hat Ihnen der Satz wortwörtlich gesagt, dass Sie nicht weiterlesen müssen, doch meistens wird das nicht der Fall sein. Ein besseres Beispiel könnte der folgende Satz sein: „Die Steinzeit wurde durch die Erfindung neuer Werkzeuge definiert, als unsere Vorfahren damit begannen, Dinge aus ihrer Umwelt zu nutzen, um neue Möglichkeiten zur Erledigung ihrer täglichen Aufgaben zu entwickeln." Der erste Teil des Satzes, also der Hauptsatz, sagt Ihnen, worum es in dem Satz geht. Der zweite Teil dient nur dazu, weitere Informationen in Form eines Beispiels zu liefern. Wenn Sie den ersten Teil lesen, aber nicht den zweiten, haben Sie ungefähr dieselben Informationen erhalten, wie wenn Sie beide lesen.

Überspringen Sie Beispiele

Es gibt einige Dinge, die Sie einfach nicht lesen müssen. Autoren präsentieren oft Beispiele, um einen Sachverhalt zu beweisen, doch wenn Sie glauben, dass der Sachverhalt nicht bewiesen werden muss, können Sie das Beispiel überspringen. Ich könnte hier ein Beispiel anführen, aber Sie würden es wahrscheinlich sowieso überspringen.

Beim Skimming sollten Sie sich nicht scheuen, sich ein paar Sekunden mehr Zeit zu nehmen und das Gelesene noch einmal zu überfliegen, um sicherzustellen, dass Sie es verstanden haben. Sie sparen bereits Zeit, indem Sie den Text überfliegen, anstatt ihn gründlich zu lesen, also können Sie getrost ein kurzes Stück zurückgehen. Sie könnten auch die Vorablese-Technik anwenden, damit Sie ein wenig wissen, was Sie im Folgenden erwartet.

Zusammenfassung des Kapitels

- Entgegen der landläufigen Meinung sind Skimming und Scanning aktive Fähigkeiten, die nicht auf der Aufnahme von Informationen durch Osmose beruhen. Das heißt, es ist ein aktiver Prozess, der nicht einfach von alleine passiert.
- Beim Skimming werden bestimmte Informationen auf Kosten anderer priorisiert. Das Überfliegen eines Textes, bevor Sie ihn lesen, hilft Ihnen dabei zu erkennen, welche Informationen Ihnen weiterhelfen und welche nicht.
- Auch wenn es unproduktiv erscheinen mag, einen Text zweimal zu lesen, indem Sie ihn überfliegen und dann die Teile, die Sie für interessant halten, schnell lesen, wird Ihre Lesezeit dennoch verkürzt, weil Sie sich nicht so sehr mit Details beschäftigen müssen.
- Das funktioniert sowohl bei Belletristik als auch bei Sachbüchern. Allerdings müssen Sie beim ersten Überfliegen andere Aspekte identifizieren. Während sich Sachbücher auf Punkte stützen, die für die Argumentation hilfreich sind, besteht Fiktion aus Handlungssträngen, Dialogen, Themen oder der Charakterentwicklung. Sie könnten zum Beispiel Dinge wie Beschreibungen, besonders wenn sie besonders wortreich sind, weglassen.
- Überlegen Sie sich vorher, was Sie lesen wollen, indem Sie von einem Titel, einer Überschrift oder etwas Ähnlichem ausgehen, das Sie bereits gelesen haben. Es kann hilfreich sein, an Begriffe zu denken, die Sie lernen möchten, oder an Konzepte, die Sie besser begreifen wollen. Wenn Sie wissen, wonach Sie suchen, hilft diese Vorgehensweise immer dabei, es zu finden.

- Lesen Sie vertikal. Das heißt, bewegen Sie Ihr Auge nicht so viel von links nach rechts. Das Lesen von Wörtern in Gruppen kann hierbei sehr hilfreich sein. Achten Sie darauf, dass Sie sich vertikal nicht zu weit oder zu schnell bewegen, da Sie sonst Informationen verpassen könnten, die Sie lesen möchten und die Sie hoffentlich bereits identifiziert haben.
- Denken Sie wie der Autor. Bei Sachbüchern ist es viel einfacher, da es eine These gibt, die Sie identifizieren können, aber auch in der Belletristik ist es praktisch, herauszufinden, welchen Aspekt der Autor beleuchten möchte. Es gibt immer mindestens einen. Achten Sie darauf, was der Autor präsentiert. Wo sind die Beweise in Bezug auf die These?
- Lesen Sie vorab. Beurteilen Sie den Text. Gibt es große Absätze oder kleine? Sind die Sätze lang oder sind sie sehr kurz? Finden Sie heraus, was die Schlüsselwörter und -sätze sind. Überlegen Sie sich Leseziele oder Fragen, auf die Sie am Ende der Lektüre Antworten haben möchten.
- Lesen Sie den ersten Satz in jedem Absatz. Besonders in akademischen oder wissenschaftlichen Texten kann der erste Absatz alles enthalten, was Sie über den Inhalt des Absatzes wissen müssen. Lesen Sie auch den letzten Satz. Dieser fasst oftmals den Absatz zusammen und leitet Sie zum nächsten Absatz über.
- Lesen Sie nur dann ganze Sätze, wenn die Information Ihnen dient. Wenn die Informationen am Anfang Ihre Neugierde wecken und Sie mehr lesen wollen, tun Sie das. Doch lesen Sie keine weiteren Sätze, die Ihnen nicht viele Informationen geben. Diese Sätze dienen lediglich dazu, Sie zu langweilen, und halten Sie davon ab, zu denen überzugehen, die tatsächlich den Zweck erfüllen, den Sie vorher festgelegt haben.
- Überspringen Sie Beispiele. Vor allem, wenn Sie Satzteile wie „zum Beispiel", „beispielsweise", „als Beweis", „um dies zu demonstrieren" oder ähnliche Dinge lesen. Diese Sätze dienen lediglich dazu, die Argumente des Autors zu

unterstützen. Manchmal ist es schwer, diese Teilsätze zu identifizieren. Möglicherweise müssen Sie einfach Ihrem Bauchgefühl oder Ihrer Intuition folgen und den Rest der Absätze überspringen, auf die Gefahr hin, etwas Wichtiges zu verpassen. Die Chancen stehen jedoch gut, dass Sie nicht allzu viel verpassen. Wenn Sie zum Beispiel nur „Überspringen Sie Beispiele" gelesen hätten, hätten Sie wahrscheinlich genauso viel aus diesem Aufzählungspunkt herausgeholt, ohne den kompletten Punkt zu lesen. Allerdings wollte ich Ihnen damit zeigen, wie ein hinterhältiges, verstecktes Beispiel aussieht. Ich hoffe, Ihnen hat dieser kleine, beispielhafte Exkurs gefallen. Gern geschehen.

Herzlichen Glückwunsch! Sie sind am Ende dieses Buches zum grundlegenden Schnelllesen angelangt. Sie können nun als fortgeschrittener Schnellleser in die Welt hinausgehen und diese Tipps und Tricks selbst ausprobieren, wenn Sie möchten. Doch nun wollen Sie sicherlich wissen, wofür die restlichen Seiten in diesem Buch sind. In Kapitel Zehn finden Sie weitere geheime, fortgeschrittene Techniken, die Ihrem Speed-Reading-Prozess noch weiter verbessern werden. Lesen Sie weiter, um herauszufinden, worum es sich bei diesen fortgeschrittenen Techniken handelt. Sie sind näher dran als je zuvor, ein Schnelllese-Meister zu werden!

KAPITEL ZEHN:

Schneller lernen mit fortgeschrittenen Techniken

Vielen Dank, dass Sie bis hierher gelesen haben. Damit haben Sie den Vorsatz bewiesen, das Beste aus diesem Buch herauszuholen. Manche Leute sehen ein Kapitel mit dem Titel „Schneller lernen mit fortgeschrittenen Techniken" und hören dann auf zu lesen, weil sie sich fragen, ob das Kapitel ihre Zeit wohl wert ist, oder weil sie glauben, dass sie noch nicht fortgeschritten genug sind. Oder vielleicht haben sie bereits das bekommen, was sie sich von dem Buch erhofft haben, was ebenfalls in Ordnung ist.

Hier ist Ihre Chance, allen anderen einen Schritt voraus zu sein. Mehr Wissen zu erlangen war schon immer wichtig für den Erfolg im Leben. Doch die heutige Welt ist so schnelllebig geworden, dass zu dem Zeitpunkt, an dem Sie neue Fakten lernen, diese bereits wieder veraltet sind. Wir müssen also schneller lernen. Und die effektivste Möglichkeit, um das zu tun, besteht darin, Ihre Lesegeschwindigkeit und Ihr Leseverständnis zu verbessern.

Metakognition

Diese fortgeschrittenen Techniken erfordern einen sorgfältigen Blick auf Ihre Lesetendenzen und deren Analyse, um diese so weit wie möglich zu verbessern. Die Metakognition ist der erste Schritt zu diesem Ziel, so unzugänglich sie auch erscheinen mag. Wenn Sie wissen wollen, welche Themengebiete Sie nicht verstehen, dann sollten Sie Ihre Denkweise analysieren. Dieses Bewusstsein für Ihre Unzulänglichkeiten erlaubt es Ihnen, einen Schritt zurückzutreten und nach Möglichkeiten zu suchen, diese zu verbessern. Die Verbesserung Ihrer Sprachkenntnisse wird sich ebenfalls auf die Verbesserung Ihrer Lesefähigkeiten auswirken. Denn je besser Sie Sprache selbst anwenden können, desto besser können Sie lesen und die anderen Anwendungsgebiete erkennen, die Menschen für den gleichen Zweck verwenden. Um zum Beispiel ein Semikolon zu verstehen und zu wissen, wie man es verwendet, muss man wissen, was einen Hauptsatz ausmacht. Wenn Sie Ihre Grammatik auf diese Weise verbessern, steigert das Ihr Leseverständnis und verhindert, dass Sie verwirrt sind, wenn Autoren seltsame grammatikalische Strukturen verwenden. Dies wird zudem Ihr Selbstvertrauen stärken und Sie zu einem besseren Schriftsteller, Gesprächspartner oder öffentlichen Redner machen. Auch Ihr erster Eindruck wird durch bessere Sprachkenntnisse deutlich positiver sein.

Hier finden Sie 6 Übungen, mit denen Sie Ihre Lesegeschwindigkeit und Ihr Leseverständnis auf andere Weise verbessern können. Einige davon sind eine Wiederholung früherer Techniken, andere sind neu.

Untersuchen Sie die Aufgabe

Analysieren Sie den Lesestoff, den Sie bewältigen wollen. Überfliegen Sie zunächst den Text und halten Sie Ausschau nach den wichtigen Punkten. Erfassen Sie die Überschriften und Zwischenüberschriften, lesen Sie die ersten und letzten Absätze mehrerer Kapitel und gewöhnen Sie sich an den Schreibstil, der für jeden Autor einzigartig ist. Erfassen Sie den Wald, bevor Sie sich auf die Bäume konzentrieren. So behalten Sie nicht nur das große Ganze im Auge, sondern können auch die wichtigsten Kernideen nach einem kurzen Überfliegen ermitteln.

Stellen Sie Fragen

Entwickeln Sie beim Lesen des Textes Fragen, auf die Sie Antworten finden möchten. Erwarten Sie dann, die Antworten auf Ihre Fragen zu finden. Konzentrieren Sie sich auf Ihre Interessen sowie auf die Dinge, die Sie aus der Lektüre mitnehmen wollen.

Überspringen Sie die irrelevanten Informationen. Es ist unmöglich, sich an alles zu erinnern, was Sie lesen, also lernen Sie, die Dinge herauszuziehen, die für Ihre Bedürfnisse relevant ist. Sie wissen genau, welche Dinge Sie aus der Lektüre mitnehmen wollen. Dann haben Sie am Ende der Lektüre entweder Ihre Fragen beantwortet und etwas gelernt oder Sie haben noch mehr Fragen, was dazu führt, dass Sie noch mehr lesen werden.

Verringern Sie die Subvokalisation

Wie bereits weiter oben im Buch besprochen, kann die Subvokalisation zwar beim Leseverständnis helfen, verlangsamt jedoch die Lesegeschwindigkeit erheblich. Wenn Kinder zum ersten Mal lesen lernen, flüstern sie die Wörter oder sprechen sie leise. Auf der nächsten Stufe lesen sie leise, bewegen aber immer noch ihre Lippen, als ob sie jedes Wort sagen würden. Als Erwachsene sagen wir uns die Wörter im Geiste vor – das nennt man „Subvokalisation". Die Subvokalisation ermöglicht es uns jedoch nicht, schneller zu lesen, da wir nur so schnell sein können, wie wir sprechen. Die durchschnittliche Sprechgeschwindigkeit liegt bei etwa 150 Wörtern pro Minute, während die durchschnittliche Lesegeschwindigkeit bei etwa 200-300 Wörtern pro Minute liegt. Um schneller zu lesen, müssen wir diese innere Stimme also zum Schweigen bringen. Wie das geht? Das Hören von Musik beim Lesen hilft. Am Anfang wird Musikhören zwar Ihr Textverständnis beeinträchtigen, doch schon bald werden Sie feststellen, dass Ihre Konzentration zunimmt. Paradoxerweise wird die Musik, die Sie vorher abgelenkt hat, Ihnen dabei helfen, sich zu konzentrieren und schneller zu lesen. Denken Sie an eine Situation, bei der Sie Musik als Hintergrundgeräusch einschalten, z. B. bei der Hausarbeit, auf einer Party oder bei einer anderen Gelegenheit. In der Regel nehmen Sie die Musik zunächst wahr, doch dann nicht mehr. Sie bemerken die Hintergrundgeräusche nur noch ab und zu. Das passiert auch, wenn Sie lesen, während Musik läuft.

Lesen Sie Wortgruppen

Ich habe bereits erwähnt, dass Sie mehrere Wörter und keine einzelnen Wörter lesen sollten. Jetzt erkläre ich Ihnen, wie Sie diesen Tipp in die Praxis umsetzen. Kinder lernen das Lesen, indem sie zunächst Silben verbinden. Später verbinden sie Wörter, um Sätze zu verstehen. Doch dann entwickeln sich unsere Lesefähigkeiten nicht weiter. Es gibt jedoch noch eine weitere Ebene – das gleichzeitige Aufnehmen von Wortgruppen. Erinnern Sie sich an die Spalten aus Kapitel fünf? Schnappen Sie sich einen Stift und teilen Sie die Seite in drei Spalten ein, sodass jede von ihnen zwei bis vier Wörter in einer Reihe hat. Versuchen Sie nun, diese Wörter zusammen zu lesen, indem Sie von einer Spalte zur anderen springen. Das ist einfacher, als Sie denken. Wenn Sie einmal den Dreh raus haben, werden Sie die Spalten nicht mehr brauchen. Wir wenden einfach die gleiche Methode wie beim Verstehen von Wörtern an. Wir lesen nicht jeden Buchstaben, sondern wir erkennen das ganze Wort. Anstatt einzelne Wörter zu lesen, lesen Sie jetzt ganze Wortgruppen auf einmal.

Überprüfen Sie sich selbst

Fragen Sie sich: „Was versucht der Autor mir zu sagen? Wie unterscheidet sich dieser Text von anderen Dingen, die ich gelesen habe? Wie hängt dieser Text mit anderen Materialien zusammen, die ich kenne?" Wenn Sie den Sinn des Textes verstehen, dann beginnen Sie damit, ihn wirklich zu begreifen. Verwenden Sie diese Methode, wenn Sie während Ihrer Lektüre innehalten, anstatt den Abschnitt erneut zu lesen. Fassen Sie zusammen, was Sie gerade gelesen haben, als ob Sie von einem Lehrer während des Schulunterrichts diese Aufgabe bekommen hätten. Wenn Sie ein gutes Gefühl haben, lesen Sie weiter.

Konsumieren Sie nicht nur, sondern erschaffen Sie

Wissen ist nicht nur etwas, das Sie aufnehmen, sondern vielmehr etwas, das Sie als Lernender erschaffen. Sie entwickeln neue Sinnzusammenhänge, neue neuronale Netzwerkverbindungen und neue Muster von elektrochemischen Interaktionen. Lernen geschieht, wenn Sie Ihr neues Wissen integrieren und es dann in irgendeiner Weise anwenden, um einen neuen Arbeitsprozess zu etablieren oder etwas Neues zu erschaffen. Die praktische Anwendung Ihres neu erworbenen Wissens ist eine großartige Möglichkeit, um eine neue Fähigkeit zu üben.

Machen Sie sich Notizen und schreiben Sie von Hand. Tippen Sie Ihre Notizen nicht auf einem Computer. Während das Eintippen Ihrer Notizen in den Computer zwar toll ist, um sie für die Nachwelt zu erhalten, werden Ihre Gedanken viel effektiver angeregt, wenn Sie mit der Hand schreiben. Die einfache Handlung, einen Stift oder Bleistift zu halten und zu benutzen, mag in der heutigen Zeit altmodisch erscheinen, doch denken Sie nur an all die Visionäre, für die diese Methode in all den Jahren funktioniert hat. Doch das ist noch nicht alles. Trotz der Tatsache, dass Tippen schneller ist als handschriftliche Notizen, bietet die Multifunktionalität eines Laptops viel mehr Ablenkungen, als wenn Sie etwas von Hand schreiben. Mit einem Computer können Sie zwar kinderleicht große Mengen an Informationen notieren, jedoch braucht es nur eine Benachrichtigung, ein Geräusch oder einen verirrten Gedanken, und ein paar Klicks später befinden Sie sich geistig total woanders und sind abgelenkt. Ein Artikel von National Public Radio (NPR) zitiert eine Studie, die von Psychological Science veröffentlicht wurde. In dieser Studie wurde festgestellt, dass handschriftliche Notizen die Schüler dazu zwangen, die Dinge, die sie aufschrieben, sorgfältiger auszuwählen. Mit einem Computer kann man sich also mehr Notizen machen, doch beim Schreiben mit der Hand stehen die Chancen höher, dass Sie sich bessere Notizen machen, weil Sie die wichtigsten Informationen identifizieren, während Sie die weniger wichtigen Punkte ignorieren müssen. In der Studie wurde dies getestet, indem den Studenten TED-Talks zu verschiedenen Themen gezeigt wurden, bevor ihnen Fragen gestellt wurden, was beide Gruppen gleich gut schafften. Bei konzeptbasierten Fragen schnitten die handschriftlichen Notizen jedoch signifikant besser ab. Die Versuchung, Dinge wortwörtlich, d. h. Wort für Wort, aufzuschreiben, war bei der Verwendung eines Laptops einfach zu groß.

Dies war nur eine Hypothese, die getestet wurde, um festzustellen, ob wir uns die Informationen beim Schreiben per Hand oder per Computer besser merken können. Bei einem zweiten Testverfahren hatten die Studienteilnehmer die Möglichkeit, die Notizen, die sie zwischen der Vorlesung und dem Test gemacht hatten, zu überprüfen. Die handschriftlichen Notizen lieferten dabei immer noch die besseren Ergebnisse. Die Schlussfolgerung lautete also, dass das Anfertigen von Notizen mit der Hand eine „geistige Anstrengung" seitens des Gehirns erfordert, was das Textverständnis und die Behaltensleistung fördert. Das Tippen von Notizen induziert eine eher gedankenlose Herangehensweise, bei der man unbedingt alles Wort für Wort mitschreiben will. In dieser Studie wurde die Ablenkungsvariable entfernt, indem das Internet auf jedem Laptop abgeschaltet wurde. Selbst die fleißigsten Studenten lassen sich ablenken, und die meisten verschwenden 40 Prozent der Unterrichtszeit mit Dingen, die nichts mit der Vorlesung oder ihrer Kursarbeit zu tun haben. Eine Studie unter Jurastudenten zeigte, dass fast 90 % derjenigen, die einen Laptop hatten, diesen mindestens fünf Minuten lang für Aktivitäten nutzten, die nichts mit der Kursarbeit zu tun hatten. Vielleicht noch schockierender ist, dass 60 % die Hälfte der Vorlesungszeit abgelenkt sind. Langer Rede kurzer Sinn: Die überwältigenden Beweise deuten darauf hin, dass der altmodische Stift und ein stinknormales Blatt Papier Ihrer Behaltensleistung zugutekommen.

Skimming-Bewegungen, die von Evelyn Wood empfohlen werden

Darüber hinaus schlagen andere Experten Strategien und Techniken vor, die zu einer höheren Lesegeschwindigkeit führen, ohne das Gedächtnis zu beeinträchtigen. Viele betrachten Evelyn Wood als die Pionierin, die das Speed Reading mit ihrem Programm *Seven Day Speed Reading and Learning* populär gemacht hat. Ähnlich wie in diesem Buch verspricht sie, dass Sie Ihre Lesegeschwindigkeit verdoppeln, Ihr Leseverständnis und Ihr Erinnerungsvermögen verbessern sowie Ihre Konzentration schärfen. Außerdem wendet sie sich mit ihrem Buch an Studenten, die ihre Deadlines einhalten müssen. Sie empfiehlt ihren Lesern, mehrere unorthodoxe Handbewegungen zu machen, um die Augen beschäftigt und in Bewegung zu halten, während sie die Informationen auf der Seite durchlesen.

Bewegung 1: Modifiziertes Meta-Guiding

Legen Sie Ihre Hand flach auf die Buchseite, die Finger sind zusammen, jedoch entspannt, und bewegen Sie Ihre Hand entlang der Buchseite, so wie Sie es bei der normalen Meta-Guiding-Technik tun würden. Verwenden Sie Ihre Hand, um Ihre Augen zu führen. Der Hauptunterschied zwischen Woods Ratschlägen und der Meta-Guiding-Technik, die wir in den vorherigen Kapiteln besprochen haben, liegt darin, wie Sie zwischen den Zeilen wechseln. Wood empfiehlt, die Finger einen halben bis einen Zentimeter über der Seite zu halten, nicht mehr oder weniger, und diagonal zu der Stelle zu führen, an der die nächste Zeile beginnt, und diese Bewegung auf der ganzen Seite zu wiederholen.

BEWÄHRTE SPEED READING TECHNIKEN

Bewegung 2: S-Form

Die zweite Bewegung, die sie beschreibt, ist eine S-ähnliche Bewegung die Seite hinunter, wobei man sich fließend und ohne Sprünge zwischen den Seiten der Seite hin und her bewegt und dabei ein oder zwei Zeilen überspringt. Die Bewegungen, die Wood in ihrem Buch beschreibt, scheinen an Schwierigkeit zuzunehmen.

Bewegung 3: ?-Form

Bei der dritten Bewegung handelt es sich um eine ähnliche Bewegung wie bei der ersten, aber statt einer S-Form folgen Sie einer Linie in Form eines Fragezeichens.

Bewegung 4: X-Form

Als vierte Bewegung empfiehlt Wood, eine X-Form zu verwenden, die am oberen linken Teil der Seite beginnt und sich diagonal etwa fünf Zeilen nach unten zum rechten Rand bewegt. Sobald Sie den rechten Rand erreicht haben, bewegen Sie Ihren Finger wieder zwei Textzeilen nach oben und wiederholen die erste Bewegung in der entgegengesetzten Richtung (zum linken Rand der Seite). Anschließend bewegen Sie sich wieder zwei bis drei Zeilen nach oben und dann diagonal fünf Zeilen nach unten. Sie wiederholen diese Zick-Zack-X-Bewegungen, bis Sie den unteren Rand der Seite erreicht haben.

Bewegung 5: Die Schleife

Die fünfte Bewegung macht eine Schleife und folgt einer ähnlichen Richtung wie die X-Form, nur dass die Bewegungen hier weicher und fließender sind. Stellen Sie sich vor, Sie zeichnen eine 8. Sie machen diese Schleifen, indem Sie sich fünf Zeilen auf der Seite nach unten bewegen und ein paar Zeilen wieder nach oben kreisen (von links nach rechts und dann von rechts nach links), bis Sie den unteren Rand der Seite erreichen.

Bewegung 6: L-Form

Die letzte von ihr vorgestellte Bewegung ist die L-Bewegung, die jeden verwirren würde, der nicht weiß, wie man kursiv schreibt. Ähnlich wie bei der Schleifenbewegung bewegen Sie sich in einer Schleifenform die Seite hinunter. Anstatt sich jedoch zum rechten Rand diagonal die Seite hinunterzubewegen, lesen Sie eine Zeile normal, bevor Sie eine Schleife machen und sich auf dem Rückweg fünf Zeilen diagonal nach unten (zum linken Rand) bewegen. Für Interessierte bietet Wood noch vier weitere Methoden an, nämlich das Hufeisen, das U, den Pinsel und den Halbmond.

Eine andere ähnliche Meta-Guiding-Technik, die viel einfacher ist als die aufwendigen Handbewegungen, die Evelyn Wood verwendet, beinhaltet die Verwendung einer leeren weißen Karteikarte. Das ergibt Sinn. Die Karteikarte hilft Ihnen dabei, Ihren Blick zu fokussieren, während Sie die Wörter auf der Seite verfolgen. Diese verbesserte Fokussierung geht einher mit einer Steigerung der Merkfähigkeit. Allerdings müssen Sie dabei vorsichtig sein, um nicht versehentlich einen Rückschritt zu machen. Dazu können Sie den Rat des Artikels von *Fast Company* befolgen. Legen Sie die Karteikarte über die Zeile, die Sie lesen wollen. Dies verhindert nicht nur, dass Ihre Augen auf der Seite nach oben zurückkehren, sondern hält Sie dazu an und zwingt Sie sogar, sich weiter nach unten zu bewegen. Dies stellt eine zusätzliche Regressionsbarriere dar, da Sie die Karteikarte bewusst vom vorhergehenden Text entfernen müssen, um dort Informationen nachzulesen, die Sie bereits gelesen haben. Es gibt jedoch einen kleinen Haken bei der Sache. Diese Technik mit der Karteikarte über der Zeile eignet sich nicht so gut für das Lesen am Computer, da Sie den Arm über einen längeren Zeitraum ausstrecken müssen. Auch wenn die Karteikarte so gut wie nichts wiegt, so wird Ihr Arm dennoch schon nach kurzer Zeit ermüden und Sie davon abhalten, die Technik anzuwenden. Besser, Sie versuchen es gar nicht erst und ersparen sich den Frust. Außerdem sieht es ein wenig lächerlich aus. Wenn Sie auf Schnelligkeit aus sind, sind Sie ohnehin besser dran, wenn Sie von einem Papierdokument lesen, da Bildschirmtext Ihre Lesegeschwindigkeit um etwa 25 % verlangsamt.

Andere Meta-Guiding-Techniken

In einem Artikel für *Alive.com* im Jahr 2017 empfiehlt Kwik neun weitere Tricks, um schneller zu lesen und die Informationsflut zu bewältigen.

Als erstes schlägt er vor, einen Optiker aufzusuchen, um Ihre Augen überprüfen zu lassen, falls Sie dies nicht in letzter Zeit getan haben. Wenn nicht, sagt er, stellen Sie sicher, dass Ihre Sehkraft im vollen Umfang vorhanden ist. Verwenden Sie ansonsten Ihre Brille bzw. Ihre Lesebrille.

Als Nächstes betont er, wie wichtig es ist, einen geeigneten Ort zum Lesen zu finden. Dies bedeutet oft, ein Gleichgewicht zwischen schlafinduzierendem Komfort und ablenkender Aufgewecktheit zu finden. Sie könnten sich einerseits dafür entscheiden, es sich mit Decken und Kissen auf Ihrem Sofa gemütlich machen, doch dann würden Sie wahrscheinlich schon bald einschlafen. Andererseits könnten Sie die Klimaanlage aufdrehen, doch zu viel Kälte würde Sie ablenken. Stattdessen sollten Sie es bequem haben, jedoch wach sein. Der Raum, in dem Sie lesen, sollte kühl sein, was die Wachheit unterstützt, aber nicht so kalt, dass es unangenehm ist. Verwenden Sie bei Bedarf ein Kissen, aber lehnen Sie sich nicht zurück und legen Sie sich nicht hin, da zu viel Entspannung zu Schläfrigkeit führt.

Ein weiterer Punkt, auf den Kwik hinweist, ist, dass Sie positive Anker finden sollten, die Ihr Leseverhalten beeinflussen, da Anker gute Selbstbilder verstärken und schlechte Selbstbilder, die Sie vielleicht im Laufe der Zeit entwickelt haben, entkräften können. Positivität beruhigt Ihre Nerven und sorgt für Entspannung, was beides wesentliche Komponenten für die Aufnahme von Informationen sind. Viele dieser positiven Anker haben mit Entspannung und

Wohlbefinden zu tun, doch sie helfen ebenfalls dabei, die Aufmerksamkeit aufrechtzuerhalten. Versuchen Sie zum Beispiel, natürliches Licht zu nutzen. Sie strapazieren Ihre Augen, wenn Sie bei schummrigem oder fluoreszierendem Licht lesen. Schalten Sie Lampen und Oberlichter aus, setzen Sie sich an ein Fenster, öffnen Sie die Vorhänge und lassen Sie das Sonnenlicht auf Ihren Text scheinen. Wenn das nicht möglich ist, können Sie sich Glühbirnen zulegen, die das natürliche Licht imitieren. Das Abspielen von Musik in einer Geschwindigkeit, die einem regelmäßigen Herzschlag entspricht, also etwa 60 Schläge pro Minute, kann Ihren Körper auf ähnliche Weise entspannen und einen erhöhten Lernzustand hervorrufen. Die vielleicht beste Entspannungsmethode ist jedoch das aufrechte Sitzen mit einer guten Körperhaltung, um die Muskeln nicht zu überlasten. Zudem können Sie in dieser Körperhaltung lange, tiefe Atemzüge machen. Versuchen Sie es mit einer 3-2-4-Atemtechnik, bei der Sie drei Sekunden lang durch die Nase einatmen, zwei Sekunden lang halten und vier Sekunden lang ausatmen. So wird Ihr Gehirn gut mit Sauerstoff versorgt und kann auf Hochtouren laufen. Wenn Sie Ihr Buch aufrecht halten, verhindert dies, dass Sie sich vorbeugen müssen und Sie können direkt auf die Seiten schauen. Eine ausreichende Flüssigkeitszufuhr hilft Ihrem Gehirn ebenfalls, da es weniger effektiv arbeitet, wenn Sie zu wenig Wasser getrunken haben. Doch nicht nur das: Ihr Magen wird versuchen, Sie zum Essen zu verleiten, obwohl Sie in Wirklichkeit nur durstig sind. Wenn Sie Wasser in Ihrer Nähe haben, müssen Sie weniger oft in die Küche gehen, um einen Snack zu sich zu nehmen, und Sie können sich auf die anstehenden Leseaufgaben konzentrieren.

Unterscheidungen zwischen rechter und linker Gehirnhälfte

Der letzte Punkt von Kwik, der sich auf das visuelle Tempo bezieht: Nutzen Sie Ihr ganzes Gehirn. Nehmen Sie Ihre linke Hand und fahren Sie damit über den Text. Auf diese Weise aktivieren Sie Ihre rechte Gehirnhälfte, gleichen Ihre neuronalen Funktionen aus und bereichern dadurch Ihr Leseerlebnis. Jeder, der die wissenschaftlichen Grundlagen in Bezug auf die linke und rechte Gehirnhälfte kennt, wird Ihnen sagen, dass dies Sinn ergibt. Kinder, insbesondere solche, denen Legasthenie diagnostiziert wurde, tun sich beim Lesenlernen schwer, weil die elementaren Lehrmethoden mehr auf die Prozesse der linken Gehirnhälfte ausgerichtet sind. Anstatt zu lernen, ein bestimmtes Wort zu lesen, indem sie sich die einzelnen Teile ansehen und so zum Ganzen gelangen, machen Schüler mit einer rechtsdominanten Gehirnhälfte das Gegenteil. Sie lernen, indem sie zunächst das ganze Wort sehen und es dann in seine Einzelteile zerlegen, was man als „Sichtwort"-Ansatz bezeichnet. Das bedeutet, dass sie das Wort daran erkennen, wie es aussieht, und nicht daran, wie es klingt. Die Phonetik hilft diesen Kindern nur wenig, da dieser Prozess darin besteht, Teile von Wörtern zu identifizieren, die gleich oder unterschiedlich klingen. Im Großen und Ganzen stützen sich die Prozesse der rechten Gehirnhälfte eher auf den Kontext als auf die Reihenfolge. Schüler mit einer linksdominanten Gehirnhälfte lesen in der Regel jedes Wort in einer systematischen und geordneten Art und Weise und entwickeln allmählich ein Verständnis für den Text, indem sie die Wörter zusammensetzen, um eine Bedeutung zu konstruieren, die auf jedem Wort als Teil des Ganzen basiert. Rechtshirndominante Kinder hingegen nehmen mehrere Wörter und Sätze auf, bevor sie sie als Ganzes verarbeiten, suchen dann nach Kontext-Hinweisen und entwickeln ein geistiges Bild davon, was jedes Wort und jeder Satz bedeutet. Auf einer praktischen und nicht auf einer pädagogischen Ebene bedeutet dies, dass inkrementelle Übungen wie Phonetik rechtshirndominante Kinder langweilen, da es keine kleineren Einheiten gibt, in die die Wörter unterteilt werden können. Diese Kinder würden es vorziehen, durch echte, sinnvolle Bücher zu lernen. Um eine Analogie zu gebrauchen: Schüler mit linksdominanter Gehirnhälfte möchten vielleicht lieber erst die genauen Bewegungen und Techniken beim Schwimmen lernen, bevor sie überhaupt nass werden. Rechtshirndominante Kinder hingegen würden eher dazu neigen, direkt in den Pool zu tauchen und die Details später herauszufinden.

Wenn Sie Ihre rechte Gehirnhälfte genauso stark wie Ihre linke Gehirnhälfte nutzen, profitieren Sie von der Tendenz, aus einer Überblicksperspektive zu lesen und das Gesamtbild des Lesestoffs zu betrachten, um den Gesamtzusammenhang zu erfassen. Wie bei einem rechtshirndominanten Kind wird dieser Prozess dazu führen, dass Sie Details übersehen, Wörter überspringen, schnell überfliegen und nicht innehalten, um Wörter auszusprechen. Nachdem das rechtshirndominante Kind genügend Informationen aus der Lektüre gewonnen hat, um sich ein Gesamtbild von den vermittelten Botschaften, Themen und Punkten zu machen, fährt es fort, lässt die unwichtigen Details hinter sich und verschwendet keine Zeit damit, sich auf diese nebensächlichen Details zu konzentrieren. Prozesse der rechten Gehirnhälfte beinhalten die Bildung von visuellen Hinweisen. Menschen mit einer rechtsdominanten Gehirnhälfte tendieren zum stillen Lesen, obwohl sie sich gelegentlich selbst laut vorlesen, was Kwiks Punkt über die Leseumgebung umso wichtiger macht. Gute Nachrichten also für rechtshirndominante Menschen! Deren neuronalen Tendenzen können ein entscheidender Faktor für ihre Fähigkeit zum schnellen Lesen sein. Doch linkshirndominante Menschen sollten nicht verzagen. Obwohl wir dazu neigen, Menschen als links- oder rechtshirndominant zu kategorisieren, so hat jeder von uns die Fähigkeit, beide Gehirnhälften zu nutzen. Nur weil Sie von Natur aus eine Gehirnhälfte bevorzugen, heißt das nicht, dass Sie unfähig sind, die andere ebenfalls zu nutzen. Dies erfordert vielleicht etwas mehr Übung und harte Arbeit, doch auch Sie können die Effektivität des Schnelllesens meistern, denn welche Seite des Gehirns Sie bevorzugen, bestimmt nicht die Grenze Ihrer Fähigkeiten.

Doch wie erschließen Sie nun die Fähigkeiten dieser magischen rechten Gehirnhälfte, fragen Sie? Die rechte Gehirnhälfte erwartet die Ankunft von Textinformationen über das Corpus Callosum, sagt David Butler in seinem Buch. Auch wenn die meisten Texte über die Gehirnfunktion im Allgemeinen über die linke Gehirnhälfte sprechen, steuert die rechte Seite das effektive Verständnis, was bedeutet, dass Konzepte und visuelle Bilder

Ergebnis der Aktivität der rechten Gehirnhälfte sind. Wie in den vorangegangenen Erklärungen über die Art und Weise, wie unterschiedliche Kinder lernen, bereits erläutert, betrachtet die rechte Gehirnhälfte ganze Bilder oder Ideen zusammen und entschlüsselt die Muster und Verbindungen innerhalb der Informationen. Die rechte Gehirnhälfte umfasst die kognitive Verarbeitung höherer Ordnung und interpretiert Informationen mit größerer Geschwindigkeit und mit mehr ganzheitlicher Aufmerksamkeit für das große Ganze. Dies erklärt den Grund für das Monopol der rechten Gehirnhälfte in den Bereichen Vorstellungskraft, Intuition, Gesichtserkennung und Kunst. Die rechte Gehirnhälfte verarbeitet Daten einfach schneller und mit einem höheren Volumen als die linke, was bedeutet, dass das Lesen mit der linken Gehirnhälfte in etwa so sinnvoll ist, wie Informationen durch einen Strohhalm zu quetschen, wie Butler anmerkt.

Doch das ist noch nicht alles. Nachdem die Verarbeitung sowohl in der rechten als auch in der linken Gehirnhälfte stattgefunden hat, übernimmt der präfrontale Kortex die Arbeit. Hier residiert das Bewusstsein, das Informationen reguliert, Impulse moduliert und Daten aus den anderen Teilen des Gehirns koordiniert. An diesem zentralen Ort werden Pläne formuliert, Entscheidungen getroffen, Fehler erkannt und Gewohnheiten durchbrochen. Am wichtigsten für die Übung des Lesens ist, dass das Arbeitsgedächtnis im präfrontalen Kortex sitzt. Dies ist kein perfektes System, da Emotionen diesen Bereich des Gehirns beeinflussen können. Das muss aber nichts Schlechtes sein, denn Dopamin, der Neurotransmitter, der Freude und Vergnügen im Gehirn vermittelt, dient als Handlungsanreiz und verstärkt sogar die Informationssignale, worauf Butler im Buch gezielt hinweist. Wiederholte, rhythmische, strukturierte und leicht zu visualisierende Informationen helfen dem präfrontalen Kortex, sich Informationen leichter zu merken.

Martha Beck bietet einige Übungen an, um Ihre rechte Gehirnhälfte zu aktivieren, die in unserer hyper-rationalen Welt hin und wieder übersehen wird. Als Erstes empfiehlt sie, Ihren Namen auf jede erdenkliche Weise zu schreiben. Von rechts nach links, auf dem Kopf stehend, rückwärts und auf dem Kopf stehend, jede Variante sollte nach bestem Wissen und Gewissen ausprobiert werden. Zweitens: Führen Sie eine bilaterale Konversation, indem Sie eine Frage mit der rechten Hand schreiben und sie dann mit der linken Hand beantworten, und zwar unabhängig davon, welche Hand dominant ist. Ihre nicht-dominante Hand wird mit ziemlicher Sicherheit zittrig schreiben, aber keine Sorge, das ist nicht wichtig. Wichtig ist, dass Sie bemerken, dass Ihre linke Hand eine eigene Persönlichkeit hat. Es mag seltsam klingen, und das ist es auch irgendwie, aber was vielleicht noch seltsamer ist die Tatsache, ist, dass Ihre rechte Gehirnhälfte Dinge weiß, von denen Sie nicht wissen, dass Sie sie wissen. Sie bewertet Ihre körperlichen und geistigen Gefühle und bietet oft Lösungen an.

Wenn Sie neue Bewegungen lernen, wird Ihre rechte Gehirnhälfte aktiviert, da die Bewegungen für sie ungewohnt sind. Fällt es Ihnen schwer, die Lösung für ein bestimmtes Problem zu finden? Beck verwendet das Beispiel des Gehens, aber anstatt die Arme entgegengesetzt zu den Beinen zu schwingen, können Sie ausprobieren, Ihre Arme im Gleichklang mit den Beinen zu schwingen. Versuchen Sie dies in verschiedenen Variationen zu tun, rückwärts, mit geschlossenen Augen, alles, was Ihnen einfällt, was schwer, aber machbar ist. Und dann gehen Sie aufs Ganze. In diesem Fall geht das so: Sobald Sie Ihre rechte Gehirnhälfte aktiviert haben, fangen Sie an, in einem rasanten Tempo zu lesen, schneller als Sie es vorher für möglich hielten. In anderen Fällen können Sie versuchen, ein Problem anzupacken, das Sie schon lange ärgert. Anstatt über diesem Problem zu schmoren, lesen Sie bei aktivierter rechter Gehirnhälfte ein paar andere Dinge, entspannen sich, erledigen Hausarbeiten oder irgendetwas anderes, als über das Problem zu grübeln. Aktivieren Sie Ihre rechte Gehirnhälfte jedoch nur zeitweise, bevor Sie damit aufhören und mit einer anderen Tätigkeit fortfahren. Laut Beck provoziert dies Epiphanien. Durch diese Aktivitäten kommt Ihr Gehirn auf die ersten paar möglichen Lösungen, die vielleicht noch nicht besonders gut sind. Wenn Sie das Gehirn jedoch dazu ermutigen, Lösungen zu produzieren, werden es immer mehr, besonders wenn die rechte Gehirnhälfte die Führung übernimmt. Das Aktivieren der rechten Gehirnhälfte zum Schnelllesen ist nicht das endgültige Ziel, sondern ermöglicht es Ihnen, mehr Informationen in diesem Teil Ihres Gehirns abzulegen. Wenn Sie diese wieder aktivieren, um ein Problem zu lösen, sollten die Informationen, die Sie beim Speed Reading mit der rechten Gehirnhälfte erhalten, zu einem wichtigen Faktor bei der Steigerung Ihrer Speed-Reading-Effektivität werden.

Triage-basiertes Lesen

Abby Marks Beale ist der Meinung, dass die Auswahl des Textes und die Auswahl Ihres Lesestoffs der wichtigste Faktor für die Effektivität Ihres Schnelllesens sein könne. Angesichts Ihrer begrenzten Zeit müssen Sie, unabhängig von Ihren Fähigkeiten im Speed Reading, Entscheidungen darüber treffen, wofür Sie Zeit haben und wofür nicht. Ähnlich wie in einer Notaufnahme haben einige Dinge, wie z. B. ein Herzinfarkt, Vorrang vor anderen, wie z. B. einer Verdauungsstörung, um bei dem von ihr verwendeten Beispiel zu bleiben. Mit anderen Worten: Sie müssen bei Ihrer Leseliste eine Triage durchführen. In Ihrem großen Stapel von zu lesenden Büchern und Artikeln haben Sie einige Herzinfarkte und einige Verdauungsstörungen. Die Herzinfarkte bringen Sie bei Ihren Lesezielen weiter als die Verdauungsstörungen. Das heißt nicht, dass Sie Bücher, die nicht wichtig sind, nicht lesen sollten. Auch die Verdauungsstörungen müssen behandelt werden, sie haben lediglich eine geringere Priorität.

Definieren Sie den Zweck Ihrer Lektüre

Sie sollten nicht nur eine feste Vorstellung davon haben, welche Lektüre wichtiger ist, sondern Beale empfiehlt Ihnen auch, genau zu wissen, was Sie aus der Lektüre herausholen wollen, indem Sie Fragen parat haben, die den Zweck Ihrer Lektüre definieren. Diese Fragen leiten Ihr Leseverhalten und führen zu einer aktiven

Beschäftigung mit Ihrer Lektüre, indem Sie nach Antworten suchen. Beale bezeichnet diese Herangehensweise als „Purpose-Setting". Sie selbst schreibt sich immer acht bis zehn Fragen auf eine Karteikarte bzw. ein Notizbuch, bevor sie ein Buch öffnet. Sie geht sogar noch einen Schritt weiter und sagt, dass Lesen allein nicht ausreicht. Laut Beale muss man das Gelesene auch anwenden, um es am besten zu behalten. Meine Englischlehrerin an der High School sagte uns vor jeder Stunde ein Wort des Tages. Zudem sagte sie uns jedes Mal, dass wir dieses Wort dreimal benutzen müssen, bevor wir das Wort verinnerlichen und selbstständig verwenden können. In ähnlicher Weise bringt es Ihnen nicht viel, wenn Sie Ihr neu erlangtes Wissen nicht anwenden. Um den vollen Nutzen aus Ihrer Lektüre zu ziehen, müssen Sie den Lesestoff auf irgendeine Weise in der realen Welt manifestieren. Beale empfiehlt ein Lackmus-Verfahren, welches darin besteht, drei Aufgaben zu Ihrer To-Do- oder Projektliste hinzuzufügen, die widerspiegeln, was Sie aus der Lektüre gewonnen haben. Wenn Sie die Liste durchgehen, um darüber nachzudenken, wie gut Sie den Lesestoff in Ihren Alltag integriert haben, sollten Sie sich auf Ihren Schritt der Zielsetzung zurückbesinnen und Ihre neue Fähigkeit bzw. Ihr neues Wissen demonstrieren.

Die Beurteilung Ihrer Fortschritte, sei es in einer Art abstrakter Weise, wie es Beale tut, oder in einem greifbaren Prozess wie dem PX-Projekt, einem einzelnen dreistündigen kognitiven Experiment, ist notwendig für Ihre Gesamterfahrung. Ohne herauszufinden, wo Sie landen, können Sie Ihre Verbesserungen nicht wirklich analysieren, die wie im Fall von Tim Ferriss eine Steigerung der Lesegeschwindigkeit um bis zu 386 Prozent sein können. Die Ergebnisse des PX-Projekts sind verblüffend und sogar fast zu schön, um wahr zu sein. Um die Wirksamkeit des Projekts zu demonstrieren, wurden Muttersprachler von fünf verschiedenen Sprachen und Legastheniker in das Projekt einbezogen. Jeder von ihnen wurde einer Konditionierung unterzogen, die bei hochtechnischen Inhalten eine Lesegeschwindigkeit von 3.000 Wörtern pro Minute oder zehn Seiten pro Minute bzw. eine Seite alle sechs

Sekunden erzeugte. Das PX-Projekt basiert seine Methoden auf einem grundlegenden Verständnis des menschlichen visuellen Systems, wodurch Ineffizienzen beseitigt und gleichzeitig die Lesegeschwindigkeit erhöht wird, ohne dass dies auf Kosten der Merkfähigkeit geht. Ferriss skizziert den Mechanismus des Projekts anhand einer Reihe von Übungen in einem Artikel für die Huffington Post. Die Ziele der Übungen, nämlich die Minimierung von Fixierungen, die Eliminierung von Regressionen und Zurückspringen innerhalb des Textes sowie die Verwendung von Konditionierungsübungen zur Maximierung der horizontalen peripheren Sehspanne und der Wörter, die Sie bei jeder Fixierung registrieren, werden Ihnen aus den vorherigen Seiten in diesem Buch bekannt sein.

Die erste Technik beinhaltet das Lesen von zwei Zeilen in einer Sekunde mit Hilfe eines Trackers bzw. eines Pacers, und zwar unabhängig vom Verständnis, über die gesamte Seite. Die zweite Technik erweitert die Wahrnehmung, indem sie mit dem ersten Wort jeder Zeile beginnt und mit dem letzten Wort der letzten Zeile endet, wiederum ohne Rücksicht auf das Verständnis. Ferriss fordert den Leser auf, diese Aufgabe noch zweimal zu wiederholen, einmal mit dem zweiten Wort am Anfang und Ende jeder Zeile und das andere Mal mit dem jeweils dritten Wort, wieder unter Missachtung des Verständnisses. Dann bittet er den Leser, seine neue Lesegeschwindigkeit von Wörtern pro Minute zu berechnen. Er schränkt dies ein, indem er sagt, dass Sie, auch wenn Sie nun bis zu dreimal so schnell lesen können, diese Fähigkeit nicht nutzen sollten, um drei Sachen zu lesen. Lesen Sie stattdessen dieselbe Sache dreimal und steigern Sie dadurch Ihr Verständnis.

Wade Cutler verspricht in seinem gleichnamigen Buch ebenfalls, Ihre Lesegeschwindigkeit zu verdreifachen. Er beschäftigt sich auf den ersten etwa dreißig Seiten mit Ihren aktuellen Lesefähigkeiten und den Blockaden, die einer höheren Lesegeschwindigkeit im Wege stehen. Er identifiziert viele der gleichen Dinge, die auch in diesem Buch zu finden sind: das Versäumnis, eine Vorschau auf das vor Ihnen liegende Material zu machen, verschwenderische Augenbewegungen und Regressionen, schlechte Sehspanne, Vokalisierung und Subvokalisierung. Die allgemeine Vokalisation ist eine, über die wir nicht viel gesprochen haben. Diese umfasst Bewegungen mit den Lippen, der Zunge, dem Unterkiefer, dem Adamsapfel und dem Zwerchfell, welche allesamt verschiedene Erscheinungsformen des unhörbaren Mitlesens sein können. Er nennt noch weitere verschiedene Fehler, wie z. B. Zeigen/Markieren, Abtasten mit der Hand und langsames Umblättern. Während Cutler viel Zeit auf die Hindernisse für schnelles Lesen verwendet, bietet er ebenso viele Übungen, um Ihre Lesegeschwindigkeit zu erhöhen. Vom Verfolgen der mittleren von drei Buchstabenspalten beim Lesen von links nach rechts bis hin zu immer komplizierteren Variationen folgt er ähnlichen Theorien zur Erhöhung der Augenspanne wie Cole und Frank. Er erweitert den Bereich der Buchstaben und wirbelt sie in Dreier- und Vierergruppen durcheinander. Die Anzahl der Spalten wird auf bis zu sieben Spalten gesteigert, während die innersten Spalten immer komplizierter werden. Anschließend gibt er dem Leser Übungen nach dem gleichen Muster, um das Tempo und das Blocklesen zu lernen. Indem er zu einer dünnen, zeitungsähnlichen Spalte wechselt, bietet Cutler eine praktischere Anwendung der Fähigkeiten. Das Ziel ist hier eine Fixierung pro Zeile. Dann erhöht er die Schwierigkeit auf eine Fixierung pro zwei Zeilen.

Cutler führt im nächsten Teil des Buches eine Methode ein, die er die Zwei-Stopp-Methode nennt und die einem S oder einem Z ähnelt. Er wiederholt den Prozess der Verbreiterung der Spalten, indem er Ihre Augen zunächst zwischen zwei breiten Spalten hin- und herhüpfen lässt. Ihre Augen kommen dann langsam zusammen, während sich die Spalten verbreitern. Das anschließende Modulieren dient dazu, Ihre Augen zu trainieren und daran zu gewöhnen, sich gleichmäßig zwischen den Spalten hin- und herzubewegen. Diese Technik ähnelt stark der Eye-Hop-Methode, die Ron Cole entwickelt hat. Als Test bietet Cutler Auszüge aus Büchern an, damit Sie Ihre neu erworbenen Fähigkeiten sofort anwenden und herausfinden können, wie gut Sie sie gelernt haben. Er fügt ein Gedicht von Edgar Allan Poe, das bekannte *The Cask of Amontillado*, *A Short History of the Civil War*, ein Kapitel aus *Die Schatzinsel* sowie weitere aus *Die Zeitmaschine*, *Dr. Jekyll and Mr. Hyde* und *Money Signs* hinzu. Jedes dieser Kapitel nimmt an Länge und Schwierigkeit zu, und die Tests ähneln stark Leseverständnis-Tests aus der Schule. Cutler weist dem Leser buchlange Texte zu, um ihm mehr Lesestoff zu geben, sowie weitere Tests, um seine Lesefähigkeit zu bestimmen.

Zusammenfassung des Kapitels

- Um mit der beschleunigten Erstellung von Informationen Schritt zu halten, kann Lesen Ihre Waffe im Wettrüsten des Wissens sein, und wenn Sie bis hierher gelesen haben, sind Sie schon einen Schritt weiter. Hier sind sechs weitere Tipps, um Ihr Speed Reading weiter voranzutreiben.
- Analysieren Sie Ihre Aufgabe, bevor Sie sie in Angriff nehmen. Gehen Sie nicht blind an die Aufgabe heran. Schauen Sie sich den Text, den Sie lesen wollen, genau an und machen Sie sich im Kopf Gedanken darüber, was Sie von dem Text erwarten.
- Stellen Sie Fragen, während Sie lesen. Die Chancen stehen gut, dass der Autor Sie absichtlich neugierig gemacht hat, damit er diese Neugier später im Text befriedigen kann. Doch das ist noch nicht alles. Auf diese Weise behalten Sie die Kernideen im Auge und vielleicht tauchen Fragen auf, die Sie zu einer weiteren Lektüre anregen.
- Verringern Sie die Subvokalisation. Ihre Lesegeschwindigkeit ist viel schneller als Ihre Sprechgeschwindigkeit. Wenn Sie die Wörter aussprechen, auch im Kopf, dann schränken Sie Ihr Lesepotenzial immens ein. Wenn Sie diese innere Stimme zum Schweigen bringen, können Sie Ihre Lesegeschwindigkeit erhöhen. Machen Sie sich keine Sorgen um das Textverständnis, denn zu diesem Zeitpunkt

setzen Sie andere Taktiken ein, um den Verlust auszugleichen.
- Lesen Sie Gruppen von Wörtern. Teilen Sie jede Seite mit einem Bleistift in drei oder vier Spalten ein und üben Sie, diese in sequenzieller Reihenfolge, Zeile für Zeile, durchzulesen Wenden Sie diese Technik jedoch nicht bei einem Buch an, in das Sie nicht hineinschreiben können.
- Stellen Sie sich Fragen während des Lesens, um Ihr Gedächtnis frisch zu halten. Experimentieren Sie mit Ihren Fragen und stellen Sie Zusammenhänge zu so vielen Punkten in der Lektüre her, wie Sie können.
- Erstellen Sie nach und nach ein neues Motiv. Verweisen Sie auf verwandte Lektüre und entwickeln Sie neue Assoziationen, denen Ihr Gehirn folgen kann. Wissen wird nicht nur aufgenommen, es wird geschaffen und aktives Lesen erleichtert diesen Prozess.
- Machen Sie sich Notizen von Hand. Studien zeigen, dass handschriftliche Notizen der Gedächtnisleistung viel mehr helfen als das Tippen auf einer Tastatur. Wenn Sie immer noch skeptisch sind, denken Sie an die unzähligen Menschen, die vor der Erfindung des Computers oder der Schreibmaschine Dinge von Hand geschrieben haben. Darunter waren einige ziemlich kluge Leute.
- In ihrem Buch *How to Fly with Your Hands* veröffentlichte Evelyn Wood 1959 eine der ersten Anleitungen zum schnellen Lesen, welches einige interessante Handbewegungen enthielt. Sie entwickelte diese Handbewegungen, um ihre Augen zu bewegen und sie auf verschiedene Arten über die Seite zu führen. Diese Methode verfolgt das gleiche Ziel wie Meta-Guiding, nämlich Ihre Augen über die Seite zu führen und Ihre Lesegeschwindigkeit zu standardisieren.
- Versuchen Sie, eine Karteikarte als Meta-Guide auf eine Seite zu legen. Es ist eine akzeptable Methode, die Karteikarte unter die Zeile, die Sie gerade lesen, zu halten. Achten Sie dabei jedoch darauf, dass Sie nicht zu den

Informationen zurückgehen, die Sie gerade weiter oben gelesen haben. Eine effektivere Taktik wäre es, die Karteikarte über die Zeile, die Sie gerade lesen, zu halten, sodass Ihre Regressionen stark reduziert, wenn nicht sogar eliminiert werden. Außerdem werden Ihre Augen dadurch gezwungen, sich weiter nach vorne und unten auf der Seite zu bewegen, was Ihren Lesefortschritt im Vergleich zu der anderen Methode erhöht. Der einzige Haken ist jedoch folgender: Das Verwenden einer Karteikarte funktioniert nicht gut bei einem Computerbildschirm, da Sie die Karteikarte mit ausgestrecktem Arm halten müssen, was sehr anstrengend ist. Auf Papier zu lesen ist allerdings sowieso empfehlenswert, denn wenn Sie auf einem Bildschirm statt Papier lesen, verlieren Sie 25 % Ihrer Lesegeschwindigkeit.

- Jim Kwik, den ich bereits in Kapitel fünf erwähnt hatte, bietet einige interessante Anregungen, die sich mit mehr als nur dem Akt des Lesens befassen. Die Umgebung, in der Sie lesen, beeinflusst Ihr Leseverhalten genauso stark wie alle anderen Aspekte. Das Gleiche gilt für Ihre Körperhaltung sowie für so grundlegende Dinge wie die Art, wie Sie das Buch halten. Auch Ihre Flüssigkeitszufuhr hat einen Einfluss auf Ihr Leseverhalten. Kwiks vielleicht aufschlussreichster Vorschlag betrifft die Nutzung Ihres Gehirns, er schlägt nämlich vor, es voll einzubeziehen. Lesen wird oft mit der linken Gehirnhälfte in Verbindung gebracht, weil Lesen auf Logik beruht. Wenn man jedoch analysiert, wie rechtsdominante Kinder lernen, speziell das Lesen, tauchen genau die Dinge auf, die Sie beim Speed Reading anstreben. Die Fokussierung auf das konzeptionelle Gesamtbild, das Auslassen kleinerer Details, das Überspringen von Wörtern und vor allem das Fortfahren mit der Lektüre, während unwichtige Details ignoriert werden – all das klingt nach bewährten Praktiken beim Speed Reading.

- Aktivieren Sie Ihre rechte Gehirnhälfte, wenn Sie lesen. Kwik empfiehlt, die linke Hand als Meta-Guide zu benutzen, was eine potenziell effektive Methode ist, um diese Seite des Gehirns zu stimulieren. Es ist eine größere Anstrengung, die linke Gehirnhälfte zu aktivieren, indem Sie Ihren Namen auf jede erdenkliche Art und Weise schreiben, bilaterale Gespräche führen, neue Bewegungen lernen, und dann alles zusammen machen, wie Martha Beck es rät. Die Aktivierung der rechten Gehirnhälfte wird Ihren Lesefluss nicht unbedingt beschleunigen. Das Ergebnis wird sich jedoch in einem besseren Verständnis des Lesestoffs zeigen, da das Schnelllesen mit den Aktivitäten der rechten Gehirnhälfte übereinstimmt, wie ich bereits erwähnt hatte.
- Abby Marks Beale ermutigt Sie, die wichtigste Lektüre, die Sie erledigen möchten, zu priorisieren, ähnlich wie eine Notaufnahme die wichtigsten Fälle zuerst behandelt. Beale empfiehlt, dass Sie sich acht bis zehn Fragen stellen, bevor Sie mit der Lektüre beginnen, um Ihre Absichten und Ziele festzulegen. Nutzen Sie dann tatsächlich die Informationen, die Sie aus der Lektüre gewonnen haben, denn die Anwendung der gelesenen Informationen steigert die Merkfähigkeit erheblich. Wie meine Englischlehrerin zu sagen pflegte: „Use it three times, and you own it". Sie bezog sich dabei zwar auf die Wörter des Tages, doch die Prämisse bleibt dieselbe. Beale fügt ihrer To-Do- bzw. Projektliste drei Aufgaben hinzu, die ihre Lektüre reflektieren. Wenn Sie die Liste durchgehen, werden Sie darüber nachdenken, was Sie durch das Lesen dieses Textes für Ihr Leben gelernt haben.
- Tim Ferriss erklärt die Vorteile des PX-Projekts und rühmt sich mit einer 386-prozentigen Steigerung seiner Lesegeschwindigkeit nach dieser dreistündigen Lektion. Mit der Meta-Guiding-Methode, der Erweiterung der visuellen Wahrnehmung sowie der Gruppierung von Wörtern schlägt er weitere Techniken vor, die, wenn sie oft genug

wiederholt werden, zu erstaunlichen Steigerungen der Lesegeschwindigkeit führen sollen. Mit Hilfe eines gründlichen Verständnisses des menschlichen Sehvermögens eliminiert das PX-Projekt Ineffizienzen, um die Lesegeschwindigkeit zu erhöhen und die Merkfähigkeit zu erhalten.

- Wade Cutler behauptet, dass er Ihre Lesegeschwindigkeit durch eine Reihe von Techniken verdreifachen kann, die der Spalten-Methodik ähnelt, die Steven Frank in seinem Buch vorstellt. Cutler variiert diese Spalten jedoch nach Breite, Anzahl der Buchstaben und Schwierigkeitsgrad, sodass Sie sich von drei Spalten mit einzelnen Buchstaben bis zu Romanpassagen hocharbeiten können. Da Cutler sich stark darauf konzentriert, Blockaden beim Schnelllesen zu beseitigen, ist ein Bereich, den außer Cutler kein anderer Experte anspricht, der Bereich des Vokalisierens. Das Vokalisieren ähnelt im Prinzip dem Subvokalisieren und umfasst Ticks bzw. Gewohnheiten, die Leser haben, welche die Sprache imitieren. Cutler identifiziert Bewegungen der Lippen, der Zunge, des Kiefers, des Adamsapfels und sogar des Zwerchfells. Diese Bewegungen haben den gleichen Effekt wie die Subvokalisation und verlangsamen unter Umständen Ihre Lesegeschwindigkeit.

FAZIT

Halten Sie einen Moment inne. Denken Sie an Ihre Überzeugung zurück, als Sie dieses Buch aufgeschlagen haben. Sie haben seither eine immense Entwicklung durchlaufen. Möglicherweise haben Sie dieses Buch zum Thema Speed Reading mit einer vagen Vorstellung davon begonnen, worum es hier geht. Nach der Lektüre dieses Buches haben Sie einige der Vorteile kennengelernt, die Speed Reading Ihnen ermöglichen kann. Die Bandbreite ist groß und reicht von der einfachen Fähigkeit, mehr Informationen aufzunehmen, bis hin zur Stärkung Ihres Selbstbewusstseins, dem Vorantreiben Ihrer Karriere oder der Verbesserung Ihrer Meditationspraxis, egal ob bewusst oder unbewusst. Ich habe Ihnen einen vorläufigen Überblick darüber gegeben, was Sie von diesem Buch erwarten können und welche Erfolge Sie bis zu diesem Punkt möglicherweise erzielen können. Nur Sie allein wissen, ob es funktioniert hat oder nicht. Ich hoffe, dass Sie bei der Sache geblieben sind, die Techniken angewandt und Ihre Fortschritte verfolgt haben. Am Anfang hielten Sie möglicherweise an einigen Mythen über Speed Reading fest, die wir gleich in Kapitel zwei entlarvt haben. Nämlich, dass Sie 10.000 Wörter pro Minute lesen können, dass Subvokalisation Sie in Ihrem Bestreben, schneller zu lesen, behindert (das stimmt wirklich, doch Sie müssen sich erst in einem fortgeschrittenen Lernstadium darum kümmern, die Subvokalisation zu eliminieren) und dass Sie automatisch schneller werden, wenn Sie viel lesen.

Ich habe Sie dazu ermutigt, Ihr persönliches, anfängliches Leseniveau zu akzeptieren. Wenn Sie sich selbst verstehen und bewerten, können Sie herausfinden, wie Sie sich am meisten verbessern können und auf welche Bereiche Sie sich mehr konzentrieren müssen. Ehrlich zu sich selbst zu sein, kann eine Herausforderung sein, die auch für das Lesen gilt, zumal das Lesen für uns Menschen keine natürliche Fähigkeit ist. Mit dieser abstrakten Grundlage als Ausgangsbasis erhielten Sie in Kapitel vier eine konkrete Hilfestellung und Sie erfuhren, wie Sie Ihre Lesegeschwindigkeit messen können. Zudem lernten Sie in Kapitel vier, wie Sie Ihre Lesegeschwindigkeit für verschiedene Lesestufen ermitteln können.

Mit Kapitel fünf begann der transformative Prozess, der Sie zu einem Schnellleser macht. Dieses Kapitel gab Ihnen alle möglichen Techniken an die Hand, die Sie beim Üben ausprobieren können, von der Festlegung eines Ziels über die sogenannte Skimming-Technik (Überfliegen), das Reduzieren der Subvokalisation, das Lesen von Phrasen, die Meta-Guiding-Methode, das schnelle serielle Visualisieren, das Vermeiden der Regression und sowie das Begrenzen von Fixierungen. Diese Strategien erhöhen möglicherweise Ihre Lesegeschwindigkeit deutlich, doch es kann sein, dass Sie einen Rückgang des Textverständnisses feststellen. Kapitel sechs schaffte Abhilfe, indem Sie darin Gegenmaßnahmen kennenlernten, die einer Verschlechterung der Aufnahmefähigkeit entgegenwirken. Dazu gehörten die Visualisierung, das Weglassen einiger Wörter und Sätze, weil sie zu kompliziert sind, das Erweitern Ihres Wortschatzes und das sogenannte Erinnerungs-Spiel.

Diese Tipps und Tricks allein reichen jedoch nicht aus, wie ich in Kapitel sieben darlegte. Eine der besten Methoden, um besser im Lesen zu werden, besteht darin, mehr zu lesen. Die einzige Einschränkung ist allerdings, dass Sie achtsam lesen müssen. Ein guter Anfang sind Bücher, die leicht zu lesen sind, denn die von Stephen Krashen entwickelte Input-Hypothese besagt, dass Texte, bei denen Sie weniger als 95 Prozent der Wörter kennen, die Bereitschaft zum Weiterlesen verringern. In diesem Kapitel zeigte ich Ihnen einige hilfreiche Methoden, um eine Routine für das Lesen aufbauen zu können. Sie können zum Beispiel die Macht der Gewohnheit nutzen oder sich den Einstieg erleichtern, indem Sie nur die Bücher lesen, die Ihnen Spaß machen. Halten Sie sich Ihre Optionen offen, indem Sie unterschiedliche Bücher lesen, und arbeiten Sie sich dann zu schwierigeren Büchern hoch, indem Sie zunächst Ihr Grundwissen durch Recherche erweitern.

Die Analyse Ihres Leseverhalten ist womöglich der wichtigste Aspekt, besonders wenn Sie eine positive Verstärkung brauchen, um Ihre Gewohnheit aufrechtzuerhalten. Um dies zu erreichen, gibt es zahlreiche Möglichkeiten. In erster Linie sollten Sie Ihre Lesegeschwindigkeit regelmäßig messen, um einen Überblick darüber zu behalten, wo Sie stehen. Ein gutes, altmodisches Leseprotokoll in einem Notizbuch wird dafür sorgen, dass Sie Ihre Fortschritte nicht aus den Augen verlieren. Im digitalen Zeitalter, in dem wir heute leben, haben wir die Möglichkeit, die Aspekte Produktivität und Funktionalität mehr und mehr ins Internet zu verlagern. Mit Hilfe von Anwendungen wie Goodreads, Tabellenkalkulationen, Trello und Pinterest-Boards können Sie Ihre Lesefortschritte dokumentieren und mit anderen Lese-Fans in Kontakt kommen. Im Zweifelsfall kann der gute alte Bücherstapel wie ein Leseprotokoll für Sie dienen, vor allem, wenn Sie gerne mehrere Bücher gleichzeitig lesen und das eine oder andere Buch, auf das Sie sich freuen, immer griffbereit haben.

Der beste Weg, um Ihren Lesestoff zu bewältigen, und eine Taktik, die viele Leute wahrscheinlich bereits in ihrem Alltag anwenden, ist das Überfliegen und Scannen Ihrer Lektüre, während Sie sich die wichtigen Informationen merken. Es ist wichtig, dass wir die diesbezüglichen Missverständnisse entkräften. Bei der Skimming- und Scanning-Methode handelt es sich nicht um ein schnelles Überfliegen und Umblättern von Seiten in der Erwartung, dass Sie dadurch die Informationen leicht und mühelos erfassen können. Es gibt einen inhärenten Kompromiss zwischen den Aspekten Geschwindigkeit und Speicherung der Informationen, und Skimming und Scanning tragen diesem Umstand Rechnung. Hierbei handelt es sich nicht um eine schnelle Lösung. Im Gegenteil, beide Methoden erfordern eine engagierte und achtsame Herangehensweise an die Lektüre. Beide Methoden beginnen recht einfach, nämlich damit, dass Sie durch die Vorablese-Technik oder durch Ihre eigene Einschätzung bereits vorab wissen, was Sie aus dem Text herausholen wollen. Dann lesen Sie vertikal genauso viel, wenn nicht sogar mehr als horizontal, und versetzen sich dabei in die Lage des Autors, um die Strategien und Gründe hinter dem Text herauszufinden. Seien Sie wählerisch mit dem, was Sie lesen. Lesen Sie z. B. den ersten Satz in einem Absatz, jedoch nicht unbedingt jeden kompletten Satz oder alle Beispiele.

Schließlich sollten Sie in Kapitel zehn noch einige weiterführende Methoden zum schnellen Lesen kennengelernt haben. Um in unserer heutigen wettbewerbsintensiven, digitalen Welt die Nase vorn zu haben, müssen Sie Ihre Aufgaben einteilen, Fragen stellen, die Subvokalisation verringern, Wortgruppen lesen, sich selbst abfragen, das Gelernte anwenden und sich Notizen von Hand und nicht mit Hilfe eines Computers machen. Eine Hauptstrategie unter den in diesem Kapitel aufgeführten und in Kapitel fünf nicht erwähnten Strategien ist die Nutzung Ihrer rechten Gehirnhälfte, die Ihr Textverständnis potenziell um ein Vielfaches verbessern kann. Dadurch werden die Informationen in beiden Hälften Ihres Gehirns verarbeitet. Die linke Gehirnhälfte ist für die logischen Funktionen zuständig und erleichtert es Ihnen, das neu erworbene Wissen im Langzeitgedächtnis zu speichern. Die rechte Gehirnhälfte verarbeitet Informationen wesentlich schneller, sodass es klug und effektiv ist, ihr so viele Informationen wie möglich zu überlassen, besonders wenn Sie schnell lesen wollen. Expertenaussagen untermauern die Aussagen in diesem Kapitel und stellen Ihnen einzigartige und konstruktive Methoden vor, die auf einigen derjenigen aufbauen, die bereits in diesem Kapitel bzw. in Kapitel fünf behandelt wurden.

Wie Sie vielleicht bemerkt haben, bauen diese Tipps auf genau diese Weise aufeinander auf. Einige einfache Techniken, die in der Einleitung des Buches vorgestellt werden, werden zu einem späteren Zeitpunkt auf unterschiedliche und kompliziertere Weise im Laufe dieses Buches erneut aufgegriffen. Verwechseln Sie sie jedoch nicht. Beispielsweise funktioniert die Meta-Guiding-Methode mit Ihrem Stift ein wenig anders als die Meta-Guiding-Methode mit einer Karteikarte, welche sich wiederum ein wenig von der Verwendung Ihrer linken Hand bzw. von der Verwendung einiger scheinbar lächerlicher Handbewegungen unterscheidet, wie sie Evelyn Wood vorschlägt. Wenn Sie diese Tipps in Kombination anwenden, werden Sie feststellen, dass Sie schneller lesen und sich mehr merken werden, ohne dies aktiv zu versuchen (trotzdem sollten Sie auf jeden Fall aktiv versuchen, Ihre Lesegeschwindigkeit zu verbessern). Ich kann Ihnen nicht garantieren, dass Sie nun auf magische Weise dazu in der Lage sein werden, alle Bücher, die Sie in die Hand nehmen, mit einer Geschwindigkeit von 1.500 Wörtern pro Minute zu lesen. Sie können nicht am nächsten Morgen aus dem Bett springen, sich ein Buch schnappen und plötzlich wie ein Superheld superschnell lesen. Diese unseriösen und unglaubwürdigen Vorstellungen haben wir schon im Vorfeld ausgeräumt. Sie müssen Ihr Leseverhalten selbst in die Hand nehmen und die Methoden, Techniken, Tipps und Tricks, die ich Ihnen zur Verfügung gestellt habe, auf eine Art und Weise nutzen, die für Sie am besten funktioniert. Betrachten Sie diese Lösungen als eine Art Gebrauchsanweisung für Ihr Leseprojekt, wenn Sie so wollen. Allerdings ist dieses Projekt ein Do-it-yourself-Projekt, und ich kann es nicht für Sie tun. Entwickeln Sie Ihre eigenen Routinen, Rituale, Gewohnheiten oder Neigungen. Was auch immer Sie tun, nehmen Sie jeden dieser Tipps und Tricks zur Kenntnis und arbeiten Sie sich zu einer Lesegeschwindigkeit von 1.500 Wörtern pro Minute hoch. Sie haben nun die Werkzeuge und Anleitungen. Erreichen Sie dieses Ziel. Ich habe vollstes Vertrauen in Sie.

QUELLEN UND WEITERFÜHRENDE LITERATUR

Beck, M. (2009). *How to Tap into the Right Side of Your Brain - Martha Beck Advice.* Oprah.Com. https://www.oprah.com/spirit/how-to-tap-into-the-right-side-of-your-brain-martha-beck-advice/all

Booth, A. (2014). *10 Reasons Why You Should Learn Speed Reading.* Lifehack. https://www.lifehack.org/articles/lifestyle/10-reasons-why-you-should-learn-speed-reading.html

Burke, S. (2014). *The Spritz app lets you read at 1,000 wpm -- but at what cost?* CNNMoney. https://money.cnn.com/2014/03/13/technology/innovation/spritz/

Butler, D. (2014). *Speed Reading with the Right Brain: Learn to Read Ideas Instead of Just Words.* David Butler.

Buzan, T. (2017). *Speed Reading: Schneller lesen - mehr verstehen - besser behalten.* mvg Verlag.

Capuano, R. (2021). *Right-Brained Reading.* TheHomeSchoolMom. https://www.thehomeschoolmom.com/right-brained-reading/

Cole, R. (2012). *SuperReading for Success: The Groundbreaking, Brain-Based Program to Improve Your Speed, Enhance Your Memory, and Increase Your Success.* TarcherPerigee.

Cutler, W. E. (2002). *Triple Your Reading Speed: Enhance your reading skills with the Acceleread method.* Peterson's.

de Bruijn, O., & Spence, R. (2000). Rapid serial visual presentation. *Proceedings of the Working Conference on Advanced Visual Interfaces - AVI '00.* Published. https://doi.org/10.1145/345513.345309

DeRusha, B. (2018). *10 Speed Reading Apps to Help You Tackle Your TBR.* BOOK RIOT. https://bookriot.com/best-speed-reading-apps/

Doubek, J. (2016). *Attention, Students: Put Your Laptops Away.* NPR. https://www.npr.org/2016/04/17/474525392/attention-students-put-your-laptops-away?t=1632116045165

Duggan, G. B., & Payne, S. J. (2009). Text skimming: The process and effectiveness of foraging through text under time pressure. *Journal of Experimental Psychology: Applied, 15*(3), 228–242. https://doi.org/10.1037/a0016995

Ferriss, T. (2014). *How I Learned to Read 300 Percent Faster in 20 Minutes*. HuffPost. https://www.huffpost.com/entry/speed-reading_b_5317784

Frank, S. (1998). *Backpack Series-Speed Reading Secrets (The Backpack Study Series)*. Adams Media.

Frank, S. D. (1994). *The Evelyn Wood Seven-Day Speed Reading and Learning Program*. Fall River Press.

Grothaus, M. (2018). *How to train yourself to become a speed reader*. Fast Company. https://www.fastcompany.com/40574769/how-to-train-yourself-to-become-a-speed-reader

Halton, M. (2019). *A speed reader shares 3 tricks to help anyone read faster*. Ideas.Ted.Com. https://ideas.ted.com/a-speed-reader-shares-3-tricks-to-help-anyone-read-faster/

Hammond, B. (2018). *What is the Strengths Perspective? :: Speed Reading Study Explained Better Than Ever*. Isogo. https://www.isogostrong.com/strengthsfinder-speed-reading/

Hammond, J. (2013). *Speed Reading: How to Double (or Triple) Your Reading Speed in Just 1 Hour!* Inspire3 Publishing.

Harari, Y. N. (2018). *Sapiens: A Brief History of Humankind*. Harper Perennial.

Harry, J. (2018). *5 Things Holding Your Reading Speed Back*. Medium. https://medium.com/@studyfast/5-things-holding-your-reading-speed-back-aac6405fc5c0

Kaufman, J. *10 Days to Faster Reading - Abby Marks-Beale*. Worldly Wisdom Ventures LLC. https://joshkaufman.net/10-days-to-faster-reading/

Knight, K. (2018). *Speed Reading: Learn to Read a 200+ Page Book in 1 Hour (Mental Performance)*. MindLily.com.

Kraushaar, J., & Novak, D. (2010). Examining the Affects of Student Multitasking with Laptops during the Lecture. *Journal of Information Systems Education*. Published.

Kump, P. (1998). *Breakthrough Rapid Reading*. Prentice Hall Press.

Kwik, J. *How To Read Faster*. Jim Kwik. https://jimkwik.com/podcast/kwik-brain-007-how-to-read-faster

Kwik, J. (2017). *Speed-Read Like a Boss*. Alive. https://www.alive.com/lifestyle/speed-read-like-a-boss/

Larsen, L. *Does Speed Reading Improve College Student's Retention Level and Comprehension?* Leannlarsen.Com. http://leannlarsen.com/Portfolio/Speed%20Reading%20Research.pdf

Macalister, J. (2010). *Speed reading courses and their effect on reading authentic texts: A preliminary investigation.* ScholarSpace. https://scholarspace.manoa.hawaii.edu/bitstream/10125/66649/2 2_1_10125_66649_macalister.pdf

May, C. (2014). *A Learning Secret: Don't Take Notes with a Laptop.* Scientific American. https://www.scientificamerican.com/article/a-learning-secret-don-t-take-notes-with-a-laptop/

Mind Tools Content Team. *Speed Reading: How to Absorb Information Quickly and Effectively.* Mind Tools. https://www.mindtools.com/speedrd.html

Montgomery, C. (2020). *How to Improve Reading Comprehension: 8 Expert Tips.* PrepScholar. https://blog.prepscholar.com/how-to-improve-reading-comprehension

Mounsteven, J. (1990). Speed Reading: A Technique for Developing Fluent Readers. *TEACHING Exceptional Children, 22*(3), 69–71. https://doi.org/10.1177/004005999002200328

Nation, P. (2005). *Reading Faster.* Victoria University of Wellington. https://www.wgtn.ac.nz/lals/resources/paul-nations-resources/paul-nations-publications/publications/documents/2005-Reading-faster.pdf

National Research Council. (2012). Improving Adult Literacy Instruction. *National Academy of Sciences.* Published. https://doi.org/10.17226/13468

Nelson, B. (2012). *Do You Read Fast Enough To Be Successful?* Forbes. https://www.forbes.com/sites/brettnelson/2012/06/04/do-you-read-fast-enough-to-be-successful/#2db68dab462e

Olson, S. (2015). *The Science of Speed Reading; Benefits And Consequences Of Reading 1,000 Pages In 10 Hours.* Medical Daily. https://www.medicaldaily.com/science-speed-reading-benefits-and-consequences-reading-1000-pages-10-hours-316828

Peterson, D. (2019). *How to Read Faster and Have More Study Time.* ThoughtCo. https://www.thoughtco.com/how-to-read-faster-31624

Rayner, K., Schotter, E. R., Masson, M. E. J., Potter, M. C., & Treiman, R. (2016). So Much to Read, So Little Time. *Psychological Science in*

the Public Interest, 17(1), 4–34.
https://doi.org/10.1177/1529100615623267

Rodrigues, J. (2011). *5 Reasons Why Speed Reading Is Good For Your Brain*. Iris Reading. https://irisreading.com/5-reasons-why-speed-reading-is-good-for-your-brain/

Schmitz, W. (2013). *Schneller lesen - besser verstehen*. Rowohlt Taschenbuch.

Scott, S. J. (2019). *How to Read Faster: 9 Steps to Increase Your Reading Speed in 2021*. Develop Good Habits. https://www.developgoodhabits.com/how-to-read-faster/

Super-Speed Reading. TV Tropes. https://tvtropes.org/pmwiki/pmwiki.php/Main/SuperSpeedReading

The Princeton Language Institute. (2014). *10 Days to Faster Reading: Jump-Start Your Reading Skills with Speed reading*. The Philip Lief Group, LLC.

Thielen, J., Grochowski, P., Perpich, D., & Samuel, S. (2016). Speed Reading and Reading Retention Workshop – Poster and Active Learning Exercises. *University of Michigan Library*. Published.

Trafton, A. (2014). *In the blink of an eye*. MIT News | Massachusetts Institute of Technology. https://news.mit.edu/2014/in-the-blink-of-an-eye-0116

Ways, M. (2021). *Reading Comprehension Strategies*. Speed Reading Lounge. https://www.speedreadinglounge.com/reading-comprehension-strategies

Ways, M. (2021). *Skimming and Scanning – 4 Strategies*. Speed Reading Lounge. https://www.speedreadinglounge.com/skimming-and-scanning

Yen, T. T. N. (2012). The Effects of a Speed Reading Course and Speed Transfer to Other Types of Texts. *RELC Journal, 43*(1), 23–37. https://doi.org/10.1177/0033688212439996

Young, S. (2015). *I Was Wrong About Speed Reading: Here are the Facts*. Scott H Young. https://www.scotthyoung.com/blog/2015/01/19/speed-reading-redo/

Blitzschnelles Lernen leicht gemacht

40+ Experten-Techniken zur rapiden Wissensaneignung und zum Gedächtnistraining. Eine Komplett-Anleitung für Anfänger, um Lernzeiten systematisch zu halbieren

John R. Torrance

INHALTSVERZEICHNIS

Einleitung 137

Kapitel Eins: Wir entlarven fünf populäre Mythen zum
Thema Lernen 139

Kapitel Zwei: Sieben Schlüsselprinzipien, die den
Lernprozess optimieren 155

Kapitel Drei: Schnell (und mühelos) neue Fertigkeiten
erlernen 167

Kapitel Vier: Die ersten zwanzig Stunden 177

Kapitel Fünf: Das lebensverändernde Pareto-Prinzip ... 185

Kapitel Sechs: Die Kunst, effektive Notizen zu machen 191

Kapitel Sieben: Wie Sie Ihr Fachwissen erweitern 201

Kapitel Acht: Verbesserung Ihrer Gedächtnisleistung 217

Kapitel Neun: Wie Sie am besten pauken (wenn es sein muss) 231

Kapitel Zehn: Trainieren Sie Ihr Gehirn dazu, konzentriert
zu bleiben 237

Fazit 251

Quellen Und Weiterführende Literatur 253

EINLEITUNG

Wenn Sie schon einmal bei dem Versuch, etwas Neues zu lernen, in einer Sackgasse gelandet sind, dann ist dieses Buch genau das Richtige für Sie. Sich eine neue Fertigkeit anzueignen, kann entmutigend erscheinen, vor allem angesichts der Vielzahl von Quellen, die zu vielen Themen existieren. Mit der Fülle an Informationen, die einem heutzutage zur Verfügung stehen, haben Sie mehr Möglichkeiten denn je, unzählige Fertigkeiten und Fähigkeiten zu erlernen. Sie können sich einfach an Ihren Computer setzen oder ein Buch in die Hand nehmen und lernen, was immer Sie wollen. Der menschliche Geist verfügt über dieses unbegrenzte Potenzial. Es gibt jedoch einen Haken an der ganzen Sache: die richtigen Techniken zu kennen, die Ihnen dabei helfen, auf die Teile Ihres Gehirns zuzugreifen, die sich optimal für Ihr Lernvorhaben eignen und nicht gegen Sie arbeiten.

Das Ziel dieses Buches besteht darin, den Grundlagen des beschleunigten Lernens und der Verbesserung der Gedächtnisleistung auf den Grund zu gehen. Dieser Leitfaden wird Sie bei Ihrem Lernprozess begleiten und Sie bestmöglich auf ein neues Lernabenteuer vorbereiten. Jedes Kapitel basiert auf bewährten Prinzipien, die Ihnen dabei helfen werden, so schnell und so effektiv wie möglich zu lernen. Dieses Buch bietet Ihnen eine solide Grundlage während Ihres Lernprozesses und ermöglicht es Ihnen, das „Warum" hinter der Theorie zu verstehen, damit Sie schnellere und größere Erfolge erzielen können. Es handelt sich hierbei um eine Anleitung, die Sie sofort in die Praxis umsetzen können und womit Sie somit rasch echte Ergebnisse erzielen können. Letztendlich ist dieses Buch leicht verständlich. Es zielt darauf ab, eine Kombination aus Theorie und Praxis zu bieten, die Ihnen das Verständnis vermittelt, das Sie benötigen, um die gewünschten Ergebnisse zu erzielen.

Dieses Buch wird mit Sicherheit dazu beitragen, Ihre Gedanken anzuregen, für Diskussionen zu sorgen, und dazu führen, dass Sie positive Maßnahmen ergreifen. Wie bei vielen Themenbereichen deckt auch dieses Buch die Kernprinzipien ab. Wenn Sie also ein Kapitel vertiefen möchten, dann sollten Sie wissen, dass es noch viele andere Bücher auf dem Markt gibt, die in dieser Hinsicht noch weiter in die Tiefe gehen. Dieses Buch soll jedoch nur so weit ins Detail gehen, wie es für Sie von praktischem Nutzen ist. Es ist gut zu wissen, dass niemand von uns (und schon gar nicht ein Buch) jemals in der Lage sein wird, das volle Lernpotenzial, das wir als menschliche Wesen besitzen, zu erklären oder anzuleiten. Es gibt so viele kreative Möglichkeiten, um zu lernen und zu leben. Das Wichtigste hierbei ist, dass alles mit diesem entscheidenden ersten Schritt beginnt! Je länger Sie damit warten, diesen ersten Schritt zu tun, desto länger wird es dauern, bis Sie endlich das Ziel erreichen, von dem Sie bisher nur geträumt haben.

Ich hoffe, Sie verpflichten sich zur Lektüre dieses Buches und gehen wie folgt vor: Nehmen Sie sich ein Kapitel nach dem anderen vor. Wenn Sie dies tun, werden Sie dorthin gelangen, wo Sie schon immer hinwollten, aber niemals dachten, dass Sie es tatsächlich schaffen könnten. Ich garantiere Ihnen, dass Sie dieses Potenzial bereits in sich tragen. Mit den richtigen Werkzeugen, dem richtigen Fokus und der richtigen Arbeitsmoral werden Sie es schaffen, und ich werde Ihnen zeigen, wie. Ich hoffe, dass dieses Buch Sie dazu bringt, nicht nur eine bestimmte neue Fähigkeit zu erlernen, sondern auch einen faszinierenden, grenzenlosen Prozess anzustoßen, der sich aus dem Konzept des lebenslangen Lernens ergibt.

KAPITEL EINS:

Wir entlarven fünf populäre Mythen zum Thema Lernen

Sie haben es in Ihrem Leben und in Ihrer Karriere bereits weit gebracht. In gewisser Weise denken Sie möglicherweise so. Vielleicht sind Sie sogar der Ansicht, dass Sie bereits wissen, welche Methoden für Sie funktionieren, wenn es darum geht, neue Fähigkeiten zu erlernen und Informationen zu behalten. Das ist, zumindest teilweise, wahr. Sie kennen bereits die Methoden, die funktionieren und die Sie dahin gebracht haben, wo Sie aktuell in Ihrem Leben stehen. Sie kennen das Grundgerüst des Lernens, das Ihnen bisher gute Dienste geleistet hat. Wahrscheinlich haben Sie sich jedoch für dieses Buch entschieden, weil es noch mehr zu lernen und herauszufinden gibt und weil Sie daran interessiert sind, noch bessere Lernmethoden kennenzulernen.

Unabhängig davon, was Sie bereits wissen – oder was Sie zu wissen glauben –, existieren bestimmte Unwahrheiten zum Thema Lehren und Lernen, die den meisten von uns beigebracht wurden und die wir in gewisser Weise schon unser ganzes Leben lang verinnerlicht haben. In diesem Sinne können Dinge, die Sie in Bezug auf das Lernen im Laufe der Zeit als selbstverständlich und in Stein gemeißelt angesehen haben, völlig falsch sein – oder zumindest unvollständig.

Forschungsaktivitäten zum Thema Lernen und Gedächtnisleistung der jüngeren Vergangenheit weisen nach, dass unsere Überzeugungen und unser Glaube hinsichtlich der Art und Weise, wie wir lernen, in den meisten Fällen absolut falsch sind. Die Methode „Trial-and-Error" ist offenbar für komplexere Formen des Lernens, wissenschaftlich gesehen, weniger hilfreich, so nützlich diese auch einmal für die Überlebenstechniken unserer frühen

Vorfahren gewesen sein mag. Als Menschen sind wir notorisch schlecht darin, unsere eigene Leistung zu bewerten (oder vorherzusagen). Wir neigen dazu, zu denken, wir wüssten mehr, als wir tatsächlich wissen! Das tatsächliche Begreifen bzw. Verstehen, also die Eckpfeiler echten Lernens, werden häufiger durch unseren Eindruck ersetzt, bereits etwas zu wissen. Dieser Eindruck basiert auf einem Gefühl der Vertrautheit bzw. Leichtigkeit, mit der uns die Informationen präsentiert werden.

Der Mensch wird mit einer erstaunlichen Lernfähigkeit geboren, und meistens schöpfen wir unser volles Potenzial kaum aus. Wir besitzen die unglaubliche Fähigkeit, eine Vielzahl von verschiedenen Themen zu verinnerlichen und in bestimmten Bereichen in die Tiefe zu gehen.

In diesem ersten Kapitel gebe ich Ihnen einen Überblick über fünf der häufigsten Mythen über das Lernen, die Sie bei Ihrem neuen Lernvorhaben in die Irre zu führen drohen. Indem Sie diese Mythen besser verstehen, werden Sie in der Lage sein, zu analysieren, an welcher Stelle Sie in der Vergangenheit möglicherweise in die Irre geführt wurden und wie Sie Ihre Vorgehensweise beim Lernen selbst korrigieren können. Ich werde auf jeden Mythos mit neuen und verbesserten Lernmethoden eingehen, mit denen Sie die althergebrachten Mythen ersetzen können und die tatsächlich funktionieren werden.

Mythos Nr. 1: Lernstile sind für das Lernen unerlässlich

Vielleicht haben Sie schon von Lernstilen als einer Methode zum Lehren und Lernen neuer Dinge gehört. Viele Menschen, darunter auch Pädagogen, sind der Meinung, dass die verschiedenen Lernstile für jede Person festgelegt sind und als Werkzeug für die akademische und berufliche Karriere dieser Person genutzt werden können.

Das Konzept der Lernstile umfasst mittlerweile eine große Anzahl kommerzieller Materialien und pädagogischer Ressourcen, die in der Theorie als Methoden bezeichnet werden, um insbesondere

Lehrern im schulischen Umfeld zu helfen. Von diesen Lernstilen existieren mehr als siebzig Modell- und Schemata-Variationen. Jeder Lernstil teilt die Schüler in irgendeiner Weise in eine bestimmte Kategorie ein und gibt den Lehrern Werkzeuge an die Hand, mit denen sie die Schüler einschätzen und ihren Unterricht so gestalten können, dass die Lehrkraft auf jeden der festgelegten Stile eingeht. Der Einfluss dieser Sichtweise ist im Bildungsbereich weit verbreitet, vom Kindergarten bis zur Universität, und es gibt eine ganze Industrie, die davon lebt, Tests und Arbeitsbücher für Schulen und professionelle Weiterbildungsorganisationen anzubieten.

Eine aktuelle Studie zeigt, dass mehr als neunzig Prozent der breiten Öffentlichkeit glauben, sie würden besser lernen, wenn sie in einem der ausgewiesenen Lernstile unterrichtet würden. Dieser Glaube basiert jedoch eher auf einer als „essenzialistisch" bezeichneten und automatischen Denkweise als auf dem Nachweis, dass die Konzentration auf diese Lernstile tatsächlich die gewünschten Ergebnisse hervorbringt. Die Befürworter der Lernstil-Theorie behaupten, der Lernprozess sei weniger effektiv (oder sogar ineffektiv), wenn die Schüler keinen Unterricht erhielten, der ihren Lernstil berücksichtigt. In gewisser Weise glauben sie, die Berücksichtigung der verschiedenen Lernstile führe also zu besseren Lernergebnissen. In den letzten Jahren stellten Forscher jedoch ernsthaft infrage, inwieweit die Lernstil-Methode praktische Auswirkungen im Bildungskontext hat. Größtenteils deuten Studien darauf hin, dass die Nutzung der Lernstil-Methode nicht zu besseren Ergebnissen führt, und auch, dass es zu wenig empirische Beweise für ihren Nutzen gibt.

Auf einer grundsätzlichen Ebene gibt es keine adäquaten Beweise aus der aktuellen Forschung, welche die Lernstil-Methode als die beste Art zu lehren und neue Informationen aufzunehmen rechtfertigen können. Studien, die über eine geeignete Testmethodik verfügen (was eine Seltenheit ist), haben sogar festgestellt, dass die Anwendung dieser Methode negative Ergebnisse haben kann.

Mit anderen Worten: Man hält immer noch an der Lernstil-Methode fest, was jedoch leider nicht durch wissenschaftliche Studien gestützt ist, weil diese Methode nicht die Ergebnisse bringt, die sie verspricht. Das Lernstil-Modell kann sogar in Wirklichkeit das Erlernen neuer Fähigkeiten untergraben.

Betrachten Sie diese Aussagen einmal auf folgende Weise: Wenn Sie Zeit und Geld darauf verwenden, Ihren Lernprozess auf eine bestimmte Methode zuzuschneiden, dann vernachlässigen Sie die anderen Lernmethoden, die Ihre Wissensbasis ganzheitlicher bereichern würden. Sie sind nicht nur ein visueller Lerner. Wie bei vielen Dingen kann diese Kategorisierung eine Präferenz sein, zu der Sie sich in bestimmten Szenarien oder Kontexten hingezogen fühlen. Es wäre jedoch eine Einschränkung für Sie und Ihre Fähigkeit, neue Themenbereiche zu erlernen, wenn Sie sich ausschließlich als visuellen Lerner einstufen würden.

Was Sie stattdessen tun sollten

Forscher wiesen auf handlungsorientierte Lernstrategien hin, die eine individuelle Herangehensweise an neue Fähigkeiten und Themen umfassen. Wenn Sie etwas Neues lernen, dann ist es am besten, wenn Sie die optimale Herangehensweise für jede Art von Lehrstoff identifizieren, die auf diesem speziellen Themengebiet basiert. Wenn Sie zum Beispiel Englischlehrer sind, der einen Lehrplan für einen Schriftkurs erstellen muss, dann werden Sie in Ihrem Unterricht viel Wert auf einen starken verbalen Aspekt legen, wohingegen die effizienteste und effektivste Methode, um Geometrie zu unterrichten, Materialien erfordert, die sich auf visuelle und räumliche Techniken zum Lernen beziehen. Unterschiedliche Menschen werden immer auf unterschiedliche Art und Weise lernen. Dies ist vielleicht die wichtigste Lektion, die wir aus dem Lernstil-Modell übernehmen können. Was für Sie in Ihrem Lernprozess hilfreicher sein wird, ist die Art und Weise, wie Sie die verschiedenen Lernmethoden auf die verschiedenen Fähigkeiten bzw. Fertigkeiten anwenden, die Sie lernen wollen. Wenn Sie sich für das Themengebiet Musik interessieren, dann sollten Sie einen auditiven Lernstil einsetzen. Wenn Sie lernen wollen, wie man zeichnet, dann sollten Sie ein visuelles Lernstilmittel wählen, und so weiter. Je geschickter Sie also in dieser Hinsicht als Schüler sind, desto wahrscheinlicher ist es, dass Sie Erfolg haben werden.

Stellen Sie sich das Lernen wie einen Werkzeugkasten vor: Sie sollten so viele Werkzeuge (Lernstile) wie möglich in Ihrem Werkzeugkasten haben, damit Sie das bestgeeignete Werkzeug für die jeweilige Situation auswählen können. Um bei dem obigen Beispiel zu bleiben, wäre es viel besser, wenn Sie zwar akzeptieren, dass Sie sich in erster Linie zum visuellen Lernen hingezogen fühlen, gleichzeitig aber auch Ihre Fähigkeit zum auditiven und kinästhetischen Lernen (und so weiter) stärken, damit Sie sich besser auf der Basis von Inhalt und Kontext gegenüber einer gewohnheitsmäßigen Präferenz positionieren können. Diese Vorgehensweise wird wiederum Ihre neuronale Elastizität aufbauen und es Ihnen erlauben, sich leichter an das Erlernen neuer Dinge anzupassen. Denken Sie einfach daran: Der Inhalt ist der Schlüssel zum Lernen.

Mein Vorschlag für das Erlernen neuer Fähigkeiten besteht darin, rückwärts zu arbeiten. Beginnen Sie damit, Ihre Lernstrategie auf den Inhalt abzustimmen, den Sie erlernen wollen, anstatt sich auf den Stil zu stützen. Wenn Sie versuchen, Ihre Lesefähigkeiten zu verbessern, dann besteht der erste Schritt schlicht und ergreifend darin, mehr zu lesen – und zwar richtig zu lesen. Nehmen Sie sich Zeit, um die Wörter, die Sie lesen, wirklich zu verstehen. Dasselbe gilt für die Syntax, die Satzstruktur, eben für sämtliche Aspekte. Diese Vorgehensweise mag zwar mühsam erscheinen, doch echtes Lernen basiert auf dem Inhalt, den Sie sich aneignen wollen, und nicht auf einer unbewiesenen Standardmethode. Sie streben ein Ergebnis an, was bedeutet, dass Sie zuerst mit dem Ziel beginnen und sich dann schrittweise darauf zubewegen sollten.

Studien haben ebenfalls gezeigt, dass Ihnen die Nutzung Ihres Vorwissens beim Erlernen neuer Dinge hilft. Die Informationen, die Sie bereits besitzen, haben einen starken Einfluss darauf, wie gut Sie neue Informationen behalten können. Wenn wir neue und alte Informationen miteinander verbinden, wird ein Teil des Gehirns, der mit dem Lernprozess in Verbindung steht, aktiviert. Dies hat zur Folge, dass sich Menschen, die etwas Neues lernen wollen, gedankliche Stützen zu den Dingen, die sie noch nicht kennen, aufbauen können. Auf diese Weise wird ihre Fähigkeit, neue Informationen aufzunehmen, verbessert und beschleunigt. Wenn Sie besser im Lesen werden wollen, dann wählen Sie ein Thema, in dem Sie sich recht gut auskennen oder an dem Sie ein gewisses Interesse haben. Haben Sie in der Schule eine bestimmte Sportart gerne gemacht? Interessiert Sie das Thema Geografie? Dann wählen Sie ein Buch aus, von dem Sie wissen, dass es Ihnen „leichter" fallen wird, es zu lesen, damit Sie sich selbst motivieren können, am Ball zu bleiben.

Wenn Sie motiviert bleiben, wird Ihnen das dabei helfen, sich zu konzentrieren und sich dem Lernprozess zu widmen. Lernen auf Basis der Dinge, die Sie interessieren, ist nützlich, weil die neuen Informationen darauf aufbauen werden. Es ist eine Möglichkeit, sich selbst dazu zu bringen, die Dinge, die Sie erlernen wollen, wirklich zu mögen. Wie bei allen Dingen des Lebens gilt auch hier: Je mehr Spaß wir bei einer Sache haben, desto wahrscheinlicher ist es, dass wir sie weiterhin tun.

Mythos Nr. 2: Wiederholen und Markieren der gelesenen Informationen helfen Ihnen beim Lernen

Angenommen, es steht ein wichtiges Meeting bevor. Sollten Sie nun besser Ihre Gesprächsinhalte auffrischen oder Ihre Materialien erneut lesen? Verfügen Sie über Stichpunkte? Oder vielleicht haben Sie Sätze auswendig gelernt, um sie Ihren Kollegen zu präsentieren? Was auch immer Ihr Ansatz ist, Sie werden möglicherweise überrascht sein, wenn Sie die Statistiken darüber hören, was funktioniert und was nicht.

Insbesondere Hervorhebungen und Unterstreichungen haben sich als ziemlich ineffektive Lernstrategien erwiesen. Die Forschung zeigt, dass dieser Ansatz in der Tat eine passive Art des Lernens ist und wahrscheinlich nicht die gewünschten Ergebnisse liefern wird. Ständiges, wiederholtes passives Lesen desselben Textes wird nicht dazu führen, dass Sie die Inhalte besser verstehen oder dass Sie sich besser an die Inhalte erinnern werden, es sei denn, Sie tun dies über einen längeren Zeitraum. Solche Methoden sind zwar weit verbreitet, bieten jedoch nur sehr wenig Nutzen über die Lektüre des Textes hinaus. Sie müssen sich aktiv mit dem Material befassen.

Einige Untersuchungen haben sogar ergeben, dass Hervorhebungen Ihren Lernprozess beeinträchtigen können, weil diese den Leser davon ablenken, Zusammenhänge herzustellen und ein Gesamtverständnis zu erreichen, da stattdessen die Aufmerksamkeit auf einzelne Fakten gelenkt wird. Hervorheben oder Unterstreichen von Informationen kann ebenfalls nachteilig sein, wenn die falschen Informationen ausgewählt werden. Auch das wiederholte Lesen von Informationen wurde im besten Fall als ineffektiv, im schlimmsten Fall jedoch als ablenkend und zeitraubend empfunden. Das Schreiben von Zusammenfassungen bzw. die Erstellung eigener Notizen während des Lesens wurde als hilfreicher empfunden als das Hervorheben oder Unterstreichen der Informationen, und zwar abhängig von Ihrer relativen Fähigkeit, dies zu tun. Insgesamt werden alle diese Methoden von der wissenschaftlichen Gemeinschaft als weniger hilfreich für einen effektiven Lernprozess angesehen.

Trotzdem waren laut einer Studie von Ulrich Boser, dem Autor von „Learn Better: Mastering the Skills for Success in Life, Business, and School, or How to Become an Expert In Just About Anything", mehr als achtzig Prozent der Befragten der Meinung, wiederholtes Lesen sei eine sehr effektive Lernmethode. Ähnlich wie die allgemeine Meinung über Lernstile ist auch in diesem Fall die verbreitete Meinung über wiederholtes Lesen, Hervorheben und Unterstreichen eher in der häufigen Vorgehensweise verwurzelt als in empirischen Beweisen.

Wir nehmen oftmals vorschnell an, dass wir Menschen ähnlich wie ein Computer funktionieren, weil unser Gehirn als eine Art Festplatte für unsere geistigen Funktionen dient. Wir sind jedoch mehr wie eine Datenbank, die verschiedene Datensätze sammelt. Was das Thema Lernen angeht, so funktionieren wir Menschen jedoch nicht auf diese Weise. Boser stellte stattdessen fest, dass Lernen oftmals eine „Form des geistigen Tuns" und somit eine unterstützte, aktivere, engagiertere Methode des Lernens darstellt. Wir müssen dem Inhalt, den wir zu erlernen versuchen, einen Sinn geben, damit er sich in unser mentales System als ein umfassenderes Verständnis integrieren kann.

Was Sie stattdessen tun sollten

Im Gegensatz zu bekannteren Praktiken wie Hervorheben und wiederholtem Lesen sind aktive Lernstrategien effizienter, auch wenn diese nicht so bekannt sind. Zum Beispiel ist die verteilte Lernmethode eine Möglichkeit, bei der Sie Ihre Lerneinheiten aufteilen, anstatt sich auf einen Lernmarathon einzulassen, was gemeinhin als „Pauken" bezeichnet wird. Pauken mag Ihnen zwar dabei helfen, ein Meeting oder eine Prüfung zu überstehen, doch damit werden Ihnen die Informationen nicht dauerhaft in Erinnerung bleiben. Es ist effektiver, Ihre Lerninhalte auf Intervalle zu verteilen, sodass Sie den Lernstoff besser verarbeiten können. Längere Intervalle bedeuten länger anhaltendes Lernen.

Kurzfristig können Sie, anstatt wichtige Informationen wiederholt zu lesen, hervorzuheben oder zu unterstreichen, die Informationen in ein kurzes Quiz verwandeln. Diese aktivere Strategie ermöglicht es Ihnen, das Gelernte sowohl zu verarbeiten als auch besser in Ihrem Gedächtnis zu verankern. Sie können dies tun, indem Sie sich am Ende jedes Absatzes fragen, was der Autor Ihnen sagen will, und dies in Ihren eigenen Worten wiederholen. Fassen Sie die Inhalte zusammen und vergleichen Sie sie dann mit den

Dingen, die Sie bereits wissen. Inwiefern sind die neuen Inhalte ähnlich zu denen, die Sie bereits gelesen haben? Inwiefern unterscheiden Sie sich? Wie verhalten sich die neuen Inhalte zu anderen Materialien, die Ihnen zu diesem Thema begegnet sind? Wenn Sie beginnen, einen Sinn in dem, was Sie lesen, zu erkennen, werden Sie Ihr Lernpotenzial vertiefen.

Mythos Nr. 3: Konzentrieren Sie sich immer nur auf ein einziges Thema

Früher sagte man uns, es sei eine gute Idee, eine Fähigkeit nach der anderen zu üben. Wenn Sie zum Beispiel Anfänger waren, was das Klavierspielen betrifft, dann wurde Ihnen möglicherweise geraten, dass Sie zuerst Tonleitern und dann Akkorde üben sollten, bevor Sie versuchen, alles andere zu lernen. Wenn Sie sich eine neue Sportart aneignen wollten, dann wurde Ihnen oftmals gesagt, dass Sie immer einen einzelnen Bewegungsablauf nach dem anderen lernen sollten. In der Forschung wird diese Vorgehensweise als Blockieren bezeichnet, die es als gesunder Menschenverstand einfach zu befolgen gilt. Die Blockier-Methode ist zudem die vorherrschende Unterrichtspraxis in Schulen, professionellen Trainingsprogrammen und dergleichen.

Besonders wenn es darum geht, ein schwieriges Themengebiet zu erlernen, lautet die landläufige Meinung, man solle eine Sache nach der anderen üben. Wenn Sie lernen, eine neue Software-Suite zu benutzen, wird Ihnen geraten, dass Sie an einem Tag ein Programm üben und am nächsten Tag ein anderes, sodass Sie sich darauf konzentrieren können, jedes Programm vollständig zu verstehen, bevor Sie zu etwas Neuem übergehen. Untersuchungen zeigen jedoch, dass ähnliche Informationen Sie eher durcheinanderbringen, wenn Sie auf diese Weise eine Menge Unterrichtsstoff desselben Themas an einem Tag lernen. Blockieren als Lerntechnik hält Sie davon ab, zwischen zwei ähnlichen Konzepten zu unterscheiden.

Denken Sie darüber nach. Wenn Sie auf eine Reihe von Konzepten (oder Begriffen oder Prinzipien) stoßen, die sich in irgendeiner Weise ähneln, ist die Wahrscheinlichkeit höher, dass Sie diese miteinander verwechseln. Es kann passieren, dass Sie ein Wort mit einem anderen mit ähnlicher Schreibweise verwechseln oder die falsche Strategie für ein mathematisches Problem wählen, weil eine ähnliche Gleichung verwendet wird. Sie werden häufiger Fehler machen, wenn Sie sich jeweils nur einem einzigen Konzept aussetzen.

Was Sie stattdessen tun sollten

Ein alternativer Ansatz besteht darin, sich verschiedenen Konzepten auszusetzen, indem Sie diese miteinander verflechten (oder mischen), sodass auf ein Konzept ein anderes folgt. Es hat sich nämlich herausgestellt, dass das parallele Lernen von verwandten Fähigkeiten bzw. Konzepten eine überraschend effektive Methode ist, um Ihr Gehirn zu trainieren. Es ist effektiver, jeden Tag mehrere Fächer zu lernen, als sich nur in ein oder zwei Fächer einzuarbeiten (besonders wenn Sie „pauken"). Indem Sie unterschiedliche Themengebiete miteinander vermischen, geben Sie Ihrem Gehirn mehr Zeit, neue Lerninhalte zu konsolidieren. Dieser Effekt wird im Allgemeinen als „Verschachtelungseffekt" bezeichnet und ermöglicht es Ihnen, das Kernkonzept bzw. das große Ganze zu verstehen, da Sie beim Mischen der verschiedenen Konzepte ein besseres Gefühl dafür bekommen, was jedes einzelne bedeutet.

Anstatt also als Klavieranfänger nur Tonleitern und dann Akkorde und dann Arpeggien zu üben (wie beim Blockieren), würde die Verschachtelungstechnik bedeuten, dass man an einem bestimmten Tag abwechselnd alle der oben genannten Konzepte übt. Studien haben gezeigt, dass diese gemischte Lernmethode dem Blockieren in einer Vielzahl von Fächern überlegen ist, von Sport bis hin zu kategorialem Lernen (z. B. Mathematik). Kürzlich fand eine Studie sogar heraus, dass die Verschachtelungstechnik die Fähigkeit des kritischen Denkens fördert, da Studenten, die mit dieser Technik trainiert wurden, in komplexen Lernszenarien genauere Einschätzungen abgeben konnten als diejenigen, die Blocking-Techniken verwendeten.

Zudem stellte man fest, dass der Verschachtelungseffekt langanhaltende Auswirkungen auf den Lernerfolg hat, da dieser die neuronalen Verbindungen zwischen verschiedenen Aufgaben und korrekten Antworten verstärkt, was Ihren Lernprozess im Laufe der Zeit verbessert. Dies kann am Anfang zwar oftmals langsam und schwierig erscheinen, doch langfristig gesehen, verzeichnen Sie auf diese Weise bessere Ergebnisse. Die Wahrscheinlichkeit ist geringer, dass Sie das Gelernte vergessen, weil unser Gehirn durch mehrere Übungsversuche, die voneinander abweichen, die Fähigkeit verbessert, zwischen Konzepten zu unterscheiden. Auf diese Weise entfallen automatische Reaktionen wie beim Blockieren. Bei der Blockier-Methode wird der Lernprozess beendet und Ihr Gehirn „schaltet sich ab", sobald Sie wissen, welche Lösung korrekt ist bzw. welche Taktik funktioniert. Durch die Verschachtelungstechnik bringen Sie Ihr Gehirn dazu, sich bewusst darauf zu konzentrieren, die richtige Lösung basierend auf dem Kontext des Problems zu finden. Dieser Prozess kann Ihnen dabei helfen, Ihre Fähigkeit zu verbessern, kritische Merkmale neuer Fähigkeiten und Konzepte zu erlernen, sodass Sie bessere Antworten auswählen und umsetzen können.

Mythos Nr. 4: Die Zehntausend-Stunden-Regel

Der Journalist und Autor Malcolm Gladwell machte die sogenannte Zehntausend-Stunden-Regel populär, welche besagt, dass man zehntausend Stunden üben müsse, um in einem bestimmten Bereich Weltklasse zu erlangen. Neuere Forschungsergebnisse widersprechen dieser Regel jedoch und legen nahe, dass die Anzahl an Übungsstunden, die man im Laufe der Zeit ansammelt, keine große Rolle bei der Erklärung individueller Leistungsunterschiede in allen Lernbereichen zu spielen scheint, einschließlich Musik, Sport und professioneller (oder Erwachsenen-)Bildung. Obwohl Übung sicherlich wichtig ist für das Erlernen neuer Fähigkeiten oder das Einarbeiten in ein neues Thema, so gibt es dennoch keine magische Anzahl von Stunden, die Sie zu einem Experten macht oder Sie auf das Leistungsniveau eines professionellen Sportlers oder Musikers bringt.

In Wirklichkeit macht Übung allein nicht den Meister. Man stellte fest, dass das sogenannte bewusste Üben weniger Einfluss auf den Aufbau von Fachwissen hat, als bisher angenommen. Forscher untersuchten die Methode des bewussten Übens, um zu verstehen, ob Experten „geboren" oder „gemacht" werden – oder vielleicht ein bisschen von beidem.

Insgesamt ergaben die Studien, dass bewusstes Üben zwar wichtig ist, jedoch nicht so wichtig, wie Befürworter dieser Methode meinen. Es besteht ein positiver Zusammenhang zwischen Übung und Leistung, d. h., je mehr Menschen geübt haben, desto höher ist ihr Leistungsniveau in einem bestimmten Bereich. Der Unterschied besteht jedoch darin, dass der betreffende Bereich einen großen Unterschied in Bezug auf die Effektivität ausmacht. Bewusstes Üben ist sehr effektiv für Spiele wie Scrabble oder Schach, jedoch weniger effektiv in den Bereichen Sport, Psychologie und ähnlichen Themengebieten.

Was Sie stattdessen tun sollten

Die wichtige Frage, die man sich stellen muss, lautet: Was ist neben dem Übungsaspekt noch wichtig? Forscher an der Princeton University verweisen auf das Alter, in dem eine Person mit einer Aktivität beginnt, sowie auf individuelle Unterschiede in der Fähigkeit und dem Engagement zum Lernen, wenn sie die Unterschiede in der menschlichen Leistung erklären wollen.

Während sich die Forscher darauf konzentrieren, herauszufinden, warum bewusstes Üben nicht die Antwort ist, können Sie Ihre Aufmerksamkeit darauf richten, dass es keine magische Zahl für Ihre Fortschritte gibt. Machen Sie sich nicht selbst fertig, indem Sie versuchen, eine willkürliche Zahl zu erreichen, die Ihnen vielleicht oder vielleicht auch nicht dabei hilft, Ihr Ziel zu erreichen – und höchstwahrscheinlich nicht dabei helfen wird. Auf diese Weise werden Sie nicht zum Experten, sondern demotivieren sich selbst während dieses Prozesses.

Welche Strategien stattdessen funktionieren, hat nicht nur etwas mit dem Faktor Zeit zu tun, sondern auch damit, ob Sie sich Rat und Input von außen holen. Diese Art von Feedback ist entscheidend für Ihren Lernerfolg und hilft Ihnen dabei, die nötige Verantwortung zu übernehmen. Aus diesem Grund können Coaches oder Tutoren äußerst vorteilhaft für Ihren Erfolg sein.

Mythos Nr. 5: Ihr Gehirn ist entweder rechts- oder linksdominant

Die Vorstellung, dass unser Gehirn entweder rechts- oder linksdominant ist, existiert schon seit einiger Zeit. Gemäß dieser Theorie gehen Menschen mit einer starken linken Gehirnhälfte logischer, analytischer und methodischer vor, während Menschen mit einer dominanten rechten Gehirnhälfte kreativer und künstlerisch begabter sind. Diese Vorstellung ist die Grundlage für unzählige Persönlichkeitstests, Selbstmotivationsbücher und Pseudo-Psychologie-Fragebögen, obwohl es hierfür keine wissenschaftliche Grundlage gibt. In Wirklichkeit bestehen Verbindungen zwischen allen Gehirnregionen, die es uns Menschen ermöglichen, sowohl kreativ als auch analytisch zu denken. Diese Aspekte sind nicht nur auf die eine oder andere Seite beschränkt.

Eine aktuelle Studie der Universität von Utah entlarvte den Mythos durch eine Analyse von mehr als tausend Probanden ein für alle Mal. Die Studienergebnisse besagen, dass Menschen nicht typischerweise entweder ihre rechte oder linke Gehirnhälfte bevorzugen. Stattdessen nutzen wir unser gesamtes Gehirn gleichmäßig während des gesamten Versuchsverlaufs. Wir bevorzugen jedoch die eine oder andere Seite und zwar je nach Kontext. Wissenschaftler nennen dieses Phänomen „Lateralisierung", wenn wir eine Hirnregion stärker als die andere benutzen und zwar abhängig von der spezifischen Funktion, die benötigt wird. Zum Beispiel werden unsere sprachlichen Fähigkeiten bei den meisten Rechtshändern in der linken Gehirnhälfte gebildet, doch das bedeutet nicht, dass große Schriftsteller oder Redner die linke Gehirnhälfte stärker nutzen als die rechte oder dass eine Gehirnhälfte größer oder reicher an neuronalen Aktivitäten ist.

Was Sie stattdessen tun sollten

Lassen Sie sich nicht in eine dieser irreführenden Kategorien einteilen. Wir alle nutzen unser gesamtes Gehirn gleichermaßen. Die Tatsache, dass unsere beiden Gehirnhälften miteinander verbunden sind, ermöglicht es uns, sowohl kreativ als auch analytisch zu denken, je nachdem, was wir gerade lernen. Konzentrieren Sie sich darauf, wie Sie die Fähigkeiten oder das Fachwissen, das Sie schon lange erlernen wollten, weiter ausbauen können. Selbst wenn Sie dazu neigen, eher analytisch als kreativ zu sein oder umgekehrt, liegt das nicht daran, dass Sie sich zu sehr (oder zu wenig) auf eine bestimmte Hälfte Ihres Gehirns verlassen. Es ist nicht hilfreich, wenn Sie versuchen, in eine bestehende (und falsche) Kategorie hineinzupassen. Stattdessen sollten Sie Ihre Lernfähigkeiten auf eine Weise verbessern, die Ihnen dabei hilft, flexibel zu sein und neue Informationen längerfristig zu behalten.

Zusammenfassung des Kapitels

Lernmythen sind schädlich in der Art und Weise, wie die meisten Menschen sie verinnerlicht haben. Die Substanz hinter diesen Überzeugungen fehlt und ist irreführend für uns, wenn wir uns dem Erlernen neuer Fähigkeiten und Themengebiete widmen. Unabhängig davon, was Sie zu lernen versuchen, müssen Sie sich eine Strategie zurechtlegen, die für Sie funktioniert. Den Lernprozess kann Ihnen niemand abnehmen, was bedeutet, dass Sie Ihre eigenen Lernregeln aufstellen müssen. Sie sind für Ihren Lernprozess selbstverantwortlich, also müssen Sie Ihre Wahrnehmung, Ihre Motivation, Ihr Verhalten und Ihre Lernumgebung im Auge behalten, um organisiert und konzentriert zu bleiben. Dieser Prozess beginnt damit, dass Sie verstehen, was Sie nicht tun sollten. Im nächsten Kapitel lernen Sie wichtige Prinzipien kennen, die Ihnen dabei helfen werden, Prioritäten zu setzen, welche schlussendlich Ihren Lernprozess beschleunigen werden.

KAPITEL ZWEI:

Sieben Schlüsselprinzipien, die den Lernprozess optimieren

Etwas Neues zu lernen, kann zunächst ziemlich schwierig erscheinen – und das entspricht auch oftmals der Wahrheit. Die gute Nachricht ist allerdings, dass Sie etwas dagegen tun können. Sie können Ihre Lernfähigkeit verbessern, indem Sie eine gute, zu Ihnen passende Strategie entwickeln und einige grundlegende Richtlinien befolgen, die Ihnen dabei helfen werden, Ihren Lernprozess zu beschleunigen.

Beschleunigtes Lernen ist kein neues Konzept und wird von Pädagogen schon seit Jahrzehnten als Methode eingesetzt, um eine schnellere Lernrate bei Studenten zu erreichen. Um die gewünschten Lernergebnisse in kürzerer Zeit zu erzielen (im Vergleich zu konventionellen Lehrmethoden), müssen wir zunächst verstehen, dass es sich um einen ganzheitlichen Lernansatz handelt. Bei dieser Methode wird eine Mischung aus pädagogischen und psychologischen Theorien kombiniert, um den Lernprozess zu verbessern und zu beschleunigen. Am wichtigsten ist hierbei wahrscheinlich, wie die Methode den emotionalen und intellektuellen Zustand der lernenden Person als Lerngrundlage nutzt. Sie stützt sich auf die intrinsische Motivation, um die Lernfortschritte voranzutreiben, indem sie sich auf die Bedürfnisse, Ziele, Lebensumstände usw. der lernenden Person konzentriert, sodass diese Methode wirklich einen menschenzentrierten und praktischen Lernansatz bietet.

Ein führender Experte für diese Methodik ist Dave Meier, der das Buch "The Accelerated Learning Handbook: A Creative Guide to Designing and Delivering Faster, More Effective Training Programs" schrieb. Meier beschreibt die beschleunigte Lernmethode als die Nutzung von Musik, Farben, Emotionen, Spiel und Kreativität in einer Art und Weise, die den ganzen Menschen in den Lernprozess einbezieht, um die Lernerfahrung spannender und bunter zu gestalten. Die Prinzipien, die in diesem Kapitel zusammengefasst werden, stammen direkt aus seinem umfassenden Leitfaden zum schnelleren Erlernen neuer Dinge.

Ich werde mich auf die sieben führenden Prinzipien konzentrieren, welche die Schwerpunkte von Meiers Handbuch bilden, sodass Sie eine Vorstellung davon erhalten, wie Sie das gewünschte Wissen erwerben können. Jedes Prinzip ist aus detaillierten Studien über den menschlichen Verstand und führenden Lernmethoden abgeleitet. Sie können diese Prinzipien nutzen, um substanzielle Lernpraktiken zu entwickeln, die Ihr ganzes Gehirn einbeziehen und Ihre Lernprozesse optimieren. Sobald Sie diese grundlegenden Prinzipien des beschleunigten Lernens verstanden haben, werden Sie in der Lage sein, diese auf korrekte Art und Weise in Ihre Lerntechniken zu implementieren.

Aktivieren Sie Ihren gesamten Körper und Geist

Lernen findet nicht nur in Ihrem Verstand statt, sondern ist eine Kombination aus Ihrem Körper und Ihrem Geist und der Verbindung zwischen diesen beiden. Das bedeutet, dass Sie Ihr ganzes Wesen zum Lernen nutzen müssen: Ihren Verstand, Ihren Körper, Ihre Emotionen und all Ihre Sinne. Die Wissenschaft hat uns gezeigt, dass die Nutzung unseres gesamten Gehirns entscheidend ist, um unsere Lernprozesse schneller, interessanter und nachhaltiger zu gestalten. Gehirn und Körper sind untrennbar miteinander verbunden. Wenn Sie sich beispielsweise körperlich bewegen, so kann dies Ihre Gehirnfunktion erheblich verbessern, und bestimmte Geisteszustände können eine tiefgreifende Auswirkung auf Ihren Körper haben.

Ihre Denk- und Lernprozesse sowie Ihr Gedächtnis befinden sich nicht nur in Ihrem Kopf, sondern sind vielmehr über Ihren gesamten Organismus verteilt. In ihrem Buch „The Molecules of Emotion" beschreibt Candice Pert, wie viel von unserem Denken, Lernen und unserer Entscheidungsfindung tatsächlich auf zellulärer und molekularer Ebene stattfindet. Es ist daher beunruhigend, dass uns stets beigebracht wurde, unseren Körper von unserem Geist zu trennen. Traditionelles Lernen konzentriert sich auf eher bewusste oder rationale Prozesse, die in der linken Gehirnhälfte stattfinden, oder wird streng verbal ausgeführt. Sie tendieren dazu, die anderen Sinne zu ignorieren, indem Lernumgebungen geschaffen werden, die den Körper nicht mit einbeziehen, was unsere Gefühle und Sinne miteinschließen würde. In einem Lernkontext helfen körperliche Bewegungen, chemische Substanzen zu stimulieren, die für die Aktivierung des neuronalen Netzwerks unseres Gehirns wichtig sind. Diese Form des Lernens wird als „somatisches Lernen" bezeichnet und steht für taktiles, kinästhetisches oder praktisches Lernen.

Menschen, die somatisch lernen, sind in der westlichen Kultur tendenziell benachteiligt, weil unsere Bildungstraditionen dazu neigen, den Körper als zentrales Element für Lernprozesse zu missachten. Früher sagten wir Kindern, sie sollen stillsitzen und im Unterricht aufmerksam zuhören, anstatt Abenteuerlust, Bewegung und aktivitätsbasiertes Lernen zu fördern. Es gibt viele Möglichkeiten, den gesamten Körper in Lernprozesse einzubeziehen; Lernprozesse müssen nicht nur oder sogar hauptsächlich körperlicher Natur sein. Es ist stattdessen wichtig, irgendeine Art von körperlicher Aktivität in Ihren Lernprozess zu integrieren, und zwar so, dass Sie zwischen körperlich aktivem und körperlich passivem Lernen abwechseln.

Konsumieren Sie nicht nur – erschaffen Sie

Meier schreibt, dass Wissen nicht nur etwas ist, das Sie in sich aufnehmen, sondern vielmehr das ist, was Sie als lernende Person erschaffen. Lernen geschieht, wenn Sie neues Wissen vollständig integrieren, indem Sie es auf eine Weise anwenden, die es für Sie besonders bedeutungsvoll macht. Sie können grundlegenden Inhalten mehr Gewicht beimessen, indem Sie eine neue Bedeutung für diese Inhalte schaffen, welche diese für Sie relevant macht. Dies geschieht, wenn Sie neue neuronale Netzwerkverbindungen und neue Muster von Interaktionen auf molekularer Ebene in Ihrem Körper bilden, indem Sie verschiedene Konzepte miteinander verbinden. Dies wiederum hilft Ihnen dabei, einen neuen Arbeitsprozess durchzusetzen oder eine praktischere Anwendungsmöglichkeit von neu gewonnenem Wissen zu kreieren.

Während Sie sich auf den Lernprozess vorbereiten, sollten Sie darauf achten, einen natürlichen, eher kindlichen Zustand des Staunens einzunehmen, damit Ihre angeborene Fähigkeit zu lernen aktiviert wird. Dieser Zustand ist gekennzeichnet durch die Aspekte Offenheit, Freiheit, Furchtlosigkeit, Freude und Neugierde. Wenn Sie Ihren Sinn für Neugierde wecken, öffnen Sie sich für neue Möglichkeiten und Zusammenhänge. Im Grunde genommen machen Sie sich voll und ganz bereit, neue Informationen aufzunehmen und zu verarbeiten. Der Lernprozess wird, ähnlich wie das Leben selbst, stagnieren, wenn es nichts mehr gibt, worauf Sie neugierig sind oder womit Sie sich beschäftigen können. Wecken Sie Ihre Neugier, indem Sie Fragen zu den Inhalten stellen, die Sie lernen möchten, und Sie werden feststellen, dass Sie auf eine Weise lernen und sich weiterentwickeln werden, die Sie sich nie hätten vorstellen können. Wenn Sie Ihren Lernprozess wie ein Problem oder ein Mysterium angehen, dann werden Sie Ihre Neugierde ansprechen und mehr Motivation zum Lernen finden.

Sie können Ihren Sinn für Neugierde ebenfalls nutzen und entwickeln, indem Sie sich spielerisch mit Lerninhalten auseinandersetzen. Wenn wir ein spielerisches Gefühl haben, setzt unser Körper Endorphine frei, die uns positive Gefühle bescheren und unserem Körper und unserem Geist dabei helfen, sich auf das einzulassen, was wir gerade tun wollen. In Bezug auf das Lernen bedeutet dies, dass wir eine kreative Intelligenz entwickeln, die unsere Fähigkeit, zu lernen und uns weiterzuentwickeln, antreibt.

Arbeiten Sie mit anderen zusammen

Traditionelle Lernprozesse haben eine Tendenz zu Wettbewerbsdenken und individualistischem Lernen geschaffen, welche von Isolation geprägt ist. Die Lehrmethoden und Universitäten beförderten historisch gesehen den Individualismus und den Wettbewerbsgedanken gegenüber einem eher stammesbasierten, kollaborativen Ansatz beim Lernen und der Interaktion mit anderen. Die Bildungswissenschaften tendierten dazu, individuelle Leistung durch individuelle Benotung zu betonen, welche strikt darauf basiert, wie die Studenten abschneiden, da jeder um die besten Noten konkurriert. Aus theoretischer Sicht sollte dieser Ansatz selbstständige Individuen schaffen, die unabhängig und in Konkurrenz zueinander arbeiten und als ein motivierender Faktor dienen, von dem die Pädagogen hofften, dass er zu größeren individuellen Leistungen führen würde. Diese Überbetonung des Individualismusaspekts innerhalb der Bildungswelt verhindert jedoch, dass das Kollektiv sein volles Potenzial ausschöpfen kann, was ebenfalls bedeutet, dass die einzelnen Schüler darunter leiden. Isolation schafft oftmals ein Umfeld von Stress und reduziert tendenziell die Lerngeschwindigkeit sowie die Lernqualität. Der kompetitive Ansatz schafft Silos anstatt Brücken zwischen den lernenden Personen, die einen Austausch von Informationen, intelligentem und echtem Feedback ermöglichen.

Die Zusammenarbeit zwischen lernenden Personen verbessert die Lernprozesse. Die Kooperation mit anderen Menschen sorgt für einen Prozess der Interaktion, der eine soziale Basis und ein Netzwerk der Unterstützung schafft. Diese soziale Basis fördert das Lernen, weil wir Menschen soziale Lerner sind. Die Zusammenarbeit zwischen Schülern, z. B. das Lernen in einer Lerngemeinschaft, schafft Raum für Einzelpersonen, um wirklich miteinander zu interagieren und sich mit dem Lerninhalt auseinanderzusetzen, und zwar auf eine Art und Weise, die nicht durch Hierarchien abgelenkt wird. Wettbewerb bedeutet, dass es einen Gewinner und einen Verlierer gibt, wohingegen bei der Gemeinschaftsarbeit eine fördernde, verständnisvolle Umgebung existiert, in der das Lernen geschützt und unbefangen stattfinden kann. Es existiert nicht länger das Gefühl des Wettbewerbs zwischen langsameren und schnelleren Schülern, wodurch unweigerlich Möglichkeiten der Zusammenarbeit entstehen, die dabei helfen, den Erwerb von Fähigkeiten zu beschleunigen. Der Kooperationsaspekt hilft den Lernenden dabei, ihre soziale Intelligenz zu entwickeln, was, wie Forscher herausgefunden haben, die Lernfortschritte deutlich verbessert.

Das Aufbauen einer echten und kollaborativen Lerngemeinschaft, in der jeder seine eigenen besonderen Erfahrungen oder sein einzigartiges erworbenes Wissen mit anderen teilen kann, hat das Potenzial, als Lernwerkzeug besser zu funktionieren als das Lernen in Isolation. Wenn Sie versucht haben, alleine zu lernen und sich dabei ausgelaugt oder müde gefühlt haben oder das Gefühl hatten, nur suboptimale Ergebnisse zu erzielen, dann versuchen Sie, gemeinsam mit anderen Personen zu lernen, die sich auch für Ihr Studiengebiet interessieren, und schauen Sie, was passiert.

Lernen findet auf vielen Ebenen gleichzeitig statt

Die beschleunigte Lernmethode versucht, die Linearität des Lernens anzugehen, die aus traditionellen Lehrmethoden und der Grundlage der Psychologie resultiert. Der Behaviorismus als Wissenschaft versucht, menschliches Verhalten auf eine systematische Weise zu erklären, und doch brachte auch er eine Weltanschauung des Lernens hervor, die eher mechanistisch und losgelöst ist als inklusiv und miteinander verbunden. Die moderne formale Pädagogik geht davon aus, dass die lernenden Personen isoliert und getrennt voneinander agieren, was zu einer Fragmentierung des Lernprozesses führt. Der Lernprozess wird in separate Fächer aufgeteilt, Individuen lernen für sich alleine und Schülern wird beigebracht, eine Sache nach der anderen zu lernen.

Forscher haben jedoch nachgewiesen, dass Lernprozesse nicht linear verlaufen, sondern dass viele Dinge auf einmal verarbeitet werden müssen. Effektive Lernprozesse beschäftigen auf vielen

Ebenen gleichzeitig: bewusst, geistig und körperlich. Menschen nehmen Wissen mit all ihren Sinnen und mit ihrem ganzen Wesen auf. Wir verfügen über eine solch große Lernkapazität, wie sie von unseren Methoden der formalen Bildung noch nicht in vollem Umfang erkannt wurde. Das rationale Bewusstsein unseres Verstandes ist nur ein Teil unserer geistigen Kapazität und wir nutzen auch andere kognitive Funktionen wie verbale Verarbeitungsprozesse, kreative Vorstellungskraft und visuelle Stimulation, um unsere Lernfähigkeiten zu unterstützen. Das Gehirn arbeitet nicht sequenziell, sondern verarbeitet Informationen parallel und blüht auf, wenn es dazu herausgefordert wird, mehrere Dinge auf einmal zu tun.

Wenn Sie mehrere Methoden verwenden, um etwas zu lernen, dann werden Sie schlussendlich mehr Regionen Ihres Gehirns verwenden, um Informationen über dieses Thema zu speichern. Dadurch werden die Informationen besser miteinander verknüpft und in Ihrem Gehirn eingebettet, d. h., es entsteht im Grunde eine Redundanz des Wissens in Ihrem Gehirn, die Ihnen dabei hilft, die Informationen wirklich zu erlernen, anstatt sie nur auswendig zu lernen.

Erinnern Sie sich an die verschiedenen Lernstile aus Kapitel Eins? Versuchen Sie, verschiedene Arten von Lernstilen miteinander zu vermischen, um Informationen auf zahlreiche Arten aufzunehmen. Sie können dies tun, indem Sie verschiedene Medien verwenden, um unterschiedliche Teile des Gehirns zu stimulieren. Sie können zum Beispiel Notizen lesen, ein Lehrbuch durcharbeiten, ein Video ansehen und einen Podcast (oder eine Audiodatei) zu einem bestimmten Thema anhören. Je mehr Ressourcen (und Vielfalt) Sie verwenden, desto schneller lernen Sie.

Erledigen Sie die Arbeit (mit Feedback)

Wir wissen zweifelsfrei, dass Menschen am besten dann lernen, wenn Inhalte in realen Kontexten verankert sind. Kontextuelles Lernen ist nicht-linear, erfahrungsorientiert, vielschichtig und nutzt das gesamte Denkvermögen. Unser Gehirn ist so aufgebaut, dass es ganze Zusammenhänge verdaut, nicht eine isolierte Sache auf einmal. Nicht-kontextuelles Lernen erfolgt stückweise, fragmentiert und erinnert an das mechanistische Denken der Vergangenheit. Nicht-kontextuelles Lernen trainiert uns zu roboterhaften Reaktionen in einem engen Lernrahmen und lässt uns meistens mit einem Gefühl der Unerfülltheit und einem Mangel an Fähigkeiten zum kritischen Denken zurück.

Nachhaltiges Lernen entsteht durch die Arbeit selbst, gepaart mit Feedback. Informationen, die angewendet werden können, eignen sich viel besser als hypothetische Konstrukte oder abstrakte Konzepte. Fakten oder Fähigkeiten, die isoliert erlernt werden, sind schwerer aufzunehmen und verflüchtigen sich schneller aus dem Gedächtnis. Wenn wir die Arbeit selbst erledigen, dann haben wir zahlreiche Möglichkeiten zu lernen, indem wir kontinuierlich Informationen in uns aufnehmen, uns Feedback dazu einholen, über die Informationen reflektieren und erneut neues Wissen erwerben. Wir lernen zu singen, indem wir singen, wir lernen zu schwimmen, indem wir schwimmen, und so weiter. Als Schüler müssen wir vollständig in ein Thema eintauchen und es handlungsorientiert gestalten. Versuchen Sie, Ihr Themengebiet so authentisch und auf einen realen Kontext bezogen wie möglich zu gestalten, denn Erfahrung ist das beste Feedback. So können Sie auf vielen Ebenen lernen, Ihr ganzes Gehirn (und Ihren Körper) einzubeziehen und sämtliche Sinne in Ihren Lernprozess zu integrieren.

Überlegen Sie sich, wie Sie sinnvolle Inhalte in Bezug auf den Lernstoff erstellen können, und nutzen Sie dann Ihr neues Lernmaterial so, dass Sie es in Ihr vorhandenes Wissen, Ihre Fähigkeiten und Ihren Bedeutungssinn integrieren können. Wenn Sie die

Zeit und die Möglichkeiten haben, wollen Sie das Gelernte auch anwenden. Finden Sie Wege, um qualitativ hochwertiges Feedback von vertrauenswürdigen Personen zu erhalten, reflektieren Sie dieses Feedback und vertiefen Sie sich wieder in Ihren Lernprozess.

Ein kurzes Wort der Warnung vor zu viel Computernutzung: Computer neigen dazu, isolierende – wenn auch in gewisser Weise hilfreiche – Lernmaschinen zu sein. Sie sind im Großen und Ganzen Geräte, die uns sozial isolieren, uns von anderen Menschen trennen und uns vom gemeinschaftlichen Lernen abhalten. Als soziale Lebewesen lernen Menschen am besten durch Interaktion mit anderen Personen in einem realen Kontext und nicht in Isolation.

Seien Sie optimistisch

Studien haben bewiesen, dass positive Suggestion, Musik sowie Spiele dazu beitragen, dass Menschen deutlich schneller und effektiver lernen. Die Macht der positiven Suggestion und insbesondere einer unterstützenden Umgebung dürfen nicht unterschätzt werden. Unsere Emotionen haben, wie durch umfangreiche Forschungen belegt wurde, einen tiefgreifenden Einfluss auf die Qualität dessen, was und wie wir lernen. Denken Sie an einige Ihrer früheren Lernerfahrungen zurück und Sie werden wahrscheinlich Beispiele dafür finden, dass dies auf Sie zutrifft. Positive Gefühle sind ein Katalysator für Lernprozesse. Wenn Sie Freude empfinden, während Sie neue Inhalte lernen, wird Ihr Lernprozess beschleunigt. Im Gegensatz dazu verzögern negative Gefühle die Lernfortschritte oder behindern sie sogar ganz. Wenn Ihre Gefühle positiv sind und Sie sich in einem entspannten, offenen Zustand befinden, dann werden Sie in der Lage sein, auf die höheren Ebenen Ihres Gehirns zuzugreifen. Wenn Ihre Gefühle negativ und Sie gestresst sind, neigen Sie dazu, die oberflächlichen, eher reptilienartigen Teile Ihres Gehirns zu nutzen, die sich mehr dem Überleben als der komplexen kognitiven Verarbeitung widmen. In diesem Gemütszustand ist es sehr schwierig, zu lernen.

Leider haben viele Menschen negative Gefühle gegenüber dem Lernen. Vielleicht assoziieren sie Lernen mit Erinnerungen, die mit früheren schlechten Erlebnissen, Stress, Demütigung oder anderen negativen Erfahrungen verbunden sind. Diese negativen Suggestionen (oder Annahmen) müssen jedoch durch positive Erfahrungen herausgefordert werden, da sonst kein Lernfortschritt stattfindet. Durch Annahmen werden unsere Erfahrungen oftmals beeinflusst (oder sogar erschaffen). Im Allgemeinen führen negative Annahmen zu negativen Erfahrungen und umgekehrt.

Wenn Sie neue Fähigkeiten erlernen oder sich in neue Themengebiete einarbeiten wollen, dann ist es äußerst wichtig, dass Sie sich auf ein positives Gefühl konzentrieren. Das bedeutet jedoch nicht, dass Sie sich ein oberflächliches oder unseriöses Selbstvertrauen aneignen sollten. Echte positive Selbstgespräche sind wichtig und wurzeln in einer ehrlichen, sachlichen Grundhaltung. Sagen Sie sich selbst, was an dem, das Sie tun, gut ist und warum. Was ist wertvoll an den Dingen, die Sie zu lernen versuchen? Was werden Sie erreichen können, nachdem Sie diese Dinge gelernt haben? Seien Sie offen und ehrlich in Bezug auf Ihre Stärken und wie diese Ihnen dabei helfen werden, Ihre Lernziele zu erreichen. Wie Meier es ausdrückt: „Ein positives Gefühl gegenüber der Lernerfahrung ist der notwendige erste Schritt beim Lernen." Wenn Sie sich frustriert, gestresst, desinteressiert oder gelangweilt fühlen, ist es besser für Ihren Lernprozess, wenn Sie eine Pause einlegen und erst dann weitermachen, wenn Sie sich motivierter und positiver fühlen.

Es ist ebenfalls wichtig, das Umfeld zu beachten, in dem Sie lernen. Ähnlich wie Ihre geistige Umgebung (oder Ihre Einstellung) und Ihr soziales Umfeld (oder das kollaborative Lernszenario) spielt auch Ihre physische Lernumgebung eine Rolle dabei, wie gut Sie lernen, und all diese Faktoren beeinflussen sich gegenseitig. Denken Sie an die verschiedenen Klassenzimmer aus Ihrer Kindheit zurück. Haben diese Sie zum Lernen inspiriert? Haben sie das Lernen gefördert? Traditionelle Klassenzimmer waren in der Vergangenheit wenig inspirierend. Wenn Ihre physische Lernumgebung negative Gefühle in Ihnen hervorruft, kann sich das auf Ihre Einstellung auswirken, was wiederum Einfluss darauf hat, wie gut Sie neue Informationen behalten. Versuchen Sie – wenn Sie können –, einen Raum für Ihren Lernprozess zu schaffen, in dem Sie sich gerne aufhalten. Dieser Raum sollte Gefühle von Neugier, Inspiration und Aufregung in Ihnen hervorrufen. Ein solcher Raum wird Ihnen dabei helfen, sich zu entspannen, und Sie zum Lernen motivieren.

Gehirne lieben visuelle Inhalte

Was Meier „das Bildergehirn" nennt, bezieht sich darauf, inwiefern unser Gehirn visuelle Stimulationen bevorzugt, weil es visuelle Informationen sofort und automatisch aufnimmt. Bilder sind für uns Menschen einprägsam. Wir können uns visuelle Stimulationen leichter merken, weil sie konkret sind, während auditive und verbale Stimulationen tendenziell abstrakter sind. Denken Sie darüber nach. Wahrscheinlich können Sie sich anhand von Bildern an Tausende Ihrer liebsten (und schlimmsten) Erlebnisse erinnern. Und das liegt nicht daran, weil Sie sich damit beschäftigt haben, sie sich einzuprägen, als sie passierten. Vielmehr hat Ihr Bildergehirn das für Sie getan, und zwar in jenem Moment, automatisch und auf vielen Ebenen gleichzeitig.

Studien haben ergeben, dass Kurse, die Bilder in den Unterricht integrieren, tendenziell höhere Erinnerungs- und Langzeitspeicherraten aufweisen als Kurse, die dies nicht tun. Die Erinnerungs- und Behaltensquoten waren sogar höher in Kursen, die zusätzlich zu den Bildern auch kollaborative Lernmethoden verwendeten, um wissenschaftliche Inhalte zu vermitteln. Diese Bildsprache kann eine Vielzahl von Formen annehmen, von Grafiken und anderen Illustrationen bis hin zu Eselsbrücken oder Geschichten. Zusätzlich zu diesen können Sie sich außerdem stets Ihre eigenen kreativen Methoden ausdenken, die für Sie am besten funktionieren.

Das Integrieren von Bildern in Ihren Lernprozess ist eine natürliche Methode, um sich selbst Dinge schneller und mit höherer Qualität beizubringen. Wenn Sie verbale oder auditive Abstraktionen in irgendeine Art von konkreten Bildern übersetzen, werden Sie diese Informationen mit großer Wahrscheinlichkeit besser behalten und können diese später leichter abrufen. Wörter sind wichtig für uns und ein wesentlicher Bestandteil des Unterrichts. Wenn Sie jedoch Wörter mit Bildern assoziieren, wird sich das viel positiver auf Ihr Lernverhalten auswirken.

Zusammenfassung des Kapitels

Denken Sie daran: Lernen geschieht, wenn Sie neues Wissen vollständig integrieren, indem Sie es auf eine Weise anwenden, die es für Sie besonders wichtig macht. Wenn wir lernen, müssen wir Teile unseres Gehirns, die uns emotional mit den neuen Informationen verbinden, voll auslasten, um optimale Leistungen zu erzielen. Das bedeutet, dass Sie kritisch denken müssen, wenn Sie sich mit neuen Informationen auseinandersetzen, dass Sie entscheiden müssen, wie Sie an das Lernen herangehen wollen, und dass Sie Ihre Vorstellungskraft nutzen müssen, um sich auf den Aufbau dieser neuen Fähigkeiten einzulassen. Deshalb sollten Sie Folgendes tun: Beziehen Sie Ihren gesamten Körper und Geist ein; erschaffen Sie, statt zu konsumieren; arbeiten Sie mit anderen zusammen; verstehen Sie, dass ein Lernprozess auf mehreren Ebenen stattfindet; arbeiten Sie hart und holen Sie sich Feedback ein; haben Sie eine positive Einstellung und priorisieren Sie visuelle Lerninhalte. Wenn Sie diese Dinge tun, werden Sie letztendlich einen Mehrwert aus der gesamten Lernerfahrung schöpfen. Da Sie nun die Prinzipien kennen, die Sie für Ihren Lernprozess benötigen, wird sich das nächste Kapitel darauf konzentrieren, wie Sie Ihren Lernprozess strukturieren können, um schneller die gewünschten Fähigkeiten zu erwerben.

KAPITEL DREI:

Schnell (und mühelos) neue Fertigkeiten erlernen

Wenn Sie eine neue Fähigkeit erlernen, kann es Ihnen so vorkommen, als wäre dieser Weg lang und steinig. Vielleicht fühlen Sie sich manchmal hilflos, so, als wäre es sinnlos, es weiter zu versuchen. Die gute Nachricht ist, dass dies nur so wahr ist, wie Sie es zulassen. Es gibt eine Methode, wie Sie eine neue Fähigkeit schnell und effektiv erlernen können. Ihr Gehirn neigt dazu, Sie dazu zu bringen, neue Dinge so schnell wie möglich beherrschen zu wollen, was zu Frustration führen kann, da Sie deshalb möglicherweise die notwendigen Schritte zum tatsächlichen Meistern der Fähigkeit überspringen.

Wie schnell Sie sich eine neue Fähigkeit aneignen, hängt in erster Linie davon ab, wie gut Sie die Phasen des Fähigkeitserwerbs verstehen. Wenn Sie die drei Lernstufen des Fertigkeitserwerbs begreifen, werden Sie in der Lage sein, schneller voranzukommen, weil Sie nachvollziehen können, wo Sie sich in Ihrem Lernprozess befinden. Je weiter Sie Ihr Verständnis diesbezüglich vertiefen, desto genauer werden Sie erkennen, wie Sie vorankommen. Jeder durchläuft diese Stadien, also wird Ihnen das Wissen, in welchem Stadium Sie sich gerade befinden, am Ende tatsächlich dabei helfen, Ihre Lernfortschritte zu beschleunigen. Diese Erkenntnis wird Ihnen eine Menge Energie, Frustration sowie Gefühle der Hoffnungslosigkeit ersparen. Die drei Phasen des Fertigkeitserwerbs bilden ein Kontinuum und begleiten Sie auf dem Weg vom Anfänger zum Experten. Die erste Phase ist die kognitive Phase, gefolgt von der assoziativen Phase und schließlich der autonomen Phase.

Die kognitive Phase

Die kognitive Phase ist in der Regel durch häufige Fehler gekennzeichnet, weil Sie als Schüler in dieser Phase über die Fähigkeit nachdenken müssen und darüber, wie Sie sie ausführen sollen. Als Schüler sind Sie mit den mentalen Prozessen beschäftigt, die damit zusammenhängen, wie Sie diese neue Fertigkeit erlernen werden. Wenn Sie Sportler sind, denken Sie über Ihre Körperhaltung nach, welche Muskeln Sie anspannen müssen und wie jeder Schritt der zu erlernenden Bewegung aussehen soll. Bei jedem Schritt fokussiert sich die lernende Person voll und ganz auf die Ausführung, was typischerweise zu abgehackten und unvollständigen Bewegungen führt. Stellen Sie sich ein Kind vor, das versucht, eine neue motorische Bewegung zu erlernen. Dies ist vergleichbar mit einem Erwachsenen, der versucht, eine neue motorische Fertigkeit zu verbessern: Es wird viel beobachtet, es gibt Imitationsversuche und die betroffene Person ist wahrscheinlich frustriert, wenn sie Fehler macht. Daher ist dies eine kritische Phase, in der ein Schüler von häufigem Feedback profitieren wird. Ein Ausbilder oder Trainer muss dieses Feedback liefern und während der kognitiven Phase des Fertigkeitserwerbs zudem auch Demonstrationen durchführen. Wenn Sie sich selbst etwas beibringen, dann sollten Sie nach Videos oder anderen Visualisierungen suchen, die Ihnen zeigen, wie die Fähigkeit aussieht, wenn sie gut ausgeführt wird. Teilen Sie die Fähigkeit in verschiedene Abschnitte auf, die Sie nach und nach im Laufe des Lernprozesses zusammensetzen.

Die assoziative Phase

Die assoziative Phase des Kompetenzerwerbs ist die Phase, in der Sie als Schüler vom Nachdenken darüber, was Sie tun, zum Nachdenken darüber, wie Sie es tun, übergehen. Das bedeutet, Sie denken nicht mehr über Ihre Körperposition und Muskeln nach, sondern darüber, wohin Sie Ihre Bewegung lenken. Wohin spielen Sie den Ball? Was ist das Endziel Ihrer Bewegung? Sie verlagern den Fokus von der Frage, ob Sie es schaffen, die gewünschte Bewegung auszuführen, auf das Ziel, was Sie damit erreichen wollen. In dieser Phase wird die Bewegung flüssiger und geschmeidiger, da der Schüler sich sein eigenes Feedback gibt, anstatt sich nur auf Hilfe von außen zu verlassen. Die meisten werden zwar entlang des Kontinuums des Fertigkeitserwerbs immer noch Fehler machen, diese werden jedoch nicht so groß oder so häufig sein wie in der kognitiven Phase des Fertigkeitserwerbs. Während Sie in dieser Phase vorankommen, werden Sie immer noch von einem unmittelbaren Feedback zu Ihrer Leistung und Technik durch eine kompetente Person profitieren. Dies wird Ihnen dabei helfen, entscheidende Anpassungen vorzunehmen und die Komplexität des Kontexts, in dem die Fertigkeit ausgeführt wird, zu erhöhen. Anstatt beispielsweise einen Tennisball aus einem stabilen Stand heraus zu schlagen, könnten Sie einen Partner haben, der Ihnen bewegliche Ziele zuschlägt, die Sie zurückspielen sollen. Ab dieser Phase benötigen Sie häufige und umfassende Übungseinheiten, um zur autonomen Phase überzugehen.

Die autonome Phase

Die letzte Stufe, die autonome Phase des Fertigkeitserwerbs, ist dann erreicht, wenn Sie als Schüler überhaupt nicht mehr über die Fähigkeit nachdenken. In dieser Phase erfolgt die Bewegung auf natürliche Weise und läuft flüssig und intuitiv ab. Sie können sich nun auf erweiterte Aspekte der Bewegung konzentrieren, z. B. darauf, wem Sie den Ball zuspielen, wohin Sie sich nach dem Spielzug bewegen, oder Sie denken ein paar Schritte vor der aktuellen Bewegung voraus. Ein autonomer Sportler weiß, wie sich die Bewegung anfühlt und kann sich konsequent sein eigenes Feedback geben. Wie in der vorherigen Phase ist externes Feedback zur Ausführung der Fertigkeit immer noch von Vorteil. Das Coaching eines autonomen Schülers konzentriert sich in der Regel auf die Ausführung der Fähigkeit unter Druck und unter gleichzeitiger Ausführung verschiedener kognitiver Prozesse. Dieses Stadium des Fertigkeitserwerbs ist das Stadium der Beherrschung, und die

Schüler haben Eigenschaften wie ein kinästhetisches Gespür, gute Antizipation, Konsistenz der Ausführung sowie eine solide Technik erlangt. Sie werden in der Lage sein, Ihre eigenen Bewegungen zu korrigieren, auch mitten in der Bewegung, während sie sich auf Gegenbewegungen oder bestimmte Umgebungseinflüsse einstellen. Sie werden zudem in der Lage sein, die Fähigkeit konstant gut auszuführen, wobei Fehler nur noch sehr selten vorkommen.

Jetzt, wo Sie ein wenig mehr über die drei Phasen des Fertigkeitserwerbs wissen, denken Sie an eine Sache, die Sie schon lange erlernen wollten – wie eine neue Fähigkeit. Vielleicht gibt es Gegenstände in Ihrem Zuhause, etwas aus einem Lehrbuch oder eine Gitarre, die Sie schon lange zu spielen lernen wollten. Vielleicht erinnern Sie sich an ein potenzielles Projekt, von dem Sie einst so begeistert waren, dass es Ihnen jetzt richtig wehtut, sich daran zu erinnern, wie Sie damals den Versuch aufgegeben haben, sich diese Fähigkeit anzueignen. Vielleicht haben Sie es sogar noch einmal versucht, nur um erneut zu scheitern.

Wenn Sie die obigen Phasen des Fertigkeitserwerbs betrachten, müssen Sie verstehen, dass Sie die schmerzhaftesten Phasen noch nicht durchlaufen haben: die kognitive und die assoziative Phase. Sie sind immer noch Anfänger, was folglich zu vielen Fehlern und schlussendlich Ihrer Aufgabe geführt hat. Ihr Gehirn ist eigentlich darauf ausgelegt, Sie in den ersten beiden Phasen vor schmerzhaften Erfahrungen zu schützen. Es möchte einfach sofort zur autonomen Phase übergehen, in der Sie die Fertigkeit bereits gemeistert haben oder in der Ihre neuerworbene Fähigkeit zumindest ein Plateau erreicht hat. Denken Sie daran, dass es darum geht, Ihre Komfortzone zu verlassen. Sie gehen über das hinaus, was Sie gewohnt sind, also halten Sie durch. Sie befinden sich noch in diesen frühen Phasen des Lernens und es ist möglich, einige der Wachstumsschmerzen zu vermeiden.

Zeit ist eine so wertvolle Ressource für uns alle. Aus diesem Grund habe ich in diesem Buch einige der führenden Forschungsergebnisse über den schnellen Erwerb von Fähigkeiten integriert. Josh

Kaufman legte in seinem Buch „The First 20 Hours" (wir werden im nächsten Kapitel auf dieses Konzept zurückkommen) die wichtigsten Prinzipien dafür dar, wie Sie dies erreichen können. Die folgenden sechs Empfehlungen werden Ihnen dabei helfen, die Grundlagen von allem in kürzerer Zeit zu lernen. Und so geht's:

Wählen Sie ein Herzensprojekt aus

Denken Sie darüber nach, welche Dinge Ihnen am meisten am Herzen liegen. Welche Sache erfüllt Sie mit einem gewissen Sinn? Ist es das Thema Barrierefreiheit? Eine große Führungspersönlichkeit zu werden? Worin finden Sie Freude? Haben Sie Freude daran, Kunden ein tolles Erlebnis zu bieten? Exzellente Produkte herzustellen? Beim schnellen Erlernen von Fähigkeiten geht es darum, neue Stärken zu entdecken und zu entwickeln, indem Sie Ihre Komfortzone verlassen. Das bedeutet, dass Sie Ihre alten Stärken hinter sich lassen, während Sie sich auf die Entwicklung neuer Stärken konzentrieren. Wenn Sie ein Projekt auswählen, für das Sie sich begeistern, fragen Sie sich, in welchem Bereich Sie einen Sinn in Ihrem Leben finden und welche Aktivitäten Ihnen Freude bereiten. Erstellen Sie eine visuelle Darstellung, die Ihnen dabei hilft, diese notwendigen Bestandteile herauszufinden. Sie können sogar aufzeichnen, wo Ihre derzeitigen Stärken liegen, damit Sie ein genaues Bild davon haben, in welchem Bereich Sie sich gerne weiterentwickeln möchten.

Wenn wir uns ein Projekt aussuchen, für das wir uns interessieren, dann haben wir die Disziplin, die kognitiven und assoziativen Phasen des Fertigkeitserwerbs zu durchlaufen, die notwendige Zeit und Mühe aufzubringen, um diese Fertigkeit zu erwerben und die Ziellinie zu erreichen. Sobald Sie wissen, warum Sie sich für dieses Projekt, das Sie lieben, begeistern, können Sie es planen. Setzen Sie sich Ziele für Ihren Erfolg. Recherchieren und erwerben Sie die richtige Ausrüstung und die Ressourcen, die Sie für Ihren Lernprozess benötigen. Anschließend planen Sie Ihren Zeitrahmen um diesen gewählten Lernweg herum. Organisieren Sie sich und machen Sie sich bereit für den Weg, der vor Ihnen liegt.

Konzentrieren Sie Ihre Bemühungen auf eine Fähigkeit nach der anderen

Sie haben nur eine bestimmte Anzahl an Stunden am Tag, und das Erlernen einer neuen Fähigkeit kann sehr schwierig sein. Wenn Sie versuchen, Ihre begrenzte Zeit und kognitiven Ressourcen auf das Erlernen einer Vielzahl von Fähigkeiten zu verteilen, werden Sie wahrscheinlich irgendwann die Lust verlieren und Ihre Lernfortschritte mit Sicherheit darunter leiden. Als sich die Welt noch mit einer langsameren Geschwindigkeit bewegte, war Multitasking eine wertvolle Fähigkeit, die es zu beherrschen galt. Heutzutage macht Multitasking Sie jedoch nachweislich zu einer weniger effektiven Person und einem weniger effizienten Schüler. Wenn Sie versuchen, zwei oder mehr Aufgaben auf einmal zu erledigen, verringert sich Ihre Produktivität tatsächlich um vierzig Prozent. Denken Sie daran: Genauso, wie Sie Multitasking bei der Arbeit vermeiden sollten, sollten Sie es ebenso bei dem Erlernen einer neuen Fähigkeit vermeiden. Sie müssen in den Prozess des Erlernens einer Fähigkeit eintauchen, damit Sie Ihr Potenzial ausschöpfen können.

Es gibt wahrscheinlich viele verschiedene Fähigkeiten, die Sie gerne erwerben würden, aber ein wichtiger erster Schritt zum schnellen Erwerb besteht darin, dass Sie eine auswählen, auf die Sie sich zuerst konzentrieren. Beginnen Sie damit, eine Liste aller Kenntnisse zu erstellen, an denen Sie interessiert sind, und wählen Sie dann diejenige aus, die Sie im Moment am meisten begeistert. Diese Begeisterung wird Ihnen dabei helfen, durch Ihr Üben motiviert zu bleiben. Auch wenn es verlockend sein mag, sich auf mehrere Fertigkeiten auf einmal zu stürzen, sollten Sie Ihre ganze Energie auf das Erlernen einer einzigen Fertigkeit konzentrieren. Zum Beispiel könnten Sie versucht sein, das Erlernen der Python-Programmierung mit dem Erlernen von Spanisch, Suchmaschinenmarketing und Videobearbeitung zu kombinieren. Studien wiesen allerdings nach, dass Sie auf diese Weise eine neue Fähigkeit nicht am schnellsten erlernen werden. Sie sollten Ihre Zeit intelligent nutzen, wenn Sie versuchen, etwas Neues zu lernen, da Sie vielleicht nur etwa eine Stunde pro Tag dafür zur Verfügung haben. Versuchen Sie nicht, mehrere neue Dinge auf einmal zu lernen, da Sie dann viel langsamer vorankommen, was wiederum nicht dazu beiträgt, Sie zum Weitermachen zu motivieren.

Entscheiden Sie sich für Ihre Ziel-Leistungsstufe

Wie gut wollen Sie wirklich in einer bestimmten Fertigkeit sein? Wenn Sie sich für eine Fähigkeit entschieden haben, gilt es nun zu entscheiden, wie wichtig es für Sie ist, darin großartig zu sein – und wie großartig Sie sein wollen. Wollen Sie absoluter Meister der Spitzenklasse sein oder wollen Sie nur ziemlich gut sein? Für ambitionierte Wettkämpfer wird die Antwort immer „Ich will der Beste sein" lauten, aber es ist ebenfalls völlig in Ordnung, die Grundlagen zu kennen und mittelgut zu bleiben, wenn diese Fertigkeit für Sie nur ein Hobby darstellt. Wenn Sie mit dem Fußballspielen hauptsächlich deswegen anfangen wollen, um neue Kontakte zu knüpfen, und wissen, dass Sie sich auf dem Spielfeld behaupten können, dann ist das großartig. Dieses Prinzip ist abhängig von Ihren Vorlieben sowie davon, wo Sie hinwollen.

Unterteilen Sie Ihre Fähigkeit in Teilfähigkeiten

Beginnen Sie mit der Definition und Beherrschung von Teilfähigkeiten, auf denen Sie aufbauen können. Dies wird Ihnen dabei helfen, Ihren Lernerfolg zu visualisieren. Die Planung ist dabei von entscheidender Bedeutung, denn wenn Sie keinen richtigen Plan oder keine Vision davon haben, wie Ihr Erfolg aussieht, dann werden Sie in den vorläufigen Grundlagen feststecken und sich fragen, wann Sie es endlich schaffen werden. Eine neue Fähigkeit ist nur selten eine einzige Sache, die man erlernen kann. Es gibt Strategien, die Sie verwenden können, um die gewünschte Fähigkeit zu unterteilen. Brechen Sie die Fähigkeit, die Sie meistern wollen, auf einzelne Teilaspekte herunter. Diese Teilfähigkeiten können Sie dann so gliedern, dass Sie Ihr Leistungsziel so schnell wie möglich erreichen.

Stellen Sie die richtigen Werkzeuge zur Verfügung, um Ihre Fähigkeit zu optimieren

Manchmal, wenn wir etwas Neues lernen wollen, legen wir einfach los, ohne richtig zu recherchieren. Wenn Sie eine neue Sprache lernen wollen, werden Sie wahrscheinlich nicht die besten Ressourcen finden, die zudem auch noch kostenlos sind. Wenn Sie wirklich lernen wollen, wie man Gitarre spielt, brauchen Sie definitiv eine Gitarre und höchstwahrscheinlich auch Gitarrenunterricht. Das bedeutet, dass Sie sicher sein sollten, dass Sie Ihren Prozess genau wie bei jeder anderen wichtigen Lebensentscheidung finanziell planen. Sie sollten sicherstellen, dass Sie die richtigen Werkzeuge für Ihren Erfolg zur Hand haben. Welche Dinge werden Sie bei jedem Schritt brauchen, um ans Ziel zu kommen? Welche Dinge werden Ihnen hierbei im Weg stehen oder als Hindernis für Ihren Lernprozess dienen? Identifizieren Sie die notwendigen Ressourcen und möglichen Hindernisse, auf die Sie stoßen könnten.

Quantität vor Qualität

Meiner Meinung nach ist dies das wichtigste Prinzip, um neue Fertigkeiten so schnell wie möglich zu erlernen. Man hat uns immer wieder gesagt, dass wir uns auf die Devise „Qualität vor Quantität" konzentrieren sollen, und das mag in manchen Situationen auch stimmen, etwa, wenn es darum geht, Freunde zu finden oder sich weniger Dinge zu kaufen. Beim schnellen Erlernen von Fähigkeiten ist jedoch genau das Gegenteil richtig. Bevor Sie mit dem Lernen beginnen, müssen Sie sich darüber im Klaren sein, dass Sie kein Experte sind und es eine Zeit lang auch nicht sein werden. Sie müssen daran arbeiten, Ihre Leistung von Lerneinheit zu Lerneinheit weniger kritisch zu sehen. Sie müssen erkennen, dass Sie langsam Fortschritte machen. Üben Sie so viel wie möglich mit konsequentem Feedback. Bleiben Sie motiviert und aufmerksam. Legen Sie Ihren Trainingsplan so aus, dass Sie Zeit für die Dinge haben, die Sie tun müssen. Diese Vorgehensweise wird Sie dazu zwingen, die notwendigen Stunden zu investieren, um Ihre Leistungsziele zu erreichen. Versuchen Sie zudem, stets zur gleichen Zeit zu üben, um Konsistenz zu erreichen, da Sie auf diese Weise tatsächlich eher am Ball bleiben werden.

Zusammenfassung des Kapitels

Jetzt kennen Sie die drei Phasen des Fertigkeitserwerbs (kognitiv, assoziativ und autonom) und haben mehr über meine wichtigsten Empfehlungen, wie Sie die Grundlagen einer neuen Fertigkeit in kürzerer Zeit erlernen können, erfahren. Diese sind: Wählen Sie ein leidenschaftliches Projekt, damit Sie disziplinierter und motivierter sind; konzentrieren Sie Ihre Bemühungen auf jeweils eine Fertigkeit, um Ihr volles Lernpotenzial auszuschöpfen; legen Sie Ihre Ziele fest, damit Sie realistische Lernerwartungen haben; unterteilen Sie Ihre Fertigkeit in Teilfertigkeiten, damit Sie diese besser erreichen können; identifizieren Sie die richtigen Werkzeuge für Ihren Erfolg sowie die Hindernisse, die ihm im Wege stehen; und schließlich – üben Sie so viel wie möglich, während Sie sich konsequent Feedback einholen. Wenn Sie das Erlernen einer neuen Fertigkeit anhand dieser Punkte priorisieren, werden Sie Erfolg haben. Im nächsten Kapitel erfahren Sie, wie Sie die ersten – und wichtigsten – zwanzig Stunden Ihres Lernprozesses am besten angehen.

KAPITEL VIER:

Die ersten zwanzig Stunden

Wie bereits erwähnt, ist Josh Kaufman ein bekannter Experte für das Thema schnelles Lernen, der zwanzig Stunden als magische Zahl für das Erlernen einer neuen Fähigkeit empfiehlt. Die sechs Prinzipien, die ich im vorherigen Kapitel zusammengefasst habe, sind für einen neuen Schüler während dieser zwanzigstündigen Lernreise entscheidend. Laut Kaufman stößt jeder zu Beginn der schnellen Lernphase gegen eine Wand. Wenn Sie sich also im Voraus auf zwanzig Stunden festlegen, haben Sie eine todsichere Methode, um diese Wand zu durchbrechen und eine neue Fähigkeit zu erwerben. Das bedeutet nicht unbedingt, dass Sie sofort ein Meister in einer neuen Fertigkeit werden, sondern eher, dass Sie schneller und sicherer eine höhere Kompetenzstufe erreichen.

Die ersten Stunden des Lernens von etwas Neuem sind immer die schwierigsten, und an dieser Stelle geben die meisten Menschen auf. Es ist jedoch wichtig, die ersten zwanzig Übungsstunden durchzuhalten, ungeachtet aller Stolpersteine, auf die Sie stoßen. Wenn Sie die ersten zwanzig Stunden überstanden haben, haben Sie eine beträchtliche Menge an Übung hinter sich, sodass das weitere Üben nicht mehr so schwierig sein wird. Hier kommen meine Empfehlungen, wie Sie die ersten zwanzig Stunden des Übens einer neuen Fertigkeit angehen sollten:

Beginnen Sie mit der Festlegung Ihres Ziels

Entscheiden Sie zunächst, welche Leistungsstufe Sie erreichen wollen. Ich habe im letzten Kapitel kurz darüber gesprochen, wie Sie Ihr Ziel-Leistungsniveau festlegen. Überlegen Sie nun wirklich, wo Sie hinwollen und wie Sie dorthin kommen. Ein wichtiger

Gedanke von „Die ersten zwanzig Stunden" lautet, dass Sie zunächst entscheiden sollten, wie gut Sie in einer bestimmten Fähigkeit werden wollen. Sobald Sie eine Vorstellung davon haben, welches Fähigkeitsniveau Sie erreichen wollen, sollten Sie dieses Ziel in kleinere Schritte unterteilen, um es zu erreichen.

Nehmen wir an, Sie wollen gut im Schreiben von Marketingtexten werden, weil Sie eine E-Mail verfassen müssen, um einen Vertrag mit einem hochpreisigen potenziellen Kunden zu schließen. Sie müssen das Werbetexten nicht ausgiebig in seiner Gesamtheit studieren, sondern können sich stattdessen die besten Praktiken für das Schreiben von Verkaufs-E-Mails ansehen. Es ist eine Möglichkeit, die Schritte und kleinen Häppchen herauszufinden, die Sie benötigen, um die perfekte E-Mail für dieses Szenario zu verfassen. Erstellen Sie einen Plan. Beginnen Sie damit, zuerst zu untersuchen, wie Sie die Betreffzeilen formulieren, dann, wie Sie Ihre E-Mails richtig personalisieren, und schließlich, wie Sie den richtigen Tonfall treffen, vielleicht finden Sie sogar Vorschläge, wie Sie vermeiden, im Spam-Ordner zu landen, oder einige Prinzipien der Beeinflussung, um sicherzustellen, dass Ihre E-Mail auch zum Erfolg führt. Sie können auch verschiedene Vorlagen recherchieren, die Sie dann auf Ihre Bedürfnisse zuschneiden, und so weiter.

Denken Sie daran, dass Sie mit der richtigen Zielsetzung eher erfolgreich sein werden, wenn Sie sich die Fähigkeiten aneignen, die Sie sich vorgenommen haben. Es kann helfen, wenn Sie Ihr Ziel mit einem Freund besprechen. Die soziale Einbindung Ihres Lernprozesses wird Ihnen dabei helfen, auf dem Weg zu Ihrem Ziel motiviert zu bleiben. Es bietet auch große Vorteile, in einer Gruppe zu lernen. Erinnern Sie sich an kollaboratives Lernen? Wenn Sie sich einer Gemeinschaft anschließen, können Sie nicht nur von anderen lernen, sondern Sie werden auch dazu ermutigt, gemeinsam Fortschritte zu machen. Ganz egal, ob es sich um einen Schachclub, eine Arbeitsgruppe oder einen Online-Treff handelt: Versuchen Sie, sich mit anderen Gleichgesinnten zu vernetzen, schon allein wegen des Feedbacks und der Unterstützung.

Entscheiden Sie, welche Ressourcen Sie benötigen

Da es darum geht, innerhalb von zwanzig Stunden eine neue Fähigkeit zu erlernen, ist es wichtig zu entscheiden, was Sie zu Beginn brauchen. Wie können Sie Ihre Konzentration aufrechterhalten? Sie müssen daran arbeiten, Ablenkungen einzuschränken, und sicherstellen, dass Sie die Werkzeuge haben, die Sie benötigen, um Ihre gewünschte Fähigkeit zu erlernen und erfolgreich zu sein. Auch wenn es wie ein einfacher Schritt erscheinen mag, ist es von größter Wichtigkeit, dass Sie sorgfältig und richtig vorgehen. Beginnen Sie damit, herauszufinden, welche Arten von Materialien und Umgebungen – sogar Tools oder Apps – Sie bei Ihrem Erfolg des Erlernens dieser neuen Fähigkeit unterstützen können. Vielleicht brauchen Sie nur einen Stift, Papier und einen Textmarker, um Passagen in Lehrbüchern zu markieren. Oder vielleicht möchten Sie Ihre Lerneinheiten lieber automatisieren, indem Sie Online-Referenzen sammeln und diese auf Ihrem Tablet lesen. Vielleicht lernen Sie aber auch lieber in der freien Natur oder in einem Park, vielleicht auch in den eigenen vier Wänden, beim Musikhören oder neben Ihrem Lieblingsfenster.

Während Sie sicherstellen, dass die Umgebung, in der Sie sich befinden, perfekt für Ihren schnellen Lernfortschritt ist, müssen Sie darauf achten, dass Sie alle sozialen Medien oder ähnliche Ablenkungen ausschalten, einschließlich der Versuchung, Nachrichten oder E-Mails zu überprüfen. Wie das Sprichwort schon sagt: „Aus den Augen, aus dem Sinn." Bevor Sie sich zum Üben oder Lernen hinsetzen, stellen Sie sicher, dass alle potenziellen Ablenkungen außer Sichtweite sind. Sie können im Voraus planen, indem Sie einen bestimmten Platz zum Lernen einrichten, an dem es keinen Fernseher, keine geschwätzigen Freunde oder andere Verlockungen gibt. Die Kontrolle über Ihre Umgebung auf diese Weise zu übernehmen, bedeutet auch nicht unbedingt, dass Sie es immer alleine tun müssen. Manchmal kann die Arbeit mit Freunden in

Lerngruppen ein nützlicher Ansatz sein, um Ihre Umgebung zu beeinflussen.

Sobald Sie Ihre ideale Umgebung festgelegt haben, können Sie dazu übergehen, mögliche Barrieren oder Hindernisse zu identifizieren, die Ihren Lernprozess stören könnten, und daran arbeiten, diese zu beseitigen. Sie sollten eine ablenkungsfreie Umgebung schaffen, damit Sie sich auf Ihr Lernen konzentrieren können. Denken Sie daran, dass Ihr Gehirn nach Abkürzungen und nach allen möglichen Ausreden suchen wird, um nicht zu üben. Es wird versuchen, sich an jedes Hindernis zu klammern, weil Sie sich in der Anfangsphase des Lernens befinden, was für das Gehirn unangenehm sein kann. Sie müssen daran arbeiten, diese Hindernisse zu beseitigen. Wenn Sie lernen wollen, wie man Gitarre spielt, lassen Sie das Instrument in der Mitte Ihres Zimmers stehen, damit Sie es ständig sehen und an Ihre Verpflichtung zum Üben erinnert werden. Sie wollen, dass die Gitarre eine möglichst aufdringliche Erinnerung für Sie ist, sodass Sie das Üben nicht vermeiden können.

Sie sollten auch versuchen, emotionale Blockaden vorauszusehen. Vielleicht fühlen Sie sich zum Beispiel überfordert oder ängstlich. Erinnern Sie sich daran, wie eine positive Einstellung Ihren Lernprozess unterstützt? Machen Sie eine Pause und nehmen Sie Ihren Lernprozess erst wieder auf, wenn Sie ein erneutes Gefühl der Motivation zum Lernen verspüren. Dies ist nicht dasselbe wie Engagement. Nach dieser Theorie müssen Sie sich dazu bringen, die ersten zwanzig Stunden durchzuhalten, damit Sie eine höhere Wahrscheinlichkeit haben, sich die neue Fähigkeit anzueignen. Manchmal bedeutet das, dass Sie sich auch dann engagieren müssen, wenn es Ihnen an Motivation mangelt.

Üben, üben, üben

Wenn Sie Ihren Lernprozess zum Erwerb von Fähigkeiten planen, müssen Sie sicherstellen, dass Sie Zeit zum Üben einkalkulieren. Um Experte in einem Gebiet zu werden, führt kein Weg daran vorbei. Dies erfordert Hingabe, Disziplin und Fokus sowie einen aufrichtigen, echten Wunsch, die Arbeit zu erledigen. Wenn Sie nicht mit Leidenschaft bei der Sache sind, werden Sie kein Experte werden. Sie müssen konsequent dranbleiben, sonst werden Sie es nicht schaffen. Im Idealfall üben oder lernen Sie jeden Tag zur gleichen Zeit. Wenn Sie Schwierigkeiten haben, Zeit dafür zu finden, beginnen Sie damit, weniger wichtige Aktivitäten wegzulassen, die nicht direkt für das Erlernen dieser neuen Fähigkeit notwendig sind. Füllen Sie diese Zeit mit Üben.

Natürlich können Sie Ihren Zeitplan nicht komplett auf diese Weise verschlanken. Es gibt eben bestimmte Verpflichtungen, die Sie erfüllen müssen, sowie Notfälle, die gelegentlich auftreten können. Wenn es Ihnen jedoch ernst damit ist, eine neue Fähigkeit zu erlernen, sollten Sie den größten Teil Ihres Terminkalenders streichen und die freigewordene Zeit dafür widmen. Ihr Ziel ist es, sich sechzig bis neunzig Minuten pro Tag für das Üben freizuschaufeln. Vergessen Sie nicht, sich Feedback zu Ihren Fortschritten geben zu lassen, damit Sie herausfinden können, ob Sie an einer Stelle etwas falsch gemacht haben oder ob Sie anders an Ihren Lernprozess herangehen sollten. Feedback ist in den frühen Phasen des Kompetenzerwerbs entscheidend. Vielleicht können Sie sogar einen Coach engagieren, der Sie unterstützt. Coaches können Sie anleiten und Ihnen während des gesamten Prozesses Rückmeldungen geben, die Sie sich selbst vielleicht nur schwer geben können. In einigen Fällen können Sie Ihren eigenen Lernprozess überwachen. Wenn Sie zum Beispiel eine neue Sprache lernen, könnten Sie versuchen, sich mit einem Diktiergerät selbst beim Sprechen zuzuhören. Dadurch wird es für Sie einfacher, Fehler in Ihrer Aussprache oder Grammatik zu hören.

Es kann leicht passieren, dass man sich beim Lesen und Sammeln von Informationen darüber, wie man etwas tut, verzettelt und nie dazu kommt, es tatsächlich zu tun. Denken Sie daran: Der beste Weg, um zu lernen, wie man etwas tut, besteht darin, es tatsächlich zu tun. Unabhängig davon, wie unvorbereitet Sie sich fühlen, stellen Sie sicher, dass Sie sich ständig körperlich oder aktiv beschäftigen. Wechseln Sie zwischen Theorie und Praxis ab und füllen Sie die Zeit zwischen den Theoriephasen mit einer Menge Praxis.

Üben Sie in kurzen Intervallen

Wenn Sie mir ähneln, dann fürchten Sie das Ende des Wochenendes. Die Arbeitswoche steht am Sonntagabend vor der Tür und verspricht, dass Sie wieder endlose neue Aufgaben zu erledigen haben. Wenn Sie eine neue Fähigkeit erlernen, kann dieser Ausblick sogar noch entmutigender sein. Die gute Nachricht ist jedoch, dass es einen besseren Ansatz für uns gibt, um diese langen Arbeitsperioden anzugehen, ohne sich überfordert zu fühlen. Das Erlernen von einer neuen Sache, die schwierig ist, oder sogar das Arbeiten an Aktivitäten über lange Zeiträume hinweg, sind kräftezehrend und oftmals ineffizient. Untersuchungen ergaben, dass es tatsächlich besser ist, in kurzen Intervallen mit häufigen geplanten Pausen zu arbeiten. Diese Methode wird gemeinhin als Pomodoro-Technik bezeichnet.

Die Pomodoro-Technik sieht vor, dass wir nach jeweils fünfundzwanzig Minuten Arbeit eine fünfminütige Pause einlegen. Setzen Sie sich Lernziele, sodass Sie drei bis fünf dieser Lernsitzungen über den Tag verteilt absolvieren. Sobald Sie dies tun, werden Sie erstaunt sein, wie schnell Sie Fortschritte machen. Indem Sie den Aspekten Quantität und Geschwindigkeit Vorrang geben, ist es viel unwahrscheinlicher, dass Sie in der Anfangsphase frustriert – und damit demotiviert – werden. Wenn Sie zum ersten Mal etwas Neues lernen, können sich die Stunden des Übens, die nötig sind, um wirklich Fortschritte zu erlangen, wie eine Ewigkeit anfühlen. Vielleicht denken Sie sogar, dass Sie zu Beginn des Lernens einer neuen Fähigkeit mehr Zeit damit verbracht haben, an etwas zu arbeiten, nur weil die Lernaufgabe selbst so schwierig ist. Die Anwendung der Pomodoro-Technik wird Ihnen dabei helfen, Frustrationen zu Beginn Ihres Lernprozesses zu vermeiden. Diese Technik wird Ihnen dabei helfen, konzentriert und motiviert zu bleiben, da Sie in der Lage sein werden, Ihre Arbeitszeit zu verfolgen.

Wenn Sie ohne Pause an einer Aufgabe arbeiten, ist die Wahrscheinlichkeit größer, dass Sie den Fokus verlieren und dadurch von der eigentlichen Arbeit abgelenkt werden. Wenn Sie jedoch eine Pause machen, zwingen Sie sich selbst dazu, ein paar Sekunden innezuhalten, um Ihre Arbeit neu zu bewerten oder zu reflektieren. Sie geben sich selbst den nötigen Freiraum, damit Ihre Aufmerksamkeit ruhen kann, bevor Sie zu Ihrer Aufgabe zurückkehren. Vielleicht stellen Sie fest, dass Sie Ihre Bemühungen anpassen oder eine notwendige Änderung vornehmen müssen. Dadurch erhöhen Sie die Qualität Ihrer Arbeit und auch die Geschwindigkeit, mit der Sie sie erledigen können. Wenn es Zeit für Ihre Pause ist, ist es wichtig, dass Sie die Pause ernst nehmen und sich wirklich einer neuen Aktivität zuwenden. Sie können die Pause als Belohnung für Ihre harte Arbeit betrachten, in der Sie ein wenig spazieren gehen, einige Dehnübungen machen, sich eine Tasse Kaffee holen oder etwas tun, das Sie entspannt (wie Meditation). Sie können damit experimentieren, wie lange Sie arbeiten möchten, bevor Sie eine Pause machen, obwohl die Forschung dazu tendiert, dass irgendwo zwischen fünfundzwanzig und fünfunddreißig Minuten der beste Wert ist. Denken Sie daran, dass längere Arbeitszeiten zu Burn-out führen können, was besonders schädlich für Ihre Motivation ist bei dem Versuch, eine neue Fähigkeit zu erlernen.

Kaufman schlägt außerdem vor, dass Sie Ihre neue Fähigkeit innerhalb von den vier Stunden vor dem Schlafengehen üben. Ihm zufolge führt das Üben innerhalb dieses Zeitrahmens dazu, dass Ihr Gehirn das Gelernte schneller in die neuronalen Bahnen Ihres Gehirns integriert, weil Ihr Gedächtnis und die benötigte Motorik schneller verankert werden. Sie können Ihr Gehirn ebenfalls unterstützen, indem Sie die kleinen Erfolge Ihres Lernprozesses feiern. Dadurch werden mehr Endorphine und Serotonin ausgeschüttet, was Sie wiederum zum Weitermachen ermutigt. Essen Sie ein Stück Schokolade oder schauen Sie sich eines Ihrer Lieblingsmusikvideos als Belohnung an, damit Sie weiterhin Spaß am Lernen haben. Das Erlernen einer neuen Fähigkeit sollte aufregend sein. Sie sollten es nicht erwarten können, jeden Tag zu üben. Halten Sie Ihre gute Einstellung und Motivation aufrecht!

Zusammenfassung des Kapitels

Inspiriert durch den Lernexperten Josh Kaufman haben wir in diesem Kapitel behandelt, wie Sie die ersten zwanzig Stunden des Lernens einer neuen Fähigkeit strukturieren können. Denken Sie daran, dass Sie, wenn Sie sich auf zwanzig Stunden festlegen, die Möglichkeit haben, die Lernmauer zu durchbrechen, die jeder erlebt, und schließlich Ihre Lernziele zu erreichen. Meine vier wichtigsten Empfehlungen, wie Sie die ersten zwanzig Stunden des Lernens angehen können, sind: Beginnen Sie damit, sich ein Ziel zu setzen; entscheiden Sie, welche Ressourcen Sie benötigen, um erfolgreich zu sein; üben Sie konsequent und holen Sie sich frühzeitig Feedback ein; und schließlich – unterteilen Sie Ihre Übungsphasen in kleinere, überschaubare Intervalle, damit Sie nicht die Motivation verlieren. All diese Methoden wirken zusammen und steigern so die Qualität und Effizienz Ihres Lernprozesses. Im nächsten Kapitel erfahren Sie etwas über mein absolutes Lieblings-Lernprinzip und wie es Ihnen bei Ihrem Lernprozess behilflich sein kann.

KAPITEL FÜNF:

Das lebensverändernde Pareto-Prinzip

Vielleicht haben Sie noch nie vom Pareto-Prinzip gehört, aber wahrscheinlich haben Sie schon einmal von der Achtzig-Zwanzig-Regel oder dem Gesetz der wichtigen Wenigen mitbekommen. Das Pareto-Prinzip besagt, dass bei den meisten Dingen etwa achtzig Prozent der Auswirkungen von zwanzig Prozent der Ursachen herrühren. Dieses Prinzip wurde auf alles Mögliche angewandt, vom Grundbesitz über die Besteuerung bis hin zur Mathematik. Die Regel basiert auf einer Potenzgesetz-Verteilung und hat sich in der Wirtschaft, in Beziehungen und vor allem beim Lernen bewährt. In Bezug auf das Lernen bedeutet es, dass Sie die zwanzig Prozent der Arbeit (oder Ursachen) identifizieren wollen, die Ihnen die achtzig Prozent der gewünschten Ergebnisse (die Wirkungen) bringen. Das Hauptkonzept besteht darin, die wenigen effektivsten Strategien und Materialien zu identifizieren, die es Ihnen ermöglichen, schnell und adäquat das gewählte Thema zu erlernen.

Wenn Sie zum Beispiel eine Sprache lernen, dauert es nicht lange, bis Sie feststellen, dass es ein paar Schlüsselwörter gibt, die immer wieder auftauchen. Sie können eine schnelle Suche nach den „am häufigsten verwendeten französischen Wörtern" oder „typischen französischen Sätzen" durchführen, um zu lernen, wie man Französisch spricht, bevor Sie sich mit den eher technischen oder grammatikalischen Details beschäftigen. Auf das sportliche Training angewandt, können Sie das Pareto-Prinzip einsetzen, indem Sie etwa zwanzig Prozent der wichtigsten Übungen und Gewohnheiten für eine bestimmte Fähigkeit verwenden, um achtzig Prozent der Wirkung zu erzielen. Der Lernende sollte sich nicht so sehr auf ein abwechslungsreiches Training oder das Erlernen sehr technischer Aspekte einer Fertigkeit konzentrieren. Es geht im Grunde darum, Ihnen zu sagen, womit Sie zuerst beginnen sollten – nicht, dass die anderen achtzig Prozent nicht wichtig wären. Zum Beispiel sind eine gesunde Ernährung und der regelmäßige Besuch des Fitnessstudios immer noch wichtig für das sportliche Training, aber sie sind nicht so bedeutend wie die Schlüsselaktivitäten (bzw. die Zwanzig-Prozent-Aktivitäten).

Das Pareto-Prinzip wird die Art und Weise, wie Sie lernen, verändern. Je nach gewählter Fähigkeit kann die Menge des Lernmaterials immens sein. Sie brauchen eine Strategie, um das effektivste Material auszuwählen, das Ihnen dabei hilft, Ihr Ziel zu erreichen, sowie, es in die richtige Reihenfolge zu bringen. Die Anwendung dieses Prinzips auf Ihren Lernprozess kann auf verschiedene Weise erfolgen. Sie können dieses Prinzip verwenden, um die effektivste Lernmethode auszuwählen, die Ihnen zur Verfügung steht. Abgesehen von den Lernmethoden kann die Achtzig-Zwanzig-Regel auch bei der Auswahl des richtigen Materials äußerst nützlich sein. Ich habe einige hilfreiche Tipps für Sie zusammengestellt, die Sie berücksichtigen sollten, wenn Sie diesen Ansatz verwenden wollen, um sich schnell eine neue Fähigkeit anzueignen.

Identifizieren Sie zunächst die Fähigkeit, die Sie gerade zu lernen versuchen. Dabei spielt es keine Rolle, ob es sich um eine Sportart, eine Sprache, eine motorische Fähigkeit (wie das Spielen der Gitarre oder einem anderen Instrument) oder das Erlernen eines neuen Spiels (wie Schach) handelt. Egal welcher Bereich, welche Fähigkeit oder welches Fachwissen, wählen Sie einfach ein Themengebiet aus, in dem Sie sich verbessern wollen. Es könnte sogar eine neue Aufgabe sein, die Ihnen kürzlich von Ihrem Chef oder einem Lehrer zugewiesen wurde. Es könnte eine neue Fachrichtung oder ein Hobby sein. Identifizieren Sie die Lernthemen in Ihrem Leben und seien Sie offen dafür, mehr als eines gleichzeitig zu erforschen. Das Zusammenstellen dieser Liste wird Ihnen dabei helfen, Ihren Lernprozess zu organisieren.

Machen Sie nun eine Liste mit den fünf bis zehn Ressourcen, die Sie in Ihrem Lernprozess verwenden. Für jedes der Themen oder jede der Fähigkeiten, an die Sie gedacht haben, sollten Sie sich nun fünf oder mehr Dinge überlegen, die Sie derzeit bei Ihrem Lernprozess tun oder an deren Verbesserung Sie aktiv arbeiten. Wenn eine der Fähigkeiten, die Sie lernen wollen, zum Beispiel das Gitarrespielen ist, listen Sie fünf oder mehr Aktionen auf, die Sie unternehmen, um Ihren Lernprozess zu unterstützen. Dies können auch Ressourcen sein, die Sie verwenden und die Ihnen dabei helfen, sich zu verbessern.

Sobald Sie dies getan haben, können Sie die ein oder zwei Elemente auswählen, die Ihnen die besten Ergebnisse liefern. Wählen Sie sorgfältig aus und seien Sie so unvoreingenommen wie möglich. Selbst wenn es sich um eine Sache handelt, die Sie als schwierig oder mühsam empfinden: Wenn diese Sache Ihnen beim Lernen hilft, kommt sie auf die Liste. Denken Sie daran, dass das Ziel an dieser Stelle nicht ist, die Meisterschaft zu erreichen, sondern so schnell wie möglich zu Ihren achtzig Prozent zu kommen. Spannung und Motivation werden Ihnen dabei helfen, von dort aus weiterzumachen. Außerdem sind Sie nun besser mit dem Thema vertraut und können von nun an fundiertere Entscheidungen treffen. Nachdem Sie die beiden Punkte ausgewählt haben, die Ihnen einen schnelleren Lernerfolg bescheren, werden Sie in einer viel besseren Position sein, um schrittweise mehr und schneller zu lernen. Wenn nichts auf Ihrer Liste dieser Beschreibung entspricht, gehen Sie zurück an den Anfang Ihrer Ressourcenliste und fügen Sie einige neue hinzu. Es kann sein, dass Sie zu Beginn ein wenig herumexperimentieren müssen, aber keine Sorge! Bitten Sie einen vertrauenswürdigen Freund oder Mentor um Feedback oder führen Sie eine schnelle Google-Suche durch, wenn es nötig ist. Wir leben in einem Zeitalter der Informationen. Alles, was Sie brauchen, ist nur einen Klick entfernt.

Der letzte Schritt bei der Anwendung des Pareto-Prinzips besteht darin, die beiden Elemente, die Sie als die effektivsten und effizientesten für die Erzielung Ihrer Ergebnisse ausgewählt haben, in den nächsten zwei Wochen zu erproben. Sie haben Ihr Ausschlussverfahren durchgeführt, jetzt ist es an der Zeit, zu üben. Sie werden im Laufe dieser Übungseinheit sehen, wie viel weiter Sie kommen, als Sie vielleicht anfangs erwartet haben. Sie können außerdem die Pomodoro-Technik anwenden und die Phasen des Kompetenzerwerbs im Hinterkopf behalten, während Sie auch diese Phase durchführen. All diese Prinzipien spielen auf eine Weise zusammen, die Ihren Lernprozess sowohl vertiefen als auch beschleunigen wird.

Über das reine Lernen hinaus können Sie das Pareto-Prinzip in jedem Bereich Ihres Lebens anwenden, in dem Sie das Gefühl haben, dass ein Ungleichgewicht der Auswirkungen besteht. Dieses Prinzip ist vielleicht nicht auf alle Bereiche anwendbar, aber auf viele Situationen, die Sie als unausgewogen empfinden (z. B. in finanzieller, gesundheitlicher, ehelicher, sozialer oder beruflicher Hinsicht). Sie können sich überlegen, welche zehn bis zwanzig Prozent des Inputs Sie insgesamt in Ihr Leben stecken, um achtzig Prozent von den Dingen zu erhalten, die Sie sich von Ihrem Leben wünschen. Vielleicht werden Sie entdecken, dass Sie Beziehungen mehr schätzen, als Sie dachten, oder vielleicht wird sich dadurch ein Aspekt Ihres Berufslebens verbessern.

Sie können dann Möglichkeiten finden, den Hauptanteil zu betonen, der Ihnen diese achtzig Prozent Freude oder Zufriedenheit bringt. Entscheiden Sie sich, mehr Zeit mit diesen Aktivitäten zu verbringen, und setzen Sie sie an die erste Stelle in Ihrem Zeitplan. Vielleicht treffen Sie sich mehr mit Ihren besten Freunden oder führen den Date-Abend in Ihrer Beziehung wieder ein. Oder vielleicht wollen Sie von Ihrem Geld in die Erfahrungen investieren, die Sie machen wollen. Finden Sie Wege, den Rest der Aktivitäten, die Ihnen nicht die gleichen Vorteile bringen, zu reduzieren oder zu eliminieren. Das kann bedeuten, dass Sie einige toxische Menschen aus Ihrem Leben entfernen oder Ihr Geld in klügere oder bessere Investitionen stecken, die bessere Ergebnisse bringen und Ihnen insgesamt eine höhere Lebensqualität bieten. Was auch immer der Fall ist, die Achtzig-Zwanzig-Regel kann Ihnen ein Leitfaden sein, um insgesamt mehr Ausgewogenheit für Ihren Alltag zu schaffen.

Zusammenfassung des Kapitels

Das Pareto-Prinzip ist mein Lieblings-Lernprinzip. Es unterstützt Sie in Ihrem Lernprozess, indem es Ihnen dabei hilft, die zwanzig Prozent der Aufgaben zu identifizieren, mit denen Sie achtzig Prozent der gewünschten Ergebnisse erzielen. Wenn Sie dieses Prinzip erst einmal verstanden haben, dann ist diese Erkenntnis wirklich lebensverändernd. Mithilfe des Pareto-Prinzips können Sie die effektivsten Lernstrategien und Materialien priorisieren, die Sie zu Ihren gewünschten Lernergebnissen führen werden. Sie können dieses erstaunliche Werkzeug jedoch auch in anderen Bereichen Ihres Lebens einsetzen. Im folgenden Kapitel gebe ich Ihnen einen Überblick über die wichtigsten Punkte, die Sie bei der Kunst des effektiven Notizenmachens beachten sollten.

KAPITEL SECHS:

Die Kunst, effektive Notizen zu machen

Forschungen über das Gedächtnis haben ergeben, dass wir uns leicht an Ideen oder Informationen erinnern, denen wir oft unsere Aufmerksamkeit zuwenden. Umgekehrt vergessen wir Ideen oder Informationen, mit denen wir nur ein- oder zweimal mental in Kontakt gekommen sind, recht schnell. Dies ist beabsichtigt und hat sich im Laufe der menschlichen Evolution so entwickelt. Es handelt sich hierbei um eine natürliche Vergesslichkeit von Informationen, weil unser Gehirn die Daten herausfiltert, von denen wir ihm sagen, dass sie nicht wichtig sind. Es ist ganz einfach: Je weniger wir uns einer Sache aussetzen, desto weniger werden wir sie in unserem Gedächtnis behalten. Wir sagen unserem Verstand, welche Informationen wichtig sind, um sie zu behalten, indem wir sie durch Übung und Lernen in unseren Alltag integrieren. Je mehr wir üben, desto mehr Informationen werden dauerhaft in unserem Geist gespeichert.

Wenn wir versuchen, etwas Neues zu lernen, ist unser Erinnerungsvermögen am stärksten. Stellen Sie sich vor, Sie lernen im Unterricht Vokabeln und Ihnen werden zwanzig neue Begriffe beigebracht. Wenn Sie sofort abgefragt werden würden, hätten Sie wahrscheinlich eine Erfolgsquote von fast hundert Prozent. Einen Tag später wäre Ihr Erinnerungsvermögen um vierzig Prozent gesunken. Wenn wir als Schüler unsere Aufmerksamkeit nicht auf neues Material lenken, werden wir innerhalb der ersten vierundzwanzig Stunden vierzig Prozent dieser Informationen verlieren. Schon einen Tag später verlieren wir weitere zwanzig Prozent des Erinnerungsvermögens. In zwei Tagen haben wir also sechzig Prozent des neu Gelernten vergessen. Dieser Effekt wird als „Vergessenskurve" bezeichnet und wurde von Herman Ebbinghaus im Jahre 1895 entwickelt, als er frühe Forschungen über das Thema Gedächtnis und Vergesslichkeit durchführte.

Kurz gesagt: Unser temporäres Gedächtnis kann trügerisch sein. Wir hören Informationen und glauben, dass wir uns auch später noch daran erinnern werden, weil wir diese Informationen sofort wiederholen können. Stellen Sie sich das folgendermaßen vor: Unser Gehirn hat einen Tropfen Klebstoff an einem Gedanken (als temporäre Erinnerung) angebracht. Allmählich verliert der Kleber seine Haftqualität, und weil es nur ein Tropfen war, löst sich die Verbindung auf und wir erinnern uns nicht mehr daran. Wenn wir jedoch immer wieder zu diesem einen Gedanken zurückkehren und weitere Tropfen Klebstoff auf den ursprünglichen Tropfen auftragen, wird der Klebstoff mit der Zeit verstärkt. Schließlich wird die Information Teil eines langlebigeren Gedächtnisses.

Da Informationen mit der Zeit verloren gehen, müssen Menschen, die etwas Neues lernen wollen, eine effektive Strategie entwickeln, um neue Informationen zu behalten. Das Anfertigen von Notizen ist ein gutes Hilfsmittel, um dies zu erreichen. Es reicht allerdings nicht aus, sich einfach nur Notizen zu machen. Effektives Anfertigen von Notizen soll Ihnen dabei helfen, sich an das Gelernte zu erinnern und diese Informationen über einen längeren Zeitraum hinweg gut zu behalten. Wenn wir uns effektiv Notizen machen, können wir fast hundert Prozent des Gelernten behalten und abrufen.

Wie Sie sich Notizen machen

Am einfachsten beginnen Sie, indem Sie Ihre Notizen immer mit der Hand verfassen. Obwohl es den Anschein haben könnte, dass das Mittippen Ihrer Notizen auf einem Laptop während einer Konferenz oder einer Vorlesung gründlicher wäre (und Ihnen vielleicht sogar dabei helfen würde, schneller zu lernen), ist das Gegenteil der Fall. Es ist besser für Ihren Lernprozess, wenn Sie

Ihre Notizen mit einem Stift auf einem Stück Papier anfertigen. Dadurch können Sie sowohl schneller lernen als auch das Gelernte besser behalten. Untersuchungen konnten nachweisen, dass Schüler, die ihre Vorlesungsnotizen auf einem Computer abtippen, die Informationen auf einem niedrigeren Niveau verarbeiten und behalten. Diejenigen Personen, die Notizen mit der Hand verfassen, lernen dagegen tatsächlich mehr.

Obwohl das Notieren von Hand langsamer und mühsamer ist als das Abtippen, so fördert das Schreiben der Informationen dennoch das Verständnis und unsere Fähigkeit, uns die Informationen einzuprägen. Das Umformulieren der Informationen in Ihre eigenen Worte hilft Ihnen dabei, diese länger zu behalten, was bedeutet, dass Sie sich besser erinnern können und bei Tests besser abschneiden. Dies geschieht, weil wir unterschiedliche Arten der kognitiven Verarbeitung besitzen, die mit dem Verfassen von Notizen per Hand im Vergleich zum Tippen verbunden sind. Es kann passieren, dass Schüler beim Abtippen der Notizen eine schriftliche Aufzeichnung der Vorlesung erstellen, ohne dabei unbedingt die Bedeutung der Informationen zu verarbeiten. Schnellere Tippgeschwindigkeiten erlauben es den Lernenden, eine Vorlesung Wort für Wort zu transkribieren, ohne lange über den Inhalt oder die tiefere Bedeutung hinter dem Gesagten nachzudenken. Da die Schüler nicht alles, was sie hören, mit der Hand notieren können, müssen sie eine Auswahl treffen, was sie priorisieren und worauf sie sich konzentrieren. Sie müssen stattdessen zuhören, die Informationen verarbeiten und zusammenfassen, was sie hören, damit sie die Essenz der Informationen kurz und bündig erfassen können. Wenn Sie sich Notizen auf die altmodische Art machen, zwingen Sie Ihr Gehirn zu schwereren geistigen Anstrengungen, als wenn Sie tippen würden, und diese Anstrengungen führen schließlich dazu, dass Sie langfristiger und besser lernen.

Mittels Studien über das Anfertigen von Notizen konnte herausgefunden werden, dass das Anfertigen von Notizen effektiver ist, wenn diese in irgendeiner Weise organisiert und umgewandelt werden oder ein Lehrer Beispiele gibt, wie sich gute Notizen zu einem bestimmten Material anfertigen lassen. So oder so, es erfordert Anstrengung und die halbe Miete ist es, die Gründe für die Notwendigkeit zu verstehen, sich Notizen zu machen und sich mit ihnen auseinanderzusetzen. Die effektivsten Fähigkeiten zum Anfertigen von Notizen beinhalten aktives Lernen im Gegensatz zu passivem Lernen. Dies bedeutet, dass die Verantwortung für den Lernprozess auf den Schüler übertragen wird. Forschungen haben gezeigt, dass die aktive Einbindung und Beteiligung der Schüler in den Lernprozess entscheidend für nachhaltige Lernerfolge sind. Trotz dieser Erkenntnisse wird im traditionellen Unterricht meist nur das Zuhören von formalen Präsentationen geübt, anstatt zu lesen, zu schreiben, zu diskutieren, Probleme zu lösen oder sich anderweitig mit dem Lernstoff zu befassen. Wichtig bei dieser Form des Lernens ist, dass sie Denkaufgaben höherer Ordnung wie Analyse, Synthese und Bewertung beinhaltet.

Diese Lernstrategien fördern aktives Lernen, weil sie den Schüler dazu bringen, Dinge zu lernen und dann aktiv darüber nachzudenken, was er tut, während er es tut. Dies wird gemeinhin als Nachdenken über das Nachdenken bzw. als Metakognition bezeichnet. Während sich die Schüler mit dem Inhalt beschäftigen, sollten sie ebenfalls darüber nachdenken, wie sie diesen Inhalt lernen, was funktioniert, welche Dinge zu Verwirrung führen und wie sich ihre Denkweise verändert, wenn sich das Lernthema verändert. Auf diese Weise finden die Schüler heraus, was für sie gut funktioniert und welche Anpassungen sie beim nächsten Mal vornehmen sollten. Zudem lernen sie auf diese Weise schneller und effektiver aus ihren Fehlern. Metakognitive Praktiken erhöhen ihre allgemeine Fähigkeit, ihren Lernprozess auf neue Zusammenhänge und Aufgaben zu übertragen und anzupassen.

In Bezug auf das Anfertigen von Notizen haben diese Konzepte mehrere Auswirkungen. Es handelt sich hierbei um einen interaktiven Prozess, welcher beinhaltet, dass Sie die ursprünglichen Notizen viele Male wiederverwenden, um sich an den Inhalt zu erinnern, im Gegensatz zu der Annahme, dass das Anfertigen von

Notizen eine einmalige Aktivität des Kopierens ist. Eine maßgebliche Strategie für das Anfertigen von Notizen ist die sogenannte Cornell-Methode, die einen Leitfaden für das Anfertigen von Notizen darstellt. Dieser Leitfaden hilft Ihnen dabei, Ihre Notizen in leichter verständliche Zusammenfassungen zu organisieren. Die Cornell-Methode umfasst vier Phasen des richtigen Notierens:

#1 Notizen machen

Zu Beginn sollten Sie eine Seite vorbereiten, auf der Sie sich Notizen machen, und zwar jedes Mal auf die gleiche Weise. Schreiben Sie oben auf der Seite eine wesentliche Frage auf, die für das Lernthema relevant ist, um sich auf ein wichtiges Lernziel zu konzentrieren, das Sie nach Ihrer Lernsitzung besprechen können sollten. Anschließend können Sie die Seite in Spalten unterteilen. Eine Spalte nimmt etwa ein Drittel der Seite ein und ist für Fragen und zugehörige Anmerkungen vorgesehen, die Sie später hinzufügen können, wenn Sie die Notizen erneut durchgehen. Die andere Seite ist für Einträge gedacht, die während einer Konferenz, einer Vorlesung oder einer Lernsitzung gemacht werden (dies können auch Notizen aus einem Lehrbuch, einem Video, einem Podcast oder einer verwandten Quelle sein).

Während der gesamten Lernsitzung sollten Sie zuhören und sich Notizen in Ihren eigenen Worten anfertigen, anstatt wortwörtlich aufzuschreiben, was Sie hören oder sehen. Paraphrasieren Sie, was Sie hören, sodass es für Sie Sinn ergibt. Sie können in Ihrem Notizbuch Leerstellen zwischen den Hauptgedanken lassen, damit Sie später darauf zurückkommen und Informationen hinzufügen können. Achten Sie beim Zuhören darauf, dass Sie eher in Stichworten als in vollständigen Sätzen schreiben (verwenden Sie nach Möglichkeit Aufzählungspunkte und Listen), und entwickeln Sie Ihren eigenen konsistenten Stil für Abkürzungen oder Symbole, um Zeit zu sparen. Während Sie sich mit dem Lerninhalt beschäftigen, werden Sie besser lernen, wie Sie auf wichtige Informationen im Gegensatz zu trivialen Informationen achten können. Diese Vorgehensweise wird Ihnen dabei helfen, Hinweise des

Kursleiters oder der Quelle zu beachten. Wenn die Quelle sagt, dass eine bestimmte Sache wichtig oder ein Schlüsselthema ist, dann ist das ein Zeichen für Sie, den folgenden Inhalten besondere Aufmerksamkeit zu schenken. Zudem können Sie Textmarker oder farbige Stifte verwenden, während Sie sich Notizen machen, um wichtige Änderungen in Ideen, Konzepten oder Verbindungen zwischen Informationen hervorzuheben. Wenn Sie auf diese Weise kreativ werden, können Sie sich besser konzentrieren und bei der Sache bleiben, weil Sie so Möglichkeiten finden, dass der Inhalt interessant bleibt.

#2 Notizen redigieren

Gehen Sie nun Ihre Notizen erneut durch und überarbeiten Sie den Inhalt. Überprüfen Sie, was Sie geschrieben haben, und achten Sie darauf, ob es Dinge gibt, die Sie genauer oder eindeutiger anpassen oder verändern müssen. Schreiben Sie Fragen in die Spalte, die Sie zuvor leer gelassen haben, die mit der Antwort (Ihren ursprünglichen Notizen) auf der anderen Seite übereinstimmen. Verwenden Sie Textmarker oder Symbole, um wichtige Informationen oder Materialien auf zusammenhängende Art und Weise zu verbinden. Nun ist auch ein guter Zeitpunkt, um sich Feedback einzuholen. Sie können Ideen austauschen und mit anderen Schülern oder –noch besser – mit einem Ausbilder oder Trainer zusammenarbeiten, um Ihr Verständnis der Inhalte zu überprüfen und die Vollständigkeit und Richtigkeit Ihrer Notizen zu kontrollieren.

#3 Mit den Notizen interagieren

Nachdem Sie Ihre Notizen umgestaltet haben, sollten Sie nun Ihren gesamten Lernprozess verknüpfen, indem Sie eine Zusammenfassung schreiben, die auf die wesentliche Frage eingeht und die Fragen beantwortet, die Sie während der Erstellung Ihrer Notizen in die zweite Spalte geschrieben haben. Denken Sie daran, dass eine Zusammenfassung einen allgemeinen Überblick über den Lerninhalt darstellt, der sich von einer Reflexion unterscheidet. Eine Reflexion der Lerninhalte konzentriert sich hingegen auf Ihre Reaktion bezüglich der Lernaufgabe. Sie können aus Ihren Notizen lernen, indem Sie für jedes Lernthema regelmäßige Zeiten zum Überarbeiten Ihrer Notizen einplanen. Wenn Sie sie später erneut durchlesen, können Sie die Fragen und Antworten verwenden, um sich selbst zu testen.

#4 Nachdenken über die Notizen

Die letzte Phase des Notierens beinhaltet die Reflexion über den Inhalt, den Sie aufgeschrieben haben. Sie sollten sich ein schriftliches Feedback von einem Kollegen, Tutor oder Ausbilder einholen, um Ihr Verständnis von dem Thema sowie die Richtigkeit Ihrer Notizen zu überprüfen, da Sie sich noch in der ersten Lernphase befinden. Sie sollten anschließend auf das Feedback eingehen, indem Sie sich auf einen Bereich der Herausforderung konzentrieren, die Sie während Ihres Lernprozesses erleben, der mit diesem Inhalt zusammenhängt, sowie auf alle weiteren Fragen, die sich daraus ergeben. Diese Vorgehensweise wird Ihnen langfristig dabei helfen, Ihr Gesamtverständnis für den Stoff zu vertiefen. Als Lernwerkzeug ist es hilfreich, die Reflexion in regelmäßigen Abständen während des gesamten Lernprozesses durchzuführen, insbesondere im Vorfeld von wichtigen Prüfungen, Präsentationen oder anderen Leistungsüberprüfungen.

Weitere Lerntipps

Wie bei vielen Dingen stellt das Anfertigen von Notizen nur den ersten Schritt in Ihrem Lernprozess dar. Aus diesem Grund möchte ich dieses Kapitel mit ein paar zusätzlichen hilfreichen Tipps abschließen, die Sie verwenden können, sobald Sie Ihre Notizen griffbereit haben. Generell gilt: Je öfter Sie in Kontakt mit neuen Informationen kommen, desto seltener werden Sie sie vergessen.

Üben Sie im Frage-Antwort-Format. Unabhängig davon, ob Sie ein Lehrbuchkapitel lesen oder Ihre Vorlesungsnotizen durchgehen: Versuchen Sie, immer nach einer Antwort auf eine wichtige Frage zu suchen, die Sie sich ausgedacht haben, um Ihre Aufmerksamkeit auf die Vertiefung Ihres Verständnisses des Inhalts zu richten. Oft sind Tests in einem Frage-Antwort-Format aufgebaut, sodass Sie sich ebenfalls auf wichtige Leistungsvergleiche vorbereiten können. Sie lernen die Informationen auf die Art und Weise, wie sie in einem Test wahrscheinlich abgefragt werden.

Verwenden Sie Karteikarten. Nutzen Sie Ihre Notizen als Leitfaden und schreiben Sie anschließend alle wichtigen Informationen auf Karteikarten: Schreiben Sie einen Begriff, eine Frage usw. auf die Vorderseite der Karte und die Definition oder Antwort auf die Rückseite. Denken Sie daran, nur ein Konzept, einen Begriff bzw. eine Frage pro Karte zu verwenden. Dies ist eine weitere Möglichkeit für Sie, das Frage-Antwort-Format anzuwenden. Karteikarten sind zudem sehr portabel. Sie können sie überallhin mitnehmen und jede freie Minute am Tag nutzen, um sich selbst zu abzufragen.

Lernen Sie in kleinen Zeitabschnitten. Die beste Methode, um eine neue Fähigkeit zu erlangen, besteht darin, sich den neuen Lernstoff schrittweise in kurzen Intervallen über einen bestimmten Zeitraum hinweg einzuprägen. Hierbei handelt es sich um das Gegenteil von Pauken. Beim sogenannten Pauken versuchen Sie, große Mengen an Informationen in einer oder zwei langen Lerneinheiten aufzunehmen. Pauken ist die am wenigsten effektive Lernmethode für das langfristige Behalten von Informationen. Wie ich später noch erläutern werde, gibt es jedoch einen Anwendungsbereich fürs Pauken, wenn Sie schnell neue Fähigkeiten erlernen wollen. Im Allgemeinen werden Sie Informationen besser behalten, wenn Sie Ihre Lernsitzung in vier oder fünf zehnminütige Lernabschnitte unterteilen. Wenn Sie dies jeden Tag bis zum Tag der Leistungsüberprüfung tun, werden Sie sehr gut abschneiden.

Erstellen Sie sich einen Zeitplan. Es wird Ihnen eine große Hilfe sein, wenn Sie einen Lernplan haben und gemäß Ihren Prioritäten lernen. Sie sollten sich entscheiden, auf welche Weise Sie Ihre Lerneinheiten aufteilen und Ihre Zeit organisieren wollen. Es kann sich lohnen, einen Kalender mit Tests und Aufgaben zu führen (entweder für die Aufgaben, die Ihnen zugewiesen wurden, oder die, die Sie selbst erstellt haben). Lernen und planen Sie Ihre Lernzeiten so, dass Sie am aufmerksamsten sind. Wenn es Ihr Alltag erlaubt, gönnen Sie sich Pausen zwischen dem Lernen neuer Inhalte und der Fahrt zur Arbeit oder einer anderen Tätigkeit. Diese Pausen ermöglichen es Ihnen, das gerade Gelernte zu wiederholen. Außerdem können Sie auf diese Weise eventuell sogar die nächsten Lerninhalte vorbereiten und organisieren, falls dies möglich ist.

Verteilen und modifizieren Sie Ihre Übungspraxis. Untersuchungen haben ergeben, dass kurze Lerneinheiten besser sind, um sich ein Thema über einen bestimmten Zeitraum einzuprägen. Dadurch wird ein sinnvoller Lernprozess gefördert, der länger anhält. Je mehr Sie Ihre Übungseinheiten aufteilen, desto effektiver werden diese im Laufe der Zeit für Ihren Lernerfolg sein. Kleinere Lerneinheiten werden Ihnen dabei helfen, die neuen Informationen zu behalten und motiviert zu bleiben, weiter zu lernen. Wenn Sie während dieser wiederholten Übungseinheiten leichte Änderungen vornehmen, werden Sie eine Fähigkeit schneller beherrschen, als wenn Sie sie jedes Mal auf dieselbe Weise ausführen. Dies funktioniert jedoch nur, wenn die Änderungen, die Sie vornehmen, klein sind. Große Veränderungen beim Üben einer neuen Fertigkeit helfen nicht auf dieselbe Weise.

Zusammenfassung des Kapitels

Wenn Sie sich Notizen machen, können Sie ein paar einfache Dinge priorisieren. Notieren Sie sich die Informationen von Hand, denn durch das Aufschreiben können Sie diese besser verstehen und vor allen Dingen auch behalten. Das Umformulieren von Informationen in Ihre eigenen Worte hilft Ihnen ebenfalls dabei, die

Informationen länger zu behalten, was bedeutet, dass Sie sich besser daran erinnern und bei Tests bzw. Prüfungen besser abschneiden werden. Das Anfertigen von Notizen ist ebenfalls ein interaktiver Prozess, bei dem die ursprünglichen Notizen mehrmals verwendet werden, wobei ein Prozess namens Cornell-Methode (Notizen machen, Notizen redigieren, mit den Notizen interagieren sowie über die Notizen nachdenken) verwendet wird. Neben der Cornell-Methode habe ich Ihnen noch einige weitere Lerntipps gegeben, die Sie bei der Strukturierung Ihrer Lernsitzungen berücksichtigen sollten, z. B. Lernen im Frage-Antwort-Format, Verwendung von Karteikarten, Lernen in kleinen Abschnitten, Erstellen eines Zeitplans und Verteilen und Modifizieren Ihrer Übungen. Im nächsten Kapitel erfahren Sie, wie Sie Ihren Lernprozess noch weiter verbessern und Ihr Fachwissen auf die nächste Stufe bringen können.

KAPITEL SIEBEN:

Wie Sie Ihr Fachwissen erweitern

Wenn Sie etwas Neues lernen, dann kann es recht kompliziert sein, sich von mäßigen Kenntnissen auf das Niveau eines Experten zu verbessern. Sie haben mit den Grundkenntnissen begonnen, und je nachdem, wie steil die Lernkurve für Ihr bestimmtes Themengebiet ist, kann es eine Weile dauern, bis Sie dort ankommen, wo Sie hinwollen. Für den Anfang sollten Sie sich mental in die richtige Form bringen. Stimmen Sie sich geistig auf das Thema ein und nehmen Sie eine positive Einstellung an. Dies ist eine Herausforderung, doch mit der richtigen Hilfestellung können Sie schnell und sicher ans Ziel kommen.

Da wir heutzutage über neue Technologien verfügen, ist ein schneller Lernprozess bereits Realität und zwar mehr, als uns bewusst ist. Die heutige Generation von Schülern lebt im Zeitalter des Wissens und der Information. Bedenken Sie: Durch das Internet können wir auf alle Arten von Wissen zugreifen, sodass wir fast jede erdenkliche Frage beantworten können, die wir haben. Hinzu kommt, dass die Vorstellung, dass Menschen Naturtalente sind oder bereits als Genies geboren werden, ständig infrage gestellt und durch Forschungen ersetzt wird, die nahelegen, dass es viel stärker unserem Naturell als Menschen entspricht, neue Dinge zu lernen. Alles, was wir benötigen, ist die richtige Anleitung, damit Sie Ihren eigenen einzigartigen Code zum Lernen herausfinden können. Die folgenden Empfehlungen werden Ihnen dabei helfen, diesen persönlichen Lerncode zu entdecken und auf dem richtigen Weg zu bleiben, damit Sie schnell ein Experte in Ihrem gewählten Themengebiet werden.

Finden Sie einen Mentor

Denken Sie daran: Erfolg hinterlässt Spuren. Die beste Abkürzung, um ein Experte zu werden, besteht darin, einen Experten zu finden, der bereits die Ziele erreicht hat, die Sie erreichen wollen, und dann eine Beziehung zu ihm aufzubauen, damit Sie von seinen Erfahrungen profitieren können. Dabei geht es genauso sehr um die Misserfolge wie um die Erfolge. Sie sollten versuchen, nicht die gleichen Fehler zu machen, die Ihr Mentor auf seinem Weg zum Erfolg begangen hat. Vom Experten zu erfahren, was man nicht tun sollte, wird Ihren Lernprozess beschleunigen. Es kann für Sie eine große Hilfe sein, wenn eine solche Person Sie persönlich anleitet.

Viele Menschen verstehen nicht, wie man die Suche nach einem Mentor angeht. Sie wollen vielleicht einen Mentor finden, verstehen jedoch nicht ganz, was das überhaupt bedeutet. Sie sollten recherchieren und ein paar geeignete Kandidaten auswählen, die Sie sich gerne als Mentor an Ihrer Seite wünschen. Nehmen Sie sich ein wenig Zeit, um mehrere Dinge zu bedenken, bevor Sie solche Personen ansprechen. Die Chancen stehen gut, dass es sich bei einer solchen Person um eine Führungspersönlichkeit handelt, die Sie bewundern, und die Art und Weise, wie Sie auf sie zugehen, könnte den Ausschlag dafür geben, ob sie Ihre Einladung annimmt oder nicht. Das Letzte, was Sie tun wollen, ist, eine Person in eine unangenehme Lage zu bringen, in der sie sich vielleicht schlecht fühlt, weil sie Nein gesagt hat, oder sich verpflichtet fühlt, Ja zu sagen.

Denken Sie zuallererst daran, dass es beim Mentoring nicht nur um Sie geht. Die Person, die Sie sich als Mentor wünschen, wird wahrscheinlich nicht nach Ihnen suchen. Also müssen Sie aktiv vorgehen, um einen Mentor zu finden. Überlegen Sie sich genau, was Sie von dieser Person wollen. Diese Person sollte jemand sein, dem Sie nacheifern, und nicht nur jemand, der einen Job hat, den Sie sich erhoffen. Diese Person sollte ähnliche Stärken und Fähigkeiten besitzen, die Sie übernehmen und von denen Sie lernen wollen. Es ist keine schlechte Idee, sich mehrere Kandidaten anzusehen, bevor Sie sich auf einen (oder zwei, je nach Verfügbarkeit) festlegen. Sobald Sie die Person ausgewählt haben, die Sie als Mentor haben möchten, sollten Sie sie kennenlernen. Lesen Sie Artikel, die diese Person geschrieben hat, folgen Sie ihrem Blog und so weiter. Je mehr Sie über diese Person und ihr öffentliches Auftreten wissen, desto realistischer sind Ihre Erwartungen.

Jetzt, nachdem Sie recherchiert haben, sind Sie bereit, die Person zu fragen. Versuchen Sie, das Wort „Mentor" nicht gleich zu erwähnen. Das ist ein bisschen viel verlangt für ein erstes Treffen. Bitten Sie stattdessen um ein Kennenlernen und sprechen Sie die Person individuell an. Reden Sie darüber, warum Sie überhaupt erst auf diese Person aufmerksam wurden. Schmeicheln Sie sich nicht bei dieser Person ein, sondern seien Sie einfach ehrlich und verständnisvoll. Vielleicht haben Sie einen Artikel oder ein Zitat von dieser Person gelesen, oder Sie sind ein Fan der Organisation, für die sie arbeitet. Wählen Sie dann einen informellen Ort, z. B. ein Café, und beschränken Sie das erste Treffen auf weniger als eine Stunde. Bereiten Sie einige Fragen oder Gesprächspunkte vor, über die Sie sprechen möchten und von denen Sie denken, dass diese Gesprächsinhalte das Treffen angenehmer gestalten könnten. Das Wichtigste ist, dass das Gespräch informativ und positiv verläuft. Achten Sie darauf, sich bei der Person für ihre Zeit zu bedanken. Dieser Mensch ist ein vielbeschäftigter Profi, so wie Sie es auch sein wollen.

In seinem Buch „How to Win Friends and Influence People" spricht Dale Carnegie darüber, wie Sie einflussreiche Menschen dazu bringen können, sich mit Ihnen zu treffen. Sie müssen Ihre Unsicherheiten ignorieren und gleichzeitig mit Bescheidenheit vorgehen. Er schreibt, dass Sie echtes Interesse an der Person zeigen sollten, sich ihren Namen merken, ihr wirklich zuhören, aufrichtig sein und lächeln. Mit anderen Worten: Sie sollten an das Treffen herangehen, als ob Sie versuchen würden, einen Freund zu gewinnen. Das ist etwas, was wirklich jeder tun kann.

Nach dem Treffen können Sie entscheiden, ob Sie einen weiteren Schritt unternehmen wollen oder nicht. Hat die Person Ihr beziehungsorientiertes Auftreten erwidert? Hat sie zu viele unaufgeforderte Ratschläge gegeben oder Sie herablassend behandelt? Hat sie Ihnen Fragen gestellt und schien sie aufrichtig gewesen zu sein? Haben Sie das Treffen mit dem Gefühl verlassen, inspiriert, interessiert und engagiert zu sein? Mit anderen Worten: Hatten Sie das Gefühl, dass zwischen Ihnen beiden eine echte Verbindung entstanden ist? Wenn nicht, belassen Sie es bei einem Versuch. Richten Sie Ihre Bemühungen dann auf jemand anderen. Sie sollten Ihre Zeit nicht damit verschwenden, etwas zu erzwingen, das auf lange Sicht für keinen von beiden gewinnbringend sein wird. Wenn das Treffen jedoch gut gelaufen ist, dann sollten Sie sofort die nächsten Schritte planen.

Anders als bei einer Verabredung ist es in Ordnung, im Gespräch mit einem potenziellen Mentor ambitioniert zu wirken. Sie möchten, dass a) diese Person ganz klar weiß, wonach Sie suchen und b), dass Sie es ernst meinen und nicht ihre Zeit verschwenden würden, wenn sie Sie als Mentee annimmt. Daher ist es angemessen, sofort nachzuhaken und Ihrem potenziellen Mentor für seine Zeit zu danken. Sie können dies per E-Mail oder Textnachricht tun – oder per Telefonanruf, wenn dies die bevorzugte Kommunikationsmethode ist. Erwähnen Sie am Ende des Anrufs oder der Nachricht, dass Sie sich gerne noch einmal treffen würden, und wenn die Person einverstanden ist, bieten Sie an, einen Termin zu vereinbaren. Seien Sie darauf vorbereitet, mehrere Terminvorschläge (normalerweise sind drei oder vier der Standard) anbieten zu können. Denken Sie daran, dass Sie beide sich zu diesem Zeitpunkt noch gegenseitig abtasten. Aus diesem Grund sollte die Stimmung entspannt sein und sich nicht aufgesetzt anfühlen.

Nun folgt der vielleicht schwierigste Schritt: Sie müssen dafür sorgen, dass sich die Beziehung organisch entwickelt, wie bei jeder anderen Freundschaft auch. Sie sollten keine zu hohen Erwartungen an Ihren Mentor oder sogar an sich selbst stellen. Vielleicht sind Sie versucht, die Beziehung sofort als Mentorschaft zu bezeichnen, um ihr einen gewissen Status und eine besondere Bedeutung zu verleihen, aber in Wirklichkeit ist es eine Beziehung wie jede andere auch. Sie muss sich in einem gesunden Tempo für Sie beide entwickeln und auf gegenseitigem Respekt und Vertrauen beruhen. Geben Sie der Beziehung Zeit, damit sie sich so entwickeln kann, wie sie will. Dies kann manchmal herausfordernd werden, was auch gut so ist. Das ist der Zeitpunkt, an dem sich Ihr Mentor wahrscheinlich wohl genug fühlt, um wirklich damit zu beginnen, Ihre Gewohnheiten oder Vorgehensweisen zu verändern, die Ihnen dauerhafte Ergebnisse bringen. Sie werden vielleicht versucht sein, sich zu wehren, was ein normaler Reflex ist. Denken Sie daran, dass das, was Sie als Reaktion daraufhin tun, entscheidend für Ihre Weiterentwicklung ist. Das wollten Sie ja schließlich erreichen. Stellen Sie sich der Herausforderung und entwickeln Sie eine gewisse Resilienz. An dieser Stelle geschehen positive Dinge. Beachten Sie auch, dass es hier nicht um richtig oder falsch geht. Sie und Ihr Mentor können gut und gerne unterschiedliche Meinungen haben. Es kommt darauf an, wie Sie darüber kommunizieren.

Es ist wichtig, dass Sie auf verschiedene Arten die Initiative ergreifen, um die Beziehung zu steuern. Sie können zum Beispiel einen regelmäßigen Terminplan aufstellen, sich an die bevorzugten Besprechungszeiten oder -orte Ihres Mentors anpassen und zu jedem Treffen mit Gesprächsthemen und Fragen erscheinen, über die Sie gerne sprechen möchten. So stellen Sie sicher, dass Sie Ihre Zeit optimal nutzen. Es ist ebenfalls eine gute Idee, wenn Sie lernen, wie Sie Probleme antizipieren und Lösungen (wenn sinnvoll) für Ihren Mentor anbieten können, so wie Sie es für jede andere Person tun würden, der Sie nahestehen. Sie sollten die beruflichen und persönlichen Prioritäten Ihres Mentors verstehen, so wie Sie es auch von ihm erwarten. Sie können mehr von Ihrem Mentor verlangen, ohne es zu fordern. Das wird Ihren Mentor nicht stören, ganz im Gegenteil. Er wird sich dadurch geehrt und für seine Expertise geschätzt fühlen. Wenn Sie Wege finden, die Beziehung zu Ihrem Mentor, die Sie aufgebaut haben, zu festigen, wird das die Beziehung nur noch weiter verbessern.

Stellen Sie sicher, dass Sie Ihren Mentor regelmäßig um Feedback bitten. Es kann sein, dass dieses Feedback hin und wieder schwer für Sie zu verdauen ist, es ist jedoch auch gut für Sie. Feedback zu erhalten, ist der richtige Weg, um sich im Laufe der Zeit weiterzuentwickeln. Um Feedback zu bitten, mag sich anfangs seltsam anfühlen, doch mit der Zeit sollte diese Bitte Ihnen fast zur zweiten Natur werden und Sie werden feststellen, dass Sie nach den Worten dürsten, die Sie früher fürchteten. Ein guter Mentor wird auch diese Phasen mit großer Sorgfalt und Sensibilität behandeln. Vergessen Sie nicht, dass dieser gesamte Prozess Ihr kontinuierliches Engagement erfordert. Einen Mentor zu haben, ist nicht wie ein Sommerpraktikum. Mentoring benötigt eine Menge Zeit und Energie. Nur wenn Sie sich dem Prozess widmen, werden Sie in der Lage sein zu verstehen, was es bedeutet, ein Schüler auf dem Weg zum Experten zu sein.

Kennen Sie die Besten der Besten in Ihrer Nische

Ähnlich wie in der Recherchephase bei der Suche nach einem Mentor sollten Sie im Großen und Ganzen verstehen, wer in Ihrem Fachgebiet gerade von sich reden macht. Wenn Sie auf dem Radar auftauchen und die Dinge lernen wollen, die Sie unbedingt wissen sollten, dann ist es am besten, von den Profis zu lernen, die in dieser Nische tätig sind. Es wird ziemlich einfach sein, diese Profis zu identifizieren, weil sie im Grunde die am meisten zitierten oder aktiven Leute in der Branche sind. Wenn das nicht der Fall ist, können Sie einfach nach Schlüsselwörtern für Ihre Nische googeln und sich die am bestbewerteten Blogs, Artikel oder Buchautoren ansehen. Diese Profis zu finden, ist allerdings nur der Anfang. Ihnen zu folgen und von ihnen wahrgenommen zu werden, ist der nächste Schritt, und der ist viel schwieriger.

Sie müssen vor allem diesen Leuten folgen, weil sie relevant sind (zumindest in Ihrer Nische). Sicher, Sie können an verschiedenen

Stellen im Internet erzählen, dass Sie Ideen haben, die es wert sind, gehört zu werden, aber wenn Sie niemand kennt, interessiert es auch niemanden, und deshalb ist diese Vorgehensweise ziemlich sinnlos. Stattdessen können Sie diesen Leuten folgen und von ihnen lernen. Wie diese Profis die Dinge tun, die sie tun, ist der Standard für Ihre Branche. Wenn Sie aufsteigen wollen, müssen Sie entweder ihre Qualität erreichen oder ihre Fähigkeiten übertreffen. Natürlich ist es etwas knifflig, von solchen Profis wahrgenommen zu werden, denn warum sollten sie das tun? Was bieten Sie ihnen im Gegenzug? Versuchen Sie, etwas Wertvolles zu erschaffen, während Sie Ihr eigenes Netzwerk aufbauen. Entscheiden Sie, wo Ihr Wert liegt, und präsentieren Sie ihn.

Die Meinung dieser Menschen ist wichtig, ebenso wie ihr soziales Umfeld. Einfach nur in ihren Blogs zu stöbern, wird nicht ausreichen. Sie sollten immer eine Duftmarke hinterlassen. Kommentieren Sie, nehmen Sie an all den Dingen teil, die online passieren (nehmen Sie z. B. an einem Webinar teil oder kommentieren Sie Videos oder Ähnliches). Noch besser ist Folgendes: Korrespondieren Sie mit namhaften Autoren oder Bloggern. Höchstwahrscheinlich werden diese Personen zu beschäftigt sein, um zu antworten, aber versuchen Sie es zumindest, indem Sie den Kontakt aufnehmen und eine Verbindung herstellen. Sie können sich selbst helfen, indem Sie sinnvolle, antwortwürdige Nachrichten verfassen, auf die Sie Rückmeldung erhalten. Das ist zwar schwieriger als ein persönliches Treffen, doch Sie können diesen Ansatz auf die gleiche Weise angehen, um eine Beziehung aufzubauen, wie Sie es mit einem Mentor tun würden. Wenn es in Ihrer Nische persönliche Veranstaltungen gibt, sollten Sie auch an so vielen Events wie möglich teilnehmen. Meetings, Seminare, Konferenzen, Happy-Hour-Gruppen oder jede andere Art von Social-Networking-Veranstaltungen: Machen Sie es sich zur Aufgabe, so viele Veranstaltungen wie möglich zu besuchen. Sie können darauf wetten, dass dies die Orte sind, an denen die Experten und Besten der Besten vertreten sein werden, was bedeutet, dass Sie auf jeden Fall auch dort sein sollten.

Das bedeutet auch, dass Sie Trends in Ihrer Nische konsequent verfolgen sollten. Jedes Fachgebiet unterliegt Veränderungen, manche schneller als andere. Experten sind die Menschen, die immer an der Spitze des Geschehens bleiben. Sie erforschen neue Trends, um zu verstehen, in welche Richtung sich ihre Branche entwickelt. Das verschafft ihnen sowohl Weitblick als auch neue Erkenntnisse. Während andere die sich verändernden Wellen des Fortschritts nicht wahrnehmen, können Experten die Zusammenhänge leichter und schneller erkennen, sodass sie von den kommenden Veränderungen profitieren können. Sie können sich über Trends auf dem Laufenden halten, indem Sie spezielle Google Alerts für Trends einrichten, die Sie verfolgen, oder Blogs und Websites wie TrendHunter abonnieren. Eine weitere wichtige Maßnahme, die Sie ergreifen können, ist die Bereitschaft, mehr zu lesen. Suchen und lesen Sie Berichte von Branchenanalysten, die versuchen, Branchentrends für die nächsten zehn Jahre vorherzusagen. Es kann nicht schaden, Ihr Netzwerk anzuschreiben, wenn Sie einen neuen Trend sehen, um zu erfahren, was diese Menschen davon halten.

Definieren Sie Ihr Netzwerk (und definieren Sie es neu)

Networking ist ein wichtiger Bestandteil zur Bereicherung Ihres persönlichen und beruflichen Lebens und könnte der Schlüssel dazu sein, dass Sie Ihren Traumjob bekommen. Allerdings haben selbst die extrovertiertesten Menschen Schwierigkeiten damit, effektiv zu netzwerken. Die Vorstellung, mit Fremden Kontakte zu knüpfen, kann recht einschüchternd wirken, und oftmals weiß man nicht genau, wo man anfangen soll. Trotz dieser Herausforderungen wird der Aufbau eines Netzwerks, von dem Sie wirklich profitieren, von unschätzbarem Wert sein, wenn Sie sich darauf konzentrieren, etwas Neues zu lernen und ein geschätzter Experte auf einem bestimmten Fachgebiet zu werden.

Lassen Sie uns zunächst definieren, was ein Netzwerk ist. Ihr berufliches Netzwerk ist eine Gruppe von Menschen, die sich über ein gemeinsames Thema verbunden haben, das für Ihre Arbeit relevant ist. Die Personen kommen aus geschäftlichen oder beruflichen Gründen zusammen und suchen nach Möglichkeiten, um sich berufsbezogen miteinander zu vernetzen. Dies könnte ein Weg für Sie sein, sich über Jobangebote zu informieren, doch in Wirklichkeit ist Networking, wenn es richtig gemacht wird, so viel mehr als das. Abgesehen davon, dass Sie durch Ihr Netzwerk arbeitsbezogene Probleme lösen, Empfehlungen für Anbieter oder Lieferanten finden und Informationen über potenzielle Arbeitgeber, Mitarbeiter und Kunden erhalten können, so ist es ebenfalls eine Plattform, mit deren Hilfe Sie lernen können. Die Mitglieder Ihres Netzwerks sind diejenigen, an die Sie sich mit Fragen und Anliegen wenden, und im weiteren Sinne jene, von denen Sie lernen. Es ist Ihre Lerngemeinschaft, an die Sie Ideen richten und in die Sie sich integrieren können, während Sie neue Informationen finden und Ihr vorhandenes Wissen über Ihren Bereich vertiefen.

Wer sollte also in Ihrem Netzwerk sein? Diese einzigartige Gruppe kann aus fast jeder Person bestehen, die Sie jemals kennengelernt haben, solange sie ein paar Kriterien erfüllt. Sie wollen, dass diese Leute einen guten Charakter haben und Ihre Ziele in irgendeiner Art und Weise unterstützen. Beginnen Sie damit, an den offensichtlichen Stellen zu suchen: Ihren früheren und aktuellen Arbeitsplätzen. Aktuelle und ehemalige Mitarbeiter sind Menschen, zu denen bereits eine gewisse Verbindung besteht. Dies ist also ein guter Ausgangspunkt. Die Chancen stehen gut, dass sie Sie mit jemandem bekannt machen können, der ähnliche Interessen hat oder einen hilfreichen Kontakt darstellt, wenn Sie sich in Ihrem Bereich weiterentwickeln wollen.

Außerdem sollten Sie recherchieren und an Fachkonferenzen und Veranstaltungen teilnehmen, bei denen Sie Gleichgesinnte mit ähnlichen Karrierezielen kennenlernen und mit ihnen in Kontakt treten können. Finden Sie heraus, welche Arten von Berufsverbänden es in Ihrer Gegend gibt, die Sie mit Teilnehmern von Interesse bekannt machen. Viele Konferenzen haben eine Liste von Organisationen oder Arbeitgebern, die an der bevorstehenden Konferenz teilnehmen, sodass Sie mit etwas Fleiß schon im Vorfeld herausfinden können, mit wem Sie vielleicht in Kontakt treten möchten. Vergewissern Sie sich vor der Teilnahme an einer Konferenz, dass Sie über aktuelle Visitenkarten mit Ihren nicht-beruflichen Kontaktinformationen verfügen, und bringen Sie diese mit. Wenn Ihnen die Konferenz besonders gut gefällt und es eine Option ist, können Sie sich dafür entscheiden, ein aktives Mitglied der Vereinigung oder Organisation zu werden, die die Konferenz veranstaltet hat. Sie könnten in einem Komitee mitarbeiten oder sich freiwillig für die nächste Konferenz melden. Dies gibt Ihren Kollegen die Möglichkeit, Sie live und in Aktion zu sehen.

Zusätzlich zu Veranstaltungen und Konferenzen können Sie Ihre LinkedIn-Seite und/oder Facebook nutzen, um Verbindungen mit anderen zu knüpfen, obwohl Studien zeigen, dass sich ein persönliches Treffen in der Regel am besten für längerfristige Beziehungen eignet. Als Ausgangspunkt können diese Events jedoch hilfreich sein, um bei jemandem einen Fuß in die Tür zu bekommen. Pflegen Sie Ihre LinkedIn-Seite, ähnlich wie Sie Ihren Lebenslauf pflegen würden. Posten Sie über Ihre Leistungen und aktuellen Entwicklungen und knüpfen Sie Verbindungen mit anderen Personen aus Ihrem Fachgebiet, Ihrer Schule oder Ihren bevorzugten Unternehmen.

Denken Sie daran, dass auch Ihre Freunde und Familie wertvolle Teile Ihres Netzwerks darstellen. Sprechen Sie mit diesen Menschen über Ihre Karriereziele und -wünsche. Die Chancen stehen gut, dass sie jemanden aus ihrem eigenen Netzwerk kennen, der einige hilfreiche Informationen für Sie hat. Sie wissen nie, wer Ihnen Rat und Unterstützung geben kann, also sprechen Sie darüber! Wenn Sie so vorgehen, können Sie ebenfalls Chancen für Ihr Privatleben schaffen, da Sie Ihre erweiterte oder verschwägerte Familie besser kennenlernen. Erinnern Sie sich in ähnlicher Weise an Ihre ehemaligen Professoren oder Dozenten von der Hochschule oder sogar der Schule. Wenn Sie mit einem Lehrer eng befreundet waren oder sich in irgendeiner Weise an einen Schüler oder Studenten erinnern, bleiben Sie in Kontakt mit dieser Person.

Sie kann Sie entweder mit anderen in Kontakt bringen oder in irgendeiner Weise Mentor für Sie sein. Ehemalige Klassenkameraden können das Gleiche tun. Wenn es an Ihrer Universität Treffen oder Klassentreffen gibt, versuchen Sie, an so vielen Veranstaltungen wie möglich teilzunehmen und Kontakte zu anderen Studenten zu knüpfen, die in denselben Klassen waren oder einen ähnlichen Abschluss haben. Wenn Sie älter werden, werden diese Kontakte immer wertvoller. Wenn Sie Mitglied einer Burschenschaft oder Schwesternschaft waren, können Sie auch hier fündig werden.

Freiwilligenarbeit für wohltätige Zwecke ist eine weitere Möglichkeit, sich zu vernetzen und Menschen kennenzulernen, die sich in der Gemeinschaft engagieren und gleichzeitig daran arbeiten, die Gesellschaft zu verbessern. Es ist eine großartige Möglichkeit, andere Menschen zwanglos aus einem nicht-professionellen Blickwinkel kennenzulernen, der sich für einige Menschen vielleicht etwas natürlicher anfühlt. Vielleicht entdecken Sie sogar etwas, das Sie nicht über sich selbst wussten, oder Sie finden eine neue Fähigkeit oder ein neues Gebiet, für das Sie sich interessieren. Und wenn Sie sich ehrenamtlich engagieren, sammeln Sie nicht nur Erfahrungen und lernen andere Gleichgesinnte kennen, sondern Sie bewirken auch etwas für andere Menschen. Abgesehen davon, dass es in Ihrem Lebenslauf oder auf LinkedIn gut aussieht, fühlen Sie sich durch die guten Dinge, die Sie tun, auch noch gut.

Während Sie Ihr Netzwerk neu definieren, ist es wichtig, dass Sie darauf achten, dass Ihr Netzwerk lebendig und gesund ist. Behandeln Sie es nicht wie ein verstaubtes altes Buch im Regal, das Sie nur alle paar Jahre in die Hand nehmen, um ein oder zwei Dinge nachzuschlagen. Betrachten Sie es als einen Organismus. Ihr Netzwerk lebt und atmet und muss gepflegt werden, sonst verblasst es. Das letzte, was Sie wollen, ist, sich an eine Person zu wenden, die sich nicht an Sie erinnert, oder eine großartige Gelegenheit zu verpassen, weil ein Kontakt zwar etwas weiß, aber nicht an Sie denkt. Sie sollten planen, um mit den Leuten in Ihrem Netzwerk in Verbindung zu bleiben. Wenn manche Leute nicht in Ihrer Nähe wohnen, dann stellen Sie sicher, dass sie wissen, dass sie sich immer bei Ihnen melden können, wenn sie in Ihrer Stadt sind. Senden Sie jedes Jahr ein paar wichtige E-Mails oder Notizen an Ihr Kernnetzwerk, damit diese wissen, was Ihre Pläne sind. Die Feiertage sind ein idealer Zeitpunkt dafür, ebenso Zeiten, in denen Sie eine Veränderung vornehmen, z. B., wenn Sie einen neuen Job beginnen oder in eine neue Stadt ziehen.

Wenn Sie Ihr Netzwerk weiter ausbauen, denken Sie daran, dass es wichtiger ist, wen Sie kennen, als, wie viele Leute Sie kennen. Hier gilt „Qualität vor Quantität"! Jim Rohn, ein Guru auf dem Gebiet der Persönlichkeitsentwicklung, sagt, dass wir der Durchschnitt der fünf Personen sind, mit denen wir die meiste Zeit verbringen. Das kann für einige von uns ein erschreckender Gedanke sein. Denken Sie darüber nach, wer diese fünf Menschen für Sie sind. Wenn Sie Ihr berufliches Potenzial steigern wollen, müssen Sie sich mit Menschen umgeben, die Sie inspirieren und motivieren. Die Menschen in Ihrem Umfeld haben einen großen Einfluss auf Ihr Leben. Daher ist es wichtig, dass Sie sich mit den richtigen Menschen umgeben. Es ist entscheidend für Sie, Menschen zu finden, die Sie inspirieren, die eine ähnliche Denkweise wie Sie haben oder die als Mentoren fungieren können. Sie brauchen Menschen in Ihrem Leben, die Sie anspornen, anstatt Sie in eine negative Richtung zu ziehen oder Sie in Ihrer Weiterentwicklung zu behindern.

Nehmen Sie sich eine Minute Zeit, um zu überlegen, mit wem Sie den Großteil Ihrer Zeit verbringen. Wer sind Ihre engsten fünf Freunde? Wie unterstützen Sie sie? Wie unterstützen sie Sie? Gewinnen Sie durch diese Personen an Inspiration und Ansporn, besser zu werden? Wie fühlen Sie sich in ihrer Nähe? Bauen sie Sie auf? Werden Sie in irgendeiner Weise ausgebremst? Die Werte, welche die Menschen haben, mit denen Sie Zeit verbringen, werden in Ihr Leben und Ihr Wertesystem eindringen, im Guten wie im Schlechten. Deshalb ist es so wichtig, dass Sie mit den Menschen, mit denen Sie viel Zeit verbringen, im Einklang sind. Andernfalls werden Sie unzufrieden sein oder Ihre eigenen Ziele und Werte aus den Augen verlieren. Wenn Sie Zeit mit Menschen verbringen, die motiviert, fleißig, glücklich, erfolgreich und gesund sind, dann werden Sie anfangen, einige dieser positiven Nebeneffekte selbst zu erleben. Sie werden sich dazu inspiriert fühlen, sich weiterzuentwickeln, um diesen Eigenschaften zu entsprechen. Je mehr Sie diesen Personen nacheifern, desto mehr ziehen Sie solche Menschen in Ihr Leben. Daraus entsteht ein positiver Kreislauf der Güte und der Inspiration.

Während Sie Ihr Netzwerk ausbauen und optimieren, denken Sie einfach daran, authentisch zu sein und offen zu bleiben. Sie wissen nie, wen Sie kennenlernen könnten. Seien Sie mutig und respektvoll. Wenn Sie eine Veranstaltung mit Personalverantwortlichen besuchen, bitten Sie eine dieser Personen um ein Informationsgespräch. Sprechen Sie Fachleute in Ihrem Netzwerk und darüber hinaus an. Am wichtigsten ist, dass Sie sich nicht von Ihrer Schüchternheit aufhalten lassen. Diejenigen Personen unter Ihnen, die mit Schüchternheit zu kämpfen haben, laufen Gefahr, die Vorteile des professionellen Networkings zu verpassen. Denken Sie daran, dass jeder damit kämpft, da es nicht einfach ist, auf andere Personen zuzugehen. Beginnen Sie mit Ressourcen wie LinkedIn und Facebook und arbeiten Sie schrittweise darauf hin, persönliche Treffen anzustreben. Sie können ebenfalls damit beginnen, nach Situationen zu suchen, in denen Sie sich am wohlsten fühlen, und dann diese Gelegenheiten zu nutzen, um Beziehungen zu anderen Menschen aufzubauen. Wenn Sie zum Beispiel an einer Aktivität teilnehmen, die Ihnen Spaß bereitet, werden Sie bei dieser Gelegenheit auch andere Menschen kennenlernen, die ebenfalls Spaß daran haben. Ebenso gibt Ihnen die Ausübung einer ehrenamtlichen Tätigkeit die Möglichkeit, mit Menschen in Kontakt zu kommen, mit denen Sie etwas gemeinsam haben. Fangen Sie klein an und entwickeln Sie sich dann weiter.

Hören Sie niemals mit dem Lernen auf

Dieser Tipp ist äußerst wichtig. Man sollte meinen, dass Experten irgendwann alles gelernt haben, was sie lernen konnten, um auf das Niveau zu gelangen, auf dem sie sich als Experten befinden. Doch das ist einfach nicht wahr. Experten hören nie auf zu lernen. Niemals! Tatsächlich nehmen sich die meisten Menschen, sobald sie Experte auf einem Gebiet geworden sind, vor, mehr zu lernen. Der Grund dafür ist einfach. Wenn Sie erst einmal Experte sind und beginnen, die Vorteile des Expertendaseins zu genießen, werden Sie Experte bleiben wollen. Abgesehen davon, dass Sie stolz auf diese Leistung sind, haben Experten den Drang, sich weiterzubilden und informiert zu bleiben. Typischerweise lesen Experten mehr, bilden sich in Kursen und Workshops weiter, holen sich regelmäßig Wissen von anderen Experten ein und sind ständig auf der Suche nach neuen Möglichkeiten, um zu lernen und sich weiterzuentwickeln.

Experten neigen dazu, so oft wie möglich neue Informationen zu verschiedenen Themen aufzusaugen. Sie wollen nie aufhören zu lernen. Wenn Sie Experte auf einem Gebiet werden wollen, dann sollten Sie ab und zu neue Blogs lesen und etwas Neues ausprobieren. Dies wird Ihnen helfen, über den Tellerrand zu schauen. Wenn Sie immer noch daran interessiert sind, zu lernen, warum verlassen Sie nicht Ihre Nische und investieren Ihre Zeit, um eine andere, verwandte Nische zu verstehen? Versuchen Sie es mit Design, Internet-Marketing oder Programmierung. Die Möglichkeiten sind endlos! Ich selbst habe so viel gelernt, indem ich neue Dinge ausprobiert habe. Sie haben keine Ahnung, welche tollen Möglichkeiten sich ergeben können, wenn Sie SEO, Blogging und Internet-Marketing miteinander kombinieren, bis Sie es selbst ausprobieren und die Ergebnisse mit Ihren eigenen Augen sehen. Wenn man neue Dinge lernt, kann man sich (buchstäblich und im übertragenen Sinne) eine Menge Möglichkeiten erschließen. Es gibt nichts Besseres, was Ihre bestehenden Fähigkeiten verbessern und Sie insgesamt wettbewerbsfähiger machen kann, als mehrere

Multidisziplinen in Ihrem Kopf zu vereinen. Die Ergebnisse werden unglaublich und ein absoluter Durchbruch für Sie sein, und zwar sowohl persönlich als auch beruflich. Lebenslanges Lernen ist der Schlüssel zu Ihrem Erfolg.

Je mehr Sie lernen, desto mehr Leute werden zuhören wollen, was Sie zu sagen haben. Vielleicht werden Sie sogar zu einem Vordenker auf Ihrem Gebiet. Experten sind nie zufrieden mit dem, was ist, bzw. dem Status quo. In der Regel sind sie immer auf der Suche nach dem nächsten Schritt oder der Weiterentwicklung ihres Berufsfeldes. Sie probieren ständig neue Techniken aus, verbessern bestehende Konzepte, erforschen neue Ideen und schaffen Mehrwert, wo und wie auch immer sie können. Sie streben danach, die Grenzen zu verschieben und die Grenzen ihres Fachgebiets zu erweitern. Experten widmen sich mit echtem Weitblick der Zukunft ihres Fachgebiets. Um an diesen Punkt zu gelangen, müssen Sie mit einer großen Vision klein anfangen. Vielleicht können Sie einen Blog starten oder sehr spezifische Updates auf Ihren Social-Media-Kanälen rund um Ihr Fachgebiet zur Verfügung stellen. Oder Sie könnten in Erwägung ziehen, ein einfaches E-Book zu schreiben, ein White Paper bei einer professionellen Organisation einzureichen oder Artikel für Online-Publikationen zu schreiben. Denken Sie daran, dass es kein Sprint ist, ein Vordenker zu werden, sondern ein Marathon. Sie kommen dorthin, indem Sie viele kleine Dinge gut machen.

Während Sie sich in Ihrem Lernprozess weiterentwickeln, sollten Sie ebenfalls darauf achten, dass Sie Ihr Wissen mit anderen teilen. Expertenwissen wird noch wertvoller, wenn Sie Ihre Fähigkeiten und Ihr Wissen mit Menschen in Ihrem Umfeld teilen, die davon profitieren könnten. Sie sollten Ihrer Fachgemeinschaft stets einen Dienst erweisen. Wenn Sie als Experte angesehen werden wollen, stellen Sie Ihr Fachwissen zur Verfügung, damit alle davon profitieren können, und haben Sie keine Angst davor, beurteilt zu werden. Versuchen Sie, Ihre Bedenken loszulassen und Ihre Gedanken und Ideen (basierend auf Ihrem Fachwissen) nach außen zu vermitteln. Eine Möglichkeit, wie Sie Ihr Wissen weitergeben können, besteht darin, andere zu schulen, z. B., indem Sie bei einer kleinen Veranstaltung oder einer Branchenkonferenz in Ihrer Stadt einen Vortrag halten. Denken Sie bei der Suche nach diesen Gelegenheiten daran, dass es nicht um Sie selbst geht. Denken Sie an Ihr Publikum und an die Möglichkeiten, wie die Verbreitung Ihrer Botschaft Ihr Fachgebiet verbessern kann. Sie sollten als eine Person angesehen werden, die selbstbewusst Informationen teilt und im Gegenzug (in einem vernünftigen Rahmen) nichts erwartet. Das Weitergeben Ihres Wissens hilft Ihnen zudem dabei, die Informationen besser aufzunehmen, um sich weiterzubilden.

Zusammenfassung des Kapitels

Um von einem grundlegenden Kenntnisstand zu Fachwissen zu gelangen, müssen Sie ein paar Schlüsselmaßnahmen priorisieren – und sich daran halten! Diese sind: einen Mentor in Ihrem Bereich finden, mit dem Sie eine gute Beziehung aufbauen können und der Sie auf produktive Weise herausfordert; die Besten der Besten in Ihrem Bereich kennen, die an der Spitze des Geschehens stehen und verstehen, wohin sich Ihre Branche entwickelt; ein Netzwerk formen, das wirklich für Sie und Ihr Bestreben, ein geschätzter Experte in Ihrem Bereich zu werden, funktioniert; und so oft wie möglich viele neue Informationen zu verschiedenen Themen verinnerlichen – damit Sie niemals aufhören, zu lernen. Im nächsten Kapitel erfahren Sie, welche Maßnahmen Sie ergreifen können, um Ihre Gedächtnisleistung zu verbessern, die Ihnen bei Ihrem Lernprozess helfen werden.

KAPITEL ACHT:

Verbesserung Ihrer Gedächtnisleistung

In vielerlei Hinsicht formen Erinnerungen, wer wir sind, weil diese Erinnerungen unsere inneren Realitäten schaffen. Erinnerungen sind Geschichten über uns selbst, und sie sind die Geschichten dessen, was wir durch unsere Fähigkeit, notwendige Informationen zu relevanten Zeitpunkten abzurufen, lernen können. Es gibt mehrere Faktoren, die mit den Gründen für eine verbesserte (oder verschlechterte) Gedächtnisleistung in Verbindung gebracht werden. Diese Faktoren umfassen alles, von den Genen über die Ernährung bis hin zu Meditationspraktiken. Im Allgemeinen ist es sehr empfehlenswert, den Zuckerkonsum zu reduzieren, hochkalorische Lebensmittel zu vermeiden und sich viel und oft zu bewegen, um eine bessere Gedächtnisfunktion zu erreichen.

Ein sowohl körperlich als auch geistig aktives Leben ist insgesamt wichtig, um Ihre Gehirnfunktionen länger zu erhalten, denn so wie der Rest Ihrer Muskeln mit dem Gebrauch stärker wird, helfen auch mentale Übungen dabei, Ihre geistige Leistungsfähigkeit sowie Ihr Gedächtnis zu trainieren. Körperliche Aktivität steht mit Stresslinderung und einer positiveren Lebenseinstellung in Verbindung, was beides von entscheidender Bedeutung ist, wenn Sie sich dazu verpflichten, etwas Neues zu lernen. Einige Quellen empfehlen sogar eine erhöhte Zufuhr von Koffein, um das Gedächtnis (und dessen Leistungsfähigkeit) zu steigern, wenn auch nur kurzfristig (z. B. während einer Lerneinheit, für einen Test oder eine große Präsentation). Darüber hinaus helfen Ihnen die unten aufgeführten zentralen Praktiken dabei, Ihr Gedächtnis zu verbessern, während Sie eine neue Fähigkeit erlernen.

Schlafen Sie mehr (und besser)

Viele Menschen ertappen sich dabei, dass sie weniger schlafen, je mehr sie zu tun haben, obwohl sie wissen, wie wichtig Schlaf für ihren allgemeinen Gesundheitszustand ist. Es kann verlockend sein, sich einzureden, dass Schlaf nicht produktiv ist und es positive Ergebnisse bringt, wenn man vor einer wichtigen Präsentation, Prüfung oder einem Arbeitstag seine Nachtruhe opfert. Wir neigen dazu, Schlaf als Luxus und nicht als Notwendigkeit zu betrachten. Wenn es jedoch um das Thema Lernen und Gedächtnis geht, dann ist ausreichend zu schlafen tatsächlich eines der wichtigsten Dinge, die Sie tun können.

Forschungen ergaben, dass Menschen, die an Schlafstörungen leiden, oftmals auch an beeinträchtigten Gedächtnisfunktionen leiden. Kognitionswissenschaftler der Universität Washington fanden Beweise dafür, dass Menschen, die nach der Verarbeitung und Speicherung von Unterrichtsstoff schlafen, ihre Vorhaben viel besser ausführen als Menschen, die versuchen, ihren Plan auszuführen, bevor sie geschlafen haben. Diese Forschungsergebnisse geben der Aussage „Schlaf doch mal eine Nacht drüber!" eine völlig neue Bedeutung. Forscher konnten nachweisen, dass Schlaf unsere Fähigkeit verbessert, uns besser an Dinge zu erinnern, die wir in der Zukunft tun wollen. Dies bezeichnet man als prospektives Gedächtnis. Unsere Fähigkeit, zukünftige Handlungen, die wir beabsichtigen, auszuführen, basiert also nicht so sehr darauf, wie diese Absichten in unserem Gedächtnis verankert sind, sondern vielmehr auf einem Auslöser, dem wir später durch einen bestimmten Kontext beggenen, der unsere Erinnerung an diese Absichten auslöst. Das prospektive Gedächtnis bzw. die Dinge, die wir beabsichtigen zu tun, umfassen Dinge, wie uns daran zu erinnern, eine Tablette einzunehmen, einem Freund ein Geschenk zu kaufen oder ein bestimmtes Lebensmittel im Laden zu besorgen. Wir benutzen diese Form des Gedächtnisses jeden Tag. Forscher glauben, dass der Prozess des prospektiven Gedächtnisses während des sogenannten Slow-Wave-Schlafs stattfindet, einem frühen Muster im Schlafzyklus, das sehr förderlich für die

Verbesserung der Gedächtnisleistung ist. Diese Erkenntnisse machen deutlich, wie wichtig es ist, dass Sie schlafen gehen, nachdem Sie Pläne oder To-do-Listen verfasst haben, bevor Sie den Plan selbst ausführen. Kurz gesagt: Schlaf hilft uns dabei, unsere Verknüpfungen zwischen der Aufgabe, die wir zu erledigen beabsichtigen, und dem Kontext, der die Erinnerung an diese Aufgabe auslöst, zu stärken.

Schlaf hilft auch bei der Erinnerungskonsolidierung und verbessert unsere Fähigkeit, uns an die Dinge zu erinnern, die wir während des Tages gelernt haben. Tiefschlaf bzw. Non-REM-Schlaf kann das Gedächtnis verbessern, wenn der Schlaf innerhalb von zwölf Stunden nach dem ersten Lernvorgang erfolgt. Diese Erkenntnis hat wichtige Auswirkungen darauf, wie Sie Ihren Lern- und Schlafzeitplan gestalten sollten. Wenn Ihr aktueller Zeitplan es Ihnen nicht erlaubt, die empfohlenen sieben bis acht Stunden Schlaf pro Nacht zu bekommen, dann können Sie Ihrem Schlaf an den Wochenenden Vorrang einräumen. Forschungsergebnisse wiesen nach, dass Schlafentzug unsere Aufmerksamkeitsspanne, Wachsamkeit und Reaktionszeit beeinträchtigt, was eindeutig Dinge sind, die Sie für einen produktiven Arbeitstag benötigen. Das Gute daran ist, dass schon eine einzige Nacht, in der Sie ausreichend schlafen, Ihre kognitiven Funktionen wieder auf den normalen Stand bringt. Diese Erholungsphasen sind kein idealer Ersatz für einen konsequenten Schlafrhythmus über die ganze Woche hinweg, doch sie funktionieren trotzdem, solange sie einigermaßen regelmäßig sind – zum Beispiel jedes Wochenende für mindestens neun oder zehn Stunden.

Studien bewiesen zudem, wie Erinnerungen, die mit einer Belohnung verknüpft werden, ebenfalls durch Schlaf verbessert werden können. Schlaf hilft Ihnen dabei, Erinnerungen fester in Ihrem Gehirn zu verankern und trägt ebenfalls dazu bei, die Erinnerungen auszuwählen und zu behalten, die einen Belohnungswert haben, weil Belohnungen wie ein geistiges Siegel wirken, das Informationen in Ihrem Gedächtnis verankert, während Sie sie lernen. Während der Schlafphasen werden die Informationen in unserem Gehirn verfestigt. Das bedeutet, dass ein kurzes Nickerchen während einer Lernphase Sie darin unterstützen kann, neue Fakten und Fähigkeiten in Ihrem Gedächtnis zu verankern. Mit anderen Worten: Ein kurzes Nickerchen nach einer Lernphase ist vorteilhaft für Ihr Langzeitgedächtnis.

Probieren Sie mnemotechnische Hilfsmittel aus

Unser Gedächtnis unterteilt sich in das sensorische Gedächtnis, das Kurzzeitgedächtnis und das Langzeitgedächtnis. Das sensorische Gedächtnis ist das Gedächtnis, das anspringt, wenn unsere Sinne uns dabei helfen, Informationen zu empfangen, zu speichern und abzurufen. Das Kurzzeitgedächtnis ist das Gedächtnis, das wir nutzen, wenn wir uns daran erinnern, was wir kürzlich gesehen oder gehört haben. Zum Beispiel können Sie sich mithilfe des Kurzzeitgedächtnisses an eine Telefonnummer erinnern, die Sie gerade nachgeschlagen haben, oder an den Namen einer Person, die Sie gerade kennengelernt haben. Das Langzeitgedächtnis hingegen nutzen wir dann, wenn wir Kurzzeit-Erinnerungen in unser tieferes, dauerhafteres Gedächtnis übertragen. Das Langzeitgedächtnis hat theoretisch uneingeschränkte Kapazitäten. Informationen gelangen in das Langzeitgedächtnis durch Wiederholung oder Visualisierung von Informationen, sodass Sie diese später wieder abrufen können, ähnlich wie in einem Aktenschrank. Wir brauchen oftmals Stichwörter, die uns dabei helfen, Informationen aus dem Langzeitgedächtnis abzurufen. An dieser Stelle kommen Mnemotechniken ins Spiel.

Bei Mnemotechniken handelt es sich um Techniken, die wir verwenden können, um unsere Fähigkeit, uns Dinge zu merken, zu verbessern. Diese Techniken sind im Grunde genommen Gedächtnishilfen, die Ihrem Gehirn dabei helfen, wichtige Informationen besser aufzunehmen und abzurufen. Mnemotechniken sind also einfache Abkürzungen, die es uns ermöglichen, die Informationen, die wir uns merken wollen, mit einem Bild, einem Satz oder einem Wort zu verbinden. Betrachten Sie Mnemotechniken als eine Möglichkeit, Ihr Gehirn bei Aufgaben zu unterstützen, die es ohnehin erledigen kann. Oft befindet sich die gewünschte Information irgendwo in Ihrem Gehirn, und alles, was Sie brauchen, ist ein Werkzeug, das Ihnen hilft, diese Information schneller aufzurufen, wenn es darauf ankommt. Mit zunehmendem Alter nimmt die Gedächtnisfunktion ab. Dies führt zu einer Verlangsamung des Denkens, einer verminderten Konzentrationsfähigkeit, einer langsameren Gedächtnisverarbeitung sowie einem höheren Bedarf an mehr Gedächtnisstützen. In diesen Fällen können auch Mnemotechniken verwendet werden, um Ihr Gedächtnis auf Trab zu halten. In jedem Fall erleichtern es uns diese Gedächtnistechniken, uns an Fakten zu erinnern. Zudem können sie bei fast jedem Themengebiet angewendet werden.

Mnemotechniken dienen dazu, Informationen zu vereinfachen, zusammenzufassen und zu komprimieren, um sie leichter lernen zu können. Das kann besonders praktisch für Studenten im Medizin- oder Jurastudium sein oder für Leute, die eine Fremdsprache lernen. Grundsätzlich gilt: Wenn Sie sich große Mengen an neuen Informationen merken und speichern müssen, können Sie Eselsbrücken verwenden, und Sie werden feststellen, dass Sie sich noch lange nach der Prüfung an die Informationen erinnern. Im Folgenden finden Sie eine Liste der beliebtesten Eselsbrücken, die Sie verwenden können:

Die Loci-Methode

Loci ist der Plural von „locus", was „Ort" bedeutet. Im antiken Griechenland benutzte man diese Gedächtnisstütze, um sich leichter etwas zu merken. Die Loci-Methode beinhaltet die mentale Strategie, sich selbst in einem Ihnen vertrauten Raum vorzustellen und sich dann Gegenstände im Raum zu merken, z. B. die Couch, die Lampe, die Klavierbank, das Fotoalbum usw. Dann ordnen Sie die Gegenstände, die Sie mental im Raum platzieren, den Informationen zu, die Sie zu lernen versuchen, z.B. eine Liste von Dingen, die Sie sich in einer bestimmten Reihenfolge merken müssen. Nun können Sie sich vorstellen, wie Sie durch den Raum gehen und jeden Gegenstand, den Sie dort platziert haben, aufheben oder daran vorbeigehen und so den Abruf dieser Informationen auslösen. Die Loci-Methode hat sich als eine sehr effektive Methode zum Lernen erwiesen. Untersuchungen zeigten, dass die Loci-Methode zu einer signifikanten Verbesserung der Fähigkeit führt, sich an Informationen zu erinnern, und zwar in vielen Fällen, von College-Studenten bis hin zu Erwachsenen. Einige Forschungsergebnisse kamen ebenfalls zu dem Schluss, dass die Nutzung von mnemotechnischen Techniken wie der Loci-Methode die Fähigkeit zum Lernen und Erinnern von Informationen bei Menschen mit leichten Formen kognitiver Beeinträchtigung effektiv verbessert. Dies liegt wahrscheinlich daran, dass die Loci-Methode elaboratives Üben verwendet, bei dem es darum geht, Informationen zu verändern, indem man ihnen Bedeutung hinzufügt und sie aktiv nutzt, anstatt nur eine statische Liste von Dingen auswendig zu lernen und sie zu wiederholen.

Akronyme und Akrosticha

Akronyme sind typischerweise die bekannteste Art von mnemotechnischen Strategien, die Sie höchstwahrscheinlich bereits ziemlich gut kennen. Akronyme nutzen eine einfache Formel aus einem Buchstaben, die ein Wort oder eine Wortkombination repräsentiert, an die Sie sich erinnern müssen. Denken Sie an die NBA, die für die National Basketball Association steht. Während ein Akronym ein Wort ist, das aus den ersten Buchstaben oder Buchstabengruppen eines Namens oder einer Phrase gebildet wird, ist ein Akrostichon eine Reihe von Zeilen, aus denen bestimmte Buchstaben (z. B. die ersten Buchstaben aller Zeilen) ein Wort oder eine Phrase bilden. Diese können dann als Gedächtnisstütze verwendet werden, indem man die ersten Buchstaben von Wörtern oder Namen nimmt, die man sich merken muss, und daraus ein Akronym oder Akrostichon entwickelt. Nehmen Sie zum Beispiel den Musikunterricht: Wenn Sie sich die Reihenfolge der Noten merken müssen, damit Sie beim Notenlesen die richtige identifizieren und spielen können, können Sie sich die Noten des Violinschlüssels als EGHDF merken. Ein Akrostichon, um dies zu lernen, ist „Eine Gans Hat Dünne Füße". Die Noten des Bass-Notensystems lauten GHDFA, was z. B. mit dem Akrostichon „Gustav Hat Den Frack An" wiedergegeben wird. Ein häufig verwendetes Akrostichon im Mathematikunterricht ist „Please Excuse My Dear Aunt Sally", das die Reihenfolge der Operationen in der Algebra darstellt und im Englischen für parentheses, exponents, multiplication, division, addition und subtraction (Klammern, Exponenten, Multiplikation, Division, Addition und Subtraktion) steht.

Reime und Musik

Reimwörter können als Gedächtnisstütze verwendet werden, um uns beim Lernen und Abrufen von Informationen zu helfen. Ein Reim ist ein Spruch, der am Ende jeder Zeile einen ähnlichen Endlaut hat. Reime sind leichter zu merken, weil sie durch akustische Kodierung in unserem Gehirn gespeichert werden können. Zum Beispiel: „1-4-9-2 Amerika schlüpft aus dem Ei". Die Fähigkeit, sich diese Art von Phrasen einzuprägen und zu merken, ist zum Teil auf die Wiederholung und zum Teil auf die Reime zurückzuführen. Denken Sie an Kinderreime, mit denen Sie aufgewachsen sind. Sie können Wörter umstellen oder durch ein anderes Wort mit derselben Bedeutung ersetzen, damit sie sich reimen. Sie können auch Musik verwenden, um die Informationen in Ihrem Gehirn zu kodieren. Erinnern Sie sich an das ABC-Lied, das Sie als Kind gelernt haben? Es ist erwiesen, dass Musik langfristig bei in unserem Gedächtnis hängen bleibt. Wenn Sie im Internet eine entsprechende Suche durchführen, dann werden Sie dort eine Menge Lieder finden, die Ihnen dabei helfen, bestimmte Informationen zu lernen – von den Hauptstädten der verschiedenen Staaten bis zu den Ländern Afrikas und vieles mehr!

Informationen aufteilen und organisieren

Das Zerlegen von Informationen (Chunking) ist eine mnemotechnische Strategie, bei der Informationen in leichter zu lernende Gruppen, Sätze, Wörter oder Zahlen unterteilt werden. Einfacher ausgedrückt: Es ist eine Methode, um größere Informationsblöcke in kleinere, geordnete Stücke aufzuteilen, die leichter zu handhaben sind. In den Vereinigten Staaten machen wir dies mit unseren Telefonnummern, sodass wir sie uns leichter merken können. Wenn Sie sich eine Telefonnummer mit langen Ziffern merken müssen, z. B. 123456789101112, dann würde es uns wahrscheinlich einige Mühe kosten, uns diese Nummer einzuprägen. Wenn wir sie jedoch in besser verdauliche Stücke zerlegen, wie z. B. 12345 6789 101112, können wir sie leichter abrufen. Die Zerlege-Methode wurde auch als Mittel zur Verbesserung des verbalen Gedächtnisses bei Menschen mit frühen Stadien der Alzheimer-Krankheit untersucht.

In ähnlicher Weise hilft uns das Zerlegen von Informationen in objektive oder subjektive Kategorien beim Auswendiglernen. Objektive Organisation bedeutet, dass Sie Informationen in gut erkannte, logische Kategorien einordnen. Zum Beispiel sind Bäume und Gras Pflanzen, und eine Grille ist ein Insekt. Subjektive Organisation hingegen bedeutet, dass Sie scheinbar unzusammenhängende Dinge so kategorisieren, dass Sie sich später an die Dinge erinnern können, indem Sie ihnen eine Bedeutung zuschreiben, z. B. Bäume, Gras und Grillen als typische Dinge, die man in einem Park findet. Diese Methode kann ebenfalls sehr nützlich sein, weil sie die Menge der zu lernenden Informationen reduziert. Wenn Sie eine Liste von Gegenständen in eine geringere Anzahl von Kategorien unterteilen können, müssen Sie sich nur noch die Kategorien merken, die dann in der Zukunft als Gedächtnisstützen dienen. Ein Beispiel hierfür ist die Verknüpfung des Fahrradfahrens mit dem Erlernen des Autofahrens.

Schlüsselwörter

Wenn Sie eine zweite – oder sogar dritte oder vierte – Sprache lernen, dann wird die Verwendung der Schlüsselwort-Mnemonik-Methode Ihre Lern- und Erinnerungsleistung erheblich verbessern. Eine Schlüsselwort-Mnemonik ist eine elaborative Wiederholungsstrategie, die Ihnen dabei hilft, Informationen effektiver zu kodieren, weil sie dem Inhalt, den Sie sich zu merken versuchen, eine Bedeutung zuschreibt. Eine Schlüsselwort-Mnemonik umfasst zwei Schritte: Zuerst müssen Sie ein Schlüsselwort wählen, das ähnlich klingt wie das Wort, das Sie zu lernen versuchen, dann bilden Sie ein geistiges Abbild dieses Schlüsselworts, das irgendwie mit der neuen Information verbunden ist. Studien konnten zeigen, dass Visualisierung und Assoziation den Abruf des richtigen Wortes auslösen. Nehmen wir an, Sie lernen Französisch und wollen sich das Wort „parler" einprägen, was „sprechen" bedeutet. Jedes Mal, wenn Sie an dieses Wort denken, assoziieren Sie es mit einer Perle, die aus Ihrem Mund kommt. Indem Sie das Wort auf diese Weise visualisieren, werden Sie, wenn Sie „parler" sehen, an die Perle in Ihrem Mund denken und sich daran erinnern, was es auf Deutsch bedeutet.

Verknüpfen und verbinden

Die Verknüpfungsmethode als Mnemotechnik besteht darin, eine Geschichte oder ein Bild zu entwickeln, das Informationen miteinander verknüpft, die Sie sich merken müssen. Jedes Element führt Sie dazu, das nächste Element abzurufen. Wenn Sie z. B. wissen, dass Sie jeden Tag Ihre Brille, Ihre Schlüssel, Ihr Notebook, Ihr Mittagessen und Ihre Brieftasche mit zur Arbeit nehmen müssen, können Sie sich eine kurze Geschichte ausdenken, die Ihnen hilft, sich alles zu merken. Jills Notebook braucht spezielle Schlüssel, damit sie ihre Brille öffnen kann, die sie braucht, um ihre hungrige Brieftasche zu sehen, in der sich ihr Mittagessen befindet. Wenn Sie der Geschichte eine Prise Humor hinzufügen, fällt es Ihnen noch leichter, sich an diese Art von Informationen zu erinnern. Eine ähnliche Strategie besteht darin, sinnvolle Verbindungen mit Dingen herzustellen, mit denen Sie bereits vertraut sind oder die Sie kennen. Das Herstellen dieser Art von Verbindung ist eine weitere Art des elaborativen Übens, das ich oben erwähnt habe. Ein Beispiel hierfür ist, wenn Sie einen Mann namens Ned kennenlernen und Ihnen auffällt, dass er ungewöhnlich freundlich ist. Um Ihnen zu helfen, sich an seinen Namen zu erinnern, können Sie an ihn als den „netten Ned" oder „nachbarschaftlichen Ned" denken, so dass Sie sich das nächste Mal, wenn Sie ihn sehen, leichter an seinen Namen erinnern.

Je mehr Sie neue Konzepte mit Ideen in Verbindung bringen können, die Sie bereits verstehen, desto schneller werden Sie die neuen Informationen lernen. Das Gedächtnis spielt eine zentrale Rolle bei der Ausführung komplexer kognitiver Aufgaben wie der Anwendung von Wissen auf Probleme, die wir noch nicht kennen, und dem Ableiten von Schlussfolgerungen aus Fakten, die wir bereits kennen. Indem Sie Möglichkeiten finden, um neue Informationen mit bereits vorhandenem Wissen in Einklang zu bringen, werden Sie zusätzliche Bedeutungsebenen in dem neuen Lernstoff finden. Dies wird Ihnen dabei helfen, die neuen Lerninhalte grundsätzlich besser zu verstehen, und Sie werden sich besser daran erinnern können. Wenn Sie neue Dinge mit alten Dingen verknüpfen, geben Sie sich selbst geistige Haken, an denen Sie neues Wissen aufhängen können.

Wie auch immer Sie vorgehen, wenn Sie Mnemotechniken verwenden, um Ihr Gedächtnis zu verbessern, denken Sie daran, dass Sie die Aspekte Vorstellungskraft, Assoziation und Ort einbeziehen sollten. Wenn Sie Bilder in Ihrem Kopf erzeugen, die fesselnd und anschaulich sind, werden Sie sich mit größerer Wahrscheinlichkeit an diese Informationen erinnern. Ebenso möchte Ihr Gehirn Ideen miteinander verknüpfen. Es sucht ständig nach Möglichkeiten, um Informationen miteinander zu verbinden. Verknüpfen Sie also, wenn möglich, verschiedene Konzepte miteinander, um sich an neue Informationen zu erinnern. Orte sind ebenfalls eine großartige Möglichkeit, um neue Informationen in Ihrem Gedächtnis zu verankern, weil Sie bereits so viel Wissen über die Orte haben, die Sie kennen.

Erinnern Sie sich an die Lerntechniken, die ich in früheren Kapiteln beschrieben habe und die Ihnen dabei helfen werden, Ihren Lernprozess zu beschleunigen und die Informationen länger zu behalten. Denken Sie daran, dass Bilder unseren Lernprozess so viel stärker aktivieren als verbale oder schriftliche Informationen. Wir sind großartig darin, Bilder zu erkennen, und können sehr einfach unsere eigenen Bilder erfinden, um unser Gedächtnis zu unterstützen. Wenn Sie sich an eine Aufgabe erinnern müssen, die Sie in der Zukunft zu erledigen haben, versuchen Sie, ein lebendiges geistiges Bild davon zu schaffen, wie es tatsächlich geschieht. Wenn Sie eine neue Person kennenlernen, verbringen Sie ein paar Sekunden damit, sich etwas über diese Person vorzustellen, das Ihnen eine visuelle Erinnerung an ihren Namen geben könnte. Was auch immer der Fall ist, das Zuordnen von Bildern und Bedeutungen wird von unschätzbarem Wert für Ihr Erinnerungsvermögen sein. Die Verwendung von mnemotechnischen Gedächtnisstrategien kann Ihrem Gedächtnis einen Schub verleihen und zudem Ihren Lernprozess effizient verbessern. Denken Sie daran, dass Sie möglicherweise einige dieser Strategien üben müssen, bevor sie funktionieren. Doch wenn Sie sie erst einmal verinnerlicht haben, werden sie sich Ihnen langfristig gesehen als sehr nützlich erweisen.

Erschaffen Sie Gedächtnispaläste

Ein Gedächtnispalast ist eine Weiterentwicklung der Loci-Methode. Bei dieser Gedächtnisstütze denken Sie an einen imaginären Ort in Ihrem Kopf, an dem Sie bestimmte, bedeutungsvolle Bilder speichern können. Die häufigste Art eines Gedächtnispalastes ist, wenn Sie eine Reise oder einen Weg durch einen Ort machen, den Sie gut kennen, wie ein Gebäude, eine Stadt oder eine Route. Entlang dieses Pfades gibt es bestimmte Orte, die Sie gewohnt sind, immer wieder zu besuchen, und die sich auch in der gleichen Reihenfolge befinden. Stellen Sie sich Ihren Gedächtnispalast als einen Ort vor, den Sie leicht visualisieren können, an dem Sie neue oder wichtige Informationen speichern. Sie werden eine Gedächtnisreise oder einen Pfad mit einer tatsächlichen Reise oder einem tatsächlichen Pfad assoziieren.

Wählen Sie zunächst einen Ort, den Sie sehr gut kennen, z. B. Ihr Zuhause oder Ihren Arbeitsplatz. Machen Sie sich mit diesem Ort nach Bedarf vertraut. Vielleicht müssen Sie mehrmals an ihm herumgehen, Fotos machen usw., damit Sie das Gefühl haben, ihn wirklich zu kennen. Versuchen Sie, sich den gesamten Ort vorzustellen. Er muss nicht unglaublich detailreich sein. Sie müssen lediglich in der Lage sein, sich zu orientieren und sich in Ihrem Kopf im Raum zu bewegen. Besuchen Sie den Ort so oft wie nötig, um dies auch geistig tun zu können. Sobald Sie das getan haben, können Sie beginnen, Ihre Route zu planen bzw. zu skizzieren. Sie sollte einen Startpunkt und einen Endpunkt haben, zum Beispiel der untere Teil der Treppe, der obere Teil der Treppe, der Schrank, der Flur, die Schuhe vor der Schlafzimmertür, das Badezimmer, die Dusche und so weiter, bis Sie einen logischen Endpunkt gefunden haben. Sie können Ihren Gedächtnispalast modifizieren, nachdem Sie ihn ein paar Mal getestet haben. Machen Sie sich also keine Sorgen, wenn Ihr Gedächtnispalast beim ersten Versuch nicht perfekt ist. Wenn Sie eine Menge zu lernen haben, werden Sie viele verschiedene Gedächtnispaläste erstellen.

Als Nächstes sollten Sie sich einen anderen Ort suchen, an dem Sie sich entspannen und den Ort, den Sie für Ihre Route gewählt haben, wirklich visualisieren können. Üben Sie, Ihre Route ein paar Mal abzufahren, zuerst vorwärts und dann rückwärts. Denken Sie daran, dass Sie jederzeit Änderungen daran vornehmen können, wenn Sie irgendwo Schwierigkeiten feststellen. Wenn Sie Ihre Route festgelegt haben, dann sollten Sie bestimmte Stationen (oder Loci) zuweisen, an denen Sie neue Informationen speichern werden. Jeder Locus sollte einzigartig sein und als separates Abbild dienen, das Sie nicht mit anderen Stationen entlang Ihrer Route verwechseln sollten. Gehen Sie entlang Ihrer Route zurück und stellen Sie sicher, dass die Orte, die Sie ausgewählt haben, eindeutig sind. Üben Sie auch hier, vorwärts und rückwärts zu gehen, damit Sie Ihre Route wirklich kennen.

Nachdem Sie nun Ihren Gedächtnispalast und Ihre Route vorbereitet und Ihre Stationen ausgewählt haben, beginnen Sie damit, neues Lernmaterial zuzuordnen. Nehmen Sie eine Liste mit Dingen, die Sie sich einprägen wollen, z. B. eine Einkaufsliste oder wichtige Vokabeln. Nehmen Sie jeweils einen oder zwei Punkte und platzieren Sie ein geistiges Abbild davon in jedem Locus Ihres Gedächtnispalastes. Versuchen Sie, immer nur ein paar Abbilder auf einmal zu erstellen und zu üben, sodass Sie wirklich anfangen können, Ihre Liste mit Ihrer Route zu assoziieren. Sie können ebenfalls versuchen, die Bilder der Gegenstände zu übertreiben, damit sie wirklich mit dem Ort verbunden sind. Wenn zum Beispiel der erste Punkt auf Ihrer Liste, den Sie sich merken müssen, ein Apfel ist und der erste Ort in Ihrem Gedächtnispalast die Haustür, stellen Sie sich einen riesigen Apfel vor, der durch Ihre Haustür geht. Da wir Menschen visuelle Lerner sind, wird es Ihre Erinnerungsfähigkeit verbessern, wenn Sie Ihre mnemotechnischen Bilder mit all Ihren Sinnen zum Leben erwecken. Übertreibung der Bilder sowie Humor werden Ihnen stets dabei helfen, sich in der Zukunft an sie zu erinnern. Denken Sie daran, dass Sie diese Informationen auch mithilfe der „Spaced Repetition"-Methode in Ihr Langzeitgedächtnis integrieren können. Diese Methode, die auch als verteilte Lernpraxis bezeichnet wird, ist eine Lerntechnik, die Sie anwenden können, indem Sie immer größere Zeitabstände zwischen dem Wiederholen von neuem Material einplanen, um Ihre Erinnerungsfähigkeit zu stärken.

Eine solide Gedächtnispalast-Strategie ist zweifelsohne die effektivste Methode, um effizient zu lernen. Die Anwendung dieser Methode ist seit mehr als tausend Jahren belegt, und sie wurden höchstwahrscheinlich sogar schon zu Zeiten der Jäger und Sammler verwendet. Gedächtnispaläste werden von Gedächtnissportlern bei Gedächtniswettbewerben (bei denen Menschen Kunststücke wie das Auswendiglernen eines gemischten Kartenspiels usw. in nur wenigen Minuten vollbringen), aber auch bei Schulexamen sowie zum Lernen eingesetzt – sie ist sogar dazu geeignet, um ein ganzes Buch auswendig zu lernen. Die Gedächtnistechnik nutzt Ihr räumliches Gedächtnis und die räumliche Zuordnung frei. Je häufiger Sie Gedächtnispaläste erstellen und verwenden, desto häufiger werden mehrere Ebenen und Schichten Ihres Gedächtnisses freigeschaltet, die Sie nutzen können, um schneller zu lernen. Diese Gedächtnisebenen umfassen: autobiografisches Gedächtnis, episodisches Gedächtnis, semantisches Gedächtnis, prozedurales Gedächtnis, figuratives Gedächtnis und mehr. Jede dieser Ebenen wird durch diese Gedächtnisstrategie erschlossen, die darauf abzielt, Ihre Gedächtnisleistung beim Lernen zu verbessern. Mithilfe dieser Technik werden Sie also viel schneller und effektiver lernen können.

Zusammenfassung des Kapitels

Die Verbesserung Ihrer Gedächtnisleistung beginnt mit dem wichtigsten Element beim Erlernen einer neuen Fähigkeit: Schlaf. Schlaf fördert die Gedächtniskonsolidierung und verbessert unsere Fähigkeit, uns an die Dinge zu erinnern, die wir tagsüber gelernt haben. Schlaf kann unser Gedächtnis erheblich verbessern und ist daher als Lernmittel unersetzlich. Wenn Ihr aktueller Zeitplan es Ihnen nicht erlaubt, die empfohlenen sieben bis acht Stunden Schlaf pro Nacht zu erhalten, dann finden Sie eine Möglichkeit, in der Sie dem Schlaf Priorität einräumen können. Schlaf ist so wichtig!

Mnemotechniken sind einfache Hilfsmittel, die es uns ermöglichen, die Informationen, die wir uns merken wollen, mit einem Bild, einem Satz oder einem Wort zu assoziieren. Ein Gedächtnispalast ist eine spezielle Art davon. Hierbei stellen Sie sich einen imaginären Ort in Ihrem Kopf vor, in dem Sie bestimmte, aussagekräftige Bilder speichern, um sich besser an komplexe Konzepte erinnern zu können. Beide Hilfsmittel sind nützliche Gedächtnisstützen, die Sie verwenden können, um Ihre Gedächtnisleistung zu verbessern. Im nächsten Kapitel werde ich einen Überblick darüber geben, was Sie tun können, wenn Sie nicht umhinkommen, pauken zu müssen.

KAPITEL NEUN:

Wie Sie am besten pauken (wenn es sein muss)

Seien wir ehrlich, wir pauken nur, wenn wir bei unserem Lernprozess in Verzug geraten sind. Kognitionswissenschaftler führten zahlreiche Studien durch, die bewiesen, dass Pauken uns nicht dabei hilft, wenn wir uns Informationen langfristig aneignen wollen. Der Versuch, all diese neuen Informationen in unser Gehirn zu stopfen, nutzt (und überbeansprucht) unser Kurzzeitgedächtnis. Denken Sie daran, dass wir beim langfristigen Lernen unser Langzeitgedächtnis brauchen, um uns die wichtigsten Fakten ins Gedächtnis zu rufen und zu behalten.

Das Kurzzeitgedächtnis neigt dazu, schnell zu verblassen. Wenn wir diese Informationen also nicht rasch wiederverwenden, verschwinden sie innerhalb eines Zeitraums von wenigen Minuten bis zu ein paar Stunden. Beim Pauken können die neuen Informationen nicht vom Kurz- ins Langzeitgedächtnis übertragen werden, was für eine gute Langzeitleistung entscheidend ist. Denken Sie daran, dass die beste Lernmethode darin besteht, in Intervallen zu lernen, und dass es immer besser ist, frühzeitig anzufangen – sowohl zu Beginn des Lernens als auch früh am Tag. Studien zeigen, dass wir aufgrund unserer inneren Uhr dazu neigen, im Laufe des Tages sowie morgens bessere Leistungen zu erbringen als zu einem späteren Zeitpunkt am Tag. Frühes Lernen am Morgen ist in der Regel empfehlenswerter als spätes Lernen am Abend.

In der heutigen Zeit haben wir alle irgendwann einmal mit Schlafmangel zu kämpfen, egal ob gewollt oder ungewollt. Es gibt Tage, an denen die Verpflichtungen endlos erscheinen. Studien ergaben, dass es nicht förderlich für Ihre Lerngewohnheiten ist, wenn Sie nachts aufbleiben. Sie werden am nächsten Tag tatsächlich produktiver arbeiten, wenn Sie nachts gut und ausreichend geschlafen haben. Unser Gehirn ist nicht mehr so leistungsfähig, wenn es zu wenig Schlaf bekommt. Anstatt also die ganze Nacht aufzubleiben und nicht lange genug zu schlafen (Experten empfehlen sieben bis neun Stunden), ist es viel besser, sich auszuruhen und früh aufzustehen, als in letzter Minute zu lernen. Pauken führt im Allgemeinen dazu, dass wir uns überfordert fühlen, frustriert sind und uns Fragen stellen, die wir unter Druck normalerweise nicht beantworten können. Wo fangen Sie an? Wie fangen Sie an? Sie werden sich dadurch deutlich überforderter fühlen, als Sie es eigentlich müssten. Versuchen Sie also, Schlafmangel komplett zu vermeiden.

Trotzdem finden wir uns alle hin und wieder in einer Situation wieder, in der wir versuchen, schnell Informationen oder ein Projekt aufzuarbeiten – doch die Zeit läuft uns davon. Wenn das Undenkbare eintritt und Sie sich am Abend vor einer Prüfung oder einer großen Präsentation mit der Aussicht konfrontiert sehen, die ganze Nacht durcharbeiten zu müssen, gibt es ein paar Dinge, die Sie noch tun können, um Ihre Chancen auf eine gute Leistung zu steigern.

Zunächst einmal sollten Sie nicht in Panik geraten. Wenn Sie sich in einem Zustand hoher Anspannung befinden, wird Ihre Konzentrationsfähigkeit nachlassen. Versuchen Sie also in erster Linie, sich zu entspannen. Wenn es Ihnen hilft, versuchen Sie, zu meditieren oder einen kurzen Spaziergang zu machen, bevor Sie mit dem Pauken beginnen. Sobald Sie sich in einem positiven mentalen Zustand befinden, stellen Sie sicher, dass Sie all Ihre Notizen und Bücher griffbereit haben. Sie werden Ihre Bücher nur brauchen, um etwas nachzuschlagen. Im Allgemeinen sollten Sie Ihre Notizen verwenden, um sich an die wichtigsten Punkte zu halten, die Sie sich merken müssen. Halten Sie Ihren Bleistift oder Kugelschreiber, ein Notizbuch oder einen Notizblock und einige farbige Textmarker bereit, falls Sie diese benötigen sollten. Das Wichtigste: Schalten Sie Ihre sozialen Medien aus. Soziale Medien machen süchtig und dienen lediglich dazu, Sie abzulenken, wodurch Ihre Pauksitzung ineffektiv wird. Machen Sie eine Pause von Facebook, stellen Sie Ihr Telefon auf stumm, schalten Sie den Fernseher aus und machen Sie sich bereit, sich zu konzentrieren. Sie werden Ihre ganze Energie auf die Inhalte richten müssen, die Sie in letzter Minute zu lernen versuchen.

Arbeiten Sie nun daran, Ihr Lernmaterial in besser verständliche Einheiten aufzuteilen. Wenn Sie eine Prüfung vor sich haben, die nur auf einem Buch basiert, und Sie das ganze Semester über faul waren und die zugewiesene Lektüre nicht durchgearbeitet haben, dann konzentrieren Sie sich auf die Dinge, die Sie wirklich wissen müssen. Schauen Sie sich die Kapitel an und merken Sie sich drei Punkte pro Kapitel. Im Wesentlichen konzentrieren Sie sich dabei auf die elementaren Inhalte sowie die wichtigsten Details. Da Sie jetzt offiziell pauken, hat Ihr Lernerfolg eine begrenzte „Haltbarkeit". Sie sollten sich an die Grundlagen halten und die wichtigsten Ideen herausarbeiten, denn das sind die Punkte, die wahrscheinlich am ehesten in der Prüfung drankommen werden. Sie haben nur begrenzte Energie, also sollten Sie Ihre Aufmerksamkeit auf die wichtigsten Überschriften, Daten, Abschnitte, Vokabeln, Themen, Motive und so weiter lenken. Filtern Sie den ganzen Rest heraus.

Sie können einen Studienleitfaden als Grundlage für Ihre Büffeleinheit verwenden. Noch besser ist allerdings, wenn Sie sich selbst einen erstellen, sollten Sie keinen haben. Auf diese Weise können Sie die Materialien, die Sie haben, nach Informationen filtern, auf die Sie sich konzentrieren können. Dieser Leitfaden muss nicht ordentlich oder perfekt sein. Schreiben Sie die Informationen auf, lesen Sie sie laut vor und überarbeiten Sie sie, wo es Sinn macht. Sie können sogar eine andere Person bitten, Ihnen Feedback dazu zu geben, oder Ihren Leitfaden als Anleitung für eine Lerngruppe verwenden. Wenn Sie das Material anderen beibringen, können Sie die Informationen besser behalten.

Beim Pauken geht es darum, einen guten Rhythmus zu finden. Wenn es Ihnen also hilft, stellen Sie sich einen Timer, um die Arbeit in Abschnitte aufzuteilen. Die Verwendung eines Timers hilft Ihnen dabei, einen guten Lernrhythmus zu finden. Wenn Sie acht Stunden am Stück lernen, ist es wahrscheinlicher, dass Sie während des Tests einschlafen, als dass Sie ihn mit Bravour bestehen. Ich empfehle eine Aufteilung von fünf zu eins. Für jeweils fünf Teile des Lernens gönnen Sie sich einen Teil Entspannung. Wenn Sie zum Beispiel fünfzig Minuten lang lernen, dann machen Sie eine zehnminütige Pause, um Fußball zu spielen, Musik zu hören, einen Snack zu essen oder etwas Ähnliches. Was Sie tun, liegt ganz bei Ihnen. Gönnen Sie sich einfach eine schöne Pause – und machen Sie dann wieder weiter.

Wenn Sie sich jemals Sorgen gemacht haben, dass all die Informationen, die Sie während des Lernens in sich hineingestopft haben, nicht in Ihrem Gedächtnis bleiben könnten, so legen Untersuchungen nahe, dass kurze körperliche Bewegungen tatsächlich dabei helfen können, einige dieser Informationen in Ihrem Gedächtnis zu verankern. Eine Studie fand heraus, dass Studenten, die nach einer Lernphase (einschließlich des Paukens für eine Prüfung) moderaten Sport trieben – z. B. Laufen –, tatsächlich bessere Leistungen erbrachten, als wenn sie nur paukten.

Die aktive Natur des Trainings trägt dazu bei, dass das Gehirn neue Informationen behält und bei Bedarf wieder abruft, während dies bei einer passiven Aktivität wie dem Spielen eines Computerspiels nicht der Fall ist. Das Stresshormon Cortisol ist dafür bekannt, einen Einfluss auf unsere Gedächtnisleistung zu haben. Unter bestimmten Umständen kann Cortisol uns dabei helfen, uns an Dinge zu erinnern, und unter anderen Umständen beeinträchtigt es unser Gedächtnis. Es gibt zwei Arten von Stress in diesem Sinne, psychologischen und physischen Stress. Forscher glauben, dass durch körperliche Aktivität wie Laufen chemische Stoffe freigesetzt werden, die wiederum die Gedächtnisleistung verbessern. Forscher empfehlen auch, laut zu sprechen, während Sie pauken, sodass Sie Ihr auditives Gedächtnis einbeziehen, während Sie wichtige Inhalte erneut lernen (oder einfach nur lernen). Machen Sie Handbewegungen, benutzen Sie lustige Stimmen, laufen Sie in Ihrer Wohnung herum – tun Sie, was immer nötig ist, um sich in einem aktiven Lernzustand zu halten.

Wenn Sie für Ihre Prüfung, Präsentation oder was auch immer pauken, sollten Sie sich eine bestimmte Uhrzeit für das Ende setzen, damit Sie die Motivation haben, Ihre Paukerei zu beenden. Zudem sollten Sie irgendwann einmal dem Schlaf den Vorrang geben. Wenn Sie zusätzliche Motivation benötigen, können Sie sich am Ende dieser Zeitspanne auch eine Belohnung gönnen. Vielleicht ist es Ihr Lieblings-Sushi, Eiscreme, Schokolade oder ein Glas Wein. Das Wichtigste ist, dass Sie diese Belohnung erst dann erhalten, wenn Sie mit dem Lernen fertig sind. Fristen und Belohnungen werden Ihnen helfen, am Ball zu bleiben. Wenn Sie eine strenge Diät machen, nehmen Sie stattdessen Karotten und Hummus zu sich. Was auch immer Sie tun müssen: Setzen Sie sich eine Art persönliches Ziel, das Ihnen dabei hilft, vorwärts zu kommen, ohne zu stagnieren oder sich zu verzetteln.

Zusammenfassung des Kapitels

Pauken führt dazu, dass wir uns überfordert und frustriert fühlen, und ist daher im Allgemeinen nicht zu empfehlen. Es gibt jedoch ein paar Dinge, die Sie tun können, wenn Sie sich in dieser Lage befinden, und dazu gehört, dass Sie Ihr Lernmaterial in besser verdauliche Stücke zerlegen. Konzentrieren Sie sich nur auf die Dinge, die Sie wirklich wissen müssen. Schauen Sie sich die wichtigsten Kapitel, Überschriften oder Notizen an und merken Sie sich die wichtigsten Konzepte, Ideen und kritischen Details. Halten Sie sich an die Grundlagen. Bewegung hilft Ihrem Gehirn außerdem dabei, die neuen Informationen zu behalten und sich leichter an sie zu erinnern. Gehen Sie also zwischen den Lerneinheiten joggen. Zu guter Letzt, und das ist das Wichtigste – achten Sie auf ausreichend Schlaf. Genügend Schlaf zu erhalten, ist das Beste, was Sie für Ihre Leistungsfähigkeit tun können. Im letzten

Kapitel werde ich Ihnen nützliche Tipps und Hinweise geben, wie Sie Ihr Gehirn trainieren können, um konzentriert zu bleiben.

KAPITEL ZEHN:

Trainieren Sie Ihr Gehirn dazu, konzentriert zu bleiben

Wenn es Ihnen geht wie mir, erleben Sie auch Tage, an denen Sie das Gefühl haben, dass alles auf einmal passiert. Es ist so, als könnten Sie nicht klar denken oder auch nur anfangen, einen Plan zu machen, weil alles ständig auf Sie einprasselt. Ihre To-do-Liste scheint endlos zu sein. In solchen Zeiten ist es umso wichtiger für Sie, sich zu organisieren und zu entschleunigen. Wenn Sie diesen beiden Aspekten Vorrang vor Ihrer To-do-Liste einräumen, wird es Ihnen leichter fallen, am Ball zu bleiben, und auf lange Sicht werden Sie Ihre Aufgaben tatsächlich schneller abarbeiten können. Produktive Menschen verbringen oft jeden Morgen ein paar Minuten damit, ihren Tag zu organisieren. Sie schauen in ihren Kalender, erstellen eine Prioritätenliste, setzen sich selbst Erinnerungen für den Tag und so weiter. In vielen Fällen steigern jene Menschen ihre Produktivität auch dadurch, dass sie der Versuchung widerstehen, ständig für andere erreichbar zu sein. Wie können Sie produktiver werden? Ich habe drei wichtige Empfehlungen für Sie, die ich im Folgenden detailliert beschreibe. Diese werden Ihnen dabei helfen, Ihr Gehirn zu trainieren, um konzentriert zu bleiben.

Hüten Sie sich vor digitalen Ablenkungen

In der heutigen Welt werden wir zunehmend mit Ablenkungen bombardiert, während wir arbeiten. Verschiedene Studien zeigten, dass es mehr als zwanzig Minuten dauern kann, bis wir unsere Aufmerksamkeit wieder vollständig auf eine unterbrochene Aufgabe richten können. Ständige Telefonanrufe, eingehende E-Mails und Kollegen, die uns nur „schnell etwas fragen wollen", können unsere Gedankengänge und Arbeitsabläufe erheblich stören. Produktive Menschen legen bestimmte Zeiten für die Beantwortung von E-Mails oder Anrufen und SMS fest, um Ihre Effizienz zu steigern. Diese Vorgehensweise mag für Kollegen oder Kunden eine gewisse Umstellung erfordern, doch mithilfe einer guten Kommunikation ist dies möglich.

Das Internet selbst stellte Menschen, die etwas Neues lernen möchten, eine Reihe von hilfreichen Suchwerkzeugen zur Verfügung, die uns viel Positives in Bezug auf das Lernen und Recherchieren bieten. Studien wiesen jedoch nach, dass Lehrer besorgt sind, dass diese Art von Technologien Schüler hervorbringen, die sich leichter ablenken lassen und eine kürzere Aufmerksamkeitsspanne haben. Einige Lehrer glauben sogar, dass diese Technologien die Schüler mehr ablenken, als dass sie ihnen in der Schule helfen. Sie sind also der Meinung, das Negative würde das Positive überwiegen. Für viele Studenten gelten „Recherchieren" und „Googlen" heute als Synonyme. Für diese Studenten verschob sich der Prozess des Recherchierens von einer relativ langsamen Methode der intellektuellen Neugier und Entdeckung zu einer viel schnelleren, kurzfristigen Vorgehensweise mit dem Endziel, gerade genug Informationen zu finden, um eine Aufgabe zu erledigen. Einige Lehrer berichteten, dass sie insbesondere besorgt sind, dass ihre Schüler zu sehr von Suchmaschinen abhängig würden und Schwierigkeiten damit bekämen, die Qualität der von ihnen entdeckten Quellen zu bestimmen, was sich auf die Lese- und Schreibfähigkeit auswirkt und nachhaltige Folgen für die Aufmerksamkeitsspanne, die Entwicklung des Zeitmanagements und die Fähigkeit zum kritischen Denken hat. Viele Lehrer berichteten auch, dass es ihren Schülern, obwohl sie im digitalen Zeitalter aufgewachsen sind, überraschenderweise an Fähigkeiten bei der Online-Suche mangelt, z. B. an Geduld und Entschlossenheit bei der Suche nach schwer zu findenden Informationen.

Die Auswirkungen, wenn man sich auf digitales Lernmaterial verlässt, sind für jüngere Lernende gravierender als für erwachsene Schüler, und dennoch ist es wichtig, sie zu beachten. Unabhängig vom Alter kann ein übermäßiger Umgang mit neuen Technologien zu Konzentrationsmangel sowie einer verminderten Fähigkeit, Wissen zu behalten, führen. Für erwachsene Schüler sollten diese Erkenntnisse in erster Linie als Warnung dienen, sich nicht zu sehr in die digitale Welt zu stürzen bei dem Versuch, etwas Neues zu lernen. Weil das Internet und verwandte Technologien so unmittelbar sind, arbeiten sie entgegen unserer Aufmerksamkeitskontrolle. Aufmerksamkeitskontrolle ist unsere geistige Quelle der Aufmerksamkeit. Sie hilft uns dabei, das Bewusstsein (bzw. die Wachsamkeit) aufrechtzuerhalten, Informationen aus dem sensorischen Input zu verarbeiten und zu ordnen und Unstimmigkeiten oder Konflikte in unserem Lernprozess zu lösen. Die Auswirkungen von Angst auf die Aufmerksamkeitskontrolle sind der Schlüssel zum Verständnis der Beziehung zwischen Angst und Leistung. Im Allgemeinen belegten Studien, dass Angst unsere Aufmerksamkeitskontrolle bei einer bestimmten Aufgabe hemmt, indem sie unsere Verarbeitungseffizienz beeinträchtigt. Digitale Ablenkungen funktionieren in ähnlicher Weise.

Wenn Sie sich fragen, was das mit Ihrem Lernverhalten zu tun hat, lautet die Antwort: alles. Wie gut Ihr Gehirn fokussiert und bei der Sache bleiben kann, bestimmt letztendlich, wie gut Sie etwas Neues lernen werden. Nur wenn Sie in der Lage sind, sich voll zu konzentrieren, können Sie sich Ihrem Lernvorhaben widmen. Sie werden feststellen, dass Sie Informationen viel leichter behalten können, wenn Ihr Gehirn nicht ständig abgelenkt wird. Einen klaren Kopf zu haben, wird einen großen Unterschied ausmachen. Sie werden die Zeitabschnitte, die Sie für das Lernen reservieren, als etwas ansehen müssen, das Ihnen heilig ist (abgesehen von Notfällen natürlich). Sie müssen irgendwann Zeitabschnitte in Ihrem Tagesablauf reservieren, in der Sie sich ausschließlich dem Lernen widmen. Sie müssen sich wirklich dazu zwingen, dies durchzuziehen, weil wir Menschen dazu neigen, uns leicht ablenken zu lassen.

Es kann schwierig sein, herauszufinden, wo man anfangen soll, wenn man mit dem Lernen beginnt. Je nachdem, was Sie lernen möchten, ist Vorablesen eine gute Methode, um Ihr Gehirn auf den bevorstehenden Lernprozess vorzubereiten. Ich finde, dass Vorablesen eine großartige Möglichkeit ist, um Ihr Gehirn an neue Informationen heranzuführen und das Interesse an dem Thema zu wecken. Unter Vorablesen versteht man das Überfliegen eines Textes, um die wichtigsten Ideen zu finden, bevor Sie einen Text oder ein Kapitel eines Textes sorgfältig von Anfang bis Ende lesen. Hierbei handelt es sich um eine Art inspizierendes Lesen, bei dem Sie bestimmte Anhaltspunkte wie das Inhaltsverzeichnis oder die Kapitelüberschriften als Basis nehmen. Dadurch erhalten Sie einen Überblick über das Thema, der Ihre Lesegeschwindigkeit und Effizienz erhöht. Generell sollten Sie eine aktive Rolle beim Lesen einnehmen, um sich die Informationen leichter zu merken. Denken Sie beim Lesen nach. Achten Sie auf Titel, Untertitel, Kapitelanfänge, Einleitungen, Kapitelzusammenfassungen, Überschriften, Lernfragen und Schlussfolgerungen. Schauen Sie vielleicht sogar im Index nach, wenn das Buch einen hat, um nachzusehen, welche Themenbereiche behandelt werden, oder lesen Sie den Klappentext des Herausgebers.

Das Vorablesen hilft Ihnen dabei, das große Ganze sowie den Gesamtzweck der Lektüre zu erkennen, sodass Sie Ihre Aufmerksamkeit auf die grundlegenden Konzepte richten können. Auf diese Weise wird Ihre Fähigkeit, das zu lernende Material zu verstehen, tatsächlich gesteigert. In vielen Fällen können schon ein paar Minuten Vorablesen helfen, Ihr Gesamtverständnis sowie Ihre Merkfähigkeit zu verbessern. Stellen Sie sich vor: Wenn Sie Ihr Verständnis für das große Ganze bereits aufgebaut haben, bevor Sie überhaupt anfangen, den Text zu lesen, haben Sie bereits ein konzeptionelles Gerüst geschaffen. Wenn Sie beim Lesen auf ein neues Detail oder ein neues Indiz stoßen, wird Ihr Gehirn schneller wissen, was damit zu tun ist und wie Sie es einordnen können.

Fragen Sie sich beim Vorablesen: Welche Art von Hinweisen gibt mir der Text für meinen zukünftigen Lernprozess? Wie kann ich das, was ich bereits weiß, auf das anwenden, was ich hier lernen werde? Was bezweckt der Autor damit, mir bestimmte Dinge zu sagen? Wenn Sie sich diese Art von Fragen während des Lernens stellen, können Sie den Lernzweck schneller erkennen und erreichen. Wenn Sie aus irgendeinem Grund wenig Zeit haben – z. B. wenn Sie für eine bevorstehende Prüfung oder ein Examen pauken – dann können Sie den ersten und den letzten Absatz jedes Kapitels (oder nur die Einleitung und den Schluss oder die Kapitelzusammenfassungen) priorisieren, während Sie jede Kapitelüberschrift im Auge behalten. Diese Methode sollte kein Ersatz für das tatsächliche Lesen des Materials darstellen (was Sie zu einem späteren Zeitpunkt tun sollten), aber sie hilft Ihnen dabei, einen schnellen Überblick über die relevantesten Themen und Konzepte aus dem Text zu erhalten. Wenn Sie mit dem Vorablesen noch einen Schritt weiter gehen wollen, können Sie sich Ihren Voran-Lernleitfaden per E-Mail zuschicken und ihn mit Ihren Notizen vergleichen, sobald Sie den Text tatsächlich gelesen haben. E-Mails tragen tatsächlich dazu bei, Ihre Aufmerksamkeit besser zu trainieren, denn für jede nicht themenbezogene E-Mail, die Sie in Ihrem Posteingang vorfinden, können Sie Ihrem Gehirn dabei helfen, sich an Ihre früheren Lerninhalte zu erinnern, indem Sie sich selbst in regelmäßigen Abständen Zusammenfassungen Ihrer Notizen per E-Mail schicken. Allein der Akt, mehr Berührungspunkte mit den Informationen zu haben, ist hilfreich, weil Sie sie dann mit „frischen Augen" noch einmal durchlesen können.

Verschiedene Menschen lernen auf unterschiedliche Weise. Zum Beispiel können manche Menschen besser lernen und Informationen behalten, wenn sie Hintergrundmusik oder eine Art neutrales Geräusch hören. Sogar die allgemeine Hektik eines Gesprächs in einem Café oder einer belebten Einkaufsstraße kann manchen Menschen dabei helfen, ihren Fokus auf das Lernen zu richten. Andere Menschen bevorzugen absolute Stille und Ruhe. Für beide Kategorien von Lernenden können Kopfhörer nützlich sein, um entweder Geräusche zu erzeugen oder um diese und andere Ablenkungen auszublenden. Dies ist etwas, das Sie für sich selbst herausfinden müssen. Was das Hören von Musik während des Lernens angeht, so legen Untersuchungen nahe, dass der Musikstil vom Inhalt des Lernens abhängt. Es hat sich gezeigt, dass Musik (vor allem klassische Musik), wenn sie leise im Hintergrund gespielt wird, geistige Impulse liefert, insbesondere bei Aufgaben, bei denen man keine große Menge an komplexen Lernmaterialien durcharbeiten muss. Aufgaben, bei denen Sie mehrere Informationen gleichzeitig im Auge behalten und verarbeiten müssen, stellen hohe Anforderungen an Ihr Gedächtnis und können daher Ihr Lernverhalten behindern. Ungeachtet dessen wurden positive Auswirkungen von Hintergrundmusik festgestellt und es kann sich durchaus lohnen, dies auszuprobieren, wenn Sie mit Konzentrationsproblemen zu kämpfen haben.

Eine weitere wichtige Entdeckung der Kognitionswissenschaftler ist die Tatsache, wie wichtig es ist, beim Lernen Wasser zu trinken. Eine angemessene Flüssigkeitszufuhr besitzt noch zahlreiche weitere Vorteile: Wasser ist gut für unsere Haut und unser Immunsystem und sorgt dafür, dass unser Körper optimal funktioniert. Interessanterweise ist eine ausreichende Flüssigkeitszufuhr auch entscheidend für die Verbesserung unserer kognitiven Fähigkeiten und kann uns tatsächlich schlauer machen. Eine wichtige Studie zeigte, dass Studenten, die Wasser mit in einen Prüfungsraum nahmen (und es auch tranken), bessere Leistungen erbrachten als Studenten, die dies nicht taten. Dehydrierung hingegen kann die Funktionsfähigkeit unseres Gehirns ernsthaft beeinträchtigen. Wenn Sie es versäumen, Wasser zu trinken, lassen Sie Ihr Gehirn im Grunde härter arbeiten als sonst, um die gleichen Aufgaben zu erledigen.

Verwenden Sie die Pomodoro-Technik

Ich habe die Pomodoro-Technik bereits in einem früheren Kapitel besprochen, aber im Kontext von Informationsüberlastung und Konzentration bekommt sie eine neue, verbesserte Bedeutung. Schüler können die Pomodoro-Technik verwenden, um sich während des Arbeitstages und über einen längeren Zeitraum hinweg zu konzentrieren. Dieser Prozess beinhaltet, dass bei der Arbeit an einer Aufgabe zeitlich begrenzte Pausen eingelegt werden und es zeitlich begrenzte Lerneinheiten gibt, sodass Sie Ihr Konzentrationsvermögen leichter wiederherstellen und Ihre Lernziele erreichen können. Diese Technik wird Ihnen ebenfalls dabei helfen, zu vermeiden, dass Sie beim Lernen überfordert sind oder sich ablenken lassen. Besonders, wenn Sie gestresst oder ängstlich sind, ist Ihr Gehirn nicht in der Lage, neue Informationen effektiv zu speichern und zu verarbeiten. Der beste Weg, um diese Art von Gehirnermüdung während des Lernprozesses zu verhindern, besteht darin, Ihrem Gehirn eine Pause zu gönnen. Diese Pause gleicht einem Ruhezustand, in dem Sie Ihre Aufmerksamkeit umleiten und sich für kurze Zeit einer neuen Aktivität zuwenden. Selbst eine fünfminütige Pause kann die Ermüdung des Gehirns lindern, sodass Sie später wieder Ihre volle Aufmerksamkeit dem Lernen widmen können.

Menschen in verschiedenen Disziplinen nutzen diese Technik, um ihre Produktivität und Konzentrationsfähigkeit zu verbessern. Die Verwendung der Pomodoro-Technik ermöglicht es Ihnen, wirklich an einer Aufgabe dranzubleiben, weil sie Ihnen sowohl Eigenverantwortung als auch Kontrolle über Ihren Arbeitsplan auf eine Weise verleiht, die Sie organisiert und motiviert. Mithilfe der Pomodoro-Technik werden Sie bessere Ergebnisse in weniger Gesamtzeit erzielen. Sie funktioniert so, dass Sie Ihren Lernstoff in fünfundzwanzigminütige Arbeitssitzungen über den Tag verteilt einteilen. Während dieser fünfundzwanzig Minuten konzentrieren Sie sich intensiv auf eine bestimmte Aufgabe mit so wenig Ablenkung wie möglich. Dann wechseln Sie während einer kurzen Pause (normalerweise etwa fünf Minuten) zu einer anderen Aufgabe. Sie können diesen Prozess im Laufe eines Arbeitstages so oft wiederholen, wie Sie es brauchen. Am besten fangen Sie damit an, ein oder zwei dieser Sitzungen pro Tag auszuprobieren, bevor Sie versuchen, sich auf drei, vier oder sogar fünf zu steigern. Ich würde Ihnen ebenfalls empfehlen, mit einem niedrigeren Zeitfenster (fünfundzwanzig Minuten) zu beginnen, bevor Sie versuchen, sich zu längeren Zeitfenstern hochzuarbeiten (fünfunddreißig oder sogar fünfundvierzig Minuten, wenn Sie es ausprobieren wollen).

In Ihrer Pause können Sie aufstehen, herumlaufen, einen Snack zu sich nehmen oder einen Artikel in den Nachrichten lesen, bevor Sie sich wieder auf Ihre Arbeit konzentrieren. Es ist am besten, wenn Sie diese Pausen auf unter zehn Minuten beschränken. Experten empfehlen dringend, dass Sie sich während dieser Pause bewegen, sofern dies möglich ist. Laut Studien kann langes Sitzen (oder sogar Stehen) zu einem erhöhten Risiko für eine Reihe von Gesundheitsproblemen führen, darunter Diabetes, Herzkrankheiten, Schlaganfall sowie eine Beeinträchtigung der Gehirnfunktion. Im Allgemeinen ist es am besten, wenn Sie über den Tag verteilt abwechselnd sitzen und stehen, sodass Sie nicht zu viel von beidem tun. Sie können Ihre fünf Minuten Pause nutzen, um sich zu dehnen, eine Tasse Kaffee zu trinken oder einen kurzen Spaziergang um das Gebäude herum zu machen. Ihr Gehirn wird es Ihnen danken!

Wenn es Ihnen schwerfällt, eine große Aufgabe zu beginnen, weil Sie wissen, dass dies lange dauern wird, sind Sie nicht allein. Den meisten Menschen geht es so. Die Pomodoro-Technik bringt Sie dazu, Ihre Aufgaben in Arbeitsblöcke aufzuteilen, sodass es für Sie einfacher ist, diese Blöcke durchzuarbeiten. Die Pomodoro-Technik kann auf Ihre speziellen Lernbedürfnisse zugeschnitten werden, d. h., Sie können, wenn Sie möchten, eine kürzere Zeitspanne für die Arbeit festlegen, damit Sie sich allmählich an die Aufgabe herantasten können. Ebenso können Sie Ihre Pausen etwas länger gestalten, wenn Sie finden, dass Ihnen das hilft, Ihre Lernsitzungen besser zu bewältigen. Auf der offiziellen Website wird auch empfohlen, dass die Lernenden versuchen, abzuschätzen, wie viele Arbeitssitzungen notwendig sind, um ein bestimmtes Projekt abzuschließen, damit Sie es besser auf Monat, Woche, Tag und vielleicht sogar auf eine Arbeitssitzung aufteilen können. Auf diese Weise werden Sie unweigerlich dazu motiviert, die Ziellinie zu erreichen. Denken Sie daran, Ihren Kalender zu blockieren und Ihre Telefon-Benachrichtigungen auszuschalten, um Ablenkungen zu begrenzen und so Ihren Fokus beizubehalten.

Versuchen Sie es mit Meditation

Meditation ist eine einfache Technik, die jeder erlernen kann. Meditation ist absolut kostenlos und Sie benötigen weder eine spezielle Ausrüstung noch ein umfangreiches Training. Meditation wird schon seit Tausenden von Jahren von allen möglichen Menschen praktiziert. Einer der häufigsten Gründe, warum Menschen Meditation ausprobieren, ist der Abbau von Stress und Angstzuständen. Studien konnten belegen, dass Meditation den Spiegel des Stresshormons Cortisol senkt. Wenn wir etwas Stressiges erleben, steigt unser Cortisolspiegel an. Dies war vermutlich eine adaptive Reaktion unserer Vorfahren, um ihre Überlebenschancen in unsicheren Zeiten zu erhöhen. Heutzutage wird unser Cortisolspiegel durch andere Formen von mentalem Stress beeinflusst, der negative körperliche Auswirkungen, z. B. Schlafstörungen, Depressionen und Angstzustände oder Bluthochdruck, auf uns haben und zu Müdigkeit und Demotivation beitragen kann. Forschungsergebnisse zeigten immer wieder, dass Meditation diese Stresssymptome lindert und sogar eine Vielzahl von anderen stressbedingten Zuständen mildern kann wie das Reizdarmsyndrom oder posttraumatische Belastungsstörungen. Meditation kann außerdem Symptome von Angststörungen und angstbedingten psychischen Problemen wie Panikattacken, impulsivem oder zwanghaftem Verhalten und Phobien reduzieren. Im Gegenzug helfen Meditationstechniken im Laufe der Zeit dabei, das Schlafverhalten zu verbessern und Schlafstörungen zu reduzieren, die ebenfalls durch Stress verursacht werden. Ein verwandter Effekt ist die Senkung des Blutdrucks, der nicht nur während der Meditationspraxis, sondern auch allmählich bei Personen, die konsequent meditieren, dauerhaft sinkt. Regelmäßige Meditation kann schlussendlich die Belastung des Herzens und der Arterien reduzieren, was hilft, Herzkrankheiten vorzubeugen.

Die Ablenkungen, die tagtäglich auf uns einprasseln, bewirken, dass Achtsamkeitsaktivitäten wie Meditation entscheidend für unsere Fähigkeit sind, uns zu konzentrieren und auf Aufgaben zu fokussieren. Einige dieser Hilfsmittel sind für unser Arbeits- und

Sozialleben unerlässlich, sodass es schwierig, aber notwendig ist, ein ausgewogenes Verhältnis bei ihrer Verwendung zu finden. Unsere Fähigkeit, uns gut auf Aufgaben zu konzentrieren, bestimmt unsere Fähigkeit, vollständige Erinnerungen zu schaffen. Erinnern Sie sich an unser Kurz- und Langzeitgedächtnis? Vollständige Erinnerungen sind das Produkt von tiefen und achtsamen Lernprozessen. Unser mangelndes Augenmerk für Details bzw. die Tendenz, unsere Lerneinheiten schnell abschließen zu wollen, erschwert es uns, uns entscheidende und wichtige Informationen zu merken. Sich gut konzentrieren zu können, führt nicht unbedingt zu einem besseren Gedächtnis, ist jedoch wesentlich für die Entwicklung einer gut ausgebildeten und nützlichen Fähigkeit, Informationen zu behalten und abzurufen.

Leider gibt es heute mehr Hindernisse für unsere Konzentrationsfähigkeit als jemals zuvor. Das Internet bombardiert uns ständig mit Informationshäppchen, die in ihrer Nützlichkeit für uns variieren. Sie müssen eine aktive Rolle bei der Schaffung dieses Gleichgewichts übernehmen, damit Sie eine ideale Arbeitsumgebung schaffen und Ihre Ziele erreichen können. Das ist ziemlich schwer, denn schon der bloße Gedanke an Ihre E-Mail- oder Social-Media-Konten unterbricht Ihre Konzentration, sodass es für Ihre Konzentrationsfähigkeit möglicherweise nicht ausreicht, nur offline zu gehen.

Wenn Ihnen etwas davon bekannt vorkommt, könnte Meditation die Antwort sein. Es konnte festgestellt werden, dass Meditation dabei hilft, die Stärke und Ausdauer der Aufmerksamkeit, das Erinnerungsvermögen und die Problemlösung zu verbessern. Laut Forschungsergebnissen kann eine konsequente Meditationspraxis Menschen dabei helfen, ihre Aufmerksamkeit neu zu orientieren und länger aufrechtzuerhalten. Dies kann bei der Kreativität bezüglich der Problemlösung sowie beim Erledigen von Aufgaben helfen. Zudem können Meditationstechniken die Tendenz, unsere Gedanken umherschweifen zu lassen, uns übermäßig Sorgen zu machen, oder unsere Unfähigkeit, konzentriert oder aufmerksam zu bleiben, verbessern. Neben der Verbesserung der Aufmerksamkeit und der Klarheit des Denkens können Meditationstechniken außerdem dazu beitragen, Ihren Geist jung und Ihr Gedächtnis intakt zu halten, indem sie die Wahrscheinlichkeit eines altersbedingten Gedächtnisverlustes verringern. Einige Studien zeigten sogar die Möglichkeit auf, dass Meditation die Auswirkungen von Demenz umkehren oder teilweise lindern kann. Es ist für Wissenschaftler immer noch relativ unklar, warum Meditationstechniken die Wirkungen haben, die sie haben. Es gibt jedoch mittlerweile mehr als genug Beweise, die auf ihre Nützlichkeit bei der Verbesserung unserer Kognition, unseres Gedächtnisses und unserer Konzentration hinweisen. Wenn Sie gerade erst anfangen, sind hier ein paar schnelle Tipps, die Sie beachten sollten:

Suchen Sie sich stets einen ruhigen Ort für Ihre Meditationspraxis, sodass Ablenkungen minimiert werden. Wenn Sie beginnen, werden Ihre Gedanken wahrscheinlich abschweifen, und das wird Ablenkung genug sein. Sie können einen Timer für die Zeitspanne einstellen, in der Sie meditieren möchten. Ähnlich wie bei der Pomodoro-Technik fangen Sie langsam an (etwa fünf Minuten pro Sitzung) und steigern sich dann. Sie müssen auch nicht auf dem Boden meditieren, sondern können es auf einem Stuhl, auf Ihrem Sofa oder sogar im Bett tun. Versuchen Sie nur, dabei nicht einzuschlafen. Bei der Meditation geht es um erholsamen Wachzustand. Das Wichtigste ist, dass Sie sich dabei wohlfühlen. Denken Sie daran, Ihre Augen zu schließen und sich auf Ihren Atem zu konzentrieren. Wo spüren Sie Ihren Atem am stärksten? Lassen Sie Ihre Gedanken fließen, ohne zu urteilen. Sie müssen die Gedanken nicht ablehnen oder sich schuldig fühlen, wenn Sie sie haben. Erkennen Sie sie einfach an und lassen Sie sie ziehen, während Sie Ihre Aufmerksamkeit wieder auf Ihren Atem richten. Wenn es Ihnen hilft, können Sie sogar denken (oder laut aussprechen): „Ich lasse diesen Gedanken los und kehre zu meiner Praxis zurück." Tun Sie, was immer Sie tun müssen, um Ihren Fokus dorthin zurückzubringen, wo er wichtig ist. Dies ist der Schlüssel zum Training Ihres Gehirns. Egal, was auf Ihrer Meditationsreise passiert oder auftaucht, es ist wichtig, dass Sie sich nicht selbst verurteilen. Alles, was zählt, ist, dass Sie sich dieser Praxis widmen, und das ist eine gute Sache.

Wenn das Meditieren in der Stille oder alleine zu schwierig für Sie ist, können Sie eine der Varianten von geführten Meditationen ausprobieren. Es gibt Videos auf YouTube, Handy-Apps wie Headspace und Breathe oder eine Reihe von tiefergehenden Handbüchern, nach denen Sie in einer örtlichen Buchhandlung suchen können. Die meisten Forschungen über Meditation legen nahe, dass Sie, um den größten Nutzen daraus zu ziehen, darauf abzielen sollten, so konsequent wie möglich zu meditieren, mindestens viermal pro Woche. Keine Sorge, Sie können die Meditationstechniken individuell ausüben und es so langsam angehen, wie Sie möchten. Selbst wenn Sie nur zehn oder fünfzehn Minuten pro Tag meditieren, wird Ihr Geist es Ihnen danken.

Manche Menschen entscheiden sich sogar für Gehmeditationen, besonders wenn sie noch Anfänger sind. Wie bei anderen Formen der Meditation liegt der Schlüssel darin, auf Ihren Atem zu achten. Zählen Sie zum Beispiel jedes Mal, wenn Sie ein- oder ausatmen. Zählen Sie bis zu einer beliebig hohen Zahl und achten Sie auf all die Dinge, die Sie ablenken oder dazu führen, dass Sie sich verzählen. Wenn Ihnen die Vorstellung, Ihre Atemzüge zu zählen, nicht gefällt, können Sie sich auch mehr darauf konzentrieren, Ihren Atem mit Ihren Schritten zu synchronisieren, während Sie gehen. Jedes Mal, wenn Sie ein- oder ausatmen, machen Sie einen Schritt. Dann können Sie dazu übergehen, zwei Schritte pro Atemzug zu machen, dann drei, vier, fünf, sechs und so weiter, bis es sich zu unangenehm anfühlt. Das Ziel ist, dass Sie den Fokus beibehalten, nicht, dass Sie die höchstmögliche Zahl erreichen. Sie müssen Ihrem Instinkt folgen, während Sie darauf achten, was in Ihrem Körper passiert, während Sie üben.

Wenn Sie gerne in der Natur spazieren gehen, können Sie sich auch darauf konzentrieren, Ihren Atem mit der sensorischen Welt um Sie herum auf eine Weise zu synchronisieren, die Ihre Verbindung zur natürlichen Welt in den Vordergrund stellt. Das Ziel hierbei ist, dass Sie sich intensiv auf Ihren Atem und Ihren Körper konzentrieren und wie diese mit der Welt interagieren, während Sie gehen. Beginnen Sie mit Ihren Füßen und nehmen Sie wahr, wie jeder Fuß Kontakt mit dem Boden hat. Wie fühlt sich das an? Was nehmen Sie wahr? Spüren Sie, wie sich Ihr Gewicht mit der Luft, Ihrer Kleidung usw. verbindet. Spüren Sie die Außentemperatur und bemerken Sie alle Empfindungen auf Ihrer Haut. Auf ähnliche Weise können Sie sich auf verschiedene Geräusche, visuelle Eindrücke oder Gerüche konzentrieren. Auch hier ist der Schlüssel, sich auf Ihren Atem zu konzentrieren, während Sie in Ihre Umgebung eintauchen. Im Allgemeinen werden Sie die Welt unglaublich friedlich finden, wenn Sie sie als physische Realität um sich herum wahrnehmen, ohne sie zu analysieren oder zu beurteilen.

Sobald Sie einige Erfahrungen mit Ihrer Meditationspraxis gesammelt haben, können Sie versuchen, ähnliche Techniken der Immersion und der Atemprinzipien beim Lesen, Essen oder sogar in sozialen Umgebungen im Gespräch mit anderen anzuwenden. Diese Techniken werden Ihnen dabei helfen, noch stärker in Ihr Leben einzutauchen und präsenter im Moment zu sein. Sich präsenter zu fühlen, ist die Hauptaufgabe der Meditation. Mithilfe der Präsenz können Sie sich besser konzentrieren, was Ihnen wiederum dabei hilft, mehr Informationen in Ihrem Gedächtnis zu verankern. Dieser Prozess ist absichtlich und zielgerichtet. Meditation ist ein mächtiges Werkzeug zur Verbesserung der Konzentration und Ihrer allgemeinen kognitiven Fähigkeiten. Anstatt Ihre Zeit mit nutzlosen oder negativen Gedanken und Sorgen zu verschwenden, können Sie sich auf Ihr körperliches Sein im gegenwärtigen Moment konzentrieren. Sie werden erstaunt sein, wie sehr Sie das Leben genießen können, wenn Sie das tun. Wenn Sie mit der Meditation beginnen, denken Sie nicht zu viel über den Prozess nach und analysieren Sie nicht zu viel. Konzentrieren Sie sich einfach darauf, Ihre Meditationstechniken zu verbessern, und seien Sie geduldig mit sich selbst. Nach einigen regelmäßigen Sitzungen werden Sie bemerkenswerte Verbesserungen erkennen.

Zusammenfassung des Kapitels

Es gibt kein Geheimnis für mehr Produktivität – es geht lediglich darum, Ihren Tag so zu organisieren, dass er für Sie funktioniert. Schauen Sie in Ihren Kalender. Erstellen Sie sich eine To-do-Liste. Richten Sie sich Erinnerungen ein. Und schließlich – und das ist das Wichtigste: schränken Sie die Nutzung von modernen Technologien ein. Beim Gehirntraining geht es vor allem darum, bestimmte Reize (einschließlich digitaler Ablenkungen) zu vermeiden und Prioritäten zu setzen, die Sie auf Kurs halten. Die Pomodoro-Technik ist dabei Ihr bester Freund, ebenso Achtsamkeitspraktiken wie Meditation.

FAZIT

Sie haben es bis zum Ende dieser Lektüre geschafft. Es könnte sein, dass dieses Buch manchmal eine zu große Menge an Informationen enthielt, die Sie verarbeiten mussten. Machen Sie sich jedoch keine Sorgen. Sie müssen sich nicht sämtliche Inhalte merken und können jederzeit wieder zu diesem Buch greifen, um bestimmte Kapitel erneut zu lesen, während Sie diese Lektionen in die Tat umsetzen.

Während dieses Buch Ihnen einen Fahrplan zum beschleunigten Lernen gibt, liegt es an Ihnen, die Arbeit hineinzustecken, zu lernen, zu üben und Feedback zu bekommen. Egal, welches Thema Sie studieren, beginnen Sie damit, diese Prinzipien zu verstehen, damit Sie nicht in den Details steckenbleiben. Diese zu lernen, kommt später. Achten Sie darauf, neues Wissen mit dem zu verknüpfen, was Sie bereits wissen, um das Gedächtnis zu unterstützen, und verwenden Sie die Pomodoro-Technik, um Ihr Gehirn zu trainieren und Ihre Konzentration zu behalten. Sie können dieses Handbuch in der Nähe aufbewahren, wann immer Sie nachlesen oder sich an Techniken erinnern wollen, um sich Ihre neuen Fähigkeiten schnell anzueignen.

Denken Sie jetzt an ein Thema oder eine Fähigkeit, die Sie schon lange lernen wollten. Schreiben Sie es auf und legen Sie es an einen Ort, an dem Sie es jeden Tag sehen werden! Es ist an der Zeit, anzufangen. Wir neigen dazu, uns selbst im Weg zu stehen, indem wir zu viel über etwas nachdenken oder nicht aktiv werden. Denken Sie daran: Sie halten sich selbst mehr zurück als irgendjemand sonst auf der Welt, was im Umkehrschluss bedeutet, dass Sie allein die Macht haben, sich selbst aufzuhalten und sich selbst zu helfen, das zu erreichen und zu lernen, was Sie schon immer wollten.

Als menschliche Wesen können wir uns in einem unendlichen Maße weiterentwickeln, uns verändern und lernen, und es ist dieses Gefühl, mit dem ich Sie verlassen möchte. Sie haben so viel

Kraft und Potenzial. Jeder Tag, den Sie damit verbringen, nicht an diese Aussage zu glauben, ist ein vergeudeter Tag. Dies mag das Ende des Buches sein, doch in Wirklichkeit ist es nur der Anfang Ihres lebenslangen Lernabenteuers. Alles, was es braucht, ist, den ersten Schritt zu tun. Glauben Sie an sich selbst und daran, dass Sie Großes erreichen können – und das werden Sie auch!

QUELLEN UND WEITERFÜHRENDE LITERATUR

Adams, P., Gearheart, S., & Miller, R. (2009). The Accelerated Learning Program: Throwing Open the Gates. *Journal of Basic Writing*, *28*(2), 50–69. https://doi.org/10.37514/jbw-j.2009.28.2.04

Anderson, S. (2016). *7 Essential Steps to Cram for a Test Without Losing Your Mind*. StudyRight. https://www.studyright.net/blog/7-essential-steps-to-cramming-for-exams-without-losing-your-mind/

Beck, H. (2020). *Das neue Lernen: heißt Verstehen*. Ullstein Verlag GmbH.

Bergmeier, M. (2020). *Bestnote ohne Pauken – das Geheimnis der Super-Schüler: Wie du sofort bessere Noten schreibst. Clever lernen dank effektiver Lerntechniken*. VIRTUOSO.

Bernardes, F. (2019). *Accelerated Learning Techniques: 18 Tips for Super Learning*. Classpert. https://classpert.com/blog/accelerated-learning-techniques

Boser, U. (2017). *What Do People Know About Excellent Teaching and Learning?* Center for American Progress. https://www.americanprogress.org/issues/education-k-12/reports/2017/03/14/427984/people-know-excellent-teaching-learning/

Brown, P. C., Roediger III, H. L., & McDaniel, M. A. (2014). *Make It Stick: The Science of Successful Learning*. Belknap Press: An Imprint of Harvard University Press.

Carey, B. (2015). *How We Learn: The Surprising Truth About When, Where, and Why It Happens*. Random House Trade Paperbacks.

Clark, B. (2015). *Five Research-Backed Tips for Accelerated Learning*. Further. https://further.net/accelerated-learning/

Gasser, J. (2021). *Diese Lerntechniken erleichtern Ihr Studium*. hftm. https://www.hftm.ch/de/news/lerntechniken-lernmethoden-fuers-studium

Gkiokas, D. (2017). *80/20 Rule: The Concept That Will Change The Way You Learn*. The Metalearners. https://www.themetalearners.com/80-20-rule-the-concept-that-will-change-the-way-you-learn/

Groat, B. (2016). *The 10 Principles of Rapid Skill Acquisition - Brian Groat*. Medium. https://medium.com/@BGroat/the-10-principles-of-rapid-skill-acquisition-3b8bcbb02092

Hollins, P. (2017). *Learn Like Einstein: Memorize More, Read Faster, Focus Better, and Master Anything With Ease. . . Become An Expert in Record Time (Accelerated Learning) (Learning how to Learn Book 5)*. PH Learning Inc.

Hollins, P. (2017). *The Science of Accelerated Learning: Advanced Strategies for Quicker Comprehension, Greater Retention, and Systematic Expertise (Learning how to Learn Book 4)*. PH Learning Inc.

Hollins, P. (2018). *Accelerated Learning for Expertise: Rapid Knowledge Acquisition Skills to Learn Faster, Comprehend Deeper, and Reach a World-Class Level (Learning how to Learn Book 6)*. PH Learning Inc.

Holm, F. (2020). *EINSERKANDIDAT - Stressfrei zur Bestnote: Clever Lernen lernen und effiziente Lerntechniken entdecken. Wie du mehr Freizeit hast, bessere Noten . . . weniger lernen musst*. KR Publishing.

Horsley, K. (2016). *Unlimited Memory: How to Use Advanced Learning Strategies to Learn Faster, Remember More and be More Productive*. TCKPublishing.com.

Kaufmann, J. *The First 20 Hours – Josh Kaufman Review Summary*. ConsciousED. https://consioused.org/books/the-first-20-hours-josh-kaufman-review-summary

Kraft, G. (2019). *Lerntechniken & Lernmethoden – Gute Noten ohne Büffeln: Leichter lernen & Prüfungsangst überwinden für bessere Noten und mehr Freizeit. Wie du . . . einsetzt und dich motivierst*. Great-Books 4YOU.

Kulik, J. A., & Kulik, C. L. C. (1984). Effects of Accelerated Instruction on Students. *Review of Educational Research, 54*(3), 409–425. https://doi.org/10.3102/00346543054003409

Lorenz, T., & Jung, D. (2021). *Lerntechniken und Lernmethoden: Der clevere Weg zur Bestnote - Effektives Lernen, nie wieder Prüfungsangst und geniale Lernstrategien + Konzentration und Fokus steigern.* YouVenture! GmbH.

M. (2021). *Produktiver lernen: Die besten Lerntechniken fürs Studium.* GRIN | Wissen finden & publizieren. https://www.grin.com/de/magazin-studierende/produktiver-lernen-die-besten-lerntechniken-fuers-studium/

Maier, M. (2019). *Lerntechniken: Die 10 erfolgreichsten Methoden!* myStipendium. https://www.mystipendium.de/studium/lerntechniken

Meier, D. (2000). *The Accelerated Learning Handbook: A Creative Guide to Designing and Delivering Faster, More Effective Training Programs.* McGraw-Hill Education.

Metivier, A. (2021). *How to Study Fast: A Guide To High Volume Learning At Speed.* Magnetic Memory Method. https://www.magneticmemorymethod.com/how-to-study-fast/

Nguyen, T. (2020). *17 Ways To Learn New Skills Faster and Enjoy the Process.* Lifehack. https://www.lifehack.org/articles/productivity/17-steps-acquiring-new-skill-faster-than-you-thought-possible.html

Patel, D. (2018). *10 Proven Ways to Learn Faster.* Entrepreneur. https://www.entrepreneur.com/article/323450

Principles of Accelerated Learning. The Peak Performance Center. https://thepeakperformancecenter.com/educational-learning/learning-theories/accelerated-learning/principles-of-accelerated-learning/

Reichel, T. *10 Gewohnheiten, mit denen du doppelt so schnell lernen kannst.* studienscheiss.de. https://www.studienscheiss.de/gewohnheiten-schneller-lernen/

Rietzler, S., & Grolimund, F. (2018). *Clever lernen.* Hogrefe AG.

Schneider, K. (2020). *10 Lerntechniken fürs Studium: So studierst du schneller und effizienter.* stellenwerk. https://www.stellenwerk.de/magazin/studentenleben/10-lerntechniken-fuers-studium-so-studierst-du-schneller-und-effizienter

Silcock, P. (2003). Accelerated learning: A revolution in teaching method? *Education 3–13, 31*(1), 48–52. https://doi.org/10.1080/03004270385200081

Stymia Verlag. (2021). *Schule gehackt! - Durch clevere Lerntechniken zu deiner Traumnote!* Stymia Verlag.

Vozza, S. (2017). *Five Popular Myths About Learning That Are Completely Wrong*. Fast Company. https://www.fastcompany.com/40420472/five-popular-myths-about-learning-that-are-completely-wrong

Ab sofort produktiver arbeiten

50+ einfache Hacks, mit denen Sie Ihre Aufgaben besser organisieren, Prokrastination überwinden und Ihr Zeitmanagement perfektionieren

John R. Torrance

INHALTSVERZEICHNIS

Einleitung 261

Kapitel Eins: Treffen Sie eine Entscheidung, welche Ziele Sie erreichen wollen 267

Kapitel Zwei: Werden Sie Mitglied im 5-A.M.-Club 291

Kapitel Drei: Erstellen Sie Ihr persönliches Kanban, um Aufgaben zu priorisieren und zu organisieren 307

Kapitel Vier: Wie Sie Prokrastination überwinden 321

Kapitel Fünf: Tipps und Tricks für ein optimales Zeitmanagement 337

Kapitel Sechs: Die 3 Säulen der Produktivität, die Sie benötigen, um Ihr volles Potenzial freizusetzen 349

Kapitel Sieben: Gewohnheiten zur Steigerung Ihrer körperlichen und geistigen Energie 363

Kapitel Acht: Motivation in wenigen Minuten: Wissenschaftlich bestätigte Tricks 375

Kapitel Neun: Die Pomodoro-Methode — Das Geheimnis für mehr Effizienz und Fokus 389

Kapitel Zehn: Wie Sie Aufgaben delegieren 401

Abschliessende Worte 415

Quellen Und Weiterführende Literatur 421

EINLEITUNG

Ihr aktueller Status

Moderne Arbeitsplätze bzw. Arbeitsumgebungen sind in den letzten Jahren immer anspruchsvoller und wettbewerbsintensiver geworden. Alles scheint immer schneller zu gehen, und zwar unabhängig von der Art der Arbeit, die Sie verrichten, Ihrer Berufsbezeichnung oder Ihrer Branche. Dazu kommen noch die technologischen Fortschritte sowie die Tatsache, dass wir mittlerweile nahezu völlig abhängig von modernen Technologien sind. Aus diesem Grund wird es immer komplizierter, in der heutigen Welt produktiver zu werden. Mit anderen Worten: Die Werkzeuge, um eine höhere Produktivität zu erreichen, entwickeln sich ständig weiter, doch unsere menschliche Kapazität scheint zu schwinden.

Jeder hat die gleiche Menge an Zeit, nämlich 24 Stunden am Tag, 7 Tage die Woche und 365 Tage im Jahr. Die Fähigkeit, das Beste aus jedem Tag herauszuholen, ist jedoch nicht allen Menschen gemeinsam. Wir wachen jeden Tag auf, quälen uns aus dem Bett, ziehen uns an und eilen zur Arbeit. Wenn Sie ein Mensch sind, der sich tägliche, wöchentliche oder monatliche Ziele setzt, um erfolgreich zu sein, werden Sie vielleicht tatsächlich einige Dinge erledigen können. Die meisten Menschen lassen sich jedoch von unzähligen Problemen und zahllosen Unterbrechungen bei der Arbeit aufhalten. Andere haben persönliche und arbeitsbezogene Probleme, die sie mit zur Arbeit nehmen.

Schlussendlich sind viele Menschen demotiviert, gestresst und niedergeschlagen, weil sie nicht dazu in der Lage sind, ihre täglichen Aufgaben zu erledigen. Das Ärgerliche daran ist, dass der Druck im Laufe der Zeit immer größer wird. Abgabetermine rücken näher, die Vorstandssitzung ist noch zwei Tage entfernt, und Sie haben die für Ihren Bericht erforderlichen Details immer noch nicht ausgearbeitet. Egal, wie hart Sie arbeiten, die Dinge scheinen irgendwie aus dem Ruder zu laufen.

Ja, Sie sind zwar sorgfältig, scharfsinnig und fleißig, aber manchmal scheint bei Ihnen der Wurm drin zu sein. Und zu allem Überfluss müssen Sie auch noch Arbeit mit nach Hause nehmen, um Ihre Abgabetermine einzuhalten. So sehr es Ihnen auch nicht gefällt, Sie fühlen sich ausgebrannt und verlieren an Kraft, können jedoch keine Pause einlegen, um Luft zu holen. Die traurige Nachricht ist, dass der ständige Stress kontraproduktiv für Ihre Gesundheit sein kann, was Ihre Produktivität weiter verringert.

Wo Sie sein möchten

Die Regeln am Arbeitsplatz haben sich geändert. Sie müssen schnell und entschlossen sein, um an der Spitze zu bleiben. Vor zwei Jahrzehnten wäre es noch in Ordnung gewesen, hart zu arbeiten, um Erfolg zu haben. Die heutige Welt lebt jedoch von dem Prinzip, intelligenter statt härter zu arbeiten. Das soll nicht heißen, dass die Geschäftswelt Nachlässigkeit duldet, aber mittlerweile haben sich bessere Möglichkeiten entwickelt, um Aufgaben erfolgreich abzuschließen.

Ihre Produktivität hängt weitgehend von der effizienten Nutzung Ihrer begrenzten Zeit ab, um Aufgaben zu optimieren. Es gibt bewährte Tools, Produktivitätssysteme und Prinzipien, um Ihre persönliche Effektivität bei der Arbeit zu steigern. Wenn Sie intelligenter arbeiten, können Sie Ihre Energie und Ressourcen kanalisieren, was zu einer erhöhten Konzentration führt. Am Ende haben Sie einen optimierten Zeitplan, der zu einer höheren Produktivität und weniger Burnouts führt.

Insgesamt sollte Ihr Fokus darauf liegen, sich die Fähigkeit anzueignen, Zeitfresser in Ihrer täglichen Arbeitsroutine zu identifizieren. Als Nächstes sollten Sie dazu in der Lage sein, zu bestimmen, wie Ihr Arbeitsablauf vonstattengehen soll, um den Nutzen der aufgewendeten Zeit zu erhöhen. Letztlich erhöhen Sie damit Ihre Chancen, zu den Top-Performern in Ihrer Branche zu gehören.

Ab sofort produktiver arbeiten bietet Ihnen meine persönliche Erfahrung und mein Wissen aus über zwei Jahrzehnten als Produktivitäts-Coach. Dieses Buch enthält erprobte Systeme sowie Tipps und Tricks, die Ihnen dabei helfen, Ihre Produktivität erheblich zu steigern. Es bietet Ihnen zudem praktische Methoden, Prinzipien und Erfahrungen, die meine Vergangenheit geprägt haben und die mir dabei geholfen haben, in allen Lebensbereichen Spitzenleistungen zu erzielen.

Dieses Buch kann Ihnen als persönlicher Leitfaden auf Ihrer Reise zu mehr Selbstdisziplin und einer besseren Produktivität dienen.

Die Lektüre dieses Buches kann Sie in den folgenden Bereichen unterstützen:

- Überwindung der Prokrastination.
- Steigerung Ihrer Effizienz, sodass Sie sich stärker auf die Dinge konzentrieren können, die für Ihren Erfolg entscheidend sind.
- Hilfe bei der Entwicklung von Strategien, sodass Sie intelligenter statt härter arbeiten können.
- Unterstützung bei Ihrer Entwicklung zu einem Leistungsträger in Ihrem Job.
- Mehr Freude bei der Arbeit.
- Beschleunigung Ihres Lernpotenzials.
- Erlernen der Fähigkeit, mehr aus den begrenzten Arbeitsstunden des Tages herauszuholen.
- Neuorganisation Ihrer Arbeits- und Lernzeit, damit Sie ein Experte auf Ihrem Gebiet werden.
- Leidenschaftliche Verfolgung Ihrer Träume.

Wie realistisch ist dieses Buch?

Ab sofort produktiver arbeiten enthält die Prinzipien, die mein Leben seit mehreren Jahrzehnten prägen. Die Lektüre dieser Erkenntnisse und Tricks wird den entscheidenden Unterschied auf Ihrem Weg hin zu einem produktiveren Leben ausmachen. Die meisten dieser Prinzipien haben mir dabei geholfen, meine Produktivität um mindestens 80 % zu steigern. Oftmals bieten Autoren und öffentliche Redner unpraktische Lösungen an, die sich auf dem Papier gut anhören. Allerdings wollen die meisten lediglich ein Konzept verkaufen. Dieses Buch enthält jedoch nichts von alldem. Es versucht nicht, Ihnen irgendwelchen Unsinn anzudrehen, indem es unrealistische Schritte und Prinzipien verspricht. Der Großteil dessen, was Sie in diesem Buch lesen werden, basiert auf echten Erfahrungen aus dem wirklichen Leben und enthält erprobte wissenschaftliche Methoden und Strategien. Die in diesem Buch enthaltenen zusätzlichen Informationen stammen von verlässlichen Produktivitätsexperten und Branchenführern aus allen Bereichen des Lebens.

Was haben Sie von diesem Buch?

Meine Empfehlungen und Tipps für intelligenteres Arbeiten können Sie zu einem Top-Performer an Ihrem Arbeitsplatz machen. Betrachten Sie daher den Kauf und die Lektüre dieses Buches als eine echte Investition. Als solche besteht das primäre Ziel dieses Buches darin, sicherzustellen, dass Sie den maximalen Nutzen daraus ziehen und Ihre Produktivität messbar steigern.

Um jedoch das Beste aus jedem Kapitel und jeder Übung in diesem Buch herauszuholen, sind Beständigkeit und unablässiges Üben erforderlich. Setzen Sie die wertvollen Lektionen in diesem Buch in die Praxis um und Sie werden mit der Zeit einen immensen Produktivitätsschub erleben. Am Ende haben Sie das Potenzial, einer der Top-Performer an Ihrem Arbeitsplatz oder in Ihrer Branche zu werden.

Das Versprechen

Wenn Sie versprechen, die in diesem Buch enthaltenen Informationen (oder Kniffe, wenn Sie so wollen) aufmerksam und unvoreingenommen zu lesen und sie in die Praxis umzusetzen, garantiere ich Ihnen, dass Sie innerhalb der nächsten Tage bis vier

Wochen eine mindestens 45%ige Verbesserung Ihres Produktivitätsniveaus feststellen werden. Am Ende eines Jahres werden Ihr Potenzial und Ihre Produktivität keine Grenzen mehr kennen!

Was Sie jetzt tun sollten

Damit Sie das Beste aus *Ab sofort produktiver arbeiten* herausholen können, müssen Sie einen Aktionsplan erstellen, wie Sie dieses Buch lesen. Berücksichtigen Sie Ihren Terminplan und legen Sie eine bestimmte Uhrzeit am Tag fest, um zu lesen. Als Faustregel gilt, dass die frühen Stunden des Tages in der Regel eine hervorragende Gelegenheit zum Lesen mit minimalen Ablenkungen bieten. Legen Sie außerdem fest, wie viele Minuten Sie jeden Morgen für die Lektüre dieses Buches einplanen wollen. Sie könnten sich eine 14- bis 40-Tage-Challenge vornehmen, um dieses Buch zu beenden. Alles hängt davon ab, wie schnell Sie lesen können. Es geht jedoch nicht um Geschwindigkeit, sondern darum, dass Sie die wertvollen Ressourcen, die Sie in diesem Buch finden, lernen und anwenden können. Ich schlage vor, dass Sie sich beim Lesen mit einem Stift und einem Notizblock bewaffnen, um sich die wichtigsten Punkte zu notieren. Wenn Sie über Haftnotizen und eine Tafel in Ihrem Zimmer oder Büro verfügen, können Sie wichtige Punkte, die Sie nicht vergessen wollen, an Ihren Spiegel oder Ihre Tür kleben, am besten irgendwo in Sichtweite.

Und zu guter Letzt: Sobald Sie eine neue Methode gelernt haben, machen Sie sich sofort an die Arbeit, um diese Methode in die Praxis umzusetzen. Warten Sie nicht, bis Sie dieses Buch zu Ende gelesen haben, bevor Sie sie umsetzen. Gehen Sie den Lernprozess schrittweise an.

Lesen Sie jetzt weiter und beginnen Sie noch heute damit, Ihre Produktivitätsgewohnheiten mit diesen mehr als 50 bewährten und umsetzbaren Methoden zu steigern.

KAPITEL EINS:

Treffen Sie eine Entscheidung, welche Ziele Sie erreichen wollen

Im Leben geht es darum, Entscheidungen zu treffen. Sie können im Leben nur in dem Ausmaß erfolgreich sein, in dem Sie gewillt sind, Entscheidungen zu treffen. Aus diesem Grund müssen Sie sich dafür entscheiden, was Sie vom Leben wollen. Welche Ziele Sie sich auch immer für Ihr Leben oder Ihre Karriere gesetzt haben, sie können nur dann Wirklichkeit werden, wenn Sie klare Entscheidungen treffen. Das Leben wird Ihnen nicht die Dinge schenken, die Sie glauben, verdient zu haben. Sie bekommen nur etwas vom Leben, wenn Sie etwas hineinstecken. In den meisten Fällen beginnen Produktivitätssteigerungen sowie alle Arten von Erfolg im Kopf.

Was auch immer Sie im Leben anstreben, egal ob beruflich oder privat: Sie müssen zuerst Ihren Weg bewerten. Als Nächstes müssen Sie sich sinnvolle Ziele setzen, um diese zu erreichen. Diese Ziele müssen ebenfalls einen Aktionsplan enthalten, um sie in die Tat umzusetzen. Um produktiver zu werden, können Ihnen diese sechs Schritte zur erfolgreichen Definition von Zielen dabei helfen, Spitzenleistungen zu erreichen:

Vertrauen

Es ist ein wichtiger Teil der Zielsetzung, starkes Vertrauen in den Prozess zu haben. Wenn Sie kein Vertrauen in die Dinge haben, die Sie tun, dann wird der Prozess der Zielerreichung Sie schneller erschöpfen. Die Entscheidung, welche Ziele Sie erfüllen wollen, sollte darauf basieren, wie gut Sie die Anforderungen kennen.

> „Wann immer Sie ein erfolgreiches Unternehmen sehen, hat jemand einmal eine mutige Entscheidung getroffen." – Peter F. Drucker

Nichts Sinnvolles geschieht zufällig. Es erfordert die Festlegung von Zielen sowie Handlungen, um Erfolg zu sehen. Der Glaube an Ihre Fähigkeiten dient als Treibstoff, um Ihre Ziele zu erreichen. Wenn Sie an den Prozess glauben, werden Sie danach streben, ihn sich zu eigen zu machen bzw. zu personalisieren. Der Glaube an den Prozess beseitigt jedoch nicht die Herausforderungen und Fallstricke, die mit jedem Unterfangen einhergehen. Auf diese Weise können Sie allerdings Ihre Entschlossenheit stärken, über die zeitlichen Rückschläge hinwegsehen und sich auf das Wesentliche konzentrieren. Ein fester Glaube an sich selbst kann Ihnen dabei helfen, die nötige Energie freizusetzen, um den Prozess konsequent bis zum Ende zu verfolgen. Ihre Gedankengänge können dabei als Bausteine dienen, um Ihre Ziele zu erreichen.

Bestimmte Gedankengänge können hierbei selbstbegrenzend wirken. Solche selbstlimitierenden Gedanken sind meist negative Gedanken. Positive Gedanken und Überzeugungen werden Ihnen dabei helfen, Ihre Energie auf die Erreichung Ihrer Ziele zu lenken. Wenn Sie einmal entschieden haben, was Sie wollen, erleichtert Ihnen der Glaube an den Prozess, Ihre Ziele zu verwirklichen.

> „Glück ist nicht die Abwesenheit von Problemen, sondern die Fähigkeit, damit umzugehen."
> – Steve Maraboli

> „Sobald Sie eine Entscheidung getroffen haben, wird das Universum eine Verschwörung in Gang setzen, um diese Entscheidung zu realisieren." – Ralph Waldo Emerson

Sie befinden sich in der besten Position, sich selbst zu inspirieren, um Ihre Ziele im Leben zu erreichen. Aus diesem Grund sollten Sie an sich selbst glauben.

Einschränkende Glaubenssätze

„Jeder Mensch hält die Grenzen seines eigenen Gesichtsfeld für die Grenzen der Welt."
– Arthur Schopenhauer

Bestimmte Glaubenssätze sind selbstlimitierende Gedanken. Begrenzende Glaubenssätze senden normalerweise negative Schwingungen aus, die das Erreichen Ihrer persönlichen oder beruflichen Ziele unmöglich machen. Diese einschränkenden Gedanken stammen aus Ihren vergangenen Erfahrungen, Ihrem Umfeld und Normen. Zu solchen einschränkenden Glaubenssätzen gehören die folgenden:

Alles-oder-nichts-Glaubenssatz

Der Alles-oder-Nichts-Glaubenssatz ist eine extremistische Denkweise. Es handelt sich hierbei um einen Glaubenssatz in Schwarz oder Weiß ohne Platz für einen Mittelweg oder ein Gleichgewicht. Mit anderen Worten: Entweder man hat alles oder man hat nichts.

Übertriebene Überzeugung

Personen mit einer übertriebenen Überzeugung neigen dazu, Ereignisse oder Begebenheiten unverhältnismäßig zu verherrlichen. Es ist in Ordnung, positiv zu denken und das Optimum anzustreben, doch wenn Sie eine übertriebene Überzeugung haben, wird es schwierig für Sie werden, Ihre beruflichen oder persönlichen Ziele zu definieren bzw. zu erreichen.

Minimalistische Überzeugung

Menschen mit einer minimalistischen Denkweise neigen dazu, Energie auf kleine Dinge zu verwenden. Außerdem kann eine minimalistische Überzeugung bedeuten, dass solche Menschen komplizierten Details eines bestimmten Ziels wenig Aufmerksamkeit schenken. Ein Minimalist schiebt die Verfolgung eines Ziels auf oder betrachtet es als eine unwichtige Sache.

Selbstbezeichnungen

Selbstbezeichnung bedeutet, dass Sie sich selbst aufgrund eines vergangenen Vorfalls stereotypisieren, wobei in der Regel negative Begriffe verwendet werden. Eine andere Form der Selbstbezeichnung besteht darin, sich selbst Bezeichnungen für Geschehnisse zu geben, die geschehen oder nicht geschehen sind. Außerdem umfassen Selbstbezeichnungen auch die Verallgemeinerung von Situationen und Erfahrungen, die Sie in ein negatives Licht rücken könnten.

Fehlbezeichnungen

Fehlbezeichnung ist eine Form der falschen Darstellung Ihrer selbst. Eine solche Überzeugung umfasst die unangemessene Beschreibung eines Vorgangs oder Ereignisses. Eine solche Fehldarstellung stimmt nicht mit Ihren beruflichen oder persönlichen Zielen überein.

Voreilige Schlussfolgerungen

Entscheidungen oder Urteile, die in Eile ohne rationale Beweise getroffen werden, können negative Ergebnisse nach sich ziehen. Vorschnelle Urteile aufgrund der Aktionen oder Reaktionen einer Person können zu unzutreffenden Annahmen führen und solche Annahmen können wiederum Komplikationen am Arbeitsplatz oder in Bezug auf Ihr Privatleben zur Folge haben.

Pessimistische Gedanken

Manche Gedankengänge können nur negative Ergebnisse hervorbringen. Wenn Sie immer nur das Falsche in Situationen und Menschen sehen, kann dies zu Negativität in Ihrem persönlichen und beruflichen Leben führen. Menschen halten manchmal negative Gefühle fest und akzeptieren diese als Tatsache. Wenn dies geschieht, diskreditieren sie die Wahrheit und entscheiden sich dafür, die negativen Gedanken über ihre Arbeit, ihre Umgebung oder sich selbst zu glauben. Eine negative emotionale Grundhaltung führt dazu, dass Sie eine Situation als negativ ansehen, wenn Sie sich deswegen schlecht fühlen.

Wie Sie einschränkende Glaubenssätze loswerden

Ihre Glaubenssätze formen die Person, die Sie sind.

„Lernen wir zu früh unsere Grenzen, lernen wir nie unsere Kräfte."
– **Mignon McLaughlin**

Die einzige Möglichkeit, sinnvolle Änderungen in Ihrem Leben vorzunehmen, besteht darin, bestimmte Anpassungen in Ihrem Glaubenssystem zu vollziehen. Sie sollten die folgenden Dinge tun, um die erforderliche Änderung in Ihrem Glaubenssystem vorzunehmen:

Selbstanalyse

Beginnen Sie zunächst damit, Ihr Leben zu bewerten. In welchen spezifischen Bereichen haben Sie das Gefühl, dass Sie feststecken? Welcher Aspekt Ihres Ziels funktioniert nicht so richtig für Sie? Um sich von selbst einschränkenden Glaubenssätzen zu befreien, müssen Sie die zu erwartenden Probleme beim Erreichen Ihrer Ziele identifizieren. Formulieren Sie diese Probleme in so wenigen Sätzen wie möglich.

Was sind Ihre einschränkenden Glaubenssätze?

Sie müssen die einzelnen Glaubenssätze aufschreiben, die Sie als die begrenzenden Faktoren wahrnehmen. Identifizieren Sie, wie jeder einzelne Glaubenssatz Sie daran gehindert hat, Ihre Ziele zu erreichen. Zum Beispiel: Sie müssen bestimmte Maßnahmen ergreifen, um die nächste Stufe Ihres Ziels zu erreichen. Pessimistisch zu sein, hindert Sie jedoch daran, Ihre persönlichen oder beruflichen Ziele zu erreichen. In diesem Fall müssen Sie, um erfolgreich zu sein, die Ursachen für pessimistische Gefühle kennen und wissen, wie Sie mit ihnen umgehen können.

Manchmal kann eine einschränkende Überzeugung dazu beitragen, Sie vor bestimmten Gefahren oder Handlungen zu schützen. Diese einschränkenden Glaubenssätze können jedoch auch dazu führen, dass Sie Ihre Ziele nicht erreichen. Wenn Sie z. B. ein Mensch sind, der gern sparsam lebt und daran glaubt, so viel Geld wie möglich zurücklegen zu müssen, dann könnte es Ihnen verschwenderisch erscheinen, viel Geld für den Urlaub auszugeben. Es bedarf eines klaren Verständnisses der Ziele und des Zwecks des Urlaubs, um einen solchen Menschen davon zu überzeugen, mehr Geld auszugeben. Eine Urlaubsreise könnte z. B. der Entspannung, der Bildung oder der beruflichen Weiterentwicklung dienen. Aus diesem Grund könnten Sie die Ausgaben für den Urlaub an ein bestimmtes Ziel binden, um diese einschränkende Überzeugung zu überwinden.

> **„Ich bin nicht an Ihren einschränkenden Glaubenssätzen interessiert; ich bin daran interessiert, was Sie grenzenlos macht."**
> **– Brendon Burchard**

Eine der besten Möglichkeiten, einen einschränkenden Glaubenssatz herauszufordern oder loszuwerden, besteht darin, einen Lebenszweck zu finden. Wenn Ihr Lebenszweck mit Ihren Zielen übereinstimmt, dann wird es einfacher, sich anzustrengen, um diese Ziele zu erreichen. Wenn es um einschränkende Glaubenssätze geht, müssen wir also nach Wegen suchen, um diese zu überwinden. Wir müssen bestimmte Gewohnheiten ändern, um unsere Ziele zu realisieren. Hilft Ihnen ein Glaubenssatz dabei, Ihr Ziel in der gewünschten Weise zu erreichen? Wenn nicht, dann überlegen Sie, wie Sie diesen Glaubenssatz loswerden können. Manchmal funktioniert ein bestimmter Glaubenssatz vielleicht perfekt für eine bestimmte Stufe Ihres Ziels. Bei anderen Zielen könnte er jedoch kontraproduktiv werden. In diesem Fall müssen Sie das Ziel neu bewerten und Anpassungen vornehmen.

Lebenszweck

„Das Geheimnis des Erfolgs ist Zielstrebigkeit." – Benjamin Disraeli

John lebte den amerikanischen Traum, den wir alle gerne erreichen möchten. Unmittelbar nach dem College bekam er einen Job bei einem hochkarätigen Unternehmen in Manhattan. Innerhalb von drei Jahren wurde er in eine leitende Position befördert. Mit dieser Position kamen ein Auto und andere Vorteile einher, dazu Jahresurlaube. Es schien, als ob John das Leben seiner Träume führen würde. Der nächste Schritt für John war, zu heiraten und Kinder zu bekommen.

Doch nach acht Jahren und drei Kindern fühlte sich John restlos überfordert. Endloser Druck bei der Arbeit und im Privatleben, nie enden wollende Rechnungen, die unbezahlbar zu sein schienen, waren einfach zu viel für John. Frustriert beschloss er, mit der U-Bahn nach Hause zu fahren, statt mit seinem eigenen Auto. Auf einer elektronischen Werbetafel auf dem Heimweg sah er in dicken Lettern die Werbeanzeige einer bekannten Getränkemarke: „Finde deinen Funken und erwecke ihn zum Leben!"

Während er einen langen Spaziergang nach Hause machte, begann John nachzudenken. Er analysierte sein Arbeits- und Privatleben der letzten acht Jahre. Er fühlte sich innerlich leer. *Mein normaler 9-bis-5-Job ist scheiße!* sagte er sich. Er wollte mehr vom Leben, konnte aber nicht sagen, was genau er wollte. Während er lief, stellte sich John immer wieder die jahrhundertealten Fragen, die sich die meisten Menschen stellen, wenn das Leben keinen Sinn mehr zu machen scheint. *Was ist mein Funke? Wer bin ich? Worum geht es in meinem Leben wirklich?*

Irgendwann kommen wir alle an diesen Punkt im Leben, an dem sich das Gefühl der Leere einstellt. An diesem Punkt beginnen wir, bedeutungsvolle Fragen zu stellen, die geradezu nach Antworten schreien. Manchmal nehmen uns die Antworten auf diese Fragen mit auf eine Reise, uns selbst zu entdecken.

> **„Es gibt keine größere Qual, als eine unerzählte Geschichte in sich zu tragen."**
> **– Maya Angelou**

Wenn Sie den Grund für die Festlegung eines Ziels verstehen, dann haben Sie ein mächtiges Werkzeug. Dieses Werkzeug hilft Ihnen dabei, Ihr Ziel im Fokus zu behalten und Ihre Aktivitäten auf das Erreichen des Ziels auszurichten. Wenn Sie den Grund für Ihr Ziel kennen, wird es Ihnen als Motivation dienen, um dieses Ziel zu erreichen. Wenn Sie Ihren Lebenszweck kennen, dann haben Sie das Sprungbrett, um Ihre Ziele Wirklichkeit werden zu lassen. Ihr Lebenszweck unterstützt Sie also darin, Ihre persönlichen und beruflichen Entscheidungen zu definieren.

Um ein erfülltes Leben zu führen und inneren Frieden zu genießen, müssen Sie Ihren Lebenszweck herausfinden. Ihr Lebenszweck dient Ihnen als innerer Kompass.

> **„Wofür ich lebe und wofür ich sterbe ist die gleiche Frage."**
> **– Margaret Atwood**

Fragen, die Sie vermeiden sollten, wenn Sie Ihren Lebenszweck finden möchten:

- Kann ich es schaffen?
- Wird es funktionieren?
- Wer wird mir helfen?
- Was ist, wenn ich versage?
- Was ist, wenn ich das Interesse verliere?
- Was ist, wenn ich keinen Gewinn mache?
- Was, wenn ich falsch liege?

Ehrliche Fragen, um den Lebenszweck in Ihrem Leben zu finden:

- Was würden Sie tun, auch ohne bezahlt zu werden?
- Was genau wollen Sie?
- Welche Dinge fallen Ihnen leicht?
- Was ist Ihre Leidenschaft?
- Was würden Sie tun, wenn Sie wissen, dass Sie nicht scheitern können?
- Welche Dinge sorgen dafür, dass Sie sich lebendig fühlen?
- Welche Sache sorgt dafür, dass Sie sogar vergessen zu essen?
- Welche Sache würden Sie immer wieder tun, auch wenn andere Leute sich deswegen über Sie lustig machen?
- Welche Sache hält Sie bis spät in die Nacht wach, ohne dass Sie sich langweilen?
- Für welches Problem der Welt könnten Sie Ihrer Meinung nach am ehesten zu einer Lösung beitragen?
- Wenn Sie noch ein Jahr zu leben hätte, wie würden Sie dieses Jahr nutzen? Wie würden Sie in Erinnerung bleiben wollen?

Wie Sie Ihren Lebenszweck entdecken

Entdecken Sie Ihre Leidenschaft

Was ist Ihre Leidenschaft? Die oben formulierten ehrlichen Fragen bieten Ihnen eine einfache Möglichkeit, die Frage nach dem Sinn des Lebens zu beantworten. Jeder Mensch hat eine ihm angeborene Fähigkeit, die ihn zum Handeln inspiriert. Es gibt eine tiefe Verbindung zwischen den Dingen, für die Sie eine Leidenschaft hegen, und Ihrem Lebenszweck. Sie können keinen Zweck für sich selbst erschaffen, denn er steckt bereits in Ihnen.

Sie müssen lediglich Ihren Lebenszweck entdecken. Sie werden in dieser Disziplin nicht unbedingt der Beste sein, nur weil diese mit

Ihrem Lebenszweck übereinstimmt, aber Sie werden diese Disziplin leichter bewältigen und spannender finden, wenn sie Ihr Lebenszweck ist. Fortbildungen und Weiterentwicklung können Ihnen dabei helfen, Ihre Fähigkeiten zu vertiefen, um zu einem Top-Performer in Ihrem Bereich zu werden.

Wenn Sie die Dinge, die Sie begeistern, näher erkunden, kann Ihnen dies dabei helfen, Ihren Lebenszweck zu entdecken und Ihren Funken zu finden. Welche Talente und Fähigkeiten können Sie also erforschen?

Die meisten Menschen verstehen jedoch nicht, dass Leidenschaft das Ergebnis von Handlungen ist, nicht die Ursache dafür.

Handeln Sie

> **„Die Erfahrung ist die Belohnung; Klarheit entsteht durch den Prozess des Erforschens."**
> **– Shannon Kaiser**

Sobald Sie wissen, was Ihre Leidenschaft ist, ist es an der Zeit, aktiv zu werden. Nur wenn Sie Dinge, für die Sie eine Leidenschaft haben, ausprobieren, können Sie herausfinden, worin Sie wirklich gut sind.

Wenn Sie den Großteil Ihrer Zeit damit verbringen, darüber nachzudenken, was Ihr Lebenszweck sein soll, dann kann es passieren, dass Sie frustriert werden. Die Suche nach Ihrem Lebenszweck liegt im Tun, nicht im Fragen allein. Kommen Sie in Kontakt mit anderen. Setzen Sie diese Qualitäten, Gaben oder Talente ein, auch unentgeltlich. Probieren Sie neue Dinge aus. Dann werden Sie entdecken, was Sie am meisten lieben. Je mehr Sie Ihre Gaben nutzen, desto mehr werden Sie über sich selbst herausfinden und mit der Zeit werden Ihre angeborenen Fähigkeiten für Sie offensichtlich.

Denken Sie nicht zu viel über Ihren Lebenszweck nach – tun Sie es einfach!

Visualisieren Sie, was Sie wollen

„Visualisierung ist Tagträumen mit einem Ziel."
– Bo Bennett

Ab den frühen 1990er Jahren waren Kameras beliebte Geräte, um Fotos von Familie und Freunden bei Veranstaltungen zu machen. Damals nutzten Filmkameras transparente Filmrollen, um Bilder aufzunehmen, wobei jedes Mal ein typisches „Klick-Klick"-Geräusch ertönte, wenn ein Foto geschossen wurde. Davor mussten Sie die Filmrolle jedoch zunächst in den entsprechenden Schlitz einlegen. Solche Filme wurden von bekannten Marken wie AGFA, Kodak und anderen hergestellt.

Um ein Foto zu machen, mussten Sie in den Sucher schauen, um sicherzustellen, dass sich das Motiv in der Mitte befand. Sie konnten auch hinein- oder herauszoomen, um sicherzustellen, dass Sie das beste Bild schossen. Wenn Sie etwa 36 Aufnahmen gemacht hatten, war es an der Zeit, die Filmrolle herauszunehmen. Sie brachten den Film anschließend ins Labor, wo er in ein Negativ umgewandelt wurde. Das Negativ war eine Filmrolle, mit der Sie einen Unschärfeausdruck der von Ihnen aufgenommenen Bilder erstellen konnten. Anschließend konnten Sie die besten Filmabzüge in scharfe Fotos umwandeln.

Der Weg vom Vorhandensein einer Wunschvorstellung bzw. eines Ziels bis zur Verwirklichung Ihrer Träume sieht diesem Prozess sehr ähnlich.

„Sie können sich nicht auf Ihre Augen verlassen, wenn Ihre Vorstellungswelt unscharf ist."
– Mark Twain

Mit anderen Worten: Visualisierung bedeutet, ein geistiges Bild von den Dingen zu schaffen, die Sie sich wünschen, bzw. von der Stelle, an der Sie im Leben sein wollen. Die Visualisierung ist ein mächtiges Erfolgswerkzeug, das jeder, der ein Top-Performer werden will, beherrschen muss. Alles, was Sie im Leben erreichen wollen, beginnt zunächst als Bild im Kopf.

> **„Ein Bild sagt mehr als tausend Worte."**
> **– Arthur Brisbane**

Um Ihre persönlichen oder beruflichen Ziele zu erreichen, benötigen Sie einen angemessenen Fokus. Am Anfang wird das Bild nicht klar sein und wie ein Negativ in Ihrem Kopf erscheinen. Sobald Sie Ihre Ziele sorgfältig festgelegt haben, genau wie bei der Auswahl des richtigen Films oder der richtigen Belichtung, können Sie auf die Verwirklichung Ihrer Träume hinarbeiten. Jedes Ziel und jedes Bestreben hat seine eigenen Spezifikationen, damit am Ende ein schönes Bild entsteht. Je besser Sie wissen, wie Sie sich konzentrieren, bevor Sie eine Aufnahme machen, desto besser ist das Ergebnis des Fotos. Und je besser das mentale Bild ist, das Sie erstellen, desto größer ist Ihre Chance auf Erfolg.

> **„Die Visualisierung hilft unserem Gehirn dabei, ein Signal an unseren Körper zu senden, damit dieser damit beginnt, sich in einer Weise zu verhalten, die mit den Bildern in unserem Kopf übereinstimmt."**
> **– Kimberly Hershenson, Therapeutin aus New York City**

Jeder Mensch träumt oder erzeugt täglich mentale Bilder im Kopf. Allerdings können nicht alle mentalen Bilder positive Ergebnisse in Ihrem Leben hervorbringen. Manchmal nutzen Menschen die Kraft der Visualisierung, um ein Leben zu erschaffen, das sie nicht wollen. Sie stellen sich die schlimmsten Situationen vor und am Ende entstehen hässliche Bilder.

> **„Wenn Sie es sich erträumen können, können Sie es auch tun."**
> **– Walt Disney**

Der Wert der Visualisierung

- Die Visualisierung erweckt Ihren kreativen Sinn zum Leben. Es wird nicht lange dauern, bis Sie anfangen, kreative Ideen in Bezug auf Ihre Ziele zu haben.
- Die Visualisierung hilft Ihnen dabei, Ihre geistige Energie zu kanalisieren, um die Ressourcen zu identifizieren, die zum Erreichen Ihrer Ziele erforderlich sind.
- Ihr mentales visuelles Bild setzt das Gesetz der Anziehung in Gang. Dieses Gesetz bewirkt, dass die Menschen, Ressourcen und Situationen angezogen werden, die Sie benötigen, um Ihre Ziele in die Realität umzusetzen.
- Visualisierung schafft die innere Kraft bzw. Motivation, um Ihre Träume zu verwirklichen.

Tipps zur Visualisierung und Verwirklichung Ihrer Ziele

Sie sollten genau wissen, was Sie wollen. Formulieren Sie in klaren Worten, was Sie wollen. Was ist Ihnen am wichtigsten? Was ist die Sache, die Ihnen die meiste Freude bereitet? Erstellen Sie eine mentale Blaupause davon, wie Ihr Leben nach Erreichen dieses Ziels aussehen wird.

Beschreiben Sie das Ziel im Detail

Das Geheimnis, um Ihr Ziel genau zu beschreiben, besteht darin, sich selbst die folgende Frage zu stellen: Wenn Sie nichts und niemand aufhalten würde, wie würden Sie dann vorgehen, um Ihr Ziel zu erreichen? Diese Frage kann Ihnen den Prozess zeigen, der nötig ist, um Ihr Ziel zu erreichen. Erstellen Sie ein klares geistiges Bild von den Dingen, die Sie wollen. Sie können den Prozess, der zur Zielerreichung gehört, aufschreiben. Tun Sie beim Schreiben so, als hätten Sie bereits alles, was Sie zur Umsetzung des Ziels benötigen.

Erschaffen Sie eine emotionale Kulisse für Ihr Ziel

Versuchen Sie, sich die Stimmung, Szenen und andere Szenarien vorzustellen, die mit dem Erreichen des Ziels einhergehen werden. Um sich inspirieren zu lassen, erstellen Sie eine Visionstafel mit den entsprechenden Bildern und Zitaten. Schreiben Sie die kurz- und langfristigen Ziele auf, die mit der Vision verbunden sind.

Machen Sie sich an die Arbeit

Beginnen Sie täglich mit kleinen Schritten, um Ihre Ziele zu erreichen. Lassen Sie sich nicht von dem gewaltigen Ausmaß des Ziels abschrecken. Erstellen Sie einen Aktionsplan mit einer Zeitleiste, um die täglichen, wöchentlichen und monatlichen Ziele zu erreichen.

Sprechen Sie Ihre Ziele laut aus

Wenn Sie Ihre Ziele laut aussprechen, kann Ihnen dies ebenfalls dabei helfen, kreative Aktionen anzustoßen. Sie können sich beispielsweise vor den Spiegel stellen, Ihre Ziele laut aussprechen und sie so in Ihr Leben rufen.

Gehen Sie die Sache langfristig an

Verstehen Sie, dass die Visualisierung Ihrer Ziele kein Sprint ist, sondern ein Marathon. Auf dem Weg zu Ihren Zielen werden Sie mit Herausforderungen und Entmutigung durch Freunde und Familienmitglieder konfrontiert werden. Sie müssen jedoch lernen, an Ihrem Ziel festzuhalten, auch wenn es so aussieht, als würde nichts klappen.

> „Alle erfolgreichen Männer und Frauen sind große Träumer. Sie stellen sich vor, wie ihre Zukunft aussehen könnte, die ideal in jeder Hinsicht ist, und dann arbeiten sie jeden Tag auf ihre ferne Vision hin."
> – Brian Tracy

Schreiben Sie Ihr Ziel auf

Jeder kann einen Traum oder ein geistiges Bild davon haben, was er im Leben erreichen möchte, aber nicht jeder nimmt sich die Zeit, seine Ziele in klaren Worten aufzuschreiben. Das Aufschreiben Ihrer Ziele zeigt Ihnen, wie das Ziel auf Papier aussieht. Auf diese Weise wird es Ihnen leichter fallen, sich neu zu fokussieren bzw. irgendeinen Aspekt anzupassen, der keinen Sinn ergibt.

Wenn es um das Notieren von Zielen geht, gibt es, wie Sie feststellen werden, drei Kategorien von Menschen. Die erste Gruppe von Menschen schreibt ihre Ziele nicht auf. Die zweite Gruppe schreibt ihre Ziele auf, hat jedoch keinen klaren Plan, wie sie diese Ziele erreichen will. Die dritte Gruppe von Menschen schreibt ihre Ziele auf und legt einen klaren Aktionsplan fest, wie sie sie erreichen will. Diese dritte Gruppe von Menschen macht also das, was als SMART-Goals-Methode bezeichnet wird.

Untersuchungen zeigen, dass weniger als 20 % der Menschen ihre Ziele in klaren Worten aufschreiben. Eine Studie besagt zudem, dass diejenigen, die ihre Ziele aufgeschrieben haben, diese mit 1,2 bis 1,4-mal höherer Wahrscheinlichkeit erreichen als andere.

Warum sollten Sie Ihre Ziele niederschreiben?

Sie erhöhen dadurch Ihre Erfolgschancen

Dr. Gail Matthews, Psychologieprofessorin an der Dominican University in Kalifornien, führte eine Studie mit 270 Teilnehmern zum Thema Zielsetzung durch. Die Ergebnisse zeigten, dass Menschen eine um 42 % höhere Chance haben, ihre Ziele zu erreichen, wenn sie sie niederschreiben.

Sie erhalten Klarheit in Bezug auf Ihre Ziele

Das Notieren Ihrer Ziele hilft Ihnen dabei, konkret zu erkennen, was genau Sie wollen. Wenn Sie Ihre Ziele aufschreiben, beginnen

Sie auf natürliche Weise damit, über die Ressourcen nachzudenken, die Sie haben. Zudem überlegen Sie sich Strategien, um diese Ziele zu erreichen. Es reicht jedoch nicht aus, den Satz aufzuschreiben „Ich möchte Millionär sein, wenn ich 30 Jahre alt bin". Sie müssen festlegen, was genau Sie tun werden und wie Sie die Millionen verdienen wollen.

Wenn Sie Ihre Ziele aufschreiben, müssen Sie sicherstellen, dass es SMART-Ziele sind. Wir werden später in diesem Kapitel mehr über SMART-Ziele sprechen.

Sie werden zum Erfolg motiviert

Wenn Sie Ihre Ziele auf Papier niedergeschrieben sehen, dient Ihnen dies als Motivation, um Ihre Ziele zu erreichen. Sie behalten so stets den Überblick, wie weit Sie von Ihrem Ziel entfernt sind. Außerdem können Sie dadurch auch kleinere Erfolge identifizieren und wichtige Meilensteine feiern, wenn Sie Ihre Ziele aufgeschrieben haben.

Sie sparen dadurch Zeit

Wenn Sie ein gut ausformuliertes und klar definiertes Ziel haben, verbringen Sie weniger Zeit mit Rätselraten. Sobald Sie Ihre Ziele aufgeschrieben haben, können Sie das große Ganze besser sehen. Auf diese Weise verschwenden Sie weniger Ressourcen und erreichen ein besseres Zeitmanagement.

Richtlinien für das Notieren Ihrer Ziele

Wenn es also an der Zeit ist, Ihre Ziele aufzuschreiben, was sollten Sie dann tun? Notieren Sie einfach jeden Gedanken, der Ihnen in den Kopf kommt, und beziehen Sie sich dann bei der Verfolgung Ihrer Ziele darauf? Oder gibt es festgelegte Prinzipien, Werte, Bestrebungen oder Strukturen, denen Sie folgen sollten? Hier sind einige beispielhafte Richtlinien, denen Sie folgen sollten:

- Identifizieren Sie Ihre Arbeits- bzw. Lebensziele.

- Schreiben Sie die Ziele unter Verwendung der SMART-Goal-Prinzipien auf.
- Identifizieren Sie die Gründe, warum Sie das jeweilige Ziel erreichen wollen.
- Stellen Sie sicher, dass Sie nicht zu viele Ziele haben. Tatsächlich sollten es weniger als zehn sein.
- Schreiben Sie auf, wie Sie die einzelnen Ziele erreichen wollen.

„Wenn man kein Ziel hat, besteht das Problem darin, dass man sein Leben damit verbringt, auf dem Spielfeld auf und ab zu rennen und niemals ein Tor erzielt."
– Bill Copeland

Um bei der Zielsetzung erfolgreich zu sein, müssen Sie Ihre Ziele stets auf Konsistenz überprüfen. Außerdem hilft Ihnen die Zusammenarbeit mit einem Partner, der Sie in die Pflicht nimmt, dabei, sofort zu erkennen, wenn Sie von Ihren Zielen abgewichen sind.

Erstellen Sie einen Aktionsplan

Wenn Sie Ihre Ziele aufschreiben, ohne einen klaren Plan zu haben, wie Sie sie erreichen wollen, ist das nichts anderes als Wunschdenken. Um mit Ihrer Zielsetzung erfolgreich zu sein, müssen Sie eine klare Reihenfolge aufstellen, wie Sie das Ziel erreichen werden. Ohne eine klare Richtung kann es passieren, dass Sie frustriert werden und von Ihrem Ziel abkommen.

Tipps zum Erstellen eines funktionierenden Aktionsplans

- Teilen Sie die Ziele in kleinere Aufgaben auf.
- Teilen Sie jede Aufgabe in einzelne Schritte auf – tägliche, wöchentliche und monatliche Schritte.
- Legen Sie eine Priorität für das Erreichen jeder Aufgabe fest.
- Erstellen Sie einen Meilenstein zur Bewertung des Erfolgs.

- Erstellen Sie einen Zeitplan für die Erreichung eines jeden Zielaspekts.
- Seien Sie konkret in Bezug darauf, was Sie in jeder Phase des Ziels erreichen wollen.
- Führen Sie regelmäßige Überprüfungen Ihrer Ziele, Zeitpläne und Aufgaben durch, um sicherzustellen, dass Sie auf dem richtigen Weg sind.

„Zielen Sie auf den Mond. Selbst wenn Sie ihn verfehlen, werden Sie bei den Sternen landen."
– Les Brown

Um beim Festlegen von Zielen erfolgreich zu sein, ist konzentriertes Handeln erforderlich. Sie müssen täglich kleine, machbare Schritte unternehmen.

Überprüfen Sie Ihre Ziele

Die meisten Menschen ziehen erst im neuen Jahr Bilanz über ihre Ziele. Sie fassen Neujahrsvorsätze, die sie dann innerhalb von ein oder zwei Wochen wieder aufgeben. Die einzige Möglichkeit, Ihre Ziele nicht aus den Augen zu verlieren, besteht darin, diese regelmäßig zu überprüfen. Das Überprüfen Ihrer Ziele ist wie ein Kompass, der Ihnen als Wegweiser dient. Um die persönliche Effizienz zu steigern, müssen Sie Ihre Ziele häufig überprüfen.

„Wenn Sie nicht wissen, wohin Sie gehen, werden Sie wahrscheinlich irgendwo anders landen."
– Lawrence J. Peters

Warum Sie Ihre Ziele häufig überprüfen müssen

- Sie können die kritischen Schritte in Ihrem Aktionsplan identifizieren und stellen dadurch sicher, dass Sie im Einklang mit Ihrem Gesamtziel sind.
- Wenn Sie Ihre Ziele überprüfen, bleiben sie Ihnen frisch im Gedächtnis und motivieren Sie zu weiteren Maßnahmen.

- Während Sie Ihre Ziele umsetzen, hilft Ihnen eine Überprüfung dabei, zu erkennen, an welcher Stelle nachjustiert werden muss, um effizient zu sein.
- Sie verringern die Wahrscheinlichkeit, bei der Umsetzung Ihrer Ziele vom Kurs abzukommen.
- Sie können schneller und konsequenter handeln.
- Sie eliminieren die Verschwendung von Ressourcen, wenn Sie Ihre Ziele überprüfen. Sie ersparen sich dadurch die Mühe, die falschen Dinge zu tun, und steigern so Ihre persönliche Effizienz.
- Es ist eine großartige Möglichkeit, um Ihre Entschlossenheit zu stärken.

„Das Leben besteht zu 10 % aus den Dingen, die Ihnen passieren, und zu 90 % daraus, wie Sie darauf reagieren."
– Charles R. Swindoll

Wie Sie Ihre Lebensziele effektiv überprüfen

Die Überprüfung Ihrer Ziele wird Ihnen leichter fallen, wenn Sie sie vorher aufgeschrieben haben. Nur ein Mensch ohne ein konkretes Ziel im Leben wird sein Leben leben, ohne sich eine Reihe von Zielen zu setzen. Um jedoch ein Top-Performer in Ihrer Branche zu werden, müssen Sie verstehen, wie Sie Ihre Ziele angehen. Wenn Sie Ihre Ziele bereits nach dem SMART-Prinzip aufgeschrieben haben, dann können Sie Ihre Ziele überprüfen, indem Sie Folgendes tun:

- Wählen Sie jeden Tag eine bestimmte Uhrzeit, um Ihre Wochenziele zu überprüfen. Verpflichten Sie sich dazu, den Key Performance Index täglich im Einklang mit Ihren Zielen zu bewerten. Für manche Menschen sind die frühen Morgenstunden hierfür am besten geeignet. Auf diese Weise können Sie sich gut auf den Tag vorbereiten. Andere Menschen können abends oder kurz vor dem Schlafengehen am besten arbeiten, da sie dann am nächsten Morgen mit einer klaren Vorstellung davon aufwachen, wie ihr Tag aussehen soll. Ich werde Ihnen jedoch im nächsten Kapitel mehr über den 5-A.M.-Club verraten.

- Bewerten Sie Ihre monatlichen Ziele am Ende eines jeden Monats, um zu sehen, wie gut Sie abgeschnitten haben.
- Unterteilen Sie jedes Ihrer Tages-, Wochen- und Monatsziele in drei bis zehn Schritte. Indem Sie Ihre Ziele in kleinere Schritte unterteilen, können Sie sie leichter überprüfen. Diese Vorgehensweise hilft Ihnen ebenfalls dabei, sich mit dem Prozess vertraut zu machen, ohne dass er Ihnen langweilig oder umständlich erscheint. Sie können die Schritte in Ihr Notizbuch, Ihr Handy, Ihren Kalender oder andere Hilfsmittel schreiben, mit denen Sie täglich arbeiten.
- Gehen Sie zu Beginn jeder Woche oder jedes Monats die Aktivitäten der vergangenen Woche durch. Notieren Sie sich die erledigten täglichen, wöchentlichen oder monatlichen Aufgaben. Achten Sie auf solche, die noch in Arbeit sind, und auf Bereiche, in denen etwas schief gelaufen ist. Berücksichtigen Sie ebenfalls mögliche bessere Wege zur Lösung von Problemen.
- Passen Sie Ihre Pläne an und überprüfen Sie die Schritte, die Sie für die kommenden Tage, Wochen und Monate unternehmen müssen.

„Wenn Sie ein Ziel erreichen wollen, müssen Sie das Erreichen dieses Ziels vor Ihrem geistigen Auge sehen."
– Zig Ziglar

SMART-Zielsetzungstechniken

Transparenz bei der Zielsetzung ist ein wichtiger Faktor zur Steigerung Ihrer Effizienz. Außerdem hilft Ihnen eine entsprechende Transparenz dabei, fokussiert zu bleiben. SMART-Ziele gehen über das Schreiben eines Wunschzettels hinaus. Es handelt sich hierbei um eine Möglichkeit, um ein umsetzbares Ziel zu schreiben. Ein SMART-Ziel berücksichtigt die Kosten der Zielerreichung. George T. Doran entwickelte im Jahre 1981 die SMART-Goals-Methode zur Erstellung von Managementzielen und -vorgaben. Zu den Schlüsselelementen eines SMART-Ziels gehören die folgenden:

Spezifisch

Ein SMART-Ziel ist eines, das ausformuliert und identifiziert ist. Es stellt eine klare Aussage über die erwarteten Ergebnisse und die erforderlichen Aktionen zum Erreichen dieser Ergebnisse dar. Wir alle haben täglich eine Menge Dinge um die Ohren, die unsere Aufmerksamkeit erfordern, doch um die persönliche oder berufliche Effizienz zu steigern, müssen wir die Aufgaben identifizieren, die uns schneller zum Ziel führen. Machen Sie deshalb eine Liste mit all Ihren Zielen und wählen Sie dann diejenigen aus, die für das Vorankommen Ihrer Karriere entscheidend sind.

Ist es zum Beispiel wahrscheinlicher, dass Sie jeden Tag 25 Aufgaben oder fünf erledigen? Und wie sieht es mit Ihren wöchentlichen Aufgaben aus? Am besten priorisieren Sie jede Aufgabe und beschränken sich auf 5 Aufgaben, die mit Ihren Zielen übereinstimmen. Diese fünf Aufgaben sollten die wichtigsten sein, um mittel- bis langfristige Ziele zu erreichen.

Messbar

Ein SMART-Ziel ist eines, das gemessen werden kann. Sie sollten eindeutige Möglichkeiten haben, um zu beurteilen, ob Sie Fortschritte in Richtung Ihres Ziels gemacht haben oder nicht. Wenn Sie Ihr Ziel festlegen, dann sollten Sie ebenfalls definieren, wie Sie den Erfolg nachverfolgen werden und welche Parameter Sie analysieren werden, nachdem Sie das Ziel erreicht haben.

Erreichbar (Achievable)

Ein Ziel ist kein Wunschzettel für eine gute Fee, sondern ein Ziel muss etwas sein, für das Sie Ressourcen zusammenstellen können, um es zu erreichen. Ein Beispiel: Eine Person, die nikotinsüchtig ist, kann diese Sucht überwinden. Aber wie? Indem sie sich von Zigaretten fernhält. Diese Person muss zudem Freunde oder Orte meiden, an denen Drogen oder Zigaretten leicht zugänglich sind. Um Ihre Ziele erreichbar zu machen, müssen Sie also die entsprechende Umgebung haben, die Sie bei diesem Ziel unterstützt. Anderes Beispiel: Um die Gewohnheit des Lesens zu kultivieren, können Sie sich eine bestimmte Anzahl von Büchern zum Ziel setzen, die Sie jeden Monat lesen. Dann wählen Sie in einem nächsten Schritt relevante Themen oder Bücher aus. Anschließend können Sie einen Zeitplan für das Erreichen des Ziels festlegen. Zuletzt legen Sie die Auswahl der Bücher für den kommenden Monat auf Ihren Lesetisch, in Ihre Tasche oder dorthin, wo Sie sie leicht erreichen können.

Um ein bestimmtes Ziel erreichbar zu machen, sollte Sie es zu Beginn in kleinere Teile zerlegen, damit Sie nicht überfordert werden. Auch hier gilt, dass Sie die nötigen Werkzeuge haben müssen, um Ihre Ziele zu erreichen. Wenn nicht, müssen Sie einen Weg finden, sich diese Werkzeuge anzueignen, entweder durch eine entsprechende Ausbildung bzw. Schulung oder indem Sie sich von anderen helfen lassen.

Realistisch

Wenn Sie einen Wunsch äußern, dann ist dies völlig in Ordnung, auch wenn es ein vager Wunsch ist. Wenn Sie jedoch Ihre persönlichen oder beruflichen Ziele erreichen wollen, dann muss dieses Ziel realistisch sein. Das heißt, es muss langfristig mit Ihren persönlichen oder beruflichen Zielen übereinstimmen. Außerdem müssen Sie Zugang zu den erforderlichen Ressourcen oder dem Know-how haben, um es zu erreichen.

Zeitgebunden (Time-Bound)

Jedes sinnvolle Ziel muss ein Start- und Enddatum haben. Wenn Sie ein Ziel ohne einen Zeitplan haben, dann wird es schwierig, Ihren Erfolg zu messen. Wenn Sie Ihre Ziele in kleinere Teilziele mit

Fristen für jedes Teilziel aufteilen, werden Sie leichter erkennen können, wenn ein Aspekt nicht dem Plan entspricht.

Das Festlegen spezifischer Zeitlinien gibt Ihnen zudem die Dringlichkeit des Ziels vor. Lesen Sie mehr darüber, wie Sie SMART-Ziele formulieren und suchen Sie sich Vorlagen, die Sie dabei unterstützen.

Zusammenfassung des Kapitels

- Die Entscheidung darüber, was Sie wollen, ist der Schlüssel zur Erreichung Ihrer persönlichen und beruflichen Ziele.
- Wenn Sie die richtigen Gedanken und Überzeugungen haben, kommen Sie besser voran als mit selbstbegrenzenden Überzeugungen.
- Sie sind in der besten Position, sich selbst zu motivieren, um Ihre Ziele im Leben zu erreichen.
- Ihr Lebenszweck dient Ihnen als Kompass, um Ihre Ziele zu erreichen. Ihr Lebenszweck sollte die Entscheidungen und Wahlmöglichkeiten in Ihrem Leben antreiben.
- Eine genaue Art und Weise, Ihren Lebenszweck zu finden, besteht darin, Maßnahmen zu ergreifen.
- Das Erstellen eines geistigen Bildes hilft Ihnen dabei, Ihre Lebensziele klarer und leichter zu erreichen.
- Das Bild, das Sie sich vorstellen, kann oftmals zu Ihrer Realität werden.
- Visuelle Hilfen unterstützen Sie darin, sich zu motivieren, Ihre Ziele zu erreichen.
- Wenn Sie Ihre Ziele aufschreiben, erhöhen Sie die Chancen, diese Ziele schneller zu erreichen.
- Menschen, die ihre Ziele aufschreiben, können sich besser konzentrieren und erreichen ihre Ziele mit größerer Wahrscheinlichkeit.
- Ein schriftliches Ziel muss einen Aktionsplan enthalten, damit Sie es erreichen können.

- Ein Aktionsplan erleichtert es Ihnen, die Parameter Wachstum und Erfolg zu messen.
- Das Überprüfen Ihrer Ziele hilft Ihnen dabei, die richtige Einschätzung vorzunehmen, um Probleme, Misserfolge, Erfolge und Abweichungen zu identifizieren.
- Ein SMART-Ziel ist ein Ziel mit einem erwarteten Ergebnis und der erforderlichen Aktion, um dieses bestimmte Ziel zu erreichen.

Im nächsten Kapitel erfahren Sie, wie Sie Ihren Tag organisieren können, um Ihr Lebensziel leichter zu erreichen. Treten Sie dem „5-A.M.-Club" bei.

KAPITEL ZWEI:

Werden Sie Mitglied im 5-A.M.-Club

Jeder von uns hat Gewohnheiten bzw. gewohnheitsmäßige Aktivitäten, denen er nachgeht. Einige dieser Aktivitäten sind gute Gewohnheiten, andere sind negative Gewohnheiten. Wie auch immer, Robin Sharma sagt: „Gewinnen beginnt am Anfang. Und in den ersten Stunden des Tages werden große Helden gemacht. Machen Sie das Beste aus den frühen Morgenstunden und Sie werden Ihr Leben meistern." Wir wissen bereits, dass hochproduktive und erfolgreiche Menschen vor 6 Uhr morgens aufstehen, um ihren Tag zu beginnen. Tim Cook, CEO von Apple, Tim Armstrong, CEO von AOL, der Investor Kevin O'Leary, Ursula Burns, CEO von Xerox, Jack Dorsey, CEO von Twitter und Square sowie Jeff Immelt, CEO von GE, haben alle eines gemeinsam – sie alle stehen zwischen 3:30 Uhr und 6 Uhr auf, um ihren Tag zu beginnen.

Seit fast einem Jahrzehnt stehe auch ich nun schon vor 5 Uhr morgens auf, um meinen Tag zu beginnen. Und das frühe Aufstehen hat einen phänomenalen Einfluss auf meinen Tag und mein gesamtes Leben. Gewohnheiten sind Dinge, die Sie oft tun. Sie brauchen keine Aufforderung, um gewohnheitsmäßige Handlungen auszuführen. Warum ist es wichtig, positive Gewohnheiten zu entwickeln? Jede Gewohnheit kann erlernt werden, egal ob negativ oder positiv. Das Erlernen positiver Gewohnheiten wird einen lebenslangen Einfluss auf Ihre Ziele haben. Darum geht es in Robin Sharmas 5-A.M.-Club. Sie steigen im Leben in dem Maße auf, wie Sie es sich erlauben.

Ich bemerkte, dass ich sehr beschäftigt geworden war und keine Zeit mehr zum Lesen hatte, wusste jedoch, dass Lesen ein wichtiger Teil meines Lebens und ein wichtiges Lernmittel ist. Als ich eine Neubewertung meines Lebensziels vornahm, musste ich mir diese unbequeme Wahrheit eingestehen. Und das ist genau das, was wir alle oft tun müssen: Unsere Ziele neu bewerten. Was ist die eine Tätigkeit bzw. Fähigkeit, die Sie lernen könnten, die sich positiv auf Ihr Leben oder Ihre Finanzen auswirken wird?

Mit Hilfe der 20/20/20-Regel von Robin Sharma fand ich eine Möglichkeit, meine Produktivität zu steigern. Die Regel besagt, dass Sie zwanzig Minuten Bewegung, zwanzig Minuten Planung und zwanzig Minuten Lernen einplanen sollten. Ich plane meinen Tag am Vorabend, bevor ich ins Bett gehe. Diese Methode funktioniert für mich am besten, da ich auf diese Weise mit dem Gefühl aufstehe, alles organisiert zu haben und meine Aktivitäten für den neuen Tag zu kennen. Ich hatte bereits vorher jeden Morgen 30 Minuten Bewegung eingeplant. Außerdem hilft es, den Tag mit Sport zu beginnen, denn wenn ich mich mal einer ersten Aufgabe widme, fängt mein Tag mit Vollgas an, und ich kann abgelenkt sein. Aus diesem Grund habe ich die 20/20/20-Methode für meinen Lernprozess umstrukturiert und sie in eine morgendliche 20/20/20-Routine abgeändert.

Damit mir diese Herausforderung gelang, legte ich die Bücher, die ich morgens lesen wollte, auf meinen Lesetisch. Außerdem sorgte ich dafür, dass mein Wecker eine Stunde früher klingelte, sodass ich um 04:30 Uhr mit meiner neuen Leseroutine beginnen konnte. Am ersten Tag war es nicht so angenehm. Als der Wecker klingelte, drückte ich sofort die Schlummertaste. Doch nach dem zweiten Klingeln des Weckers, also zehn Minuten später, musste ich mich aus dem Bett schleppen, wenn ich Erfolg haben wollte. Es braucht Disziplin und einen festen Entschluss, um ein Ziel zu erreichen.

An Tag 1 war ich ein einziges Chaos, denn ich fühlte mich nutzlos und wollte sofort wieder ins Bett gehen. Ich schaffte es kaum durch den ersten Morgen, da meine Augen schwer waren, mein Körper sich taub anfühlte und ich einfach immer wieder gähnte. Tag 2: Ja, ich stand tatsächlich mit dem ersten Klingeln des Weckers auf. Ich schnappte mir eine Tasse Kaffee und schaffte es in mein Arbeitszimmer. Tag 2 lief nicht viel besser als Tag 1. Ich war müde und versuchte, Materialien für mein Meeting am nächsten Tag vorzubereiten. Im Laufe des Tages hatte ich große Lust, das Experiment zu beenden, doch ich zwang mich dazu, durchzuhalten.

Erst nachdem ich meine üblichen täglichen Überlegungen und Planungen angestellt hatte, bevor ich mich abends zur Ruhe legte, wurde mir klar, was nicht stimmte. Jetzt wachte ich eine Stunde früher auf als sonst und diese eine Stunde fehlte mir bei meiner normalen sechs- bis siebenstündigen Schlafdauer. Da meine neue Aufwachzeit 5 Uhr morgens war, musste ich meine Zubettgehzeit auf 23 Uhr verschieben, um ein Gleichgewicht zu finden. An den meisten Tagen musste ich jedoch bereits um 22:30 oder 23 Uhr ins Bett gehen.

An Tag 3 war ich nicht mehr so müde wie an Tag 1 und 2. Deswegen verbesserte sich die Qualität der Zeit, die ich mit dem Lesen verbrachte. Außerdem konnte ich auf diese Weise mein Ziel schneller erreichen. Das ist die Macht der Gewohnheit. Wenn Sie die gewünschte Verhaltensweise für mindestens 30 bis 40 Tage beibehalten können, wird sich Ihr Körper daran gewöhnen.

Geheimnisse aus Robin Sharmas 5-A.M.-Club

Robin Sharma ist ein bekannter kanadischer Redner, Autor und Erfolgscoach mit indischen und kenianischen Eltern. In seinen frühen Zwanzigern musste sich Sharma mit den Problemen auseinandersetzen, mit denen die meisten Einwanderer mit einer diversen Herkunftsgeschichte konfrontiert sind. Er wollte unbedingt über sich hinauswachsen und war bereit, sich besonders anzustrengen, um erfolgreich zu sein.

Nachdem er sein Jurastudium abgeschlossen hatte und ein erfolgreicher Anwalt geworden war, wollte Sharma mehr vom Leben. Das führte dazu, dass er das Leben anderer erfolgreicher Männer und Frauen studierte, um zu verstehen, wie diese Menschen im Innersten ticken. Die Erfolgsstrategien dieser großen Persönlichkeiten waren die Geburtsstunde von Sharmas Büchern: *Megaliving* aus dem Jahr 1994, *The Monk Who Sold His Ferrari* und sein neuestes Werk *5 A.M. Club*.

Robin Sharmas 5-A.M.-Club

Robin Sharma führte ein einfaches, jedoch diszipliniertes Leben, das auf Erfahrungen und Wissen basierte, welches er über Jahrzehnte hinweg gesammelt hat. Daraus entstand der „5-A.M.-Club". Sharmas persönliche Disziplin, die er in seinen 20ern erlernte, half ihm dabei, seinen Erfolg zu planen und die Fehler zu vermeiden, die so viele Menschen machen. Heute spricht er vor Tausenden von Menschen auf Konferenzen und anderen Veranstaltungen.

Sharma behauptet, dass Sie Ihre persönliche Produktivität steigern können, wenn Sie es sich zur Gewohnheit machen, jeden Morgen um oder vor 5 Uhr aufzustehen und die 20/20/20-Formel umzusetzen. Er nennt dies die „Siegesstunde". Wenn Sie die 20/20/20-Regel im Laufe der Zeit vernünftig befolgen können, werden Sie klüger, agiler und selbstbewusster und erleben einen Kreativitätsschub.

Sharmas „Siegesstunde-20/20/20-Formel"

Um die persönliche Produktivität zu steigern, können Sie Ihre „Siegesstunde" folgendermaßen nutzen:

- Stehen Sie um 5 Uhr morgens auf (Sie können damit beginnen, indem Sie einen klassischen Wecker verwenden).
- Bewegen Sie sich und meditieren Sie 20 Minuten lang.
- Überlegen Sie sich Strategien und planen Sie Ihren Tag 20 Minuten lang.
- Lesen Sie 20 Minuten lang ein Buch bzw. Lesematerial im Internet, um Ihre Fähigkeiten zu verbessern oder um neue Dinge in Ihrem Bereich zu lernen.

Wie das Aufstehen um 5 Uhr morgens Ihre persönliche Produktivität steigern kann

Geistige Wachsamkeit

Wenn Sie früh aufstehen und Teil des 5-A.M.-Clubs werden, erhalten Sie den nötigen Schwung, um in den Tag zu starten. Zu solch frühen Tageszeiten schlafen die meisten Menschen noch; daher sind Sie wahrscheinlich keinen Ablenkungen ausgesetzt. Sie können sich konzentrieren, mit sich selbst im Reinen sein und sich über Ihre Ziele Gedanken machen.

Wenn Sie jeden Morgen Sport treiben, hat dies auch zahlreiche Vorteile für die geistige und körperliche Gesundheit Ihres Körpers. Die Fähigkeit, Ihr Körpergewicht zu kontrollieren, gibt Ihnen das Gefühl, Herr der Lage zu sein. Täglicher Sport macht Sie nicht nur wach, sondern versetzt Sie auch in die richtige Stimmung, um den Tag zu meistern. Ihr Körper setzt beim Sport chemische Botenstoffe frei, die Ihnen dabei helfen, sich zu entspannen, Stress abzubauen und möglicherweise Depressionen zu vermeiden. In Kapitel sieben finden Sie weitere Details zu Gewohnheiten, mit denen Sie Ihre körperliche und geistige Energie steigern können.

Erweiterung Ihrer Wissensbasis

Ich musste feststellen, dass man einen hervorragenden Start in den Tag hat, wenn man die ersten paar Minuten nach dem Aufwachen täglich dem Lesen widmet. Welche Fähigkeiten bzw. welche Kenntnisse müssen Sie erwerben, um Ihre Karriere voranzubringen oder Ihrem persönlichen Ziel näherzukommen?

Wenn Sie jeden Tag mindestens 20 Minuten lesen, kann das Ihr Leben stark beeinflussen. Menschen, die täglich ein paar Minuten lang Bücher lesen, haben eine bessere Chance, in ihrer Branche ein absoluter Experte zu werden.

Lesen verbessert, genau wie Sport, Ihre kognitiven Fähigkeiten. Es steigert Ihre Lernfähigkeit und entwickelt Ihre analytischen Fähigkeiten und Ihr Urteilsvermögen. Es ist ein hervorragendes Mittel, um Ihre Intelligenz sowie Ihre Gehirnleistung zu steigern. Lesen verbessert zudem Ihr Konzentrationsniveau.

Fühlen Sie sich verjüngt und motiviert

Wenn Sie Ihren Tag mit bester Laune beginnen, können Sie kleine Erfolge erzielen, wie z. B. Sport treiben, lesen und vieles mehr. Dieses Gefühl hilft Ihnen dabei, sich den ganzen Tag über für größere Leistungen zu motivieren. Wenn Sie bereits kleine Dinge meistern, bekommen Sie dieses „Ich schaffe das"-Gefühl. Dieses Gefühl steigert wiederum den ganzen Tag über Ihren Optimismus und Ihr Energieniveau und schon bezwingen Sie Probleme, die Ihnen früher als unüberwindbar erschienen.

> *„Motivation ist das, was Sie in Gang bringt, Gewohnheiten sind das, was Sie am Laufen hält."*
> *– Jim Ryun*

Steigerung Ihrer Selbstdisziplin

Selbstdisziplin ist eine der zahlreichen Angewohnheiten von sehr erfolgreichen Menschen. Es ist kein Vergnügen, etwas Bedeutendes in Ihrem persönlichen oder beruflichen Leben zu erreichen. Sie benötigen Hartnäckigkeit, Mut und einen starken Antrieb, um große Dinge zu erreichen. Es erfordert Durchhaltevermögen, im Winter, wenn es kalt ist, früh aufzuwachen. Es braucht Übung und einen starken Willen, um täglich zu lesen. Es erfordert Disziplin, täglich 30 Minuten lang zu trainieren, ohne einen Tag auszulassen oder aufzuhören.

Es ist eine Menge Disziplin erforderlich, um tägliche Aufgaben zu erledigen, die Ihre Karriere oder Ihr persönliches Wachstum voranbringen. Dies zur richtigen Zeit und auf die richtige Weise zu tun, erfordert noch mehr Disziplin. Disziplin erfordert sowohl körperliche als auch geistige Stärke.

„Achte auf deine Gedanken, denn sie werden zu deinen Worten; achte auf deine Worte, denn sie werden zu deinen Handlungen, achte auf deine Handlungen, denn sie werden zu deinen Gewohnheiten, achte auf deine Gewohnheiten, denn sie werden zu deinem Charakter, achte auf deinen Charakter, denn er wird zu deinem Schicksal."
– Unbekannt

10 Rituale am frühen Morgen zur Steigerung Ihrer persönlichen und beruflichen Produktivität

Welche Gewohnheiten oder Eigenschaften können Ihnen dabei helfen, beruflich oder privat erfolgreich zu sein? Sie müssen die notwendigen Fähigkeiten für persönliche Produktivität erlernen. Bevor Sie jedoch ein Top-Performer werden können, habe ich Ihnen hier einige Eigenschaften bzw. Gewohnheiten zusammengestellt, die sehr erfolgreiche Menschen besitzen:

Sie bekommen ausreichenden Schlaf

Laut der National Sleep Foundation benötigt ein Erwachsener täglich sieben bis neun Stunden Schlaf für ein gesundes Leben. Um morgens in der besten Verfassung zu sein, brauchen Sie ausreichend Schlaf. Bei Schlafmangel sinkt Ihre Konzentrationsfähigkeit bei der Arbeit. Um Ihr Optimum zu erreichen, müssen Sie daher zu regelmäßigen Zeiten schlafen.

Die meisten Top-Performer gehen früh ins Bett, damit sie sich energiegeladen fühlen und bereit für die Aufgaben des nächsten Tages sind.

Sie stehen früh auf

Hocheffiziente Menschen haben bestimmte Schlaf- und Aufwachzeiten. Einige von ihnen stehen bereits um 3:45 bis 4 Uhr auf. Andere beginnen ihren Tag um 5 oder 6 Uhr. Anfangs benötigen Sie vielleicht die Hilfe eines Weckers, um früh aus dem Bett zu kommen, aber mit der Zeit wird sich Ihr Körper an diese neue Routine gewöhnen und Sie werden wie automatisch jeden Tag zur gleichen Zeit aufwachen.

Wenn Sie jeden Tag früh aufstehen, haben Sie genügend Zeit, um sich zu bewegen, sich mental zu betätigen, sich geistig weiterzuentwickeln und vieles mehr.

Zeit für Meditation

Hocheffiziente Menschen verstehen die Macht der Selbstreflexion. Meditation bzw. Zeit zum Nachdenken hilft Ihnen dabei, die Nutzung Ihrer Gehirnleistung zu maximieren. Wenn Sie nicht wissen, wie Sie anfangen sollen, kann die Verwendung einer App für die tägliche Meditation Ihnen dabei helfen, eine Meditationsroutine zu etablieren. Tägliche Meditation kann auch Stress reduzieren, Depressionen bekämpfen und Sie darin unterstützen, sich zu entspannen und mit chronischen Schmerzen umzugehen.

Untersuchungen der Wake Forest Baptist University zeigen, dass Meditation Schmerzen um 40 % reduzieren kann. Bei der Einnahme von morphinhaltigen Schmerzmitteln wird dagegen eine Schmerzreduktion von lediglich 25 % erreicht. Laut NPR kann Meditation Stress und Blutdruck reduzieren. Zudem steigern Meditationstechniken unsere Problemlösungsfähigkeiten, unser allgemeines Wohlbefinden, unsere Leistungen im Beruf sowie unsere persönlichen Beziehungen.

Forschungen für das National Institute of Health, die von der U.S. National Library of Medicine veröffentlicht wurden, berichten, dass Meditationstechniken den Verlust der kognitiven Fähigkeiten bei älteren Menschen reduzieren können.

Sie vermeiden Koffein direkt nach dem Aufstehen

Es ist immer verlockend, als Allererstes nach dem Aufwachen eine Tasse Kaffee zu trinken. Und je kälter das Wetter ist, desto größer ist die Versuchung. Sehr erfolgreiche Menschen wissen jedoch, wie wichtig es ist, dem Drang nach einer heißen Tasse Koffein gleich am Morgen zu widerstehen. Der CEO von Twitter und Square, Jack Dorsey, sagt, dass er jeden Tag auf dem Weg ins Büro an einem Coffee Shop anhält, um sich seinen Lieblingskaffee zu holen. Allerdings beginnt er seinen Tag mit Sport und dann mit Meditation, bevor er ins Büro geht.

Wissenschaftliche Erkenntnisse zeigen, dass der frühmorgendliche Konsum von Koffein die energiesteigernden Vorteile blockiert. Daher sollten Sie Ihre erste Tasse Kaffee viel später trinken, zum Beispiel um 9 Uhr morgens.

Sie haben Spaß an Sport

Ich habe bereits angesprochen, wie wichtig Bewegung ist und welche Vorteile sich daraus für Körper und Geist ergeben. Top-Performer in verschiedenen Branchen verstehen genau, wie Bewegung ihnen dabei helfen kann, eine optimale Leistung zu erzielen. Sport hält unseren Körper jung, sorgt für eine schnellere Durchblutung und hält uns geistig fit. Bewegung hilft, den Körper zu verjüngen, lässt das Blut schneller zirkulieren und hält einen geistig wach.

Dabei muss es sich nicht um eine intensive sportliche Aktivität handeln, sondern Sport kann auch Spaß machen und aus leichten Trainingseinheiten wie Schwimmen, Tanzen oder Joggen bestehen. Jede körperliche Aktivität, die Ihr Herz schneller schlagen oder das Blut zirkulieren lässt, ist sehr gut geeignet.

Sie organisieren ihren Zeitplan für den Tag

Einige mächtige Unternehmer beschäftigen persönliche Assistenten, um ihre Zeitpläne zu verwalten, doch sehr erfolgreiche Menschen gehen ihre Zeitpläne auch persönlich durch und organisieren diese selbst. Die Organisation Ihres Zeitplans hilft Ihnen dabei, sicherzustellen, dass Ihr Tag wie geplant und mit weniger Störungen abläuft.

Wenn erfolgreiche Menschen die Aktivitäten des Tages nach Prioritäten ordnen, können sie sie in geordneter Weise abarbeiten. Erfolgreiche Menschen haben eine klare Vorstellung davon, was sie bis zum Ende eines jeden Tages erreichen wollen. Selbst wenn es Rückschläge oder Unterbrechungen gibt, so wird es dennoch einfacher, ihre Fortschritte zu verfolgen.

Sehr erfolgreiche Menschen organisieren ihren Zeitplan so, dass sie ihre produktivste Zeit des Tages ihrer wichtigsten Aufgabe im Einklang mit ihren Zielen widmen können.

Sie ernähren sich gesund

Das Frühstück ist eine der wichtigsten Mahlzeiten des Tages. Und Leistungsträger wissen, wie wichtig das Frühstück für ihre Produktivität ist. Das Frühstück ist die erste Mahlzeit, die Ihr Körper nach einer langen Nachtruhe bekommt und deshalb braucht Ihr Körper diese Mahlzeit als Energiequelle. Sie werden sich viel besser fühlen, wenn Sie richtig frühstücken, um die Aufgaben des Tages zu bewältigen.

Manchmal sind Sie morgens aufgeregt oder haben nicht das Bedürfnis, zu frühstücken. So kann es sein, dass Sie in Versuchung geraten, die erste Mahlzeit des Tages auszulassen. Doch wie Richard Branson, CEO der Virgin Group, sagt, können Sie immer etwas Leichtes essen, um den Tag zu beginnen. Früchte, Vollkornprodukte, Kohlenhydrate, Proteine und weitere leichte Nahrungsmittel eignen sich ideal dazu.

Sie kleiden sich einfach

Sehr erfolgreiche Menschen neigen dazu, weniger Zeit damit zu verbringen, sich zu überlegen, was sie jeden Tag anziehen sollen. Sie investieren ihre Energie lieber in produktivere Dinge, als sich durch Kleidung psychischen Stress zu schaffen. Die meisten Menschen schaffen sich eine Auswahl an einfachen Kleidungsstücken an. Sie tragen auffällige Farben, Turnschuhe oder einfaches Schuhwerk, sowie Outfits, die sich gut miteinander kombinieren lassen. Mit solchen Kombinationen fällt es diesen CEOs und vielbeschäftigten Führungskräften leicht, ihre Kleidung täglich auszuwählen. Facebook-CEO Mark Zuckerberg zum Beispiel erzählte dem Independent, dass er eine bestimmte Auswahl an Kleidungsstücken trägt, was seine Garderobe stark vereinfacht. Auf diese Weise kann er sich seine geistige Energie für seine täglichen Arbeitsaufgaben bewahren.

Mark ist bekannt für seine Jeans, sein graues T-Shirt und sein Sweatshirt. Auch andere Tech-Milliardäre tragen einfache Kleidung. Steve Jobs trug oft einen Rollkragenpullover und schwarze Jeans. Snap-CEO Evan Spiegel trägt ein weißes T-Shirt mit V-Ausschnitt, schwarze Jeans und weiße Turnschuhe. Sundar Pichai, Google-CEO, bevorzugt eine einfache Trainingsjacke, Jeans und Turnschuhe, Jack Dorsey trägt eine normale Jeans, ein schwarzes Rundhals-T-Shirt und Turnschuhe. Smart auszusehen muss nicht viel kosten oder alle Zeit der Welt in Anspruch nehmen. Tragen Sie jedoch angemessene Kleidung und erscheinen Sie smart, um Ihr Selbstvertrauen zu stärken.

Sie erschaffen ein Arbeitsmuster

Wie man die Aufgaben des Tages am besten angeht, bleibt ein Thema, zu dem verschiedene Menschen unterschiedliche Meinungen haben. Während manche Menschen den Tag damit beginnen, kleinere Aufgaben wie das Lesen von E-Mails, Briefen usw. zu erledigen, beginnen andere mit den anspruchsvollsten Projekten und arbeiten sich dann zu den kleineren Aufgaben vor. Welche Strategie auch immer für Sie persönlich funktioniert, stellen Sie sicher, dass die erste Stunde der Arbeit eine produktive Stunde ist.

Nachdem ich die Aufgaben für den Tag priorisiert habe, beginne ich meinen Arbeitsplan mit kleineren Aufgaben, deren Erledigung nicht so viel Zeit in Anspruch nimmt. Diese Aufgaben können sich jedoch auf mein Tagesergebnis auswirken. Aktivitäten wie das Überprüfen meiner E-Mails, Briefe, anderer Nachrichten und vieles mehr kommen in der Regel auf, wenn ich die Elemente sortiere, die ich brauche, um mit der Arbeit zu beginnen. Sobald ich die benötigten Dokumente und Werkzeuge auf meinem Tisch habe, starte ich mit den wichtigeren Aufgaben des Tages.

Die wichtigeren Aufgaben können weitere 3 bis 5 Stunden oder mehr in Anspruch nehmen, bis sie von meinem Tisch verschwunden sind. Während der Arbeitszeit lese und beantworte ich nur arbeitsbezogene E-Mails zu einer bestimmten Zeit. In den Pausen nehme ich mir jedoch Zeit, um E-Mails und Social-Media-Feeds zu checken, wenn ich mich für ein paar Minuten von der Arbeit ablenken möchte.

Multitasking

Obwohl die Forschung zeigt, dass Multitasking die Effizienz bei der Arbeit verringert, nutzen erfolgreiche Menschen Multitasking bei ihren täglichen Aufgaben. Die New York Times berichtet zum Beispiel, dass Microsoft-Gründer Bill Gates beim Sport DVDs anschaut, um sich weiterzubilden. Für mich persönlich ist die Toilette ein hervorragender Ort zum Nachdenken oder Lesen. Hier kann ich mich entspannen, über vergangene Aktivitäten nachdenken und mir fallen tolle Ideen ein, wie ich manche Lebensprobleme lösen kann. Ich entleere nicht nur meinen Darm, sondern gewinne neue Einsichten für eine anstehende Aufgabe.

Tipps, um das Beste aus Sharmas 5-A.M.-Club herauszuholen

- Um nachts ausreichend Schlaf zu bekommen, sollten Sie versuchen, alle Ihre technischen Geräte, wie Telefone und Tablets, auszuschalten. Ich weiß, dass dies für einige von Ihnen schwierig sein kann, doch es ist wichtig, dass Sie weniger Ablenkungen haben. Facebook-COO Sheryl Sandberg sagt, dass das Ausschalten Ihrer elektronischen Geräte in der Nacht eine hervorragende Möglichkeit ist, um sich auszuruhen und Ablenkungen zu vermeiden.

- Versuchen Sie aktiv, sich vor dem Schlafengehen angemessen zu entspannen, damit Sie leicht einschlafen können. Vermeiden Sie zum Beispiel schwere Mahlzeiten ein oder zwei Stunden vor dem Schlafengehen.
- Es hilft, wenn Sie die richtige Umgebung und Beleuchtung haben, um nachts gut zu schlafen. Vermeiden Sie daher zu viel Licht in Ihrem Zimmer, indem Sie alle hellen Lichter ausschalten. Wenn Sie das Licht anlassen müssen, dann entscheiden Sie sich für farbiges oder warmes Licht.
- Wenn das frühe Aufstehen für Sie neu ist, gehen Sie es bitte langsam an. Versuchen Sie, 15-30 Minuten früher als gewöhnlich aufzustehen. Nach drei Tagen können Sie Ihre Aufwachzeit 45-60 Minuten vorziehen, um das Ziel von 5 Uhr morgens zu erreichen. Diese Strategie wird dazu beitragen, die anfängliche Belastung für Ihren Körper zu reduzieren.
- Bemühen Sie sich, eine Routine mit Übungen beizubehalten. Anstelle von schweren Trainingseinheiten von einer Stunde oder mehr pro Tag, sollten Sie leichte Trainingseinheiten von ca. 30 Minuten täglich machen. Das Ziel besteht nicht darin, sich zu verausgaben, sondern sich zu bewegen und Spaß an der Bewegung zu haben.
- Nehmen Sie sich die Freiheit, die Kleidung zu tragen, die Sie möchten, wenn es die Kultur Ihres Unternehmens erlaubt.
- Wenn Ihr Arbeitsalltag erst viel später beginnt, ist der 8-A.M.-Club vielleicht besser für Sie geeignet als der 5-A.M.-Club. Halten Sie sich an die Dinge, die Ihnen dabei helfen, Ihre persönliche Produktivität zu steigern, indem Sie die 20/20/20-Formel von Sharma anwenden.

Wenn Sie dem 5-A.M.-Club beitreten, haben Sie die Zeit, Ihren Tag selbst in die Hand zu nehmen. Sie haben reichlich Zeit, um über verschiedene Themen nachzudenken und die Kraft der Vorstellungskraft zu nutzen, um Ihren Tag zu gestalten oder zu visualisieren. Sie können mehr Zeit damit verbringen, die Dinge zu lernen oder zu recherchieren, die Sie zur Verwirklichung Ihrer Ziele benötigen. Auf diese Weise haben Sie mehr Energie und können mehr erreichen.

Zusammenfassung des Kapitels

In diesem Kapitel haben wir uns angeschaut, wie sich die frühen Morgenstunden auf Ihre persönliche Produktivität auswirken können. Dazu haben wir den 5-A.M.-Club von Robin Sharma als Prototyp verwendet, um Ihnen bei Ihrer Leistungssteigerung zu helfen. Zu den Erkenntnissen aus diesem Kapitel gehören die folgenden:

- Sehr erfolgreiche Menschen verfügen über Arbeitsgewohnheiten, die ihnen helfen, sich selbst zu übertreffen.
- Robin Sharmas 5-A.M.-Club zeigt Ihnen auf, was Sie in der ersten Stunde nach dem Aufwachen tun sollten.
- Planen Sie Ihre Tage jeden Morgen mit Sharmas 20/20/20-Formel: Machen Sie die ersten zwanzig Minuten Sport, planen Sie Ihren Tag weitere zwanzig Minuten lang und lernen Sie die letzten zwanzig Minuten.
- Diese eine Stunde am Morgen ermöglicht es Ihnen, neue Fähigkeiten zu erlernen, Ihre beruflichen Fähigkeiten zu verbessern und Ihre persönliche Produktivität zu steigern.
- Um als Mitglied des 5-A.M.-Clubs Erfolge zu erzielen, müssen Sie Ihre Schlaf- und Wachzeiten ausgleichen. Achten Sie darauf, dass Sie ausreichend schlafen, da Sie ausgeruht sein müssen, um Ihre Ziele zu erreichen. Passen Sie Ihre Zubettgehzeit an, um das frühe Aufstehen auszugleichen.
- Wenn Sie recht früh aufstehen, um Ihren Tag zu beginnen, erhöht sich Ihre geistige Klarheit.
- Der 5-A.M.-Club lehrt Sie, jeden Tag so diszipliniert zu gestalten, wie es sehr erfolgreiche Menschen tun.
- Meditation sollte ein integraler Bestandteil Ihres Lebens- und Arbeitsplans sein, da Meditationstechniken dazu beitragen, Ihr Leben zu optimieren und es auf den Fortschritt auszurichten.

Im nächsten Kapitel werden wir uns ansehen, wie Sie ein persönliches Kanban erstellen, das Ihnen dabei hilft, Aufgaben effizient zu priorisieren und zu organisieren.

KAPITEL DREI:

Erstellen Sie Ihr persönliches Kanban, um Aufgaben zu priorisieren und zu organisieren

Das Leben kann manchmal komplizierter werden, als Sie es sich wünschen. Die Betreuung von Kunden, Ihr stressiger 9-bis-5-Job, zuhause stapeln sich die Rechnungen ... All diese Dinge können unser Leben recht hektisch machen. Wir alle versuchen, Antworten darauf zu finden, wie wir unsere Prioritäten organisieren oder wie viele Aufgaben wir pro Tag oder Woche erledigen können. Wir kämpfen damit, um welche Aufgaben wir uns zuerst kümmern und welche anderen Aufgaben wir delegieren sollen.

Egal, ob es sich um eine kleine, mittlere oder große Organisation handelt, die richtige Priorisierung wird immer ein veritables Werkzeug für den Erfolg bleiben. Um Ihre persönliche Produktivität bei der Arbeit, in der Wissenschaft oder in persönlichen Beziehungen zu erreichen, müssen Sie dazu in der Lage sein, Aufgaben effektiv zu organisieren. Genau deshalb müssen Sie verstehen, wie Sie ein persönliches Kanban für Ihre persönlichen und beruflichen Ziele erstellen können.

Worum geht es bei Ihrem persönlichen Kanban?

„Personal Kanban" ist ein Modell, das von Jim Benson und Tonianne DeMaria Barry entwickelt wurde. Kanban wird häufig von IT-Experten im Bereich der agilen Softwareentwicklung verwendet, um wichtige Aufgaben zu priorisieren und die Zeitdauer zu maximieren. Es handelt sich dabei um eine verkürzte und einfach zu nutzende Version der Kanban-Methode, die dazu dient, Ihre Produktivität zu verbessern. Mit Hilfe des persönlichen Kanban kann jeder, egal ob Berufstätige oder Studenten, effizienter werden. Jim Bensons Konzept von Personal Kanban besteht darin, Ihr Leben zu vereinfachen und Ihnen die Mühen des Alltags abzunehmen. Wenn Sie versuchen, sich zu viel aufzubürden, dann kann dies katastrophale Folgen haben. Ein einzelner Mensch kann eben nur eine bestimmte Menge allein bewältigen. Daher werden viele Aufgaben stiefmütterlich behandelt oder zu lange liegen gelassen.

Jim und Toniannes Kanban-Ansatz zeigt Ihnen, wie Sie Ihre Aufgaben priorisieren können, indem Sie sie als *abgeschlossen* oder *fertig* in das System eintragen. Auf diese Weise ist es einfacher, die Aufgaben zu bestimmen, die tatsächlich höhere Priorität haben. Mit Ihrem persönlichem Kanban können Sie am Ende jeder Woche Ihren Arbeitsfortschritt verfolgen und die erledigten und sowie die noch ausstehenden Aufgaben identifizieren.

Die persönliche Kanban-Methode beinhaltet eine einfache Visualisierung all Ihrer Aufgaben unter Verwendung eines Whiteboards (oder von Post-It-Notizen), um Ihre Fortschritte darzustellen. Sie haben die Möglichkeit, eine Struktur für Ihre Aufgaben zu erstellen, indem Sie drei Spalten auf dem Whiteboard anlegen. Jede Spalte deckt eine bestimmte Aufgabenkategorie ab: *abgeschlossen* (also fertig), *in Bearbeitung* und *erledigt*.

Um die Kontrolle über Ihr Leben zu übernehmen, ist das persönliche Kanban ein mächtiges Werkzeug. Außerdem funktioniert ein persönliches Kanban für jede Art von Verantwortungsbereich und Zielsetzungsbedarf, um Ihren Arbeitsablauf zu verbessern.

Warum Sie Aufgaben priorisieren sollten

Bei der Priorisierung geht es darum, zu entscheiden, welche Aktivität für Ihr Ziel am wichtigsten ist, sodass Sie sich dieser zuerst widmen können. Im Grunde genommen handelt es sich also hierbei um den Prozess der Einteilung von Aufgaben anhand ihrer Relevanz für Ihre täglichen Ziele bzw. Zielsetzungen.

Mehr Gegenwert für Ihre Zeit

Zeit ist eine begrenzte Ressource, die jedem gleichermaßen zur Verfügung steht: 24 Stunden am Tag, sieben Tage die Woche und 365 Tage im Jahr. Manchmal verbringen Menschen ihre Zeit mit weniger wertvollen Dingen. Nicht, dass diese Dinge nicht wichtig wären, aber diese weniger hilfreichen Dinge bringen vielleicht nicht so viel Wert für Ihr Endergebnis.

Um Ihre Produktivität zu steigern, müssen Sie mehr Zeit mit Dingen verbringen, die nicht nur wichtig, sondern auch dringend sind. Wenn Sie lernen, Ihre Zeit mit Hilfe des Kanban-Modells zu priorisieren, werden Sie mehr Nutzen aus der Zeit ziehen, die Sie mit Ihrer Arbeit verbringen.

Bessere Organisation und Fokus

Anstatt Dinge wahllos zu tun, erledigen Sie nun mehrere Dinge auf einmal, allerdings auf eine bessere Art und Weise. Die persönliche Kanban-Methode lehrt uns, die richtigen Aufgaben zur richtigen Zeit zu erledigen. Mit Hilfe einer To-Do-Liste oder einem gut durchdachten Kanban-Plan können Sie Ihre persönlichen und beruflichen Ziele organisieren. Dies wird Ihnen dabei helfen, Ihre wöchentlichen und monatlichen Ziele in kleinere tägliche Aufgaben herunterzubrechen.

Sobald Sie diese Struktur erreicht haben, können Sie sich besser auf das Erreichen Ihrer Ziele konzentrieren.

Steigerung von Produktivität und Rentabilität

Mit Ihrem persönlichen Kanban sollten Sie eine Verbesserung Ihrer Produktivität erfahren. Eine erhöhte Produktivität führt zu mehr Gewinn. Und wenn Sie qualitativ hochwertige Zeit auf die Dinge verwenden, die in Ihrer Karriere ein besseres Ergebnis erzielen, führt dies natürlich auch zu mehr Erfolg.

Die Grundprinzipien des persönlichen Kanbans

Das persönliche Kanban lebt von zwei Grundprinzipien, die da wären:

- Visualisierung Ihrer Arbeit.
- Begrenzung Ihres Arbeitsfortschritts.

Visualisierung Ihrer Arbeit

Die Visualisierung Ihrer Arbeit ist eine hervorragende Möglichkeit, um Konzepte oder andere hektische, arbeitsbezogene Aktivitäten in einfache Handlungen umzusetzen. Forschungen legten nahe, dass das menschliche Gehirn auf Bilder oder visuelle Darstellungen um mindestens 90 % schneller und besser reagiert als auf Worte. Außerdem kann der menschliche Verstand Bilder 60.000-mal schneller verarbeiten als Text. Daher funktioniert Kanban auf natürliche Weise als visuelle Aufgabenplanungsplattform. Es hilft Ihnen dabei, Ihre Aufgaben zu visualisieren und den Prozess der Aufgabenumsetzung zu vereinfachen.

Beschränkung Ihres Arbeitsfortschritts

Wir Menschen versuchen manchmal, uns wie Übermenschen zu verhalten und mehr zu tun, als wir eigentlich können. Wir übernehmen mehrere Aufgaben gleichzeitig und am Ende verrichten wir Arbeit von minderer Qualität. Neuere Forschungsergebnisse bestätigen, dass das menschliche Gehirn nicht dazu in der Lage ist, mehrere Aufgaben erfolgreich und optimal auszuführen. Daher werden Sie feststellen, dass Sie einige Aufgaben besser erledigen, während andere schlecht ausfallen.

Wenn Sie Ihren Arbeitsfortschritt begrenzen, bedeutet das nicht, dass Sie sich selbst die Möglichkeit verwehren, mehr zu tun. Die Begrenzung Ihres Arbeitsfortschritts erleichtert es Ihnen, sich auf bestimmte Aufgaben zu konzentrieren und diese bis zum Ende durchzuziehen. Die Begrenzung Ihres Arbeitsfortschritts erfordert, dass Sie Aufgaben übernehmen, die Sie im Laufe der Zeit erledigen und komplett abschließen können. Auf diese Weise haben Sie nicht mehr das Problem, an mehreren unfertigen Projekten gleichzeitig zu arbeiten, was nur zu Frust führt.

Die Begrenzung des Arbeitsfortschritts hilft Ihnen dabei, Ihrer Zeit mehr Wert beizumessen, indem Sie jeder Aufgabe, die vor Ihnen liegt, Priorität einräumen. Sie lernen, Aufgaben zu priorisieren und die jeweils wichtigste Aufgabe zu identifizieren.

Das persönliche Kanban-Mantra ermutigt Sie, eine Aufgabe zu beginnen und diese auch zu beenden, bevor Sie mit der nächsten fortfahren. Ihre Produktivität wird sich deutlich verbessern, wenn Sie nicht mehrere Projekte gleichzeitig bearbeiten (Multitasking).

Es ist nicht hilfreich, wenn Sie jede Aufgabe selbst erledigen müssen. Weitere Strategien, um mehr zu erledigen, sind daher das Delegieren bzw. Auslagern von Aufgaben, anstatt zu versuchen, alles selbst zu machen. Wenn Sie das erste Mal Ihren persönlichen Kanban-Plan aufstellen, dann werden Sie sich wahrscheinlich ein wenig unbeholfen fühlen. Meistens fühlt es sich so an, als würde Ihr Leben von außen kontrolliert werden. Wenn Sie ein Mensch sind, der persönliche Befriedigung daraus zieht, mehrere Aktivitäten gleichzeitig zu jonglieren, dann wird es sich zunächst so anfühlen, als ob Sie zu wenig leisten würden. Doch der Eindruck, dass Sie weniger Arbeit erledigen, ist nicht richtig. Sobald Sie sich erlauben, innerhalb der WIP-Grenzen (Work-In-Process) zu leben, werden Sie feststellen, dass Sie mit der Zeit viel mehr erreichen werden. Die Ergebnisse werden von außergewöhnlicher Qualität sein und besser zu Ihren unternehmerischen und persönlichen Zielen passen. Sogar Ihre Kunden und Ihre Familie werden die Verbesserung bemerken.

Negative Folgen von Multitasking

Ich war schon einmal ein Opfer des Versuchs, mehrere verschiedene Aktivitäten gleichzeitig mit Hilfe von Multitasking zu erledigen. Als ich meine Beraterkarriere begann, versuchte ich, die Entwicklung eines Geschäftsplans, einer Seminararbeit sowie die Koordination einer gesellschaftlichen Veranstaltung zu jonglieren. Die ganze Zeit über musste ich Anrufe tätigen, E-Mails versenden und versuchen, weitere Fakten für meinen Businessplan zu sammeln. Ich musste gleichzeitig auch Anrufe bei Caterern, Medienteams, Event-Dekorateuren und mehr machen, damit die Veranstaltung reibungslos ablaufen konnte. Das Ganze endete in einem Fiasko, da ich einige wichtige Aspekte der Veranstaltung vergaß. Lediglich ein paar kosmetische Maßnahmen in allerletzten Minute retteten die Veranstaltung. Was meinen Businessplan anbelangt, so konnte dieser nicht zum richtigen Zeitpunkt präsentiert werden. Und das ist der Grund, warum Sie Ihren Arbeitsfortschritt mit dem persönlichen Kanban-Board begrenzen müssen. Einige der negativen Auswirkungen von Multitasking sind die folgenden:

Multitasking senkt Ihren IQ

Untersuchungen der University of London zeigen, dass Multitasking Ihren IQ um mindestens 17 % senkt. Der Effekt von Multitasking lässt sich mit dem einer Person vergleichen, die Marihuana geraucht oder eine schlaflose Nacht hatte. Eine solche Person kann sich am Ende weniger Details aus den Multitasking-Einheiten merken.

Multitasking reduziert die Leistungsfähigkeit Ihres Gehirns

Die American Psychological Association veröffentlichte im Journal of Experimental Psychology einen Artikel über Multitasking. Darin wird darauf hingewiesen, dass Multitasking die Fähigkeit des Gehirns, Dinge schnell zu verarbeiten, reduziert. Mehrere Aufgaben zu verarbeiten bedeutet, dass das Gehirn von einem Thema auf ein anderes umschalten muss, und das braucht Zeit. Das Gehirn muss die Umschaltung vornehmen, indem es eine kognitive Regel zugunsten eines anderen Ziels ausschaltet.

Außerdem legen Forschungen der University of Sussex nahe, dass Multitasking die Gehirnleistung beeinträchtigen kann.

Wie Sie Ihr persönliches Kanban-Board verwenden

Ihr persönliches Kanban-Board besteht aus drei verschiedenen Spalten, die Ihnen dabei helfen, Ihre Aufgaben zu priorisieren. Die drei Spalten enthalten die Abschnitte „Zu erledigen", „In Bearbeitung" und „Erledigt". Der Abschnitt „Zu erledigen" wird auch als „Option" bezeichnet.

Spalte 1: Zu erledigen bzw. Option

Schreiben Sie in Spalte eins jedes Ziel oder jede Aufgabe auf, die Sie zu erledigen gedenken. Hier gibt es zwei Strategien, die Sie anwenden können. Schreiben Sie drei bis fünf Ihrer wichtigsten Aufgaben in die Spalte. Die zweite Strategie besteht darin, dass Sie alle Aufgaben aufschreiben, die Sie ausführen wollen, egal wie viele. Wenn es Zeit für die Umsetzung ist, entscheiden Sie, welche Aufgaben in die nächste Spalte wandern sollen.

Dinge, die in Spalte eins aufgenommen werden sollen, können aus Arbeits- und persönlichen Zielen bestehen. Zu den beruflichen Aufgaben gehören z. B. das Treffen mit Lieferanten bis Montag um 10 Uhr, die Abgabe eines Angebots an einen bestimmten Kunden bis Mittag, das Bezahlen von Versicherungen, das Verfassen von Briefen an potenzielle Kunden, das Beantworten von E-Mails und Anfragen usw. Für persönliche Aufgaben können Sie z. B. vorsehen, dass Sie bis Mittwoch um 14 Uhr Ihren Arzt aufsuchen, jeden Abend mit Ihrem Hund spazieren gehen, am Freitag bis 10 Uhr an der Abschlussfeier Ihrer Kinder teilnehmen usw.

Mit diesem Gedanken im Hinterkopf können Sie einen individuellen Plan für Ihre „To Do"-Spalte erstellen, der Aufgaben am Arbeitsplatz und persönliche Aufgaben abdeckt. Persönliche Aufgaben können spirituelle, finanzielle, gesundheitliche, erzieherische oder soziale Ziele umfassen. Konzentrieren Sie sich bei der Auswahl der zu erledigenden Aufgaben auf diejenigen, die Sie schneller in Richtung Ihrer langfristigen Ziele bringen. Wenn Sie sich an die persönliche Kanban-Tafel halten, werden Sie sich auf die wichtigsten Aufgaben konzentrieren, anstatt auf die, die am dringendsten erledigt werden müssen.

Spalte 2: In Bearbeitung bzw. in Arbeit

Jede Aufgabe sollte bereits eine Zeitleiste für die Ausführung haben. Sobald es an der Zeit ist, eine bestimmte Aufgabe auszuführen, übertragen Sie diese Aufgabe von der Spalte „Zu erledigen" in die Spalte „In Bearbeitung". Wenn Sie einen Punkt unter Ihren persönlichen Zielen, wie z. B. einen Arztbesuch, erledigen wollen, verschieben Sie ihn in die Spalte „In Bearbeitung" in Spalte zwei. Vermeiden Sie jedoch, zu viele Punkte in die Spalte „In Bearbeitung" zu verschieben, um sich nicht zu überfordern. Wenn Sie das Gefühl haben, dass Sie mehr zu tun haben, als Sie bewältigen können, können Sie einige Punkte wieder zurück in die Spalte „Zu erledigen" verschieben. Es ist besser, zunächst eine kleinere Menge von Aufgaben unter Spalte zwei zu erledigen, bevor Sie mehr aus Spalte eins übertragen.

Zuvor müssen Sie jedoch ein sogenanntes WIP-Limit (Work-In-Progress) einrichten. Das WIP-Limit ist die maximal erlaubte Menge an Aufgaben, die Sie pro Zeiteinheit abarbeiten sollten. Diese Aufgaben sollten in die zweite Spalte „In Bearbeitung" wandern. So zwingen Sie sich bewusst dazu, Ihre gesamte Energie auf die Erledigung nur dieser Aufgaben zu konzentrieren.

Und in den meisten Fällen sind diese Aufgaben die Dinge, die Sie erfolgreich erledigen können. Denken Sie daran: Legen Sie Standard-WIP-Limits fest und halten Sie sich immer daran.

Spalte 3: Erledigt

Nur eine abgeschlossene Aufgabe sollte in die Spalte „Erledigt" bzw. „Fertig" aufgenommen werden. Manche Aufgaben erfordern jedoch eine Nachbereitung. Dann müssen Sie die Aufgabe wieder in Spalte eins „Zu erledigen" einfügen. Wenn Sie z. B. diese Woche beim Arzt waren, sollte diese Aufgabe in die Spalte „Erledigt" wandern, aber wenn Sie einen weiteren Termin beim Arzt an einem neuen Datum haben, dann muss diese Aufgabe wieder in die Spalte „Zu erledigen" kommen.

Jedes Mal, wenn eine Aufgabe erfolgreich von Spalte eins „Zu erledigen" in Spalte drei „Erledigt" übergeht, ruft dies ein Gefühl der Erfüllung hervor. Dieses Gefühl inspiriert Sie dazu, weitere Aufgaben zu erledigen. Wenn Sie diesem Prozess auf der Kanban-Tafel folgen, werden Sie das Gesamtbild der Situation klarer und deutlicher sehen. Mit der Zeit werden Sie eine Steigerung Ihrer Produktivität feststellen und Ihre Leidenschaft, mehr zu erledigen, wird stärker werden.

Wie Sie Ihr persönliches Kanban-Board erstellen

Sie können Ihre persönliche Kanban-Tafel problemlos selbst erstellen. Sie benötigen dazu lediglich ein Whiteboard und Post-Its. Eine weitere Möglichkeit besteht darin, eine Microsoft Excel-Tabelle oder ein Word-Dokument zu erstellen, das die erforderlichen Spalten und Zeilen enthält. Erstellen Sie eine Seite mit Ihrer bevorzugten Option mit den drei Spalten: „Zu erledigen", „In Bearbeitung" und „Erledigt".

Neben der Verwendung eines Whiteboards können Sie auch Online-Task-Management-Tools wie das kostenlose Trello-Tool oder Asana verwenden. Mit diesen Tools können Sie ebenfalls Aufgaben erstellen und diese priorisieren.

Richtlinien für die Verwendung Ihres persönlichen Kanban-Boards

- Vermeiden Sie eine Überfüllung der Spalte eins „Zu erledigen". Wenn dies jedoch aufgrund der Menge der anstehenden Aufgaben notwendig wird, dann nehmen Sie die Aufgaben auf jeden Fall auf.
- Erstellen Sie einen konkreten Zeitplan für die Erledigung jeder dieser Aufgaben, damit Sie wissen, wann Sie sie in Spalte zwei verschieben können.
- Stellen Sie sicher, dass Sie eine Präferenzskala anlegen, indem Sie die wichtigste Aufgabe an den Anfang Ihrer „Zu erledigen"-Spalte stellen.
- Es ist ebenfalls möglich, eine zusätzliche Spalte zwischen den Spalten eins und zwei zu haben. Nennen Sie diese Spalte „Priorisierte Aufgaben" oder „Spalte 1A". Wenn Sie zu viele Aufgaben in Spalte eins haben, verschieben Sie die wichtigsten Aufgaben in „Priorisierte Aufgaben". Sie können Aufgaben intermittierend in Spalte 1A verschieben, bevor sie in das Stadium "In Bearbeitung" gelangen.
- Überprüfen und aktualisieren Sie Ihr Kanban-Board regelmäßig. In Übereinstimmung mit Ihrem Ziel sollte das Kanban-Board täglich oder wöchentlich überprüft werden, um Unstimmigkeiten festzustellen oder um Aktivitäten zu aktualisieren.
- Wenn Sie die Aufgaben nicht mehr bewältigen können, dann müssen Sie lernen, einige Aufgaben auszulagern bzw. zu delegieren.

Einfache Tipps zur Priorisierung von Aufgaben

- Schreiben Sie alle Ihre Aufgaben an einem einzigen Ort auf (auf dem persönlichen Kanban-Board).
- Organisieren oder priorisieren Sie Ihre Aufgaben. Um Ihre Aufgaben effektiv zu priorisieren, bevor Sie sie auf das persönliche Kanban-Board schreiben, können Sie sie in die folgenden Kategorien einteilen:

Erledigen – Aufgaben, die dringend erledigt werden müssen.

Aufschieben – Aufgaben, die später erledigt werden sollten.

Delegieren – Aufgaben, die Sie von anderen Personen erledigen lassen oder auslagern möchten.

Streichen – Aufgaben, die vielleicht keinen großen Nutzen bieten oder zu lange auf der Liste geblieben sind.

Die Eisenhower-Matrix kann Ihnen dabei helfen, zu bestimmen, was auf Ihrer To-Do-Liste stehen sollte.

- Treffen Sie die Entscheidung, ob Sie die Aufgaben für jeden Tag am Vorabend oder früh am Morgen planen. Wenn Sie die Aufgaben des jeweiligen Tages am Abend überarbeiten, dann ist es praktisch, auch gleich die Aufgaben für den nächsten Tag zu planen.
- Seien Sie proaktiv, wenn es darum geht, wie Sie die Aufgaben eines jeden Tages erledigen. Nehmen Sie das Steuer in die Hand, indem Sie nicht nur auf Aktivitäten reagieren, sondern selbst bestimmen, wie die Aufgaben des jeweiligen Tages ablaufen sollen.
- Schaffen Sie freie Zeit für Familie, Freunde und andere nicht arbeitsbezogene Aktivitäten. Entspannung und Geselligkeit können Sie in einen besseren Gemütszustand versetzen. Auf diese Weise können Sie mehr Aufgaben produktiv erledigen.

- Seien Sie flexibel. Unerledigte Aufgaben können in das persönliche Kanban-Board für einen anderen Tag verschoben werden.
- Schenken Sie denjenigen Aufgaben mehr Aufmerksamkeit, die mehr Einfluss auf Ihre langfristigen Ziele haben. Konzentrieren Sie sich auf die Aufgaben, die Ihnen mehr Ergebnisse bringen und nicht nur auf die, die Sie beschäftigen.
- Sie können sich eine Person suchen, die Sie in die Pflicht nimmt und Sie an Ihre Ziele erinnert.

Zusammenfassung des Kapitels

In diesem Kapitel wurden die folgenden Punkte ausführlich behandelt:

- Der Versuch, die täglichen Aktivitäten zu bewältigen, kann Ihre Produktivität beeinträchtigen. Deshalb müssen Sie lernen, wie Sie in Ihrem Leben Prioritäten setzen.
- Das persönliche Kanban-Board ist ein Produktivitäts- oder Aufgabenmanagementsystem, das es Ihnen ermöglicht, Ihre Aufgaben besser zu priorisieren und Konflikte zwischen persönlichen und beruflichen Zielen zu vermeiden.
- Die Priorisierung von Aufgaben trägt dazu bei, mehr Wert aus der begrenzten Zeit zu schöpfen und damit produktiver zu sein.
- Zu den beiden Grundprinzipien der persönlichen Kanban-Methode gehören die Visualisierung Ihrer Arbeit und die Begrenzung Ihres Arbeitsfortschritts.
- Beim Visualisieren Ihrer Arbeit geht es darum, ein mentales Bild zu schaffen, das Ihnen hilft, Ihre Leistung zu verbessern.
- Untersuchungen zeigen, dass Bilder eine um 93 % größere Wahrscheinlichkeit haben, einen Eindruck auf das menschliche Gehirn zu machen, als Text.

- Die Begrenzung Ihres Arbeitsfortschritts ist ein Versuch, Nein zu sagen, wenn Sie mehr Aufgaben haben, als Sie an einem Tag oder in einer Woche erledigen können.
- Der Begriff WIP-Limit bezieht sich auf das Festlegen einer bestimmten Anzahl von Aufgaben, die Sie erledigen können, ohne sich selbst zu überlasten oder Ihr Produktivitätsniveau zu beeinträchtigen.
- Multitasking kann zu einer geringeren Produktivität führen.
- Um die persönliche Kanban-Methode zu verwenden, müssen Sie drei Spalten anlegen, die die Bezeichnungen „Zu erledigen", „In Bearbeitung" und „Erledigt" tragen.
- Die To-Do-Spalte sollte drei (oder mehr) Aufgaben enthalten, die Sie erledigen müssen.
- Die Spalte „In Bearbeitung" sollte die Aufgaben enthalten, die Sie jetzt erledigen können.
- Die Erledigt-Spalte sollte alle erledigten Aufgaben enthalten.
- Am besten ist es, wenn Sie Ihre Aufgaben nach Prioritäten ordnen, beginnend mit der wichtigsten und nicht mit der dringendsten.
- Verschieben Sie eine Aufgabe von Spalte eins in Spalte zwei, wenn Sie Fortschritte machen.
- Ihr persönliches Kanban-Board sollte einfach und nicht kompliziert gestaltet sein.
- Es ist äußerst hilfreich, wenn Sie ein Whiteboard und Post-Its haben, um Ihr persönliches Kanban-Board zu erstellen.
- Überprüfen Sie Ihr persönliches Kanban-Board regelmäßig, um es zu aktualisieren und zu verbessern.

Im nächsten Kapitel erfahren Sie, welche Gefahren die Prokrastination birgt und wie Sie sie überwinden können.

KAPITEL VIER:

Wie Sie Prokrastination überwinden

Prokrastination ist ein Dieb der Zeit, wie Edward Young es so treffend formulierte. In Bezug auf die Produktivität ist Prokrastination ein wichtiger Faktor, der Menschen daran hindert, große Schritte im Leben zu tun. Die Prokrastination hindert Menschen daran, die richtigen Entscheidungen zur richtigen Zeit zu treffen bzw. rechtzeitig Maßnahmen zu ergreifen, um bestimmte Ziele zu erreichen. In vielerlei Hinsicht hielt Prokrastination eine ganze Reihe von Menschen davon ab, eher härter als klüger zu arbeiten.

Gelegenheiten tendieren dazu, Ihnen aus den Fingern zu gleiten, wenn die Zeit, die eigentlich produktiv genutzt werden sollte, langsam verstreicht.

Prokrastination bedeutet nicht unbedingt Faulheit, sondern eine Verzögerung bei der Ausführung eines Vorgangs. Basierend auf zahlreichen Untersuchungen stellt Piers Steel fest, dass fast 95 % der Menschen in unterschiedlichem Maße prokrastinieren. Viele fühlen sich als Sklaven dieser Gewohnheit und wünschen sich, sie könnten die Prokrastination überwinden. Selbst persönliche Träume und Bemühungen fallen der Prokrastination zum Opfer. Menschen durchlaufen diesen Kreislauf über Jahre hinweg, ohne dass sie etwas Sinnvolles in Richtung ihrer gewünschten Ziele unternehmen.

Prokrastination kann die Produktivität beeinträchtigen. Sie führt oft zu einem niedrigen Selbstwertgefühl, Depressionen, Frustration und Schuldgefühlen. Anstatt sich selbst fertig zu machen, sollten bewusste und konkrete Schritte zur Überwindung dieser Gewohnheit im Vordergrund stehen. Der Kampf gegen Prokrastination erfordert Taten. Eine Person, die prokrastiniert und im Leben vorankommen will, muss verstehen, dass die Zeit zum Beginnen genau jetzt ist. Es ist möglich, die Prokrastination zu überwinden, es handelt sich dabei jedoch um einen Prozess, der nur dann erfolgreich ist, wenn Sie bereit sind, die notwendigen Schritte zu unternehmen.

Die folgenden Schritte werden Ihnen helfen, die Prokrastination zu überwinden:

Schritt 1: Geben Sie zu, dass Sie prokrastinieren

Der erste Schritt auf dem Weg zur Selbstverwirklichung besteht darin, dass Sie erkennen, dass Sie ein Problem haben, bei dem Sie dringend Aufmerksamkeit oder Hilfe benötigen. Wenn Sie ehrlich zu sich selbst sind, dann ist der Weg zu einem Leben ohne Prokrastination recht kurz. Es ist kein gesunder Lebensstil für sehr erfolgreiche Menschen, Dinge auf unbestimmte Zeit aufzuschieben oder sich bei einer wichtigen Aktivität ablenken zu lassen. Hier sind einige Möglichkeiten, mit denen Sie prüfen können, ob Prokrastination zu Ihrem Lebensstil geworden ist:

Sie lassen wichtige Aufgaben unerledigt

Viele Menschen fallen immer noch dem Problem zum Opfer, dass sie aufgrund von Ablenkungen und der Unfähigkeit, Prioritäten zu setzen, die wichtigen Dinge unerledigt lassen. Viele Menschen beginnen oftmals eine Aufgabe mit einer Menge Enthusiasmus und geben dann aufgrund von Druck, Ablenkung, Herausforderungen und mehr diese Aufgaben auf halbem Weg auf. Wenn etwas anderes dazwischen kommt, dann stürzen sich solche Menschen darauf und vergessen, woran sie gerade gearbeitet haben. Wenn diese Handlung zur Gewohnheit wird, dann wird Prokrastination zu einem Lebensstil.

Sie vernachlässigen Aufgaben mit hoher Priorität für weniger kritische Dinge

Einige Denkschulen glauben, dass Sie die Motivation für größere Aufgaben bekommen, wenn Sie sich mit den kleineren Aufgaben beschäftigen. Eine andere Denkschule ist der Meinung, dass der beste Teil Ihres Tages der Erledigung der anspruchsvollsten Aufgaben gewidmet sein sollte. Manche Menschen nehmen sich jedoch kleinere Aufgaben vor, schieben allerdings später die größeren Aufgaben in den Hintergrund. Hierbei besteht die Gefahr, dass die Aufgaben mit hoher Priorität am Ende keine Aufmerksamkeit mehr bekommen.

Außerdem kann es kontraproduktiv sein, den weniger wichtigen Aufgaben nachzugehen, während wertvolle Zeit verstreicht. Und wenn Sie auf dringende und drängende Probleme immer zuerst zu reagieren, anstatt zu lernen, sich den wichtigen Aufgaben zu widmen, wird dieses Verhalten zu einer Gewohnheit, die nur schwer zu durchbrechen ist.

Sie verwenden Ihre Zeit für andere Menschen, was sich zu Ihrem Nachteil auswirkt

Es ist gut, anderen Menschen zu helfen und zu versuchen, arbeitsbezogene Probleme für andere Menschen zu lösen. Wenn Sie jedoch zulassen, dass andere Personen bestimmen, wie Ihr Tag verläuft, dann ist das ein Rezept für Misserfolg.

Wenn Sie sich darin verfangen, Aufgaben für Freunde und Familie zuerst zu erledigen, kann das ein echter Zeitfresser in Ihrer begrenzten Arbeitszeit sein. Es ist zwar keine schlechte Sache, Familie, Freunden und Kollegen zu helfen, aber dies sollte nicht zu Lasten Ihrer eigenen Arbeit gehen. Planen Sie alle Hilfeleistungen ebenfalls in Ihrer To-Do-Liste, damit sie nicht Ihre anderen Aufgaben verdrängen.

Sie warten auf den richtigen Zeitpunkt, die richtige Stimmung oder den richtigen Umstand

Es ist eine Illusion, anzunehmen, dass es den richtigen Zeitpunkt, die richtige Stimmung oder den richtigen Umstand gibt, um etwas Sinnvolles zu erreichen. Viel zu viele Menschen sind Opfer ihrer eigenen Emotionen und ihres eigenen Timings. Das Warten auf den richtigen Zustand oder den „perfekten" Zeitpunkt, der nie zu kommen scheint, kostete viele Menschen verschwendete Jahre, in denen sie nichts Konkretes erreichten. Ihre Stimmungslage kann eine Ausrede für die Prokrastination sein, indem Sie sich sagen, dass der Zeitpunkt nicht richtig sei oder dass nicht alle Faktoren für eine reibungslose Ausführung gegeben seien.

Die Wahrheit ist jedoch, dass es niemals einen perfekten Zeitpunkt oder die richtige Stimmungslage geben wird, um eine Sache zu erledigen. Auch die Bedingungen für das Erreichen Ihrer Ziele werden nicht immer zu 100 % gegeben sein. Aus diesem Grund sind Sie in der besten Position, sich selbst vorzugeben, was die richtige Stimmung, der richtige Zeitpunkt und die richtigen Bedingungen sind. Wenn Sie es wollen, dann werden alle Ausreden verpuffen.

> **„Wer gut bei Ausreden ist, ist selten für etwas anderes gut."**
> **– Benjamin Franklin.**

> **„Das Problem mit Ausreden ist, dass sie unweigerlich schwer zu glauben sind, nachdem sie ein paar Mal benutzt wurden."**
> **– Scott Spencer**

Sie verbringen mehr Zeit mit weniger wichtigen Aktivitäten

Alle Aufgaben verdienen Ihre Aufmerksamkeit, aber nicht alle Aufgaben erfordern die gleiche Aufmerksamkeit. Daher bestimmt die Fähigkeit, zu wissen, wie viel Zeit Sie jeder Aufgabe widmen müssen, Ihr Produktivitätsniveau. Dies ist die Formel, mit der sich Top-Performer hervortun. Es ist wichtig, Ihre E-Mails zu lesen und zu beantworten, doch dies erfordert vielleicht nicht so viel Zeit wie die Ausarbeitung Ihrer Seminararbeit. Für Mitarbeiter im Kundensupport könnte das Lesen und Beantworten von E-Mails wichtiger sein als das Schreiben des Tagesberichts während kritischer Arbeitszeiten. Das heißt, dass für jede Person bestimmte Aufgaben eine größere Bedeutung haben als andere. Die Fähigkeit, die Zeit angemessen für die richtigen Aufgaben zu verwenden, bestimmt das Ausmaß Ihrer Produktivität.

Sie vertrauen sich selbst nicht mehr

Wenn Menschen sich angewöhnen, Versprechen, die sie sich selbst gegeben haben, zu brechen, wird Selbstvertrauen unmöglich. Und wenn es an Selbstvertrauen in die eigenen Fähigkeiten mangelt, dann beginnt die Produktivität zu schwinden. In diesem Moment wird es unmöglich, die Motivation zu finden, etwas zu tun, da Sie glauben werden, dass Ihre Arbeit wahrscheinlich keine Früchte tragen wird, und deswegen geben Sie auf.

Sie geben zu leicht auf

Wenn Sie schon bei der kleinsten Herausforderung aufgeben, kann dies zu einer guten Ausrede werden, um zu prokrastinieren. Sobald Menschen mit Situationen konfrontiert werden, die ihnen unüberwindlich erscheinen, nimmt die Tendenz zum Aufgeben zu. Oftmals haben Menschen ein Problem damit, einen Schritt zurückzugehen. Wenn zu viel Zeit verstrichen ist, stellt sich ein Gefühl der Überforderung ein, das zu noch mehr Prokrastination führt.

Schritt 2: Finden Sie heraus, warum Sie prokrastinieren und gehen Sie dieses Problem an

Jeder von uns hat die Fähigkeit, sich bei der Umsetzung von Aufgaben auszuzeichnen, doch den meisten Menschen fehlt die Disziplin und das Wissen, um die Dinge umzusetzen. Die Ironie dabei ist, dass die meisten Menschen sich selbst nicht eingestehen, dass eines ihrer größten Probleme die Prokrastination ist. Einige von denen, die es wissen, können nicht erklären, warum sie prokrastinieren, oder ihnen fehlt die Disziplin, um ihre Neigung zur Prokrastination zu überwinden.

Es ist nicht der richtige Weg, sich selbst aufzugeben. Sie müssen daran arbeiten. Allerdings müssen Sie zuerst die wirkliche Ursache für Ihre Prokrastination identifizieren. Hier sind einige Faktoren, die für Prokrastination verantwortlich sein können:

Mangel an Interesse

Sobald eine Person nicht voller Leidenschaft für die Dinge ist, die sie tut, wird die Tendenz zum Prokrastinieren höher. Aufschieben oder komplettes Vermeiden werden zur Tagesordnung, wenn man sich bei dem, was man tut, schlecht fühlt. Der einzige Ausweg aus einer solchen Blockade besteht darin, seinen persönlichen Funken zu finden.

Für Manager sollte die Zuweisung einer Aufgabe an eine andere Person bestimmten Kriterien folgen, um erfolgreich zu sein. Wenn Sie einen Blick auf die Herangehensweise einer Person an eine Aufgabe werfen, kann das viel darüber aussagen, ob sie die richtige Person für die Aufgabe ist. Sie sollten folgende Dinge tun:

Entscheiden Sie sich für die am besten geeignete Person für den Job

Es ist entscheidend, die Verantwortung an eine Person zu delegieren, die diese mit der größten Wahrscheinlichkeit erledigen wird.

Manche Menschen haben eine hohe Toleranzschwelle für bestimmte Aufgaben und die Zuweisung solcher Aufgaben an solche Personen kann zu besseren Ergebnissen führen.

Zerlegen Sie die Arbeit in kleinere Aufgabenabschnitte

Wenn die eigene Toleranzschwelle niedrig ist, hilft es, die Aufgabe in kleinere Komponenten aufzuteilen. Versuchen Sie, sich auf eine Komponente pro Zeitabschnitt zu konzentrieren.

Planen Sie Zeit ein

Es ist eine gute Idee, einen bestimmten Zeitpunkt für den Beginn der Aufgabe festzulegen. Sobald Sie mit den Aufgaben beginnen, konzentrieren Sie sich auf die Erledigung dieser Aufgaben, bevor Sie eine andere in Angriff nehmen. Auf diese Weise erhöhen Sie die Produktivität und vermeiden zu viele unerledigte Aufgaben.

Mangel an Motivation

Die beste Möglichkeit, um den Faktor Motivation anzugehen, besteht darin, die Aufgabe tatsächlich zu beginnen. Wenn Sie auf die richtige Motivation warten, kann das eine Weile dauern und den Abschluss der Aufgabe länger als nötig verzögern. Sobald ein Projekt beginnt und Sie einen gewissen Erfolg sehen, steigt das Motivationsniveau tendenziell an. Wir werden in Kapitel acht mehr über das Thema Motivation herausfinden.

Umgang mit persönlichen Problemen

Persönliche Herausforderungen können dem Erledigen von Dingen im Weg stehen. Wenn andere Herausforderungen des Lebens auftauchen, dann wird Ihre Fähigkeit, richtig mit diesen Problemen umzugehen, darüber entscheiden, ob diese Ihrer Arbeit schaden oder nicht. Aus diesem Grund wird Ihre Fähigkeit, Ihre Emotionen angesichts von Herausforderungen zu kontrollieren und zu steuern, die Qualität der geleisteten Arbeit bestimmen.

In herausfordernden Situationen ist es am besten, die Bewältigung von Aufgaben zur Priorität zu machen und sie in kleinere Brocken zu zerlegen, die Sie bewältigen können. Wenn Sie sich zu sehr auf Ihre Herausforderungen konzentrieren, wird es zu einem Produktivitätsabfall führen, doch wenn Sie versuchen, nach vorne zu schauen, wird es Ihnen die Energie geben, weiterzuarbeiten.

Mangel an Fähigkeiten

Menschen lassen ihre Ziele aufgrund ihres Toleranzniveaus, ihrer Konzentrationsfähigkeit, ihres Energielevels oder eines Mangels an der einen oder anderen Fähigkeit schleifen. Aus diesem Grund müssen Sie Fähigkeiten in den Bereichen entwickeln, die Ihnen dabei helfen, Ihre Ziele zu erreichen. Durch Mentoren können Sie von denjenigen Personen lernen, die sich auf demselben Gebiet wie Sie hervorgetan haben. Das Lesen von Informationen ist ein weiteres Mittel, um sich weiterzuentwickeln bzw. von Experten auf Ihrem Gebiet zu lernen. Die Sache ist die: Wenn Sie das Problem der Prokrastination überwinden wollen, müssen alle Aktivitäten, die die Prokrastination auslösen, verschwinden – und eine Möglichkeit, um die Prokrastination zu bekämpfen, ist Selbstentwicklung.

Wenn Prokrastination Ihnen die Zeit stiehlt, was tun Sie dann, um sie zu stoppen? Selbstentwicklung kann dieses Mittel gegen Prokrastination sein.

Angst

Angst ist das Gegenteil von Vertrauen und Mut. Viele Menschen lassen manchmal wichtige Aufgaben unerledigt, weil sie Angst vor dem Umfang der Aufgaben haben. Unglücklicherweise macht das Aufschieben der Aufgabe die Sache nur noch komplizierter, da Ihnen die Zeit davonläuft.

Im Leben der Menschen gibt es zu viele Ängste. Es gibt die Angst vor dem Versagen, vor dem Unbekannten, vor negativem Feedback und vor Ablehnung. Vielen Menschen nimmt die Angst, bewertet zu werden oder negatives Feedback zu bekommen, die Lust, überhaupt anzufangen. Feedback ist ein integraler Bestandteil, um herauszufinden, wie produktiv Sie sind, und sollte keine Quelle der Angst darstellen. Sehen Sie Feedback als ein Werkzeug, um Ihre Produktivität zu verbessern.

Was auch immer die Form der Angst ist: Angst hat bereits viele Menschen davon abgehalten, mutige Schritte zu unternehmen, um neue Projekte zu starten und die nächste Stufe in ihrem persönlichen und beruflichen Leben zu erreichen.

Sich gestresst oder überfordert fühlen

Stress ist eine der Hauptursachen für Prokrastination. Wenn eine Person sich über gewisse Dinge Sorgen macht, neigt sie zum Prokrastinieren, und wenn sich eine Aufgabe verzögert, führt dies zu weiterer Angst vor der Nicht-Erledigung der Aufgabe, während die Ursache der Anspannung bestehen bleibt.

Wenn sich diese Ereignisse häufen und noch mehr Aufgaben hinzukommen, dann besteht die Gefahr, dass Sie sich überfordert fühlen. Wenn Sie nicht sofort Maßnahmen ergreifen, um die Probleme zu lösen, sich Hilfe für Ihre Aufgaben zu suchen oder die Aufgaben einfach zu erledigen, dann können Sie eine Depression entwickeln. Stress kann eine lähmende Wirkung haben bzw. eine lähmende Denkweise erzeugen. Mit zielgerichtetem Handeln können Sie jedoch die Dinge wieder in den Griff bekommen.

Wahrgenommener Kontrollverlust

Wenn Menschen das Gefühl haben, dass sie keine Kontrolle über die Umstände ihres Lebens haben, dann steigt die Tendenz zum Prokrastinieren. Solche Menschen sind der Ansicht, dass äußere Einflüsse, wie die Umgebung oder andere Menschen, die Kontrolle über ihr Leben haben. Das Gefühl der Hilflosigkeit kann zu Depressionen oder einem Gefühl der Wertlosigkeit führen und den Betroffenen dazu veranlassen, Aufgaben aufzuschieben.

Das Gefühl, von einem kritischen Chef oder Elternteil nicht gewürdigt zu werden, kann dazu führen, dass man sich hilflos fühlt. Dieses Gefühl kann den Arbeitsfortschritt verlangsamen oder zu minderwertigen Arbeitsergebnissen führen.

Schritt 3: Wie Sie sich gegen Prokrastination wehren: Strategien, die wirklich helfen

Um Prokrastination als Gewohnheit zu überwinden, bedarf es einer bewussten und absichtlichen Anstrengung. Untersuchungen zeigen, dass es etwa 66 Tage dauert, um eine neue Gewohnheit zu entwickeln oder eine bestehende Gewohnheit abzulegen. Um dieses Ziel zu erreichen, müssen Sie also dazu in der Lage sein, alte Gewohnheiten zu verlernen und neue zu erlernen. Legen Sie alte Gewohnheiten ab und lernen Sie, wie Sie Dinge auf eine neue Art erledigen. Das Ändern von Gewohnheiten geschieht nicht über Nacht, sondern ist ein Prozess, der Ausdauer und Geduld erfordert.

Mit den folgenden Strategien können Sie Prokrastination im Laufe der Zeit überwinden:

Lernen Sie, sich Ihre vergangene Aufschieberitis selbst zu verzeihen

Seien Sie nicht zu hart zu sich selbst und vergessen Sie Ihre vergangene Prokrastination. Es kann ein schwerwiegender Denkfehler sein, daran festzuhalten, dass man in der Vergangenheit eine bestimmte Aufgabe nicht erledigen konnte oder ein Ziel nicht erreicht hat. Meistens neigen Menschen dazu, sich von vergangenen Misserfolgen aufhalten zu lassen, wenn sie versuchen, sich weiterzuentwickeln. Wenn Sie an der Vergangenheit festhalten, erhöhen Sie jedoch nur die Wahrscheinlichkeit, dass sich das Problem wiederholt. Wenn Sie über sich hinauswachsen wollen, dann müssen Sie einen Weg finden, vergangene Misserfolge loszulassen.

Als Erstes müssen Sie erkennen, dass es sich hierbei lediglich um eine Schwäche handelt. Solange es eine Gewohnheit ist, können

Sie diese genauso verlernen, wie Sie die Gewohnheit des Prokrastinierens entwickelt haben.

Legen Sie Ihre Ziele fest

Setzen Sie sich klar definierte Ziele und SMART-Ziele, die mit Ihren persönlichen und beruflichen Zielen übereinstimmen. Das Festlegen unrealistischer Ziele kann zu weiterer Frustration führen und Ihren Kampf gegen Prokrastination erschweren. Um Ihre Ziele erreichbar zu machen, sollten Sie diese aufschreiben sowie Zeitpläne für ihre Erreichung festlegen. In diesem Buch finden Sie mehrere Hilfsmittel, die Ihnen dabei helfen, sich selbst realistische Ziele zu setzen und diese auch zu erreichen. Lesen Sie weiter, wenn Sie mehr darüber erfahren möchten.

Verpflichten Sie sich der Aufgabe

Wie bereits in diesem Buch erwähnt, ist es genauso wichtig, dass Sie Maßnahmen ergreifen, wie Sie sich Ziele setzen. Wenn Sie sich Ziele setzen und nicht die nötige Zeit und die Ressourcen aufwenden, um diese auch zu verwirklichen, dann werden Sie nichts bewirken. Sie müssen sich gezielt darum bemühen, Fähigkeiten zu entwickeln, herausfinden, was Sie brauchen, einen Aktionsplan aufstellen und die Ziele mit Nachdruck verfolgen.

Konzentrieren Sie sich auf das Ende

Die Einstellung, etwas zu Ende zu bringen, kann Ihnen dabei helfen, sich zum Erreichen Ihrer Ziele zu motivieren. Konzentrieren Sie sich auf das Endergebnis, indem Sie visualisieren, was Sie durch dieses Ziel erreichen wollen. Aber um erfolgreich zu sein, müssen Sie bereits einen Aktionsplan erstellt haben, um dieses Ziel zu erreichen. Das Visualisieren und die Fokussierung auf den Abschluss einer Aufgabe helfen Ihnen dabei, das Ziel zu erreichen.

Allerdings wird die Fokussierung auf eine Aufgabe nicht die Herausforderungen beseitigen, die damit einhergehen. Wenn Sie jedoch einen Aktionsplan und ein gut formuliertes Ziel haben, wird

Ihnen dies dabei helfen, motiviert zu bleiben und Ihre Strategie bei Bedarf anzupassen. Damit Sie sich besser konzentrieren können, müssen Sie alle Ablenkungen beseitigen.

Feiern Sie kleine Erfolge

Versprechen Sie sich selbst eine Belohnung für das Erreichen eines jeden Meilensteins und gönnen Sie sich diese Belohnung dann auch. Schließlich haben Sie es sich verdient! Eine solche Belohnung kann ein Besuch in Ihrem Lieblingsrestaurant zur Mittagszeit sein. Die Vorfreude auf diese Belohnung wird Ihren Geist beflügeln, wenn Sie kleine Erfolge sehen. Wenn Sie sich nicht selbst feiern, wer dann?

Lassen Sie sich von einer anderen Person in die Pflicht nehmen

Jemanden zu bitten, Sie in die Pflicht zu nehmen, kann äußerst hilfreich sein. Zu wissen, dass Sie jemandem gegenüber rechenschaftspflichtig sind, stärkt Ihre Moral. Wenn ein persönlicher „Pflicht-Kumpel" nicht zur Verfügung steht, können Anwendungen wie Remote Bliss ein wertvolles Hilfsmittel sein.

Auch der sogenannte Gruppenzwang ist ein effektives Unterstützungssystem. Wenn Freunde und Familie erst einmal über Ihre Ziele Bescheid wissen, werden sie bestimmt immer wieder nach dem Fortschritt fragen.

Handeln Sie sofort

Sobald Sie neue Projekte erhalten, weisen Sie ihnen eine Priorität zu. Damit meine ich, dass Sie diese neuen Projekte in Ihre To-Do-Liste mit einer Zeitleiste und einem Aktionsplan einarbeiten sollen. Wenn Sie das mit jeder neuen Aufgabe tun, werden Sie sich sicherer fühlen und Ihren Tag besser im Griff haben, da Sie nichts mehr vergessen. Eine Strategie, um Prokrastination zu vermeiden, besteht darin, dass Sie niemals eine Aufgabe aus den Augen lassen.

Ermitteln Sie Ihr produktivstes und Ihr unproduktivstes Zeitfenster und planen Sie Aufgaben mit hoher und niedriger Priorität so, dass sie in diese Zeitfenster hineinpassen. Zu wissen, wann Sie am produktivsten sind, hilft Ihnen dabei, sich auf die wichtigeren Aufgaben auf Ihrer To-Do-Liste zu konzentrieren. Die Erledigung wichtiger Ziele macht die Arbeit an anderen Projekten leichter und weniger frustrierend.

Formulieren Sie Ihre inneren Gedankenprozesse um

Die Dinge, die Sie sich selbst sagen, werden mit der Zeit zu den Dingen, die Sie glauben. Die Wörter, die Sie verwenden, werden Sie entweder inspirieren oder die Räder des Fortschritts zum Stillstand bringen. Wörter wie „müssen" suggerieren, dass Sie überhaupt keine Wahl haben. Solche Äußerungen allein können demotivieren, wohingegen Phrasen wie „Ich werde" und „Ich entscheide mich dafür" darauf hinweisen, dass Sie die Kontrolle haben.

Beseitigen Sie Ablenkungen

Ablenkungen sind der größte Feind beim Erreichen Ihrer Ziele, und diese können in verschiedenen Formen auftreten: Fernsehen, E-Mails, soziale Medien, Telefonanrufe sowie Familie und Freunde. Ablenkungen können Ihre produktivsten Zeitfenster beanspruchen und dazu führen, dass Ihre Träume unerfüllt bleiben.

Ein guter Plan zur Minimierung oder Beseitigung von Ablenkungen lässt Ihnen mehr Zeit, sich auf die anstehende Aufgabe zu konzentrieren. Wenn es nötig ist, können Sie Ihr Telefon auf stumm stellen und sich von technischen Hilfsmitteln fernhalten, die Sie von Ihrer Arbeit ablenken können.

Konzentrieren Sie sich zuerst auf weniger angenehme Aufgaben

Erledigen Sie alle Aufgaben, die Ihnen Energie rauben können, zuerst, solange Ihr Energielevel noch hoch ist. Wenn Sie energiezehrende Aufgaben auf später verschieben, kann dies dazu führen, dass diese nicht erledigt werden. Andere, weniger kräftezehrende Aufgaben können Sie auch anschließend noch leicht erledigen.

Ändern Sie Ihr Umfeld

Es kann möglich sein, dass Sie eine andere Umgebung brauchen als die, in der Sie sich befinden. Unsere Umgebung kann unsere Produktivität beeinflussen. Das richtige Umfeld kann entweder eine Quelle der Inspiration sein oder ein Grund zum Prokrastinieren.

Bestimmte Bedingungen machen eine Arbeitsumgebung unangenehm oder produktiv, darunter die folgenden:

- Unfreundlichkeit
- Schlecht organisierter Arbeitsplatz
- Vorurteile
- Mangel an Arbeitsmitteln und Zubehör
- Defekte Ausrüstung
- Stickige, feuchte, heiße oder kalte Umgebungen

Die Prokrastination kann Ihnen zur zweiten Natur oder zur Gewohnheit werden. Es erfordert Anstrengung, einen starken Willen, Hingabe und einen Aktionsplan, um damit umzugehen. Die Überwindung Ihres Problems der Prokrastination wird mit der Zeit kommen, nicht über Nacht.

Handeln ist der Schlüssel. Wenn Sie einmal verstanden haben, warum Sie prokrastinieren und wo Ihre Schwachstellen liegen, dann sind Sie auf dem besten Weg, diese zu beseitigen. Jetzt ist die Zeit gekommen! Werden Sie diese Herausforderung hinauszögern (prokrastinieren) oder werden Sie diese Pläne in die Tat umsetzen?

Zusammenfassung des Kapitels

- Akzeptieren Sie zunächst, dass Sie prokrastinieren und unternehmen Sie konkrete Schritte, um diese Angewohnheit zu überwinden.
- Verstehen Sie die Dinge, die Menschen tun, die Prokrastination zu einem Lebensstil gemacht haben.
- Identifizieren Sie anhand der Liste, warum Sie prokrastinieren, und machen Sie sich sofort an die Arbeit.
- Erkennen Sie, dass Prokrastination ein Problem ist, das viele Menschen haben, und verzeihen Sie sich selbst.
- Wählen Sie die Anti-Prokrastinations-Strategien, die am besten zu Ihnen passen. Vertrauen Sie darauf, dass diese Strategien für Sie funktionieren werden.
- Legen Sie eine motivierende Denkweise an den Tag, konzentrieren Sie sich auf das Ende der Aufgabe und nicht auf den Anfang.
- Arbeiten Sie nicht allein. Sorgen Sie dafür, dass eine andere Person Sie in die Pflicht nimmt, damit Sie die Kontrolle behalten.
- Handeln Sie nach Gefühl. Nehmen Sie die Aufgabe an und vermeiden Sie einen Rückstau an Aufgaben, da dies einen Rückfall in die Prokrastination begünstigt. Fangen Sie einfach mit dem Aktionsplan an.
- Sorgen Sie dafür, dass Sie ablenkende Faktoren so weit wie möglich eliminieren. Entwickeln Sie den Willen, sich diesen Ablenkungen nicht hinzugeben.
- Feiern Sie jeden erfolgreichen Meilenstein mit einer Belohnung. Wenn Sie sich selbst auf die Schulter klopfen, kann das sehr motivierend sein.
- Wechseln Sie die Umgebung, wenn es nötig ist. Das richtige Umfeld kann Sie in Hochstimmung für maximale Leistungen und Erfolge versetzen.

- Was Sie denken, ist das, was Sie glauben. Achten Sie auf die Worte, die Sie zu sich selbst sagen. Ändern Sie Ihren inneren Dialog so, dass er zu Ihrer neuen Entschlossenheit passt.

Im nächsten Kapitel erfahren Sie mehr über den Wert der Zeitmaximierung sowie nützliche Zeitmanagement-Tricks.

KAPITEL FÜNF:

Tipps und Tricks für ein optimales Zeitmanagement

Zeit ist eine begrenzte, jedoch universelle Ressource, und jeder von uns hat täglich 24 Stunden Zeit zur Verfügung. Allerdings nutzt nicht jeder seine Zeit optimal. Wie sonst erklären Sie sich die Tatsache, dass einige Menschen innerhalb des gleichen 24-Stunden-Zeitraums größere Erfolge erzielen als andere? Bedeutet das, dass sehr erfolgreiche Menschen länger arbeiten als die weniger erfolgreichen? Die Antwort lautet: Nein! Die einfache Tatsache ist, dass manche Menschen die Kunst erlernt haben, ihre Zeit effektiver zu managen. Andere hingegen haben vielleicht mehr Probleme mit Zeitfressern in ihrem Tagesablauf. Wie managen Sie also die Zeit, um Ihre Produktivität zu steigern?

**„Zeit ist nicht die Hauptsache; sie ist die einzige Sache."
– Miles Davis**

Explosive Zeitmanagement-Tipps für eine gesteigerte Produktivität

Hier sind bewährte, aber einfache Zeitmanagement-Tricks, die Ihnen zu mehr Effizienz verhelfen:

Prüfen Sie die aufgewendete Zeit

Wenn Sie ein Zeit-Audit durchführen, dann werden Sie erstaunt feststellen, womit Sie den Großteil Ihrer Zeit verbringen. Wie viel Zeit verbringen Sie mit arbeitsbezogenen und nicht arbeitsbezogenen Aktivitäten? Wie viel Zeit wenden Sie für Aufgaben auf, die Ihr Endergebnis verbessern und Sie Ihren Zielen näher bringen? Wie viel Zeit geht für das Lesen und Beantworten von E-Mails, Social

Media und mehr drauf? Vielleicht nehmen Sie sich vor, jeden Morgen nur 30 Minuten für E-Mails und soziale Medien aufzuwenden, verbringen aber am Ende mehr als eine Stunde damit.

Beginnen Sie damit, Ihre Aktivitäten für eine ganze Woche zu analysieren, um Bereiche zu erkennen, in denen Sie Zeit verschwenden. Eine der einfachsten Möglichkeiten, Ihre Aktivitäten zu verfolgen, ist die Verwendung von Zeiterfassungsprogrammen wie Toggl, RescueTime oder Calendar. Am Ende der Woche gibt Ihnen der Bericht der App eine bessere Vorstellung davon, wie Sie Ihre Zeit verbringen. Danach können Sie die erforderlichen Anpassungen vornehmen.

Messen Sie die Zeit für jede Aufgabe und setzen Sie sich zeitliche Limits

Wenn Sie offene Fristen haben, dann werden Sie diese oftmals nicht pünktlich fertigstellen oder Sie werden überhaupt nicht fertig. Das Festlegen eines Zeitrahmens bzw. von zeitlichen Einschränkungen für jede Aufgabe hält Sie davon ab, zu prokrastinieren bzw. Ihre To-Dos hinauszuzögern. Wenn Sie Puffer um Ihre Aufgaben herum schaffen, ist es einfacher, eine bestimmte Aufgabe zu bewältigen. Bei einer Aufgabe, deren Erledigung mehrere Tage oder Wochen in Anspruch nimmt, kann es helfen, diese Aufgabe in kleinere, überschaubare Tagesaufgaben zu unterteilen. Jeder erreichte Meilenstein bringt Sie näher an Ihr Gesamtziel.

Ich verwende Zeitpuffer, die mir dabei helfen, eine Aufgabe zu bewältigen. Wenn ich einen Vortragstermin habe, plane ich gerne Wochen im Voraus. Aus diesem Grund erstelle ich in der Regel eine Zeitleiste mit Puffern, die mir dabei helfen, die Seminararbeit termingerecht fertigzustellen. Wenn das Referat aus irgendeinem Grund länger dauert als geplant, dann muss es auf ein anderes Zeitfenster warten. Nur so lässt sich vermeiden, dass die Zeit für andere Aktivitäten draufgeht.

Achten Sie jedoch darauf, dass die Zeitvorgaben nicht illusorisch sind, sondern dass Sie sie tatsächlich einhalten können. Sie können einen Freund auswählen, der Sie in die Pflicht nimmt, indem Sie ihm erzählen, was Sie erreichen wollen und welchen Zeitrahmen Sie sich dafür gesetzt haben. Ihr „Pflicht-Kumpel" kann Ihnen dabei helfen, auf dem Weg zum Erfolg zu bleiben.

> „Sie brauchen so viel Energie zum Wünschen wie zum Planen."
> – Eleanor Roosevelt

Planen Sie im Voraus

„Zweimal messen, einmal schneiden" ist ein beliebtes Sprichwort in der Welt des Hochbaus oder der Zimmerei. Dieses Sprichwort bedeutet, dass Ingenieure oder Zimmerleute die Dinge gleich beim ersten Versuch richtig machen. Und genauso wertvoll ist eine vorausschauende Planung für Ihre Ziele.

Wenn Sie einen Aktionsplan haben, dann ersparen Sie sich den Stress, planlos zu handeln oder sich auf die weniger wichtigen Aufgaben zu konzentrieren. Einige Aufgaben sind für Ihren Erfolg wichtiger als andere. Ohne ausreichende Planung können Sie am Ende sehr wenig erreichen.

Der beste Zeitpunkt zum Erstellen eines Plans oder einer To-Do-Liste:

Beginnen Sie am Vorabend

Am Ende eines jeden Arbeitstages kann der perfekte Zeitpunkt sein, um Pläne für die Aktivitäten des nächsten Tages zu machen. Schon 15-30 Minuten reichen aus, um eine To-Do-Liste mit den wichtigsten Aufgaben für morgen zu erstellen.

Das Spannende an der Planung am Vorabend ist, dass diese Ihnen dabei hilft, wahrscheinliche Ablenkungen zu eliminieren. Wenn Sie Ihren Plan schon am Vorabend machen, arbeitet Ihr Geist auf

Hochtouren und ist bereit für die morgigen Aktivitäten. Dies kann ebenfalls dazu beitragen, Sie zu motivieren und Sie für die Arbeit zu begeistern. Zudem wird Ihr Fokus erhöht und Ihre Energie auf die produktivsten Aufgaben des Tages gelenkt.

Beginnen Sie gleich morgens

Während manche Menschen es vorziehen, ihren Tag am Vorabend zu planen, tun dies andere lieber früh am Morgen. Sie können eine Liste mit drei oder fünf Ihrer dringendsten und wichtigsten Aktivitäten für den Tag erstellen. Legen Sie dann einen Zeitplan für Ihre produktivste Zeit fest, um diese zu erledigen.

Überprüfen Sie jedoch immer wieder Ihre Pläne, um Fehler oder Irrtümer zu vermeiden. Jedes Durcheinander in Bezug auf Ihren Zeitplan bzw. Ihren Aktivitäten kann dazu führen, dass Sie noch mehr Zeit mit dem Versuch verschwenden, die Situation zu beheben.

Sagen Sie Nein zu Multitasking

Multitasking bzw. Task-Hopping ist ein Produktivitätskiller. Der Irrglaube, dass das gleichzeitige Jonglieren von mehreren Aufgaben Ihnen dabei hilft, mehr zu erledigen, ist nicht wahr. Die Forschung zeigt, dass das gleichzeitige Ausführen mehrerer Aufgaben einen negativen Einfluss auf das menschliche Gehirn haben kann. Multitasking kann zudem zu einer geringeren Qualität der Arbeit führen. Außerdem verbrauchen Sie am Ende mehr Zeit mit Multitasking, da Ihr Gehirn versucht, zwischen zwei Aufgaben hin- und herzuwechseln.

Aus diesem Grund lautet die Lösung: Singletasking. Machen Sie es sich zur Gewohnheit, Aufgaben zu beginnen und zu beenden, bevor Sie zu einer anderen weitergehen. Sie können sich Zeitleisten, Meilensteine und Zeitnehmer setzen, um eine Aufgabe nach der anderen zu erledigen. Entwickeln Sie bewusst die Denkweise, sich auf eine Aufgabe zu konzentrieren.

Schützen Sie Ihre „In the Zone"-Zeit

Zu welcher Tageszeit sind Sie am produktivsten? Die beste Zeit, um eine anspruchsvolle Aufgabe durchzuführen, ist die Uhrzeit, zu der Sie geistig am aufmerksamsten sind. Sie können diese Zeit in Ihrem Kalender oder Ihrer To-Do-Liste einplanen.

Der Schutz Ihrer „In the Zone"-Zeit ist dasselbe wie das Verstehen Ihrer Muster. Wir alle haben Gewohnheiten, doch die Idee dabei ist, gesunde Gewohnheiten anzunehmen, die Sie darin unterstützen, Ihre persönliche Produktivität zu steigern. Jeder Mensch hat eine Tageszeit, in der er am produktivsten ist. Die beste Zeit, um bestimmte Aufgaben zu erledigen, sollte die Tageszeit sein, in der Sie Ihren Energieschub bekommen. Wenn Sie zum Beispiel morgens, nach dem Training, nach dem Mittagessen oder spät abends am besten denken können, dann erstellen Sie einen Zeitplan um diese Zeit herum. Es hängt jedoch von der Art des Ziels ab, das Sie erreichen möchten: persönlich oder beruflich.

Die Wissenschaft empfiehlt vier Stunden Arbeit pro Tag als Gesamtzeit, die Sie benötigen. Klingt absurd? Nun, dies bedeutet nicht unbedingt, dass Sie nur vier Stunden lang Aufgaben erledigen und zwanzig Stunden lang Spaß haben sollen. Das bedeutet, dass Sie Ihre produktivsten vier Stunden am Tag nutzen, um sich auf die wichtigsten Aufgaben zu konzentrieren. Die restlichen Stunden können Sie für die Lösung weniger anspruchsvoller Aufgaben verwenden.

Halten Sie Meetings knapp und präzise

Personalbesprechungen sind ein wesentlicher Bestandteil der strategischen Planung, der Neubewertung und der kontinuierlichen Arbeitsbewertung. Damit Mitarbeiterbesprechungen jedoch fruchtbar und produktiv sind, müssen diese straff ablaufen und festgelegten Verfahren folgen. Wenn Sie eine Besprechung ohne eine To-Do-Liste oder eine Agenda organisieren, dann kann es passieren, dass dieses Meeting endet, ohne dass konkrete Entscheidungen getroffen worden sind. Sie müssen klare Anweisungen für jede Besprechung geben und für jeden Punkt auf der Liste einen Zeitrahmen und Ziele festlegen.

Jede Besprechung muss pünktlich beginnen und enden. Außerdem haben manche Unternehmen die Angewohnheit, Besprechungen zu oft einzuberufen. Sie können einige Probleme lösen, ohne sich mit allen Teammitgliedern zu treffen. Einige Tools erleichtern die Verbreitung von Informationen und das Einholen von Feedback, ohne häufige Meetings einzuberufen. Trello, Zoom, Slack und Asana ermöglichen es Gruppen, Ideen zu besprechen und auszutauschen, ohne dazu die Arbeitszeit der Mitarbeiter zu sehr in Anspruch zu nehmen. Eine andere Strategie könnte darin bestehen, regelmäßige wöchentliche oder monatliche Besprechungen und Berichte zu planen, anstatt spontane Meetings einzuberufen.

Schaffen Sie Zeit für die Bearbeitung von E-Mails

E-Mails können eine große Ablenkungsquelle sein, und Sie müssen sich überlegen, wie Sie mit Ihren Nachrichten umgehen. Auch wenn Sie wichtige Nachrichten erhalten, so wollen Sie dennoch nicht, dass E-Mails Ihren täglichen Arbeitsablauf bestimmen. Das Problem bei der sofortigen Beantwortung von E-Mails besteht darin, dass Sie eher reaktiv als eigenverantwortlich Ihren Tag gestalten. Die Lösung lautet, eine bestimmte Zeitspanne für das Lesen und Beantworten von E-Mails einzuplanen.

Damit ich mich auf die produktivsten Aufgaben konzentrieren kann, lege ich normalerweise bestimmte Zeiten für die Beantwortung von E-Mails fest. In der Regel sind zwei bis drei Zeitfenster am Tag ideal für die Bearbeitung von E-Mails, jedoch nie während Ihrer produktiven Zeit.

Eine Strategie, die ich anwende, besteht darin, die E-Mails auszuwählen, die ich zu bestimmten Zeiten öffnen, lesen und beantworten möchte. Wenn Sie antworten, achten Sie darauf, dass die Antworten nicht länger als fünf Sätze sind, um Zeit zu sparen.

Schalten Sie Benachrichtigungen aus

Benachrichtigungen sind recht hilfreich, um Sie in Bezug auf E-Mails und Nachrichten in den sozialen Medien auf dem Laufenden zu halten. Benachrichtigungen können jedoch auch als große Ablenkungsquelle dienen und dazu führen, dass Sie den Fokus auf wichtige Aufgaben verlieren. Wichtige Benachrichtigungen können von Ihren E-Mail-Konten oder Social-Media-Feeds stammen. Um diese jedoch richtig zu verwalten, sollten Sie nur solche Benachrichtigungen aktivieren, die Sie bei Ihren Aufgaben und Zielen voranbringen, und selbst dann ist es vielleicht nicht notwendig, Benachrichtigungen auf Ihrem PC und allen Ihren Smart-Geräten zu aktivieren. Wenn Sie dies tun, dann erhöhen Sie nur die Wahrscheinlichkeit einer Ablenkung.

Alternativ können Sie Benachrichtigungen deaktivieren, wenn Sie an Ihren anspruchsvollsten Aufgaben arbeiten. Wenn Sie die Aufgabe abgeschlossen haben, können Sie die Push-Benachrichtigungen wieder aktivieren.

Achten Sie auf Ihre Social-Media-Nutzung

Facebook, Twitter, Instagram, SnapChat und Co. sind ein interessanter Zeitvertreib, der für viele Menschen verschiedene Zwecke erfüllt. Wenn Sie sich jedoch zu lange in sozialen Medien aufhalten, kann dies ablenkend wirken. Daher sollten Sie die Zeit, die Sie dort verbringen, bewusst begrenzen. Für einige Unternehmen sind Social-Media-Anwendungen jedoch Teil des Geschäfts. Wenn Sie als Social-Media-Manager arbeiten, Anzeigen schalten, einen eCommerce-Shop betreiben oder den Kundensupport betreuen, sollten Sie einen konkreten Plan für die Social-Media-Nutzung erstellen.

Was auch immer Sie mit den sozialen Medien machen wollen, erstellen Sie einen Aufgabenplan, der Ihre Social-Media-Nutzung einbezieht und Zeitpläne dafür erstellt. Arrangieren Sie Ihre Social-Media-Nutzung so, dass Sie produktivere Aktivitäten durchführen können. Wenn Sie Social-Media-Anwendungen eher als soziales Werkzeug nutzen, dann sollten Sie Ihr Nutzungsverhalten vernünftig gestalten.

Seien Sie nachsichtig mit sich selbst

Gönnen Sie sich etwas Ruhe, indem Sie Pufferzeiten in Ihren Zeitplan einbauen. Sie sind ein Mensch, und Ihr Gehirn braucht Zeit, um sich zu regenerieren. Das menschliche Gehirn ist keine Maschine, die zwanzig Stunden lang voll funktionsfähig ist. Bestimmte geistige und körperliche Funktionen des Gehirns benötigen Ruhe, damit Sie ihre Spitzenleistung aufrechterhalten können. Die Forschung zeigt, dass unser Gehirn im Durchschnitt 90 Minuten am Stück auf Hochtouren arbeiten kann, bevor seine Leistungsfähigkeit nachlässt. Nach dieser Zeit braucht Ihr Gehirn eine Form der Ablenkung, um motiviert und konzentriert zu bleiben.

Es ist kein Zeichen von Fleiß oder harter Arbeit, den ganzen Tag am Schreibtisch zu sitzen. Glücklicherweise tauchen im Laufe des Tages andere, nicht kritische Aufgaben bzw. Aktivitäten auf, und das kann die beste Zeit sein, um sich diesen nicht kritischen Dingen zu widmen. Wenn Sie sich jedoch von einer geistig anstrengenden Aufgabe oder Besprechung zur nächsten bewegen, ist das weder eine brillante Idee noch eine produktive Art zu leben. Helfen Sie Ihrem Körper stattdessen, seine Energie aufzutanken, indem Sie meditieren, spazieren gehen oder einfach nur Ihren Tagträumen nachhängen. Dies wird Ihnen dabei helfen, den Kopf freizubekommen.

Neben der Arbeit kann Ihnen ein Zeitpuffer genügend Zeit geben, um rechtzeitig zum nächsten Meeting zu kommen. Ihr Zeitplan sollte Puffer enthalten, die es Ihnen erlauben, von einer Aktivität zur anderen zu gelangen. Außerdem sollten die Puffer Ihnen ein wenig Zeit zum Entspannen und Herunterkommen geben. Planen Sie Ihre Aktivitäten wie folgt: ein großer Teil einer Aufgabe mit kleineren Pufferzeiten, in denen Sie sich entspannen können. Etwa 25 bis 30 Minuten Pufferzeit sind ideal.

Seien Sie fair zu sich selbst

Sie selbst sind der wichtigste Aspekt Ihres Arbeitsplans oder Ihrer Aufgabe. Ohne Sie würde keine Aufgabe erfüllt werden. Kümmern Sie sich deshalb gut um sich selbst. Wenn Sie krank werden, ausbrennen oder sterben, dann wird jemand anderes Ihren Platz einnehmen. Ihr Vermächtnis wird zwar weiterleben, doch Ihre Familie und Ihre Freunde werden den Schmerz über Ihr plötzliches Ableben ertragen müssen. Selbst wenn Sie nicht sterben, so werden gesundheitliche Komplikationen dennoch Ihre Produktivität verlangsamen und es Ihnen unmöglich machen, Ihre hochgesteckten Ideen und Ziele zu verfolgen.

Nehmen Sie sich Zeit, um sich zu entspannen, Spaß zu haben, regelmäßig Sport zu treiben, sich gesund zu ernähren und Zeit mit Familie und Freunden zu verbringen. Manchmal zahlt es sich aus, die Dinge zu tun, die Ihnen Spaß machen. Seien Sie egoistisch! Machen Sie Urlaub. Nutzen Sie letztendlich die Motivation und Erfahrung, um Ihre brillanten Ideen oder Aufgaben zu erledigen.

Ich habe ein geräumiges Büro mit einem Arbeitstisch, einen kleinen Konferenzraum und ein Wohnzimmer. Wenn ich anspruchsvolle Aufgaben erledige, entspanne ich mich manchmal für ein paar Minuten, indem ich ins Wohnzimmer gehe. Ich lege mich auf das Sofa, gönne mir etwas Ablenkung, indem ich mir eine Serie im Fernsehen ansehe, Musik höre oder eine Sitcom schaue. Ich mache irgendetwas anderes als zu arbeiten. Und wenn ich wieder an meinem Schreibtisch sitze, bin ich voller Tatendrang und bereit, loszulegen!

Wenden Sie die 80/20-Regel bzw. das Pareto-Prinzip an

Das 80/20-Gesetz besagt, dass 80 % Ihrer Ergebnisse bzw. Erfolge aus 20 % des aufgewendeten Aufwands resultieren. Heißt das also, dass Sie nur 20 % Ihrer Zeit mit Arbeit verbringen müssen? Oder sollten Sie nur einen Tag in der Woche zur Arbeit kommen, denn das sind ja schließlich 20 %? Nein!

Das Pareto-Prinzip bedeutet, dass Sie den entscheidenden Dingen, die Ihnen zum Erfolg verhelfen, mehr Aufmerksamkeit schenken sollten. Wenn Sie mehr Zeit auf die Dinge verwenden, die Ihnen mehr Ergebnisse bringen, dann können Sie regelrecht beobachten, wie Ihre Produktivität in die Höhe schießt. Was passiert also mit den weniger kritischen oder kleineren Dingen? Ignorieren Sie sie!

Sie können das Pareto-Prinzip auch auf jeden Aspekt Ihres Lebens anwenden. Marketing-Experten wenden ebenfalls die 80/20-Regel an. Im Marketing gilt: 80 % des Gewinns kommen von 20 % der Kunden. Im Bereich Personalwesen und Mitarbeiterbeziehungen werden 80 % der produktivsten Aufgaben von 20 % der Mitarbeiter erledigt. Für die Selbstentwicklung und das Zeitmanagement gilt: 80 % Ihrer Erfolge resultieren aus 20 % Ihrer Bemühungen oder Aktionen.

Aus diesem Grund können Sie durch die Anwendung des 80/20-Prinzips die Produktivität in den Bereichen steigern, die sich auf Ihr Endergebnis auswirken. Auf diese Weise finden Sie heraus, wie Sie Ihren Mitarbeitern Aufgaben zuweisen und wie Sie ihnen dabei helfen können, sich zu verbessern. Außerdem können Sie dadurch besser verstehen, auf welche Bereiche Sie mehr Zeit verwenden und welche Sie verbessern sollten. Im Marketing-Bereich kann das Pareto-Prinzip Sie darin unterstützen, Ihren Kundenstamm zu straffen, um sich auf die Betreuung der gewinnbringendsten Kunden zu konzentrieren. Dann können Sie eine Strategie ausarbeiten, wie Sie die weniger gewinnbringenden Interessenten oder Kunden konvertieren.

10 schlechte Angewohnheiten, die Ihre Produktivität zunichtemachen

- Zu viel Zeit für eine einzige Aufgabe aufwenden, auch wenn diese weniger Zeit in Anspruch nehmen kann.
- Verschlafen der Morgenstunden, anstatt den Tag zu planen.
- Im Internet surfen, ohne einen klaren Plan zu haben.

- Ihren Tag nicht planen oder keine Prioritäten setzen.
- Stundenlanges Arbeiten mit Blick auf den PC-Bildschirm, ohne eine nicht arbeitsbezogene Pause einzulegen.
- Ungesunde Essgewohnheiten pflegen, wie das Auslassen von Mahlzeiten oder eine falsche Ernährungsweise.
- Jahrelanges Warten auf den perfekten Zeitpunkt, um mit der Verfolgung Ihrer Ziele zu beginnen.
- Ausreden dafür finden, dass Sie Ihre Träume nicht verfolgen oder verwirklichen.
- Nur an dringenden Aufgaben arbeiten und die wichtigen oder nicht dringenden Aufgaben unerledigt lassen.
- Aufgaben bis zur letzten Minute aufschieben, bevor sie ausgeführt werden.

Zusammenfassung des Kapitels

In Kapitel fünf haben wir uns mit den folgenden Konzepten beschäftigt:

- Die Zeit ist begrenzt, doch jeder Mensch hat täglich die gleiche Anzahl von 24 Stunden.
- Erfolgreiche Menschen haben die gleiche Anzahl von Stunden wie weniger erfolgreiche, die Unterschiede liegen jedoch darin, wie die erfolgreichen Menschen ihre Zeit verwalten.
- Erfolgreiche Menschen erstellen einen Zeitplan, um ihre Zeit effektiv zu verwalten.
- Teilen Sie Aufgaben immer in kleinere, realisierbare Einheiten auf.
- Planen Sie im Voraus, entweder am Abend vor Feierabend oder am Morgen vor Arbeitsbeginn.
- Multitasking ist kein Zeichen von Effizienz, sondern trägt nur dazu bei, minderwertige Arbeit zu produzieren.
- Vermeiden Sie es, produktive Zeit mit sozialen Medien oder E-Mails zu verbringen, da dies Sie vom Erreichen Ihrer Ziele abbringen kann.
- Gönnen Sie sich einige nicht arbeitsbezogene Pausen.

- Organisieren Sie Ihren Zeitplan immer so, dass Sie zwischen den einzelnen wichtigen Aufgaben kurze Pausen von 25 Minuten einlegen.
- Praktizieren Sie das Pareto-Prinzip bzw. die 80/20-Regel, die besagt, dass 80 % Ihres Erfolges aus 20 % des Aufwandes, den Sie investieren, resultieren.
- Übermäßiger Schlaf in den Morgenstunden, zu viel Zeit mit einer einzigen Aufgabe zu verbringen und vieles mehr sind einige der negativen Angewohnheiten, die Ihr Produktivitätsniveau beeinflussen.

Im nächsten Kapitel lernen Sie die drei Säulen der Produktivität kennen, die Sie benötigen, um ein Leistungsträger zu werden.

KAPITEL SECHS:

Die 3 Säulen der Produktivität, die Sie benötigen, um Ihr volles Potenzial freizusetzen

Sie haben das Zeug dazu, produktiver zu sein und unbegrenzte Erfolgserlebnisse zu haben. Dies erfordert jedoch einen starken Wunsch, eine Entscheidung, Taten sowie einige Produktivitäts-Strategien, um erfolgreich zu sein. Der TEA ist ein Produktivitätsrahmen, der das Potenzial hat, Sie Ihren Zielen näher zu bringen. Es wird Ihnen dabei helfen, Ihre Zeit, Energie und Aufmerksamkeit effektiver zu verwalten, damit Sie die Herausforderungen auf dem Weg zur Erfüllung Ihrer Träume meistern können.

Eine in der New York Times veröffentlichte Umfrage ergab, dass 81 % der Amerikaner mit dem Gedanken spielen, ein Buch zu schreiben. Diese Umfrage fand heraus, dass, wenn diese Menschen ihre Träume verfolgt hätten, mindestens 200 Millionen Bücher geschrieben worden wären. Allerdings schaffen es jährlich nur 80.000 Menschen, ihr Werk zu schreiben und zu veröffentlichen. Die oben genannte Zahl entspricht 0,04 % derjenigen, die ein Buch veröffentlichen möchten. Die restlichen Menschen sprechen lediglich von ihrem Traum, ein Buch zu schreiben.

Was hält eigentlich die meisten Menschen davon ab, ihr volles Potenzial im Leben zu erreichen? Der einfachste Weg, um diese Frage zu beantworten, ist anhand des TEA-Rahmenkonzepts. Die andere Antwort ist, dass diejenigen, die sich in ihrem Metier auszeichnen, das Erreichen ihrer Ziele zu einer Sache der Gewohnheit machen und nicht zu einer Sache, die lediglich auf ihrem Wunschzettel steht. Solche Menschen verpflichten sich zu ihren Zielen, legen einen Aktionsplan fest und weigern sich, irgendeine Ausrede zuzulassen, die sie vom Erreichen ihrer Ziele abhält. Erfolgreiche Menschen sind eingefleischte Macher und keine Zauderer. Auch Sie werden produktiver, wenn Sie lernen, wie Sie Ihre Zeit, Aufmerksamkeit und Energie am besten verwalten können. Also, was ist das TEA-Rahmenkonzept?

TEA: Das Drei-Hindernisse-Rahmenwerk zur Produktivitätssteigerung

Hindernisse und Herausforderungen sind real. Diese drei einfachen Kategorien erklären die Hindernisse, denen wir in unserem Leben begegnen:

- Time (Zeit)
- Energy (Energie)
- Attention (Aufmerksamkeit)

Das TEA-Rahmenkonzept ist ein leistungsfähiges Werkzeug, das dem Einzelnen dabei hilft, die Hindernisse selbst zu identifizieren, die sie daran hindern, ihr wahres Potenzial zu erreichen. Sobald wir dazu in der Lage sind, diese Herausforderungen zu erkennen, können wir uns besser auf unsere wichtigsten Aufgaben konzentrieren. In der Regel sind das die Aufgaben, die einen massiven Einfluss auf unser Endergebnis haben werden.

Kategorie 1: Energie und Aufmerksamkeit, aber keine Zeit

Zeit ist ein wesentlicher Faktor für den Erfolg, und jeder, der Erfolg haben will, muss wissen, wie er die Zeit zu seinen Gunsten manipulieren kann. Diejenigen, die zu dieser Kategorie gehören, verfügen jedoch über die Energie, den Wunsch und die Leidenschaft, die ihnen zum Erfolg verhelfen. Solche Menschen glauben, dass sie nicht genug Zeit haben, um die Dinge richtig zu erledigen. So entwickeln sie die Mentalität eines Menschen, der feststeckt oder gefangen ist. Dieses Gefühl der Unzulänglichkeit führt dazu, dass Personen, die in diese Kategorie fallen, Aufgaben willkürlich ausführen, Aufgaben aufschieben oder sich ganz aus der Verantwortung stehlen. Wenn Sie diese Art von Mentalität entwickeln, spiegelt sich das folgendermaßen wider:

- Es gibt so viel zu tun und so wenig Zeit, um die Dinge zu erledigen.
- Es wäre schön gewesen, wenn ich mehr als 24 Stunden Zeit gehabt hätte.
- Es scheint, dass die Zeit immer schneller vergeht.

Der beste Weg, um Menschen zu beschreiben, die keine Zeit, aber Energie und Aufmerksamkeit haben, ist ... überfordert. Wenn Sie an den Punkt kommen, an dem Sie sich überfordert fühlen, und nicht vorsichtig sind, fallen alle Dinge in Ihrem Leben in sich zusammen wie ein Kartenhaus. Dies ist der Punkt, an dem die Produktivität zu sinken beginnt.

Manchmal liegt es nicht daran, dass Sie nicht genug Zeit haben, um Aufgaben zu erledigen. Es könnte daran liegen, dass Sie keinen guten Zeitplan oder keine To-Do-Liste haben. In anderen Fällen könnte es sein, dass die Person die Aufgabe so lange aufgeschoben hat, bis sie keine Zeit mehr hat. Außerdem übernehmen manche Menschen mehr Verantwortung, als sie bewältigen können. Anstatt einen Teil der Aufgaben zu delegieren, versuchen sie, alles selbst zu bewältigen, bis die Dinge schief laufen. In anderen Fällen kann es sein, dass die Aufgaben in Wirklichkeit größer sind, als die Person in dem vorgesehenen Zeitrahmen bewältigen kann. In dieser Situation benötigt die Person einen realistischeren und flexibleren Zeitplan, um die Aufgabe zu beginnen und zu beenden.

Andere Szenarien sind z. B. ein Angestellter, der morgens recht früh zur Arbeit geht und erst spät abends von der Arbeit zurückkehrt. Oder nehmen wir einen Lieferanten, der täglich zu viele Fahrten unternimmt und versucht, Waren an Kunden in weit entfernten Orten zu liefern. Oder eine Mutter aus der Arbeiterklasse mit einem 9-bis-5-Job, Kindern, die versorgt werden müssen, und einem Studium, das abgeschlossen werden muss. All diese Menschen fühlen sich oftmals überfordert. Eines ist all den oben genannten Personen gemeinsam. Sie alle haben die Energie, Dinge zu erledigen und ihrem Job Aufmerksamkeit zu schenken, fühlen sich aber aufgrund der begrenzten Zeit immer wieder überfordert.

Die drei Komponenten eines effektiven Zeitmanagements

Zeit existiert nicht in einem Vakuum, sondern kann quantifiziert werden. Die Qualität jeder Sekunde, die Sie nutzen, hängt davon ab, ob sie Sie Ihren Zielen näher bringt oder nicht. Deshalb funktioniert die Zeit in den folgenden Situationen am besten:

1. **Systeme**

   Das Leben ist eine Kombination aus Strukturen bzw. Systemen, die voneinander abhängig und untereinander verzweigt sind. Jedes dieser Systeme beeinflusst die anderen auf einzigartige Weise. Ihre Fähigkeit, diese Systeme zu verstehen und zu manipulieren bzw. zu nutzen, um Ihre Ziele zu erreichen, wird Ihren Erfolg bestimmen. Zum Beispiel können Ihnen technische Lösungen entweder dabei helfen, Fortschritte zu machen, oder eine Ablenkung darstellen, je nachdem, wie Sie sie einsetzen. Der Staat und seine Behörden schaffen eine Umgebung, die es Unternehmen oder Einzelpersonen ermöglicht, erfolgreich zu sein. Wenn Sie jedoch mit dem Gesetz in Konflikt geraten sind, kann dies zu Ihrem schlimmsten Albtraum werden.

   Eine Organisationsstruktur mit entsprechenden Befehlsketten kann hilfreich sein, um ein Unternehmen zum Erfolg zu führen. Wenn eine Organisation oder eine Einzelperson Systeme um ihre Geschäftsabläufe herum aufbaut, erhöht sie ihre Erfolgschancen.

2. Strategien

Eine Strategie ist ein Werkzeug, das von sehr erfolgreichen Menschen zur Steigerung ihrer Leistung verwendet wird. Es handelt sich hierbei um einen Schlachtplan, einen Kompass oder einen Fahrplan, um in Ihrem persönlichen oder geschäftlichen Leben dorthin zu gelangen, wo Sie hinwollen. Um die Schlacht des Lebens zu gewinnen, brauchen Sie eine Strategie. Ihre Strategie bestimmt die Art des Ergebnisses, das Sie aus einer bestimmten Aufgabe oder Situation erzielen.

Um bei einer bestimmten Sache erfolgreich zu sein, müssen Sie bereit dafür sein, Ihre Herangehensweise zu ändern, wenn der aktuelle Ansatz zu einem Stolperstein für Ihren Fortschritt wird. Wenn das Abrufen Ihrer E-Mails Sie nur von Ihren wichtigen Aufgaben ablenkt, dann kann es eine kluge Entscheidung sein, wenn Sie das Lesen von E-Mails auf eine bestimmte Zeit beschränken.

3. Menschen

Systeme und Strategien erleichtern es Ihnen, Ihre Ziele effizient zu erreichen, doch die Zusammenarbeit mit Menschen ist etwas komplett anderes. Um erfolgreich zu sein, müssen Sie Systeme und Strategien einbeziehen. Die Art und Weise, wie Sie mit Menschen umgehen, entscheidet darüber, ob eine Strategie funktioniert oder scheitert.

Systeme drehen sich um Menschen, da Menschen diejenigen sind, die die Systeme umsetzen. Um in der Zusammenarbeit mit Menschen erfolgreich zu sein, benötigen Sie effektive Kommunikation, Teamwork und die Fähigkeit zu delegieren. Sie sollten dazu in der Lage sein, Aufgaben auszulagern, Erwartungen festzulegen, einen Aktionsplan zu erstellen und Raum für Kreativität zu geben. Menschen arbeiten effektiver, wenn sie sich in ein System eingebunden fühlen, den Prozess anerkennen und sich damit identifizieren können.

Strategien, wie Sie Ihre Zeit ausdehnen können

Was kann also eine motivierte Person, die keine Zeit hat, tun? Diese einfachen Strategien können Ihnen dabei helfen, ausreichend Zeit zu schaffen, um die Dinge zu erledigen:

1. **Planen Sie tägliche Aufgaben in Ihrem Kalender**

Erstellen Sie einen Tagesplan mit allen Aufgaben, die Sie erledigen müssen und weisen Sie jeder Aufgabe eine bestimmte Zeit zu. Nehmen Sie einen Kalender wie das persönliche Kanban-Board, Ihren Google-Kalender oder Outlook zur Hilfe, um Ihren Tagesplan zu erstellen. Wenn Sie einen Tagesplan erstellen, denken Sie daran, genügend Pufferzeit einzuplanen. Teilen Sie außerdem die Verantwortlichkeiten in kleinere, überschaubare Aufgaben auf. Laden Sie sich selbst nicht übermäßig viele To-Dos auf, sondern bauen Sie ebenfalls Zeit für Familie und Freunde in Ihr Programm ein.

Ziehen Sie Ihre Pläne durch und vermeiden Sie es, Dinge bis zur letzten Minute aufzuschieben.

2. **Zuständigkeiten**

Tatsache ist, dass Sie nur so viel tun können, wie eine einzelne Person eben tun kann. Da Sie nicht übermenschlich sind, müssen Sie sich von Zeit zu Zeit auf andere Menschen verlassen, um gewisse Dinge zu erledigen. Sie müssen die Kunst des Delegierens und des Outsourcings lernen, wo es nötig ist.

3. **Entlasten Sie Ihren Zeitplan**

Einige Aufgaben auf Ihrer To-Do-Liste stehen schon seit Ewigkeiten da, ohne dass Sie etwas unternommen haben.

Leider nehmen diese Aufgaben wertvollen Platz für die Bearbeitung anderer sinnvoller Aufgaben weg. Wenn Sie Ihren Zeitplan entrümpeln, haben Sie mehr Platz, um wichtige Aufgaben zu erledigen. Gleichzeitig beauftragen Sie andere mit der Erledigung der restlichen Aufgaben. Sie sind vielleicht ein ausgezeichneter Arbeiter, der klug und organisiert ist. Wenn Sie jedoch den Großteil Ihrer Zeit mit den weniger wichtigen Aufgaben verbringen, sind Sie vielleicht effizient, aber nicht produktiv (effektiv) genug.

4. Erstellen Sie ein System zur Zeiteinteilung

Wenn Sie praktikable Systeme mit Zeitplänen zur Erledigung aller Aufgaben erstellen, können Sie Ihre Zeit besser für wichtige Aufgaben verwenden. Sie möchten mehr erledigen, doch dies kann unmöglich geschehen, ohne anderen Personen Aufgaben zuzuweisen. Sie müssen lernen, wie Sie das, was Sie (an Zeit) haben, nutzen können.

Effektives Zeitmanagement ist mehr als das Ausfüllen Ihres Tages mit Arbeitsaufgaben. Effektives Zeitmanagement beinhaltet, einfach, systematisch und rechtzeitig zu arbeiten, jedoch auch zu wissen, wann man mit dem Arbeiten aufhören muss. Um sich in Ihrem Bereich auszuzeichnen, müssen Sie ein System bzw. eine Routine schaffen, die gut funktioniert, und lernen, sich daran zu halten.

Kategorie 2: Sie haben Zeit und Aufmerksamkeit, aber keine Energie

Wenn einer Person die Energie zur Erledigung von Aufgaben fehlt, beginnt sie, sich frustriert zu fühlen. Solche Menschen haben zwar die Zeit und die Aufmerksamkeit, um die Aufgabe zu erledigen, sie benötigen jedoch Energie. Ein Mangel an Energie kann zu Demotivation, Prokrastination und mehr führen. Am Ende führen solche Menschen ihre primären Aufgaben nicht aus. Eine ausgebrannte Person sagt in so einem Fall manchmal: „Ich bin müde, schwach oder erschöpft und habe keine Lust, etwas zu tun." Oder sie sagt: „Ich schaffe das nicht."

Beispiele für Menschen mit Zeit und Aufmerksamkeit ohne Energie sind die folgenden:

- Ein Professor mit bahnbrechenden Forschungsideen, der aber scheinbar nicht in der Lage ist, die Puzzleteile zusammenzufügen, um an die Öffentlichkeit zu gehen.
- Der insgesamt beste Marketing-Verkäufer (drei Jahre in Folge) in Ihrer Abteilung, der Ihre Marketing-Erwartungen nicht mehr erfüllen kann.
- Ein Mitarbeiter, dem Sie die Erledigung größerer Aufgaben scheinbar nicht zutrauen können.

„Der Schlüssel, der Energie freisetzt, ist das Verlangen. Dies ist auch der Schlüssel zu einem langen und interessanten Leben. Wenn wir erwarten, irgendeinen Antrieb, irgendeine wirkliche Kraft in uns selbst zu erzeugen, müssen wir uns begeistern."
– Earl Nightingale

Sie können alle Abschlüsse der Welt haben, alle Arbeitswerkzeuge kaufen, doch ohne Elan oder Energie kommen Sie nirgends hin. Wenn eine Person ihren Antrieb verliert oder erschöpft ist, ist es selbst mit ausreichend Zeit und Aufmerksamkeit fast unmöglich, noch effizient zu arbeiten. Es bedarf also einiger Anpassungen, um Ihre Produktivität zu steigern, wenn Ihr Energieniveau sinkt.

Einfache Strategien, um einen Energieschub nach einem Rückschlag zu erhalten

Der öffentliche Redner Tony Swartz sagt, dass wir zwar alle die gleiche Anzahl an Stunden pro Tag hätten, doch dass unser Energieniveau, die Qualität und die Quantität unserer Arbeit von uns selbst abhängen würden.

Die folgenden Ideen werden Ihnen dabei helfen, Ihr Energieniveau zu steigern:

- Gönnen Sie sich ausreichend Schlaf, anstatt nachts lange aufzubleiben und einen Film zu schauen. Dies wird Ihnen helfen, sich zu regenerieren bzw. Ihre Energie wiederzuerlangen. An jedem Tag haben Sie 24 Stunden Zeit und diese Zeitdauer hat sich in der Geschichte der Menschheit nicht ein einziges Mal verringert oder erhöht. Ihr Energieniveau hingegen schwankt. Das Energieniveau kann schnell ansteigen oder abfallen.
- Erfolgreiche Menschen wissen, wie wichtig es ist, sich ihre Energie zu bewahren. Wenn Sie Ihre gesamte Energie für eine Aufgabe aufwenden, ohne sich eine Auszeit zu gönnen, kann dies zu Burnouts oder minderwertigen Arbeitsergebnissen führen. Selbst wenn Sie davon ausgehen, dass Sie sich noch zur Arbeit antreiben können, werden Sie am Ende minderwertige Arbeit leisten und unmotiviert sein.
- Lesen Sie Bücher, die Ihnen dabei helfen, sich zu motivieren und die Ihnen Hinweise geben, wie Sie sich persönlich weiterentwickeln können. Wenn Sie geeignetes Material lesen, können Sie Ihr Energieniveau steigern, indem Sie sich inspirieren lassen oder herausfinden, was Sie falsch machen. Dieses Buch ist eine wichtige Anlaufstelle, um herauszufinden, wie Sie Ihr Energieniveau steigern können.
- Nehmen Sie sich Zeit, um Sport zu treiben, denn körperliche Bewegung versorgt Ihren Körper mit Energie.
- Teilen Sie große Aufgaben in kleinere, überschaubare Aufgaben ein und beschränken Sie sich auf eine einzige Aufgabe, statt Multitasking zu betreiben.
- Machen Sie oft Pausen von der Arbeit.
- Wenn Sie die richtigen Lebensmittel zu sich nehmen, können Sie ebenfalls Ihr Energielevel erhöhen.

Um produktiv zu bleiben, müssen Sie Ihre Zeit sinnvoll nutzen und Ihre Energie auf die Erledigung der richtigen Aufgaben lenken. Echter Fortschritt entsteht nicht dadurch, dass Sie versuchen, so viel wie möglich zu tun, sondern dadurch, dass Sie sicherstellen, dass die kleinen Aufgaben, die Sie erledigen, sich zum Besten entwickeln.

Kategorie 3: Sie haben Zeit und Energie, aber keine Aufmerksamkeit

Eine niedrige Aufmerksamkeitsspanne führt in der Regel dazu, dass Sie sich durch Ihre Aufgaben überfordert fühlen. Eine ausgeprägte Fähigkeit zur Aufmerksamkeit zu haben, geht über die Konzentration auf die Erledigung von Aufgaben hinaus. Die Fähigkeit, sich zu fokussieren bzw. genauer hinzusehen, prägt die wichtigsten Entscheidungen und Erfolge im Leben. Hier sind Beispiele für Aussagen von Menschen, die Probleme dabei haben, ihre Konzentration aufrechtzuerhalten:

- Wo soll ich anfangen?
- Es gibt so viel zu tun, ich weiß gar nicht, wo ich anfangen soll.
- Wow! Wie die Zeit vergeht!
- Wenn die Tage länger wären, könnte ich mehr Aufgaben erledigen.

Eine anhaltende Aufmerksamkeit hilft Ihnen dabei, bei jeder Aufgabe im Laufe der Zeit Erfolge zu erzielen. Sobald Sie in der Lage sind, eine einzelne Aufgabe zu erledigen und dabei nicht die Konzentration zu verlieren, werden Sie größere Erfolge erzielen. Eine gesunde Aufmerksamkeit erfordert die optimale Nutzung Ihrer Zeit und Energie, um definierte Aufgaben erfolgreich zu erledigen. Die Fähigkeit, sich zu konzentrieren bzw. auf die Dinge zu achten, die wichtig und nicht dringend sind, wird den Unterschied ausmachen.

Beispiel für Menschen, die viel Energie und Zeit haben, aber keine Aufmerksamkeit

- Ein Universitätsprofessor, der seine Zeit damit verbringt, mit Studenten zu plaudern, anstatt Vorlesungen zu halten oder Feldforschung für Seminarpräsentationen zu betreiben.
- Eine Person, die den Plan hat, eine Nichtregierungsorganisation zu gründen, um sich um die Bedürfnisse von Flüchtlingen zu kümmern, aber am Ende nur redet, ohne etwas zu unternehmen.
- Ein Musikkomponist, der die meiste Zeit damit verbringt, Songs zu schreiben, ohne diese zu verkaufen oder einen Song zu veröffentlichen.

Einfache Strategien zur Steigerung Ihrer Aufmerksamkeit

Eine Person, die zwar Zeit und Energie für die Arbeit hat, aber nicht aufpassen kann, nennt man „abgelenkt". Dies können Sie tun, um Ihre Aufmerksamkeit zu steigern:

- Bereiten Sie Ihren Arbeitsplatz für die Aufgabe des Tages vor, indem Sie Ihren Schreibtisch aufräumen.
- Bevor Sie Feierabend machen, sollten Sie einen Plan oder eine To-Do-Liste für die morgige Aufgabe erstellen.
- Verwenden Sie ein persönliches Kanban-Board, um sich ein geistiges Bild von den Dingen zu machen, die Sie bis zum nächsten Tag erreichen wollen. Auf diese Weise motivieren Sie sich selbst und bereiten Ihren Geist auf Singletasking vor.
- Schalten Sie die „Nicht stören"-Funktion ein, um Ablenkungen zu minimieren, sobald Sie mit einer wichtigen Aufgabe beginnen.
- Nutzen Sie das Pareto-Prinzip bzw. die 80/20-Regel, um Ihre Aufmerksamkeit auf die 20 % der Bemühungen zu lenken, die Ihnen zum Erfolg verhelfen. Denken Sie daran,

dass 20 % des Arbeitsaufwands 80 % der Ergebnisse erzeugt.
- Fokus – Um Ihre Konzentrationsfähigkeit zu erhöhen, müssen Sie Wege finden, um Ablenkungen zu vermeiden.
- Ziele – Identifizieren Sie, welche Fähigkeit Sie erlernen müssen bzw. welche Aktivität Sie Ihrem Ziel näher bringen kann. Erstellen Sie einen Aktionsplan und machen Sie sich an die Arbeit, diesen Plan auch in die Tat umzusetzen.
- Denkweise – Gewohnheiten und Glaubenssysteme können Ihre Produktivität beeinflussen. Identifizieren Sie jene Eigenschaften, die Ihnen nicht dabei helfen, Ihre Ziele zu erreichen.

Zusammenfassung des Kapitels

In diesem Kapitel haben wir folgende Dinge besprochen:

- Die Steigerung Ihrer Produktivität geschieht nicht durch Zufall. Es braucht Hingabe, Planung und die TEA-Prinzipien, um erfolgreich zu sein.
- Zeit, Energie und Aufmerksamkeit sind die drei Säulen für eine verbesserte Produktivität.
- Es gibt zigmal mehr Träumer bzw. Menschen, die nur über ihre Ziele reden, als solche, die sie in die Tat umsetzen.
- Hochproduktive Menschen sind eingefleischte Macher, keine Träumer oder Zauderer.
- Das TEA-Framework ist ein leistungsfähiges Werkzeug, das Ihnen hilft zu diagnostizieren, welche Dinge Sie daran hindern, Ihr wahres Potenzial zu erreichen.
- Manche Menschen haben viel Energie und schenken einer Aufgabe viel Aufmerksamkeit, haben jedoch keine Zeit.
- Wenn Menschen, die keine Zeit, jedoch Energie und Aufmerksamkeit haben, lernen können, Prioritäten zu setzen und ihre Zeit effektiv zu verwalten, dann werden sie produktiver.
- Menschen, die glauben, keine Zeit zu haben, verhalten sich so, als ob sie feststecken oder in ihrem Leben gefangen

sind. Das beste Wort, um solche Menschen zu beschreiben, ist „überfordert".
- Die Schaffung von Systemen, die Entwicklung von Strategien sowie die effektive Zusammenarbeit mit anderen Menschen sind die drei großen Lösungen zur Verbesserung Ihrer Zeiteffizienz.
- Um Zeit effektiv zu nutzen, müssen Sie organisieren, delegieren und Ihren Zeitplan entrümpeln.
- Eine andere Kategorie von Menschen verfügt über Zeit und Aufmerksamkeit, hat jedoch keine Energie.
- Menschen, die die Zeit haben, um Aufgaben auszuführen, und sich konzentrieren können, aber keine Energie haben, um diese Projekte auch umzusetzen, werden sich frustriert fühlen.
- Der Mangel an Energie kann zu einem Verlust an Antriebskraft und zu Demotivation oder Prokrastination führen.
- Ausreichend Schlaf, die Lektüre der richtigen Bücher, Bewegung, gesunde Ernährung, Pausen von der Arbeit sowie das Aufteilen von Aufgaben in kleinere Brocken werden Ihnen dabei helfen, Ihre Energie zurückzugewinnen.
- Eine andere Kategorie von Menschen hat Zeit und Energie zum Arbeiten, jedoch keine Aufmerksamkeit für Details.
- Wenn Sie eine niedrige Aufmerksamkeitsspanne haben, können Sie das Gefühl bekommen, überfordert zu sein.
- Fokussierung und ununterbrochene Aufmerksamkeit helfen Ihnen dabei, sich bei jeder Aufgabe zu verbessern.
- Wenn Sie eine Aufgabe erfolgreich beginnen und beenden, führt dies zu Effektivität und Effizienz.
- Systeme und Strategien sind die Bausteine eines erfolgreichen Zeitmanagements, doch Sie benötigen Menschen, damit alles klappt.
- Wenn Sie ein funktionierendes Team haben, dann werden Sie bei jeder Aufgabe erfolgreich sein.
- Kommunikation, klare Anweisungen und effektive Mitarbeiterführung sind die Werkzeuge für Erfolg und erhöhte Produktivität.

- Um Ihre Aufmerksamkeit zu erhöhen, sollten Sie alle Dinge eliminieren, die Ablenkungen verursachen, wie soziale Medien und E-Mails. Verwenden Sie die „Nicht stören"-Funktion, um alle Ablenkungen zu beseitigen.
- Arbeiten Sie immer mit einem Zeitplan und planen Sie Ihre Aktivitäten für den nächsten Tag, bevor Sie das Büro verlassen.
- Beim Thema Produktivität geht es nicht darum, so viel wie möglich zu erledigen, sondern darum, jede Aufgabe effizient und effektiv zu beenden.

Im nächsten Kapitel lernen Sie Gewohnheiten kennen, um Ihre körperliche und geistige Energie zu steigern.

KAPITEL SIEBEN:

Gewohnheiten zur Steigerung Ihrer körperlichen und geistigen Energie

Ihre Energie ist das wichtigste Mittel, um Ihre Träume in die Realität umzusetzen. Wenn uns die Möglichkeit gegeben wird, wollen wir alle unsere Ziele erreichen. Das Erreichen von Zielen ist ein wesentlicher Bestandteil der menschlichen Existenz, doch wie viele Menschen erreichen wirklich ihre Lebensziele? Wie viele haben das Zeug dazu und auch die nötige körperliche und geistige Wachheit, um ihre Ziele zu verwirklichen? Oftmals fehlt es den Menschen an Willenskraft, Elan oder Motivation, um ihre Träume zu verwirklichen. Diese Defizite stehen in direktem Zusammenhang mit dem Mangel an körperlicher und geistiger Energie, die jeder Mensch benötigt, um zur Tat schreiten zu können.

Unser Verstand ist eines der größten Werkzeuge, die jeder Mensch besitzt. Um Energien wie Selbstvertrauen, Glück, Fokus, Motivation, gesteigerte Willenskraft und Produktivität voll zu aktivieren, muss unser Verstand in Höchstform sein. Ihr Gedankenmuster beeinflusst Ihre Leistung und kann manchmal sogar bestimmen, wie andere Menschen Sie sehen. Wenn Sie glückliche Gedanken haben, werden Sie mit der Zeit immer zufriedener. Wenn Sie selbstbewusst sind, beginnt sich das auf Ihr äußeres Erscheinungsbild zu übertragen.

Wenn Sie in einem Vorhaben erfolgreich sein wollen, brauchen Sie eine starke mentale Energie. Oftmals stellen Menschen im Laufe der Zeit fest, dass sie den Schwung verlieren und nichts mehr zustande bringen. Was ihnen fehlt, ist die erforderliche geistige und körperliche Energie, um ihre Träume zu verfolgen. Jede Fähigkeit entwickelt sich jedoch zu einer Gewohnheit, wenn man sich die nötige Zeit nimmt, um diese Gewohnheiten zu erlernen und zu erwerben. Die mentale und physische Wachsamkeit ist eine Funktion bestimmter Gewohnheiten, die Menschen entwickeln. Wenn Sie eine Person mit geringer Motivation, mangelndem Selbstvertrauen, geringer körperlicher und geistiger Energie sehen, hat das manchmal mit den Gewohnheiten dieser Person zu tun. Es gibt energievernichtende und energiefördernde Gewohnheiten, und die, die Sie sich zu eigen machen, bestimmen, wie produktiv Sie werden können.

> **„Die erste Voraussetzung für den Erfolg ist die Fähigkeit, Ihre körperlichen und geistigen Energien ununterbrochen auf ein Problem anzuwenden, ohne dabei müde zu werden."**
> **– Charles Caleb Colton**

Sie müssen Ihrem Leben ständig neue Energieflüsse zuführen, um in Ihrem persönlichen und beruflichen Streben ausgeglichen zu bleiben. Doch um diese neuen Energien zu einem Teil Ihrer DNA zu machen, müssen Sie einem Prozess folgen, positive Gewohnheiten entwickeln und sich immer aktiv verhalten.

Vor diesem Hintergrund finden Sie hier bewährte Gewohnheiten, die Sie auf den richtigen Weg bringen:

10 leistungsstarke physische und mentale Energie-Tricks

Packen Sie die Sache an, die Sie am meisten fürchten

Wenn Sie die Sache als Erstes angehen, vor der Sie sich am meisten fürchten, dann verleiht Ihnen das Selbstvertrauen und die Energie, sich für den Rest des Tages mit anderen, weniger kritischen Aufgaben zu beschäftigen. Dieser erste Erfolg bietet Ihnen Motivation und eine Gelegenheit zum Durchatmen. Sobald Sie mit der ersten Aufgabe Erfolg haben, sinkt die Wahrscheinlichkeit, dass Sie andere, weniger kritische Aufgaben prokrastinieren.

Visualisieren Sie vor dem Zubettgehen

Die Gedanken, die Sie mit ins Bett nehmen, sind entscheidend für Ihre Stimmungslage am nächsten Tag. Nichts ist wichtiger als Ihr Gemütszustand, kurz bevor Sie zum Schlafen ins Bett gehen. Ihre Gedanken versetzen Sie in den richtigen Geisteszustand, wenn Sie aufwachen. Indem Sie vor dem Schlafengehen Möglichkeiten visualisieren, stellen Sie eine direkte Verbindung zwischen Freude und Aufwachen her.

Eine positive Geisteshaltung verleiht Ihnen die Energie, die Sie benötigen, um den Tag zu beginnen. Diese trägt zur Verbesserung der Qualität Ihres Tages bei und steigert Ihr Selbstvertrauen. Dieses hohe Energielevel kann sich wiederum auf jede andere Aktivität auswirken, die Sie im Laufe des Tages unternehmen.

Visualisierungen funktionieren jedoch dann am besten, wenn Sie einen Aktionsplan für jeden Tag haben und den Vorabend nutzen, um die Aktivitäten des nächsten Tages zu planen. Dieser Plan dient Ihnen somit als Motivator.

Machen Sie Ihren Kopf frei

Es stimmt, dass die nicht enden wollenden Dinge auf Ihrer To-Do-Liste dazu führen können, dass Sie sich überfordert fühlen und Ihr Geist völlig blockiert ist. Außerdem kann es aufgrund der Technologie unserer schnelllebigen Welt, durch stressige Abgabetermine, unendlich viele E-Mails, Termine und vieles mehr noch schwieriger werden, seinen Tag zu bewältigen.

Um Ihren Geist frei und mental fit zu halten, sollten Sie bei Bedarf einige Aufgaben delegieren. Wenn Sie dies tun, senken Sie Ihren Stresspegel und die Menge der Aktivitäten, um die Sie sich kümmern müssen, wird reduziert. Aktivitäten wie Notizen zu schreiben, Kalendereinträge zu machen und Erinnerungen zu setzen können Ihnen das Leben deutlich erleichtern.

Wenn Sie eine To-Do-Liste haben, dann verlagert sich der Arbeitsdruck von Ihrem Verstand auf Ihren Zeitplan. Dies ist eine Strategie, die Ihnen dabei hilft, Ihren Geist zu entlasten und Ihre geistige Energie zu steigern. Außerdem können Sie sich dadurch besser auf die Aufgabe konzentrieren, ohne dabei Angst zu haben oder mental gestresst zu sein.

Achten Sie darauf, dass Sie ausreichend schlafen

Die richtige Menge an Schlaf pro Tag steht in direktem Zusammenhang mit der Fähigkeit Ihres Körpers, optimal zu funktionieren. Schlaf hat einen großen Einfluss auf den geistigen und körperlichen Zustand einer Person. Je mehr Schlaf eine Person bekommt, desto geistig wacher ist sie, und umgekehrt.

Außerdem ist es hilfreich, seinen optimalen Schlafbedarf zu kennen, d. h. die richtige Menge und die richtige Art von Schlaf, die man braucht. Wenn manche Menschen zu viel schlafen, dann sind sie müde und erschöpft. Während manche Menschen sehr gut mit sechs bis sieben Stunden Schlaf auskommen, brauchen andere acht Stunden oder mehr, um voll leistungsfähig zu sein.

Ein weiterer wichtiger Punkt ist die Schlafqualität. Bevor Sie sich zur Nachtruhe begeben, sollten Sie alle Geräte ausschalten, die Ihren Schlaf stören. Eine angenehme Umgebung und die richtige Art von Bettzeug können als Motivator für eine bessere Schlafqualität dienen. Andere Dinge, die die Qualität des Schlafs verbessern können, sind die folgenden:

- Nehmen Sie ein warmes Bad, um die Muskeln zu entspannen.
- Lesen Sie ein Buch im Bett.
- Vermeiden Sie es, zwei Stunden vor dem Zubettgehen am Bildschirm zu sitzen.
- Kein Koffein nach 15.00 Uhr.

Verbringen Sie einen großen Teil Ihres Tages damit, Ihr „Herzensprojekt" zu verfolgen

Herzensprojekte sind jene spezifischen Dinge, die Sie verfolgen und die sich auf Ihre ultimative Leidenschaft und Ihre Ziele konzentrieren. Wenn Sie Ihre Energie auf Ihre Leidenschaften und Ziele konzentrieren, dann sind Aufgaben keine Aufgaben mehr für Sie, sondern ein Hobby. Ihr Herzensprojekt gibt Ihrem Leben einen neuen Sinn und verleiht Ihnen Enthusiasmus und Energie.

Ihre Leidenschaften schenken Ihnen etwas, auf das Sie sich immer freuen können. Sie geben Ihnen einen Grund, täglich aufzustehen und sich mit ansteckender Begeisterung an die Arbeit zu machen.

Seien Sie dankbar

Wenn Sie jeden Tag mit der richtigen mentalen Geisteshaltung beginnen, dann haben Sie eine positive Grundeinstellung zum Leben. Wenn Sie sich an die Dinge erinnern, die in Ihrem Leben gut laufen, dann können Sie den Tag mit einer guten Einstellung angehen. Versuchen Sie, stets dankbar zu sein, um mehr geistige Energie zu haben. Seien Sie dankbar für die Dinge, die Menschen für selbstverständlich halten, wie z. B. eine gute Gesundheit, einen Job und die Tatsache, dass Sie ein existenzsicherndes Gehalt verdienen. Seien Sie dankbar für die Beziehungen, die Sie haben, und all die scheinbar kleinen Dinge, die derzeit für Sie gut laufen.

Erinnern Sie sich daran, dass Herausforderungen ein Teil des Lebens sind und dafür sorgen, Sie stärker zu machen. Egal, welche Herausforderung auf Sie zukommt, betrachten Sie die Dinge von der positiven Seite. Es kann nicht alles gleichzeitig für Sie in die Hose gehen. Wenn Sie einen Lebensstil der Dankbarkeit pflegen, werden Sie sich nicht mehr so schnell unterkriegen lassen. Ein Lebensstil der Dankbarkeit vertreibt die Langeweile und erinnert Sie an die wichtigsten Dinge im Leben. Üben Sie sich darin, die Dinge aufzuschreiben, die in Ihrem Leben gut laufen, und konzentrieren Sie sich mehr darauf.

Haben Sie eine positive Einstellung zum Leben

Wenn Sie positiv und optimistisch dem Leben gegenüber eingestellt sind, dann ist das ein großartiger Ansatz, um Ihre mentale Energie zu steigern. Sie können ein depressives Gefühl durch positive Gedanken ersetzen, um einen Energieschub zu erfahren. Der Zustand Ihrer geistigen Energie ist eine großer Faktor für Ihr Produktivitätsniveau. Wenn Sie negativ gestimmt sind, dann führt das nur zu einem Rückgang Ihrer geistigen Energie. Haben Sie positive Gedanken und nutzen Sie Gelegenheiten, wenn sie sich Ihnen bieten.

Nehmen Sie die richtigen Lebensmittel zu sich

Die Lebensmittel, die wir essen, beeinflussen nicht nur unsere körperliche Energie, sondern auch unsere geistige Energie. Das Sprichwort „Du bist, was du isst" bedeutet einfach, dass Sie Energie aus energiespendenden Lebensmitteln ziehen können, wenn Sie sich gesund ernähren. Bestimmte Lebensmittel können unsere geistige Energie einschränken. Zucker beispielsweise verwandelt sich im Körper in Fett. Fett beschwert Sie unweigerlich und hinterlässt ein Völlegefühl und Müdigkeit.

Wenn Sie ungesunde Lebensmittel essen, bekommt Ihr Körper keine Nährstoffe. Solche Lebensmittel vermindern das allgemeine Wohlbefinden des Körpers, machen Sie müde und ein müder Körper wirkt sich automatisch auf den geistigen Zustand aus.

Erstellen Sie sich einen Ernährungsplan, damit die richtige Ernährung zu einem Lebensstil wird. Wählen Sie Lebensmittel aus, welche die geistige Klarheit fördern. Wenn Sie zu einer frühen Uhrzeit am Tag mehr Kalorien zu sich nehmen als in der Nacht, wirkt sich das positiv auf Ihre Energie aus. Gewicht zu verlieren gehört nicht zu den Dingen, die Sie auch noch zu Ihrer To-Do-Liste hinzufügen möchten.

Gesunde Lebensmittel sind reich an Ballaststoffen, Eiweiß und wichtigen Mineralien. Obst und Gemüse sollten einen großen Teil

Ihrer Ernährung ausmachen, um Ihr Energieniveau zu verbessern. Außerdem wirkt Wasser wie Magie auf den Körper und es zahlt sich aus, den ganzen Tag über ausreichend Wasser zu sich zu nehmen. Trinken Sie jedoch nur Wasser, um Ihren Körper mit Flüssigkeit zu versorgen, und lassen Sie nicht zu, dass das Wassertrinken Ihre Arbeitsleistung beeinträchtigt.

Erhalten Sie durch Sport mehr Inspiration

Bewegung ist nicht nur großartig, um Ihr Gewicht zu kontrollieren, sondern auch um den Blutdruck zu senken und das Gehirn besser zu durchbluten. Zudem kann Sport auch bei Depressionen und Angstzuständen helfen. Bewegung hebt die Stimmung, indem der Endorphinspiegel, also der „Wohlfühl"-Grundstoff im Körper, in die Höhe getrieben wird.

Bei sportlicher Betätigung wird die Herzfrequenz erhöht und der Stresspegel gesenkt.

Weitere Vorteile von Sport sind:

- Bessere Schlafqualität
- Steigerung des Selbstwertgefühls und des Selbstvertrauens
- Steigerung der Gehirnleistung

Bleiben Sie aktiv, aber haben Sie Spaß dabei

Das Beibehalten von Sportprogrammen kann für manche Menschen eine fast unmögliche Aufgabe darstellen. Neben Jogging und Walking können Sie jedoch unterhaltsamere Arten der Bewegung finden, um Ihren Körper in Schwung zu halten. Sport und aktive Hobbys stellen zudem eine hervorragende Möglichkeit dar, um Ihren Körper mit Energie zu versorgen und Ihren Geist aktiv zu halten.

Interessante Aktivitäten umfassen die folgenden:

- Mit Freunden trainieren
- Kurze Spaziergänge

- Laufen
- Wandern
- Radfahren
- Tanzen
- Schlittschuhlaufen

Umgeben Sie sich mit glücklichen Menschen

Einige Menschen sind von Natur aus kontaktfreudig, andere nicht, doch zwischenmenschliche Beziehungen sind ein wesentlicher Bestandteil der menschlichen Existenz. Energiegeladene, glückliche Menschen tragen das gewisse Etwas in sich und wenn Sie lange genug in ihrer Nähe bleiben, werden auch Sie mit Glück infiziert. Solche Menschen machen Sie glücklich und verleihen Ihnen Energie.

Ihre Beziehungen werden daher Ihr Energieniveau erhöhen oder senken, je nachdem, wie Sie Ihre zwischenmenschlichen Beziehungen auswählen. Stellen Sie sicher, dass Sie mit Menschen in Kontakt bleiben, mit denen Sie gerne zusammen sind.

Wenn Sie ein soziales Netzwerk haben, das mit Ihren Zielen und Bedürfnissen übereinstimmt, kann dies eine Art Unterstützungsgruppe sein. Unterstützungsgruppen können Ihnen dabei helfen, Ihr Selbstwertgefühl zu steigern und Ihren Stresspegel zu senken. Soziale Treffen sind besonders nützlich für introvertierte Menschen, für die es eine Herausforderung ist, mit anderen zu interagieren. Auf diese Weise können sie sich ausdrücken, Spaß haben und lachen, was als richtiger Energieschub dient.

Schicken Sie Ihren Geist mit Hilfe von Meditation auf Reisen

Meditation beinhaltet tiefes Denken bzw. die Nutzung Ihrer Vorstellungskraft, um Ihre Welt von dem Ist-Zustand, in dem sie sich befindet, zu dem Zustand umzuformen, den Sie sich wünschen. Meditation hilft Ihnen dabei, die Fähigkeiten Ihres Geistes anzuzapfen, um durch mentale Visualisierung eine bessere Zukunft zu prognostizieren. Erfolgreiche Menschen nutzen die Meditation, um Antworten selbst auf heikle Fragen zu finden.

Das ultimative Ziel der Meditation ist innere Ruhe und Entspannung. Studien haben gezeigt, dass Meditation (egal wie kurz) ein hervorragendes Mittel zum Stressabbau ist. Stress kann einen Tribut an Ihre körperliche oder geistige Energie fordern, und Meditation kann für Stressabbau sorgen. Wenn Sie sich täglich ein paar Minuten Zeit nehmen, um achtsam zu meditieren, können Sie viele Formen von Stress und Angst abbauen. Meditation ist ein nützliches Werkzeug für Ihre geistige Gesundheit und zur Bekämpfung von psychischen Erkrankungen.

Erfrischen Sie Körper und Geist mit Yoga

Yoga schenkte der Menschheit im Laufe der Jahrhunderte einen unschätzbaren Wert. Yoga ist eine ebenso physische wie mentale Tätigkeit, die Körper und Geist verjüngt und motiviert. Yoga kombiniert Körperhaltungen, Meditation, Entspannung und Atemtechniken. Es gibt eine Menge Vorteile in Bezug auf die Entwicklung Ihrer körperlichen und geistigen Energie, die mit Yoga in Zusammenhang stehen.

Die Vorteile von Yoga:

- Verbesserung der Muskelkraft – Dies schützt vor Rückenschmerzen und Arthritis.
- Erhöhung der Durchblutung – Yoga setzt Energie in Ihren Körperzellen frei und fördert die Blutzirkulation.
- Erhöhung der Herzfrequenz – Da Yoga körperliche Bewegung beinhaltet, verursacht es einen schnelleren Herzschlag.
- Senkung von Blutdruck und Blutzuckerspiegel.
- Verbesserte Konzentrationsfähigkeit – Studien haben gezeigt, dass Yoga die Koordinations- sowie die Gedächtnisleistung und den IQ verbessert.
- Höhere Schlafqualität.
- Beruhigt den Verstand.

Kommen Sie öfter in Spiellaune

Das englische Sprichwort „All work and no play makes Jack a dull boy" bezieht sich auf den geistigen und körperlichen Zustand des Wohlbefindens. Jede Aktivität, die uns Spaß macht und uns Freude oder ein kindliches Glücksgefühl verleiht, könnte als Spiel bezeichnet werden. Wenn wir immer nur arbeiten und keine Zeit für spaßige Aktivitäten oder Hobbys haben, kann das unser Energielevel belasten. Spielen gestaltet sich für jeden Menschen anders, je nach Bedürfnissen, Interessen und Wünschen. Spielen muss nicht unbedingt auf Ihrer To-Do-Liste stehen, sondern kann einfach eine Aktivität sein, die Sie faszinierend finden. Eine solche Spaßaktivität kann von Kochen, Tanzen, Musikhören und Filmeschauen bis hin zum Besuchen einer Leichtathletikveranstaltungen reichen – jedes Hobby, das Ihnen Spaß macht, ist hier gemeint.

Schaffen Sie Routinen

Wenn Sie energiefördernde Gewohnheiten als Teil Ihrer Arbeits- oder persönlichen Routine schaffen, können Sie Ihr Energieniveau hochhalten. Außerdem können Sie sich kleine Aktivitäten suchen, um Ihr Energieniveau während der Arbeit schnell zu steigern. Routinen in Bezug auf Schlafgewohnheiten, Essenszeiten, Bewegung, Yoga, eine dankbare Einstellung und Arbeitsaktivitäten können hierbei sehr vorteilhaft sein. Wenn Sie Routinen beherrschen und diese ein Teil Ihres Lebens werden, dann wird Ihre Produktivität steigen.

Sprechen Sie Probleme direkt an

Wenn Sie Probleme auf die lange Bank schieben, kann das Ihr Energielevel belasten und Stress verursachen. Mentaler Stress kann Ihnen genauso viel, wenn nicht sogar mehr Energie rauben als körperliche Belastung. Wenn Sie psychisch gestresst sind, sollten Sie als erstes die Verursacher identifizieren. Als Nächstes sollten Sie damit beginnen, Strategien zur Stressbewältigung zu entwickeln. Gehen Sie diese Strategien direkt an und erhalten Sie so mehr Energie für den Erfolg.

Es ist durchaus interessant zu lernen, wie Sie Ihr Energieniveau steigern können. Hierbei sollte die Nutzung von Substanzen keine Option sein. Ein wichtiger Aspekt ist das Ergreifen von Maßnahmen, um energiegeladener zu werden. Sobald Sie sich diese Praktiken zur Gewohnheit machen, verwandeln sich diese schließlich zu einem integralen und natürlichen Bestandteil Ihres Lebens.

Zusammenfassung des Kapitels

- Die Steigerung Ihrer körperlichen und geistigen Energie erfordert bewusste Handlungen, die Sie in Ihren Lebensstil integrieren müssen.
- Sie müssen Ihrem Leben regelmäßig frische Energie zuführen, um einen ausgeglichenen Energiefluss zu haben.
- Wenn Sie sich um die Aufgaben kümmern, die Sie am meisten fürchten, erhalten Sie die Energie und das Selbstvertrauen, um mehr zu schaffen.
- Organisieren Sie Ihre Gedanken, indem Sie die Aufgabe visualisieren, bevor Sie zu Bett gehen.
- Befreien Sie Ihren Geist von erdrückenden Gefühlen und zu vielen Aufgaben.
- Schlaf ist wichtig. Schlafen Sie also ausreichend.
- Ihr Herzensprojekt befindet sich im Bereich Ihrer Leidenschaft und sollte mit Begeisterung verfolgt werden.
- Seien Sie stets dankbar.
- „Du bist, was du isst". Mit anderen Worten ausgedrückt: Nehmen Sie die richtigen Lebensmittel mit den richtigen Nährwerten für Ihren Körper zu sich.
- Beschäftigen Sie sich mit anregenden aktiven bzw. körperlichen Aktivitäten, die Ihnen Spaß machen, und schon wird Ihr Energielevel steigen.
- Knüpfen Sie mehr Kontakte, indem Sie sich mit glücklichen Menschen umgeben.
- Glückliche Menschen tragen ansteckende Energie in sich.

- Meditation ist ein starker Energie-Booster.
- Praktizieren Sie Yoga, um Ihr Energielevel zu verbessern.
- Sie müssen mehr spielen. Die richtige Art des Spiels erzeugt ein berauschendes Gefühl.
- Erlernen Sie regelmäßige Gewohnheiten, die Ihren Geist auf Dauer konditionieren.
- Packen Sie den Stier bei den Hörnern, wenn es um Probleme geht.

Im nächsten Kapitel erfahren Sie, wie Sie sich mit wissenschaftlich fundierten Tricks innerhalb weniger Minuten motivieren können.

KAPITEL ACHT:

Motivation in wenigen Minuten: Wissenschaftlich bestätigte Tricks

Was lässt Sie inmitten unterschiedlicher Umstände und Herausforderungen im Leben weitermachen? Wenn eine Idee nicht zu funktionieren scheint, oder wenn Sie mit Rückschlägen oder Misserfolgen konfrontiert sind, was gibt Ihnen dann den Mut, es weiter zu versuchen? Was veranlasst Sie dazu, morgens früh aufzustehen, um zu meditieren, zu studieren, Ihre morgendlichen Rituale auszuführen oder zur Arbeit zu fahren, auch wenn sich dies nicht gut anfühlt?

Die Wahrheit ist, dass ohne Motivation niemals ein echter Erfolg eintreten kann. Motivation ist die treibende Kraft, so wie Kraftstoff Fahrzeuge antreibt. Motivation ist das, was Ihrem Segel Wind verleiht, die treibende Kraft, die Sie weitermachen lässt, wenn alles andere nicht zu funktionieren scheint. Motiviert zu sein oder zu bleiben, ist jedoch nicht so einfach, wie es aussieht. Es fordert Ihre körperliche und geistige Energie. Wie bleiben Sie in einem solchen Fall motiviert?

Hier sind einige wissenschaftlich erwiesene Möglichkeiten, wie Sie sich innerhalb weniger Minuten fokussieren und motivieren können, um Ihre Produktivität zu steigern:

Steigern Sie Ihr Selbstvertrauen mit einer High-Power-Pose

Erforderliche Zeitdauer: 2 Minuten

Ihre Körpersprache ist ein zentraler Faktor dafür, wie andere Menschen Sie wahrnehmen. Ihre Körpersprache beeinflusst zudem auch die chemischen Prozesse, die im Inneren Ihres Körpers ablaufen. Die Art und Weise, wie Sie gehen und bestimmte Aktivitäten ausführen, Ihre Körperhaltung, Bewegungen und mehr senden positive oder negative Schwingungen an Ihre Mitmenschen. Professorin Amy Cuddy von der Harvard School of Business, die Expertin für Körpersprache ist, sagt, dass „unsere nonverbalen Signale bestimmen, wie andere Menschen über uns denken und fühlen."

Forschungen von Princeton, Harvard und anderen Institutionen wiesen nach, wie die Körpersprache Interaktionen am Arbeitsplatz beeinflussen kann. Die Verwendung der richtigen Worte kann helfen, die richtige Botschaft zu vermitteln. Die Körpersprache kann jedoch auch die Bedeutungen beeinflussen, die Sie in jede Nachricht hineininterpretieren.

So wie die Körpersprache eine Botschaft beeinflusst, beeinflusst sie also auch Ihr Motivationsniveau. Amy Cuddy sagt, dass die Power-Pose einen weiteren Kanal für die nonverbale Kommunikation bietet. Die Art und Weise, wie Sie Ihren Körper bewegen, kann eine Menge über Sie aussagen und auch Ihr Produktivitätsniveau beeinflussen. Ihre Körpersprache, Ihre Haltung und Ihr Auftreten können also viel über Sie verraten.

Was ist eine Power Pose?

Es gibt zwei bekannte Arten von Power-Posen, nämlich die High- und die Low-Power Pose. Bei der High-Power-Pose geht es darum, Ihren Körper in einer offenen statt in einer hängenden oder gebückten Position zu bewegen, auch wenn Sie sitzen oder stehen. In einer High-Power-Pose halten Sie Ihren Brustkorb und Ihre Arme geöffnet und vermeiden es, in einer gebückten Position zu bleiben.

Forscher stellten fest, dass die Beibehaltung einer High-Power-Pose Ihren Testosteronspiegel erhöhen kann, ein Hormon, das für einen Selbstvertrauensschub verantwortlich ist. Die High-Power-Pose reduziert dabei auch den Cortisolspiegel, der für die Erhöhung von Stress im Körper verantwortlich ist.

Bei einer Low-Power-Pose hingegen haben Sie eine gekrümmte Haltung, die Sie klein und schmal erscheinen lässt.

Um sich selbst den nötigen mentalen Schub zu geben, probieren Sie daher einfache High-Power-Posen aus und beobachten Sie die Wirkung auf Ihr Produktivitätsniveau. Stehen oder sitzen Sie immer bewusst in einer High-Power-Pose-Manier. Eine Studie in Princeton zeigt, dass die Körpersprache mehr Ausdrucksmöglichkeiten bietet als nur die Mimik.

Denken Sie daran, aktiv und nicht passiv zu kommunizieren, und richten Sie Ihren gesamten Körper auf Ihr Gegenüber aus, wenn Sie mit ihm sprechen. Lächeln Sie oft, denn die Forschung hat auch bestätigt, dass Lächeln Ihr Selbstvertrauen steigern kann.

Machen Sie einen Neuanfang

Erforderliche Zeitdauer: 3-5 Minuten

Die meisten Menschen fassen vor allem zu Beginn des Jahres Vorsätze, die als Quelle der Motivation dienen. Indem Sie Vorsätze fassen, geben Sie sich selbst eine Chance, neu anzufangen. Dieser neue Anfang kann ebenfalls einen Energieschub erzeugen, sodass Sie mehr Aufgaben bewältigen können, so eine Studie der Wharton School of Business.

In einer Veröffentlichung des Institute of Operations Research and Management Science wurde festgestellt, dass die Verwendung von markanten zeitlichen Orientierungspunkten Menschen dabei hilft, ihre Ziele zu erreichen. Sie entwickeln die Willenskraft, jede Aufgabe in Angriff zu nehmen, wenn Sie sich für einen Neuanfang entscheiden. Solche Neuanfänge treten bei zeitlichen Orientierungspunkten auf, wie z. B. bei Geburtstagen, dem Beginn einer neuen Woche, einem neuen Monat bzw. Jahr, an Feiertagen, zu Beginn eines neuen Semesters oder einer Sitzung. Mit Hilfe der Google-Suche identifizierte das Team einige Bereiche, die einen Neustart erfordern, wie z. B. Diäten, den Besuch des Fitnessstudios und das Erreichen von Zielen.

Um einen Neuanfang zu machen, können wir mit Hilfe von Orientierungspunkten vergangene Unvollkommenheiten hinter uns lassen, um größere Ziele zu verwirklichen, die Auswirkungen auf unser Leben haben werden. Mit anderen Worten: Die Entscheidung, einen Neuanfang zu machen, kann als Motivationsquelle dienen, die zu einer Verhaltensänderung und erhöhter Produktivität führt.

Wie Sie einen Neuanfang im Leben schaffen

Im Leben eines jeden Menschen gibt es vergangene und wiederkehrende Ereignisse. Einige dieser Ereignisse können uns unseren Zielen näherbringen, einige davon entfernen. Ein kritischer Blick auf diese Ereignisse oder Begebenheiten kann sich jedoch in einen Neuanfang verwandeln. Sie können eine negative oder positive Situation in einen Neuanfang umwandeln. Zum Beispiel kann ein kürzlicher Verlust des Arbeitsplatzes, eine Trennung, ein Schulabschluss oder ein Umzug in eine neue Gemeinde als Motivation dienen, das Unternehmen zu gründen, für das Sie gespart haben oder das Sie schon lange gründen wollten.

Zeitliche Orientierungspunkte helfen Ihnen dabei, sich von vergangenen Misserfolgen zu lösen und einen konkreten Plan zu entwickeln, wie Sie Ihre Ziele erreichen können. Um Sie zum Erfolg zu inspirieren, müssen Sie den nächsten Schritt tun, nämlich Ihre Ziele aufschreiben. Erstellen Sie einen Aktionsplan oder eine To-Do-Liste, um Ihre neu gewonnene Energie in das Erreichen Ihrer

Ziele zu lenken. Außerdem muss ein Neuanfang nicht auf den Jahresanfang beschränkt sein, sondern kann immer dann stattfinden, wenn Sie das Bedürfnis verspüren, eine Situation oder ein Geschehen neu zu definieren.

Verwöhnen Sie sich selbst mit ein wenig Schokolade

Erforderliche Zeitdauer: 1 Minute

Der Verzehr von Schokolade mag Ihnen schlecht für Ihre Zähne oder Ihnen zu zuckerhaltig erscheinen. Allerdings kann Schokolade eine starke motivierende Wirkung haben. Schokolade enthält Dopamin freisetzende Substanzen, die chemische Reaktionen auslösen, von denen bekannt ist, dass sie folgende positive Wirkungen auf Ihr Gehirn haben:

- Dopamin bewirkt einen Anstieg der Herzfrequenz, was zu einer höheren Motivation führt.
- Der Verzehr von Schokolade setzt Serotonin und Phenylethylamin in Ihrem Blutkreislauf frei. Serotonin ist ein Neurotransmitter und kann dazu beitragen, Ihre Nerven zu beruhigen, während Phenylethylamin die Stimulation fördert. Weiße Schokolade enthält sogar noch mehr von diesen beiden Eigenschaften und bietet Ihnen damit einen noch größeren Nutzen. Dunkle Schokolade enthält Antioxidantien, die den kognitiven Verfall verlangsamen und Ihr Konzentrationsniveau erhöhen.
- Schokolade wirkt als eine milde Form eines Antidepressivums. Wenn Sie Schokolade essen, entsteht eine chemische Reaktion im Gehirn, die Gefühle von Glückseligkeit und Wohlbefinden sowie Motivation hervorruft.

Steigern Sie die Leistung Ihres Gehirns mit nährstoffreichen, gesunden Lebensmitteln

Wenn Sie sich gesund ernähren, hat dies einen direkten Einfluss auf Ihren allgemeinen Gesundheitszustand. Ihre Gesundheit ist die einzige Garantie dafür, Ihren Reichtum zu genießen, wenn Sie endlich erfolgreich sind. Um Ihre Ziele erfolgreich zu definieren, umzusetzen und zu erreichen, müssen Sie gesund sein.

Bestimmte Arten von Lebensmitteln tragen lediglich dazu bei, Ihre geistige und körperliche Entwicklung zu verlangsamen und Sie krank zu machen. Ihr Körper braucht die richtige Menge an Nährstoffen, um beschädigtes Gewebe wieder aufzubauen oder zu reparieren. Wenn Sie ihrem Körper die richtige Nahrung geben, haben Sie nicht nur die Energie für die erforderlichen Aufgaben, sondern fördern auch die Entwicklung Ihres Gehirns.

Welche Lebensmittel können Ihre Gehirnleistung steigern?

Es gibt viele Lebensmittel, die als Treibstoff für Ihren Körper dienen und Ihnen dabei helfen können, Ihre Ziele zu erreichen. Beispiele für solche Lebensmittel sind Lebensmittel, die reich an Eiweiß und gesunden Fetten und Ölen sind, Obst und Gemüse, Nüsse und Samen, Vollkornprodukte und mehr.

Lebensmittel, die reich an Vitamin B sind, dienen als Stimulationsmittel und können dazu beitragen, Ihr Energieniveau, Ihre Motivation und Ihre Gehirnleistung zu steigern. Vitamin B wird für die Bildung von Dopamin benötigt, das dafür verantwortlich ist, dass Sie sich motiviert fühlen. Eine gute Dosis Vitamin B erhalten Sie, wenn Sie Truthahn, Lachs, Tofu, Bananen, Spinat, Haselnüsse, Walnüsse und Avocados essen. Allerdings sind Lebensmittel mit hohem Cholesterinanteil und fetthaltige Lebensmittel nicht so gesund und hilfreich für die Gehirnentwicklung.

Fischsorten wie Lachs, der Omega-3-Fettsäuren enthält, können vor Gedächtnisverlust und Demenz schützen. Neben Schokolade verlangsamen auch Nüsse und Samen den kognitiven Verfall. Andere Obst- und Gemüsesorten, die die Ausschüttung von Dopamin fördern, sind u. a. Spirulina und Blaubeeren. Studien zeigen, dass Avocados Nährstoffe enthalten, die freie Radikale, welche für Zellschäden verantwortlich sind, bekämpfen und das Fortschreiten der Alzheimer-Krankheit und Demenz reduzieren. Avocados sind tolle Lebensmittel für die Muskelfunktion und die Lernentwicklung.

Verbringen Sie Zeit in der Natur

Die Natur hat die außergewöhnliche Eigenschaft, unsere Herzen zu öffnen. Die Natur kann Sie sogar in den schlimmsten Situationen und unter den unwahrscheinlichsten Umständen motivieren. Es passiert so schnell, dass man im Wahnsinn des täglichen Lebens gefangen ist und vergisst, die kleinen Dinge zu genießen, die man verdient hat. Wir alle vergessen manchmal, uns die Zeit zu nehmen und die Geschenke der Natur zu genießen.

> **„In der Tiefe des Winters erfuhr ich endlich, dass in mir ein unbesiegbarer Sommer steckte."**
> **– Albert Camus**

Eine der besten Möglichkeiten, um sich selbst innerhalb von wenigen Minuten zu motivieren, besteht darin, sich in der Natur aufzuhalten. Wenn Sie mehr Zeit in der Natur verbringen, hilft Ihnen das nicht nur beim Entspannen, sondern inspiriert Sie auch dazu, knifflige Probleme zu lösen. Also, was können Sie tun?

Gehen Sie spazieren

Gehen wirkt wie Medizin auf den Körper und die menschliche Psyche. Anstatt mit dem Auto zu fahren oder eventuell ein Taxi, den Bus oder die Bahn zu nehmen, können Sie zu Fuß nach Hause gehen. Oder steigen Sie zumindest ein paar Meter vor Ihrer eigentlichen Bushaltestelle aus und gehen Sie den restlichen Weg nach

Hause. Wenn Sie einen Spaziergang machen, passieren normalerweise mehrere Dinge. Sie haben Zeit, über die Aktivitäten des Tages, der Wochen und Monate nachzudenken. Außerdem haben Sie die Möglichkeit, über anstrengende Themen bei der Arbeit zu sinnieren, und weil Sie sich in einer anderen Umgebung befinden, fühlen Sie sich nicht eingeengt.

Sie können auch einen Spaziergang am Strand machen. Gehen Sie barfuß, die Wellen zur Linken, die Bäume zur Rechten, Musik ertönt aus der Ferne, Sie sehen andere Menschen, die das Leben genießen und es liegt Aufregung in der Luft. Allein das Gefühl des kühlen Sommerwinds auf Ihrer Haut kann wahre Wunder für Ihre Seele bewirken. Während Sie über die Fragen des Lebens, Ihre Ziele, die Arbeit und Ihr Privatleben nachdenken, wird es nicht lange dauern, bis Sie einen Energieschub bekommen.

Fahren Sie in den Urlaub

Eine Reise zu einigen der Orte, von denen Sie schon immer geträumt haben, kann Ihnen die nötige Motivation verschaffen, die Sie benötigen. Es gibt Dutzende von aufregenden und exotischen Orten, Naturschutzgebieten, Wildreservaten und Wasserparks zu erkunden. Neben den wunderbaren Orten, die es zu sehen gibt, gibt Ihnen die bloße Anwesenheit im Grünen einen unglaublichen Motivations- und Energieschub.

Forschungen der Universität Essex zeigen, dass Farben Töne, Stimmungen und Gefühle an Menschen weitergeben. Der Farbe Grün wird laut zwei verschiedenen Studien nachgesagt, dass sie als Motivator dienen kann, während grüne Farbtupfer Ihre Kreativität ankurbeln können. Wenn Sie also Ihr Büro oder Ihr Zimmer mit der Farbe Grün gestalten, sollte dies Wunder für Ihre Energie bewirken.

Ein Beispiel: Andrew ist ein Mensch, der gerne seine To-Do-Liste für den nächsten Tag erstellt, wenn er sich für das Bett fertig macht. Er analysiert die Aktivitäten des Tages, seine Erfolge, Misserfolge, unerledigte Aufgaben und mehr und plant dann die Aktivitäten des nächsten Tages. Sobald Andrew diese Aufgabe erledigt hat, legt er sich auf sein Bett und versucht Folgendes zu visualisieren ... „Wie wird der morgige Tag aussehen?", fragt er sich. Was möchte ich morgen erreichen? Welche Probleme muss ich morgen in meinem Arbeits- und Privatleben lösen, um meine Ziele zu erreichen? Nach einiger Zeit löscht er die Leselampe und schläft ein. Wenn der Morgen kommt, ist Andrew motiviert, freut sich auf die Aktivitäten des Tages und kann es kaum erwarten, loszulegen.

Die Forschung bestätigt, dass Menschen unterschiedlich auf Situationen reagieren, und das hilft ihnen dabei, sich zu motivieren. Laut wissenschaftlichen Untersuchungen gibt es zwei Arten von Motivation, die intrinsische (interne) Motivation und die extrinsische (externe) Motivation. Wenn Sie z. B. erst dann Ihr Haus aufräumen, wenn Sie Besuch von Freunden erwarten, dann ist das eine extrinsische Motivation. Extrinsische Motivation hängt von externen Dingen bzw. von Ihrer Umgebung ab, um eine Handlung anzustoßen. Belle Cooper sagt, dass extrinsische Motivation mit bedingten Aussagen, die mit „wenn" beginnen, gefolgt von einer Belohnung, zusammengefasst werden kann. Zum Beispiel: „Wenn Sie in den nächsten drei Monaten ein Ziel von fünf Verkaufsabschlüssen konstant erreichen, dann qualifizieren Sie sich für den Posten des Regional Marketing Managers". Das ist ein externer Anreiz für die Erledigung einer Aufgabe. Belohnungen neigen dazu, die Denkprozesse zum Erfolg einzuengen.

Forscher aus Princeton stellten jedoch fest, dass ein solches Belohnungssystem für externe Motivation mit der Zeit zu schlechter Leistung führt. Aufgaben, die Innovation und Kreativität beinhalten, werden besser erledigt, wenn es eine interne Motivation gibt. Wenn Sie zum Beispiel nach Feierabend an Ihren Fähigkeiten arbeiten, um sich in einer Sache zu verbessern, dann ist das eine intrinsische Motivation. Die intrinsische Motivation fördert kreatives Arbeiten. Ihr Ziel ist der motivierende Faktor.

Elemente der intrinsischen Motivation

Dan Pink spricht über die drei Elemente der intrinsischen Motivation:

- Autonomie
- Beherrschung
- Zweck

Autonomie

Beim Aspekt der Autonomie geht es darum, Entscheidungen zu treffen. Wenn Sie ein Gefühl von Eigenverantwortung haben oder spüren, dass Sie die Kontrolle über Ihre Entscheidungen haben, verleiht Ihnen dies eine intrinsische Motivation. Ein Mensch, der intrinsisch motiviert ist, kann alle Möglichkeiten kreativ in Betracht ziehen, um eine bestimmte Aufgabe zu erledigen. Wenn also bei einer Aufgabe bestimmte Bereiche in Ihrer Kontrolle liegen, dann gibt Ihnen das ein gewisses Maß an Motivation für diese Aufgabe. Ein Beispiel: Ihr Chef übergibt Ihnen ein Projekt, das Sie erledigen sollen. Wenn Sie einen gewissen Entscheidungsspielraum bezüglich der Struktur, des Fortschritts und des Abgabetermins der Aufgabe haben, fällt es Ihnen leichter, sich motiviert zu fühlen, als wenn Sie nur das tun müssen, was Ihnen aufgetragen wurde. Wenn Sie also nach Möglichkeiten suchen, um Ihre Autonomie bei einer Aufgabe zu erhöhen, führt dies natürlich zu mehr Motivation, da Sie den Prozess selbst in die Hand nehmen können.

Beherrschung

Wenn Sie lieben, was Sie tun, hilft Ihnen diese Leidenschaft, besser in diesem Bereich zu werden, und zwar auch ohne externe Motivation. Sie werden dazu bereit sein, sich weiterzuentwickeln, um besser in Ihrem Aufgabenbereich zu werden, wenn dies für Sie von Bedeutung ist und nicht nur für Ihr Unternehmen. Wenn neue Aufgaben auftauchen, die Ihre Fähigkeiten erfordern, dann werden Sie sich begeistert und motiviert fühlen, um Ihre Fähigkeiten einzusetzen.

Zweck

Wenn Sie das Gefühl haben, dass ein Projekt oder eine Aufgabe größer als Sie selbst ist, dann ist Ihr Fokus auf den Zweck gerichtet. Motivation wird dann intrinsisch, wenn der Fokus des Einzelnen auf dem Nutzen liegt, d. h., wenn eine Aufgabe der Allgemeinheit oder den Kunden des Unternehmens nützt. Sie werden motiviert, wenn Sie den tatsächlichen Nutzen sehen, den ein Projekt den Kunden und anderen Menschen bringen wird.

Zusammenfassung des Kapitels

In diesem Kapitel haben wir die folgenden Überlegungen ausgiebig diskutiert:

- Herausforderungen gehören dazu, wenn Sie in Ihrem Leben ein lohnendes Ziel verfolgen. Menschen finden immer die Motivation, ihre Träume zu verfolgen, auch wenn es Hindernisse gibt.
- Motivation ist das, was eine Person dazu veranlasst, jeden Tag früh aufzustehen, um einen Traum zu verfolgen, auch nach Rückschlägen und Misserfolgen.
- Motivation kann entweder interner (intrinsisch) oder externer (extrinsischer) Natur sein.
- Ihre Körpersprache sagt eine Menge über Sie aus und kann Ihr Motivationsniveau beeinflussen.
- Das Sitzen oder Stehen in einer gekrümmten oder geduckten Körperhaltung ist eine Low-Power-Pose und kann Ihre Motivation bei der Arbeit oder bei einem Vorstellungsgespräch beeinträchtigen.
- Das Sitzen oder Stehen in einer offenen oder aufrechten Position mit nach vorne gerichteten Schultern wird als High-Power-Pose bezeichnet. Eine solche High-Power-Pose kann Ihr Energieniveau steigern und Ihre Motivation innerhalb von zwei Minuten erhöhen.
- Wenn Sie einen Neuanfang im Leben machen, kann Ihnen dies ebenfalls als Motivator dienen.

- Menschen fassen wöchentlich, monatlich und jährlich neue Vorsätze. Andere Vorsätze werden an Geburtstagen, nach dem Verlust eines Jobs oder einer Trennung gefasst. Dieses zeitliche Orientierungssystem dient uns Menschen als Motivation, bestimmte Dinge entweder zu beenden oder zu beginnen.
- Gönnen Sie sich etwas Gutes, indem Sie weiße, braune oder dunkle Schokolade essen, da dieses Lebensmittel dopaminsteigernde Inhaltsstoffe enthält, die zu einer erhöhten Motivation beitragen.
- Der Verzehr von Lebensmitteln, die reich an Proteinen, Ölen, Omega-3-Fettsäuren sind, wie z. B. Samen und Nüsse, kann ebenfalls dazu beitragen, Ihr Energieniveau und Ihre Motivation zu steigern.
- Wenn Sie sich im Haus einschließen oder die ganze Woche im Büro verbringen, reicht dies aus, um Ihre Motivation zu zerstören. Ein Ausflug in die Natur kann einen Funken in Ihnen wecken. Machen Sie einen Spaziergang, gehen Sie an den Strand und lassen Sie sich von der Natur inspirieren.
- Sie werden motiviert oder erhalten ein Gefühl der Autonomie, wenn Sie sich einen bestimmten Ablauf zu eigen machen oder wenn Sie eine bedeutende Rolle im Entscheidungsprozess einer Aufgabe spielen.
- Wenn Sie Dinge innerhalb Ihres Unternehmens erledigen können, kann das zu einem erheblichen Motivationsschub für Sie führen. Wenn Sie die Dinge, die Sie tun, genießen, dann können Sie, wenn nötig, mehr lernen, um Ihre Fähigkeiten zu verfeinern.
- Wenn Sie für ein bestimmtes Ziel arbeiten, z. B. für das Allgemeinwohl oder den Nutzen anderer Menschen, kann Ihnen dies als Antrieb dienen, Ihre Mission weiter zu verfolgen. Zu wissen, wie viel Wert oder Einfluss Sie auf Kunden und die Menschheit haben, kann zu mehr Motivation führen.

Im nächsten Kapitel erfahren Sie, wie Sie mit der Pomodoro-Methode Ihre Effizienz und Konzentration steigern können.

KAPITEL NEUN:

Die Pomodoro-Methode — Das Geheimnis für mehr Effizienz und Fokus

Jeden Tag gibt es so viele Aufgaben, die zu erledigen sind, und es scheint, als ob nie genug Zeit bleibt. Sie haben knappe Abgabetermine, aber keine Zeit, alles zu erledigen. Jetzt ist es vielleicht so schlimm geworden, dass Sie ständig Arbeit mit nach Hause nehmen müssen, damit Sie Ihre Zieltermine einhalten können. In manchen Wochen läuft alles glatt und Sie erreichen Ihr Ziel. In anderen Wochen ist es ein einziger Kampf. Und das alles summiert sich und macht Sie immer frustrierter. Sie fangen an, Ihren Antrieb zu verlieren. Was tun Sie also in solchen Situationen?

Viele Menschen kämpfen damit, bei der Arbeit ihren Fokus zu behalten. Manchmal sitzen sie den ganzen Tag am Schreibtisch und erreichen trotzdem nur wenig, weil sie sich nicht konzentrieren können, müde sind oder ihnen die Motivation fehlt. Die geheime Zutat, die Sie brauchen, ist die Pomodoro-Methode für besseren Fokus und Effizienz.

Als ich das erste Mal von der Pomodoro-Methode hörte, war mein Interesse sofort geweckt. Da ich Life-Coach bin, dauerte es jedoch einige Zeit, bis ich in meinem Terminkalender Zeit fand, die Pomodoro-Technik zu erforschen und sie selbst auszuprobieren. Als ich endlich dazu kam, war das Ergebnis auf mein Produktivitätsniveau, gelinde gesagt, phänomenal. Wenn Sie Probleme damit haben, Ihren Fokus und Ihre Effizienz bei der Arbeit aufrechtzuerhalten, ist die Pomodoro-Methode genau das richtige Werkzeug.

Was ist die Pomodoro-Methode?

Die Pomodoro-Methode ist ein Zeitmanagement-Tool, das Ihnen dabei hilft, Ihre Effizienz und Konzentration bei der Arbeit zu steigern. Es gibt kaum jemals genug Zeit, um alle Dinge zu erledigen. Vor diesem Hintergrund lehrt Sie die Pomodoro-Technik, mit der verfügbaren Zeit auszukommen. Anstatt gegen die Zeit anzurennen, ermutigt Sie die Pomodoro-Technik zur Rationalisierung, indem Sie Ihre verfügbare Zeit in 25-Minuten- und 5-Minuten-Segmente strukturieren.

Mit anderen Worten: Sie unterteilen Ihren Arbeitstag in kleinere Abschnitte von 25 Minuten und 5 Minuten. Die 25 Minuten dienen dazu, Teile Ihrer Aufgaben zu erledigen, während die 5 Minuten für kurze Pausen gedacht sind. Nach etwa vier Intervallen, oder Pomodoros, können Sie die Pause auf 15 bis 20 Minuten ausdehnen.

Was ist der Mehrwert der Pomodoro-Technik?

Die Pomodoro-Struktur unterstützt Sie darin, sich auf die Dinge zu konzentrieren, die täglich am wichtigsten sind. Manchmal gehen wir mit dem Eindruck an die Arbeit, dass wir genug Zeit haben, um die Aufgaben des Tages zu erledigen. Dann lassen wir zu, dass uns Ablenkungen dazwischen kommen. Es trudelt eine dringende E-Mail von einem Freund herein, und Sie denken: „Oh, eine Nachricht von John ... Okay, ich antworte schnell auf diese E-Mail ...", und Sie stellen Ihre aktuelle Aufgabe zurück. Ehe Sie sich versehen, sind Sie in anderen ablenkenden Aufgaben vertieft und die Hälfte des Tages vergeht, ohne dass Sie viel geschafft haben. Sobald der Abgabetermin nur noch zwei Tage entfernt ist, sind Sie wie in einem Rausch und versuchen, alles unterzubringen, damit Sie pünktlich abliefern können.

Die Pomodoro-Technik verleiht Ihnen ein unmittelbares Gefühl der Dringlichkeit für Ihre Arbeit. Sie hilft Ihnen dabei, sich zu konzentrieren, auch wenn es nur für 25 Minuten auf Ihre wichtigsten

Aufgaben ist. Nach 25 Minuten können Sie sich einige Ablenkungen gönnen, bevor Sie wieder an den Aufgaben arbeiten. Das Hauptargument dieser Methode besagt, dass Sie, wenn Sie die Disziplin haben, diese Strategie durchzuziehen, am Ende eines jeden Tages Ihre Produktivität astronomisch gesteigert haben werden. Anstatt also Zeit mit Ablenkungen zu vergeuden, konzentrieren Sie sich auf Ihre Hauptaufgaben.

Wenn Sie an einem Tag 12 Mal 25 Minuten für Aufgaben und 5 Minuten für Pausen einplanen, werden Sie am Ende des Tages 300 Minuten gearbeitet haben. Wenn Sie 5 Minuten mal 12 addieren, sind das 60 Minuten, was mindestens 6 Stunden Arbeit an einem Tag ergibt. Sie haben immer noch mindestens zwei Stunden für eine Pause, vorausgesetzt Sie arbeiten 8 Stunden pro Tag oder haben einen normalen 9-bis-5-Job.

Die Pomodoro-Technik hilft Ihnen dabei, Ihre Produktivität zu steigern, indem Ablenkungen reduziert werden. Die häufigen kurzen Pausen reduzieren die tägliche Müdigkeit bzw. das ausgebrannte Gefühl, das Sie sonst am Ende eines Arbeitstags haben. Außerdem ist es ungesund, endlose Stunden an Ihrem Schreibtisch zu verbringen, in der Hoffnung, noch mehr Aufgaben zu erledigen. Wenn Sie mithilfe der Pomodoro-Methode arbeiten, werden Sie mehr erreichen und gleichzeitig Ihr Energieniveau hoch halten.

Aus evolutionsbiologischer Sicht sollte das menschliche Gehirn nicht unter so viel unangemessenem Druck am Stück arbeiten. Zwar kann das Gehirn dem Stress standhalten (schließlich kann es mit extrem komplexen Belastungen umgehen), aber im Laufe der Jahre werden sich die Effekte der ständigen Belastung wahrscheinlich auf Ihren gesundheitlichen Zustand auswirken. Das menschliche Gehirn kann jede Situation überstehen, es kann sich jedoch nicht so lange auf eine einzige Aufgabe konzentrieren, ohne dass die Konzentration nachlässt. Daher können Sie mit einer einfachen Technik wie der Pomodoro-Technik von einem Energieschub, konstanter Wachsamkeit und einer Steigerung der Qualität der produzierten Arbeit profitieren.

Strategien, damit die Pomodoro-Technik für Sie funktioniert

Nicht jeder hat den gleichen Arbeitsablauf oder die gleiche Art von Arbeit. Aus diesem Grund können Sie die Pomodoro-Technik an Ihre individuellen Umstände anpassen. Zum Beispiel werden Personen, die im Marketing, im technischen Außendienst oder als Schriftsteller oder Journalist arbeiten, jeweils unterschiedliche Arbeitsumgebungen haben.

Anfänglich wird Ihnen die Verwendung solcher ständigen Pausen unbeholfen und unnatürlich erscheinen. Ich muss zugeben, dass es eine mühsame Erfahrung ist, wenn man anfängt, Aufgaben mit einem Zeitnehmer zu mikromanagen. Tatsächlich nahm ich zu Beginn mehrere Pausen von 25 bis 45 Minuten, damit ich mich um einige dringende Angelegenheiten kümmern konnte. Zu anderen Zeiten musste ich mich um einen potenziellen Kunden mit großen Konten kümmern und änderte die Methode ein wenig ab. Außerdem hatte ich tagsüber Besprechungen mit Kunden, Schulungen sowie zusätzliche Dinge zu bewältigen. Unter solchen Umständen musste ich den Pomodoro-Zeitnehmer ausschalten.

Um jedoch mein Ziel zu erreichen, verband ich die Pomodoro-Technik mit meinem persönlichen Kanban-Board. An Tagen, an denen ich mehr vom Büro aus oder am Schreibtisch arbeiten musste, wendete ich die Pomodoro-Methode stärker an. Sie half mir dabei, meine To-Dos schneller und effizienter zu organisieren. An solchen Tagen, an denen ich Meetings mit Mitarbeitern oder persönliche Coaching-Sitzungen mit Kunden hatte, setzte ich die Pomodoro-Methode aus, da es unmöglich war, immer nach 25 Minuten eine fünfminütige Pause einzulegen. Dennoch erlebte ich durch diese Art der Anwendung der Pomodoro-Technik eine exponentielle Steigerung meiner Produktivität. Ich konnte dadurch meine Aufgaben besser einteilen und mehr schaffen.

So kann die Pomodoro-Methode für Sie funktionieren:

Arbeiten Sie mit einer Stoppuhr oder mit einer Timer-App

Da Sie einen Zeitstempel erstellen müssen, eignet sich eine Stoppuhr oder App am besten, um die 25-Minuten-Intervalle festzulegen. Es ist fast unmöglich, sich ohne Zeitnehmer zur Pomodoro-Methode zu disziplinieren. Das manuelle Überprüfen der Zeit wird zu mehr Enttäuschungen als zu Erfolgen führen. Außerdem werden Sie, sobald Sie in der Arbeit vertieft sind, zwangsläufig Ihr Timing vergessen.

Sie können die Pomodoro-Zeitnehmer-App aus dem iTunes-Store für Apple-Benutzer herunterladen. Oder versuchen Sie ClearFocus für Android-Benutzer.

Singletasking, kein Multitasking

Es sollte mittlerweile klar sein, welche Gefahren und Nachteile Multitasking mit sich bringt. Um Ihre Produktivität zu steigern, sollten Sie versuchen, Singletasking zu betreiben, indem Sie einem 25-Minuten-Intervall nur eine Aufgabe zuweisen. Wenn Sie mehr als ein einziges 25-Minuten-Intervall benötigen, um diese Aufgabe zu erledigen, dann verwenden Sie so viele 25-Minuten-Intervalle wie nötig, aber achten Sie darauf, dass Sie nicht mehr Zeit aufwenden, als eine einzelne Aufgabe normalerweise dauern sollte.

Seien Sie diszipliniert

So sehr Sie auch flexibel sein wollen, es hilft, wenn Sie sich an die Pomodoro-Technik halten, um den maximalen Nutzen zu erzielen. Es ist oft verlockend, die Pausen auszulassen und weiterzuarbeiten, vor allem, wenn Sie knappe Fristen einhalten müssen. Sie müssen sich jedoch an Ihre Pausen halten, genauso wie Sie sich an die Aufgabenintervalle halten müssen.

Setzen Sie sich tägliche Ziele

Wie wir bereits besprochen haben, sollten Sie sich Tagesziele setzen, die mit den Aufgaben für den jeweiligen Tag übereinstimmen. Jede Tagesaufgabe sollte sich auf 25 Minuten Arbeitszeit und 5-minütige Pausen beziehen. Verwenden Sie so viele 25 Minuten und 5-Minuten-Pausen, wie es die Tagesaufgaben zulassen. Verlängern Sie die Pausen nach den ersten vier Intervallen von 5 Minuten auf 15 Minuten.

Bleiben Sie auf Ihre Aufgaben konzentriert

Es wird zwangsläufig zu Unterbrechungen, anderen dringenden Angelegenheiten oder Notfällen kommen. Sie müssen es sich jedoch zur Gewohnheit machen, sich 25 Minuten auf Ihre Arbeit zu konzentrieren und 5 Minuten Pause zu machen. In dem Moment, in dem Sie Unterbrechungen zulassen, werden andere Menschen die Gelegenheit nutzen, um Sie zu stören. Sie werden am Ende des Tages wenig erreichen, wenn es zu viele Störungen gibt.

Vermeiden Sie das Lesen von E-Mails und eliminieren Sie Ablenkungen durch soziale Medien

Nur weil E-Mails ein Teil Ihrer Arbeitstätigkeiten sind, heißt das nicht, dass Sie E-Mail-Unterbrechungen zulassen müssen. Checken Sie Ihre E-Mails nicht, wenn Sie sich um eine bestimmte 25-minütige Aufgabe kümmern, und auch nicht während der 5-minütigen Pausen. Die 5-Minuten-Pausen sind für nicht arbeitsbezogene Aktivitäten gedacht, die Ihnen etwas Zeit zum Erholen geben. Wenn Sie 5 Minuten mit einer anderen Aufgabe verbringen, bedeutet das, dass Sie Ihrem Gehirn keine Auszeit gegönnt haben.

In Ihrem Tagesplan sollte es eine bestimmte Zeit für die Bearbeitung von E-Mails geben. Sie können an einem normalen Arbeitstag zwei- bis dreimal am Tag Ihre E-Mails checken. Dadurch vermeiden Sie Unterbrechungen durch E-Mails oder soziale Medien während der entscheidenden Arbeitszeiten.

Genießen Sie Ihre Pausen

Wenn die 5-Minuten-Pausenintervalle nicht zum Arbeiten gedacht sind, was sollen Sie dann in diesen Pausen machen? Fünf Minuten sind nicht sehr viel Zeit. Nutzen Sie Ihre Pausen, um sich auf nicht arbeitsbezogene Aktivitäten zu konzentrieren. Nur so werden Sie nach der Pause körperlich und geistig wach sein. Der Grund dafür, dass die Pause nicht länger als 5 Minuten dauern sollte, besteht darin, dass sich Ihr Körper nicht auf die Ruhephase einstellen und aus dem Arbeitsmodus kommen darf.

Um die 5 Minuten effektiv zu nutzen, können Sie von Ihrem Arbeitsplatz aufstehen und etwas umherlaufen oder sich eine Tasse Kaffee holen. Gehen hilft, Spannungen im Körper zu lösen und die Muskeln zu lockern. Wenn Sie einen tiefen Atemzug machen, füllen Sie Ihre Lungen mit Sauerstoff auf, was wiederum zu zahlreichen Vorteilen für Ihr Gehirn und Ihren Körper führt. Der Sauerstoff, der im Gehirn freigesetzt wird, wirkt wie ein Schub, der Ihnen dabei helfen kann, den Fokus aufrechtzuerhalten. Wenn Ihr Körper entspannt ist, fällt es Ihnen leichter, effizient zu arbeiten, und Sie können täglich schwierigere Aufgaben bewältigen.

Kurz gesagt, probierte ich die Pomodoro-Technik selbst aus und ging schließlich dazu über, diese Methode meinen Kunden zu empfehlen. Aus persönlicher Erfahrung kam ich zu dem Schluss, dass die Pomodoro-Methode vielleicht nicht in den Arbeitsplan oder Lebensstil einer jeden Person passt. Man kann diese Methode jedoch bei der Lösung verschiedener arbeitsbezogener Situationen anwenden. Der Vorteil für mich persönlich besteht darin, dass ich durch die Pomodoro-Methode bei büro- und arbeitsbezogenen Aufgaben produktiver sein kann.

Andere bewährte Strategien zur Verbesserung von Konzentrationsvermögen und Effizienz

Definieren Sie Ihr Ziel klar und deutlich

Wenn Sie Ablenkungen reduzieren und Ihre Energie fokussieren wollen, dann müssen Sie Ihre Ziele klar formulieren, indem Sie sie aufschreiben. Der Nutzen eines klar formulierten Ziels besteht darin, dass es Sie dazu zwingt, sich auf die Dinge zu konzentrieren, die für Ihre Arbeit wirklich wichtig sind. Wenn Sie Ihre Ziele nicht festgelegt haben, wird es schwieriger sein, die Pomodoro-Methode anzuwenden. Es ist am besten, wenn Sie definierte Ziele haben, um den Aufbau von 25 Minuten Arbeit und 5-Minuten-Pausen zu planen.

Außerdem ermöglicht das Niederschreiben Ihrer Ziele den Abbau von mentalen Blockaden. Sie können den Prozess der Erledigung von Aufgaben visualisieren und sich möglicherweise vorstellen, wie es am Ende aussehen wird. Wenn Sie Ihre Ziele formulieren, denken Sie daran, sich aufzuschreiben, was Sie mit diesem Ziel erreichen wollen und warum. Diese letzten Punkte helfen Ihnen dabei, sich selbst zu motivieren, Ihre Ziele zu verfolgen.

Nehmen Sie sich Zeit

Es scheint manchmal so, als ob Sie nicht fleißig sind, wenn Sie die Dinge langsam angehen, aber das stimmt nicht. Erfolg ist kein Sprint und keine Reise, sondern ein Ziel. Erfolg ist dort, wo Sie sein wollen, und jeder geht in seinem eigenen Tempo. Das Arbeiten in einem bestimmten Tempo gibt Ihnen das Gefühl, die Kontrolle zu haben und sich nicht überfordert zu fühlen. Wenn Sie an Aufgaben arbeiten, die eine Menge geistige Energie erfordern, ist eine einfache Arbeitsweise eine Disziplin, die Sie lernen müssen. Das Arbeiten in einem definierten Tempo ermöglicht es Ihnen, auf kritische Details zu achten, und genau so sollten Sie Ihre Aufgaben mit der Pomodoro-Technik strukturieren. Bei einem solchen

Tempo werden Sie nach qualitativen Inhalten streben und nicht gegen die Zeit ankämpfen.

Können Sie es jetzt tun?

Manche Aufgaben erscheinen Ihnen hektisch, und Sie sind vielleicht versucht, sie auf später zu verschieben. Am Ende erledigen Sie sie jedoch gar nicht oder warten, bis diese Aufgaben dringend und wichtig werden. Wenn Sie eine Aufgabe bis zur letzten Minute aufschieben, erhöht dies den mentalen Druck auf Ihr Gehirn. Untersuchungen zeigen, dass mindestens 15 % der Erwachsenen die Dinge, die sie tun müssen, aufschieben. Prokrastination kann Ihnen die Motivation rauben und Ihnen das Gefühl geben, dass Sie so viel zu tun und so wenig Zeit haben, um die Dinge zu erledigen. Dieses Gefühl kann die Qualität Ihrer Arbeit beeinträchtigen. Mit der Zeit kann Prokrastination zu einer Gewohnheit werden, die zu einem niedrigen Selbstwertgefühl führt. Sie können dieses Gefühl jedoch vermeiden, indem Sie sich strenge Fristen setzen, die Aufgaben in einzelne Teilbereiche aufteilen und im Voraus planen.

Eine Strategie, die gegen Prokrastination helfen kann, ist die Zwei-Minuten-Regel. Mithilfe dieser Regel erledigen Sie jede Aufgabe, die nur etwa zwei Minuten in Anspruch nimmt, sofort. Lassen Sie nicht zu, dass solche Aufgaben auf die Liste der unerledigten Aufgaben kommen. Einige dieser Tätigkeiten sind das Senden einer E-Mail oder das Aufräumen Ihres Schreibtisches. Stellen Sie jedoch sicher, dass alle Aufgaben in Ihrer To-Do-Liste geplant sind.

Werden Sie Teil des 5-A.M.-Clubs

Erinnern Sie sich an Robin Sharmas „5-A.M.-Club"? Kehren Sie zurück zu Kapitel zwei, um mehr über dieses Thema zu erfahren. Wenn Sie früh am Morgen aufstehen, um Ihren Tag zu planen und ein wenig Sport zu treiben, wird es Ihnen leichter fallen, das Beste aus der Pomodoro-Methode herauszuholen. Die Verwendung der 20/20/20-Formel kann Sie ebenfalls darin unterstützen, Ihren Tag zu planen, sich ausreichend zu bewegen und darüber nachzudenken, welche Dinge Ihnen heute zum Erfolg verhelfen werden.

Auf diese Weise können Sie sich entspannen und produktiver werden, was Ihnen wiederum den nötigen Schub gibt, um die Aufgabe des Tages anzupacken.

Förderliches Umfeld

Ein unfreundliches Arbeitsumfeld zerstört die Motivation und kann zu Konzentrationsverlusten führen. Gestalten Sie Ihre Arbeitsumgebung einladender und komfortabler. Verschiedene Aspekte wie die Farbe des Büros, der Möbel und der Vorhänge können Ihre Stimmung während der Arbeit heben. Farben kommunizieren Traurigkeit oder Glück und Aufregung. Normalerweise wirken hellere Farben wie Grün am besten für die Motivation. Das Gleiche gilt für die Beleuchtung. Eine schlecht beleuchtete Umgebung kann eine Belastung für die Augen darstellen. Die Beleuchtung kann zudem für eine lebhafte oder melancholische Atmosphäre sorgen.

Achten Sie auf die Sitzanordnung im Büro, da eine ungeschickte Sitzanordnung ebenfalls die Konzentration beeinträchtigen kann. Ein überfülltes Büro führt zu Ablenkung und Unannehmlichkeiten. Die Belüftung und schneller Zugang zu Versorgungseinrichtungen wie der Toilette usw. helfen Ihnen dabei, sich besser zu konzentrieren. Auch Musik kann bei der Verbesserung der Konzentration helfen, da Musik angenehme Gefühle und Gedanken fördert. Zudem kann Musik Ihren Geist stimulieren und Ihnen dabei helfen, sich zu entspannen. Mit Hilfe von Musik können Sie Ihre Gedanken kanalisieren und unterbewusste Ablenkungen überwinden. Die Auswahl der Musik bestimmt jedoch den Nutzen, den Sie daraus ziehen. Musik mit Gesang kann dafür sorgen, dass Sie zu viel nachdenken und sich weiter ablenken lassen. Aus diesem Grund verbessert Instrumentalmusik die Konzentration oft auf effektivere Weise.

Aufgaben delegieren

Wir werden im nächsten Kapitel mehr über das Thema Delegieren sprechen. Mit Hilfe der Delegation lassen sich Verantwortungsbereiche aufteilen. Zudem erhöht sich Ihre Kapazität, sodass Sie mehr Aufgaben bewältigen können. Außerdem können Sie durch Delegation effizienter werden und gleichzeitig die Qualität Ihrer Arbeit verbessern. Delegation fördert ebenfalls die Aspekte Kreativität und Flexibilität, da mehr mitwirkende Personen möglicherweise bessere Ideen bedeuten, wie eine Aufgabe zu erledigen ist.

Der eigentliche Wert der Pomodoro-Methode liegt in der Fähigkeit, in möglichst kurzer Zeit mehr Aufgaben zu erledigen und dabei Ihre Konzentration aufrechtzuerhalten. Planen Sie daher Arbeits- und Pausenzeiten entsprechend ein. Um bei jeder innovativen Idee, einschließlich der Pomodoro-Methode, erfolgreich zu sein, sind Zusammenarbeit und Disziplin erforderlich. Niemand kann Ihnen zum Erfolg verhelfen, wenn Sie es nicht selbst versuchen.

Zusammenfassung des Kapitels

- Das Gefühl „Ich habe so viele Aufgaben und so wenig Zeit, um sie zu erledigen" kann zu einem Nachlassen der Konzentration führen.
- Die Pomodoro-Methode ist ein Zeitmanagement-Tool, das Ihnen dabei hilft, Ihre Energie auf die Erledigung der entscheidenden Aufgaben zu konzentrieren und so Ihre Konzentration und Produktivität zu steigern.
- Die Technik funktioniert, indem Sie Ihre Arbeitszeit in 25 Minuten gewissenhafte und konzentrierte Arbeit und 5-minütige Pausen aufteilen.
- Die Pomodoro-Technik hilft Ihnen dabei, die Aufgaben des Tages in kleinere überschaubare Abschnitte von 25 Minuten aufzuteilen, damit Sie sich besser konzentrieren können.

- Mit Hilfe der Pomodoro-Technik können Sie Ablenkungen reduzieren oder dafür sorgen, dass Sie sich während kritischer Arbeitszeiten nicht auf weniger wichtige Aufgaben konzentrieren.
- Die Nutzung eines Pomodoro-Timers bzw. einer Stoppuhr sowie Singletasking anstelle von Multitasking ist eine leistungsstarke Pomodoro-Strategie zur Verbesserung der Produktivität.
- Setzen Sie sich tägliche Ziele und halten Sie diese ein, um die Produktivität zu steigern.
- Ihre 5-Minuten-Pausen sollten nur zur Entspannung und nicht zur Konzentration auf die Arbeit genutzt werden.
- Um mit der Pomodoro-Methode erfolgreich zu sein, müssen Sie sich auf einen Plan festlegen, Prokrastination vermeiden und an den Stellen, an denen es nötig ist, delegieren.

Im nächsten Kapitel erfahren Sie, wie Sie effektiv delegieren können, um mehr Aufgaben zu erledigen und die Produktivität zu steigern.

KAPITEL ZEHN:

Wie Sie Aufgaben delegieren

Einige Denkschulen sagen Folgendes: „Wenn Sie wollen, dass etwas richtig gemacht wird, dann machen Sie es selbst." Doch auch wenn es sinnvoll ist, Dinge selbst zu erledigen, so lautet die große Frage dennoch, wie viel eine einzelne Person wirklich allein erreichen kann. Als Napoleon Bonaparte die obige Aussage aufstellte, hatte er wahrscheinlich die Notwendigkeit vor Augen, Strukturen und Strategien auf den Führungsebenen zu schaffen, damit die Ausführung von Aufgaben reibungslos verläuft. Ich kam zu diesem Schluss, weil Napoleon ein großer französischer Staatsmann und Kaiser war. Er kam nach der Französischen Revolution im Jahr 1799 an die Macht und eroberte große Teil von Europa. Wenn er die Ausführung von Aufgaben ganz ohne die Hilfe anderer gemeint hätte, bezweifle ich, dass Napoleon im Krieg siegreich gewesen wäre, da er mit seinem Kabinett, seinen Generälen und einer großen Truppe von Soldaten zusammenarbeiten musste, um erfolgreich zu sein.

Delegation ist ein nützliches Management-Tool für die Erreichung von persönlichen und unternehmerischen Zielen. Es passiert jedoch schnell, dass Sie zu wenig oder zu viele Aufgaben delegieren. Um ein Gleichgewicht zu finden, ist es entscheidend, dass Sie wissen, wie Sie delegieren müssen.

Delegation ist eine entscheidende Fähigkeit und als solche ergibt es Sinn, dass Führungskräfte lernen, Projekte oder Aufgaben zu delegieren bzw. auszulagern. Delegieren spart viel Zeit, reduziert die Arbeitsbelastung und lässt genügend Zeit für wichtigere Aufgaben. Wenn Sie Aufgaben an qualifizierte oder erfahrene Untergebene (freiberuflich oder intern) vergeben, steigert dies die

Produktivität. Auch die Investition in die Ausbildung des eigenen Personals ist wertvoll.

Was versteht man unter Delegation?

Unter Delegation versteht man den Akt der Übertragung von Befugnissen oder Macht an andere Personen, damit diese in Ihrem Namen Aufgaben ausführen. Wenn Sie delegieren, weisen Sie Untergebenen Verantwortlichkeiten mit spezifischen Vorgaben für die Ausführung dieser Aufgaben zu. Während die Verantwortung für die Ausführung der Aufgabe bei den Mitarbeitern liegt, muss der Vorgesetzte für die richtige Kommunikation, das Verständnis und die Einhaltung von Standards und Fristen sorgen. Delegation umfasst also die Fähigkeit, die jeweiligen Talente der Teammitglieder zu erkennen und für die Ziele der Führungskraft umzusetzen. Ein hohes Maß an Produktivität ist der Lohn für die Delegation und der Arbeitsablauf wird reibungsloser und weniger stressig, wenn Sie delegieren.

Gründe, warum Führungskräfte nicht delegieren

Verlust von Autorität

Einigen Managern fällt es schwer, zu delegieren, weil sie das Gefühl haben, ihre Autorität an jemand anderen abzugeben. Die meisten Menschen sehen das Delegieren als ein Zeichen von Schwäche oder denken, dass die andere Person schlechte Arbeit abliefern wird. Wenn Sie jedoch anderen Personen die Verantwortung überlassen, zeugt das nicht von Schwäche, sondern von Ihrer Fähigkeit, anderen zu vertrauen. Auf diese Weise finden Sie zudem heraus, wie gut Sie Ihre Stärke in anderen Personen duplizieren können, indem Sie effektiv kommunizieren oder andere schulen. Delegation ist ein Werkzeug, das von äußerst effektiven Managern genutzt wird.

Niemand kann es besser

Ein weiterer Mythos oder Irrglaube zum Thema Delegation besteht darin, dass niemand anderes eine bestimmte Aufgabe besser erledigen kann als Sie. Die Wahrheit ist jedoch, dass Delegation in den meisten Fällen Kreativität und unterschiedliche Sichtweisen in ein Projekt einbringt.

Verzögerungen bei der Durchführung der Aufgabe

Auch hier sind einige Leute der Meinung, dass das Delegieren einer Aufgabe zu Verzögerungen führt. Es stimmt zwar, dass Sie Ihre Mitarbeiter auf den neuesten Stand bringen müssen, bevor diese eine Aufgabe angemessen ausführen können, doch wie viel kann eine Führungskraft allein schaffen? Einige dieser Probleme können mit der richtigen Schulung der Teammitglieder gelöst werden. Allein zu arbeiten schränkt Ihre Fähigkeit ein, mehr Aufgaben zu erledigen. Eine einzelne Person kann wenig erreichen, doch zusammen schafft ein Team mehr. Delegation hilft Ihnen nicht nur dabei, die Arbeitsleistung zu verdoppeln und Zeit zu sparen, sondern erhöht auch die Qualität der abgelieferten Arbeit.

Warum Führungskräfte delegieren

Der größte Teil der Arbeit landet immer auf dem Tisch der Führungskraft. Dieses Phänomen erzeugt ein gewisses Maß an Panik und schreckt die Führungskräfte vom Delegieren ab. Die Frage für die meisten Führungskräfte lautet jedoch: Wie soll ich delegieren? Wenn Sie delegieren, verlieren Sie nicht an Autorität, sondern teilen Ihre Autorität, sodass mehr Aufgaben erledigt werden können.

Ein Unternehmen besitzt mehrere wichtige Aspekte in Bezug auf seine Funktionen. Führungskräfte werden täglich mit den Bereichen Marketing, Verkauf, Produktion, Vertrieb, Koordination der Mitarbeiter und vieles mehr konfrontiert. Die einzige Möglichkeit, diese Aufgaben erfolgreich auszuführen, besteht darin, anderen Personen zu erlauben, mit Ihnen zusammenzuarbeiten, während Sie sich auf die Strategie des Unternehmens konzentrieren. Kein

Unternehmen kann erfolgreich sein, wenn sich die Führungskraft in die täglichen Arbeitsabläufe der einzelnen Abteilungen vergräbt. Der Manager muss treuen Mitarbeitern Teile seiner Befugnisse anvertrauen, während er sich auf die Strategien zur Erweiterung des Unternehmens konzentriert. Manager können sich auf das große Ganze konzentrieren, wenn sie lernen, zu delegieren.

Erhöhte Kapazität

Wenn sich ein Manager überfordert fühlt, dann ist es ein kluge Idee, ein System zur Arbeitsteilung zu entwickeln. Warum drei Monate lang zwischen sechs Aufgaben hin- und herpendeln, wenn Sie zwei Teams oder vier Personen damit beauftragen könnten? Die Angst, Qualität zu verlieren oder Fristen nicht einhalten zu können, wird mit der Zeit zu einer geringeren Qualität der Arbeitsleistung sowie zu mehr Terminproblemen führen. Wenn das Management-Team nicht delegiert, treten mehr Burn-outs auf, als nötig wären.

Mehr Gründe, um Aufgaben zu delegieren:

- Der Entscheidungsprozess und die Befehlskette werden durch Delegieren sichtbarer und operativer. Zudem können Sie durch die Delegierung von Aufgaben einen besseren Talentpool innerhalb des Teams schaffen. Durch die Zuweisung von Befugnissen können Ihre Mitarbeiter bessere Kommunikationsfähigkeiten, ausreichende Motivation, Aufsicht/Anleitung und Führungseigenschaften entwickeln.
- Delegieren macht die Beziehung zwischen Vorgesetzten und Mitarbeitern sinnvoller und verständlicher. Die Autorität bzw. die Entscheidungsgewalt kann innerhalb eines Unternehmens einfach von oben nach unten fließen. Durch diese anerkannte Hierarchie sind Ergebnisse durchaus realisierbar.

- Wenn Sie Aufgaben sowohl an Untergebene als auch an Vorgesetzte delegieren, kann dies zu einer Erweiterung des Unternehmens führen. Diese Entwicklung führt unweigerlich dazu, dass mehr Führungspositionen geschaffen werden und möglicherweise mehr Mitarbeiter benötigt werden. Dies ist ein wesentlicher Faktor für ein Unternehmen, das ein horizontales oder virtuelles Wachstum anstrebt, sodass es ein Pluspunkt ist.
- Effektives Delegieren kann dazu beitragen, dass Ihre Mitarbeiter innerhalb des Prozesses regelrecht aufblühen. Denn Ihre Mitarbeiter erhalten das Gefühl, dass sie nicht nur eine kleine Nummer im Getriebe sind, sondern im Mittelpunkt des Geschehens stehen. Sie sind motiviert zu arbeiten, weil sie das Gefühl haben, wichtig zu sein. Auf diese Weise kann eine Führungskraft für mehr Arbeitszufriedenheit innerhalb der Belegschaft sorgen, was wiederum zu Stabilität und gesunden Beziehungen führt.
- Das Delegieren von Verantwortungen hält Sie in Bezug auf die zu erledigenden Aufgaben auf dem Laufenden und versetzt den Manager in die Position eines „Verteilersystems" bzw. eines „Kraftwerks" und nicht in die Rolle eines „Reservoirs". Je mehr Sie Ihren Mitarbeitern erlauben, sich weiterzuentwickeln, desto selbstbewusster werden diese. Je mehr Selbstvertrauen Ihre Mitarbeiter haben, desto effizienter und produktiver werden sie sein. Am Ende wird dies schließlich zu einer Verbesserung der Qualität der Arbeit innerhalb des Unternehmens führen.
- Delegieren dient Führungskräften als Schulungsmaßnahme von Untergebenen. Delegieren ist ein wichtiges Werkzeug für effektive Planung, Entwicklung sowie für Beförderungen. Das Delegieren von Aufgaben ermöglicht es Ihren Mitarbeitern also, Erfahrungen zu sammeln und in ihrer Rolle zu wachsen.

Einfache Delegierungstricks

Damit der Delegierungsprozess effektiv funktioniert, muss dieser systematisch und prozessorientiert sein und Zeitpläne, Kontroll- sowie Ausgleichsmechanismen enthalten. Es geht nicht nur um die Zuweisung von Aufgaben und Verantwortung, sondern darum, wie Sie die Delegierungsmethoden beherrschen. Delegieren ist eine Fähigkeit, die trainiert werden muss. Wenn Sie Bücher lesen, wie z. B. dieses hier, erhalten Sie einen besseren Einblick in die Thematik. Hier sind ein paar Schritte, wie Sie effektiv und effizient delegieren können:

Bestimmen Sie die Aufgaben, die Sie delegieren möchten

Der erste Schritt beim Delegieren besteht darin, zu entscheiden, welche Aufgaben und Verantwortlichkeiten Sie welchen Mitgliedern des Teams zuweisen. Teilen Sie die Aufgaben in kleinere Einheiten auf, damit alle das richtige Verständnis für das Ziel haben. Zum Beispiel sollten kleine Aufgaben wie Flugbuchungen, das Planen von Meetings oder das Beantworten von E-Mails zu den Aufgaben eines Assistenten gehören. Einige dieser logistischen Aufgaben scheinen nicht viel Zeit in Anspruch zu nehmen, es gibt jedoch produktivere Verwendungsmöglichkeiten für Ihre Zeit.

Entscheiden Sie sich für die Aufgaben in der Liste, die Ihnen am besten liegen, sowie für diejenigen, die besser von jemand anderem erledigt werden können. Vielleicht sind Sie in bestimmten Bereichen nicht sehr geschickt und die Erledigung der Aufgabe nimmt viel Zeit in Anspruch. Dann ist es ideal, eine solche Aufgabe an eine Person zu delegieren, die besser darin ist als Sie, vorausgesetzt, diese Person hat ein klares Verständnis für Ihre Anweisungen. Es gibt einige Aufgaben, die Ihre persönliche Aufmerksamkeit erfordern, aber um Ihnen bei der Planung zu helfen, können Sie Aufgaben basierend auf der Stellenbeschreibung, den Rollen im Büro oder der Bezeichnung zuweisen. Wenn Sie Senior-, Mid-Level-Manager und Junior-Mitarbeiter haben, können

Sie Aufgaben basierend auf der Ebene der Autorität und der erforderlichen Aufmerksamkeit zuweisen. Sie können auch anhand von individuellen Stärken und Fähigkeiten entscheiden, welche Aufgaben Sie welchem Mitarbeiter geben.

Berücksichtigen Sie zeitliche Einschränkungen

Durch das Delegieren von Aufgaben haben Sie mehr Zeit, um sich auf das große Ganze zu konzentrieren. Sie können sich also auf die Feinheiten des Geschäfts und die Strategien fokussieren, die zum Erreichen des Unternehmensziels erforderlich sind. Wenn Sie Aufgaben zuweisen kann es vorkommen, dass nicht alle Mitglieder Ihres Teams die Aufgaben so schnell erledigen können, wie Sie es vielleicht von ihnen erwarten. Dieses Vorgehen könnte mit ihrer Persönlichkeit oder mit ihren Stärken in bestimmten Bereichen zu tun haben. Aus diesem Grund müssen Sie als Führungskraft bzw. Teamleitung Ihre Teammitglieder sehr gut kennen, wenn Sie entscheiden, wer welche Aufgabe übernimmt.

Denken Sie daran, dass der Zweck des Delegierens ein reibungsloser Arbeitsablauf ist. Sie wollen schließlich keine Deadline verpassen oder sich überlastet fühlen. Auch wenn Sie gut darin sind, eine Aufgabe zu erledigen, kann es passieren, dass die Zeit nicht auf Ihrer Seite ist. Ein zeitkritisches Projekt sollte dann in schnelle und ähnlich fähige Hände gegeben werden.

Bestimmen Sie, an wen Sie jede Aufgabe delegieren werden

Es ist von entscheidender Bedeutung, die Stärken und Schwächen eines jeden Mitarbeiters im Team zu kennen. Auf diese Weise können Sie bestimmen, welcher Verantwortungsbereich an die einzelnen Mitarbeiter delegiert werden soll. Aus der Liste der vorbereiteten Aufgaben ordnen Sie jeder Person eine Aufgabe zu, die auf ihren Stärken basiert.

Ein kritischer Blick auf die Fähigkeiten und Persönlichkeitsstruktur Ihrer Mitarbeiter kann Ihnen Hinweise darauf geben, welche

Person eine Aufgabe übernehmen sollte. Eine Aufgabe, die Teamarbeit erfordert, an eine einzelne Person zu delegieren, weil sie ein Überflieger ist, könnte sich als suboptimal erweisen. Einer Person, die Teamarbeit nicht mag, die Rolle des Teamleiters zu geben, könnte demotivierend wirken oder den Arbeitsfortschritt verlangsamen. In manchen Situationen lernen Einzelkämpfer, zu Teamplayern bzw. zu tollen Führungskräften zu werden, sobald sie die Gelegenheit dazu bekommen. Auch arbeiten manche Menschen besser in einem Team als allein. Es ist Ihre Aufgabe als Führungskraft, diese Eigenschaften in Ihren Mitarbeitern zu erkennen und zu nutzen.

Bei flexiblen Aufgaben kann es manchmal auch hilfreich sein, den Mitarbeitern die Wahl zu lassen, welches Projekt sie ausführen möchten, um größere Erfolge bei der Arbeit zu erzielen. Wenn sich Personen ein Projekt zu eigen machen können, fühlen sie sich bei der Arbeit motivierter. Meistens wählen die Leute Projekte aus, die sie lieben oder für die sie eine Leidenschaft haben und bei denen sie wahrscheinlich hervorragende Ergebnisse erzielen werden.

Seien Sie gerecht in Bezug auf das Delegieren

Drücken Sie bei der Zuweisung von Aufgaben Ihr Vertrauen in die Fähigkeiten Ihres Untergebenen aus, delegieren Sie aber dennoch objektiv. Legen Sie von Anfang an einen Zeitplan für das Projekt fest, um zu vermeiden, dass Sie Ihre Mitarbeiter unter Druck setzen, während sie arbeiten. Wenn Sie sich ständig einmischen, dann kann es passieren, dass das Team nervös wird oder dass es seinen Fähigkeiten nicht mehr traut. Erlauben Sie Ihrem Team, Probleme selbständig zu lösen. Was nützt es schließlich, Verantwortung zu delegieren, wenn Sie Ihre Mitarbeiter dennoch mikromanagen wollen?

Seien Sie sich von Anfang an über Ihre Erwartungen im Klaren, und geben Sie detaillierte Anweisungen. Geben Sie die Ziele, die Vision und die Meilensteine vor, die Ihr Team erreichen soll.

Wenn Ihr Team etwas Wichtiges übersieht, dann erklären Sie es allen Teammitgliedern noch einmal. Machen Sie Ihren Mitarbeitern klar, dass Sie ihnen vertrauen und sehen wollen, dass sie sich weiterentwickeln. Sobald Ihre Mitarbeiter das Gefühl bekommen, dass Sie sich auf sie verlassen, werden sie eher gute Arbeit abliefern.

Laut Jeffrey Pfeffer, dem Thomas D. Dee II Professor für Organisationsverhalten an der Graduate School of Business der Universität Stanford, könnte es Ihre wichtigste Aufgabe als Führungskraft sein, Ihren Untergebenen beizubringen, wie man denkt und die richtigen Fragen stellt.

Vermeiden Sie es, Teammitglieder miteinander zu vergleichen, da jeder Mensch einzigartige Eigenschaften und Qualitäten hat. Nicht alle Menschen haben die gleiche Geschwindigkeit, die gleichen Fähigkeiten oder das gleiche IQ-Niveau. Jeder Mensch arbeitet auf seiner individuellen Ebene, was Sie stets berücksichtigen sollten. Einige Mitarbeiter benötigen vielleicht Motivation und eine positive Einstellung von Ihnen, während andere vielleicht keine Motivation benötigen. Nehmen Sie sich die Zeit, die Charaktereigenschaften zu studieren, da dies für den Delegierungsprozess von großer Bedeutung ist.

Tipps, um Aufgaben zu delegieren

Delegieren Sie unverzüglich

Lernen Sie früh genug, Aufgaben zu delegieren, um unnötigen Druck zu vermeiden. Geben Sie vernünftige Zeitvorgaben für die Durchführung von Projekten vor. Zeitdruck und der Drang, Fristen einzuhalten, können zu minderwertiger Leistung oder Fehlern beim Projekt führen. Als Führungskraft müssen Sie lernen, zu erkennen, ob ein Projekt zur Delegation geeignet ist. Diese Fähigkeit wird Ihnen dabei helfen, Zeit zu sparen, wenn Sie sich nicht selbst um die Aufgaben kümmern können oder darauf warten, diese zu delegieren.

Jahrelange Erfahrung und Qualifikation können Ihnen bei der Entscheidung helfen, wie Sie delegieren sollen

Bei der Zuweisung von Aufgaben können individuelle Fähigkeiten, Talente und Persönlichkeit, langjährige Erfahrung, Fachwissen, akademische Qualifikation und Berufserfahrung helfen. Menschen mit verschiedenen Hintergründen können einem Projekt einen größeren Mehrwert verleihen, als wenn Sie sich nur auf Ihre Fähigkeiten oder Ihr Fachwissen verlassen.

Seien Sie explizit in Bezug auf Kontext und Anweisungen

Übergeben Sie nicht einfach die Aufgabe an Ihre Mitarbeiter und erwarten Sie, dass sie das Ganze selbst herausfinden. Ein angemessener Leitfaden, der alle Aufgaben und Erwartungen enthält, kann eine Menge bewirken. Es ist immer ratsam, dass das Team mit einer dokumentierten Aufgabenbeschreibung arbeitet, anhand derer sich die Mitarbeiter gegenseitig in die Pflicht nehmen können. Stellen Sie sicher, dass der Teamleiter Sie über seine Pläne (mit einem Bericht) auf dem Laufenden hält, um sicherzustellen, dass alles den Vorgaben entspricht, bevor es weiter geht. Unklarheiten in Bezug auf die Anweisungen können zu einer fehlerhaften Ausführung von Projekten oder Verschwendung von Ressourcen und Zeit führen.

Sorgen Sie dafür, dass Ihre Mitarbeiter in die Pflicht genommen werden

Alle Befehlsketten sollten von den Teammitgliedern vollständig verstanden werden, damit das Team effizient arbeiten kann. Einige Projekte erfordern möglicherweise Zugang zu Geldmitteln, Logistik und anderen Ressourcen. Teilen Sie Ihrem Team stets mit, mit wem es sprechen kann, um diese Dinge zu erhalten. Stellen Sie sicher, dass das Team im Falle von Problemen Zugriff auf den Kommunikationskanal hat. Wenn Sie nicht anwesend sind, weisen Sie eine Person zu, die Berichte entgegennimmt und bei dringenden Angelegenheiten Maßnahmen ergreift. Bei allem, was

Sie tun, sollten Sie dafür sorgen, dass Ihr Team die Vorarbeit leistet und die Initiative für die täglichen Abläufe ergreift, ohne dass Sie sich einmischen.

Schaffen Sie einen Feedback-Kanal

Als Ergänzung zum Prozess fördert die Etablierung einer offenen Kommunikation im Verlauf des Projekts die Produktivität. Schaffen Sie Zeit für das Team und würdigen Sie die Bemühungen Ihrer Mitarbeiter, indem Sie ein Feedback-System einrichten, um den Delegationsprozess in Zukunft zu erleichtern. Mit Hilfe von Feedback finden Sie heraus, wie jede Person über die Projekte, das Team und andere Themen denkt. Durch Feedback können Sie nützliche Informationen sammeln, um den Arbeitsprozess zukünftig für alle Beteiligten besser zu gestalten. Wenn wichtige Informationen aus irgendeinem Grund ausgelassen oder übersehen wurden, kann Ihnen ein solches Feedback-System zudem dabei helfen, solche Details in Zukunft im Blick zu behalten. Manche Menschen können ihre Meinung in einem Team nicht gut ausdrücken. Mit Hilfe von Feedback-Formularen, Umfragen und mehr können Sie die eine oder andere wahre Meinung von schüchternen Teammitgliedern erfahren. Wenn es an der Zeit ist, die Arbeit oder den Arbeitsprozess einer Person zu kritisieren, tun Sie dies konstruktiv und ohne Vorurteile. Kritik sollte nützlich sein und dazu beitragen, den richtigen Weg einzuschlagen, anstatt andere Menschen zu verurteilen. Daher sollte sich die Kritik auf Aktivitäten konzentrieren, nicht auf Individuen.

Stellen Sie zudem sicher, dass Sie eine Rückmeldung darüber erhalten, wie zufriedenstellend die Ausführung der Aufgabe war. Sie können auch Ihre eigene Leistung als Führungskraft in Bezug auf das Zuweisen der Aufgaben, die Klarheit der Anweisung, die Fähigkeit, das Team zu unterstützen, und mehr bewerten lassen. Mit Hilfe eines umfassenden Feedback-Systems erhalten Sie also auch nützliche Pläne und Strategien für die Delegation von Projekten.

Zeigen Sie persönliches Interesse am Arbeitsfortschritt

Versuchen Sie, nicht aufdringlich zu sein, sondern bitten Sie um Aktualisierungen und äußern Sie bei Bedarf Ihre Sichtweise. Wenn die Leistung in einem bestimmten Fall nicht dem Standard entsprechen sollte, nehmen Sie die Aufgabe nicht zurück. Bieten Sie so viel Unterstützung wie möglich an und sorgen Sie dafür, dass Ihre Mitarbeiter ein besseres Verständnis der Thematik bekommen.

Niemand hat ein Monopol auf Wissen. Aus diesem Grund sollten auch Ihre Untergebenen die Freiheit haben, Ideen mit Ihnen zu teilen. Manchmal gewinnen Sie bessere Perspektiven von denjenigen Personen, von denen Sie es am wenigsten erwarten. Da jede Person danach strebt, in Bezug auf ihre Fähigkeiten besser zu werden, müssen Sie in Lernressourcen investieren, um besser führen oder delegieren zu können.

Effektives Delegieren funktioniert besser, wenn Sie anderen Teammitgliedern dabei helfen können, an der Aufgabe zu wachsen, die richtigen Fähigkeiten zu entwickeln und abwechselnd die Verantwortung zu übernehmen. Beim Delegieren geht es um die Aspekte Autorität, Verantwortung und Rechenschaftspflicht. Führungskräfte müssen lernen, die Delegation zum Vorteil aller Mitarbeiter zu nutzen – zur Motivation, zum Wachstum und zur Entwicklung der Mitarbeiter.

Zusammenfassung des Kapitels

- Das Delegieren ist eine Fähigkeit, die jeder lernen muss, insbesondere Führungskräfte.
- Die Fähigkeit zu delegieren wird bestimmen, wie viel Erfolg ein Unternehmen oder eine Person hat. Delegieren bedeutet, die Bemühungen mehrerer Personen zu nutzen, um Aufgaben zu erledigen, anstatt einer Person zu erlauben, alles zu erledigen.

- Mit Hilfe der Delegation sparen Sie Zeit und haben so mehr Zeit für andere Aufgaben.
- Delegation reduziert die Arbeitsbelastung von Führungskräften und ermöglicht es ihnen, sich auf die wichtigsten Aufgaben zu konzentrieren.
- Wenn Sie alle falschen Vorstellungen zum Thema Delegation beiseiteschieben, können Sie größere Fortschritte machen.
- Delegieren bedeutet nicht, Ihre Autorität an andere abzugeben.
- Wenn Führungskräfte delegieren, vervielfachen Sie Ihre Arbeitsleistung und teilen diese auf ihre Untergebenen auf.
- Delegieren sorgt für Freiraum, um zu planen und Strategien für wichtigere Ziele zu entwickeln.
- Die Entscheidungsfähigkeit einer Führungskraft wird sich verbessern, je mehr sie delegiert.
- Delegation führt schnell zu Geschäftsexpansion und Wachstum.
- Sie ermöglicht es den Mitarbeitern, ihre Fähigkeiten zu erkennen und zu verbessern.
- Die Delegation sollte einem gut strukturierten Prozess folgen.
- Entscheiden Sie, welche Aufgaben delegiert werden sollen, legen Sie fest, wer was bekommt, und berücksichtigen Sie den Zeitfaktor.
- Geben Sie den Mitarbeitern, an die Sie Aufgaben delegiert haben, ausreichend Gelegenheit, die Dinge selbst herauszufinden.
- Vermeiden Sie Mikromanagement im Team; das ist das Gegenteil von Delegation.
- Wenn Sie einen effektiven Feedback-Mechanismus einrichten, können Sie sicherstellen, dass die Erledigung der Aufgaben für das Team besser funktioniert, und einen Einblick in die Herausforderungen und Erfolge der Gruppe erhalten.

- Wenn Sie eine Kultur der offenen Kommunikation einführen, wird der Arbeitsablauf reibungslos.

ABSCHLIESSENDE WORTE

Es war ein aufregendes Abenteuer, Sie durch einige der wertvollsten Produktivitäts-Hacks zu führen, die heute verfügbar sind. Wenn Sie so weit gekommen sind und sich die Zeit genommen haben, dieses Buch durchzuarbeiten, dann wage ich zu behaupten, dass Sie es ernst meinen. Wenn Sie einen Großteil der Dinge, die Sie in diesem Buch gelernt haben, in die Praxis umsetzen, sollte der Unterschied in Ihrem Produktivitätsniveau innerhalb weniger Wochen sichtbar sein. Und innerhalb von 365 Tagen sollten Sie ein exponentielles Wachstum Ihrer Leistungen verzeichnen können.

Im Laufe dieser zehn Kapitel haben wir zehn kritische Bereiche behandelt, die Ihre Zukunft bestimmen werden. Inzwischen können Sie die Probleme bzw. Fragestellungen, mit denen Sie in Bezug auf Ihre Produktivität konfrontiert sind, klar umreißen. Es gibt drei zentrale Themenfelder, die wir in diesem Buch angesprochen haben und die mit Ihrer Produktivität in Zusammenhang stehen. Erstens die Fähigkeit, einen praktikablen Plan zu erstellen, der Ihnen dabei hilft, Ihre Lebensziele zu erreichen; zweitens die Fähigkeit, Ihre Energie zu fokussieren – am besten konzentrieren Sie sich auf die entscheidenden Dinge, die Ihren Erfolg im Leben steigern werden – und drittens Ihre Fähigkeit, die Gewohnheiten abzulegen, die Ihre Produktivität beeinträchtigen, und stattdessen Gewohnheiten zu entwickeln, die dafür sorgen, dass Sie das Leben verwirklichen können, von dem Sie immer geträumt haben.

Nachdem wir diese drei Schlüsselprobleme identifiziert haben, haben wir die folgenden bewährten Lösungen bzw. Tricks erarbeitet, die Ihnen dabei helfen, effizienter und produktiver zu werden und in Ihrer Branche zu den Besten zu gehören. Diese drei in diesem Buch empfohlenen Lösungen sind von zentraler Bedeutung für Ihren Erfolg und lauten in verkürzter Form:

Die Notwendigkeit eines praktikablen Plans

Es ist hilfreich, einen Plan zu haben, um seine Ziele zu erreichen. Das ist eine Tatsache, die dieses Buch festgestellt hat. Einen Plan nur im Kopf zu haben, ist aber kein Plan, da Sie Input und Output nicht effektiv messen können. Damit Ihr Plan effektiv funktioniert, müssen Sie eine klare Vorstellung davon haben, was Sie vom Leben wollen, und Ihre Ziele und Ihren Fortschritt schriftlich festhalten.

Ihre Ziele werden Ihnen dabei helfen, einen praktikablen Aktionsplan zu entwickeln. Stellen Sie sicher, dass Ihre Ziele mit Ihrem Lebenszweck übereinstimmen. So werden Sie wahrscheinlich erfolgreicher und leidenschaftlicher auf Ihre Ziele hinarbeiten. Außerdem ist es hilfreich, wenn Sie die richtigen Glaubenssätze verinnerlichen, die richtigen Gewohnheiten entwickeln und negative Glaubenssätze vermeiden. Wenn Sie sich Ziele setzen, sollten diese außerdem SMART sein – specific, measurable, achievable, realistic, and time-bound (spezifisch, messbar, erreichbar, realistisch und zeitgebunden).

Konzentrieren Sie Ihre Energie darauf, produktiv zu sein, indem Sie Tools verwenden, die Ihre Effizienz steigern

Ihre Erfolgsquote hängt von vielen Faktoren ab, aber das Wichtigste ist, dass Sie jetzt handeln müssen. Prokrastination ist eines der größten Hindernisse, das Menschen davon abhält, ihre Ziele zu verfolgen und zu erreichen.

Der 5-A.M.-Club von Robin Sharma stellt ein hervorragendes Werkzeug zur Steigerung Ihrer Produktivität dar. Nutzen Sie die frühen Morgenstunden, um Ihren Tag nach dem 20/20/20-Prinzip zu planen. Das bedeutet, dass Sie die ersten 20 Minuten damit verbringen, zu trainieren oder zu meditieren. Die zweiten 20 Minuten sollten Sie als Strategie-Sitzung nutzen, um Ihren Tag zu planen. Dann sollten die letzten 20 Minuten in die Entwicklung von Fähigkeiten in einem Bereich fließen, der Ihnen dabei helfen wird, Ihr großes Ziel zu erreichen.

Ein weiteres außergewöhnliches Tool, das in diesem Buch vorgestellt wurde, waren der persönliche Kanban-Planer sowie das Whiteboard. Der persönliche Kanban-Planer hilft Ihnen dabei, Ihre Aufgaben zu priorisieren und sich auf die wichtigsten Aufgaben zu konzentrieren. Er setzt sich aus drei Spalten zusammen. Die erste Spalte enthält die To-Dos bzw. die Optionen, in der Sie alle Ihre Ziele und Aufgaben auflisten. Die zweite Spalte ist die Spalte „In Bearbeitung", in der Sie die Aufgaben eintragen, an denen Sie jetzt arbeiten wollen. Die dritte Spalte ist die Erledigt-Spalte, in der Sie die Aufgaben eintragen, die Sie erledigt haben. Wenn Sie diese Informationen auf Ihrem persönlichen Kanban-Whiteboard vor sich sehen, hilft es Ihnen dabei, Ihre Energie auf sinnvolle Ziele zu fokussieren, sie zu verfolgen und mehr Aufgaben in einem schnelleren Tempo zu erledigen.

Mit dem persönlichen Kanban-Planer visualisieren Sie Ihre Aufgaben, während Sie sie planen. Mit Hilfe dieser Visualisierungstechnik können Sie sehen, wie die Erledigung der Aufgaben aussehen könnte. Zudem werden Ihr Interesse und Ihre Motivation geweckt, um die Aufgaben zu beginnen und auch zu beenden. Das zweite Prinzip des persönlichen Kanban-Planers ist die Begrenzung Ihres Arbeitsfortschritts. Dieses Prinzip bedeutet, eine Aufgabe zu beginnen und zu beenden, bevor Sie zur nächsten Aufgabe übergehen.

Das TEA-Prinzip von Zeit, Energie und Aufmerksamkeit kann Ihnen ebenfalls dabei helfen, Ihr Potenzial auszuschöpfen. Manche Menschen besitzen jedoch nur zwei dieser drei Attribute und sind deshalb nicht produktiv.

Wenn Sie Energie, Aufmerksamkeit und keine Zeit haben, dann fühlen Sie sich überfordert. Solche Menschen haben eine Menge

Energie und schenken auch den wichtigsten Aufgaben ihre Aufmerksamkeit, haben jedoch aufgrund schlechter Planung oder Prokrastination keine Zeit, um diese Aufgaben zu erledigen.

Andere Menschen wissen, wie sie ihre Zeit einteilen können und können aufmerksam sein, aber es fehlt ihnen die Energie, um ihre Aufgaben zu erledigen. In solchen Fällen führt ein Mangel an Energie oft zu Frustration. Richtiges Essen, ausreichend Schlaf, Sport und das Aufteilen von Aufgaben in kleinere Einheiten können diesen Menschen jedoch dabei helfen, besser voranzukommen.

Die dritte Kategorie von Menschen hat zwar genug Zeit und Energie, allerdings haben diese Menschen Schwierigkeiten damit, aufmerksam zu sein. Sie lassen sich leicht verwirren und überfordern. Was auch immer Sie tun, Sie brauchen die richtige Dosis an Motivation, um Erfolg zu haben. Die Anwendung wissenschaftlich fundierter Tricks, wie die High-Power-Pose, kann Ihnen dabei helfen, Ihr Motivationsniveau hochzuhalten.

Um Ihre Effizienz und Konzentration weiter zu steigern, kann die Pomodoro-Methode sehr hilfreich sein. Statt drei bis vier Stunden mit verschiedenen Aufgaben zu verbringen, die wenig Ergebnisse bringen, können Sie sich 25 Minuten lang auf eine einzige Aufgabe konzentrieren und dann eine 5-minütige Pause einlegen. Wenn Sie diese Intervalle von 25 Minuten und 5 Minuten über den ganzen Arbeitstag hinweg einhalten, können Sie mehr erledigen.

Eliminieren Sie die Gewohnheiten, die Ihre Produktivität beeinträchtigen können

Im Laufe dieses Buches haben wir mehrere Produktivitätskiller identifiziert und besprochen, womit Sie diese ersetzen sollten.

- Ersetzen Sie Multitasking durch Singletasking.
- Ersetzen Sie Prokrastination durch Aktion, indem Sie eine Aufgabe sofort erledigen (Zwei-Minuten-Prinzip).

- Anstatt allein zu arbeiten oder zu versuchen, Dinge allein zu erledigen, hilft es Ihnen, Aufgaben an andere zu delegieren, um schneller und effizienter mehr zu schaffen.

Was nun?

Betrachten Sie dieses Buch als einen persönlichen Leitfaden oder Begleiter. Die Methoden, die Sie in diesem Buch gelernt haben, können Sie ein Leben lang begleiten. Eine der besten Möglichkeiten, das Gelernte immer weiter zu verbessern, besteht darin, immer wieder in diesem Buch nachzuschlagen.

Setzen Sie das Gelernte in die Praxis um

Die in diesem Buch beschriebene Investition in die Bereiche Ressourcen und Zeit kann sich nur auszahlen, wenn Sie das Gelernte in die Tat umsetzen. Mit Hilfe von Werkzeugen wie dem persönlichen Kanban-Whiteboard, der 20/20/20-Regel von Robin Sharma, dem 80/20- oder Pareto-Prinzip, der TEA-Strategie für mehr Produktivität und der Pomodoro-Methode werden Sie mit Sicherheit zu einem Top-Performer. Sie müssen diese Strategien lediglich in die Tat umsetzen.

Finden Sie einen Freund, der Sie zur Rechenschaft zieht

Eine der besten Möglichkeiten, sich selbst dabei zu helfen, Ihre Ziele schneller zu erreichen, besteht darin, jemanden zu haben, der Sie in Bezug auf das Erreichen dieser Ziele in die Pflicht nimmt. Teilen Sie diesem Freund mit, welche Ziele Sie sich gesetzt haben, und sorgen Sie dafür, dass Sie diesem Freund gegenüber Rechenschaft ablegen müssen.

Bilden Sie Teams

Wenn Sie Teamleiter, Manager oder Geschäftsführer sind, dann können Sie Ihre Gesamtproduktivität am besten steigern, wenn andere Mitglieder Ihres Teams Zugang zu den Tools haben, die Ihnen helfen. Auf diese Weise schaffen Sie eine Lernumgebung für

Ihre Mitarbeiter bzw. Kollegen, damit auch diese einige der Strategien, die Sie gelernt haben, umsetzen können.

Mein abschließendes Geschenk an Sie

Wenn es nur eine Sache gäbe, die Sie aus diesem Buch mitnehmen könnten, dann sollte es die folgende sein: Um in jeder Disziplin ein Top-Performer zu sein, müssen Sie sich einem klar definierten Handlungsplan verpflichten. Diese Handlungen müssen durch die richtigen Überzeugungen gestützt werden, mit Disziplin verbunden sein und Schritt für Schritt vollzogen werden.

Erfolg entsteht nicht dadurch, dass man versucht, alles zu tun, sondern dadurch, dass man sicherstellt, dass man die eine Sache, die man tut, auch richtig tut.

QUELLEN UND WEITERFÜHRENDE LITERATUR

Aeon, B., Faber, A., & Panaccio, A. (2021). Does time management work? A meta-analysis. *PLOS ONE, 16*(1), e0245066. https://doi.org/10.1371/journal.pone.0245066

Alexander, L. (2021). *How to Write a SMART Goal [+ Free SMART Goal Template]*. Hubspot. https://blog.hubspot.com/marketing/how-to-write-a-smart-goal-template

American Psychological Association. (2006). *Multitasking: Switching costs*. Apa.Org. https://www.apa.org/research/action/multitask

Aubrey, A. (2008). *To Lower Blood Pressure, Open Up And Say "Om."* NPR. https://choice.npr.org/index.html?origin=https://www.npr.org/2008/08/21/93796200/to-lower-blood-pressure-open-up-and-say-om

Baer, D. (2013). *Why You Need To Unplug Every 90 Minutes*. Fast Company. https://www.fastcompany.com/3013188/why-you-need-to-unplug-every-90-minutes

Bailey, C. (2016). *The Productivity Project: Accomplishing More by Managing Your Time, Attention, and Energy*. Currency.

Benefits of Exercise. (2021). MedlinePlus. https://medlineplus.gov/benefitsofexercise.html

Bradberry, T. (2014). *Multitasking Damages Your Brain And Career, New Studies Suggest*. Forbes. https://www.forbes.com/sites/travisbradberry/2014/10/08/multitasking-damages-your-brain-and-career-new-studies-suggest/#3dfdd3f956ee

Brain scans reveal "gray matter" differences in media multitaskers. (2014). EurekAlert! https://www.eurekalert.org/news-releases/467495

Branson, R. (2010). *Richard Branson On the Business of Life*. American Express. https://www.americanexpress.com/en-us/business/trends-and-insights/articles/on-the-business-of-life-1/?linknav=us-openforum-search-article-link2

Cambridge University Press. (2021). *prioritize*. Cambridge Dictionary. https://dictionary.cambridge.org/dictionary/english/prioritize

Charles, D. (2017). *Smarter Faster Better*. Random House Books.

Chu, M. (2017). *Research Shows Listening to Music Increases Productivity (and Some Types of Music Are Super Effective)*. Inc.Com. https://www.inc.com/melissa-chu/research-shows-listening-to-music-increases-produc.html

Clear, J. (2013). *How to Stop Procrastinating and Stick to Good Habits by Using the "2-Minute Rule."* Lifehack. https://www.lifehack.org/articles/productivity/how-stop-procrastinating-and-stick-good-habits-using-the-2-minute-rule.html

Clear, J. (2018). *Atomic Habits*. Generic.

Colvin, G. (2005). *The Bionic Manager*. CNN Money. https://money.cnn.com/magazines/fortune/fortune_archive/2005/09/19/8272899/index.htm

Conti, G. (2017). *How to Delegate Tasks Effectively (and Why It's Important)*. Focus. https://www.meistertask.com/blog/delegate-tasks-effectively/

Corliss, J. (2014). *Mindfulness meditation may ease anxiety, mental stress*. Harvard Health. https://www.health.harvard.edu/blog/mindfulness-meditation-may-ease-anxiety-mental-stress-201401086967

Coscarelli, J. (2012). *63 Minutes With Jack Dorsey*. New York Magazine. https://nymag.com/news/intelligencer/encounter/jack-dorsey-2012-3/

Cuddy, A. (2012). *Your body language may shape who you are*. TED Talks. https://www.ted.com/talks/amy_cuddy_your_body_language_may_shape_who_you_are

Dorsey, J. (2015). *Jack Dorsey LIVE Chat.* Product Hunt. https://www.producthunt.com/live/jack-dorsey#comment-202183

Dowling, T., Kingsley, P., & Barnett, L. (2017). *What time do top CEOs wake up?* The Guardian. https://www.theguardian.com/money/2013/apr/01/what-time-ceos-start-day

Economy, P. (2018). *This Is the Way You Need to Write Down Your Goals for Faster Success.* Inc.Com. https://www.inc.com/peter-economy/this-is-way-you-need-to-write-down-your-goals-for-faster-success.html

The Eisenhower Matrix: Introduction & 3-Minute Video Tutorial. (2016). Eisenhower. https://www.eisenhower.me/eisenhower-matrix/

Ferrari, J. (2010). *Psychology of Procrastination: Why People Put Off Important Tasks Until the Last Minute.* American Psychological Association. https://www.apa.org/news/press/releases/2010/04/procrastination

Ferriss, T. (2015). *Die 4-Stunden-Woche: Mehr Zeit, mehr Geld, mehr Leben.* Ullstein Taschenbuch.

Fishbein, M. (2021). *15 Fast and Easy Ways to Boost Mental Energy Levels.* Lifehack. https://www.lifehack.org/articles/productivity/15-ways-boost-mental-energy-levels.html?ref=category_section_post_4

Foroux, D. (2019). *The Pomodoro Method: Take Strategic Breaks To Improve Productivity.* Darius Foroux. https://dariusforoux.com/takebreaks-pomodoro/

Essen für kognitive Energie

Wie Sie mit dem richtigen Power- und Superfoods und genialen Rezepten Höchstleistungen erzielen. Praktische Tipps für ein drastisch verbessertes Wohlbefinden

John R. Torrance

INHALTSVERZEICHNIS

Einleitung 429

Kapitel Eins: Wie Lebensmittel Ihr Gehirn beeinflussen 435

Kapitel Zwei: Ernährung für eine bessere kognitive Leistung.. 445

Kapitel Drei: Lebensmittel für Ihr Gehirn, die Sie laut Neurowissenschaftlern täglich essen sollten 455

Kapitel Vier: Lebensmittel, nach denen Ihr Gehirn süchtig ist 469

Kapitel Fünf: Die MIND-Diät verbessert die Gehirngesundheit 481

Kapitel Sechs: Was steht auf Ihrer Einkaufsliste? 491

Kapitel Sieben: Die allerbesten Naschereien fürs Hirn 499

Kapitel Acht: Eine Woche mit Superfood-Rezepten für ein gesundes Gehirn 515

Kapitel Neun: Wie man entgiftet, um die Gehirngesundheit zu verbessern 539

Kapitel Zehn: Stärken Sie Ihr Immunsystem 545

Abschließende Worte 551

Glossar 555

Quellen Und Weiterführende Literatur 575

EINLEITUNG

Kennen Sie diesen nervigen Freund, der einfach alles zu schaffen scheint? Sie wissen, wen ich meine, denn in der Minute, in der Sie den ersten Satz gelesen haben, hatten Sie eine ganz bestimmte Person im Kopf. Ja, ich spreche von der Person, die *die ganze Zeit* in Topform zu sein scheint. So sehr diese Person Sie auch in den Wahnsinn treibt, tief in Ihrem Inneren wären Sie auch gerne ein klein wenig mehr wie sie, nicht wahr? Okay, geben Sie es zu. Vielleicht wären Sie sogar gerne ein ganzes Stückchen mehr wie sie. Ein bisschen mehr Erfolg würde Ihnen ganz bestimmt nicht schaden, und Ihrem Geldbeutel sicherlich auch nicht! Habe ich Recht? (Ich werde dafür bezahlt, diese Dinge zu wissen.)

Nun, Ihre weise Oma hatte die ganze Zeit über Recht: *Sie sind, was Sie essen* und immer mehr Forschungsergebnisse bestätigen diese Sichtweise. Nach Jahren mit zu vielen Drive-In-Bestellungen an stressigen Tagen, zu vielen Snacks, die Sie beim Schauen Ihrer Lieblingsfernsehserien in sich hineinstopfen, und zu vielen Salaten, die Sie zugunsten von Makkaroni mit Käse ausgelassen haben, spüren Sie definitiv die Auswirkungen. Mehr noch, Sie sind ein wandelndes Abziehbild dessen, was Sie essen. Ihre teigähnlichen, wabbeligen Oberarme und das ein oder andere Fettpölsterchen sind ein deutliches Zeugnis Ihres Lebensstils. Ich persönlich bin nicht an der Form Ihres Körpers interessiert, sondern interessiere mich vielmehr für den Zustand Ihres Gehirns. Ihr Körper ist lediglich ein Hinweis darauf, dass Sie außer Form geraten sind und dass Sie nicht gut zu ihm sind.

Sie fühlen sich ständig aufgebläht, worunter auch Ihr Job leidet. Selbiges trifft auch auf Ihre Beziehungen zu. Sie haben einfach keine Lust, tanzen zu gehen oder Fußball zu spielen. Sie lassen das Frühstück an den meisten Tagen aus und entscheiden sich stattdessen lieber für ein Stück Gebäck, das Sie während der Autofahrt zur Arbeit hinunterschlingen. Welches Mittagessen? Im Laufe des Vormittags und am Nachmittag haben Sie ein Tief und brauchen ein *Snickers*, um Ihre Produktivität aufrechtzuerhalten. Sie sind morgens müde und abends müde, aber wenn Sie ins Bett gehen, schaltet Ihr Gehirn nicht auf die „*Aus*"-Position um. Das ist keine Art zu leben. Im wahrsten Sinne des Wortes. Ihr Gehirn ist eine tickende Zeitbombe, und eines Tages wird es zu einem zerebralen Zwischenfall (Schlaganfall) oder, ebenso schlimm, zu einem permanenten Nebel (Demenz) kommen. Die Ursachen für diese lebensverändernden Ereignisse entwickeln sich über Jahre hinweg und haben keine schnelle Lösung. Die Lösung muss aber jetzt beginnen. Heute. Und morgen.

Seien wir ehrlich. Sie müssen etwas tun. In Ihren Beziehungen müssen Sie 100 % geben. Ihre Kinder betteln um Aufmerksamkeit und wenn sie diese nicht bekommen, verhalten sie sich auf inakzeptable Weise. Ihre Arbeit erfordert mehr und mehr Zeit, mehr und mehr Anstrengung. Sie müssen immer noch produktiver werden, um mithalten zu können. Was auch immer die Anforderungen sind, mit denen Sie jonglieren, Sie müssen Ihr Bestes geben, und ich kann das nachvollziehen.

Vor nicht allzu langer Zeit befand ich mich in derselben Situation wie Sie. Jedes dieser Symptome beschrieb meinen Alltag und ich wusste, dass ich etwas tun musste, um mir selbst aus der Patsche zu helfen und etwas zu ändern. Ich konnte einfach nicht mit all den Verpflichtungen in meinem Leben jonglieren, und allzu oft hatte der eine Ball, den ich fallen ließ, ernsthafte Konsequenzen. Es brauchte einige Recherchen und ich experimentierte viel herum. Was ich lernte, haute mich von den Socken. Jedes Symptom, das ich beschrieb, stand in direktem Zusammenhang mit dem, was ich aß ... oder eben nicht aß! In unserer heutigen Welt, in der es viel zu viele Informationen gibt, hatte ich nicht die Informationen bekommen, die ich brauchte. Es gibt einen Zusammenhang zwischen der Nahrung, die ich zu mir nahm, und meinem Gehirn, und als ich diesen Zusammenhang entdeckte, veränderte sich meine Welt.

Plötzlich wurde eine Sache, die ich bereits mein ganzes Leben lang gewusst hatte, in eine etwas andere Perspektive gerückt, und das veränderte meine Denk- und Handlungsweise grundlegend. Der Wendepunkt kam für mich persönlich, als ich miterlebte, wie ein Kollege in meinem Alter einen Schlaganfall erlitt und sich sein Leben innerhalb eines Augenblicks für immer veränderte. Der einst lebenslustige Freund, mit dem ich gerne Abenteuer erlebte, war plötzlich an den Rollstuhl gefesselt und die Kommunikation wurde um einiges schwieriger. Sein Verstand erfasste nicht mehr die Worte, die er sagen wollte. Sein Filter war weg, und was aus seinem Mund kam, entfremdete viele seiner Freunde. Er wurde einsam und verbittert.

Da schwor ich mir, mich zu ändern. Einfach so. Und ich begann, mich zu ändern. Nicht an einem Tag. Nicht drastisch. Ich fing an, mehr zum Thema Gesundheit zu lesen. Ich begann mit den Dingen, die ich gelesen hatte, herumzuexperimentieren. Ich begann, die Art und Weise zu ändern, wie ich in meinem Lieblingsrestaurant Essen auf der Speisekarte bestellte. Ich fing an, Einkaufslisten zu erstellen, die darauf basierten, was gut für mich war, anstatt impulsiv Dinge aus dem Regal zu nehmen, die spontan gut aussahen. Langsam, aber sicher änderte ich mich. Und Sie können das auch.

Die Lebensmittel, die Sie essen, müssen die Rohenergie liefern, die Ihr Gehirn für eine optimale Funktion benötigt. Dazu gehört *nicht* eine Ernährungsweise aus Cheeseburgern und Softdrinks. Der Verzehr der richtigen Lebensmittel erhöht die kognitive Leistung Ihres Gehirns, also Ihre Denkleistung. Die richtigen Lebensmittel reduzieren das Risiko von Alzheimer, einer der neuesten Plagen unserer Generation. Sie beseitigen den Brain Fog (Gehirnnebel), der dazu führt, dass Sie an Ihrem Schreibtisch schlapp machen. Sie verbessern Ihr Gedächtnis. Das *richtige* Essen = weniger Brain Fog, mehr Gehirnfunktion. Das *richtige* Essen = weniger Demenz, mehr Fokus. Nahrung = Gehirnfunktion (oder dessen Mangel) ...

Als ich nur ein paar Änderungen in Bezug auf Lebensmittel sowie deren Verzehr vorgenommen hatte, bemerkte ich eine elementare Veränderung. Ich ernährte mich besser. Ich war leistungsfähiger. Ich schlief besser. Ich beschloss, dass ich diese Informationen auch anderen Personen zugänglich machen musste. Ich begann mit meinen Freunden und Familienangehörigen. Als sie von den Erkenntnissen schwärmten, die ich entdeckt hatte, versuchte ich, noch mehr Menschen zu erreichen, doch mein Einflusskreis war nicht groß genug. Wie sollte ich das ändern? Ich schaute mir zuerst das wunderbare World Wide Web an.

Und Folgendes entdeckte ich im Internet: Zu viele Gurus wollen Ihnen riesige Geldsummen für einen Online-Kurs aus der Tasche ziehen. In diesen Kursen wird viel geredet, und wer hat schon Zeit dafür? Das ist sicherlich nicht das, was *ich* im Sinn hatte. Ich wollte ein einfach zu befolgendes, lebensveränderndes Programm in einem Buch zusammenstellen, das wenig kostet, sich angenehm lesen lässt und dessen Tipps und Hinweise leicht zu befolgen sind. Hier ist mein Plan für Sie: Lesen Sie die Informationen in diesem Buch, damit Sie verstehen, warum Sie sich schlecht fühlen. Informieren Sie sich über meine Erkenntnisse zum Thema Superfoods und wie einfach es ist, diese in Ihr Leben zu integrieren. Probieren Sie meine Rezepte aus. Und dann geben Sie diese Informationen an Ihre Familie weiter. Protokollieren Sie Ihre Fortschritte. Sie werden erstaunt sein.

Die **Vorteile** dieses Programms sind kaum zu überbieten. Sie werden in diesem Buch leicht verständliche Informationen vorfinden und es wird Ihnen sehr viel Spaß machen, sie zu lesen! Sie werden sich besser fühlen. Sie werden wahrscheinlich besser aussehen ... Sie haben doch nichts dagegen, ein paar Pfunde abzunehmen, oder? Sie werden Lob von Kunden und Ihrem Chef ernten, der von Ihrer steigenden Produktivität beeindruckt sein wird.

Hier ist mein Versprechen an Sie: Ich werde *keine* Behauptungen aufstellen, die ich nicht beweisen kann. Ich werde Sie *nicht* mit zu vielen Hintergrundinformationen langweilen ... obwohl ich Ihnen viele detaillierte Recherchen in einem Glossar am Ende des Buches zur Verfügung stellen werde. Ich werde Ihr Coach sein, damit Sie gesünder werden. Da war das Schlüsselwort. Haben Sie es verstanden? Ich bin Ihr *Coach*!

- Ein Coach inspiriert, er treibt nicht an.
- Ein Coach bringt Sie dazu, sich verändern zu wollen, er zwingt Sie nicht, sich zu verändern.
- Ein Coach bleibt an Ihrer Seite, auch wenn es schwierig wird.

Ich möchte all diese Dinge für Sie tun. Coaching ist mein Leben. Ich möchte all die Fähigkeiten nutzen, die ich jeden Tag anwende, um CEOs und Top-Führungskräften zu helfen, ihre Karrieren zu verbessern, und sie dann mit den Forschungsergebnissen kombinieren, die ich entdeckt habe, und sie in ein einfaches Programm packen, das Sie leicht befolgen können. Ich möchte mit Ihnen einen Zustand erreichen, in dem Sie sich einer besseren Gesundheit erfreuen und gleichzeitig produktiver werden. Sind Sie dabei?

Es beginnt alles mit Ihnen, mein Freund. Sie haben aus einem bestimmten Grund nach diesem Buch gegriffen, und Sie müssen nur die Seite zu Kapitel eins umblättern und dann loslegen. Fangen Sie an zu lesen, und ernähren Sie sich anschließend auf eine neue Art und Weise, um Ihre Gehirnleistung zu verbessern. Denken Sie besser. Denken Sie klüger. Handeln Sie besser. Handeln Sie schlauer. Sehen Sie, worauf ich hinaus will? Sie werden auf den nächsten Seiten all die Informationen vorfinden, die ich Ihnen versprochen habe und noch viel mehr. Was ist das *Mehr*, fragen Sie sich? Es sind meine Tipps und Tricks, die mit Sternchen gekennzeichneten Informationen, die Ihnen dabei helfen, den größtmöglichen Nutzen aus diesem Buch zu ziehen. Es sind die detaillierten Informationen, die Sie sonst nur in einem teuren Online-Kurs hören, jedoch niemals umsetzen können. In diesen kleinen Nuggets werden Sie Dinge finden, die Gold wert sind.

Also frage ich noch einmal: Sind Sie dabei? Es beginnt alles mit der ersten Seite. Fangen wir an, etwas über Superfoods und Superkräfte zu lernen. Los geht's!

KAPITEL EINS:

Wie Lebensmittel Ihr Gehirn beeinflussen

Wenn Sie ein normaler Mensch sind, dann haben Sie wahrscheinlich ein wenig auf Ihre Taille geachtet, jedoch nicht unbedingt auf Ihr Gehirn. Doch was hat Ihre Taille in letzter Zeit für Sie getan? Ihr Gehirn hingegen arbeitet unermüdlich, um jeden Atemzug und jeden Herzschlag, die Wahrnehmung aller Dinge in Ihrem Blickfeld sowie jedes Geräusch um Sie herum zu kontrollieren. Das nennt man das **Autonome Nervensystem.** Hier findet ein Großteil der Arbeit Ihres Körpers statt, und da Sie selbst nicht jeden Prozess direkt überwachen, benötigt Ihr Gehirn leistungsstarke Nährstoffe, um dies erfolgreich zu tun. Coach John meint dazu: *Um ein leistungsfähiges Gehirn zu haben, müssen Sie Lebensmittel zu sich nehmen, die Ihrem Gehirn guttun.* Das ist eine Tatsache. Es gibt bestimmte Lebensmittel, die gut für Ihr Gehirn sind, und bestimmte Lebensmittel, die Ihr Gehirn lieber meiden würde. Sie werden in diesem Buch einige neue Konzepte lernen, und das ist gut so. Ich erwarte nicht, dass Sie all diese Dinge schon im Voraus wissen. Ich musste selbst ebenfalls recherchieren, und mein Ziel besteht darin, Ihnen dieses Wissen in Form von leicht verständlichen Teilen zu vermitteln.

★ Jedes Mal, wenn Sie einen **fettgedruckten** Begriff sehen, wissen Sie, dass es sich um einen Begriff handelt, der im Glossar näher erklärt wird. Mein Versprechen an Sie ist es, dieses Buch fesselnd und gut lesbar zu gestalten. Es soll viele Informationen enthalten, die Sie lesen können, wenn Sie mehr über ein bestimmtes Thema erfahren möchten. Das bedeutet, dass sich ein Teil der schweren Brocken im hinteren Teil des Buches befindet. Ich schlage vor, Sie lesen das Buch einmal, gehen das Glossar durch und lesen es dann nochmal gründlicher mit Bleistift und Papier in der Hand und bereit dafür, die Geheimnisse einer gesunden Ernährung wirklich zu ergründen.

★ Lebensmittel zur Steigerung des Gesundheitszustands Ihres Gehirns mag radikal klingen, und doch haben wissenschaftliche Studien gezeigt, dass die Lebensmittel, die Sie essen, nicht nur wichtig für Ihre Gesundheit sind, sondern auch für Ihre Gehirnleistung sowie für die Vorbeugung von kognitiven Problemen. Bestimmte Superfoods sind bekannt dafür, unsere kognitiven Funktionen zu verbessern – was die Verbesserung Ihrer Gedächtnisleistung, die Verbesserung Ihrer Entscheidungsfähigkeit, die Verringerung der Reaktionszeit und sogar die Aufhellung Ihrer Stimmung beinhaltet. Diese Lebensmittel sind die Basis des Konzepts von Clean Eating. Hierbei handelt es sich um eine Ernährungsweise, die Ihnen nicht nur Stunden in der Küche ersparen kann, sondern Ihnen auch mehr Lebenszeit schenken kann. Passen Sie also gut auf und lesen Sie sich die nächsten Sätze zwei- oder dreimal durch, da sie äußerst wichtig sind:

Was Sie essen, hat einen weitreichenden Einfluss auf Ihr Gehirn.

- Die Lebensmittel, die Sie essen, stellen die Energiequelle für Ihr Gehirn dar. Was Sie essen, wirkt sich darauf aus, wie viel Energie Ihrem Gehirn zur Verfügung steht, und zwar sowohl in seiner autonomen Funktion als auch in seiner kognitiven oder denkenden Funktion.
- Die Lebensmittel, die Sie zu sich nehmen, sind Übertragungsquellen von Nervenimpulsen. Ihr Gehirn muss Botschaften senden und benötigt dafür chemische Stoffe, um die Nachrichten von einem Nerv zum nächsten Nerv weiterzuleiten.
- Die Nahrung, die Sie zu sich nehmen, ist die Grundlage für langfristige geistige Gesundheit. Seit dem Jahre 2018 bringen Wissenschaftler die beiden Aspekte Serotonin und

Darmgesundheit miteinander in einen Zusammenhang und konnten sogar die Rolle von Serotonin beim Fortschreiten von Alzheimer beweisen. Laut Wissenschaftlern werden bis 2030 weltweit mehr als 65 Millionen Menschen von Demenz betroffen sein. Demenz ist die Plage unserer Generation und Sie können mit der Auswahl der Lebensmittel, die Sie zu sich nehmen, einen großen Unterschied bewirken.

Lassen Sie uns ein wenig über die neuen Forschungsergebnisse sprechen, die in medizinischen Fachzeitschriften erscheinen. Ich kann Ihnen etwas Zeit und Energie ersparen, indem ich die Fülle an Informationen auf die besten Artikel reduziere. Ich stelle Ihnen eine detaillierte Liste zur Verfügung und Sie können sich im Nachgang intensiver damit beschäftigen, wenn Sie die Zeit dazu haben. Für unsere Zwecke lassen Sie mich jedoch die schwere Arbeit für Sie erledigen.

Serotonin: Nichts als die Fakten

Schauen wir uns zunächst einmal Serotonin an. Ihr Körper produziert Serotonin, einen Neurotransmitter, der Schlaf, Appetit, Schmerzrezeptoren und Stimmungen reguliert. Natürlich müssen die Bausteine für die Herstellung von Serotonin vorhanden sein, damit Ihr Körper seine Aufgabe erfüllen kann. Wussten Sie, dass 95 % des Serotonins, das Ihr Körper produziert, in Ihrem Magen-Darm-Trakt (MDT) hergestellt wird? Also ich wusste das nicht. Ihr Darm enthält Millionen von Nervenzellen, die Neuronen genannt werden. In jedem Moment des Tages wird in dieser kleinen Arena ein Krieg geführt, der weitreichende Auswirkungen hat. Gute Bakterien schützen die Darmschleimhaut und bilden eine Barriere gegen schlechte Bakterien, die in die Schlacht ziehen und dabei Giftstoffe hinterlassen und zu Entzündungen führen. Mit Ihrer Ernährung müssen Sie Ihrem Körper die Möglichkeit geben, Serotonin zu produzieren, indem Sie gute Bakterien zu sich nehmen.

Erinnern Sie sich, dass ich erwähnte, dass Serotonin bei der Regulierung von Schlaf, Appetit, Schmerzen und Stimmungen hilft? Diese Dinge sind die grundlegenden Bausteine für ein glückliches, gesundes Leben. Ich erlebte eine Zeit in meinem Leben, in der ich jede Nacht um 2:30 Uhr aufwachte. Nach einer Weile wurde mein Leben zur Hölle. Bei einer Untersuchung diagnostizierte mein Arzt korrekterweise ein Ungleichgewicht meines Körpers und erkannte, dass das Serotonin, das mich wachhielt, zu früh von meinem Gehirn aufgenommen wurde. Mir wurde eine sehr niedrige Dosis eines bestimmten Medikaments verschrieben, das die Serotonin-Aufnahme blockiert, und voilà! Ich konnte nachts wieder durchschlafen.

Allzu oft wollen wir uns durch Melatonin oder Baldrianwurzel selbst behandeln und greifen dann direkt zu Schlaftabletten. Diese Vorgehensweise führt uns entweder in die Medikamentenabhängigkeit, nur um besser schlafen zu können oder wir wechseln zwischen Schlaf- und Wachphasen ab, je nachdem, wann wir Schlaftabletten nehmen und wann nicht. Das ist nicht die Lösung. Lebensmittel zu uns zu nehmen, die bei der Serotoninproduktion helfen, herauszufinden, ob ein Ungleichgewicht in Ihrem Gehirn besteht, und die Anpassung Ihres Serotoninspiegels sind viel gesündere Reaktionen auf das Problem.

Lesen Sie die erweiterten Informationen über Serotonin im Glossar und achten Sie darauf, Ihren Serotoninspiegel auf eine gesunde Weise zu regulieren.

Probiotika? Wie bitte?

Wir bezeichnen eine Ernährung, die gute Bakterien fördert, als reich an Probiotika. Wenn Sie so sind, wie ich es früher war, klingt das Ganze für Sie wie verrückter New-Age-Hokuspokus, eine Modeerscheinung, die schnell wieder in der Versenkung verschwinden wird. Doch ich irrte mich gewaltig! Probiotika sind lebende Organismen, die Sie entweder durch den Kauf eines teuren Nahrungsergänzungsmittels oder durch den Verzehr von Joghurt oder anderen fermentierten Lebensmitteln zu sich nehmen. Sie sollten vor allem nach Lactobacillus und Bifidobakterium Ausschau halten. Diese guten Bakterien hemmen Entzündungen, verbessern die Aufnahme von Nährstoffen und aktivieren die neuronalen Bahnen, die ständig zwischen Ihrem Darm und Ihrem Gehirn verlaufen. Ich wette, dass Sie das noch nicht wussten. Ich auch nicht. Die Beziehung zwischen meinem Magen und meinem Gehirn erforderte einige Nachforschungen meinerseits. Lassen Sie mich Ihnen hierzu die Kurzfassung geben.

Erstaunliche Entdeckungen, die einen gesunden Darm mit der Vorbeugung von Demenzerkrankungen in Zusammenhang bringen, bieten einen noch größeren Anreiz, Ihre Ernährung zu ändern. Einige Darmbakterien verstärken tatsächlich eine Zunahme von Gehirnproteinen, was insofern von Bedeutung ist, als die Amyloid- und Tau-Proteine schädliche Ablagerungen bei Alzheimer verursachen. Forschungen an Mäusen deuten darauf hin, dass eine einfache Änderung Ihrer Ernährung diese Amyloid-Ablagerungen reduzieren und Entzündungen verringern kann. Was glauben Sie, was dann passiert? Ganz genau. Ihr Gedächtnis verbessert sich. Ich weiß nicht, wie es Ihnen geht, aber ich empfand das als einen ziemlich zwingenden Beweis dafür, dass ich mein Leben verändern musste.

Einige Diäten beeinflussen das Vorhandensein dieser Probiotika. Die mediterrane bzw. die japanische Diät stehen beide im krassen Gegensatz zur typischen westlichen Ernährung, die aus verarbeiteten Lebensmitteln, ungesunden Mengen an Salz, viel zu viel Zucker und viel rotem Fleisch besteht. Die **Mittelmeerdiät** stammt ursprünglich aus Ländern wie Griechenland und Italien und wird sowohl von der Weltgesundheitsorganisation als auch von der Mayo Clinic empfohlen. Sie zeichnet sich durch einen Ernährungsstil mit mehr Gemüse und Obst, Vollkornprodukten, Bohnen, Nüssen und Samen sowie Olivenöl im Gegensatz zu anderen verarbeiteten Ölen aus. Viele dieser unverarbeiteten Lebensmittel sind fermentiert und erhalten auf natürliche Weise eine Menge Probiotika.

Die **japanische Diät** enthält mehr Fisch, Gemüse und Obst. Zudem wird bei dieser Ernährungsweise viel Wert auf achtsames und langsames Essen gelegt. Japanische Rezepte betonen einfache Gewürze im Gegensatz zu schweren Soßen. Das Essen wird in kleineren Schüsseln serviert, wodurch es Ihnen viel leichter fallen wird, Ihre Portionen zu kontrollieren, nicht wahr? Das Geheimnis der Sättigung liegt in der großen Vielfalt. Ein Grundnahrungsmittel wird mit einer Suppe, einem Hauptgericht und ein paar Beilagen kombiniert. Die Grundnahrungsmittel sind Reis oder Nudeln. Die Suppe ist typischerweise eine Miso-Suppe mit Seetang, Schalentieren oder Tofu und Gemüse in einer fermentierten Sojabohnenbrühe. Das Hauptgericht besteht in der Regel aus Fisch, Meeresfrüchten oder Tofu mit kleinen Mengen an Fleisch, Geflügel und Eiern. Die Beilagen bestehen aus Gemüse, Seetang und rohem oder eingelegtem Obst. Ich könnte mir nicht vorstellen, so zu essen, und ich könnte mir ganz sicher nicht vorstellen, dass meine Frau das alles kocht.

Sehen Sie, was hier fehlt? Beide Diäten meiden die gleichen Grundnahrungsmittel der westlichen Ernährung: rotes Fleisch, viele Milchprodukte, verarbeitete Lebensmittel, viel Salz und Zucker. Beide Diäten erfordern eine grundlegende Umstellung der Geschmacksknospen, und obwohl sie wie radikale Abweichungen von Ihren normalen Haushaltsmenüs erscheinen mögen, müssen Sie sich nicht sofort darauf stürzen. Die gute Nachricht ist, dass einige grundlegende Änderungen in Ihrer derzeitigen Ernährung eine Menge bewirken können. Darauf gehen wir später noch näher ein.

Antioxidantien

Als ich dieses Wort zum ersten Mal hörte, nahm die analytische Seite meines Gehirns es auseinander. Anti bedeutet gegen. Oxidantien – das bedeutet doch Sauerstoff? Warum sollte ich etwas gegen Sauerstoff tun wollen? Ich Dummerchen. Das Wort war *Oxidation*, wie das Oxidieren von Metall zu Rost. Ich war ein wenig schwer von Begriff. Natürlich bin ich dagegen, mein Gehirn verrosten zu lassen. Jeden Tag finden in Ihrem Körper Millionen von chemischen Reaktionen statt. Dabei werden einige Verbindungen instabil und haben ein freies bzw. zusätzliches Elektron. (Denken Sie zurück an den Schulunterricht in organischer Chemie, als es um das Thema Protonen und Elektronen in jedem Element ging.) Dieses winzige freie Elektron bezeichnet man als ein *freies Radikal*.

Oxidantien, die freie Radikale enthalten, sind der übriggebliebene Abfall, wenn Ihr Körper zahlreiche Bausteine verstoffwechselt, mit ihnen interagiert und dabei komplett neue chemische Stoffe aus der Nahrung, die Sie essen, erzeugt. Die Antioxidantien gleichen die Oxidantien in Ihrem Blutkreislauf aus. Lassen Sie mich das ein wenig genauer aufschlüsseln: Ihr Körper ist eine komplexe Maschine mit allen Arten von Kontrollmechanismen und Gleichgewichten, Bewegungen und Gegenbewegungen. Die Antioxidantien sind Verbindungen, die Ihr Körper aufnimmt, wie z. B. Ascorbinsäure (Vitamin C), oder die er synthetisiert, um die böse Oxidation in Schach zu halten. Ein vom Körper synthetisiertes **Antioxidans** ist Glutathion, das aus drei Aminosäuren besteht: Glutamin, Glycin und Cystein.

Ihr Körper produziert nicht nur im täglichen Leben Oxidantien, sondern ist ihnen auch durch Rauchen, Strahlung und anderen Schadstoffen vermehrt ausgesetzt. Noch mehr davon nehmen Sie durch Stress und Alkoholkonsum auf. Wenn das Gleichgewicht von Antioxidantien und freien Radikalen in Ihrem Körper aus dem Ruder läuft, entsteht **oxidativer Stress**. Der Stress schwächt die Zellmembranen, schädigt Bindegewebe und Kollagen (denken Sie an Ihre Knie!) und ist ein Wegbereiter für Krebs- und Herz-Kreislauf-Erkrankungen. Außerdem trägt Stress zu Autoimmunkrankheiten wie Arthritis und Psoriasis bei und kann sogar Diabetes begünstigen. Man muss kein Genie sein, um zu erkennen, dass das schlecht ist.

Deshalb sollten Sie sich bemühen, Lebensmittel, die reich an Antioxidantien sind, in Ihre Ernährung zu integrieren. Diese Antioxidantien enthalten eine Menge essenzieller Fettsäuren, die die Gehirnzellen stimulieren und stärken. Manche Menschen rennen dafür in Reformhäuser und kaufen Nahrungsergänzungsmittel.

★ Hier ein kurzer Hinweis: Das brauchen Sie nicht. Nehmen Sie Lebensmittel zu sich, die reich an Antioxidantien sind, und sparen Sie sich das Geld.

Was genau steht auf Ihrem gesunden Speiseplan? Gut, dass Sie fragen. Lesen Sie bitte dazu Kapitel 2. Als Ihr Coach ist es meine Aufgabe, Sie mit kleinen Happen an Informationen zu füttern, Sie zu entsprechenden Handlungen zu verleiten und Sie langsam für die gute Sache zu gewinnen. Leider sehen Sie mich nicht von Angesicht zu Angesicht, und ich spreche nicht direkt mit Ihnen. Dieses Buch ist Ihre Rettungsleine. Es ist viel billiger als individuelle Beratungsgespräche und Sie können die Informationen so durcharbeiten, wie es Ihrem Zeitplan entspricht. Doch die Gefahr, die hierbei besteht, werden Sie nur allzu gut kennen.

Wie oft haben Sie schon versucht, sich zu ändern? Wie viele andere Selbsthilfebücher verstauben bereits in Ihren Bücherregalen und verhöhnen Ihre Bemühungen? Um dieses Mal erfolgreich zu sein, müssen wir zusammenarbeiten. Ich schreibe Ihnen, lieber Leser, also lesen Sie sich dieses Buch laut vor, wenn es Ihnen dadurch leichter fällt, sich meine Anwesenheit vorzustellen. Stellen Sie sich mich als Ihren neuen besten Freund vor, jemanden, der an Ihrer Seite steht und der mit Ihnen spricht, während wir uns durch diesen Veränderungsprozess hin zu einem gesünderen Selbst arbeiten.

Zusammenfassung des Kapitels

Die Lebensmittel, die Sie essen, beeinflussen Ihr Gehirn.

- Serotonin ist ein Neurotransmitter, der für eine optimale Gehirnfunktion benötigt wird.
- Probiotika sind wichtig für die Darmgesundheit, und das ist eine gute Nachricht, wenn es um die Produktion von Serotonin geht.
- Antioxidantien, die reich an essenziellen Fettsäuren sind, bekämpfen die freien Radikale der Oxidation.

Im nächsten Kapitel erfahren Sie, welche Lebensmittel Sie Ihrem Gehirn für eine optimale Funktionsweise zuführen sollten.

KAPITEL ZWEI:

Ernährung für eine bessere kognitive Leistung

Der Schlüssel zu einer Ernährung für eine optimale Gehirngesundheit liegt nicht in einer kompletten Umstellung auf eine völlig neue Ernährungsweise. Es geht darum, kleinere Dinge zu verändern, ein wenig hier, ein wenig dort. Wenn Sie diese kleinen Veränderungen in Ihr Leben integrieren, werden Sie den Nutzen feststellen und sich zu einem weiteren Schritt in Richtung besserer Ernährung und besserer kognitiver Funktion ermutigt fühlen. Denken Sie daran. Babyschritte.

Um sich gegen eine Vielzahl von altersbedingten Erkrankungen zu schützen, die Ihr Gedächtnis und die allgemeine Funktion Ihres Gehirns beeinträchtigen, ist es sinnvoll, sich in einem ersten Schritt darauf zu konzentrieren, nur drei Nährstoffe in Ihre Ernährung zu integrieren. Diese drei Nährstoffe kennen Sie vielleicht noch nicht und Sie werden sich fragen, was für seltsame Dinge Sie wohl essen müssen. Seetang? Stinkenden Tofu? Entspannen Sie sich, mein Freund. Ich habe das auch nicht getan.

Beginnen wir mit den Omega-3-Fettsäuren, Antioxidantien und **Flavonoiden**. Wir haben einige davon im letzten Kapitel ganz kurz angerissen, aber jetzt ist es an der Zeit, ein wenig tiefer in die Materie einzutauchen. Das sagt Ihr Coach dazu: „Probieren Sie es aus. Gehen Sie ein Risiko ein. Probieren Sie das Ganze eine Woche lang aus und beobachten Sie, welche Unterschiede sich einstellen. Sie werden es nicht bereuen."

Omega-3-Fettsäuren

Wenn Sie altern, findet in Ihrem Gehirn eine normale Degeneration statt. Wenn Sie in dieser Hinsicht aufpassen, können Sie den Alterungsprozess allerdings verzögern. Ja, Ihre Nervenzellen schrumpfen, und die nährstoffreiche Blutversorgung des Gehirns wird mit der Zeit vermindert. Eine Entzündung verkompliziert die Situation zusätzlich. Als Reaktion darauf produziert Ihr Gehirn weniger Neurotransmitter und das Ergebnis ist eine schlechte oder lückenhafte Kommunikation zwischen den Zellen, worunter Ihr Gedächtnis leidet. So einfach ist das. Haben Sie keine Angst, denn dafür gibt es eine Lösung.

Was wäre, wenn ich Ihnen sagen würde, dass eine Ernährung, die reich an **Omega-3-Fettsäuren** ist, einen großen Unterschied ausmachen würde? Eine Studie aus dem Jahr 2014, die in der Fachzeitschrift Neurology veröffentlicht wurde, legte Beweise dafür vor, dass Frauen nach der Menopause, die einen höheren Anteil an Omega-3-Fettsäuren (EPA und DHA) im Blut haben, ein größeres Gehirnvolumen aufweisen. Denken Sie daran, dass ein kleineres Gehirnvolumen mit Alzheimer in Verbindung gebracht wird. Die Forscher dokumentierten, dass das Gehirn dieser Frauen ein bis zwei Jahre länger gesund blieb als das ihrer Altersgenossinnen. Denken Sie darüber nach, worauf Sie sich freuen könnten, wenn Sie zwei Jahre länger geistig fit wären und wenn Ihr Gehirn auf Hochtouren laufen würde. Ich weiß ja nicht, wie es Ihnen geht, aber ich möchte geistig fit und dazu in der Lage sein, die Geburt der Enkelkinder mitzuerleben und sie vielleicht auch aufwachsen zu sehen. Lassen Sie uns nun zu den Fakten übergehen.

Wenn Wissenschaftler davon sprechen, dass es sich hierbei um essenzielle Fettsäuren handelt, meinen sie damit, dass Ihr Körper zwar vieles von dem, was er braucht, selbst synthetisieren kann, diese aber nicht selbst herstellen kann. Diese Fettsäuren müssen mit der Nahrung aufgenommen werden. Fisch ist eine der besten Quellen, es gibt jedoch einen Haken in Form von Quecksilber und anderen Schwermetallverunreinigungen bei Schwertfischen und Blaufischen. Vielleicht mögen Sie ja gar keinen Fisch? Das macht nichts. Es gibt auch andere Lebensmittel, die reich an diesen Gehirnschützern sind. Zu den Lebensmitteln, die reich an Omega-3-Fettsäuren sind, gehören:

- Fettige Kaltwasserfische: Sardellen, Thunfisch, Blaufisch, Hering, Sardinen, Makrele, Lachs, Heilbutt und Seeforelle.
- Grünes Blattgemüse: Rosenkohl, Spinat, Rucola, Minze, Grünkohl und Brunnenkresse.
- Öle: Leinsamenöl, Chiasamenöl, Lebertran und Krillöl.
- Eier.
- Walnüsse.

Antioxidantien

Wie ich bereits im letzten Kapitel angesprochen habe, schützen Antioxidantien Ihr Gehirn vor freien Radikalen. Wenn das Gleichgewicht zwischen Oxidantien und Antioxidantien in Ihrem Körper aus dem Gleichgewicht gerät, kann es zu einem Zustand kommen, der als **oxidativer Stress** bekannt ist und zu einer Schädigung Ihres Gehirns führt.

Dies wird umso wichtiger, je älter Sie werden. Als Sie jung waren, konnte Ihr Gehirn die schädlichen Verbindungen, die man als freie Radikale bezeichnet, abwehren, als würden Sie beim Picknick die Ameisen von Ihrer Decke wegbürsten. Mit der Zeit ändert sich das jedoch. Mit dem Alter ist das nicht mehr so einfach. Ihr Körper produziert jeden Tag Tausende dieser instabilen Sauerstoffmoleküle. Wenn dann noch Schadstoffe und ultraviolette Strahlung hinzukommen, wird es für Ihr Gehirn immer schwieriger, sich vor dem ständigen Sperrfeuer zu schützen.

Wenn sie ignoriert werden, schädigen freie Radikale den Körper. Dieser Prozess wird oxidativer Stress genannt und führt zu geistigem Verfall sowie einer Reihe von kräftezehrenden Krankheiten. Die gute Nachricht ist jedoch die folgende: Ihr Körper kann sich gegen oxidativen Stress wehren, indem Sie Antioxidantien zu sich nehmen. Diese Substanzen schützen das Gehirn und seine Nervenzellen vor Zerstörung. Das Ziel ist dabei, einen großen Vorrat anzulegen. Essen Sie Lebensmittel, die reich an Antioxidantien sind:

- Vitamin C – Wir alle denken, dass wir wissen, wie man Vitamin C einnimmt. Aber stimmt das auch? Hier sind einige Dinge, die Sie vielleicht noch nicht wussten:
    - Erdbeeren sind eine unerwartete Quelle für Vitamin C. Eine Portion Erdbeeren kann Ihnen 20 mg liefern, also die Hälfte Ihres Tagesbedarfs.
    - Zitrusfrüchte (das war ja klar). Eine Orange liefert Ihnen 70 mg an Vitamin C, was Ihren Tagesbedarf deckt. Ein Glas Orangensaft kann bis zu 90 mg enthalten.
    - Chili-Schoten. Eine halbe Tasse gehackte Chili-Schoten bietet fast 110 mg Vitamin C.
    - Rote Paprikaschoten. Eine Tasse enthält 200 mg Vitamin C.
    - Papayas. Eine Portion deckt Ihren gesamten Vitamin-C-Bedarf für den Tag.
    - Kiwis. Überraschenderweise enthält eine Kiwi mehr Vitamin C als eine Orange.
    - Rosenkohl. Eine weitere Überraschung. Eine gekochte Portion Rosenkohl liefert Ihnen 50 mg Vitamin C.
- Beta-Carotin – Traditionell denken wir dabei an Karotten. Drei Lebensmittel, die Karotten in ihrem Beta-Carotin-Gehalt übertreffen, sind Süßkartoffeln, Weinblätter und Gemüsekeimlinge.
- Selen – Dies ist eine knifflige Sache. Die Menge an Selen, die Sie mit Ihrer Nahrung aufnehmen, hängt von der Erde ab, in der sie angebaut wurde. Paranüsse, Mandeln, Samen und Fisch sind die Top-Quellen.

Eine weitere Quelle für Antioxidantien sind **Flavonoide**, welche eine eigene Rubrik verdienen. Sehr viele Früchte, Gemüse und Kräuter enthalten Flavonoide, die dabei helfen, Entzündungen zu reduzieren, das Risiko von Herzkrankheiten zu verringern und die Symptome von Ekzemen zu reduzieren. Außerdem sind Flavonoide auch gut für das Gehirn.

Forscher am Brigham and Women's Hospital fanden 2012 heraus, dass ältere Frauen, die große Mengen an Beeren aßen, im Vergleich zu einer anderen Kontrollgruppe signifikant weniger Gedächtniseinbußen hatten. Der Unterschied, so glaubten die Forscher, lag daran, dass Beeren reich an Flavonoiden sind. Weiterführende Forschungen untermauerten diese These. Die Zeitschrift Foundational Medicine Review veröffentlichte 2018 eine Arbeit, die nahelegte, dass Flavonoide mit Schlüsselenzymen interferieren, die den Zelltod auslösen. Vor allem aber schützen sie das Gehirn vor Neurotoxinen und unterdrücken Entzündungen des Gehirns.

Die Forschungsergebnisse sind voll von Lobeshymnen in Bezug auf die Rolle der Flavonoide. Die neuesten Forschungsergebnisse legen nahe, dass sie viele kognitive Fähigkeiten verbessern, einschließlich Gedächtnis, Lernen und Entscheidungsfindung. Es wird auch vermutet, dass diese Lebensmittel den altersbedingten geistigen Verfall verhindern können. In Großbritannien leiden 2 % der Bevölkerung im Alter von 65-69 Jahren an Demenz. Diese Zahl steigt auf jeden Fünften bzw. 20 % bei den 85- bis 89-Jährigen. Die meisten Studien über Hundertjährige geben die Demenzquote bei den Hochbetagten mit 45 bis 65 % an. Wenn man diese Statistiken betrachtet, erkennt man, dass Demenz nicht naturgegeben oder unvermeidlich ist. 80 % der Menschen in ihren Achtzigern und fast die Hälfte aller Hundertjährigen leiden nicht an Demenz.

Diese Forschungsergebnisse trafen mich wie ein Blitz. Ich muss mein Leben nicht in einem jahrelangen geistigen lähmenden Nebel, den wir Demenz nennen, beenden. Ich habe die Wahl. Ich kann mich jetzt für eine gute Ernährung entscheiden oder später die Konsequenzen spüren. Ich habe mich dafür entschieden, meine Ernährung zu verbessern. Mein Rat an Sie ist einfach: Lassen Sie uns das gemeinsam tun. Wenn Sie heute Abend in den Supermarkt gehen und mit der Zubereitung des Abendessens beginnen, denken Sie daran, dass ich das Gleiche tue. Wenn es Montag ist, gibt es Fisch. Wir werden gemeinsam kochen, und Sie spüren, dass ich Sie dabei unterstütze.

Und was mich betrifft, so esse ich alle Lebensmittel, die reich an Flavonoiden sind, so gut ich kann. Diese Lebensmittel sind die folgenden:

- Grüner Tee.
- Blattgemüse – Spinat, Grünkohl und Brunnenkresse.
- Beeren – Blaubeeren, Erdbeeren und Brombeeren.
- Kakao.
- Kaffee.
- Dunkle Schokolade.
- Rotwein.

Vitamin E ist ein weiteres Antioxidans, das einen eigenen Abschnitt verdient. Es ist bekannt dafür, freie Radikale zu bekämpfen und Zellschäden zu verhindern. Ich bin mit dem Wissen um diesen Lebensretter aufgewachsen. Meine Mutter hatte im frühen Erwachsenenalter einen Herzinfarkt und wandte sich daraufhin an Dr. Shute, der sich auf natürliche Heilungsmethoden konzentrierte. Er leistete in den 1950er Jahren Pionierarbeit in der Erforschung dieses Antioxidans. Die von ihm verordnete Kur beinhaltete große Mengen an Vitamin E, und innerhalb weniger Monate fand ihr Kardiologe keine Spuren der vorherigen Schädigungen mehr vor. Seine bahnbrechende Forschung brachte mich dazu, viel Wert auf Lebensmittel zu legen, die reich an Vitamin E sind.

Dr. Shute listet zwölf Vorteile von Vitamin E auf:

- Es reduziert den Sauerstoffbedarf des Gewebes.
- Es löst frische Gerinnsel auf und verhindert Embolien.
- Es verbessert die kollaterale Zirkulation.
- Es ist ein Vasodilatator.
- Es ist dafür bekannt, dass es Narbengewebe lysiert.
- Es verhindert das Zusammenziehen von Narben beim Heilen von Wunden.
- Es erhöht niedrige Thrombozytenzahlen.
- Es vermindert den Insulinbedarf bei etwa ¼ der Diabetiker.
- Es ist einer der Regulatoren des Fett- und Proteinstoffwechsels.
- Es stimuliert die Muskelkraft.
- Es schützt die Kapillarwände.
- Es verhindert die Hämolyse der roten Blutkörperchen.

Ich habe mich oft gefragt, ob seine bahnbrechende Forschungsarbeit jemals verifiziert worden ist. Derzeit arbeiten Forscher daran, herauszufinden, welche Rolle Vitamin E in Bezug auf die Gehirngesundheit spielt. Eine 2014 in der Zeitschrift der American Heart Association veröffentlichte Studie befasste sich mit einer Art von Vitamin E namens Tocotrienol. Dieses kommt in Palmöl vor und scheint eine positive Wirkung bei der Verringerung von Alzheimer- und Parkinson-Erkrankungen zu haben und scheint auch die Wahrscheinlichkeit von Schlaganfällen zu verringern.

Vitamin E ist eigentlich ein Konglomerat aus acht verschiedenen Verbindungen, vier Tocopherolen und vier Tocotrienolen. Die empfohlene Tagesdosis beträgt 15 mg oder 22,5 IU und Forscher bevorzugen die Einnahme über die Nahrung im Gegensatz zu Nahrungsergänzungsmitteln. Die Vorteile einer **Supplementierung** sind unter den Forschern umstritten, und erste Studien zur Wirksamkeit fielen enttäuschend aus.

Dr. Axe stimmt dieser Aussage zu und stellt fest, dass Vitamin-E-Mangel junge und alte Menschen stärker betrifft. Er empfiehlt, jeden Tag zwei oder drei Lebensmittel zu essen, die reich an Vitamin E sind:

- Sonnenblumenkerne: 1 Tasse enthält 33,41 mg.
- Mandeln: 1 Tasse enthält 32,98 mg.
- Haselnüsse: 1 Tasse enthält 20,29 mg.
- Weizenkeime: 1 Tasse rohe und ungekochte Weizenkeime enthalten 18 mg.
- Mango: 1 ganze rohe Frucht enthält 3,02 mg.
- Avocado: 1 ganze rohe Frucht entspricht 2,68 mg.
- Butternusskürbis: 1 Tasse gekochter und gewürfelter Butternusskürbis entspricht 2,64 mg.
- Brokkoli: 1 gekochte Tasse entspricht 2,4 mg.
- Spinat: ½ Tasse gekocht oder 2 Tassen roh enthalten 1,9 mg.
- Kiwi: 1 mittelgroße Kiwi enthält 1,1 mg.
- Tomate: 1 rohe Tomate enthält 0,7 mg.

Andere Forscher fügten die folgenden Lebensmittel hinzu:

- Nüsse und Samen: Mandeln, Pekannüsse, Erdnüsse und Erdnussbutter, Haselnüsse, Pinienkerne, Sonnenblumenkerne.
- Öle: Weizenkeimöl, Sonnenblumenöl, Distelöl, Maisöl und Sojaöl
- Blattgemüse: Spinat, Löwenzahngrün, Mangold und Rübengrün.

Nehmen wir uns einen Moment Zeit, um über Clean Eating zu sprechen. Das ist ein Begriff, der für Sie vielleicht neu ist, aber der bei uns zu Hause ein heißes Thema ist. Dieser Begriff bedeutet, dass Sie Ihre Lebensmittel so oft wie möglich frisch und roh essen sollten. Sie finden im Internet zu diesem Thema unzählige Webseiten. Unter dem Konzept Clean Eating versteht man den Verzehr von Nahrungsmitteln, wie es die Natur vorgesehen hat. Dr. Bowden ist sogar noch deutlicher. „Clean Eating steht für den Verzehr echter Lebensmittel, die ohne unnötige verarbeitete Zutaten und Zusatzstoffe hergestellt werden. Clean Eating ist der Verzehr von Lebensmitteln, die ihrem natürlichen Zustand so nahe wie möglich kommen. Es geht um den Verzehr von Lebensmitteln, die Sie jagen, fischen, sammeln oder pflücken können und die Ihre Urgroßmutter noch erkannt hätte. Es geht um den Verzehr von Lebensmitteln, die verderben und die keine Unmengen an unaussprechlichen Zutaten enthalten, egal ob sie als ‚natürlich' oder anders gekennzeichnet sind."

Fangen Sie jetzt nicht an zu hyperventilieren. Denken Sie daran, dass wir hier in kleinen Schritten vorgehen. Beginnen Sie damit, ein Lieblingsessen aus den obigen Listen auszuwählen, und essen Sie diese Nahrungsmittel in natürlicher Form. Besuchen Sie das Online-Magazin Clean Eating. Probieren Sie eines der Rezepte aus, die ich Ihnen als Hilfe auf Ihrem Weg mitgebe. Ihr Weg zu einer optimalen Gesundheit ist eine Reise, kein Ziel. Machen Sie sich nicht selbst fertig, aber bitte lassen Sie es zu, dass ich Sie zu mehr Produktivität coache. Wenn ich diese Veränderungen Schritt für Schritt durchführen kann, können Sie das auch. Was steht diese Woche auf Ihrer Einkaufsliste?

Zusammenfassung des Kapitels

Wir haben uns in diesem Kapitel mit den drei besten Dingen beschäftigt, die Sie in Ihre Ernährung integrieren können, um produktiver zu werden und um die Gesundheit Ihres Gehirns zu fördern.

- Omega-3-Fettsäuren sind Ihre Freunde, die außerdem gut für Ihr Herz sind.
- Antioxidantien finden Sie in Lebensmitteln, die reich an Vitamin C und E sind.
- Ernähren Sie sich vielseitig und abwechslungsreich.
- Tauchen Sie in die Welt des Clean Eating ein.

Im nächsten Kapitel werden Sie erfahren, wie Sie diese gesunden Lebensmittel problemlos in Ihren Alltag integrieren können. Sind Sie immer noch an Bord? Sehr gut!

KAPITEL DREI:

Lebensmittel für Ihr Gehirn, die Sie laut Neurowissenschaftlern täglich essen sollten

Dr. Lisa Mosconi, Ph.D., sagt: „Um optimal zu funktionieren, benötigt das Gehirn etwa 45 Nährstoffe, die so unterschiedlich sind wie die Moleküle, Zellen und Gewebe, die sie bilden. Da das Gehirn radikal effizient ist, stellt es viele dieser Nährstoffe selbst her und nimmt nur das, was es sonst noch braucht, aus der Nahrung auf. Einfach ausgedrückt: Alles, was das Gehirn nicht selbst herstellt, wird aus der Nahrung ,importiert', die wir essen." Sie plädiert dafür, sich so zu ernähren, dass das Gehirn gesünder wird, und mit dieser Meinung ist sie nicht allein.

Immer mehr Beweise deuten darauf hin, dass einfaches Nachdenken Ihr Leben in Zukunft verändern kann. Es geht nur darum, mehr von den guten Dingen zu tun und weniger von den schlechten. Lassen Sie uns mit den guten Dingen beginnen. Wir betrachteten das Thema Ernährung unter dem Gesichtspunkt, welche Arten von Nährstoffen wir zu uns nehmen müssen. Wir sind jedoch nicht wirklich auf jedes dieser essenziellen Lebensmittel eingegangen und wie Sie diese in Ihre Ernährung einbauen können.

- Während Sie dieses Kapitel lesen, sollten Sie sich einen Block Papier und einen Bleistift holen. Beginnen Sie damit, die Einkaufsliste für die nächste Woche niederzuschreiben, und lassen Sie uns ein paar neue Dinge hinzufügen, um damit einige Methoden des „Clean Eating"-Konzepts in die Praxis umzusetzen, in Ordnung?

Fetter Fisch

Sie wissen inzwischen bereits, dass nicht jedes Fett schlechtes Fett ist. Fettreiche Kaltwasserfische wie Alaska-Lachs, Makrele, Blaufisch oder Sardellen sind allesamt reich an Omega-3-Fettsäuren, die Ihr Gehirn jeden Tag braucht. Laut dem National Institute of Health benötigen erwachsene Frauen täglich etwa 1,1 Gramm Omega-3-Fettsäuren. Das bedeutet, dass ein 85-Gramm-Lachsfilet bereits Ihren Tagesbedarf deckt, da es etwa 1,24 Gramm der beiden wichtigsten Fettsäuren, DHA und EPA, enthält. Um ein wenig mehr Kontext zu bieten: Ihr Gehirn besteht zu etwa 60 % aus Fett. Studien zeigen, dass DHA dabei helfen kann, das Gedächtnis und die kognitiven Fähigkeiten zu verbessern, und dass es entzündungshemmende Eigenschaften besitzt, die ebenso wertvoll sind. Aber was, wenn Sie keinen Fisch mögen?

Es ist an der Zeit, Ihre Geschmacksknospen neu zu justieren. Reiben Sie den Lachs in eine Gewürzmischung ein und machen Sie sich eine schöne Soße dazu. Dies wird zwar nicht der gesündeste Lachs sein, den Sie jemals gegessen haben, aber er wird Ihre Geschmacksknospen wieder auf bessere Lebensmittel umstellen. Die meisten Rezepte finden Sie im hinteren Teil des Buches, aber ich füge hier ein Rezept mit jeweils einem Superfood ein, um Sie daran zu gewöhnen, diese Superfoods in Ihre Ernährung einzubauen.

Sogar Nicht-Fischliebhaber mögen dieses Rezept, welches ich von Real Simple übernommen habe:

Schneller Lachs

- Schalten Sie Ihren Ofen ein und heizen Sie ihn auf 260° vor.
- Legen Sie eine Backform mit Folie aus und beträufeln Sie sie mit extra nativem Olivenöl.
- Legen Sie die Lachsfilets in die Form und wenden Sie sie, damit sie vom Öl bedeckt werden.

Kombinieren Sie für die Gewürzmischung 1 TL Chilipulver, ½ TL Kreuzkümmel, ½ TL geräucherte Paprika und 1 EL Honig. Fügen Sie nun Salz und Pfeffer hinzu. Reiben Sie den Lachs damit ein und stellen Sie die Form mit dem Lachs in den Ofen.

Braten Sie den Lachs, bis er außen goldbraun und innen nicht zu durch ist. Dies dauert etwa 5 Minuten. Wenn Sie ihn gut durchgebraten haben möchten, braten Sie den Lachs weitere 3 bis 5 Minuten.

Während der Lachs im Ofen ist, bereiten Sie die Soße vor, die ebenfalls als Salatdressing für Ihren Spinatsalat dient. Hacken Sie zwei kleine Handvoll glatte Petersilie oder Schnittlauch oder Minze. Geben Sie sie in eine kleine Schüssel und fügen Sie so viel natives Olivenöl extra hinzu, dass es die Kräuter bedeckt. Reiben Sie eine Knoblauchzehe in die Schüssel. Fügen Sie ein paar Spritzer Rot- oder Weißweinessig, Salz und frisch gemahlenen Pfeffer hinzu. Rühren Sie um und probieren Sie. Wenn das Dressing zu sauer ist, fügen Sie Salz hinzu. Wenn es zu salzig ist, versuchen Sie es mit einem weiteren Spritzer Essig.

Servieren Sie den Lachs auf einem Teller und beträufeln Sie ihn mit Ihrer Soße.

Ich habe hinten im Buch weitere Rezepte aufgeführt. Probieren Sie dieses Rezept aus und schauen Sie, was Sie davon halten. Denken Sie daran, dass Sie flexibel bleiben sollten. Sie können jedes Rezept nehmen und es an Ihre eigenen Bedürfnisse anpassen. Seien Sie kreativ.

Dunkles Blattgemüse

Wenn Sie nicht bereits Gemüse wie Spinat, Grünkohl und Mangold, das gut für Ihr Gehirn ist, in Ihre Ernährung aufgenommen haben, dann ist es jetzt an der Zeit, damit anzufangen. Dunkles Blattgemüse steckt voller Vitamine, Mineralien, Ballaststoffe und krankheitsbekämpfender Nährstoffe. Ihr Gehirn wird es Ihnen danken. Eine einfache Möglichkeit, sich daran zu gewöhnen, ist es, frische Salate zu machen und das Verhältnis von Spinat oder Grünkohl zu rotem Blattsalat jeden Tag zu erhöhen. Nach und nach werden Sie sich an die Veränderung gewöhnen.

Wenn Sie den obigen Lachs zubereiten, probieren Sie dazu einen frischen Salat aus Blattspinat, rotem Blattsalat, Walnüssen, getrockneten Moosbeeren, Frühlingszwiebeln und Mungobohnensprossen. Nehmen Sie als Dressing die Soße, die Sie für den Lachs verwendet haben, und schon Sie haben eine schnelle Beilage für Ihre Mahlzeiten.

Wenn Sie die Nase rümpfen und einfach kein frisches Grünzeug essen wollen, dann versuchen Sie, den Grünkohl oder Spinat zu kochen. Vertrauen Sie mir, Sie werden es mögen. Dies ist kein besonders gesundes Rezept, aber es ist ein guter erster Schritt für Leute, die alles Grünzeug verabscheuen.

Leckeres Grünzeug

- Putzen Sie eine Handvoll dunkles Blattgemüse. Ich verwende eine Salatschleuder, um die Blätter zu waschen und wieder zu trocknen.
- Braten Sie eine Scheibe Speck an und nehmen Sie sie aus der Pfanne. (Ich weiß. Ich habe nicht versprochen, dass dies das gesündeste Rezept ist ... nur eines, um Sie dazu zu bringen, mehr Grünzeug zu essen.) Entfernen Sie den Fettrand, sodass Sie ein paar kleine Speckstückchen übrig haben.
- Werfen Sie den geputzten Spinat in die Pfanne und braten Sie ihn an. Geben Sie Salz und Pfeffer hinzu, gefolgt von den Speckstückchen und selbst der wählerischste Esser wird diese Mahlzeit mit Freude verschlingen.

Natives Olivenöl und Leinsamenöl

Von all den Speiseölen, die Sie in Ihrem Schrank haben können, und das sind eine Menge, sollten Sie ein neues ausprobieren. Wenn Sie Rachael Ray schauen, kennen Sie vielleicht bereits EVOO. Mit Leinsamenöl sind Sie möglicherweise noch nicht so vertraut. Besorgen Sie sich welches und versuchen Sie, es zum Kochen verwenden. Beide Öle enthalten eine Menge Anti-Aging-Nährstoffe und sind reich an Omega-3-Fettsäuren und Vitamin E.

Sie wissen bereits, dass ich ein Befürworter davon bin, sich gesund zu ernähren. Lassen Sie uns also dieses Öl verwenden und keine Nahrungsergänzungsmittel. Wenn Sie Ihre erste Flasche Leinsamenöl mit nach Hause nehmen, müssen Sie Folgendes wissen. Möglicherweise ist Leinsamenöl auch als Leinöl gekennzeichnet. Beide Bezeichnungen sind in Ordnung. Leinsamenöl wird aus getrockneten und gepressten Leinsamen extrahiert. Wenn auf der Flasche „nativ" steht, dann bedeutet das, dass es nur mechanisch und ohne Verwendung von chemischen Lösungsmitteln gewonnen wurde. Leinsamenöl ist lange haltbar, weswegen ich empfehle, sich für eine Bio- oder Nativ-Marke zu entscheiden und ein wenig mehr für die bessere Verarbeitung zu bezahlen.

Leinsamenöl hat einen knackigen, fast nussigen Geschmack, wenn Sie es direkt auf Ihren Lebensmitteln verwenden. Zudem ist es flüchtig und besitzt einen sehr niedrigen Rauchpunkt (ca. 107 °). Das bedeutet, dass man es nicht einfach zum Anbraten von Fleisch oder Gemüse nehmen kann. Träufeln Sie es lieber über gebratenes Gemüse und nehmen Sie das Öl roh zu sich, anstatt es zu kochen.

Kakao

Brauchen Sie eine Ausrede, um ständig Schokolade zu essen? Hier ist Ihr Grund! Sie haben richtig gehört. Dunkle Schokolade hat sich definitiv ihren rechtmäßigen Platz in Ihrer Gehirn-Diät erobert. Achten Sie auf Sorten mit einem Kakaogehalt von 80 % oder mehr, was darauf hinweist, dass sie reich an Theobromin, einem starken Antioxidans, ist. Kim Smith, Direktorin des Brain Healthy Cooking Program, fragte sich: „Wie viel Schokolade pro Tag hält Demenz in Schach?" Ihre Antwort mag Sie überraschen.

Hier ist ihr Fazit zu Schokolade:

- Je dunkler, desto besser. Suchen Sie nach Marken, die mit 60-70 % Kakao werben.
- 30 bis 45 Gramm dunkle Schokolade pro Tag sind empfehlenswert. Hüten Sie sich jedoch vor ganzen Tafeln, die typischerweise 100 Gramm wiegen. Teilen Sie sie sich in drei Teile ein.
- Zählen Sie Ihre Kalorien. Eine ganze Tafel Schokolade kann 600 Kalorien haben, und zusätzliches Körpergewicht ist ebenfalls nicht gesund für das Gehirn. Möglicherweise essen Sie dann am Ende sogar weniger von anderen hirngesunden Lebensmitteln.
- Manche mögen es heiß. Es ist in Ordnung, ein oder zwei Becher heiße Schokolade am Tag zu genießen.

Eine auf acht Tage begrenzte Studie befasste sich mit dem Verzehr von 70%igem Kakao. Die Probanden erhielten zusätzlich 48 Stunden vor Beginn der Studie sowie während der Studie keine Antioxidantien. Die Ergebnisse zeigten eine entzündungshemmende Reaktion, die durch erhöhte Zytokine signalisiert wurde. Eine andere Studie beinhaltete EEG-Messungen nach der Einnahme von 48 Gramm 70%iger Kakao-Bitterschokolade und berichtete von einer erhöhten Hyperplastizität des Gehirns. Das sind doch gute Nachrichten.

In einer Sache waren sich alle einig: Essen Sie mehr dunkle Schokolade.

Komplexe Kohlenhydrate

Trotz des unaufhaltsamen Aufwärtstrends der Keto-Diät lieben viele Ernährungsexperten immer noch komplexe Kohlenhydrate. Zuerst war ich erfreut, weil ich Kartoffeln aller Art liebe. Doch leider gehören Kartoffeln nicht dazu. Komplexe Kohlenhydrate sind Lebensmittel wie Hülsenfrüchte, zu denen Bohnen und Linsen, Süßkartoffeln und Vollkornprodukte gehören.

Diese Lebensmittel versorgen Ihr Gehirn über einen längeren Zeitraum mit einer gleichmäßigen Glukosezufuhr, anstatt schnell einen Höhepunkt zu erreichen und dann wieder abzufallen. Beachten Sie Folgendes: Wenn ich von Bohnen spreche, meine ich nicht so sehr grüne Bohnen, sondern weiße, Pinto- und Kidneybohnen oder Kichererbsen. Ich füge sie zu Salaten und Suppen hinzu, doch ein Favorit in unserem Haushalt ist Chili. Dies ist eine Version von geräuchertem Chili-Huhn:

Geräuchertes Chili-Huhn

1. Tun Sie sich selbst einen Gefallen und kaufen Sie ein geräuchertes Grillhähnchen, wenn es in Ihrem Supermarkt im Angebot ist. Entbeinen Sie es und schneiden Sie es in kleine Stücke.
2. Hacken und sautieren Sie eine Zwiebel.
3. Fügen Sie kleine Dosen grüne Chilis und gewürfelte Jalapeños hinzu. (Denken Sie daran, dass Sie die Schärfe nicht mehr herausnehmen können, wenn sie einmal drin ist. Sie können jedoch immer mehr davon hinzufügen). Lassen Sie sie ein wenig zusammen mit der Zwiebel köcheln.
4. Fügen Sie 4 Dosen gewaschene weiße Bohnen und 2 Dosen Hühnerbrühe hinzu. (Ich weiß. Durch das Abspülen der Bohnen werden die B-Vitamine entfernt, aber dadurch werden auch Blähungen verhindert, und dafür bin ich sehr dankbar.)

5. Lassen Sie das Ganze eine Weile köcheln und fügen Sie kurz vor dem Servieren eine Dose Kondensmilch hinzu.

Im Rezeptteil hinten habe ich weitere Rezepte mit Hülsenfrüchten aufgeschrieben. Gewöhnen Sie sich erst einmal an den Gedanken, mehr davon zu essen.

Beeren

Beeren sind eine großartige Quelle für Ballaststoffe und Glukose und haben außerdem einen sehr niedrigen glykämischen Index, was bedeutet, dass sie bei der Regulierung des Glukosespiegels in Ihrem Blutkreislauf helfen. Ich kaufe sie immer, wenn sie im Angebot sind, und friere ein, was ich nicht sofort esse. Essen Sie Beeren zum Nachtisch und streuen Sie sie in Salate.

Blaubeeren werden oft als die Gehirn-Booster bezeichnet und sind außergewöhnlich reich an Antioxidantien. Diese in Nordamerika heimische Frucht bietet Vorteile für das Gehirn, egal ob Sie sie frisch, gefroren, aus der Dose oder als Extrakt essen.

1. Blaubeeren senken das Risiko, an Demenz zu erkranken. Eine aktuelle Studie fand heraus, dass Senioren, die 30 ml *konzentrierten Beerensaft* (das entspricht 230 Gramm Beeren) tranken, im Vergleich zur Placebogruppe einen signifikanten Anstieg der Gehirnaktivität, des Blutflusses und des Gedächtnisses aufwiesen.
2. Blaubeeren reduzieren die Auswirkungen von Alzheimer nach der Diagnose. Die Universität von Cincinnati führte Tests durch, in denen die Teilnehmer entweder ein Placebo-Pulver oder ein *gefriergetrocknetes Blaubeerpulver* (entspricht einer Tasse Beeren) einmal täglich zu sich nahmen. Die Erwachsenen, die das Blaubeerpulver zu sich nahmen, zeigten verbesserte Werte in den Bereichen Kognition und Wortwiedererkennung bei erhöhter Gehirnaktivität.

Wie auch immer Sie Beeren zu sich nehmen: Es steht außer Frage, dass Beeren, und speziell Blaubeeren, das Gedächtnis, die kognitive Leistungsfähigkeit und die Gesundheit des Gehirns verbessern.

Wasser

★ Wenn Sie sich an nichts anderes erinnern, was Sie in diesem Kapitel lesen, dann prägen Sie sich zumindest diese eine Sache ein: Das Trinken von Wasser ist unglaublich wichtig für die Gesundheit des Gehirns.

Avocado

Die einfach ungesättigten Fette in Avocados tragen zur Verbesserung der Durchblutung bei, was wiederum zu einem gesunden Gehirn führt. Das Problem ist, dass sie nicht so billig sind und sehr schnell schlecht werden. Der Schlüssel zum Genuss von Avocados liegt nicht darin, sie sofort dann zu verbrauchen, wenn sie reif und noch gut sind, sondern darin, von vornherein die besten Produkte zu kaufen.

Dies sind meine Top-Tipps bei der Auswahl der besten Avocados:

1. Achten Sie auf die Farbe. Je dunkler die Farbe, desto schneller müssen Sie die Avocado essen. Kaufen Sie grüne Avocados, wenn Sie sie erst in ein paar Tagen essen oder eine schwarze, wenn Sie heute noch Guacamole machen.
2. Drücken Sie sie leicht zusammen. Eine feste Avocado ist noch nicht reif. Eine weiche, matschige Avocado ist wahrscheinlich innen schon schwarz. Sie wollen eine, die bei leichtem Druck ein wenig nachgibt und keine weichen Stellen aufweist.
3. Prüfen Sie die Schale. Sie sollte keine Vertiefungen aufweisen, die auf eine schlechte Qualität hindeuten.
4. Untersuchen Sie den Stiel. Ziehen Sie die kleine Endkappe zurück und schauen Sie sich die Farbe darunter an. Wenn

sie grün ist, können Sie die Avocado verwenden. Wenn sie braun ist, ist die Avocado wahrscheinlich überreif.

Jetzt, wo Sie wissen, wie Sie die besten Früchte finden, können Sie sich eine leckere Guacamole schmecken lassen!

Kürbiskernsamen

Geröstete Kürbiskerne sind ein absoluter Favorit in unserem Haushalt nach Halloween. Wir schmeißen die Kürbiskerne nicht weg, sondern waschen sie und lassen sie trocknen. Beträufeln Sie sie mit extra nativem Olivenöl und ein oder zwei Prisen Salz. Backen Sie sie bei 180° im Backofen, bis sie leicht gebräunt sind. Lecker!

Nüsse

Seien Sie ein Eichhörnchen und snacken Sie tagsüber Nüsse. Menschen, die auf Diät sind, sollten allerdings aufpassen. Eine Handvoll Nüsse kann bis zu 10 % der empfohlenen Kalorienzufuhr für einen Mann ausmachen, ganz zu schweigen von einer Frau. Nüsse sind das Risiko wert, wenn Sie sie auf die gesunde Art und Weise essen: als Garnitur auf Salaten oder Beilagen. Essen Sie Nüsse anstelle von anderen Snacks, nicht zusätzlich zu Snacks. Die folgende Tabelle hilft Ihnen, diese wertvolle Ergänzung der Gehirnnahrung auf gesunde Portionen zu beschränken.

30 g Nüsse	Kalorien	Fett in Gramm	Eiweiß in Gramm
Mandeln	168	15	6,2
Paranüsse	184	18,6	4
Cashewnüsse	161	13	4,3
Haselnüsse	184	17,5	4,2
Macadamia	201	21,4	2,2

Pekannüsse	200	20,1	2,6
Pistazien	160	13	6
Walnüsse	184	18,3	4,3

Haben Sie die Portionsgröße von 30 Gramm bemerkt? Das bedeutet nicht, dass Sie sich mit einer großen Packung Cashewnüssen auf die Couch setzen, die Hälfte der Tüte essen und sich selbstgefällig darüber freuen sollten, wie gut Sie sich ernährt haben. 30 Gramm sind eine Handvoll.

Brokkoli

Sagen Sie Ihren Kindern, dass sie Gehirnnahrung essen, wenn Sie das nächste Mal Brokkoli zum Abendessen servieren. Dieses Gemüse steckt voller Antioxidantien und Pflanzenstoffen, die Carotinoide genannt werden und sehr gut für das Gehirn sind. Selbst der wählerischste Esser mag gerösteten Brokkoli.

Geröstete Brokkoliröschen

1. Heizen Sie den Backofen auf 220° vor.
2. Schneiden Sie die Röschen von einem oder zwei Stück Brokkoli ab und legen Sie sie auf ein mit Folie geschütztes Blech. Beträufeln Sie die Röschen mit extra nativem Olivenöl und bestreuen Sie sie mit Salz und Pfeffer. Streuen Sie zudem großzügig etwas Knoblauchpulver darüber.
3. Legen Sie das Blech auf eine der oberen Stufen im Ofen und lassen Sie die Röschen darin rösten, bis sie an den Rändern leicht verbrannt sind.

Kaffee

Werfen Sie Ihren köstlichen Bohnensaft aus Java nicht gleich über Bord. Wissenschaftliche Untersuchungen bestätigen, dass Kaffeetrinker eine geringere Wahrscheinlichkeit haben, zu einem späteren Zeitpunkt ihres Lebens an Alzheimer zu erkranken. Wenn das, was ich Ihnen gerade erzählt habe, Ihr Herz mit Freude und Erleichterung erfüllt, dann denken Sie vielleicht nicht zu viel über das Thema nach. Einige von Ihnen fragen sich vielleicht dennoch, *wie Kaffee das schafft.*

Bei Kaffee handelt es sich um ein Stimulans und er kann Sie tatsächlich nachts wachhalten. Die molekulare Struktur von Kaffee ist Adenosin ähnlich, einem Neurotransmitter, der Ihr Gehirn nachts beruhigt. Wenn Koffein sich mit denselben Rezeptoren verbindet, wird Ihr Gehirn nicht gedrosselt, sodass Sie mehr Probleme beim Einschlafen haben. Ich muss gestehen, dass ich Kaffee so sehr liebe, dass ich sogar eine Tasse vor dem Schlafengehen genieße, ohne dass dies irgendwelche negativen Auswirkungen hat. Ich muss allerdings zugeben, dass dies wahrscheinlich eine Frage der Konditionierung ist, da ich es so seit vielen Jahren mache. Ich liebe jedoch jede Ernährungsweise, bei der ich so viel Kaffee trinken kann, wie ich will.

Der Knackpunkt war für mich nicht nur der Kaffeegeschmack, sondern auch die Kaffeesahne, die meinen Kaffee so lecker macht. Aromatisierte Kaffees enthalten im Labor hergestellte Zusatzstoffe, die in den Röstprozess einbezogen werden, also fiel meine Begeisterung schnell in sich zusammen. Was noch schlimmer ist: Ich habe nie den Geschmack für starken schwarzen Kaffee entwickelt. Die in meinem Kaffee enthaltenen Stoffe wie Zucker, Maissirup und Milchprodukte summieren sich jedoch und sind nicht Teil einer MIND-Diät. Also musste ich lernen, meinen Kaffee auf andere Weise zu aromatisieren. Ich kaufte mir frische Bohnen und fügte Vanille oder gemahlene Zimtschoten hinzu, bevor ich sie mahlte. Ich lernte, als Milchersatz fettfreie Milch mit einem Schuss Vanille und einem Hauch von Ahornsirup zu genießen. Schon bald holten meine Geschmacksknospen mein Gehirn ein und alles war gut.

Doch sorgt Kaffee abgesehen von der Stimulierung des zentralen Nervensystems und der damit verbundenen erhöhten Wachsamkeit wirklich für ein gesünderes Gehirn? Die Antwort lautet: Ja!

Kaffee enthält Antioxidantien und regelmäßiger Kaffeekonsum wird mit einer geringeren Häufigkeit von neurologischen Krankheiten wie Parkinson und Alzheimer in Verbindung gebracht. Die Beweise für eine bessere Gehirngesundheit werden also immer mehr. Antioxidantien sind lebensnotwendig für Ihr Gehirn.

Zusammenfassung des Kapitels

Ich habe Ihnen dreizehn tolle Lebensmittel für das Gehirn vorgestellt und Sie haben nun Ihre ersten Rezepte für ein glückliches, gesundes Gehirn.

- Eines der wichtigsten Dinge, die wir behandelt haben, ist, wie sehr es darauf ankommt, die richtigen Portionen dieser Superfoods zu essen.
- Eine weitere wichtige Lektion in diesem Kapitel bestand darin, dass es Möglichkeiten gibt, diese Lebensmittel wählerischen Essern unterzujubeln.
- Eine gehirngesunde Ernährung ist vielseitig und abwechslungsreich und enthält ein ausgeglichenes Verhältnis dieser Lebensmittel. Lernen Sie, sie alle zu mögen.

Im nächsten Kapitel erfahren Sie, welche Lebensmittel Sie für eine bessere Gehirngesundheit weglassen sollten. Verzweifeln Sie jedoch nicht, das Ganze ist nicht so schwer, wie es sich anhört. Ich verspreche Ihnen, dass wir diese Umstellung gemeinsam schaffen werden.

KAPITEL VIER:

Lebensmittel, nach denen Ihr Gehirn süchtig ist

Wissenschaftler stufen Heroin- und Opiumsucht zu Recht als Süchte ein, aber sie zögern, wichtige neue Süchte in diese Kategorie aufzunehmen. Eine dieser Süchte ist Zucker. Laut Psychology Today isst der durchschnittliche Amerikaner 156 Pfund zugesetzten Zucker pro Jahr. Etwa die Hälfte davon stammt aus Softdrinks, Sport-Energydrinks und Fruchtgetränken. Dieser Zucker löst die Dopaminausschüttung im Nucleus accumbens des Gehirns aus, dem Bereich, der mit Motivation, Neuheit und Belohnung in Verbindung gebracht wird. Dies ist derselbe Hirnbereich, der auf Kokain und Heroin reagiert. Sie sind der Meinung, dass der Heißhunger auf Zucker keine süchtig machende Reaktion Ihres Lustzentrums ist? Damit liegen Sie falsch.

Diese Essenssüchte spielen eine verhängnisvolle Rolle für Ihr Gehirn und letztendlich auch für Ihr Leben. Wenn Sie wollen, dass Ihr Gehirn gesund bleibt, dann müssen Sie Zucker aus Ihrer Ernährung entfernen. Gleichzeitig hat sich Ihr Gehirn jedoch an Zucker und seine süchtig machenden Reaktionen gewöhnt. Es verlangt einfach immer mehr davon. Und genau darum geht es bei einer Sucht. Ich selbst ersetzte neun Monate lang Zucker durch Ersatzstoffe auf Stevia-Basis und Alkoholzucker. Ich bemerkte daraufhin nicht nur die Vorteile für meine Taille und meine Gelenke am eigenen Leib (wer hätte gedacht, dass Zucker zu so vielen Entzündungen führt?), sondern ich war auch geistig wacher. Ab diesem Zeitpunkt glaubte ich nicht nur an den gegenwärtigen Wert einer zuckerfreien Ernährung, sondern auch an den lebensfördernden Nutzen des Aufschiebens einer Demenzerkrankung.

Immer mehr Beweise deuten darauf hin, dass die Ernährung eine entscheidende Rolle für die Gesundheit Ihres Gehirns spielt, und egal, wie überfordert Sie sich im Moment von dieser Tatsache fühlen, auch Sie können diese Änderungen vornehmen. Ihr Ziel besteht darin, sich von allen Lebensmitteln fernzuhalten, die zu einem Brain Fog führen und den Rhythmus der Gehirnproduktivität verlangsamen.

Wissenschaftliche Forschungen ergeben, dass wir uns an neue Lebensgewohnheiten anpassen können. Vielleicht haben Sie in Ihrer Kindheit schlechte Gesundheitsgewohnheiten erlernt. Vielleicht haben Sie sich schon Ihr ganzes Leben lang schlecht ernährt. Das ist nicht schlimm, denn Sie *können* sich ändern. Diese Aussage habe ich im National Institute for the Clinical Application of Behavioral Medicine gefunden: „Neue Forschungen in der Neurowissenschaft zeigen, dass, obwohl sich unsere Gehirne auf eine nicht ideale Weise entwickelt haben, wir neuroplastische Prinzipien anwenden können, um unsere Gehirne neu zu programmieren." Was bedeutet das konkret? Es bedeutet, dass Sie Ihr Gehirn darauf trainieren können, neue Lebensmittel zu mögen und sich darauf zu freuen.

Was sind die schlimmsten acht Lebensmittel und wie können Sie sie durch gehirngesunde Alternativen ersetzen? Lassen Sie es mich Ihnen zeigen. Wenn Sie Ihre Lieblingslebensmittel einfach nicht mehr essen, dann erschaffen Sie ein Vakuum, und früher oder später werden Ihre schlechten Gewohnheiten zurückkehren. Das Geheimnis der Veränderung liegt darin, kleine Schritte zu machen und dann einen alten Favoriten durch einen *neuen* zu ersetzen. Meine Reise in das Land ohne Zucker brachte überraschende gesundheitliche Vorteile mit sich, und ich schaffte es, meine Heißhungerattacken auf ein Minimum zu reduzieren. Ich sage jedoch nicht, dass Sie nie wieder besondere Leckereien zu besonderen Anlässen genießen können. Ich möchte Sie ermutigen, einen gesunden Ersatz zu finden und sich gelegentlich etwas zu gönnen. Während der Feiertage werde ich immer wieder rückfällig. Ich gebe der Versuchung nach, da ich Kürbiskuchen und Weihnachtsplätzchen liebe. Und zwar nicht nur irgendeinen Kürbiskuchen, sondern den alten Klassiker, den meine Mutter immer gemacht hat. Kommen Sie mir nicht mit einer zuckerreduzierten Alternative an einem Feiertag. *Pfuschen Sie nicht an meinen Feiertagen herum!* Ich möchte glasierte Zuckerplätzchen in Form von Weihnachtsmännern und Sternen, Kürbiskuchen mit Schlagsahne und allerlei Lieblingsleckereien haben. Nach den Feiertagen ernähre ich mich wieder gesund und verwöhne mein Gehirn wieder mit Nahrungsmitteln aus dem Bereich Clean Eating. Verstehen Sie, was ich meine? Sich gesund zu ernähren ist keine lebenslange Strafe. Es geht darum, Frieden mit sich selbst zu schließen, während man Veränderungen vornimmt, gnädig zu sich selbst ist und sich hin und wieder auch etwas gönnt.

Diese lockere Haltung während der Feiertage kann ich mir erlauben, weil ich gehirngesunde Lebensmittel regelmäßig und gewohnheitsmäßig esse. Sie können nur dann von Ihrer Gewohnheit abschweifen, wenn Sie von vornherein eine Gewohnheit haben. Doch wie entwickeln Sie diese Gewohnheit?

Es überrascht nicht, dass der Weg zu besseren Essgewohnheiten damit beginnt, sich von den mittleren Regalen in den Lebensmittelgängen fernzuhalten. Schauen Sie sich die oberen und unteren Regale an. Viele Supermärkte bieten jetzt gesunde Alternativen in der gleichen Umgebung an: Ich finde zuckerfreie Blockschokolade im gleichen Gang wie die normale. Lernen Sie, Etiketten zu lesen. Legen Sie eine Datei mit „Gut-für-mich"-Rezepten und eine Einkaufsliste mit Lebensmitteln an, die Ihre alten Favoriten ersetzen.

1. No-Go: Kommerzielle Muffins

Kommerzielle Bäckereien verwenden immer noch gehärtete Öle, Maissirup mit hohem Fruktosegehalt, Sojaöl und Transfette. Eine in Montreal durchgeführte Studie ergab, dass Mäuse, die mit diesen Substanzen gefüttert wurden, Entzugserscheinungen zeigten, als sie schließlich gesund ernährt wurden. Es ist kein Geheimnis, dass Sie von einem Muffin wahrscheinlich einen schlaffen Körper bekommen werden. Ein typischer Blaubeer-Muffin (und Blaubeeren sind doch gut für Sie, oder?!) enthält fast 400 Kalorien und ein Drittel unseres Tagesbedarfs an Fett. Igitt!

Erinnern Sie sich, dass wir über Clean Eating gesprochen haben? Das bedeutet: *Essen Sie die Blaubeeren, nicht den Muffin.* Wenn Sie das Frühstück auslassen und sich an der Kaffeetheke zu einem Stück Gebäck verleiten lassen, entscheiden Sie sich lieber dafür, Ihren Kaffee mit an den Schreibtisch zu nehmen, wo Sie einige gesündere Optionen gebunkert haben.

Wenn Sie in einer Besprechung bei Starbucks sind, ist das vielleicht keine Option. Denken Sie nur daran, dass ein Muffin mit mehr als 500 Kalorien möglicherweise 25 Gramm Fett, 56 Gramm **Zucker** und 500 mg Natrium in Form von Salz enthält. Eine bessere Alternative ist Kopenhagener Gebäck. Dieses ist zwar auch nicht perfekt, aber zumindest ein wenig besser, da es weniger als die Hälfte der Kalorien eines Muffins besitzt.

2. No-Go: Zuckerhaltige Getränke wie Limonade

Es gibt absolut nichts Sinnvolles an Limonaden oder anderen zuckerhaltigen Getränken. Abgesehen von dem schnellen Zuckerrausch (gefolgt von dem unvermeidlichen Zuckerabsturz), gewinnen Sie nichts außer zusätzlichen Kalorien. Limonade ist nicht der einzige Übeltäter. Vermeiden Sie Energydrinks, Sportgetränke und Säfte. *Aber Orangensaft ist doch gesund, oder?* Lesen Sie das Etikett und achten Sie darauf, dass kein zusätzlicher Zucker enthalten ist.

Dies ist eine schwer abzulegende Gewohnheit, und einige von Ihnen protestieren bereits, dass ein kalorienfreies Erfrischungsgetränk nicht so schlecht für Sie sein kann. Es tut mir leid, aber die Forschung ist nicht auf Ihrer Seite. Forbes berichtete über eine Studie in der Zeitschrift *Stroke*, die einen Zusammenhang zwischen Diätlimonade und sowohl Schlaganfällen als auch Demenz aufzeigte. Diejenigen, die mindestens eine Diätlimonade pro Tag tranken, hatten ein dreifach höheres Risiko, Demenz zu entwickeln oder einen Schlaganfall zu erleiden.

Die beste Abhilfe ist der kalte Entzug von Limonade und der Ersatz durch Wasser. Ich weiß, das klingt hart. Ein guter erster Schritt könnte darin bestehen, Limonade nur zu bestimmten Mahlzeiten zu trinken. Wenn Sie sich eine Pizza gönnen, gönnen Sie sich eine Limonade. Den Rest der Zeit sollten Sie darauf verzichten.

Konzentrieren Sie sich auf die gesunden Vorteile von Wasser. Wussten Sie, dass Ihr Körper zu 70 % aus Wasser besteht und dass er bis zu 3,5 Liter pro Tag benötigt, je nachdem, welche Quelle Sie lesen? Was Wissenschaftler mit Sicherheit wissen, ist, dass die alte Empfehlung von 1,8 Litern nicht stimmt. Sie muss höher sein. Ihr Gehirn braucht mindestens sieben bis acht *Gläser* Wasser am Tag, *keine Tassen*, damit es optimal funktioniert. Schauen wir uns einmal das Thema Nachtruhe an. Sie haben zwar keinen Schweiß durch Bewegung verloren, doch trotzdem wachen Sie dehydriert auf. Mit jedem Atemzug wird Wasserdampf ausgeatmet und Ihre Reserven sind erschöpft.

Ihre Unfähigkeit, sich zu konzentrieren, kann an etwas so Einfachem wie der Tatsache liegen, dass Ihrem Gehirn Wasser fehlt. Sie vermuten keine Dehydrierung als Ursache, wenn Sie nicht gerade durch die Wüste kriechen, doch Ihr Gehirn braucht Wasser, um sich zu konzentrieren. Wenn Sie an einem sogenannten Brain Fog leiden, dann kann es schlicht und ergreifend daran liegen, dass Ihr Gehirn seine Ressourcen schont.

Das Wasser, das Sie trinken, dient dazu, Giftstoffe aus Ihrem Gehirn zu schwemmen. Ihre zerebralen Gefäße brauchen Wasser, um diese wichtigen Zelltransfers durchzuführen. Wenn Sie genügend Wasser trinken, wird die Blutkonzentration geringer, sodass das Blut mehr Platz für die Giftstoffe hat, die sich angesammelt haben, und diese abtransportieren kann.

Offensichtlich ist Wasser gut für Sie, aber was, wenn Sie es einfach nicht mögen? Beginnen Sie mit Aufgussgetränken. Diese sind nicht teuer und verändern dennoch den Geschmack des Wassers. Sie können auch pulverförmige oder flüssige Aromastoffe kaufen, aber achten Sie darauf, die Etiketten zu lesen und diejenigen mit zugesetztem Zucker zu vermeiden. Setzen Sie sich ein Ziel, wie viel Wasser Sie pro Tag oder pro Stunde trinken wollen. Halten Sie eine Wasserflasche bereit. Gewöhnen Sie sich daran. Wasser ist Ihr neuer bester Freund. Verringern Sie allmählich Ihr Bedürfnis nach Aromastoffen und trinken Sie nur noch pures Wasser. Ihre Haut, Ihr Körper und Ihr Gehirn werden es Ihnen danken.

3. No-Go: Thunfisch aus der Dose

Es stimmt, dass die American Heart Association empfiehlt, mindestens zweimal pro Woche fetten Fisch wie Thunfisch zu essen, und wenn Sie sich an diese Empfehlung halten, tun Sie Ihrem Gehirn einen Gefallen. Setzen Sie Thunfisch aus der Dose jedoch zu oft auf den Speiseplan, dann könnten Sie sich selbst damit mehr schaden als nützen. Warum? Großaugenthun, Ahi, Weißer Thun und Gelbflossenthun enthalten alle viel Quecksilber. Wenn Sie zu viel davon zu sich nehmen, führt dies zu einer weiteren Reihe von Problemen. Zu viel von dem Schwermetall kann zu kognitivem Abbau führen.

Um auf der sicheren Seite zu sein, sollten Sie andere Arten von Meeresfrüchten wie Sardellen, Wildlachs oder Forelle zu sich nehmen. Sie bieten die gleichen Vorteile, besitzen aber nicht das Risiko einer übermäßigen Quecksilberbelastung. Das ist ein wenig einschüchternd, nicht wahr? Lachs ist sehr teuer und wer mag schon Anchovis?

Ich habe mich daran gewöhnt, Anchovis zu mögen, und ich entdeckte, dass ich sie gerne esse, wenn ich sie in extra nativem Olivenöl sautiere und zusammen mit Sardellen in andere Rezepte einbaue. Pasta, Spaghetti und Pizzasoße überstanden alle eine kleine Prise Anchovis, ohne einen Proteststurm meiner Familie hervorzurufen. Ich habe nicht einfach Anchovis gegessen oder erwartet, dass meine Familie das tut. Ich begann damit, nur das Öl zu verwenden, das beim Anbraten von Anchovis in Olivenöl entsteht, und nicht den Fisch selbst. Ich fügte nach und nach Fischstückchen hinzu, als sich die Gaumen meiner Familie (meiner eingeschlossen) daran gewöhnt hatten. Gar nicht so schlecht! Noch besser ist, dass sich Anchovis praktisch in Luft auflösen, wenn man sie zerkleinert. Wenn Sie sich also erst einmal an den Geschmack gewöhnt haben, werden Sie sie gar nicht mehr bemerken.

4. No-Go: Alkohol

Ja, einige Studien befürworten ein Glas Wein pro Tag, aber zu viel Alkohol führt zu einer geringeren kognitiven Funktion und einer geringeren allgemeinen Gehirngesundheit. Eine kürzlich durchgeführte Studie mit mehr als einer Million Demenzpatienten in Frankreich ergab, dass eine der vermeidbarsten Ursachen für Demenz der Alkoholkonsum ist. Insbesondere litt die Mehrheit der Patienten mit früh einsetzender Demenz an Alkoholismus oder starkem Alkoholkonsum.

Lernen Sie, nur ein wenig Wein zum Hauptgericht zu genießen. Widerstehen Sie dem Drang, sich Mischgetränken oder schwereren Formen von Alkohol abseits des Esstisches hinzugeben.

5. No-Go: Brot und Nudeln aus raffiniertem Mehl

Brot und Nudeln aus raffiniertem Mehl wurden ihrer Nährstoffe beraubt, sodass keine Ballaststoffe mehr übrig bleiben, die den Abbau der Nährstoffe verlangsamen. Stattdessen rauschen diese verarbeiteten Kohlenhydrate durch Ihr System und verursachen einen Anstieg des Blutzuckerspiegels. Eine Ernährung voller raffinierter Kohlenhydrate wurde mit Gedächtnisstörungen sowohl bei Erwachsenen als auch bei Kindern in Verbindung gebracht. Dies kann für Brotliebhaber ein harter Brocken sein. (Ich leide besonders, wenn Brot vom Speiseplan gestrichen wird.)

Ich bin auch kein Fan von einigen der zahlreichen Vollkorn-Alternativen. Mein Übergang zu einer gesünderen Ernährung bestand darin, dass ich schrittweise vorging. Ich war streng mit mir selbst und führte Buch über meine Mahlzeiten. In der ersten Woche aß ich für jeweils fünf Mahlzeiten leckere Nudeln oder knuspriges Baguette eine Mahlzeit mit Vollkorn. In der zweiten Woche reduzierte ich das Verhältnis auf 4:1, dann auf 3:1. Ich landete schließlich bei einem Verhältnis von 2:1. Nach zwei Mahlzeiten mit raffinierten Kohlenhydraten esse ich also eine mit Vollkorn.

Ich mag zum Beispiel Wildreis. Ich mag aber auch weißes Baguette. Wildreis ist nicht mein Ersatz für Weißbrot. Wildreis ist mein Ersatz für weißen Reis. Selbstgemachte Vollkornkekse sind mein Ersatz für Baguette. Sehen Sie, was ich meine? Wann immer möglich, ersetze ich weißen Reis durch braunen oder wilden Reis. Ich habe auch immer Vollkornmehl für die Kekse vorrätig.

Mein Lieblings-Vollkornkeks-Rezept

- Heizen Sie den Ofen auf 230° vor.
- Mischen Sie 2 Tassen Weizenvollkornmehl mit einigen speziellen Gewürzen: ½ Teelöffel Salz, ½ Teelöffel gemahlener Senf, ½ Teelöffel Salbei und ½ Teelöffel Selleriesamen. Fügen Sie 4 Teelöffel Backpulver hinzu.
- Schneiden Sie ein halbes Stück harte Butter hinein. Zerkleinern Sie die Butter nun vorsichtig in erbsengroße Stücke.
- Gießen Sie 1 Tasse Sauermilch hinein (ich gebe einen Spritzer Zitronensaft oder Apfelessig in frische Milch, um sie sauer zu machen).
- Kneten Sie den Teig und formen Sie ihn auf einer bemehlten Fläche zu einer etwa einen Zentimeter dicken Scheibe. Stechen Sie die Kekse aus und backen Sie sie zehn bis zwölf Minuten lang.
- Diese herzhaften Kekse sind ein echter Renner und ich muss manchmal vier oder fünf Bleche davon machen, wenn unser Haus an Feiertagen voll ist.

5. No-Go: Sojasoße

Es scheint keine große Sache zu sein, wenn Sie ein wenig Sojasoße auf Ihr Sushi träufeln. Doch nur ein einziger Esslöffel Sojasoße enthält fast 40 % Ihrer täglichen empfohlenen **Salzmenge**. Was hat Salz mit einem vernebelten Gehirn zu tun? Eigentlich sogar eine ganze Menge. Laut einer Studie des Hypertension Journals können hochkonzentrierte, natriumhaltige Lebensmittel die Blutgefäße verengen und dadurch die Konzentrationsfähigkeit, die organisatorischen Fähigkeiten und das Gedächtnis beeinträchtigen. Eine hohe Salzaufnahme kann ebenfalls ein Elektrolyt-Ungleichgewicht mit daraus resultierender Dehydrierung verursachen, wodurch es Ihnen schwerer fallen wird, sich zu konzentrieren.

Wenn Sie das nächste Mal Sushi bestellen, entscheiden Sie sich für eine natriumarme Sojasoße oder Aalsoße (die stark nach Teriyaki schmeckt) und nehmen Sie nur wenig davon zu sich. Durch diesen einfachen Schritt können Sie Ihre Natriumzufuhr halbieren und so Ihren Fokus auf das Wesentliche richten.

6. No-Go: Pflanzenöle

Es *klingt* nur so, als ob diese gesund wären. Sie sind möglicherweise der Meinung, dass Pflanzenöle besser für Sie sein müssen als Butter, aber Sie sollten nicht darauf wetten, da Sic falsch liegen würden. Bestimmte Öle, wie Sonnenblumen-, Soja- und Rapsöl haben zwar einen höheren Gehalt an Omega-6-Fettsäuren. Aber diese Fettsäuren verursachen Entzündungen im Gehirn. Sie wollen Omega-3-Fettsäuren.

Eine bessere Wahl ist extra natives Olivenöl. Sie können es überall dort verwenden, wo Sie sonst Butter verwendet hätten, einschließlich bei Gemüse, in Backwaren und sogar auf Popcorn!

7. No-Go: Zu viel rotes Fleisch

Etwas rotes Fleisch ist gut für Sie, aber wenn das wie eine Erlaubnis klingt, jeden zweiten Abend Rindfleisch zu essen, dann liegen Sie falsch. Studien wiesen einen Zusammenhang zwischen einer Ernährung mit reichlich rotem Fleisch und dem vermehrten Auftreten von Alzheimer-Erkrankungen nach. Eine plausible Theorie besagt, dass rotes Fleisch den Eisenspiegel in unserem Blut erhöht und Eisen verursacht oxidative Schäden. Das traurige Resultat in Form von Zellverfall und Hirnschäden macht den Genuss von Burgern und Steaks nicht mehr ganz so schmackhaft, oder?

★ Wenn Sie Fleisch im Supermarkt kaufen, achten Sie auf Rindfleisch aus Weidehaltung und essen Sie nicht jeden Abend Rindfleisch.

Zusammenfassung des Kapitels

Sind Sie noch bei mir? Denken Sie daran, dass Sie bei Ihren liebgewonnenen Lebensmitteln in kleinen Schritten vorgehen müssen. Reduzieren Sie die No-Gos und führen Sie langsam Alternativen ein. Das schaffen Sie. Finden Sie Freunde mit ähnlichen Zielen und gründen Sie einen Dinner-Club. Sie werden dort neue Rezepte lernen und eine Menge moralische Unterstützung bekommen.

- Sie haben gelernt, dass es ein Irrtum ist, mit Thunfisch aus der Dose den Verzehr von fettem Fisch zu erhöhen.
- Sie haben ein tolles neues Rezept für Vollkornkekse gelernt. Das ist doch wirklich super!
- Sie haben die eine Sache gelernt, die sich für Sie am schwierigsten anhört. Diese Sache ist bei jedem Menschen anders, doch nun wissen Sie, was Sie am besten aus Ihrem Ernährungsplan streichen sollten. Das ist Ihre Herausforderung. Beginnen Sie damit, schlechte Gewohnheiten abzulegen. Wie Coach John sagt: „Wir machen Babyschritte", stimmt's?

Im nächsten Kapitel erfahren Sie, wie einfach es ist, ein gesundes Menü für Ihr Gehirn zu kreieren.

KAPITEL FÜNF:

Die MIND-Diät verbessert die Gehirngesundheit

Wir essen aus allen möglichen Gründen, nicht wahr? Manche Menschen essen, um Bodybuilding zu betreiben. Sie wollen an Wettbewerben teilnehmen, bei denen sie an Gewicht zulegen und Gewichte stemmen. Indem sie bestimmte Lebensmittel auf bestimmte Weise essen, optimieren sie ihren Körper. Manche Menschen essen für ihre schlanke Taille. Sie wollen ein bestimmtes Aussehen haben, also machen sie Diät und achten auf ihre Nahrungsaufnahme. Manche Menschen essen für ihr Herz. Sie haben Angst vor einer Herzerkrankung und ändern ihre Ernährung für ein gesundes Herz. Darauf zu achten, was man isst, ist in keiner Weise eine neue Sache.

Aber Gehirnnahrung zu essen, eine Diät, die speziell darauf ausgelegt ist, Ihr Denkvermögen und Ihre kognitiven Funktionen zu verbessern, mag Ihnen immer noch radikal erscheinen. Lassen Sie mich Sie daran erinnern, warum Sie das tun: Sie wollen Ihre Gehirnfunktion verbessern. Das bedeutet, dass Sie Ihr Gehirn mit den Nahrungsmitteln füttern müssen, *die es essen möchte*. Jep, mein Freund, so einfach ist das. Ihr Gehirn funktioniert auf höchstem Niveau, wenn es die Nahrung erhält, nach der es sich sehnt, und das bedeutet, dass Sie Ihre Ernährung umstellen müssen.

Ich habe mich in früheren Kapiteln dieses Buches auf Ernährungsstudien bezogen und die Daten und Statistiken bezüglich ihrer Wirksamkeit aufgezeigt. Als Ihr Coach möchte ich Sie ermutigen, diesen nächsten Schritt zu tun. Hoffentlich haben Sie die Rezepte im letzten Kapitel ausprobiert. Sie sind sozusagen als Appetitanreger gedacht, um Ihnen zu zeigen, dass Sie diese Veränderungen mit Freude durchführen können. Lassen Sie uns einen Pakt miteinander schließen, ja?

Probieren Sie diesen Plan sechzig Tage lang aus. *Wow! Das ist eine ziemlich strenge Verpflichtung!* Ich kann laut und deutlich hören, was Sie denken. Die einundzwanzig Tage, um eine neue Gewohnheit zu bilden, sind eine urbane Legende. Sie haben richtig gehört. Es ist ein Mythos. Nicht wahr. Eine Lüge.

Der Mythos mit den einundzwanzig Tagen stammt aus einem Hörbuch, das von einem plastischen Chirurgen geschrieben wurde, der untersuchte, wie sich Patienten nach einer rekonstruktiven Operation an ihr neues Aussehen gewöhnen. Er fand heraus, dass sie dafür etwa einundzwanzig Tage brauchten. Daraus entwickelte sich die Annahme, dass wir Menschen einundzwanzig Tage brauchen, um uns eine neue Gewohnheit anzueignen. Das ist ganz einfach. Jeder kann etwas einundzwanzig Tage lang ausprobieren, richtig? Trauigerweise waren viele Menschen mit dem Ergebnis unzufrieden und fühlten sich nach diesen einundzwanzig Tagen eher minderwertig. Sie haben es versucht, doch die neue Gewohnheit blieb einfach nicht hängen.

Neue Forschungsergebnisse erklären, warum das so ist. Eine Studie, die im European Journal of Social Psychology veröffentlicht wurde, zeigte, dass es im Durchschnitt sechsundsechzig Tage dauerte, um eine neue Gewohnheit zu entwickeln. Bei vielen Menschen dauerte es sogar drei Monate. Die Studie basierte auf einer zwölfwöchigen Längsschnittstudie zu Verhaltensweisen und veranschaulicht den Grund, warum ein längerer Versuch als drei Wochen nötig ist. *Wir alle lassen von Zeit zu Zeit unsere Gewohnheiten schleifen.* Während der vierundachtzig Tage der Studie hatte das Fehlen eines einzigen Tages keinen Einfluss auf das Ergebnis der Studie. Es wurden dennoch neue Gewohnheiten gebildet. Die Ausweitung der Anstrengungen kompensierte den fehlenden Tag, den wir uns typischerweise erlauben. Machen Sie sich nichts vor. Es braucht Zeit, um sich zu ändern und die Veränderung dann auch beizubehalten. Das ist eine Tatsache. Therapeuten und Coaches aller Disziplinen sprechen heute von neunzig Tagen, um Suchtverhalten zu verbessern, und es gibt nichts, das süchtiger macht als Essen. Keiner von uns kann überleben, ohne zu essen, und es handelt sich um eine Verhaltensweise, der wir regelmäßig frönen. Ich werde die Fakten nicht beschönigen. Denken Sie daran, dass ich Ihnen versprochen habe, Sie nicht anzulügen!

Hören Sie also auf Ihren Coach John. Erstellen Sie eine Tabelle oder kaufen Sie einen Planer mit einem Kalender darin. Ich bitte Sie nicht darum, Kalorien zu zählen oder Ihre Ernährung zu protokollieren, auch wenn Sie das vielleicht nützlich finden. *Ich bitte Sie, Ihren Fortschritt zu verfolgen. Beurteilen Sie jeden Tag selbst, ob Sie den Plan eingehalten haben.* Tun Sie dies drei Monate lang. Schauen Sie dann auf das Experiment zurück und bewerten Sie Ihre Leistung. Ich stelle Ihnen sowohl Rezepte als auch Mahlzeitenpläne im hinteren Teil dieses Buches zur Verfügung. Wenn Sie es sich einfach machen wollen, dann befolgen Sie einfach meine Mahlzeitenpläne für neunzig Tage. Wenn Sie der kreative oder abenteuerlustige Typ sind, nehmen Sie die Rezepte, die Sie lieben, und kreieren daraus Ihre eigenen.

Die meisten meiner erfolgreichen Kunden beginnen mit dem Mahlzeitenplan und gehen bald dazu über, sich ihre eigenen Rezepte auszudenken. Irgendwann fällt der Groschen. Ich denke, dass es bei Ihnen ebenfalls so sein wird. Deshalb beschreibe ich den Plan im Detail für Sie. Verstehen Sie diesen Plan zunächst. Folgen Sie meinen Vorschlägen für ein oder zwei Wochen und legen Sie dann allein los. Machen Sie sich keine Sorgen, wenn Sie einmal vom Plan abweichen müssen. Ich werde darauf eingehen, wie Sie in einem Restaurant oder auf einer Party essen können, ohne dass Ihr Erfolg dadurch beeinträchtigt wird. Für den Moment sollten Sie einfach die wissenschaftlichen Grundlagen des MIND-Diätplans verstehen und sich nicht verrückt machen lassen, okay? Sind Sie immer noch bei mir?

Lassen Sie uns beginnen. Der Verzehr bestimmter Lebensmittel (und das Vermeiden anderer) verlangsamt den Alterungsprozess des Gehirns nachweislich um 7,5 Jahre und verringert das Risiko, an Alzheimer zu erkranken. Es handelt sich dabei um die sogenannte MIND-Diät, die auf eine vom National Institute on Aging finanzierte und am Rush University Medical Center durchgeführte Studie zurückgeht. Die Ernährungsepidemiologin Martha Clare Morris, Ph.D., kombinierte die populäre DASH-Diät (Dietary Approaches to Stop Hypertension) und die mediterrane Diät zu einer hybriden Diät, die Lebensmittel bevorzugt, die nachweislich die Gesundheit des Gehirns beeinflussen.

Warum ist diese Ernährungsweise so hilfreich? Weil sie die Notwendigkeit beseitigt, ganze Menüs nach einem bestimmten Essensplan vorzubereiten. Zugegeben, ich gebe gern den ganz Akribischen unter meinen Lesern eine Gliederung vor, der sie folgen können, aber hier ist der springende Punkt: *Sie müssen es sich nicht so schwer machen. Die MIND-Diät soll ein einfacher Leitfaden für ein gesundes Leben sein.* Sagen Sie Ja zu einigen Dingen. Sagen Sie Nein zu anderen. Jep. So einfach ist das.

So sieht es aus! Das ist die MIND-Diät auf das Wesentliche reduziert. Sie werden begeistert sein, wie einfach es ist, sich gehirngerecht zu ernähren!

Füllen Sie Ihren Teller mit bestimmten Gemüsesorten

Wie sich herausstellt, hatte Ihre Mutter die ganze Zeit über Recht. Essen Sie Gemüse. Dunkelgrünes Blattgemüse senkt nachweislich das Risiko von Demenz und kognitiven Abbauerscheinungen. Ich weiß, dass einige von Ihnen darauf brennen zu fragen: Warum?

Ich werde es Ihnen sagen. Grünes Gemüse enthält jede Menge Nährstoffe, die mit einer besseren Gehirngesundheit in Verbindung gebracht werden, wie z. B. Folsäure, Vitamin E, Carotinoide und Flavonoide. Schon eine Portion pro Tag verlangsamt nachweislich die Alterung des Gehirns. Das ist *eine Portion*. Vergrößern Sie diese Portion für den optimalen Erfolg. Um Ihre

Ernährung aufzupeppen, sollten Sie mindestens sechs Portionen Grünzeug pro Woche essen. Ergänzen Sie es dann mit mindestens einer Portion einer anderen Gemüsesorte pro Tag.

Essen Sie Beeren als Nachtisch

Ich nehme an, Sie kennen das englische Sprichwort *An apple a day keeps the doctor away*. Ich selbst versuche, jeden Tag einen zu essen. Aber als Wissenschaftler verschiedene Studien zum Thema Ernährung und Gehirngesundheit überprüften, erwies sich eine Obstsorte als bedeutender als alle anderen. In einer zwanzigjährigen Studie mit über 16.000 älteren Erwachsenen wiesen diejenigen Personen, die die meisten Blaubeeren und Erdbeeren aßen, die langsamsten Raten des kognitiven Verfalls auf. Die Forscher schreiben diesen Vorteil dem hohen Gehalt an Flavonoiden in Beeren zu.

Gönnen Sie sich zwei oder mehr Portionen Beeren pro Woche, um die Gesundheit Ihres Gehirns zu verbessern. Erinnern Sie sich, dass wir in einem früheren Teil des Buches über das Clean-Eating-Konzept gesprochen haben? Essen Sie einfach Beeren. Reduzieren Sie Ihre Zeit in der Küche und *essen Sie einfach Beeren*. Das USDA legt Portionsgrößen für die meisten Obst- und Gemüsesorten fest, und Sie fragen sich jetzt vielleicht, was eine Portion ausmacht? Es ist einfacher, sich eine Portionsgröße von Grünkohl oder Spinat in einem Salat oder einer Beilage vorzustellen, aber Beeren allein als Dessert sind etwas schwieriger vorzustellen. Die empfohlene Menge ist eine Tasse, aber ist das wirklich genug? Das sind höchstens ein paar Erdbeeren, während 80 Gramm Blaubeeren etwa einer halben Tasse entsprechen. Rechnen Sie also eher mit zwei Händen voll.

Naschen Sie Nüsse (und verzichten Sie auf Oreos)

Nüsse sind, wie wir bereits erörtert haben, kalorien- und fettreich, aber sie sind ebenfalls reich an fettlöslichem Vitamin E. Wir haben bereits mehr als einmal über Vitamin E gesprochen, sodass Sie inzwischen wissen, wie sehr Ihr Gehirn die wunderbaren Qualitäten von Vitamin E zu schätzen weiß. Das ist ein guter Kompromiss. Greifen Sie mindestens fünfmal pro Woche zu einer Handvoll gehirngesunder Nüsse. Lassen Sie die verarbeiteten Snacks wie Chips oder Gebäck weg, und das bedeutet, dass Sie auch auf die Oreos verzichten sollten. Werden Sie zum Etikettenleser. Prüfen Sie die Liste der Inhaltsstoffe und entscheiden Sie sich für trocken geröstete oder rohe, ungesalzene Sorten, um die zusätzlichen Natrium-Süßstoffe oder Öle zu vermeiden. Seien Sie sich bewusst, dass Erdnussbutter, die nicht gerührt werden muss, in der Regel mit Zusatzstoffen versehen ist. Sie können gesunde Sorten finden, aber *lesen Sie unbedingt die Etiketten!*

Kochen Sie größtenteils mit extra nativem Olivenöl

Ein weiteres Grundnahrungsmittel der mediterranen Ernährung, das Sie in der MIND-Diät vorfinden werden, ist extra natives Olivenöl. Wissenschaftler empfehlen, Butter und Margarine zu vermeiden. Verwenden Sie mehr Olivenöl. Das war eine happige Umstellung für unseren Haushalt. Wir gehörten zu denjenigen, die ständig Butter verwendeten, und es fiel uns schwer, diese Gewohnheit abzulegen. Wir entdeckten jedoch Folgendes: Mit Olivenöl zu kochen und unser Essen mit frischen Kräutern zu würzen, machte unsere Lieblingsgerichte genauso schmackhaft. Der Anbau von Kräutern auf der Fensterbank war sowohl für das Auge als auch für den Magen ein wahrer Genuss.

Sie kennen Olivenöl noch nicht? Rachael Ray prägte den Begriff EVOO (extra virgin olive oil – extra-natives Olivenöl), und das ist genau das, wonach Sie auf dem Etikett suchen sollten. Wenn Sie sich an frühere Kapitel aus diesem Buch erinnern, bezieht sich der Begriff extra-nativ auf die Art, wie das Öl verarbeitet wurde, nämlich ohne Chemikalien. Kaufen Sie außerdem eine Flasche aus undurchsichtigem oder dunklem Glas, um seine Unversehrtheit und Frische zu bewahren.

Lernen Sie, fleischlose Mahlzeiten zu genießen

Eine gehirngesunde Ernährung animiert dazu, weniger Fleisch zu essen. Rechnen Sie bei der idealen MIND-Diät damit, weniger als viermal pro Woche rotes Fleisch zu essen. Bohnen, Linsen und Sojabohnen, die alle reich an Eiweiß und Ballaststoffen sind, sind ein vollwertiger Ersatz. Sie machen satt und sind außerdem reich an B-Vitaminen, die ebenfalls sehr wichtig für die Gesundheit des Gehirns sind. Ich habe nicht nur ein, sondern zwei mit Eselsohren versehene Exemplare von *Diet for a Small Planet*. Frances Moore Lappe bietet darin Rezepte, mit denen man anfangen kann, fleischlastige Menüs gegen gesündere Alternativen auszutauschen.

Irgendwann habe ich mein erstes Exemplar verloren oder ausgeliehen und musste mir ein zweites kaufen. Natürlich habe ich mein Original wiedergefunden, sodass ich jetzt zwei habe und eines nach Belieben verleihen kann. Frau Lappe spricht viel über komplementäre Proteine, und ich werde im hinteren Teil des Buches berichten, wie ich einige der Rezepte angepasst und meine eigenen Favoriten kreiert habe. Fürs Erste sollten Sie das Konzept einfach immer wieder in Ihrem Kopf durchgehen. Gewöhnen Sie sich daran. Ich verspreche Ihnen, es ist nicht so schlimm, wie es klingt.

Planen Sie einmal pro Woche Fisch ein

Haben Sie Schwierigkeiten, sich an die Namen von Menschen zu erinnern, die Sie gerade erst kennengelernt haben? Das ist normal, wenn wir älter werden ... oder doch nicht? Erwachsene (über 65 Jahre), die angaben, einmal pro Woche Fisch zu essen, erzielten bei Gedächtnistests bessere Werte als ihre Altersgenossen, die keinen Fisch mögen. Das stimmt tatsächlich. Sie erinnerten sich besser an Fakten und schnitten bei Zahlenspielen besser ab als die Nicht-Fisch-Esser. Wenn Sie kein Fan von Fisch sind, können Sie beruhigt sein: Es gibt keine Beweise dafür, dass der Verzehr von Fisch mehr als einmal pro Woche einen zusätzlichen Nutzen für Ihr Gehirn hat.

Das ist einmal pro Woche für Höchstleistungen. Sie verstehen, worauf ich hinauswill, richtig?

Es ist in Ordnung, Wein zu trinken

Natürlich spreche ich nicht von übermäßigem Alkoholgenuss. Zu viel Alkohol ist auf vielen Ebenen schlecht für Ihren Körper. Allerdings deuten Studien darauf hin, dass ein Glas Wein Ihr Risiko für Demenzerkrankungen senken kann. Das heißt, es kann den Ausbruch der Alzheimer-Krankheit um ein bis zwei Jahre verzögern. Das ist ziemlich bedeutsam.

Schauen Sie einmal in Ihren Terminkalender der letzten zwei Jahre. Welche wichtigen Ereignisse hätten Sie verpasst, wenn sich Ihr Gehirn zu früh abgeschaltet hätte? Hochzeiten, Feiertage, Beförderungen, Abschlussfeiern … Viele besondere Ereignisse prägen Ihr Leben. Sie sind bedeutsam für Sie und auch bedeutsam für Ihre Familie und Freunde. Seien Sie gut zu sich selbst und Ihren Lieben. Schützen Sie Ihr Gehirn, damit Sie diese Ereignisse weiterhin genießen können!

Zusammenfassung des Kapitels

Wir haben in diesem Kapitel viele wichtige Lebensmittel besprochen, Lebensmittel, die Sie in Ihre Ernährungsweise aufnehmen müssen.

- Essen Sie mehr grünes Blattgemüse.
- Versuchen Sie, Ihre süßen Leckereien durch gesunde Alternativen zu ersetzen.
- Essen Sie mehr Nüsse.
- Entscheiden Sie sich für extra natives Olivenöl.
- Essen Sie weniger Fleisch.
- Essen Sie mehr Fisch.
- Trinken Sie ein Glas Wein zum Abendessen.

Im nächsten Kapitel werden wir die Ärmel hochkrempeln und mehr über die Ernährungspläne erfahren, die Ihre Gehirngesundheit optimieren werden. Ich bin gespannt!

KAPITEL SECHS:

Was steht auf Ihrer Einkaufsliste?

Mit Theorie allein ist es nicht getan. Wenn Sie Ihr Gehirn wirklich schützen wollen, ist es an der Zeit, die theoretischen Grundlagen in die Praxis umzusetzen. Wir können so viel lernen, wie wir wollen, und all die richtigen Schlagworte sagen. Doch bis wir es in die Tat umsetzen, ist es nur das. Reden. Es ist an der Zeit, zur Sache zu kommen und davon zu erfahren, wie ein Tag mit der MIND-Diät aussieht. Sie sollten sich dieses Kapitel gut durchlesen und sich daran gewöhnen. Wir haben bereits darüber gesprochen, dass Sie die MIND-Diät drei Monate lang auszuprobieren sollten, und dies ist Ihr erster Vorgeschmack darauf, wie ein Tag mit der MIND-Diät aussieht, schmeckt und sich anfühlt ... Ich hoffe, Sie genießen es!

Lassen Sie es uns nochmals zusammenfassen. Die MIND-Diät bedeutet:

- Sechs Portionen grünes Blattgemüse pro Woche und eine Portion anderes Gemüse pro Tag
- Fünf Portionen Nüsse pro Woche.
- Zwei Portionen Beeren pro Woche.
- Drei Portionen Bohnen und Hülsenfrüchte pro Woche.
- Weniger rotes Fleisch, mehr weißes Fleisch – zwei Portionen Geflügel pro Woche.
- Essen Sie einmal in der Woche Fisch.
- Lassen Sie die Butter weg und kochen Sie mit Olivenöl.
- Genießen Sie ein Glas Wein pro Tag.

Konkret bedeutet das, dass Sie weniger als vier Portionen rotes Fleisch pro Woche essen, weniger als einen Esslöffel Butter pro Tag, weniger als eine Portion Käse pro Woche, weniger als fünf

Portionen Gebäck und Süßigkeiten pro Woche und weniger als einmal pro Woche Fast Food. Dies sind Ihre Ausgangsparameter. Arbeiten Sie daran, diese Lebensmittel im Laufe Ihres neunzigtägigen Programms weiter zu reduzieren.

Frühstück

Niemand stellt die Rolle in Frage, die ein gutes Frühstück für Ihre Gesundheit spielt. Also ist es kein Wunder, dass es Ihr Gehirn ebenfalls liebt zu frühstücken. Für mich war das eine knifflige Angelegenheit. Ich bekam immer erst um 10 Uhr Hunger, obwohl ich morgens um 7:30 Uhr mein Zuhause verlassen musste. Meine frühere schlechte Angewohnheit, lange aufzubleiben und bis zur letzten Minute zu schlafen, erschwerte es mir zusätzlich, ein gesundes und nahrhaftes Frühstück einzunehmen.

Die Umstellung auf ein MIND-Frühstück erforderte einen kompletten Paradigmenwechsel für mich und im weiteren Sinne auch für meine Familie, doch wir sprachen darüber. Wir überlegten uns, wie eine Woche MIND-Frühstück aussehen könnte, und gingen dann in den Supermarkt. Wir begannen mit dem Ziel, in der ersten Woche zweimal ein MIND-Frühstück zu machen, erweiterten dann unseren Speiseplan und bauten ihn schließlich nach und nach aus. Hier ist unser erster Versuch, diesen Übergang zu schaffen.

Beginnen Sie Ihren Tag mit einem Frühstück, das Ihr Gehirn anregt. Essen Sie Cerealien. Ich und meine Familie stellten fest, dass wir Haferflocken mit Nüssen und Beeren sehr gerne essen. Es war einfacher für uns, das Porridge am Vorabend im Kochtopf zuzubereiten und dann am Morgen die anderen Zutaten hinzuzufügen. Das war unser erster Versuch. Es ist ein tolles Rezept, das wirklich kinderleicht zuzubereiten ist.

Apfel-Haferflocken

Zwei Portionen.

- Zwei geschnittene Äpfel in einen Topf geben.
- Fügen Sie ⅓ Tasse Stevia-Zucker hinzu. Wir verwendeten braunen Zucker.
- Nun folgt 1 Teelöffel Zimt.
- Zwei Tassen Haferflocken dazugeben.
- 4 Tassen Wasser darübergießen.

Nicht umrühren. Über Nacht für acht bis neun Stunden einweichen lassen. Morgens in jede Schüssel eine Handvoll Nüsse und ½ bis 1 Tasse Blaubeeren geben. Nun ein wenig fettfreie Milch darübergießen und genießen.

Es half uns, dass wir im Herbst anfingen, als es morgens noch richtig kalt war. Die Apfel-Haferflocken sind superlecker und ein echter Gaumenschmaus. Es dauerte nicht lange und die Apfel-Haferflocken wurden wöchentliches Grundnahrungsmittel für die ganze Familie.

Mittagessen

Ich nahm mein Mittagessen meistens am Schreibtisch ein und entwickelte die schlechte Angewohnheit, mir Fast Food zu schnappen und zurück an meinen Schreibtisch zu eilen, um es zu essen, während ich arbeitete. Kein Wunder, dass mein Gehirn am Nachmittag träge wurde und ich mir ein Snickers gönnte, um den Rest des Tages zu überstehen. Diese Mahlzeit war ausschlaggebend für meine Umstellung auf eine gehirngesunde Ernährungsweise.

★ Der Clou war, mir ein tolles Abendessen zuzubereiten, das groß genug war, um eine restliche Portion mit zur Arbeit nehmen zu können. Mit der Mikrowelle im Pausenraum konnte ich mir meine Mahlzeit aufwärmen und aß diese wie immer am Schreibtisch.

Noch wichtiger war, dass ich nicht mehr den üblichen Durchhänger um 15 Uhr erlebte, sondern den ganzen Nachmittag durcharbeiten konnte.

Snack am Vormittag

Zuerst bewahrte ich Nüsse und Studentenfutter (ohne M & Ms) in meinem Schreibtisch auf, um sie zu naschen und den Heißhunger an den Tagen zu stillen, an denen ich *kein* gehirngerechtes Mittagessen hatte. Da ich Nüsse liebe, war das ganz einfach. Schließlich entwickelte ich sogar ein Muster für meinen Snackgenuss, dazu aber mehr im nächsten Kapitel!

Abendessen

Den Großteil meiner Kalorien und Fette nahm ich typischerweise beim Abendessen zu mir. Ich brauchte Rezepte gegen Demenz und scheute zunächst die Idee, neue Lebensmittel wie Quinoa auszuprobieren. Ich wuchs mit Fleisch und Kartoffeln auf und bin misstrauisch gegenüber neuen Zutaten. Meine Abenteuerlust entwickelte sich erst, als ich mich daran gewöhnt hatte, mich gut zu fühlen und etwas Abwechslung in mein Leben zu bringen.

Piratensäbel-Nudeln mit Huhn

Sechs Portionen.

Wir mussten kreativ sein, um die ganze Familie bei diesem Unterfangen mit einzubeziehen, und das bedeutete, dass wir die Rezepte anpassen und uns attraktivere Namen für die Gerichte ausdenken mussten. Fragen Sie mich nicht, wie wir auf diesen Namen für eine mediterrane Art von Pasta gekommen sind. Ich glaube, unsere Kinder standen auf Piraten und wir benutzten Säbel (lange Messer), um die Zutaten zu schneiden. Sehen Sie, wie einfach es ist, auch die Allerkleinsten (und mich selbst!) dazu zu bringen, eine ganz neue Art der Ernährung zu erforschen? Dies war unser erster Ausflug in die Welt der gesunden, gehirngerechten MIND-Abendessen.

Leicht gesalzenes Wasser aufkochen und eine Packung Vollkornnudeln al dente kochen. Abspülen.

Für die Pfanne vorbereiten:

- 2 Hühnerbrüste, in dünne Scheiben oder Würfel geschnitten
- 1 Zwiebel, gehackt
- 4 Tassen gewaschener Spinat, in schmale Streifen geschnitten, die die Kleinen nicht herauspicken können
- 1 Packung Champignons, mit einem feuchten Papiertuch gesäubert, in Scheiben geschnitten
- 1 gehackte Knoblauchzehe
- 1 Tasse gehackte Mandeln
- eine Handvoll gehackte Kräuter

Braten Sie die Zutaten in nativem Olivenöl extra in der angegebenen Reihenfolge an. Wenn sie fertig sind, fügen Sie Ihre Nudeln hinzu. Wir garnierten sie mit gehackten frischen Kräutern, da wir Töpfe mit Salbei, Basilikum, Rosmarin und glatter Petersilie auf der Fensterbank hatten. Unser Favorit war dabei die glatte Petersilie. Dann träufelten wir noch ein wenig Olivenöl darüber, um sicherzustellen, dass die Nudeln feucht blieben.

Dieses Gericht wurde zum Lieblingsessen meiner ganzen Familie und wir alle können es Ihnen nur empfehlen.

Ihre Einkaufsliste

Für Woche eins sollten Sie die folgenden Lebensmittel im Supermarkt einkaufen:

Aus der Frischeabteilung:

- 2 Packungen Blaubeeren
- eine Tüte Äpfel
- frische Champignons (250 Gramm)
- 1 große Tüte frischer Spinat
- 1 kleine Zwiebel

- 1 Knoblauchknolle
- 1 kleines Bündel frischer Kräuter, wenn Sie Ihre Mahlzeit noch etwas würzen möchten

Aus den Regalen:

- 1 Packung Haferflocken
- einen Zuckeraustauschstoff. Wir verwenden sowohl Stevia als auch Zuckeralkohol-Ersatz.
- einen großen Sack gehobelte Mandeln aus Großbehältern.
- eine Packung Farfalle-Vollkornnudeln
- eine Flasche Olivenöl extra nativ

Von der Fleischtheke:

- 2 Hühnerbrüste

Aus der Milchprodukteabteilung:

- 4 Liter fettarme Milch

Sind Sie bereit? Seien Sie mutig. Probieren Sie es aus. Sie haben alle Fakten auf dem Tisch und kennen die Vorteile. Jetzt haben Sie einen Plan, den Sie ausprobieren können. Dies ist der Punkt, an dem es losgeht. Dies ist der Punkt, an dem Sie etwas Mühe investieren und sich bereit dazu machen müssen, Ihre Fortschritte zu dokumentieren.

★ Erinnern Sie sich, dass wir über diese Tabelle gesprochen haben? Setzen Sie einen Stern oder ein Häkchen in jedes Feld, in dem Sie eine MIND-Mahlzeit in Ihren Tagesablauf eingefügt haben. Zwischenmahlzeiten zählen natürlich auch. Ihr Ziel bis Tag 90 besteht darin, drei oder vier Häkchen in jedem Quadrat zu haben. So messen Sie Ihren Fortschritt auf eine visuelle Art und Weise, die Sie in Ihren Bemühungen bestärkt.

Zusammenfassung des Kapitels

Es bringt wenig, nur etwas über das Thema Gehirngesundheit zu lesen, wenn Sie keine gehirngesunden Lebensmittel essen. Nun ist an der Zeit, ein wenig Mühe und Geld zu investieren, um zu lernen, wie Sie auch in Zukunft demenzfrei leben können.

- Denken Sie daran, dass wir es nur diese Woche ausprobieren. Es ist ein Tag. Vierundzwanzig Stunden.
- Wir machen Babyschritte. Wenn Sie zu früh zu viel ausprobieren, ist das eine Form der Selbstsabotage.
- Sie haben alles, was Sie brauchen, um Erfolg zu haben. Sie müssen sich nur an den Tisch setzen.

Im nächsten Kapitel lernen Sie, wie Sie gesund naschen können. Dies ist genauso wichtig wie Ihr Probelauf am ersten Tag.

KAPITEL SIEBEN:

Die allerbesten Naschereien fürs Hirn

Seien wir ehrlich. Manchmal werden Sie naschen. Egal, ob es sich um das große Spiel, das Pauken für einen Test, die Fertigstellung eines Projekts oder einfach nur um einen Abend mit Freunden handelt, Sie werden naschen. Einige Ihrer Snacks, die Sie jedoch aktuell naschen, sind nicht gerade hilfreich. Zuckerhaltige Snacks führen zu einem Zucker-Crash, gefolgt von einem Notfall-Nickerchen. Salzige Chips und arterienverstopfende Dips sind schlichtweg ungesund. Die richtigen Snacks machen Sie im Gegensatz produktiver. Nehmen Sie Lebensmittel zu sich, die Ihren Fokus schärfen. Knabbern Sie Gehirnnahrung.

Konzentrieren wir uns dabei auf gute Snacks. Gute Appetithäppchen. Lebensmittel, die Sie, Ihre Familie und Ihre Gäste genießen werden. Ich fange mit Snacks an, die Sie bereits zuhause in Ihrer Speisekammer vorrätig haben und die immer für einen schnellen Muntermacher zur Verfügung stehen. Danach verrate ich Ihnen Knabber-Rezepte, die Sie für einen besonderen Anlass nutzen können.

- ❖ Greifen Sie zu Nüssen. Mandeln sind gesund und lecker. Wenn Sie kein Fan von Mandeln sind, dann probieren Sie Erdnüsse, Cashews, Walnüsse oder Pistazien.

  - ★ Der Trick dabei ist, die ungesalzenen Sorten zu kaufen und notfalls selbst ein wenig nachzusalzen.

- ❖ Kaufen Sie kernlose Trauben. Kaufen Sie eine Packung Trauben, wenn sie im Angebot sind, packen Sie sie in einen Ziplock-Beutel und legen Sie sie in den Gefrierschrank.

- ★ Wenn Sie Kinder haben, müssen Sie die Trauben vielleicht verstecken. Unsere Kinder fanden das Versteck und schnappten sich einige, um sie mit nach draußen zu nehmen. Okay, ehrlich gesagt haben sie sich die ganze Tüte geschnappt und sind mit ihrer Beute abgehauen!

- ❖ Dunkle Schokolade. Sie werden sich bestimmt an die vielen Vorteile (Antioxidantien und natürliche Stimulanzien) für Ihr Gehirn erinnern. Denken Sie an die Endorphine und die glücklichen Gedanken, die Sie bekommen werden, wenn Sie dunkle Schokolade naschen. Doch denken Sie auch an die Kalorien. Dies ist ein Knabber-Snack, kein Lebensmittel, das Sie bedenkenlos verzehren können.

- ❖ Luftgepopptes Popcorn. Bereiten Sie eine gesunde Version zu, indem Sie etwas natives Olivenöl extra daraufträufeln und dann etwas Salz darüber streuen. Halten Sie einen Streuer mit Zimtzucker bereit, wenn Sie Lust auf Süßes haben. Genießen Sie Ihr gesundes Popcorn und lassen Sie es sich schmecken!

- ★ Werfen Sie die Mikrowellenbeutel weg und gewöhnen Sie sich daran, Ihr eigenes Popcorn zu machen.

- ❖ Gemüse und Hummus. Sie wissen bereits, dass dieser Snack sehr lecker ist, aber wussten Sie auch, dass er gut für Sie ist? Hummus besteht aus Kichererbsen, ist reich an B-Vitaminen und auch die Ballaststoffe sind nicht zu verachten.

- ★ Wenn Sie Gemüse kaufen, legen Sie es nicht einfach in den Kühlschrank, während Sie Ihre Einkäufe einräumen. Nehmen Sie sich ein paar Augenblicke Zeit, um es zu waschen und in Scheiben zu schneiden, damit Sie es leichter naschen können. Sie werden feststellen, dass es viel einfacher ist, zu einem gesunden Snack zu greifen, wenn er schon fertig ist und auf Sie wartet.

❖ Griechischer Joghurt. Er hat nicht nur einen höheren Proteingehalt (doppelt so viel pro Portion), sondern enthält auch zahlreiche Nährstoffe, die gut für Ihre Knochen sind, sowie Probiotika, die den Darm unterstützen.

★ Lassen Sie die zuckerhaltigen Sorten weg und machen Sie Ihre eigenen Varianten. Beträufeln Sie Ihren griechischen Joghurt mit Honig oder fügen Sie etwas übrig gebliebenen Obstsalat hinzu.

★ Gönnen Sie sich doch einmal ein wenig Obstsalat mit Joghurt. Ich verwende klare Plastikbecher, damit man die bunten Früchte in all ihrer Pracht sieht. Wechseln Sie Schichten von Joghurt mit Schichten von frischen Früchten ab und krönen Sie Ihr Meisterwerk mit ein paar Haferflocken. Damit können Sie sowohl Ihre Gäste beeindrucken als auch Ihre Familie an einem verschlafenen Samstagmorgen verwöhnen.

❖ Studentenfutter. Bewahren Sie es in einem luftdichten Behälter bis zu einen Monat lang auf, damit es immer zur Hand ist, wenn Sie etwas davon brauchen. Seien Sie vorsichtig bei den Sorten, die Sie im Laden finden, die mit gehärtetem Öl, Salz und Zucker hergestellt werden.

★ Stellen Sie Ihr eigenes Studentenfutter her. Verwenden Sie Kürbiskerne, Cashews, Sonnenblumenkerne, Pekannüsse, Mandeln, getrocknete Cranberrys, Rosinen ... aber lassen Sie die Süßigkeiten weg. Ersetzen Sie sie durch Luxusartikel wie getrocknete Ananas oder andere Lieblingsleckereien.

❖ Obstsalat. Machen Sie eine große Menge davon und essen Sie ihn sowohl zum Frühstück als auch als Snack. Nehmen Sie dazu alle Ihre Lieblingsfrüchte, wie Äpfel, Orangen, Trauben, Erdbeeren, Heidelbeeren, Kiwi, ungesüßte Ananasstücke und Bananen. Neben der Befriedigung der Geschmacksknospen werden Sie Ihren Körper mit jeder Menge Energie, natürlichen Ballaststoffen und einer Vielzahl von Vitaminen und Mineralien versorgen.

- ★ Wir lieben eine Handvoll gehackte Minze in unserem Obstsalat. Bewahren Sie ein wenig Minze auf Ihrer Fensterbank auf, denn Minze hat immer Saison

- ❖ Wenn Sie dem Drang zum Dippen nicht widerstehen können, dippen Sie Äpfel in Erdnussbutter. Lecker!

- ★ Wenn Sie Dips für eine Party machen, bereiten Sie doch diese süßen entzückenden kleinen Sandwiches zu, die Sie auf Pinterest finden können.

- ❖ Geröstete Kichererbsen. Wenn Sie die perfekte Alternative zu Chips oder Crackern suchen, haben Sie sie jetzt gefunden. Kichererbsen stecken voller Ballaststoffe und Eiweiß.

- ★ Braten Sie die Kichererbsen im Ofen bei 100° für 45 Minuten bis eine Stunde. Würzen Sie sie mit Chilipulver und einer Prise Salz. Zur Abwechslung können Sie Knoblauch und Parmesan oder Honig und Zimt hinzufügen.

- ❖ Avocados! Wir lieben es, sie zu pürieren und auf Toast zu streichen. Bereiten Sie eine leckere Guacamole zu und alle werden begeistert sein!

- ❖ Bananeneis. Gönnen Sie sich Ihre tägliche Dosis Kalium, indem Sie mehrere Bananen im Angebot kaufen. Schälen Sie sie und frieren Sie sie für Smoothies ein, oder pürieren Sie sie einfach in Ihrer Küchenmaschine für einen cremigen Eisersatz.

- ❖ Grünkohl-Chips. Jep. Backen Sie sie wie die Kichererbsen und naschen Sie sie anstelle von Kartoffelchips.

Kein Kapitel wie dieses wäre komplett ohne einen Abschnitt über Smoothies. Diese sind die ultimativen Dauerbrenner für unsere

Familie. Die meisten unserer Kreationen beginnen mit Eis. Geben Sie danach Obst und Gemüse dazu. Ich werfe normalerweise noch eine Handvoll gefrorenen Grünkohl in den Mixer. (Meine Kinder merken es nie.) Gießen Sie ein wenig Mandelmilch oder Wasser oder Saft dazu. Stellen Sie Ihren Mixer auf die Smoothie-Stufe und machen Sie Ihre Geschmacksknospen bereit. Möglicherweise müssen Sie den Mixer stoppen, wenn sich das gefrorene Obst am Boden festsetzt (Sie merken, dass er eine Pause braucht, wenn Ihr Mixer anfängt zu ächzen und schließlich zu qualmen). Ich verwende einen hölzernen Löffelstiel, um den Inhalt aufzulockern, und gebe einen Schuss mehr Flüssigkeit hinzu. Dann läuft er wieder auf Hochtouren. Schließlich gebe ich noch ein oder zwei Päckchen Stevia hinzu, wenn mir der Smoothie noch zu sauer ist. Ich habe immer etwas zuckerfreies Proteinpulver zur Hand, wenn sich meine Jeans zu eng anfühlen und wenn ich einen Keto-Snack brauche. In meiner Küche habe ich ein hohes Glas, das immer mit Strohhalmen für jede Gelegenheit gefüllt ist. Das sind unsere Smoothie-Lieblingsversionen! Sie werden bemerken, dass ich nur selten etwas abmesse. Machen wir uns die ganze Sache doch einfach und unkompliziert.

❖ Schokoladen-Genuss. Ein paar Eiswürfel, gefrorene Bananen, ein paar Esslöffel Erdnussbutter, gefrorener Grünkohl, eine viertel Tasse Haferflocken und ein gehäufter Löffel Kakao. Manchmal gebe ich noch einen kleinen Schuss Mandelmilch dazu.

❖ Blueberry Delight. Beginnen Sie mit ein paar Eiswürfeln und geben Sie ein paar gefrorene Bananen sowie die gefrorenen Blaubeeren hinzu, die Sie im Angebot gekauft und für eine spätere Verwendung aufbewahrt haben. Ich gebe meist noch etwas Mandelmilch hinzu.

❖ Kakao-Avocado-Shake. Eine halbe Avocado, ein paar Esslöffel Kakao, ein oder zwei Päckchen Stevia, ein Teelöffel Vanille, eine Tasse Eis und etwas Kokosmilch. Lecker! Sehr sättigend und keto-tauglich obendrein!

- ❖ Aloha-Smoothie. Orangen und Ananasstücke mit Fruchtsaft.

- ❖ Sonnenschein-Shake. Erdbeeren und Bananen, Vanille-Proteinpulver mit Mandelmilch.

- ❖ Schoko-Beere. Ein paar Eiswürfel, frische oder gefrorene Erdbeeren, ein paar Esslöffel Kakao, etwas gefrorener Grünkohl und Mandelmilch.

- ❖ Bauchtrimmer. Eine Banane, eine Handvoll Haferflocken, eine Handvoll gefrorener Erdbeeren und ca. eine Tasse Wasser.

- ❖ Schokoladen-Frostie. Eiswürfel, ein paar Esslöffel Kakaopulver, eine kleine gefrorene Banane, ein halber Teelöffel Vanille, ein wenig Mandelmilch. (Gefrorener Grünkohl lässt es noch schokoladiger aussehen.)

- ❖ It's a date. Ich verwende Mandelbutter anstelle von Erdnussbutter. Zerkleinern Sie ein paar entsteinte Datteln, fügen Sie eine Banane und eine Tasse Mandelmilch hinzu.

- ❖ Grün, grün, grün. Natürlich besteht dieser Smoothie fast nur aus Spinat. Ich füge entweder einen in Scheiben geschnittenen Apfel oder Ananasstücke hinzu. Manchmal werfe ich etwas übrig gebliebene Gurke hinein und gebe ein paar Esslöffel griechischen Joghurt dazu. Füllen Sie das Ganze mit etwas Orangensaft auf. Dies ist ein entgiftender Smoothie, der trotzdem total lecker schmeckt.

Peppen Sie Ihre Smoothies mit einer Garnierung aus Früchten auf, oder stecken Sie Bananenscheiben auf den Rand des Glases. Streuen Sie ein paar Haferflocken darüber. Diese Smoothies lassen sich zu jedem Anlass genießen, von einem Wochenendfrühstück bis zu einem sommerlichen Nachmittags-Muntermacher. Außerdem sind Smoothies ein tolles Frühstück für unterwegs. Spülen Sie jedoch Ihr Plastikglas aus, sobald Sie im Büro sind.

Vorspeisen nehmen einen großen Teil meiner Aufmerksamkeit in Anspruch. Von Firmenfeiern über Nachbarschaftstreffen bis hin zu einem Spieleabend mit vielen Leuten – manchmal brauche ich einfach etwas Ausgefalleneres als „Ants on a Log" (Sellerie mit Erdnussbutter und Rosinen). Das Schlimmste daran ist, dass ich immer an meinem geschäftigsten Tag der Woche eine Vorspeise zu brauchen scheine, wenn ich am wenigsten vorbereitet und am müdesten bin. Deshalb brauchen Sie ein paar gute Ideen, damit Sie nie in die Versuchung kommen, in den Chips- und Dip-Modus zurückzufallen (Ächz! Tun Sie es nicht!) Diese Vorspeisen werden Ihnen sicher gefallen, und ich habe nur die Rezepte aufgenommen, deren Zutaten Sie bereits im Haus haben sollten.

★ Am Ende dieses Kapitels finden Sie eine Lebensmittelliste. Legen Sie sich Vorräte an. Bereiten Sie das Gemüse oder Obst nach Anleitung zu, wenn Sie es auspacken und lagern. Dieser Trick wird Ihnen das Leben erleichtern und Sie werden nie wieder unvorbereitet sein.

Eine gute Vorbereitung schützt Sie davor, Ihren Freunden und Ihrer Familie etwas zu servieren, das zwar gut aussieht, aber mit unerwünschtem, arterienverstopfendem Fett gefüllt ist. Ihre Snacks müssen nicht frittiert oder mit Unmengen von Käse überbacken sein. Stellen Sie sich auf eine gesündere Ernährung ein und verzichten Sie dabei dennoch nicht auf den Geschmack. Ich verspreche Ihnen, dass diese Gerichte gut aussehen, köstlich schmecken und ... darf ich es sagen? Lassen Sie es mich flüstern ... auch noch gesund sind. Entscheiden Sie sich für Qualität. Und zwar immer. Hier sind einige unserer Favoriten.

Poseidons Speer

Dieses Gericht ist unglaublich einfach, aber dennoch lecker. Sie brauchen nur wenige Minuten, um es zuzubereiten.

1. Schälen Sie eine frische Gurke und lassen Sie ein wenig Schale für die Farbe dran. Schneiden Sie die Gurke in Scheiben.

2. Geben Sie auf jede Scheibe einen Klecks griechischen Joghurt, gewürzt mit Dill und Meerrettich. (Ich verwende beim Anrühren ein Verhältnis von 3:1. Eine Tasse Joghurt mit drei Esslöffeln Dill und einem Esslöffel Meerrettich.)
3. Legen Sie einige mundgerechte Stücke Räucherlachs darauf.
4. Spießen Sie nun alles mit einem schicken Cocktailspieß auf.
5. Legen Sie ein paar übrig gebliebene Dillzweige auf den Teller und voila! Greifen Sie zu.

Gewürzte Äpfel

Mit diesem Gericht können Sie nichts falsch machen. Süße, knusprige Äpfel in einem leckeren Hähnchensalat schmecken einfach jedem.

1. Ich kaufe immer ein paar Rotisserie-Hühner, wenn sie im Angebot sind. Ich entbeine sie, zerkleinere das Fleisch und friere es in beschrifteten Ziplock-Beuteln ein. Damit haben Sie bereits die schmutzige Arbeit erledigt, wenn es Zeit ist, eine Vorspeise zuzubereiten. Nehmen Sie eines der Hähnchen aus dem Gefrierschrank und legen Sie es für eine Minute in die Mikrowelle – fertig.
2. Geben Sie das aufgetaute Hähnchen in eine Schüssel. Fügen Sie getrocknete Cranberrys, geröstete und gehackte Pekannüsse, dünn geschnittenen Sellerie, halbierte Weintrauben, kleine Ananasstücke usw. hinzu. Falls Sie es noch nicht bemerkt haben: Ich nehme einfach alles, was ich gerade in meinem Kühlschrank finde. Damit können Sie nichts falsch machen.
3. Bereiten sie das Dressing zu. Ich beginne mit griechischem Joghurt und füge etwas Zitronensaft, Salz und Pfeffer sowie eine Prise Currypulver hinzu.
4. Schneiden Sie einen ganzen Apfel in dünne Scheiben. Wenn Sie diesen nicht sofort verwenden, bespritzen Sie

den Apfel mit ein wenig Zitronensaft, damit er nicht braun wird.
5. Geben Sie einen Löffel Hähnchensalat auf jeden der Teller. Das war's!
6. Kombinieren Sie die Apfelscheiben mit einem Weißwein und schon haben Sie ein einfaches, aber dennoch schmackhaftes Gericht zubereitet.

Windräder

Egal, welcher Wochentag es ist, in meinem Kühlschrank befindet sich immer eine Tüte Tortillas. Wir lieben Tacos und Burritos und wir ersetzen damit das Brot in Sandwiches. Mit Tortillas machen Sie sich zudem nie die Finger schmutzig, sie lassen sich gut auf einem Teller anrichten und sehen auch noch toll aus.

1. Beginnen Sie mit einer beliebigen Tortilla, die Sie zur Hand haben.
2. Bereiten Sie den Aufstrich zu, indem Sie in einer Schüssel Hummus, gehackten Spinat, gehacktes Basilikum, einige sonnengetrocknete Tomaten mischen und ein paar geröstete Pinienkerne unterrühren.
3. Bestreichen Sie jede Tortilla mit einer Schicht Ihrer Mischung und rollen Sie sie auf.
4. Schneiden Sie sie in Scheiben und servieren Sie sie auf einem Teller. Fügen Sie einen Zweig frischer Kräuter als Garnierung hinzu, um das Gericht besonders schick aussehen zu lassen.

Gefüllte Pilze

Diese sind ziemlich raffiniert! Und das Beste daran ist, dass Sie den Geschmack nicht für leere Kalorien opfern müssen. Mit den gefüllten Pilzen bringen Sie Ihre Gehirnnahrung auf ein neues Level und das geht so: Beginnen Sie mit Ballaststoffen und vielen Vitaminen und Mineralien. Fügen Sie nun eine ganze Menge Antioxidantien hinzu. Peppen Sie die Pilze mit einer Prise Geschmack auf. Schieben Sie sie in den Ofen, und in wenigen Minuten haben Sie ein fabelhaftes Gericht, das Sie selbst bei den ausgefallensten Anlässen servieren können. Die Pilze haben die perfekte Größe, machen auch optisch etwas her und sind zudem sehr gesund!

1. Heizen Sie Ihren Ofen auf 180° vor.
2. Wischen Sie die frischen Pilze mit einem feuchten Tuch ab. Entfernen Sie die Stiele. Ich mache gleich ein paar Dutzend davon, weil sie immer so schnell verschwinden. Legen Sie die Pilze auf ein Backblech.
3. Bereiten Sie eine Schüssel mit einer leckeren Füllung vor:
    a. Ich verwende eine Basis aus übrig gebliebenem Quinoa. Davon brauche ich etwa eine halbe Tasse.
    b. Braten Sie zwei oder drei gehackte Knoblauchzehen in einer Pfanne mit etwas nativem Olivenöl an. Wenn Ihre Familie es mag, fügen Sie eine viertel Tasse gehackte Zwiebel hinzu.
    c. Nehmen Sie ein paar Handvoll gehackten Spinat und geben Sie ihn in die Pfanne. Normalerweise füge ich an dieser Stelle mein übrig gebliebenes Quinoa hinzu, um es aufzuwärmen.
    d. Werfen Sie einige gehackte Pekannüsse hinein.
    e. Schneiden Sie die Pilzstiele klein und geben Sie sie dazu. Wir wollen alles verwenden und keine Lebensmittel wegwerfen.
    f. Ich würze die Mischung oft mit ein paar Esslöffeln Parmesan aus dem Kühlschrank.
4. Füllen Sie die Pilze reichlich mit der Mischung.
5. Backen Sie sie für fünfzehn oder zwanzig Minuten.
6. Servieren Sie sie auf einem Teller und kombinieren Sie Ihre Vorspeise mit einem Glas Weißwein.

Mama Mia, Bella Paprika

Paprika gibt es in verschiedenen Farben, die reich an Antioxidantien, Vitamin B6, Vitamin C und A sind. Zudem stecken sie voller Ballaststoffe. Es gibt nichts Einfacheres als das! Marinieren Sie die Paprika und servieren Sie sie. Habe ich schon erwähnt, dass sich Paprika hervorragend als schnelle Vorspeise eignen? Bewahren Sie sie in einem verschlossenen Einmachglas auf und Ihre Kinder werden darum betteln, sie essen zu dürfen.

1. Kaufen Sie etwa 500 g frische Paprika in den Farben Ihrer Wahl.
2. Waschen und trocknen Sie sie.
3. Bestreichen Sie sie mit etwas nativem Olivenöl extra und grillen Sie sie im Ofen bei etwa 160°; wenden Sie sie nach etwa fünf Minuten, um beide Seiten zu grillen. Lassen Sie sie abkühlen.
4. Hacken Sie die gleiche Menge an Kräutern. Ich verwende normalerweise Dill und Petersilie, da ich diese Kräuter immer auf der Fensterbank stehen habe. Würfeln Sie die Paprika und stellen Sie sie beiseite.
5. Bereiten Sie die Marinade vor:
    a. Nehmen Sie etwa sechs Päckchen Stevia.
    b. Sie müssen nun recht viel Salz hinzugeben, nämlich zwei Esslöffel. Doch keine Panik! Sie müssen die Marinade ja nicht trinken.
    c. Rühren Sie das Ganze in eine Tasse weißen Essig und Wasser ein.
6. Geben Sie die Kräuter auf den Boden eines verschließbaren Glases. Packen Sie die gerösteten Paprikaschoten hinein und gießen Sie die Marinade darüber. Lassen Sie die Paprika über Nacht den Geschmack aufsaugen und servieren Sie sie direkt aus dem Glas mit einer langen Gabel zum Aufspießen und Herausziehen.

Buffalo-Bissen (aka Keine normalen Chicken Wings)

Manchmal braucht man sie einfach. Ich verurteile Sie nicht dafür. Wir bereiten diese Buffalo-Bissen ohne Hähnchen zu, und auch kalorienbewusste Gäste beschweren sich nie. Die Buffalo-Bissen enthalten eine Menge Ballaststoffe und eignen sich hervorragend zum Dippen. Sie werden allerdings Servietten brauchen. Diese Buffalo-Bissen sind superlecker und wenn Sie ohne das Hähnchen leben können, dann ist es sogar noch besser.

1. Heizen Sie den Ofen auf heiße 230° vor. Besprühen Sie das Backblech mit einer Antihaftbeschichtung und halten Sie es bereit.
2. Zerkleinern Sie einen ganzen Blumenkohl und geben Sie ihn in die folgende Mischung:
    a. ½ Tasse Mehl
    b. Fügen Sie Ihre Lieblingsgewürze hinzu. Wir nehmen dazu einen Teelöffel Knoblauchpulver, Salz und Pfeffer. Verrühren Sie alles miteinander.
    c. Fügen Sie ½ Tasse Wasser hinzu.
3. Legen Sie den beschichteten Blumenkohl auf das vorbereitete Backblech und backen Sie ihn etwa fünfzehn Minuten. Wahrscheinlich müssen Sie sie währenddessen einmal wenden.
4. Nehmen Sie die Röschen heraus, wenn sie fertig sind, aber schalten Sie den Ofen noch nicht aus. Beträufeln Sie die Blumenkohlröschen mit etwas nativem Olivenöl extra und schwenken Sie sie darin. Legen Sie die Röschen wieder auf das Backblech und backen Sie sie eine weitere halbe Stunde lang, bis sie knusprig sind.
5. Wenn Sie sie aus dem Ofen nehmen, gönnen Sie ihnen eine Ruhezeit von zehn oder fünfzehn Minuten.
6. Servieren Sie die Röschen mit einer Dip-Soße aus griechischem Joghurt, gemischt mit Knoblauchpulver und gehacktem Dill.

Salsa-Spaß

Wir können nicht genug davon bekommen und machen immer Salsa für eine ganze Armee. Servieren Sie die Salsa mit gebackenen Pita-Broten und schon haben Sie eine gesündere Version von Chips und Salsa. Die Salsa macht sich ebenfalls gut auf gegrilltem Huhn oder Fisch und peppt Selleriestangen auf. Damit können Sie eigentlich nie etwas falsch machen und sie ist zudem auch das beste Mitbringsel für jede Party. Ich verwende hauptsächlich frische Zutaten, bereite die Salsa in einer Schüssel zu und schon ist sie fertig.

1. 4 gehackte Tomaten. Sie können auch Roma-Tomaten nehmen, aber ich verwende, was ich zuhause habe.
2. 1 mittelgroße Mango, geschält und gehackt. Ich schneide das Fruchtfleisch normalerweise am Kern ab.
3. 1 reife, gehackte Avocado
4. ¾ bis eine Tasse aufgetauter gefrorener Mais
5. 1 Dose abgetropfte, gewaschene schwarze Bohnen
6. 1 kleine rote Zwiebel, fein gewürfelt
7. 2 oder 3 gewürfelte Knoblauchzehen
8. Gewürfelte Jalapeños. Wenn ich die Kerne herausnehme, verwende ich vier. Lasse ich die Kerne drin, verwende ich zwei. Tragen Sie für diesen Vorgang Handschuhe und reiben Sie sich um Himmels willen nicht die Augen. (Habe ich leider schon einmal gemacht.)
9. 1 Bund gewürfelter Koriander
10. 3 Esslöffel Limettensaft
11. 1 Esslöffel natives Olivenöl extra

Einkaufsliste

Haben Sie gesehen, was bei all diesen Appetithäppchen und Smoothies fehlte? Rotes Fleisch. Ich habe ein Rotisserie-Hähnchen aus meiner Gefriertruhe verwendet. Sie werden anfangen, Ihren Lebensmitteleinkauf zu überdenken, und anstatt viel zu viel Geld für rotes Fleisch auszugeben, einen Teil des gesparten Geldes für frische Lebensmittel nutzen. Ich verrate Ihnen nun eine Liste von Artikeln, die ich immer vorrätig habe. Einige verwende ich als Vorspeisen, und was nicht in einem Rezept oder Salat enthalten ist, kommt auf einen Teller mit frischem Gemüse.

Ich kümmere mich auch um mein Obst und Gemüse, wenn ich es in der Küche verstaue. Das Leben wird immer hektischer und eine gute Vorbereitung macht einen großen Unterschied aus. Ich weiß, es geht darum, sich selbst ein wenig Zeit zu ersparen, aber vertrauen Sie mir. Wenn Sie Ihr frisches Obst und Gemüse vorbereitet haben und wenn es jederzeit einsatzbereit ist, wird es nicht verschwendet. Sie werden es mit Sicherheit verwenden.

Obst und Gemüse

- Äpfel, 1 Beutel
- Orangen, 1 Beutel
- rote Zwiebeln
- süße Baby-Paprikaschoten
- Sellerie – Stiele auseinanderbrechen, putzen und in passende Stücke schneiden
- Karotten – schälen und in Streifen schneiden
- Bananen – kaufen Sie 4 oder 5 Bündel, schälen Sie sie und frieren Sie die meisten davon in Papierbeuteln ein, die wiederum in Gefrierbeuteln verstaut werden.
- frischer Spinat – ich wasche und tüte Portionen ein. (Wenn ich ihn nicht schnell genug verbrauchen kann, friere ich ihn für Smoothies ein, um Eiswürfel zu ersetzen).
- Nüsse und Samen (Wir kaufen sie normalerweise in großen Mengen in der Gemüseabteilung.)
- Knoblauch, 1 Knolle
- Avocados, wenn Sie sie sofort verwenden wollen
- frische Gurke (mit essbarer Schale) – schneiden Sie sie in Scheiben
- 1 Kopf Blumenkohl (oder 2) – entfernen Sie die Röschen und bewahren Sie sie in einer Tüte im Kühlschrank auf

- Blaubeeren, 1 oder 2 Esslöffel – reinigen Sie sie und frieren Sie ½ Tasse in einer Papiertüte ein, die wiederum in einem Gefrierbeutel verstaut wird
- Erdbeeren – wenn Sie sie nicht am nächsten Tag verwenden, verarbeiten Sie sie. Säubern, Stiele abschneiden, in Scheiben schneiden und in portionierten Papierbeuteln einfrieren, mehrere davon in größeren Gefrierbeuteln verstauen
- kernlose Trauben
- Mango, wenn Sie Salsa machen wollen
- Jalapeños, wenn Sie Salsa machen wollen
- Tomaten
- Ananas, wenn sie im Angebot ist – schälen, schneiden und in mundgerechten Stücken einfrieren
- Champignons, wenn sie im Angebot sind und Sie sie diese Woche zubereiten wollen
- getrocknete Cranberrys und andere getrocknete Früchte, wenn Sie Studentenfutter machen wollen
- frische Kräuter, wenn Sie keinen Kräutergarten auf der Fensterbank haben

Sonstiges

- Dosen mit schwarzen Bohnen, wenn sie im Angebot sind
- Quinoa
- Gewürze
- 75-80 % dunkler Kakao
- Dosen mit sonnengetrockneten Tomaten
- Pita-Brot, wenn Sie eine Grundlage für einen leckeren Happen benötigen
- Erdnussbutter (ich suche normalerweise nach einer natürlichen Sorte ohne Zucker)
- Tortilla-Wraps
- Natives Olivenöl extra, Essig, Zitronensaft und Limettensaft

Feinkostabteilung

- Grillhähnchen (Ich kaufe mehrere, wenn sie im Angebot sind. Ich schneide sie sofort zurecht und bewahre jeweils ein halbes Hähnchen in separaten Gefrierbeuteln für spätere Mahlzeiten auf.
- geräucherter Lachs, wenn Sie Gurkenhappen machen
- Hummus

Milchprodukteabteilung

- Mandelmilch
- Griechischer Joghurt

Tiefkühlabteilung

- gefrorener Mais

Zusammenfassung des Kapitels

Ich hoffe, Sie hören auf Coach John und überarbeiten Ihre Einkaufsgewohnheiten. Wenn Sie erst einmal mit Clean Eating beginnen, Tapas zum Abendbrot essen, rotes Fleisch und Zucker reduzieren, dann werden Sie nie wieder etwas daran ändern wollen.

- Geben Sie Ihr Geld für Lebensmittel aus, die Ihre Großmutter wiedererkennen würde.
- Kaufen und essen Sie frische Lebensmittel.
- Kaufen Sie viel von den Lebensmitteln, die gerade im Angebot sind. Sie können sie einfrieren und später verwenden.
- Essen Sie leichtere Mahlzeiten.

Im nächsten Kapitel lernen Sie eine ganze Reihe von neuen Rezepten kennen. Suchen Sie sich die Rezepte aus, die Ihre Familie lieben wird, und machen Sie sich mit ein paar tollen Rezepten für Gäste vertraut.

KAPITEL ACHT:

Eine Woche mit Superfood-Rezepten für ein gesundes Gehirn

Dies ist vielleicht das wertvollste Kapitel des Buches für Sie. Diese Rezepte sind Ihre lebenswichtige Verbindung zu einem voll funktionierenden Geist und einem Gehirn, das auf Hochtouren läuft. Ich freue mich für Sie!

Frühstücksrezepte für eine Woche Super-Gehirnfunktion:

Sonntagmorgen-Frühstücksauflauf (für 6 Personen)

Zutaten:

- 2 Esslöffel Fett nach Wahl (natives Olivenöl extra oder Ghee), geschmolzen
- 1 große Süßkartoffel oder Yamswurzel, gewürfelt
- ½ Teelöffel feines Meersalz
- 1 Paprika, gewürfelt
- ½ gelbe Zwiebel, gewürfelt
- 2 Tassen gehackter Spinat
- 10 Eier, verquirlt
- ½ Teelöffel Knoblauchpulver
- ½ Teelöffel Salz

Zubereitung:

1. Heizen Sie Ihren Ofen auf 200° vor. Fetten Sie eine mittlere Auflaufform mit Olivenölspray ein.
2. Schwenken Sie die gewürfelten Süßkartoffeln in Olivenöl und bestreuen Sie sie mit Salz.

3. Legen Sie die Süßkartoffeln auf ein Backblech und backen Sie sie für 20-25 Minuten, bis sie weich sind.
4. Während die Süßkartoffeln backen, stellen Sie eine große Sautierpfanne auf Ihren Herd. Fügen Sie die Zwiebel und die Paprika hinzu. Garen Sie das Ganze bei mittlerer Hitze, bis die Zwiebeln glasig und die Paprikastücke weich sind.
5. Geben Sie die Gemüsemischung auf den Boden der Auflaufform. Fügen Sie die Süßkartoffeln und den Spinat hinzu. Fügen Sie dann die Eier zusammen mit dem Knoblauchpulver und dem zweiten Salz hinzu. Mischen Sie das Ganze, bis alles gut vermischt ist.
6. Stellen Sie den Auflauf in den Ofen und backen Sie ihn 25-30 Minuten, bis die Eier in der Mitte fest sind.

Ezekiel-Toast (für 1 oder 2 Personen)

Zutaten:

- 2 Scheiben Ezekiel-Brot
- 2 Eier
- 2 Esslöffel Mandelmilch
- 1 Esslöffel Zimt
- 1 Teelöffel roher Honig (optional)
- 1 Teelöffel Kokosnussöl
- Beläge nach Wahl (ich empfehle reinen Ahornsirup und in Scheiben geschnittene Erdbeeren und Bananen)

Zubereitung:

1. Erhitzen Sie eine Antihaft-Pfanne bei niedriger bis mittlerer Hitze. Fetten Sie die Pfanne mit Kokosnussöl ein.
2. Verquirlen Sie die Eier, Milch, Zimt und Honig in einer mittelgroßen Schüssel. Geben Sie die Eiermischung in eine Kuchenform oder eine Schüssel mit niedrigem Boden.
3. Tauchen Sie das Ezekiel-Brot auf jeder Seite für 15 Sekunden in die Eiermischung.
4. Braten Sie das Ezekiel-Brot auf jeder Seite 2-3 Minuten an, bis es goldbraun ist.

5. Servieren Sie es warm mit dem Belag Ihrer Wahl.

Omelette Olé (für 2 Personen)

Zutaten:

- Natives Olivenöl extra
- 4 Eier
- 1 Esslöffel Mandelmilch
- gewürfeltes Gemüse nach Wahl (Paprika, Zwiebel, übrig gebliebenes Gemüse, in Scheiben geschnittene Ofenkartoffel usw.)
- 50 Gramm zerkrümelter frischer Ziegenkäse (oder geriebener Käse nach Wahl)
- 2 Tassen Babyspinatblätter
- gewürfelter Koriander
- in Scheiben geschnittene Avocado
- ¼ Tasse Salsa

Zubereitung:

1. Beträufeln Sie eine mittelgroße Pfanne bei mittlerer Hitze mit nativem Olivenöl extra, fügen Sie das Gemüse hinzu und kochen Sie es, bis es weich ist.
2. Verquirlen Sie in der Zwischenzeit die Eier und die Milch in einer kleinen Schüssel.
3. Geben Sie die geschlagenen Eier in die Pfanne und rühren Sie einmal um, so dass das Gemüse mit den Eiern vermischt bleibt. Reduzieren Sie die Hitze für drei Minuten auf eine niedrige Stufe. Heben Sie die Ränder der Eiermischung an, während sie backt, und kippen Sie die Pfanne, sodass die ungekochten Eier den Boden ausfüllen. Wenn die Eier leicht fest sind, fügen Sie den Ziegenkäse hinzu und klappen das Omelett auf die Seite. Decken Sie die Pfanne mit Folie ab und lassen Sie sie bei niedriger Hitze noch ein paar Minuten stehen, bis die Eier durchgebraten sind. Schalten Sie den Herd aus und lassen Sie die Pfanne

zugedeckt, damit die Resthitze das Omelett „backen" kann, bis die Mitte durchgebraten ist.
4. Servieren Sie es mit Avocado-Scheiben und Salsa. Sie werden die Röstbrotscheiben und den Toast nicht einmal vermissen!

Ei im Korb (für 2 Personen)

Zutaten:

- 2 Eier
- 1 Esslöffel natives Olivenöl extra
- 1 halbierte Avocado
- Salz und Pfeffer
- Salsa

Zubereitung:

1. Geben Sie Olivenöl in Ihre Pfanne bei mittlerer Hitze.
2. Sobald es heiß ist, schlagen Sie die Eier in die Pfanne und braten sie nach Belieben an.
3. Platzieren Sie jedes Ei auf einer halben Avocado.
4. Mit der Salsa garnieren. Lecker!

Haferflocken-Buttermilch-Pfannkuchen (für 4 Personen)

Zutaten:

- ½ Tasse Wasser
- ½ Tasse Instant-Trockenmilch
- 1 Esslöffel Honig
- 2 Tassen Buttermilch
- 1½ Tassen Haferflocken
- 1 Tasse Weizenvollkornmehl
- 1 Teelöffel Backpulver
- 1 bis 2 geschlagene Eier
- 1 Esslöffel Kokosnussöl
- Frische Früchte und Honig oder Sirup als Beläge

Zubereitung:

1. Mischen Sie Wasser, Milch und Honig. Rühren Sie die Buttermilch ein. Fügen Sie die Haferflocken hinzu. Lassen Sie die Mischung über Nacht im Kühlschrank stehen, um die Haferflocken aufzuweichen.
2. Rühren Sie die restlichen Zutaten ein.
3. Braten Sie die Pfannkuchen auf einer heißen, mit geschmolzenem Kokosnussöl bestrichenen Grillplatte. Halten Sie die Hitze niedrig. Wenn die Pfannkuchen Blasen werfen, umdrehen und gut durchgaren lassen.
4. Servieren Sie sie mit den Belägen.
5. Saftiger Beerensirup: Pürieren Sie einen aufgetauten 450-Gramm-Beutel gefrorener Beeren in Ihrem Mixer. Fügen Sie 1 Teelöffel Speisestärke hinzu und kochen Sie die Mischung bei mittlerer Hitze unter häufigem Rühren auf. Kochen Sie, bis die Mischung eindickt. Servieren Sie ihn warm über den Pfannkuchen.

Granola (ergibt +12 Tassen)

Zutaten:

- 7 Tassen Haferflocken
- 1 Tasse Weizenkeime
- 1 Tasse Kleieflocken
- 1¼ Tasse Sesamsamen
- ½ Tasse Sonnenblumenkerne
- ½ Tasse ganze Hirse
- 2 Esslöffel Bierhefe
- 2 Tassen Kokosraspeln
- 2 Tassen Kürbiskerne
- 2 Tassen gehackte Mandeln
- 1 Tasse gehackte Walnüsse
- 3 Tassen Trockenfrüchte
- 1 Tasse Honig

- 1 Teelöffel Vanille
- ½ Tasse Kokosnussöl

Zubereitung:

1. Heizen Sie Ihren Ofen auf 200° vor.
2. Geben Sie die Haferflocken in eine Backform und lassen Sie sie rösten, wobei Sie sie häufig schütteln.
3. Fügen Sie den Rest der trockenen Zutaten hinzu. Rösten Sie alles weitere 5 Minuten.
4. Fügen Sie das Kokosnussöl, den Honig und die Vanille hinzu. Gut umrühren. Weitere 5 Minuten rösten.
5. In einem luftdichten Behälter aufbewahren.

Sonniger-Morgen-Wrap (für 4 Personen)

Zutaten:

- 4 Eier
- ¼ Teelöffel Pfeffer, eine Prise Salz
- 1 Tasse übrig gebliebener Reis
- 1 rote Paprika, gewürfelt
- Kokosnussöl
- 4 große Tortillas
- 120 Gramm geriebener geräucherter Käse
- Salsa

Zubereitung:

1. Heizen Sie den Ofen auf 180° vor.
2. Geben Sie Kokosnussöl in eine Pfanne. Braten Sie eine Paprika bei mittlerer Hitze an, bis sie weich ist.
3. Erwärmen Sie den Reis in einer Mikrowelle.
4. Verquirlen Sie die Eier mit Salz und Pfeffer.
5. Fügen Sie die Eier der Gemüsemischung hinzu und kochen Sie sie unter Rühren.
6. Wickeln Sie die Tortillas in Folie ein und erwärmen Sie sie einige Minuten im Ofen.

7. Zum Zusammensetzen schichten Sie die Eier-Gemüse-Mischung mit Reis, geriebenem Käse und Salsa in die Mitte einer Tortilla. Falten Sie das linke Drittel zur Mitte. Rollen Sie den unteren Rand nach oben.
8. Servieren Sie sie sofort und garnieren Sie sie mit mehr Salsa. Sie können sie in einem luftdichten Behälter aufbewahren und jeweils ein oder zwei Wraps für 1 bis 2 Minuten in der Mikrowelle aufwärmen.

Frühstücks-Reispudding (für 4 Personen)

Zutaten:

- Geben Sie braunen Reis und Flüssigkeit zu gleichen Teilen in einen Instant Pot (ein programmierbarer Schnellkochtopf). Ich verwende zur Hälfte Wasser, zur Hälfte Mandelmilch.
- Getrocknete Früchte.
- Auf der Einstellung „Reis" kochen.
- Mit Blaubeeren und Mandelmilch servieren.

Mittagessen

Wärmende Suppe mit Karotten, Ingwer und Kurkuma (für 2 Personen)

Zutaten:

- 3 Karotten, in Scheiben geschnitten
- 1 weiße Zwiebel, gewürfelt
- 3 Knoblauchzehen, gehackt
- 1 zweieinhalb cm großes Stück frischer Ingwer
- 1 fünf cm großes Stück frischer Kurkuma
- 4 Tassen Gemüsebrühe
- 1 Esslöffel Zitronensaft
- Kokosnussmilch aus der Dose (zum Garnieren)
- Sesamsamen (zum Bestreuen)

Zubereitung:

1. Schneiden Sie die Zwiebel und die Karotte in kleine Würfel. Reiben Sie den Ingwer und die Kurkuma fein.
2. Erhitzen Sie etwas Olivenöl im Boden eines großen Suppentopfes und dünsten Sie die Zwiebel 3 Minuten lang, bis sie glasig ist. Fügen Sie den Knoblauch, Kurkuma und Ingwer hinzu. Sautieren Sie alles eine weitere Minute.
3. Fügen Sie die gewürfelten Karotten hinzu und sautieren Sie weitere zwei oder drei Minuten.
4. Geben Sie die Gemüsebrühe hinzu und köcheln Sie 20 bis 25 Minuten, bis die Karotten durchgekocht und weich sind.
5. Geben Sie die Suppe in einen Standmixer und lassen Sie ihn laufen, um die Zutaten gleichmäßig zu verarbeiten.
6. Rühren Sie den Zitronensaft ein.
7. Servieren Sie die Suppe mit einem Schuss Kokosmilch und bestreuen Sie sie mit einigen Sesamkörnern.

Gute Hühnchen-Suppe (für 12-15 Personen)

Zutaten:

- Ein 3 oder 4 Pfund schweres Hähnchen (egal, welcher Teil davon)
- 6-8 Tassen Wasser
- 1 mittelgroße Zwiebel, gewürfelt
- 4 Knoblauchzehen, gehackt
- 3-4 Karotten, in Scheiben geschnitten
- 4 Stängel Staudensellerie mit Blättern, in Scheiben geschnitten
- 1 Tasse brauner Reis
- 450 Gramm gefrorener Mais oder 420 Gramm ganzer Mais aus der Dose, abgetropft
- 450 Gramm gefrorene grüne Bohnen oder 420 Gramm grüne Bohnen aus der Dose, abgetropft
- 4 große Kartoffeln, gewürfelt

- 500 Gramm Nudeln (sofern kein Reis verwendet wird, jede Nudelsorte).
- ½ Tasse frische glatte Petersilie, gehackt, oder ¼ Tasse getrocknete Petersilie
- ½ Tasse frischer Thymian, gehackt, oder ¼ Tasse getrockneter Thymian
- 1 Tasse Grün- oder Rotkohl, in Scheiben geschnitten

Zubereitung:

1. Bereiten Sie das Huhn und die Brühe vor: Legen Sie das Huhn in einen großen Schmortopf und fügen Sie genug Wasser hinzu, damit es bedeckt ist. Lassen Sie den Deckel angelehnt, damit der Dampf entweichen kann, und bringen Sie alles zum Kochen. Köcheln lassen, bis das Huhn zart ist. Dies dauert etwa eine Stunde. Nehmen Sie das Huhn heraus und seihen Sie die Brühe ab. Wenn das Huhn kalt genug ist, um es zu verarbeiten, lösen Sie das Fleisch von den Knochen. Entsorgen Sie die Haut und die Knochen. Verwenden Sie die Brühe wie unten beschrieben oder heben Sie sie für einen anderen Tag auf.
2. Sautieren Sie die Zwiebel und den Knoblauch in einem kleinen Spritzer Olivenöl extra nativ. Geben Sie sie in die Brühe.
3. Geben Sie die Karotten, den Sellerie, den Reis und das gefrorene Gemüse in die Brühe. Köcheln lassen, bis die Karotten weich sind.
4. Fügen Sie die Kartoffeln und Nudeln hinzu.
5. Fügen Sie Kräuter und Kohl hinzu und kochen Sie, bis der Kohl anfängt, weich zu werden, aber noch etwas bissfest ist.

Tacos Verdes (für 2 Personen)

Zutaten:

- 4 Tortillas
- 220 Gramm Tofu

- 1 reife Avocado
- 2 Esslöffel Zitronensaft
- ¼ Tasse Kokosnussöl
- 1 Teelöffel frischer Dill, gehackt
- ½ Teelöffel Salz
- ¼ Tasse Wasser
- 1 Dose abgetropfte schwarze Bohnen
- 1 kleine Zwiebel, gewürfelt
- 2 Tassen Kopfsalat und Sprossen
- Salsa

Zubereitung:

1. In einem Mixer pürieren Sie Tofu, Avocado, Zitronensaft, Öl, Gewürze und Wasser.
2. Sautieren Sie die Zwiebel, bis sie glasig ist. Fügen Sie die schwarzen Bohnen hinzu und erhitzen Sie sie gut.
3. Machen Sie Tacos und füllen Sie die schwarzen Bohnen, die pürierte Mischung, das Gemüse und die Salsa in jede Tortilla.

Extreme Salatschüssel (für 8 Personen)

Zutaten:

- Roter Kopfsalat, 1 Kopf
- Römischer Salat, 1 Kopf
- Frischer Babyspinat, 1 Beutel
- 1 Teelöffel Zitronenpfeffer
- 1 Dose abgetropfte Kichererbsen
- 1 Dose abgetropfte schwarze Bohnen
- 1 Kopf Brokkoli
- 1 Kopf Blumenkohl
- 2 Paprikaschoten, eine grüne und eine rote, in dünne Streifen geschnitten
- ½ Tasse gehobelte Mandeln
- ½ Tasse getrocknete Cranberrys
- 1 Tasse Blaubeeren

- ¼ Tasse Sonnenblumenkerne
- ¼ Tasse Kürbiskerne
- ½ Tasse griechischer Naturjoghurt
- 2 Esslöffel Dill, gehackt

Zubereitung:

1. Schneiden Sie das Grünzeug in mundgerechte Stücke.
2. Bestreuen Sie das Grünzeug großzügig mit Zitronenpfeffer.
3. Fügen Sie die abgetropften Bohnen hinzu.
4. Schneiden Sie den Brokkoli und die Blumenkohlröschen und fügen Sie sie ebenfalls hinzu.
5. Fügen Sie die Paprikastreifen hinzu.
6. Geben Sie alle Nüsse, Samen und Früchte hinzu.
7. Mischen Sie das Dressing aus Joghurt und Dill, fügen Sie es hinzu und vermischen Sie alles gut miteinander.

Eiersalat in der Schüssel (für 4 Personen)

Zutaten:

- 6 hartgekochte, geschälte Eier
- Mayonnaise und Senf
- Salz und Pfeffer
- Zwei große Tomaten

Zubereitung:

1. Würfeln Sie die hartgekochten Eier.
2. Fügen Sie Mayonnaise und Senf hinzu und rühren Sie alles gut um.
3. Mit Salz und Pfeffer würzen.
4. Halbieren Sie die Tomaten und entfernen Sie das Fruchtfleisch.
5. Servieren Sie den Eiersalat in den ausgehöhlten Tomaten.

Taboulé im Glas (für 2 Personen)

Zutaten:

- 2 Tassen Wasser
- 2 Brühwürfel
- 2 Tassen Bulgur-Weizen oder Weizenschrot
- 1 Tasse gehackte frische glatte Petersilie
- ½ Tasse gehackte Zwiebeln
- 2 frische Tomaten, zerkleinert
- 2 EL gehackte frische Minze
- ¾ Tasse Zitronensaft (etwa Saft von 4 Zitronen)
- ½ Tasse kaltgepresstes Olivenöl
- ÜberraschungsZutaten: Brokkoliröschen, gehackte Zucchini, Blumenkohlröschen

Zubereitung:

1. Weichen Sie den Weizen mit der Brühe mindestens eine Stunde lang in warmem Wasser ein, oder bis die Flüssigkeit aufgesogen ist.
2. Fügen Sie dem Weizen die Petersilie, Zwiebeln, Tomaten, Zitronensaft und Öl hinzu.
3. Fügen Sie Ihre Lieblingszutaten hinzu.
4. Schütteln Sie alles leicht durch und füllen Sie es in Einmachgläser ab. Bewahren Sie sie im Kühlschrank auf, um sie sich am Morgen auf dem Weg zur Arbeit schnell schnappen zu können.

Abendessen

Hühnchen-Piccata

Zutaten:

- 2 Hühnerbrüste ohne Knochen, mit Butter bestrichen und trocken getupft
- ⅓ Tasse Mandelmehl

- 5 Esslöffel natives Olivenöl extra
- 6 Esslöffel Kokosnussöl
- ⅓ Tasse frischer Zitronensaft (zwei bis drei Zitronen)
- ¼ Tasse Kapern
- ⅓ Tasse frische glatte Petersilie, gehackt
- Salz und Pfeffer zum Abschmecken
- 140 Gramm Baby-Portobello-Pilze, in Scheiben geschnitten
- 2 Tassen Hühnerbrühe
- 2 Tassen brauner Reis

Zubereitung:

1. Geben Sie die Hühnerbrühe und den braunen Reis mit den entsprechenden Gewürzen in Ihren Instant Pot.
2. Würzen Sie die Hühnerbrüste mit Salz und Pfeffer. Geben Sie Mandelmehl in eine Schüssel, bestreuen Sie beide Seiten damit und schütteln Sie den Überschuss ab.
3. Schmelzen Sie in einer großen Pfanne bei mittlerer bis hoher Hitze 2 Esslöffel Kokosöl mit 3 Esslöffeln Olivenöl. Wenn es zu brutzeln beginnt, fügen Sie die 2 Hühnerbrüste hinzu und braten sie drei Minuten lang oder bis sie gebräunt sind. Drehen Sie sie um und braten Sie die andere Seite. Herausnehmen und auf einen Teller geben. Wenn Sie für mehrere Personen kochen, füllen Sie das Kokos- und Olivenöl in der Pfanne wieder auf und braten Sie weitere Hühnerbrüste.
4. Braten Sie anschließend die Pilze mit einem Esslöffel Kokosöl an und nehmen sie sie anschließend heraus.
5. Stellen Sie die Pfanne wieder auf den Herd und geben Sie den Zitronensaft, die Brühe und die Kapern hinzu. Bringen Sie das Ganze zum Kochen und kratzen Sie dabei die braunen Reste aus der Pfanne, um mehr Geschmack zu erhalten. Schmecken Sie die Würze ab und geben Sie das Hähnchen und die Pilze für fünf Minuten zurück in die Pfanne.

6. Richten Sie das Hähnchen auf einem Teller über einem Reisbett an. Geben Sie das restliche Kokosnussöl zur Soße und verquirlen Sie sie gründlich. Gießen Sie die Soße über das Hähnchen und garnieren Sie das Ganze mit Petersilie.

Gebackenes Hühnchen mit Risoni (für 2 Personen)

Zutaten:

- 1 Tasse Risoni
- 1 Tasse Hühnerbrühe
- 2 100- oder 150-Gramm-Weißfischfilets (Kabeljau, Schellfisch oder anderer frischer Fisch aus Ihrem örtlichen Supermarkt)
- 2 Knoblauchzehen, zerdrückt
- 1 Esslöffel kaltgepresstes Olivenöl
- 1 Schale (250 g) Kirschtomaten oder Traubentomaten, halbiert
- 1 Esslöffel Weißwein
- ¼ Tasse schwarze oder Kalamata-Oliven, entkernt
- Handvoll frisches Basilikum, fein gehackt

Zubereitung:

1. Geben Sie die Risoni und die Brühe in Ihren Instant Pot.
2. Gießen Sie das Olivenöl in eine große ofenfeste Pfanne und erhitzen Sie es bei mittlerer Hitze. Wenn das Öl simmert, fügen Sie den Knoblauch hinzu. Braten Sie ihn unter häufigem Rühren. Verbrannter Knoblauch wird bitter. Er sollte duften, aber nicht braun sein. Dies sollte ein bis zwei Minuten dauern.
3. Fügen Sie die Tomaten hinzu. Rühren Sie den Weißwein ein. Vom Herd nehmen.
4. Würzen Sie die Fischfilets. Legen Sie sie in die Pfanne, sodass sie den Boden der Pfanne berühren. Belegen Sie die beiden Filets mit Oliven und Basilikumblättern. Löffeln Sie etwas von den Tomaten und dem Saft der Pfanne über die Oberseiten der Filets.

5. Stellen Sie die Pfanne in den Ofen und backen Sie das Ganze etwa zehn bis fünfzehn Minuten lang, bis der Fisch gar ist.
6. Servieren Sie ihn mit Risoni und sautierten Zucchini oder Sommerkürbis.

Geröstete Kokos-Curry-Süßkartoffeln (für 2 Personen)

Zutaten:

- 2 große Süßkartoffeln, gewaschen, geschrubbt und getrocknet. Schneiden Sie alle gequetschten Stellen ab. In 5 cm dicke Stücke schneiden
- 2 Esslöffel Kokosnussöl, geschmolzen
- 1 Esslöffel Currypulver
- 1 Teelöffel Himalaya-Meersalz zum Abschmecken

Zubereitung:

- Heizen Sie den Ofen auf 200° vor.
- Schwenken Sie die Süßkartoffelwürfel in einer großen Rührschüssel mit dem geschmolzenen Kokosöl, Currypulver und Meersalz, bis die Kartoffeln sowohl mit dem Öl als auch mit den Gewürzen gut bedeckt sind.
- Verteilen Sie die gewürzten Kartoffeln in einer großen Auflaufform und schieben Sie sie auf die mittlere Schiene des Ofens.
- Stellen Sie den Timer auf fünfundvierzig Minuten. Wenden Sie die Kartoffeln alle fünfzehn Minuten, um ein Anbrennen zu vermeiden.

Meeresfrüchte-Suppe (für 4 Personen)

Zutaten:

Fischbrühe:

- 1,5 bis 2 Kilogramm Fischköpfe. Achten Sie darauf, dass die Haut, Gräten, Flossen und Schwänze entfernt werden.

- Salz
- 2 Esslöffel Kokosnussöl
- 1 gehackte Zwiebel
- 2 gehackte Möhren
- 2 Stängel gehackter Sellerie, einschließlich Blätter
- 1 Tasse Weißwein
- 1 Handvoll getrocknete Pilze, vorzugsweise Matsutake
- 2 Lorbeerblätter

Suppe:

- 1 Esslöffel Kokosnussöl
- 1 Tasse gehackte gelbe oder weiße Zwiebel
- 2 Stangen Staudensellerie gehackt. Verwenden Sie die Blätter.
- 750 Gramm geschälte und gewürfelte Kartoffeln
- 5 bis 6 Tassen Fischbrühe oder 4 Tassen Hühnerbrühe plus ein bis zwei Tassen Wasser
- 500-1000 Gramm Fisch, in Stücke geschnitten
- 1 Tasse Mais, frisch oder aufgetaut
- ⅔ Tasse Sahne
- schwarzer Pfeffer zum Abschmecken
- 2 Esslöffel gehackter frischer Dill oder Schnittlauch zum Garnieren

Zubereitung:

1. Um die Brühe zuzubereiten, bringen Sie einen großen Topf mit Wasser zum Kochen. Gut salzen. Fügen Sie die Fischköpfe hinzu. Wenn das Wasser wieder kocht, kochen Sie den Fisch 1 Minute. Entfernen Sie die Fischstücke und bewahren Sie sie auf. Gießen Sie das Wasser ab. Wenn Sie auf diese Weise blanchieren, erhalten Sie eine besser schmeckende Brühe, wenn Sie fertig sind.
2. Wischen Sie den Topf aus. Fügen Sie das Öl hinzu und schalten Sie den Herd auf mittlere bis hohe Stufe. Wenn das Öl heiß ist, fügen Sie die Zwiebel, die Karotte und den

Sellerie hinzu und rühren dabei häufig um. Die Zwiebel sollte in vier bis fünf Minuten gar sein. Fügen Sie zum Ablöschen den Weißwein hinzu. Kratzen Sie mit einem Holzlöffel alle gebräunten Stücke vom Boden ab. Fügen Sie die Lorbeerblätter und die getrockneten Pilze hinzu. Lassen Sie den Wein ein oder zwei Minuten kochen und fügen Sie dann den blanchierten Fisch hinzu. Bedecken Sie alles mit so viel kaltem Wasser, dass alles etwa 1 cm bedeckt ist. Lassen Sie die Brühe 45 Minuten lang sanft köcheln (kaum sprudelnd).

3. Nehmen Sie eine große Schüssel für die Brühe und platzieren Sie ein Sieb darüber. Legen Sie das Sieb mit einem einfachen Papiertuch oder einem Seihtuch aus. Schalten Sie den Herd unter der Brühe aus und seihen Sie sie durch das Sieb in die Schüssel. Machen Sie sich nicht die Mühe, die letzten Reste der Brühe aus dem Topf zu holen, da dieser voll mit Rückständen sein wird. Schütten Sie den Inhalt des Topfes und des Siebs weg, aber bewahren Sie die Brühe auf.

4. Um die Suppe zuzubereiten, schmelzen Sie das Kokosnussöl bei mittlerer Hitze. Fügen Sie die Zwiebel und den Sellerie hinzu und sautieren Sie sie, bis sie weich sind. Fügen Sie die Kartoffeln und die Fisch- oder Hühnerbrühe hinzu und bringen Sie sie zum Köcheln. Schmecken Sie mit Salz ab. Kochen Sie die Suppe, bis die Kartoffeln weich sind. Dies dauert etwa fünfzehn bis zwanzig Minuten.

5. Fügen Sie den Mais und die Fischstückchen hinzu. Kochen Sie das Ganze vorsichtig, bis der Fisch gerade durchgegart ist. Dies dauert etwa fünf Minuten. Schalten Sie den Herd ab und rühren Sie die Kräuter, die Sahne und den schwarzen Pfeffer ein.

Pesto-Pasta (für 5-6 Personen)

Zutaten:

- eine 500-Gramm-Packung Pasta nach Wahl (beliebige Nudelsorte)
- 2 Tassen frische Basilikumblätter
- 1 Tasse Pinienkerne
- 1 gehackte Knoblauchzehe
- ½ Parmesankäse
- 1 Esslöffel geriebener Käse
- ½ Mandelmilch
- 230 g griechischer Naturjoghurt
- ½ Teelöffel Salz
- 1 Prise Cayennepfeffer

Zubereitung:

1. Kochen Sie die Nudeln nach der Packungsanleitung.
2. Pürieren Sie in einem Mixer oder einer Küchenmaschine die Basilikumblätter, Pinienkerne, Knoblauch, Käse, Zitronensaft und Mandelmilch, bis sie gut zerkleinert sind. Fügen Sie Joghurt, Salz und Pfeffer hinzu und verarbeiten Sie das Pesto, bis es cremig ist, wozu Sie den Mixer bei Bedarf stoppen und die Seiten abkratzen müssen.
3. Lassen Sie die Nudeln gut abtropfen. Geben Sie sie zurück in den gleichen Topf. Fügen Sie das Pesto hinzu und mischen Sie es gut, um es gleichmäßig zu verteilen. Geben Sie die Nudeln auf eine Servierplatte und garnieren Sie sie nach Wunsch mit Basilikumblättern.

Spanischer Bulgur (für 2 Personen)

Zutaten:

- zwei Esslöffel Kokosnussöl
- 1 gehackte Knoblauchzehe
- ½ Tasse gehackte grüne Zwiebeln

- ½ grüne Paprika, gewürfelt
- 1¼ Tassen Bulgur-Weizen
- 1 Tasse gekochte Kidney- oder Pinto-Bohnen
- 1 Teelöffel Paprika
- Salz nach Geschmack
- ¼ Teelöffel schwarzer Pfeffer
- acht bis zehn Tomaten

Zubereitung:

1. Erhitzen Sie das Öl in einer Pfanne und braten Sie den Knoblauch, die grünen Zwiebeln, den grünen Pfeffer und den Bulgur an, bis der Bulgur mit Öl bedeckt ist und die Zwiebeln glasig sind.
2. Fügen Sie die Bohnen, Paprika und die Gewürze hinzu.
3. Blanchieren Sie die Tomaten, um die Haut zu entfernen, hacken Sie sie und fügen Sie sie hinzu.
4. Bedecken Sie die Pfanne und bringen Sie das Ganze zum Kochen. Reduzieren Sie dann die Hitze und lassen Sie es köcheln, bis die Flüssigkeit aufgesaugt und der Bulgur zart ist, was etwa fünfzehn Minuten dauert. Fügen Sie Hühnerbrühe oder Wasser hinzu, wenn mehr Flüssigkeit benötigt wird.

Lasagne-Swirls (für 4-6 Personen)

Zutaten:

- acht Lasagne-Platten
- 1 Kilogramm frischer Spinat
- 2 Esslöffel Parmesankäse
- 1 Tasse Ricotta-Käse
- ¼ Teelöffel Muskatnuss
- 2 Esslöffel Kokosnussöl
- 2 Zehen Knoblauch, gehackt
- ½ Tasse gehackte Zwiebel
- 2 Tassen Tomatensoße
- ½ Teelöffel Basilikum

- ½ Teelöffel Oregano

Zubereitung:

1. Kochen Sie die Lasagne-Platten, bis sie al dente sind, und lassen Sie sie abtropfen. Beiseitestellen. Heizen Sie den Ofen auf 175° vor.
2. Waschen Sie den Spinat, geben Sie ihn in eine Pfanne mit dicht schließendem Deckel und lassen Sie ihn etwa sieben Minuten bei mittlerer Hitze gar werden.
3. Lassen Sie den Spinat abtropfen und drücken Sie ihn in einem Seihtuch oder Papiertüchern aus, um überschüssige Feuchtigkeit zu entfernen. Mischen Sie ihn mit den Käsesorten und der Muskatnuss. Würzen Sie die Mischung mit Salz und Pfeffer.
4. Bestreichen Sie jede Lasagne-Platte mit der Mischung und rollen Sie sie auf. Legen Sie sie mit der offenen Seite nach unten in eine flache Backform.
5. Erhitzen Sie das Kokosnussöl und braten Sie den Knoblauch und die Zwiebel an, bis die Zwiebel glasig ist. Fügen Sie die Tomatensoße und die Kräuter hinzu. Köcheln lassen, abschmecken.
6. Gießen Sie die Soße über die Lasagne-Platten und backen Sie sie zwanzig Minuten im vorgeheizten Ofen.

Was ist mit den Momenten, in denen das Verlangen nach Zucker einfach unwiderstehlich ist? Wenn Sie unbedingt etwas Süßes naschen müssen? Nun, ich habe ein paar gesunde Rezepte für genau diese Situationen. Sie können nicht ständig Beeren essen, das verstehe ich. Denken Sie daran: Babyschritte!

Schokoladenchip-Kekse mit viel Protein

Heizen Sie den Ofen auf 175° vor. Ich verwende Backpapier auf den Plätzchenblechen, weil ich sie nicht gerne reinige. Wenn das ebenfalls auf Sie zutrifft, dann legen Sie die Backbleche aus, bevor Sie mit dem Backen beginnen. Dies ist keine puristische Version von Keksen, sondern die Art, die es Ihnen erlaubt, ein wenig zu naschen, während Sie sich gleichzeitig dennoch noch mit Protein eindecken.

Zutaten:

- 1 Tasse Butter (zwei Stück)
- ¾ Tasse brauner Stevia- oder Erythrit-Zucker (na gut, verwenden Sie den normalen, wenn Sie wollen!)
- ¾ Tasse Stevia oder Erythrit (oder weißen Zucker, wenn es unbedingt sein muss)
- 2 Eier
- ⅓ Tasse Milchpulver
- 1 Teelöffel Backpulver
- 2 Tassen Weizenvollkornmehl
- 1 Teelöffel Salz
- 1 Packung Schokoladenstückchen (ich empfehle zuckerfreie Stückchen, aber es können auch normale sein)
- ½ Tasse gehackte Nüsse (ungesalzene Erdnüsse oder Cashews oder Walnüsse)
- ½ Tasse ungesalzene Sonnenblumenkerne oder Kürbiskerne

Zubereitung:

1. Schlagen Sie die Butter schaumig.
2. Geben Sie den Zucker hinzu und rühren Sie, bis alles gut vermischt ist.
3. Fügen Sie die Eier hinzu.
4. Ich bin faul und gebe alle trockenen Zutaten auf einmal in eine Mulde an der Seite der Schüssel. Dann mische ich sie vollständig unter.
5. Fügen Sie die Schokoladenstückchen, Nüsse und Samen hinzu.
6. Tropfen Sie die Masse löffelweise auf die mit Backpapier ausgelegten Backbleche, je nachdem, wie groß Sie Ihre Kekse haben möchten. Backen Sie sie 8-10 Minuten lang.

Wenn sie zu sehr verlaufen, haben Sie zu wenig Mehl verwendet. Wenn sie zu aufgedunsen sind, haben Sie zu viel Mehl hinzugefügt.

Wein

Erinnern Sie sich, dass ich Ihnen erzählt habe, dass ein Glas Wein wirklich gut für Sie sei? Ich bin in einem abstinenten Haushalt aufgewachsen und musste lernen, wie man Weine kombiniert, um zufriedenstellende Ergebnisse zu erzielen. Hier sind einige Tipps, die Sie vielleicht hilfreich finden:

- Ihr Wein sollte sowohl säurehaltiger als auch süßer sein als Ihr Essen.
- Ihr Wein sollte so intensiv sein wie das Gericht auf Ihrem Menü.
- Ein Weißwein passt besser zu Huhn und Meeresfrüchten.

Feinschmecker können zwanzig verschiedene Geschmacksrichtungen in Lebensmitteln beschreiben. Ich finde das ziemlich erstaunlich. Dazu gehören süß und sauer und schließlich folgen noch vielfältigere Empfindungen. Um Ihren Wein darauf abzustimmen, müssen Sie nur drei Dinge wissen. Wie süß ist der Wein? Wie bitter ist der Wein? Wie säurehaltig ist der Wein?

Ich gehe nach zwei Grundprinzipien vor: Mag ich ihn? Ist er zum Abendessen oder zum Dessert? Sehen Sie, wie einfach das war? Für das Abendessen nehme ich einen einfachen Weiß- oder Rotwein (wenn ich Rindfleisch serviere). Zum Dessert mag ich einen Moscato oder Sekt. Ein Glas pro Tag. Denken Sie daran, dass Wein viele Kalorien hat, daher gilt hier das Gleiche wie bei dunkler Schokolade: Eine Portion. Seien Sie ehrlich zu sich selbst und schwindeln Sie nicht!

Zusammenfassung des Kapitels

Mittlerweile sollten Sie sich mit den Rezepten, die gut für Ihr Gehirn sind, wohlfühlen. Dieses Mal müssen Sie nämlich Ihre eigene Einkaufsliste zusammenstellen, denn ich kann nicht wissen, wie bald und wie schnell Sie in die Welt der gehirnfördernden Lebensmittel eintauchen werden. Haben Sie sich schon Erinnerungen in Ihren Kalender geschrieben? Ich bin mir sicher, dass Sie innerhalb von wenigen Monaten Ihr Gehirn auf Trab bringen werden. Ich bin stolz auf Sie!

- Sie haben in diesem Kapitel erfahren, wie einfach es ist, Gehirnnahrung zu finden und zuzubereiten.
- Ist Ihnen aufgefallen, dass rotes Fleisch fehlt? Ich habe gezielt Rezepte genannt, um diejenigen zu ergänzen, die Sie bereits kennen.
- Denken Sie daran, diese neuen Gerichte langsam in Ihren Speiseplan aufzunehmen. Sie müssen nicht für immer Lebewohl zu einem guten Steak sagen. Eine einvernehmliche Trennung mit Besuchsrecht reicht aus.

Im nächsten Kapitel erfahren Sie, wie Sie Ihr Gehirn entgiften können. Das klingt angsteinflößend, nicht wahr? Alles halb so wild, versprochen.

KAPITEL NEUN:

Wie man entgiftet, um die Gehirngesundheit zu verbessern

Wir hören viel über das Thema Entgiftung, aber lassen Sie uns sicherstellen, dass wir alle dasselbe Verständnis davon haben. Physiologisch gesehen handelt es sich hierbei um eine zelluläre Funktion, an der Ihr Körper unaufhörlich arbeitet. Während Ihre Zellen entgiften, bündeln sie die übrig gebliebenen Reste in Form von Nahrung und Sekreten, die aus dem Körper ausgeschieden werden. Offensichtlich verlässt die Nahrung den Körper über den Verdauungstrakt. Aber Sie scheiden auch Giftstoffe über die Atemwege, durch Schweiß und über den Urogenitaltrakt aus. Um diese Aufgabe zu erfüllen, sind Ihre Leber, Lunge, Gallenblase, Haut, Nieren und ja, auch Ihr Gehirn beteiligt.

Von allen Organen in Ihrem Körper leidet Ihr Gehirn am meisten, wenn Giftstoffe durch Ihr Körpersystem zirkulieren. Man hört ständig davon, dass Tabak, Medikamente, entzündungsfördernde Nahrungsmittel, Alkohol, Drogen, Schwermetalle, Mikroorganismen, Chemikalien und Umweltschadstoffe das Gehirn angreifen, aber diese betreffen natürlich auch bestimmte Organe sowie den Blutkreislauf. Nur wenige Menschen machen sich Gedanken darüber, was passiert, wenn diese Giftstoffe die Blut-Hirn-Schranke überwinden und in unser Gehirn, unser Allerheiligstes, eindringen.

Dies geschieht, wenn Ihre natürlichen Abwehrkräfte überwältigt werden. Ungesunde Stoffwechselprodukte lösen mitochondriale Dysfunktion aus, woraufhin mehr schädliche Zellen produziert werden. Stoffwechseldefizite, Immuntoxizität und Neuroinflammation (Entzündung des Gehirns) beeinträchtigen in der Folge Ihren Organismus und das Ergebnis ist, dass die Energie Ihres

Körpers zu kritischen Punkten, wie dem Gehirn, umgeleitet wird. Herz und Muskeln leiden darunter und Sie erleben Müdigkeit, einen vernebelten Verstand und kognitive Schwierigkeiten.

Sie beginnen Ihr Clean-Eating-Programm und Sie lernen, die MIND-Protokolle zu befolgen, aber es gibt immer noch Giftstoffe in Ihrem Gehirn und Sie müssen diese so schnell wie möglich loswerden. Wenn Sie bereit sind, ein neues Kapitel aufzuschlagen, dann lassen Sie uns zusammen das Thema Entgiftung angehen!

Ich schlage vor, dass Sie eine umfassende Eliminierungsdiät durchführen. Für einige von Ihnen wird diese Diät anders aussehen als für andere. Einige von Ihnen sind zwar keine Diabetes-Patienten, sind jedoch dennoch empfindlich gegen Zucker. Einige von Ihnen reagieren empfindlich auf Salz und bekommen Blähungen, wenn Sie sich salzige Snacks gönnen. Einige von Ihnen denken: *Ich habe solche Probleme nicht, ich brauche das alles nicht!* Doch die Sache ist die: Sie haben solche Probleme *noch* nicht. Sie müssen dennoch entgiften.

Beginnen Sie damit, sich auf die Dinge zu konzentrieren, die Sie essen. Essen Sie so viele bunte Lebensmittel wie möglich in Form von verschiedenen Obst- und Gemüsesorten. Alle diese Gemüse- und Obstsorten enthalten Vitamine und Nährstoffe, die für den Entgiftungsprozess wichtig sind. Nehmen Sie jeden Tag Ingwer, Kurkuma, Knoblauch, Rote Beete, Brokkolisprossen und Kräuter wie Thymian und Rosmarin in Ihren Speiseplan auf. Essen Sie dunkles Blattgemüse und Kreuzblütengemüse wie Kohl. Essen Sie Nüsse, Hülsenfrüchte und fettreiche Lebensmittel wie Avocados. Kommt Ihnen das bekannt vor? Dann sind Sie schon auf dem richtigen Weg, oder?

Hinzu kommt das intermittierende Essen, welches man als **Intervallfasten** bezeichnet. Gönnen Sie Ihrem Körper eine Pause von der ständigen Verdauung und leiten Sie Ihre Energie vom Magen-Darm-Trakt zu den Organen um, die Ihr Körper zur Entgiftung benötigt. Konsultieren Sie Ihren Arzt, aber machen Sie sich klar, dass

Sie es mit dem Fasten nicht übertreiben müssen. Intervallfasten erlaubt es Ihrem Körper, seine Energie auf die Organe zu konzentrieren, die für die Entgiftung zuständig sind, anstatt sie für die Verdauung zu verwenden.

Dies mag ein neues Konzept für Sie sein, aber in Wirklichkeit kennt man die Vorteile des Intervallfastens bereits seit der Antike. In vielen Religionen wird gefastet, um dem Allmächtigen näher zu kommen, und es gibt zahlreiche Menschen, die das „Fasten" als die beste Ernährungsweise betrachten. Nun ist es an der Zeit, dass wir uns genauer anschauen, was Fasten ist und was nicht. Beim Fasten geht es nicht darum, Hunger zu leiden, um Gewicht zu verlieren, sondern es geht darum, seine Nahrungsaufnahme entgegen der gesellschaftlichen Norm von drei Mahlzeiten am Tag freiwillig zu kontrollieren. Schauen wir uns einmal den Ablauf eines normalen Tages an.

Sie stehen auf und beenden die Fastenphase der Nachtruhe. Wenn Sie essen, schüttet Ihr Körper Insulin aus, um den erwarteten Zustrom von Nährstoffen zu decken. Natürlich essen Sie wahrscheinlich mehr, als Sie für den Moment brauchen. Also verarbeitet Ihr Körper die zusätzliche Menge zu Glykogen (gespeicherter Zucker, der in der Leber lagert). Im Laufe des Tages wird der Speicherplatz für all das zusätzliche Glykogen überlastet und Ihr Körper beginnt damit, dieses Glykogen in Fett umzuwandeln (welches ebenfalls in der Leber gespeichert wird, wobei ich eine Menge um meine Taille herum finde). Bei all diesen Mahlzeiten hat Ihr Körper keine Zeit, um sich mit der zunehmenden Menge an Toxinen zu beschäftigen, wodurch alles nur noch viel schlimmer wird.

Wenn Sie fasten, findet das Gegenteil statt. Ihr Körper wandelt seine Fettreserven in Glykogen um und dieses Glykogen wird dann in Glukose umgewandelt. Ihr Körper „schlemmt" sich durch das eingespeicherte Fett. Suchen Sie einen Arzt auf und gehen Sie auf Nummer sicher. Beginnen Sie mit einem einfachen Ziel vor Augen: Fasten Sie eine Mahlzeit lang und beobachten Sie, wie Ihr Körper auf das Experiment reagiert. Erweitern Sie dann Ihre Anstrengungen. Erstellen Sie einen Plan, gemäß dem Sie z. B. zweimal pro Woche acht Stunden lang essen und sechzehn Stunden lang fasten. Manche Menschen fasten zweimal pro Woche vierundzwanzig Stunden lang.

Denken Sie daran, dass das Ziel die Entgiftung ist. Sie müssen das Ganze nicht auf die Spitze treiben. Gönnen Sie Ihrem Körper einfach eine Pause von seiner normalen Aufgabe, zu viel Nahrung zu verarbeiten, und er wird mit dem Aufräumprozess und der inneren Kur beginnen. Dies sind die bekannten physiologischen Vorteile des Intervallfastens:

- Reduzierung von oxidativem Stress (die Überlastung durch zu viele freie Radikale, über die wir bereits mehrmals gesprochen haben)
- Entgiftung Ihres Körpers
- Neueinstellung Ihres Insulinspiegels
- Ihr Körper wird in den Zustand der Ketose versetzt (Verbrennung von Fett anstelle von Zucker zur Energiegewinnung)
- Anti-Aging-Effekte
- Höhere Werte des menschlichen Wachstumshormons
- Senkung des Triglyceridspiegels im Blut

Versuchen Sie während Ihrer Entgiftungskur, Giftstoffe und Lebensmittelverunreinigungen zu minimieren. Essen Sie Bio-Produkte, um die Belastung durch Pestizide und chemische Rückstände aus der Landwirtschaft zu minimieren. Verwenden Sie umweltfreundliche Kosmetika, Körperpflegeprodukte und Reinigungsmittel. Darauf zu achten, was Sie essen und verwenden, öffnet Ihnen die Augen dafür, wie weit verbreitet der Grad der Verunreinigung in unserer Umwelt ist.

Steigern Sie gleichzeitig Ihr Maß an Bewegung. Laufen oder gehen Sie, melden Sie sich zu einem Yoga-Kurs an, tanzen Sie oder fahren Sie Fahrrad. Bringen Sie einfach Ihren Körper in Bewegung und kommen Sie ins Schwitzen. So geht's. Beseitigen Sie diese Giftstoffe!

Vergessen Sie nicht, auf Ihre Wasserzufuhr zu achten. Füllen Sie Ihre Wasserflasche mehrmals am Tag auf. Ihr Körper muss die Giftstoffe ausschwemmen, aber wie kann er das tun, wenn er dehydriert ist? Wir sprechen hier von Wasser, nicht von Limonade zum Mittagessen oder Ihrem Morgenkaffee. Trinken Sie Wasser, um Ihren Körper zu entgiften.

Zusammenfassung des Kapitels

Heutzutage will jeder entgiften, doch meistens aus den falschen Gründen. Das wichtigste Organ in Ihrem Körper ist Ihr Gehirn. Lassen Sie uns die lästigen Giftstoffe loswerden, um vital und wach zu bleiben.

- Ihr Gehirn zu entgiften ist nicht schwer. Achten Sie darauf, was Sie essen. Trinken Sie viel Wasser. Treiben Sie Sport.
- Intervallfasten eignet sich großartig zum Entgiften und ist ein gesunder Lebensstil, den Sie sich zu eigen machen sollten.
- Wir reden hier von einer Lebensweise, nicht von einer einmaligen Lösung.

Im nächsten Kapitel erfahren Sie, wie Sie gesund werden und auch gesund bleiben. In Kapitel 10 dreht sich alles um Ihr Immunsystem und wie Sie es auf Hochtouren bringen.

KAPITEL ZEHN:

Stärken Sie Ihr Immunsystem

Wir sprechen über unser Immunsystem in Bezug auf die Vorbeugung von Krankheiten, und das zu Recht. Erinnern Sie sich an die Veranstaltung, auf der Sie neulich waren? Keime verbreiten Krankheiten, das stimmt, aber müssen Sie das nächste Opfer sein?

Wenn wir über die Fähigkeit Ihres Körpers sprechen, Krankheiten abzuwehren, geht es um mehrere grundlegende Faktoren. Wie virulent ist der Organismus, der die Krankheit verursacht? Handelt es sich um einen Bazillus, der über mehrere Tage hinweg sein Unwesen treibt, oder handelt es sich um einen Krankheitserreger, der eine weltweite Plage verursacht? Diese Antwort hängt stark von Ihnen ab. Wie gut sind Sie ausgeruht? Wie stark ist Ihr Immunsystem? Ihr Körper kann die meisten Infektionen abwehren, wenn er bis an die Zähne mit den richtigen systemischen Verteidigungsmechanismen bewaffnet ist und wenn Sie zu Höchstleistungen fähig sind. All dies wirkt sich natürlich auf Ihre Fähigkeit aus, zu denken, Informationen zu verarbeiten und mit höchster Effizienz zu funktionieren. Schauen wir uns an, was Ihr **Immunsystem** ausmacht und wie Sie es verbessern können.

Es mag Sie überraschen zu erfahren, dass in Ihrem Körper schon Ihr ganzes Leben lang ein kleiner Krieg tobt. Ihre Haut ist Ihre erste Verteidigungslinie. Die Bronchien in Ihrer Lunge versuchen, gasförmige Giftstoffe auszuatmen, und Ihre Magensäure arbeitet daran, die aufgenommenen Giftstoffe zu neutralisieren. Einige Gifte dringen durch diese Abwehrmechanismen hindurch. Sobald ein Krankheitserreger in Ihren Organismus eindringt, ist der Krieg eröffnet.

Ihr Lymphsystem, die Milz, die Tonsillen und die Thymusdrüse sind wichtige Akteure bei der Produktion von Wirkstoffen, um eindringende Krankheitserreger zu bekämpfen. Sie werden vielleicht überrascht sein zu erfahren, dass auch Ihr Darm eine wichtige Rolle bei diesem Prozess spielt. Das stimmt wirklich! Immer wieder erfahren Sie, dass die Dinge, die Sie essen und die Sie verdauen, eine viel größere Rolle spielen, als Sie sich jemals vorstellen konnten. Hören Sie noch einmal auf Coach Josh. Das komplexe Netzwerk von Zellen und Systemen, das Sie gesund hält, hängt stark von Ihrem Darm ab. Diese verlassen sich auf einen gesunden Darm.

Bis zu siebzig Prozent Ihrer Immunzellen befinden sich entlang der Bahnen Ihres Darmtraktes. Im Inneren Ihres Darms befinden sich Antikörper, die schädliche Bakterien identifizieren und zerstören. Ihr Verdauungstrakt synthetisiert ebenfalls Vitamine und Verbindungen, die entweder für Sie oder gegen Sie arbeiten. Wenn der Körper gegen sich selbst Krieg führt, nennen wir das eine Autoimmunerkrankung. Diese äußern sich oftmals in Form von chronischen und oft schwächenden Krankheiten, unter denen Sie Ihr ganzes Leben lang leiden können. Wenn Sie jemanden kennen, der an Lupus, rheumatoider Arthritis oder Fibromyalgie leidet, dann wissen Sie bereits, dass Sie es vermeiden wollen, diese Krankheiten zu bekommen.

Vertiefen wir die Informationen, die wir bereits gelernt haben:

- Für eine optimale Darmgesundheit brauchen Sie Probiotika
- Bei verarbeiteten Lebensmitteln wurden die guten Eigenschaften ihrer Zutaten durch den Verarbeitungsprozess zerstört
- Echtes Kochen mit echten Zutaten macht einen riesigen Unterschied aus
- Clean Eating bedeutet, dass Sie echte Lebensmittel zu sich nehmen

- Bio-Fleisch und -Produkte zu essen bedeutet, dass Sie die Pestizide vermeiden, die Sie sonst mit ihrer Nahrung aufnehmen

Sprechen Sie mit Ihrem Arzt oder einem ganzheitlichen Gesundheitsexperten über mögliche Nahrungsmittelunverträglichkeiten. Möglicherweise sollten Sie Gluten, Milchprodukte oder Soja aus Ihrer Ernährung streichen. Stuhltests können den Anteil der Darmbakterien bestimmen und Ungleichgewichte aufdecken. Die Lebensmittel, die Sie essen, und die Art und Weise, wie Ihr Körper sie verarbeitet, spielen eine Rolle, und es ist Ihre Aufgabe, der Detektiv zu sein, der Informationen für Ihre optimale Gesundheit und Gehirnfunktion ausfindig macht.

Ein weiterer Bereich, den Sie untersuchen sollten, ist Ihr Vitaminspiegel. Was zirkuliert durch Ihren Blutkreislauf? Mit welchen Grundstoffen muss Ihr Gehirn arbeiten, um Sie durch den Tag zu bringen? Vitamin D ist wahrscheinlich das wichtigste Einzelvitamin, wenn wir über Ihr Immunsystem sprechen. Viele Menschen, bei denen chronische Krankheiten diagnostiziert werden, wie z. B. diese Autoimmunkrankheiten, haben einen zu geringen Vitamin-D-Spiegel. Viele Ärzte und ganzheitliche Therapeuten empfehlen eine Supplementierung von 2.000 bis 5.000 IU Vitamin D täglich. Bitten Sie Ihren Arzt, Ihren Vitamin-D-Spiegel zu überprüfen, um die Menge zu bestimmen, die Sie benötigen.

Ein weiteres Vitamin, das sich auf Ihr Immunsystem auswirkt, ist Vitamin C. Menschen, die unter erhöhtem körperlichen und vor allem emotionalen Stress stehen, sind anfällig für Erkältungen. Erinnern Sie sich, dass wir über die Potenz bzw. Stärke eines Organismus in Bezug darauf gesprochen haben, Stress abzuwehren? Wenn Ihr Körper gestresst ist, dann kann er sich nicht so gut verteidigen. Erhöhen Sie Ihren Vitamin-C-Spiegel, um Erkältungen zu verringern. Mediziner empfehlen die Einnahme von 1.000 mg bis 5.000 mg täglich. Wenn Sie Ihr Vitamin C nicht über die Nahrung aufnehmen, benötigen Sie möglicherweise ein entsprechendes Präparat.

Ihr Immunsystem liebt eine ausgewogene Ernährung aus vollwertigen, unverarbeiteten Lebensmitteln mit vielen Antioxidantien. Hört sich das vertraut an? Was Sie hier lernen, ist die Bedeutsamkeit der Lebensmittel, die Sie essen, und wie diese nicht nur Ihre gegenwärtige Gesundheit beeinflussen, sondern auch, wie Sie sich morgen, übermorgen und in zehn Jahren fühlen werden. Zwei Superfoods beeinflussen Ihr Immunsystem ganz besonders. Das eine ist der Verzehr von vier oder fünf Portionen Grünzeug pro Tag. Salat, Blattkohl, Spinat, Grünkohl ... die sollten Sie jetzt auswendig kennen! Das andere Superfood wird Sie vielleicht überraschen: Pilze! Wussten Sie, dass Pilze voller Vitamin D sind? Einige Studien legen nahe, dass verschiedene Pilze noch viel mehr Vorteile zu bieten haben. Maitake und Reishi scheinen zudem die Aktivität unserer weißen Blutkörperchen zu steigern.

Bauen Sie außerdem mehr Knoblauch in Ihren Speiseplan ein. Wenn er zerdrückt wird, setzt Knoblauch Allicin frei, eine Verbindung, die Mikroben bekämpft, die Infektionen verursachen.

Nicht zuletzt stärken Sie Ihre Immunität, wenn Sie nachts ausreichend schlafen. Gesundheitsexperten empfehlen sieben bis acht Stunden pro Nacht, was für die meisten Erwachsenen Luxus, aber dennoch notwendig ist. Eine unzureichende Schlafmenge reduziert Ihre Fähigkeit, Krankheiten abzuwehren. Wenn Sie Probleme haben, einzuschlafen oder nicht die ganze Nacht durchschlafen können, dann sprechen Sie mit Ihrem Arzt. Chemische oder hormonelle Ungleichgewichte können der Grund dafür sein. Versuchen Sie, vor dem Schlafengehen Melatonin oder Baldrianwurzel einzunehmen, um Ihre Schlafqualität zu verbessern.

Zusammenfassung des Kapitels

Um ein starkes Immunsystem zu haben, müssen Sie Ihr Gehirn schützen und versorgen.

- Essen Sie Lebensmittel, die reich an den Vitaminen C und D sind.

- Ernähren Sie sich ausgewogen und essen Sie Gemüse zu jeder Mahlzeit. Essen Sie mehr frische Pilze.
- Schlafen Sie, als würde Ihr Leben davon abhängen. Denn das tut es wirklich.

ABSCHLIEẞENDE WORTE

Danke, dass Sie mich zu sich nach Hause eingeladen haben, dass Sie sich die Zeit genommen haben, dieses Buch zu lesen und durchzuarbeiten, und dass Sie mir erlaubt haben, Ihr Motivationscoach zu sein. Wenn Sie Protokoll über Ihre Nahrungsaufnahme geführt und Ihre Essgewohnheiten angepasst haben, bemerken Sie einen sichtbaren Unterschied, sowohl was Ihr Aussehen als auch was Ihr Wohlbefinden betrifft. Wenn Sie die Änderungen noch nicht komplett durchgeführt haben, dann ist es dennoch noch nicht zu spät. Das ist das Schöne daran, dieses Buch zu haben. Sie können immer wieder von vorne beginnen, wenn Sie die Auswirkungen von zu vielen leiblichen Genüssen spüren und Ihr System neu kalibrieren wollen.

Als Ihr Coach habe ich versucht, die Probleme zu identifizieren, die der Grund dafür sind, warum Sie dieses Buch gekauft haben. Ich habe versucht, Ihnen einen Rahmen zu geben, um zu verstehen, warum Sie etwas ändern müssen, und ich habe Ihnen Rezepte verraten, die Ihnen helfen, diese Änderungen vorzunehmen. Coaching ist jedoch viel mehr als das. Als Ihr Coach ist es mir wichtig, dass ich Sie motiviert habe, sich selbst sowohl dort zu sehen, wo Sie sind, als auch dort, wo Sie sein wollen.

Nehmen Sie sich einen Moment Zeit und schreiben Sie auf, welche Beobachtungen Sie in diesem Moment an sich selbst machen. Listen Sie die guten Gewohnheiten auf, die Nachlässigkeiten, die Anzeichen von zu viel Süßigkeiten und Alkohol und zu wenig Bewegung.

Notieren Sie sich nun, wo Sie sein wollen. Wie würden Sie sich ändern, wenn Sie könnten? Wenn Zeit und Geld kein Hindernis wären? Schreiben Sie sich all diese Veränderungen auf, egal, für wie unerreichbar Sie sie halten.

Der Raum zwischen den beiden Listen ist der Ort, an dem die Motivation ins Spiel kommt. Um weiterhin Änderungen vorzunehmen und gesünder zu werden, müssen Sie motiviert bleiben. Hier sind Wege, wie Sie sich selbst die reichste aller Dividenden auszahlen können: ein neueres, gesünderes Selbst.

- Finden Sie einen Partner, dem Sie Rechenschaft ablegen können, und setzen Sie sich ein Ziel.
- Verfolgen Sie weiterhin Ihre Fortschritte.
- Legen Sie ein Notizbuch oder einen Ordner für gesunde Rezepte an.
- Entwickeln Sie einen Ernährungsplan, an den sich Ihre Familie halten wird.
- Stellen Sie eine Haupt-Einkaufsliste für den Wocheneinkauf zusammen.
- Machen Sie weiterhin kleine Schritte. Machen Sie es sich nicht zu schwer, und geben Sie sich aber auch nicht mit dem zufrieden, was sich bequem anfühlt.
- Finden Sie die Art von Bewegung, die Ihnen Spaß macht und die Sie regelmäßig ausüben können.
- Besorgen Sie sich eine Wasserflasche, die Sie mögen, und füllen Sie sie immer auf.
- Lernen Sie, richtig zu kochen.

Sie haben das Buch einmal durchgelesen und sind bis zum Ende gekommen. Gehen Sie nun zurück und lesen Sie die Seiten durch, die für Sie am hilfreichsten waren. Markieren Sie die Themen, über die Sie mehr erfahren möchten. Lesen Sie das Buch noch einmal, dieses Mal ein wenig langsamer, und machen Sie sich Notizen. Dies ist der Punkt, an dem Sie auf Gold stoßen. Ich weiß, dass ein paar von Ihnen dieses Buch schnell überflogen haben. Sie haben jedes Kapitel nur gescannt. Sie haben wegen einiger der Rezepte die Nase gerümpft, mit den Schultern gezuckt und gedacht: „Naja ..." Doch nun lesen Sie die abschließenden Worte, um herauszufinden, ob Sie sich wirklich in den Prozess der Selbstveränderung stürzen wollen. Lassen Sie mich Ihnen dies versprechen: Wenn Sie es tun, werden Sie in drei Monaten zurückblicken und erstaunt sein, wie sehr sich Ihr Leben, Ihr Job und Ihre Beziehungen dadurch verändert haben.

Ihre Gesundheit ist das Einzige, was Sie besitzen, ohne dass andere dazwischenfunken können. Sie können wählen, was Sie essen möchten. Sie können sich dazu entscheiden, die Limonade wegzustellen und ein Glas kühles, erfrischendes Wasser zu trinken. Sie können wählen, weniger Steak oder weniger Hamburger und dafür mehr Fisch zu essen. Sie können wählen, Ihr Grünzeug zu essen. Sie können wählen, mehr zu Fuß zu gehen. Keine Regierung, kein Chef, kein Freund hält Sie davon ab. Es liegt ganz bei Ihnen. Fragen Sie sich, was Ihnen Ihre Gesundheit wert ist. Dies sind keine Veränderungen, die Sie Unmengen an Geld kosten werden ... aber eine schwere Krankheit schon. Es ist nicht billig, für einen Herzinfarkt oder eine Dialyse zu bezahlen. Die Zeit, diese Änderungen vorzunehmen, ist jetzt, bevor es zu spät ist, um Ihre Gesundheit zu erhalten.

Ich weiß, dass Sie diese Änderungen vornehmen wollen, weil Sie das Buch in die Hand genommen haben und bis hierher gekommen sind. Doch jetzt liegt es an Ihnen, den ganzen Weg zu gehen. Kehren Sie wieder zu den Dingen zurück, über die Sie die Nase gerümpft haben, und finden Sie einen Weg, um diese Dinge dennoch zu tun. Manchmal braucht es eine Tragödie, um eine Veränderung herbeizuführen, und ich bete, dass das auf Sie nicht zutrifft. Manchmal muss man sich einfach nur selbst am Schlafittchen packen und sich selbst in den Hintern treten, damit man sich kümmert und das tut, was getan werden muss. Da ich nicht in Ihrer Nähe wohne und wir uns nicht in wöchentlichen Sitzungen treffen können, müssen die Seiten dieses Buches die Arbeit für mich erledigen. Also gehen Sie noch einmal zurück. Lesen Sie das Buch noch einmal durch. Machen Sie Ihre Hausaufgaben. Nehmen Sie Ihr Schicksal in die Hand.

Lernen Sie so viel, wie Sie können. Ich habe Ihnen eine vollständige Liste von Quellen genannt, und Sie werden eine Menge lernen, indem Sie auch andere Quellen lesen, die Sie finden. Diese

Lektüre verstärkt die Dinge, die Sie gelernt haben und bietet noch weitere Erfolgserlebnisse, die Ihre Motivation steigern, gesund zu werden, sich besser zu ernähren und mehr Sport zu treiben. Lesen Sie nicht nur mehr, sondern befolgen Sie auch gute Ratschläge. Die Welt ist voll von Verkäufern, die einfache Heilmittel für alles und jedes verkaufen, was Sie plagt.

Ihre Gesundheit ist zu kostbar, um zu versuchen, sich selbst zu therapieren oder den falschen Ratschlägen zu folgen. Lernen Sie so viel wie möglich und holen Sie mehr als eine Meinung ein, bevor Sie weitreichende Änderungen vornehmen. Betrachten Sie Modediäten kritisch. Lernen Sie, die Referenzen der Gesundheitsdienstleister zu beurteilen, denen Sie sich anvertrauen, und schauen Sie sich deren Patienten an. Holen Sie Empfehlungen ein. Meine größte Sorge als Ihr Coach ist, dass Sie gerade so viel lernen, dass Sie eine Gefahr für sich selbst sind, oder dass Sie zum Opfer von jemandem werden, der zwar die richtigen Worte benutzt, dem aber das Fachwissen fehlt, um Sie zu betreuen. Es ist eine gefährliche Welt da draußen, meine Freunde. Seien Sie klug, seien Sie wachsam.

Denken Sie daran, dass eine gute Gesundheit durch den Verzehr unverarbeiteter und vielseitiger Lebensmittel entsteht. Ich empfehle keine Pillen, Nahrungsergänzungsmittel oder Pülverchen. Ich verkaufe keine Produkte irgendeiner Art. Stattdessen möchte ich Ihnen Gesundheit verkaufen. Optimale Gesundheit. Strahlende Gesundheit. Lassen Sie mich Ihnen ein Vermögen und eine Menge Zeit ersparen. Sehen Sie die Nahrung als Ihren Freund an und lassen Sie sich von ihren vielfältigen Eigenschaften heilen. Betrachten Sie Wasser als die Quelle des Lebens. Trinken Sie viel davon. Betrachten Sie Bewegung als den Tanz des Lebens. Bauen Sie etwas davon in Ihre tägliche Routine ein. Und mit diesen Worten verabschiedet sich Coach John. Bis wir uns wiedersehen, seien Sie glücklich. Seien Sie gesund. Seien Sie gut zu sich selbst.

GLOSSAR

Antioxidantien – Bei Antioxidantien handelt es sich um chemische Stoffe, die in bestimmten Nahrungsmitteln enthalten sind oder die Ihr Körper synthetisiert, und deren Hauptaufgabe darin besteht, die Oxidantien in Ihrem Blutkreislauf auszugleichen. Lassen Sie mich das genauer erklären: Ihr Körper ist wie eine komplexe Maschine mit allen Arten von Kontrollmechanismen, Bewegungen und Gegenbewegungen. Oxidantien sind quasi der übriggebliebene Schlamm, der entsteht, wenn Ihr Körper neue chemische Stoffe aus der Nahrung, die Sie essen, verstoffwechselt.

Antioxidantien sind chemische Verbindungen, um diese bösen Oxidantien in Schach zu halten. Eines dieser Oxidantien ist Glutathion, welches aus drei Aminosäuren besteht: Glutamin, Glycin und Cystein. Jeden Tag finden in Ihrem Körper Millionen von chemischen Reaktionen statt. Dabei werden einige Verbindungen instabil und haben ein freies bzw. zusätzliches Elektron. (Denken Sie zurück an den Schulunterricht in organischer Chemie, als es um das Thema Protonen und Elektronen in jedem Element ging.) Dieses winzige freie Elektron bezeichnet man als ein *freies Radikal*.

Ihr Körper produziert einige dieser freien Radikale ganz einfach im Alltag, wenn er Zigarettenrauch, Strahlungen oder anderen Schadstoffen ausgesetzt wird. Sie entstehen zudem als Folge von Stress und Alkoholkonsum. Wenn das Gleichgewicht von Antioxidantien und freien Radikalen aus dem Ruder läuft, entsteht oxidativer Stress, der unsere Zellmembranen schwächt, unser Bindegewebe sowie das Kollagen beschädigt (denken Sie an Ihre Knie!). Oxidativer Stress ist ein Wegbereiter für Krebs- sowie Herz-Kreislauf-Erkrankungen und kann Autoimmunkrankheiten wie Arthritis und Psoriasis hervorrufen. Zudem hat oxidativer Stress einen großen Einfluss auf Diabeteserkrankungen. Sie können es sich nicht leisten, diesen wichtigen Teil Ihrer Ernährung zu ignorieren.

Das autonome Nervensystem – Das autonome Nervensystem wird oft als das unwillkürliche Nervensystem bezeichnet, weil es im Schlaf und ohne jegliche Selbststeuerung arbeitet. Der Kontrollverlust über unsere Muskeln bedeutet den Verlust unserer persönlichen Autonomie, vielleicht sogar den Verlust unseres Arbeitsplatzes oder von liebgewonnenen Aktivitäten. Kurz gesagt: Der Verlust der autonomen Funktionen Ihres Körpers ist absolut katastrophal. Die Funktion Ihres Gehirns sowie Ihres Herzens hängen von der Fähigkeit Ihres Körpers ab, diese beiden Organe effizient zu steuern.

Das autonome Nervensystem wird von Ihrem Rückenmark (Medulla) im hinteren Bereich des Gehirns gesteuert und ist in zwei separate Zentren unterteilt: den Sympathikus und den Parasympathikus. Diese beiden Steuerungszentralen führen unterschiedliche Funktionen aus. Sie können es sich so vorstellen, dass der Sympathikus und der Parasympathikus verschiedene Schalter ein- und ausschalten. Doch was haben diese Dinge mit den Lebensmitteln zu tun, die Sie zu sich nehmen? Mehr als Sie denken.

Schauen wir uns nur eines von vielen Beispielen an. Sie stehen morgens auf und wollen Ihren Adrenalinspiegel in die Höhe treiben, was dem sympathischen Nervensystem signalisiert, sich an die Arbeit zu machen. Es kümmert sich den ganzen Tag um die beiden Aspekte Kampf oder Flucht, benötigt allerdings einen Neurotransmitter, um all diese Informationen weiterzuleiten. Was passiert, wenn Sie nachts ins Bett gehen wollen? Der Parasympathikus arbeitet in direkter Opposition zum Sympathikus und nutzt Acetylcholin, um damit über chemische Substanzen wie Serotonin zu signalisieren, dass Sie sich entspannen und schlafen gehen können. Stellen Sie sich ein kleines Rad in einem Hamsterkäfig vor. Der Hamster läuft und läuft und das Rad dreht sich in eine Richtung. Dann hält der Hamster plötzlich an, knabbert vielleicht an einer Möhre und fängt an, das Rad in die andere Richtung zu drehen. Ihr Gehirn ist wie das Laufrad des Hamsters, und in welche Richtung es sich dreht, hängt von den Neurotransmittern ab, die diese Nervenübertragungen aktivieren.

Neurotransmitter sind chemische Stoffe, die Ihr Körper herstellt und an den Nervenenden speichert, damit sie auf Befehl aktiviert werden können, sodass verschiedene Ereignisse stattfinden können. Neurotransmitter benutzen alle dasselbe Gehirn, dieselben Nerven und dieselben Verbindungsstellen, doch jeder Neurotransmitter löst eine andere Art von chemischer Reaktion mit einem anderen Ergebnis aus. Ihr Körper synthetisiert diese Neurotransmitter aus der Nahrung, die Sie aufnehmen.

Diese ernüchternde Realität geht uns oft verloren, wenn wir uns vor dem Fernseher mit Chips und Limonade vollstopfen, nicht wahr? Kein Wunder, dass es schlecht um unsere Leistungsfähigkeit bestellt ist! Die Versorgungskette zur Erzeugung dieser Nervenleitbahnen wird unterbrochen. Wenn Sie oft und lange passiv sind, dann kommt es zu einem biologischen Chaos. Wenn Sie eine solche Katastrophe vermeiden wollen, dann essen Sie Obst, Gemüse und Vollkornprodukte, denn das sind die Quellen für die Bausteine, die Ihr Körper braucht.

Clean Eating (Saubere Ernährung) – Es gibt eine Vielzahl von Experten, die Ihnen das Konzept einer sauberen Ernährung verkaufen wollen. Und das im wahrsten Sinne des Wortes. *Melden Sie sich bei meinem Programm an (gegen eine monatliche Gebühr), oder kaufen Sie mein Magazin.* Vielleicht wollen Sie ja sogar beides tun. Machen Sie sich jedoch klar, was Clean Eating ist und dann probieren Sie es aus. Anschließend werden Sie wissen, ob Sie für die Teilnahme an einem Programm bezahlen oder ein Zeitschriftenabonnement kaufen wollen.

Forscher beschreiben Clean Eating in leicht verständlichen Begriffen:

- Essen Sie echte Lebensmittel. Darüber haben wir doch schon gesprochen, oder? Vermeiden Sie verarbeitete Lebensmittel, und essen Sie Dinge, die Ihre Großmutter bereits kannte.

- Essen Sie, um gesund zu sein, nicht um Freude zu empfinden.
- Essen Sie mehr pflanzliche Lebensmittel.

Was ist das Gegenteil von Clean Eating? Zum einen wären da Lebensmittelzusatzstoffe. Vermeiden Sie Zuckerersatzstoffe wie Aspartam, ein bekanntes Neurotoxin. Mononatriumglutamat (MSG) stimuliert die Nervenzellen, was sie letztendlich zerstört. Manche Menschen sind der Ansicht, dass MSG das Sättigungsgefühl blockiert, was dazu führt, dass Sie mehr essen. Andere Menschen reagieren einfach nur empfindlich darauf und bekommen Kopfschmerzen, Übelkeit, Hautrötungen oder sogar Herzklopfen, wenn sie es zu sich nehmen. Transfette sind Zusatzstoffe zur Verlängerung der Haltbarkeit von verarbeiteten Lebensmitteln.

Sie finden sie auf Lebensmitteletiketten unter Bezeichnungen wie Laurinsäure, Myristinsäure, Variationen von Linolsäure sowie Arachidonsäure. Lebensmittelfarbstoffe werden verarbeiteten Lebensmitteln zugesetzt, weil ihre natürlichen Farbstoffe entweder bei der Verarbeitung entfernt wurden oder um durch ein attraktiveres Äußeres Käufer zu gewinnen. Jeder Farbzusatzstoff steht mit Forschungsergebnissen in Bezug auf verschiedene Karzinome oder Krankheiten in Verbindung. Natriumsulfit, Natriumnitrate und Natriumnitrite sind weitere Konservierungsstoffe, die Sie vermeiden sollten. BHA und BHT werden verarbeiteten Lebensmitteln zugesetzt, um zu verhindern, dass sie ihre Farbe verändern und ranzig werden. Schwefeldioxid ist ein Konservierungsmittel, das das körpereigene Vitamin E zerstört. Kaliumbromat wird Bäckereiprodukten zugesetzt.

Erkennen Sie hier das Muster? Wenn Sie sich die Lebensmitteletiketten ansehen und Schwierigkeiten haben, einige der Wörter zu lesen, dann legen Sie dieses Nahrungsmittel weg. Diese schwer zu lesenden Zusatzstoffe sind das Gegenteil von Clean Eating. Essen Sie echte Nahrung und keine Lebensmittel, die stark von Lebensmittelherstellern verarbeitet wurden.

Flavonoide – Diese leistungsstarken Derivate der Lebensmittel, die Sie essen, interagieren mit Enzymen und sorgen für Spitzenleistungen. Laut einer Studie können Flavonoide die Interaktion mit Neuroproteinen erhöhen und vaskuläre Verbindungen durch eine erhöhte Blutzufuhr erleichtern. Zahlreiche Vorstudien deuten auf eine wichtige Verbindung zwischen dem Gesundheitszustand Ihres Gehirns und diesen Grundbausteinen hin.

In Pflanzen sind Flavonoide Teil grundlegender Prozesse der Nutzung ultravioletter Strahlung im Rahmen der Photosynthese und der Verwertung von Stickstoff. Das Linus-Pauling-Institut beschreibt sechs verschiedene Sorten dieser Mikronährstoffe: Anthocyanidine (Beeren, Trauben und Wein), Flavan-3-Öle (Tee, Kakao, Beeren, Trauben und Äpfel), Flavanone (Zwiebeln, Brokkoli, Beeren, Äpfel und Tees), Flavone (Zitrusfrüchte und Säfte) und Isoflavone (Soja und Hülsenfrüchte). Die häufigsten von ihnen sind die Flavan-3-Öle, auch Flavonole genannt. Sie sind gut für Pflanzen, und wenn Sie sie essen, sind sie auch gut für Sie.

Wenn Sie buntes Obst und Gemüse essen, Schokolade genießen, Wein oder Oolong-Tee trinken, nehmen Sie diese Verbindungen auf, welche anschließend verstoffwechselt oder in chemische Stoffe umgewandelt werden, die Ihrem Körper signalisieren, entzündungshemmende, antidiabetische und krebshemmende Maßnahmen zu ergreifen. Die entsprechenden klinischen Studien sind vielversprechend genug, um sich diese positiven Eigenschaften zu merken. Zum jetzigen Zeitpunkt ist die Beweislage zwar noch lückenhaft, doch die Forscher sind guter Dinge, dass Flavonoide ihren Wert bei neuroprotektiven Mechanismen unter Beweis stellen werden. Dies würde einen Wandel in der Art und Weise einläuten, wie wir Demenzerkrankungen behandeln, indem wir sie gänzlich verhindern. Ich erwarte schon bald Nachweise, die diese Theorien belegen und empfehle, sich so zu ernähren, als ob dies bereits der Fall wäre. Flavonoide werden Sie sicher nur gesünder machen, und wenn sie auch noch Alzheimer verhindern, dann ist das umso besser!

Immunsystem – Ihr Immunsystem ist ein viel größerer Teil Ihres Körpers, als Sie vielleicht ahnen. Wir haben bereits darüber gesprochen, dass Ihre Haut Ihre erste Verteidigungsbarriere ist. Sie wissen aber vielleicht noch nicht, dass Epithelzellen (wie die Haut) die Schutzschicht sind, die jede Oberfläche Ihres Körpers auskleiden, die der Außenwelt ausgesetzt ist. Ihr Hals, Ihr Darm, Ihre Blutgefäße und alle Ihre Organe haben eine epitheliale Auskleidung. Schauen Sie in ein altes Biologiebuch, um sich einen Überblick zu verschaffen: Einige sind flach (Plattenepithelzellen, die die Blutgefäße und die Lunge auskleiden), quaderförmig (in Ihren Nieren und anderen Drüsen), säulenförmig (in Ihrem Darm, Ihrer Nase und Ihrem Rachen) und flimmerartig (sie besitzen kleine Härchen, die Schleim transportieren).

Wenn es Ihrem Körper nicht gelingt, eine Mikrobe abzuwehren, zieht er im Inneren in den Krieg. Wenn Sie weiterlesen, werden Sie sich an ein Kapitel über die humorale Immunität erinnern, bei der Ihr Körper eine zweite Verteidigungslinie bildet. Die beiden häufigsten sind die Blut-Hirn-Schranke und die Blut-Liquor-Schranke. Beide versuchen, Mikroben herauszufiltern, bevor sie das Gehirn oder Ihr Nervensystem, das den gesamten Körper reguliert, infizieren können.

Wenn die Mikroben an der ersten Verteidigungslinie vorbeikommen, herrscht Krieg. Ihre weißen Blutkörperchen machen zwar nur etwa 1 % Ihres Blutes aus, aber sie arbeiten dennoch unermüdlich. Es gibt fünf Arten von weißen Blutkörperchen:

- Monozyten – sie zersetzen die Zellwand von Bakterien
- Lymphozyten – diese Zellen bilden Antikörper zur Bekämpfung von Bakterien und Viren
- Neutrophile – diese Zellen hämolysieren und verdauen Bakterien
- Eosinophile – bekämpfen Krebszellen und Allergene
- Basophile – signalisieren die Freisetzung von Histamin und anderen chemischen Stoffen zur Bekämpfung allergischer Reaktionen

Sobald Sie mit einer Krankheit infiziert sind, kommen Ihre weißen Blutkörperchen und deren Unterstützungssysteme ins Spiel. Weiße Blutkörperchen produzieren Interferon, das versucht, Viren zu stören, sowie Makrophagen, die totes Material abtransportieren. Wenn die krankmachenden Mikroben in Ihre Zellen eindringen, beginnt die Phagozytose (mit Hilfe der Lymphozyten). Diese versuchen, die eindringenden Zellen zu umschließen und zu zerstören. Granulozyten (Neutrophile, Eosinophile und Basophile) greifen die Proteine der Bakterien an und neutralisieren sie.

Wenn Sie krank werden und Ihren Arzt aufsuchen, wird Ihnen möglicherweise Blut abgenommen, um Ihre weißen Blutkörperchen zu analysieren. Ein normales Ergebnis ist 5.000-10.000 weiße Blutkörperchen pro Mikroliter. Wenn ein Differentialblutbild angeordnet wird, sehen Sie eine Menge Zahlen, die Ihnen auf den ersten Blick bedeutungslos erscheinen mögen. Diese Tabelle zeigt, wie ein gesundes Blutbild aussehen würde.

Weiße Blutkörperchen nach Typ	Prozentsatz im Blutbild
Neutrophile	55 bis 73 %
Lymphozyten	20-40 %
Eosinophile	1-4 %
Monozyten	2-8 %
Basophile	0,5-1 %

Die Feststellung, welche Zellen vorhanden sind, ob ihre Anzahl hoch oder gering ist, hilft bei der Bestimmung der Art der Infektion, die Ihr Körper bekämpft.

Im Ernst, das liest sich wie eine epische Saga von Gut und Böse, in der wahre Helden gegen eine manchmal überwältigende Übermacht von Feinden kämpfen, in dem Bemühen, Sie am Leben zu erhalten. Alles, was Sie tun, um Ihr Immunsystem zu stärken, versorgt diese weißen Blutkörperchen mit der Energie und den Ressourcen, um diesen Krieg zu führen. Wenn Sie Ihren körpereigenen Helden durch schlechte Ernährung, kurze Nächte usw. vorenthalten, was sie brauchen, machen Sie sich selbst anfällig für Krankheiten.

Was passiert, wenn Ihr Immunsystem Amok läuft? Wenn Ihr Körper über das Ziel hinausschießt und zu viele weiße Blutkörperchen produziert, wird bei Ihnen Leukämie oder ein Lymphom diagnostiziert. Ein anderes Problem tritt auf, wenn Ihr Körper zu viele Zellen produziert und diese nie ausreifen. Das ist dann eine myeloproliferative Störung und wird diagnostiziert, wenn ein Ungleichgewicht der Zellen festgestellt wird. Wenn Ihr Körper es mit der Kriegsführung übertreibt und beginnt, Ihre eigenen Zellen als Feind zu betrachten, entwickeln Sie eine Autoimmunerkrankung wie Lupus, Fibromyalgie, Arthritis, Psoriasis usw. Der Körper beginnt nun, sich selbst anzugreifen.

Alle diese Tatsachen zeigen, wie wichtig es ist, dass Ihr Immunsystem gesund und in Topform ist.

Intervallfasten – Die Forschung liefert uns zahlreiche Beweise: Wir alle essen zu viel und zu oft. Wenn Sie Ihrem Körper eine Pause von seinem unaufhörlichen Job gönnen, mehr und mehr Nahrung zu verdauen, bringt das wiederum viele Vorteile mit sich. Die Vorteile konzentrieren sich auf vier grundlegende Veränderungen, die auftreten, während Sie fasten:

- Der Insulinspiegel sinkt deutlich, und als Folge davon beginnt Ihr Körper, Fett zu verbrennen.
- Ihr Wachstumshormonspiegel steigt an. Und zwar stark. Dies erleichtert ebenfalls die Fettverbrennung und fördert zudem das Muskelwachstum.
- Ihr Körper leitet wichtige Reparaturprozesse ein, wie den Transport von Abfallstoffen in Ausscheidungsdepots.

- Dieser Aspekt ist sehr wichtig: Ihr Körper aktiviert mehrere Gene und Moleküle, die mit Ihrem Immunsystem und Ihrer Lebenserwartung zusammenhängen.

Dies alles geschieht, wenn Sie einen intermittierenden Fastenzyklus durchführen. Wir reden hier nicht von Crash-Diäten, sondern eher von einem geplanten Verzicht auf Lebensmittel. An zwei oder drei Tagen in der Woche essen Sie lediglich in einem Zeitfenster von 8 Stunden und fasten 16 Stunden lang. In diesen 16 Stunden essen Sie nichts. Manche Personen verzichten zweimal pro Woche vierundzwanzig Stunden lang auf Nahrung. Sprechen Sie mit Ihrem Arzt und probieren Sie es für sich aus. Finden Sie heraus, welche Methode des Intervallfastens für Sie funktioniert. Dies sind nur einige der weiteren Vorteile, die Sie erleben werden.

1. Natürlich werden Sie Ihr hartnäckiges Bauchfett verlieren. Sie können sich auf eine schmalere Taille freuen.
2. Wenn Sie sich während der restlichen Zeit nicht gerade vollstopfen, werden Sie auch Gewicht verlieren.
3. Sie werden Ihr Risiko für Typ-2-Diabetes senken.
4. Sie werden Entzündungen sowie oxidativen Stress in Ihrem Körper verringern.
5. Es gibt zwar noch keine schlüssigen Beweise, allerdings existieren einige vielversprechende Hinweise darauf, dass Fasten das Risiko von Krebserkrankungen reduziert.

In diesem Buch geht es vor allem um die Vorteile für Ihr Gehirn. Intermittierendes Fasten erhöht den Spiegel eines Gehirnhormons namens *Brain-Derived Neurotrophic Factor (BDNF)*. Wissenschaftler glauben, dass ein Mangel an diesem Hormon für Depressionen und andere psychische Gesundheitsprobleme verantwortlich ist. Man vermutet, dass Fasten das Risiko eines Schlaganfalls reduziert, obwohl dies auch eine Folge einer gleichzeitig gesünderen Ernährung sein kann. Forscher sind der Ansicht, dass Fasten den Ausbruch von Alzheimer verzögern oder zumindest den Schweregrad verringern kann. Diese Änderung des

Lebensstils verbesserte die Symptome von Alzheimer-Erkrankungen bei neun von zehn Patienten.

Eine der häufigsten Methoden des intermittierenden Fastens beinhaltet die Einschränkung der Mahlzeiten auf ein kurzes Zeitfenster von acht Stunden an einem Tag. Ich finde es einfacher, während meines Arbeitstages zu fasten. Dann bin ich dazu in der Lage, mehr zu leisten und besser zu denken. Ich esse eine ganze Mahlzeit am Abend und nasche Nüsse oder getrocknete Früchten, wenn ich mich entspannen möchte.

Die Beweise sind überzeugend, wenn auch noch nicht eindeutig belegt. Für mich sind sie jedenfalls überzeugend genug, um mich dazu zu bringen, meine Ernährung umzustellen und dies auch meinen Kunden zu empfehlen. Ihr Herz wird es Ihnen danken. Sie werden ein geringeres Krebsrisiko haben, Ihr Körper bekommt die nötige Energie, um seine Gene zu reparieren und Sie werden höchstwahrscheinlich länger leben.

Die japanische Diät – Die japanische Diät basiert auf „Washoku", also der traditionellen japanischen Küche. Personen, die sich gemäß dieser Diät ernähren, essen kleinere Portionen in Form von Gerichten, die mit einfachen, frischen Zutaten zubereitet werden. Denken Sie an ein Essen in einem orientalischen Restaurant. Niemand bekommt einen Essteller in der Größe eines Woks. Vielmehr werden die Köstlichkeiten auf zierlichen kleinen Tellern serviert und verführen den Gaumen, ohne ihn mit zu viel schwerem Essen einzuschläfern. Es wird großer Wert darauf gelegt, dass die Gerichte dem Auge schmeicheln, sodass ein Teil der Mahlzeit eher visuell ansprechend als gaumenfreundlich ist.

Die Lebensmittel in der japanischen Diät konzentrieren sich auf Fisch, verschiedene Nudeln, Tofu, gedämpften Reis, Seetang und frisch gekochtes Obst und Gemüse. Einige eingelegte oder fermentierte Zutaten gleichen die Aromen aus und fügen dem Ganzen Probiotika hinzu. Was Sie nicht oft sehen werden, sind Eier, Milchprodukte oder Fleisch. Diese kommen nur in sehr kleinen, ergänzenden Mengen vor. Die Gerichte der japanischen Diät zeichnen sich durch eine fünfte Art von Geschmacksknospenempfindung aus. Diese wird Umami genannt. Ein Großteil davon dreht sich um Sushi-Reis, der mit Essig zubereitet wird, um ihn klebrig zu machen. Macht dieser Essig wirklich einen Unterschied aus?

Laut einer von der Weltgesundheitsorganisation anerkannten Studie werden Frauen, die sich auf diese Weise ernähren, typischerweise bis zu 87 Jahre alt, und die Männer werden im Durchschnitt 80 Jahre alt. Die Studienteilnehmer leben nicht nur länger, sie leiden auch weniger an Bluthochdruck, weniger Herzkrankheiten und weniger Schlaganfällen und ihre Gelenke sind im Allgemeinen in einem deutlich besseren Zustand. Sie müssen keinen rohen Fisch essen, um einige der Praktiken in die Tat umzusetzen. Essen Sie kleinere Portionen auf kleineren Tellern. Nehmen Sie mehr Gemüse und Obst zu sich. Essen Sie weniger Fleisch. Gestalten Sie Ihre Mahlzeiten ästhetisch ansprechend. Und leben Sie in der Folge länger und besser.

Die Mittelmeerdiät – Wissenschaftler bemerkten, dass Menschen, die in der Mittelmeerregion leben, länger leben und einen gesünderen Lebensstil führen. Dies lag nicht an ihren Ärzte oder ihren Apothekern, sondern es lag an den Dingen, die auf ihrem Teller landeten. Die Lebensmittel, die die Menschen dort essen, gelten als sehr gesund für das Herz. Die Menschen in der Mittelmeerregion essen viel Gemüse, Obst, Vollkornprodukte und gesunde Fette. Wöchentlich gibt es Fisch, Geflügel, Bohnen und Eier. Zudem nehmen Sie in moderater Menge Milchprodukte und weniger rotes Fleisch zu sich. Zudem essen diese Menschen zusammen mit Familienangehörigen und Freunden, trinken dazu ein Glas Rotwein und führen viele Gespräche. Diese Art der Ernährungsweise ist pflanzenbasiert, nicht fleischbasiert.

Die Mittelmeerdiät beinhaltet gesunde Fette als Hauptbestandteil und weniger gesättigte Fette und Transfette, von denen man weiß, dass sie koronare Erkrankungen verursachen. Olivenöl enthält einfache ungesättigte Fettsäuren, die den Cholesterinspiegel und die Low-Density-Lipoproteine (LDL) senken. Nüsse und Samen, die in der Mittelmeerdiät ebenfalls eine wichtige Rolle spielen, enthalten gleichfalls einfach ungesättigte Fettsäuren. Dasselbe gilt für fette Fische wie Makrele, Hering, Sardinen, Weißen Thunfisch und Lachs. Alle diese Fischsorten sind reich an Omega-3-Fettsäuren, die dafür bekannt sind, dass sie Entzündungen reduzieren. Omega-3-Fettsäuren bieten zudem noch weitere Vorteile, wie z. B. die Verringerung des Risikos von Herzversagen und Schlaganfall.

Typische gesundheitliche Vorteile sind weniger Herz-Kreislauf-Erkrankungen, weniger Diabetes, niedrigerer Blutdruck, weniger Demenzerkrankungen und eine längere Lebenserwartung. Der bessere Gesundheitszustand von Menschen, die sich mit dieser Diät ernähren, wurde erstmals in den 1950er Jahren festgestellt und zahlreiche Studien bestätigten diese Erkenntnis seither.

Omega-3-Fettsäuren – Grundsätzlich gibt es zwei essenzielle Fettsäuren: Alpha-Linolensäure (eine von vielen Omega-3-Fettsäuren) und Linolsäure (eine Omega-6-Fettsäure). Theoretisch kann Ihr Körper alles, was er braucht, nur aus diesen beiden Substanzen herstellen.

Beachten Sie, dass ich „theoretisch" sagte. Die Wahrheit ist, dass er das manchmal nicht tut und an dieser Stelle die Ernährung ins Spiel kommt. Gutes Fett ist essenziell. Zwei Omega-3-Fettsäuren sind hier von entscheidender Bedeutung: EPA (Eicosapentaensäure) und DHA (Docosahexaensäure). Fragen Sie mich nicht, wer sie benannt hat. Warum sollte jemand etwas Essentiellem einen solch schwierig auszusprechenden Namen geben? Diese Fettsäuren sind in bestimmten Fischen enthalten und ALA (Alpha-Linolensäure) ist in pflanzlichen Quellen wie Nüssen und Samen enthalten.

Die Liste der Krankheiten, die durch einen Mangel an Omega-3-Fettsäuren beeinflusst werden, liest sich wie das Programm einer Ärztekonferenz. Rheumatoide Arthritis, Depressionen, Alzheimer, ADHS und Asthma scheinen alle durch einen Mangel an Omega-

3-Fettsäuren mitverursacht zu werden. Die alten Quacksalber, die Heilmittel verkauften, die alles von Schlangenbissen bis hin zu Lähmungen heilen sollten, lagen nicht so weit daneben, wie einst angenommen. Es ist wahr, dass einige sehr grundlegende Bausteine die Basis der Gesundheit bilden, und das Fehlen dieser Bausteine wird in Ihrem Körper verheerenden Schaden anrichten.

Probiotika – Ich wette, dass Sie nicht wussten, dass Bakterien in einem Verhältnis von zehn zu eins die Anzahl der Zellen Ihres Körpers übertreffen. Doch das stimmt tatsächlich. Ihre gesunden Darmbakterien sowie ein paar freundliche Hefezellen sind absolute Alleskönner, die bei der Synthese wichtiger chemischer Stoffe für Ihr Gehirn mitwirken. Neben der Synthese von Serotonin sind sie für eine ganze Reihe anderer gesunder Funktionen in Ihrem Körper zuständig und auch Wissenschaftler wissen bis heute immer noch nicht alles darüber.

Doch dies hielt die Öffentlichkeit nicht davon ab, auf den Probiotika-Zug aufzuspringen. Im Jahr 2012 berichtete das National Institute of Health, dass vier Millionen Erwachsene in den USA angaben, probiotische Nahrungsergänzungsmittel einzunehmen. Noch aufschlussreicher ist, dass 300.000 Kinder von ihren Eltern oder Betreuern Probiotika erhalten hatten. Diese gesundheitsbewussten Menschen lasen die neuen Forschungsergebnisse und sprangen schnell auf den fahrenden Zug auf.

Laut Wang und Shurtleff: „Die Gemeinschaft der Mikroorganismen, die auf und in uns lebt, wird als ‚Mikrobiom' bezeichnet und ist ein brandheißes Forschungsthema. Das Human Microbiome Project, das von 2007 bis 2016 von den National Institutes of Health (NIH) unterstützt wurde, spielte eine Schlüsselrolle in dieser Forschung, indem es die normalen Bakterien erfasste, die im und auf dem gesunden menschlichen Körper leben. Mit diesem Verständnis eines normalen Mikrobioms als Grundlage erforschen Forscher auf der ganzen Welt, darunter viele, die von den NIH unterstützt werden, nun die Zusammenhänge zwischen Veränderungen im Mikrobiom und verschiedenen Krankheiten. Sie entwickeln auch neuartige therapeutische Ansätze, um das Mikrobiom zu verändern, um Krankheiten zu behandeln und um unsere Gesundheit zu unterstützen."

Das sagt die NIH dazu: Probiotika *können* die Kultivierung von gesunden Bakterien im Körper unterstützen und *können* ebenfalls die Immunreaktion Ihres Körpers beeinflussen. Probiotika *können* sogar dazu beitragen, chronische Schmerzen im Becken zu lindern. Mit anderen Worten: Es ist zu wenig bekannt, um veritable Behauptungen aufzustellen. Es ist jedoch nicht zu früh, um mehr Lebensmittel zu essen, die reich an Probiotika sind, wie griechischer Joghurt, dunkle Schokolade und Essiggurken. Einige Lebensmittel, die aus dem Ausland stammen, gehören ebenfalls dazu: Miso, Kefir und Kimchi.

Salz – Schon in der Antike erkannte man den Wert von Salz. Römische Soldaten wurden früher in Salz bezahlt, und so entstand der englische Begriff „worth one's salt". Salz war als Konservierungsmittel bekannt, und Lebensmittel wurden gesalzen, um sie für die Zukunft haltbar zu machen.

Ihr Körper braucht Salz, aber in Wahrheit essen Sie wahrscheinlich viel zu viel davon. Verarbeitete Lebensmittel enthalten eine Menge Salz und die durchschnittliche Person nimmt 77 % ihrer täglichen Salzaufnahme in Form von Lebensmitteln wie Brot und Chips zu sich. Darüber hinaus haben wir uns daran gewöhnt, unser Essen ganz selbstverständlich zu salzen. Was passiert, wenn Sie zu viel Salz zu sich nehmen?

- Hypernatriämie – in der Medizin bezeichnet dieser Begriff den Zustand, wenn sich zu viel Natrium im Blut befindet und eine Person stark dehydriert ist oder zu viel Salz konsumiert hat. Zu den Symptomen gehören Reizbarkeit, Muskelkrämpfe, verwirrtes Verhalten, Depressionen und Erbrechen. Intravenöse Flüssigkeiten werden benötigt, um den Körper so schnell wie möglich zu rehydrieren.

- Blähungen, die wir alle erleben, wenn wir zu viel salziges Essen zu uns nehmen.
- Durst

Folgendes passiert, wenn Sie zu viel Salz zu sich nehmen: Im Rahmen der Verdauung gelangt das Salz in Ihren Blutkreislauf, und die Zellen versuchen, den Salzüberschuss in die Zellen im ganzen Körper abzuladen. Um Ihren Organismus im Gleichgewicht zu halten, muss Ihr Körper Wasser zurückhalten, daher die Aufgedunsenheit. All diese zusätzliche Flüssigkeit belastet die Innenseite Ihrer Blutgefäße, die mit der Zeit immer steifer werden, was zu hohem Blutdruck führt. Sie haben munter drauflos gegessen, und eines Tages wird Sie das mit ziemlich ernsten Konsequenzen einholen.

All dieser Hin-und-her-Transport des unerwünschten Natriums (welches aus Salz stammt, das eine Verbindung aus Natrium und Chlor ist) dient dazu, Sie am Leben zu erhalten. Ihr Körper hält einen sehr sensiblen Zustand bei, der Homöostase genannt wird. Sie brauchen Natrium und Kalium, damit Stoffe normal in und aus jeder Zelle transportiert werden können, und Ihr Blutkreislauf ist wiederum für den Flüssigkeitstransport zuständig, um bei diesem Prozess mitzuhelfen. Um dieses empfindliche Gleichgewicht aufrechtzuerhalten, verfügt Ihr Körper über eine Pumpe, die von einem Enzym namens Adenosintriphosphatase gesteuert wird. Es pumpt Natrium aus den Zellen heraus, während es Kalium in die Zellen pumpt. All dies geschieht, um die für die Verwendung von Glukose zur Energiegewinnung erforderlichen Mengen an Kalium sicherzustellen.

Wenn es um die Regulierung der angemessenen Mengen an Natrium und Kalium geht, erwähnen Experten oftmals die DASH-Diät – kurz für „Dietary Approaches to Stop Hypertension" (Diätetische Ansätze zum Stoppen von Bluthochdruck). Es ist eigentlich ganz einfach. Essen Sie weniger Salz. Essen Sie mehr Lebensmittel, die reich an Kalium sind, also Gemüse, Obst, Meeresfrüchte und Milchprodukte. Essen Sie gebackene Kartoffeln (statt geschälte Kartoffeln), Naturjoghurt, Lachs und Bananen. Das Wichtigste, was Sie tun können, ist, weniger verarbeitete Lebensmittel und weniger salzige Lebensmittel zu essen und Kochsalz vom Tisch zu verbannen.

Serotonin – Serotonin ist chemisch gesehen unter dem Namen 5-Hydroxytryptamin bekannt. Bei Serotonin handelt es sich um einen Monoamin-Neurotransmitter, was im Fachjargon bedeutet, dass es an den Nervenenden wirkt, um die sichere Weiterleitung von Informationen von einem Nerv zum nächsten zu gewährleisten. Stellen Sie sich einen Nerv als einen langen Tentakel vor, der Informationen vom Gehirn wegleitet. Jeder Nerv hat einen Kopf, einen langen Körper, der Axon genannt wird, und einen Schwanz. Der Nerv muss sich mit dem nächsten Nerv in der Reihe verbinden, um Informationen vom Gehirn hinunter zum Herzen, zur Lunge, zu den Beinen, zu jedem Teil des Körpers zu übertragen. Zwischen diesen Nerven gibt es eine kleine Lücke, und der Neurotransmitter überträgt die Informationen über diese Lücke zum nächsten Nerv.

Über die Nervenübertragung hinaus beeinflusst Serotonin viele Teile des Körpers. Es hilft bei der Kontrolle von Stuhlgang, Übelkeit und Durchfall und steht in direkter Verbindung mit dem Reizdarmsyndrom (IBS). Serotonin reguliert Angstzustände und die Stimmung. Bei einem zu niedrigen Serotoninspiegel wird man plötzlich depressiv. Es ist kein Geheimnis, dass Serotonin der Botenstoff ist, der für einen guten Schlaf verantwortlich ist. Wenn Sie verwundet sind, setzen Ihre Blutplättchen Serotonin frei, um bei der Bildung von Blutgerinnseln zu helfen und Blutungen zu verhindern. Es spielt auch eine Rolle bei der Knochengesundheit. Ein hoher Serotoninspiegel führt zu Osteoporose, was für ältere Menschen, die Schlafprobleme haben, eine Zwickmühle darstellt. Nehmen Sie also genau die richtige Menge ein, da Serotonin ebenfalls die Libido beeinflusst.

Wir betonen am häufigsten die Rolle des Serotonin in Bezug auf unsere geistige Gesundheit. Reduzieren Sie Ihren Medikamentenbedarf, indem Sie Ihre Stimmung auf natürliche Weise regulieren. Ein normaler Serotoninspiegel bedeutet, dass Sie sich glücklicher, ruhiger und konzentrierter fühlen.

Der normale Serotoninspiegel wird durch Bluttests gemessen und sollte bei einem Wert von 101-283 Nanogramm pro Milliliter (ng/ml) liegen. Sie müssen das nicht wissen oder sich diesen Wert merken. Der springende Punkt ist, dass es sich hierbei um einen chemischen Stoff handelt, den jedes Labor messen kann. Wenn Sie denken, dass Sie einen zu hohen oder zu niedrigen Spiegel haben, bitten Sie Ihren Arzt, einen Test zu machen. Ein zu niedriger Spiegel bedeutet, dass Sie ihn erhöhen müssen, und dann erhalten Sie normalerweise direkt ein entsprechendes Medikament. Versuchen Sie zunächst, sich mehr hellem Sonnenlicht auszusetzen. Bewegen Sie sich regelmäßig. Steigern Sie den Serotoninspiegel, indem Sie Eier, Käse, Truthahn, Nüsse, Lachs, Tofu und Ananas zu sich nehmen. Versuchen Sie, jeden Tag zu meditieren.

Umgekehrt wird der gegenteilige Effekt durch die Einnahme von Medikamenten verursacht, die zu einem erhöhten Serotoninspiegel führen, was als Serotonin-Syndrom bekannt ist. Zu den Symptomen gehören Schüttelfrost, Durchfall, Kopfschmerzen, Verwirrung und erweiterte Pupillen. Unbehandelt kann ein zu hoher Serotoninspiegel die willkürliche Muskulatur beeinträchtigen, was sich in hohem Fieber, erhöhtem Blutdruck, einem schnellen oder unregelmäßigen Herzschlag und Krampfanfällen äußert.

Wenn Sie können, dann sollten Sie sich einen guten Gesundheitszustand mit Hilfe von Nahrungsmitteln aneignen, anstatt in die Apotheke zu gehen und Pillen zu schlucken.

Zucker, Zuckeraustauschstoffe – Wussten Sie, dass Zucker ein großer Bestandteil Ihrer Ernährung ist? Die täglich empfohlene Menge schwankt je nachdem, welchen Bericht Sie lesen. Lassen Sie uns jedoch davon ausgehen, dass wir über 37,5 g für

Männer und 25 g für Frauen sprechen. Das sind etwa zwölf Teelöffel Zucker pro Tag. Was essen die meisten Menschen tatsächlich? Eine Person, die 2000 Kalorien pro Tag isst, nimmt wahrscheinlich 50 Gramm Zucker zu sich. Wahnsinn! Einige Forscher vermuten, dass der durchschnittliche Erwachsene diese 50 Gramm an zugesetztem, verstecktem Zucker zusätzlich zu anderen süßen Köstlichkeiten zu sich nimmt.

Man übersieht sehr schnell den Zuckergehalt, der in einer Dose Limonade steckt, nämlich 39 Gramm in einer 330-Milliliter Dose Cola. Wenn Sie diese Dose Cola trinken und dazu eine Tüte Skittles (weitere 47 g Zucker) zu sich nehmen, dann können Sie leicht sehen, wie sich das summiert. Das Problem ist, dass diese Süßigkeiten nur die Spitze des Eisbergs sind. Machen Sie sich klar, dass Sie, wenn Sie Zucker nicht aktiv meiden, wahrscheinlich viel zu viel davon essen, und zwar aus Quellen, von denen Sie es nie gedacht hätten. Fast jedes verarbeitete Lebensmittel enthält Zucker:

- Müsli
- Protein-Riegel
- Joghurt
- Brot
- Tomatensoße
- Dosensuppen
- Verarbeitete Nussbutter

Lesen Sie die Etiketten. Sie wissen bereits, dass Sie auf Maissirup sowie wahrscheinlich ebenfalls auf alle Wörter, die auf „ose" enden, wie Fruktose, Maltose und Saccharose, achten müssen. Halten Sie Ausschau nach anderen Wörtern, die sich als Zucker tarnen, wie Rübenzucker, Melasse, Honig, Karamell, Johannisbrot, jede Art von Sirup, Dextrin, Dextrose, Maltodextrin, D-Ribose, Galaktose, Agavennektar, Turbinado.

Bedeutet das also, dass Sie nie wieder Süßes essen dürfen? Nein. Greifen Sie zu Stevia-Ersatzprodukten. Verwenden Sie Xylitol und andere Alkoholzucker, die kalorienärmer sind und weniger entzündungsfördernde Auswirkungen auf den Körper haben. Erythritol wird durch einen Fermentierungsprozess von Maisstärke hergestellt und ist genauso süß wie Zucker, besitzt allerdings nur 5 % der Kalorien. Sorbitol und Maltitol sind weitere Alternativen. Ich verwende Stevia und Erythritol als 1:1-Ersatz für Zucker, wenn ich Kekse, Kuchen oder Brot backe und erziele damit hervorragende Ergebnisse. Viel Spaß beim Kochen und Backen!

Nahrungsergänzungsmittel – Wissenschaftler stellen Pillen und Nahrungsergänzungsmittel als Mittel zur Unterstützung der Gesundheit unseres Gehirns in Frage. Einige von ihnen propagieren die Einnahme von Nahrungsergänzungsmitteln, während andere wiederum bezweifeln, dass sie vollständig verstoffwechselt werden. Bisher konnte noch niemand einen Beweis für ihren Wert erbringen. Der Vitamin-Hype entstand in den 1960er Jahren in den USA, als das Produkt *Flintstones Chewable Vitamins* verkauft wurden, das hauptsächlich an Kinder als Konsumenten gerichtet war. Dann wurde *One A Day* populär. Diese Werbekampagnen legitimierten die Einnahme von Nahrungsergänzungsmitteln und die Öffentlichkeit war begeistert. Aus der Einnahme von Multivitaminen entwickelte sich im Laufe der Zeit die Einnahme einer Vielzahl von spezifischen Vitaminen. Ich gebe zu, dass ich von Zeit zu Zeit selbst diesem Wahn verfallen bin und E, C, B12 und Biotin als Nahrungsergänzungsmittel zu mir genommen habe. Ich konnte einfach nicht anders. Es ist, als hätte die Welt durch die Linse der Krisenmedizin geschaut, und das Ergebnis war, dass wir alle wie aufgescheuchte Hühner durch die Gegend rannten, nach Nahrungsergänzungsmitteln pickten und hofften, damit Krankheiten wie Herzleiden und Demenz abwehren zu können.

Probiotika sind ein gutes Beispiel dafür. Die FDA reguliert den Nahrungsergänzungsmittelmarkt, doch einige Probiotika müssen nicht von der FDA kontrolliert werden. Die Hersteller können behaupten, was immer sie wollen, ohne Schwierigkeiten zu bekommen, solange keine gesundheitsbezogenen Angaben gemacht werden. Niemand weiß, ob sie helfen oder schaden, doch das macht für einige der ganzheitlichen Heilpraktiker, die sie verschreiben, oder die Firmen, die sie herstellen, keinen Unterschied. Die bessere Alternative ist eine nährstoffreiche Ernährung, die ich in diesem Buch mehrmals beschrieben habe.

Seitdem ich mich darauf konzentriere, mich korrekt zu ernähren, anstatt Pillen zu schlucken, bin ich viel gesünder und ruhiger. Ich schlafe besser und kontinuierlicher und ich habe gelernt, meinen Körper mit Lebensmitteln zu heilen, so wie es die Natur vorgesehen hat. Machen Sie es wie Coach John: *Essen Sie sich gesünder.*

QUELLEN UND WEITERFÜHRENDE LITERATUR

Alzheimer's Association International Conference. (2018). *Advances Along the Gut-Liver-Brain Axis in Alzheimer's Disease: Why Diet May Be So Impactful*. AAIC. https://www.alz.org/aaic/releases_2018/AAIC18-Tues-gut-liver-brain-axis.asp

Barnard, N. D. (2013). *Power Foods for the Brain: An Effective 3-Step Plan to Protect Your Mind and Strengthen Your Memory*. Grand Central Life & Style.

Berk, L., Bruhjell, K., Peters, W., Bastian, P., Lohman, E., Bains, G., Arevalo, J., & Cole, S. (2018). Dark chocolate (70% cacao) effects human gene expression: Cacao regulates cellular immune response, neural signaling, and sensory perception. *The FASEB Journal, 32*(S1). https://doi.org/10.1096/fasebj.2018.32.1_supplement.755.1

Borreli, L. (2017). *6 Benefits Of Eating Blueberries For Brain Health, From Lowering Dementia Risk To Improving Memory*. Medical Daily. https://www.medicaldaily.com/6-benefits-eating-blueberries-brain-health-lowering-dementia-risk-improving-419938

Bowden, J. (2018). *Clean Eating Is Not Disordered*. Clean Eating. https://www.cleaneatingmag.com/clean-experts/ask-the-doc/clean-eating-is-not-disordered/

Brain foods. (2012). *Nutrition & Food Science, 42*(3). https://doi.org/10.1108/nfs.2012.01742caa.010

DiSalvo, D. (2017). *Why Is Diet Soda So Bad For Your Brain?* Forbes. https://www.forbes.com/sites/daviddisalvo/2017/04/27/why-is-diet-soda-so-bad-for-your-brain/#42bd7c885fad

Food for the Brain Conference. (2009). *Nutrition & Food Science, 39*(1). https://doi.org/10.1108/nfs.2009.01739aac.004

Gómez-Pinilla, F. (2008). Brain foods: the effects of nutrients on brain function. *Nature Reviews Neuroscience, 9*(7), 568–578. https://doi.org/10.1038/nrn2421

Government advisors recommend "food for the brain" campaign. (2008). *Nutrition & Food Science*, *38*(3). https://doi.org/10.1108/nfs.2008.01738cab.047

Greenberg, M. (2013). *Why Our Brains Love Sugar - And Why Our Bodies Don't*. Psychology Today. https://www.psychologytoday.com/us/blog/the-mindful-self-express/201302/why-our-brains-love-sugar-and-why-our-bodies-dont

Higdon, J. (2005). *Flavonoids*. Linus Pauling Institute. https://lpi.oregonstate.edu/mic/dietary-factors/phytochemicals/flavonoids#subclasses

Jeavans, C. (2014). *How much sugar do we eat?* BBC News. https://www.bbc.com/news/health-27941325

Jhaveri, A. (2017). *15 "Healthy" Foods You Won't Believe Are Full of Added Sugar*. Greatist. https://greatist.com/eat/foods-that-sneak-in-added-sugars#1

Kessler, C. (2019). *Essen für den Kopf: Rezepte gegen Demenz, Depression, Migräne und mehr - Wie die richtige Ernährung unser Gehirn positiv beeinflusst*. Südwest Verlag.

Lally, P., van Jaarsveld, C. H. M., Potts, H. W. W., & Wardle, J. (2009). How are habits formed: Modelling habit formation in the real world. *European Journal of Social Psychology*, *40*(6), 998–1009. https://doi.org/10.1002/ejsp.674

Lappé, F. M. (2021). *Diet for a Small Planet*. Ballantine Books.

Lehman, S. (2020). *Serving Sizes for 18 Fruits and Vegetables*. Verywell Fit. https://www.verywellfit.com/serving-sizes-for-18-fruits-and-vegetables-2506865

Levy, J. (2018). *Vitamin E Benefits the Skin, Hair, Eyes and Heart*. Dr. Axe. https://draxe.com/nutrition/vitamin-e-benefits/

Loma Linda University Health. (2019). *Dark Chocolate Boosts Memory*. Alzheimer's & Dementia Weekly. http://www.alzheimersweekly.com/2018/05/dark-chocolate-boosts-memory.html

Lugavere, M., & Grewal, P. (2018). *Genius Foods: Become Smarter, Happier, and More Productive While Protecting Your Brain for Life.* Harper Wave.

Macedonia, M. (2021). *Iss dich klug!: Und dein Gehirn freut sich.* Ecowin.

McKay, S. (2019). *Is Alzheimer's Disease A Women's Health Problem? (Part 5 Of Your Brain At 100).* Dr. Sarah McKay. https://drsarahmckay.com/is-alzheimers-disease-a-womens-health-problem-part-5-of-your-brain-at-100/

Mosconi, L. (2018). *Brain Food: The Surprising Science of Eating for Cognitive Power.* Avery.

Mosconi, L. (2018). *Mind food: what a neuroscientist eats.* The Times. https://www.thetimes.co.uk/article/mind-food-what-a-neuroscientist-eats-wd9mfz9st

Mussatto, C. (2018). *The Nourished Brain: The Latest Science On Food's Power For Protecting The Brain From Alzheimers and Dementia.* CherylMussatto.

Naidoo, U. (2020). *This Is Your Brain on Food: An Indispensible Guide to the Surprising Foods that Fight Depression, Anxiety, PTSD, OCD, ADHD, and More.* Little, Brown Spark.

Ozawa, H., Miyazawa, T., & Miyazawa, T. (2021). Effects of Dietary Food Components on Cognitive Functions in Older Adults. *Nutrients, 13*(8), 2804. https://doi.org/10.3390/nu13082804

Perry, D. (2018). *2 Rules for How to Cook Salmon Even Haters Will Love.* Real Simple. https://www.realsimple.com/food-recipes/how-to-cook-salmon-for-haters

Puckette, M. (2020). *Food and Wine Pairing Basics (Start Here!).* Wine Folly. https://winefolly.com/wine-pairing/getting-started-with-food-and-wine-pairing/

Rogers, K. (2021). *white blood cell | Definition & Function.* Encyclopedia Britannica. https://www.britannica.com/science/white-blood-cell

Saul, A. *Vitamin E Treatment Protocol.* DoctorYourself.Com. http://www.doctoryourself.com/shute_protocol.html

Smith, K. (2017). *How to Eat More Brain Healthy Foods.* AgeRight.Org. https://ageright.org/2017/05/13/eating-more-brain-healthy-foods/

Sons, T. (2020). *Supercharge Brain Health With These Foods.* Lifehack. https://www.lifehack.org/530346/supercharge-brain-health-with-these-foods

Wang, Y., & Shurtleff, D. (2019). *Probiotics: What You Need To Know.* NCCIH. https://www.nccih.nih.gov/health/probiotics-what-you-need-to-know

Weiss, J. (2019). *Sodium Homeostasis - an overview.* ScienceDirect. https://www.sciencedirect.com/topics/medicine-and-dentistry/sodium-homeostasis

Williams, R. J., & Spencer, J. P. (2012). Flavonoids, cognition, and dementia: Actions, mechanisms, and potential therapeutic utility for Alzheimer disease. *Free Radical Biology and Medicine, 52*(1), 35–45. https://doi.org/10.1016/j.freeradbiomed.2011.09.010

World Health Organization. (2013). *Dementia cases set to triple by 2050 but still largely ignored.* WHO. https://www.who.int/mediacentre/news/releases/2012/dementia_20120411/en/

www.ingramcontent.com/pod-product-compliance
Lightning Source LLC
Chambersburg PA
CBHW071224070526
44583CB00017B/2061